無錫文庫

第一輯

[光緒]無錫金匱縣志(二)

鳳凰出版傳媒集團
鳳凰出版社

無錫文庫編輯委員會

主　編

王立人

副主編

須　儉　姜小青

編　委（按姓氏筆畫排列）

王進雄　王賡唐　卞惠興　全　勤　吴　迪　沙無垢

金其楨　夏剛草　倪培翔　徐志鈞　浦學坤　陳文源

過旭明　過耀華　許墨林　張志清　程勉中　湯可可

蔡家彬　劉桂秋　錢建中　錢菲菲　顧文璧

執行編委

王華寶　王　劍　薛　飛　陳紅彦　林世田　謝冬榮　徐憶農

編務人員

顧志堅　李躍光

無錫文庫學術顧問

（按姓氏筆畫排列）

朱玉麒　朱維錚　江慶柏　李文海
沈衛榮　武秀成　金良年　胡福明
莫礪鋒　徐中玉　陳熙中　許倬雲
張仲禮　張廷銀　彭　林　程章燦
馮　遠　馮其庸　楊天石　趙生群
劉玉才　錢　遜　錢中文　錢文忠

總序

七千年文明史，三千年建城史，江南名城無錫，襟長江依太湖，自古以來就是魚米之鄉，禮儀之邦。無錫文化自泰伯南奔以來，騰蛟起鳳，尚德崇文，在數千年的傳承發展中，教化常持，經世務實，人杰輩出，大家林立，文藻絢麗，錯彩鏤金。舍南舍北皆春水，欲與湖山作主人，數千年的人文傳統，賦予了風光秀美的無錫以獨特的文化魅力，鑄就了城市剛柔相濟、秀逸清麗的的文化品格。

無錫是中國吴文化的發源地。早在商代晚期，周太王古公亶父的長子泰伯三讓王位，携其弟仲雍奔吴，定居無錫梅里，建『勾吴國』，『端委以治周禮』，施以禮儀教化；興修水利，授以農桑，不數年而『民人殷富』。泰伯帶來的中原文化與無錫本地土著文明相結合，吴文化以及作爲其重要組成部分的無錫文化就此發端。晉室南渡，北方人群大量南遷，帶來了中原的文化技術，促進了無錫農業、水利、手工業和商業的發展，中原文明再度與吴文化進行融合互滲。在本土文化與异地文化的碰撞和交融中，不斷推動着無錫這座城市的文明進步。

無錫歷史文化『追歷七千餘載歲月滌蕩，遂經四大轉折而成其廣大深厚：泰伯西來，吴文化成焉；永嘉南渡，江左文脉振焉；宋室波遷，江南文風始焉；歐風東漸，錫邑占風氣之先，民族工商文化始焉。數百代鄉彦賢達智慧與創造累積，文獻足徵，無慮百千』（《錫山先哲叢刊》重版弁言）。無錫文化以兼容并蓄多樣化的形態不斷發展。

崇文尚教，以教促文。北宋嘉祐三年（一〇五八），無錫始設縣學；北宋政和元年（一一一一），理學傳人楊時在無錫創建東林書院，此後無錫出現了喻樗、尤袤、李祥、蔣重珍等一批知名的教育家。至明代，顧憲成、高攀龍等在東林書院講學，此後又有許多書院相繼而起。古代無錫對教育的重視，促進了『崇文』和『尚教』的風氣，也造就了大量的人才。自隋朝開創科舉取士到清末廢除科舉，無錫共出了五名狀元、三名榜眼、六名探花和三名傳臚，并有五百四十名進士，一千二百多名舉人；『一榜九進士』、『六科三解元』，自古傳爲佳話。近代以來，經濟的繁榮進一步帶動了教育的興盛。無錫籍國學大師錢穆曾說：『晚清以下，群呼教育救國，無錫一縣最先起。』此後無錫的實業家紛紛出資興辦文化教育事業。教育的繁興，在極大程度上促進了無錫的文化發展，出現了空前的文化人才崛起的高峰。

文脉綿延，後出轉强。歷來『文化』的概念有廣義和狹義之分，這裏的『文脉』之『文』，用的是狹義的概念，即指經史、文學、藝術等人類所創造的精神財富的總和。在無錫的歷史文化傳統中，自古及今，悠悠文脉，如瓜瓞之綿綿。必須指出的是，從文化發生學的角度來看，早期中華文化的中心是在黄河流域的中原地區，無錫在宋元以前，雖有像顧愷之、李紳、尤袤、蔣捷、倪瓚等一批人文英才，但在整體上，無錫的文氣是自明清以迄近現代達到巔峰。在整個江南地區文教昌明和無錫經濟繁盛、教育勃興的大背景下，無錫地區在經史、文學、繪畫、音樂等諸多領域中，建樹卓越，俊才雲蒸，真正呈現出『人文之盛，冠於南國；碩彦輩出，著述繁實』的局面。

求實務本、重工崇商。無錫自古爲江南富庶之地、魚米之鄉。明代東林講學者將士商并列爲『本行』，講求經世致用；近代早期維新的思想家、實踐家薛福成提出『黜浮靡，崇實學』，大力倡揚『工商爲先，耕戰植其基，工商擴其用』的觀念，這些都成了近代以來無錫人求實務本、重工崇商的重要的思想根源；兼以明清時期，封建自然經濟解體，資本主義開始萌芽，無錫經濟日趨繁盛。鴉片戰争以後，上海開埠，由於商品經濟的發展和商業資本積累的增加，逐步形成了一個以上海爲中心的，北接江陰、靖江，西連蘇州、無錫、常州的經濟區域。有布、米、絲、錢『四大碼頭』的無錫，被譽爲『小上海』。到了十九世紀末、二十世紀初，無錫許多有識之士積極引進西方生産技術，大力興辦工廠，形成了近代六大資本系統，無錫成了近代中國民族工商業的發祥地和蘇南經濟中心。經濟的繁盛，不僅爲無錫文化的不斷發展提供了堅實的物質基礎，而且也形成了無錫文化的主流形態之一的，具有鮮明特色和豐富内涵的『工商文化』。

文化源長，文獻宏大。在歷史上，無錫有過兩次較大規模的文化整理。一八九九年，《常州先哲遺書》是包涵無錫城市在内的第一次區域性文化整理集成。一九二三年，《錫山先哲叢刊》是無錫真正意義上從城市角度進行的一次文化整理。當時，國家積貧積弱，社會動蕩離亂，身處亂世的有識之士高擎文化的旗幟，以縱覽千古的魄力和毅力致力於城市文化傳統的繼承與弘揚，爲無錫地方人文教育提供了文化楷模，對增强無錫崇文興教氛圍發揮了重要的作用，爲無錫躋身江南名城提供了文化動力，其意義至今爲後人感念。

滄桑巨變，天上人間。經過近一個世紀的奮鬥探索，特别是改革開放三十多年來的迅猛發展，中華民族强勢崛起。國運昌隆，盛世修典。中共無錫市委、市政府高度重視地方傳統文化的整理弘揚工作。自二〇〇七年提出『建設文明無錫，打造文化名城』以來，無錫全面深入開展歷史文化遺産的挖掘、清理、保護和修復工作，傳承弘揚優秀傳統文化，彰顯城市人文歷史底藴，掀起歷史文化名城建設新高潮。此後，市委、市政府在《無錫市文化大發展大繁榮行動綱要》中明確要求全面整理出版地方歷史文獻，市委、市政府在《關於深化文化體制改革加快文化强市建設的决定》中再次明確要求編纂《無錫文庫》，正式啓動迄今爲止無錫地區規模最大、綜合性鄉邦文獻集成的修編工作。爲確保《無錫文庫》的編纂工作順利進行，市委、市政府專門成立了『無錫文庫工作委員會』，由市委宣傳部牽頭，設立了『無錫文庫編輯委員會』，計劃用三年時間完成編纂出版工作。《無錫文庫》的編纂，將以嶄新的學術角度和現代學科框架對城市歷史文化進行全面梳理和弘揚，站在時代的高度，充分展示城市深厚的歷史底藴，彰顯先賢哲人的智慧創造，解讀無錫文化的獨特個性，提煉升華無錫的人文精神，光前裕後，古爲今用，以文化人，由人化文，以史爲鑒，開啓未來。

《無錫文庫》的編纂出版必將發揮重要的文化功能：首先是搶救文獻。無錫自古即有豐富的地方文獻，無論經史子集，都有重要著作流傳於世。然而無錫近代歷經戰亂，一些重要典籍已毀佚，僅有書名存留；還有一些珍貴的明清地方史籍，也以孤本存世，處於若存若亡之間。由於各種原因，一些代表無錫文化的典籍保存於國内外各大圖書館中，在無錫不易見到。從清末到民國期間，在文化上有不少重要成果，而這部分書籍因長期被忽視而處於毀佚的邊緣。《無錫文庫》的編纂就是爲了搶救文獻，保存文脉。其次是古籍整理。無錫先賢留下的載籍很多，但現存書籍，版本雜亂，良莠不齊，整體而言没有經過系統編排梳理，使用不便。《無錫文庫》的編纂，就是從版本目録學的角度加以梳理，每書皆撰提要，鈎玄指要，便於閲讀使用。第三是服務大衆。《無錫文庫》所收皆爲地方古史遺文，是研究無錫歷史沿革和文化傳承的必讀書目。《無錫文庫》的編纂出版，使這些書籍的使用更加便捷和廣泛，對無錫的文化建設、城市規劃、古迹保護、名勝開發都具有很高的學術價值和實用價值。

歷史唯物主義觀是《無錫文庫》編纂出版工作的重要指導思想。《無錫文庫》是一部具有社會主義新時代特點的典籍集成，編纂理念和選編觀念更加科學，注重學術性、實用性和經典性相結合，并且儘量收入古籍版本研究的新成果，廣泛收集流散在國内外的珍貴典籍。編纂工作中，始終堅持『尊重歷史、尊重科學、尊重規律、尊重專家』的原則，堅持『雙百』方針，對傳統文化中重要的不同學派、不同觀點的資料兼收并蓄，力求客觀、完整和全面。當然，《無錫文庫》不可能包羅萬象，而以文史哲爲主要内容，兼顧其他類别著述，整體呈現出無錫歷史文化的發展脉絡。强化編纂工作的學術規範，提倡實事求是的良好學風，對文庫的整體規模、體例框架、所收書目、版式裝幀等進行反復論證，反復比較，多方聽取意見，慎之又慎，力争使《無錫文庫》成爲一部真正代表無錫文化的綜合性鄉邦文獻集成。

編纂出版《無錫文庫》的盛舉，得到了海内外衆多著名的文史專家、學者教授的熱烈響應。許倬雲、馮其庸、楊天石、李文海、徐中玉、馮遠、胡福明等無錫籍文化名人和劉玉才、程章燦、江慶柏、張廷銀、金良年等專家學者應邀擔任《無錫文庫》的學術顧問，他們扎實的學術功底、嚴謹的治學風範、卓越的學術見識，爲《無錫文庫》提供了有力的支撑。

千年吴地文明，百年工商繁華，賦予無錫人聰慧和靈秀，創造了具有獨特品質的城市文化和城市精神。當我們手捧先哲留下的珍貴文化遺産，不僅滿懷感恩、敬畏之心，更涌動着不負前賢、勵志圖新的激情，去努力創造城市文化嶄新的輝煌，讓無錫文化大發展大繁榮的春天更加姹紫嫣紅、繽紛燦爛！

無錫文庫編輯委員會

二〇一一年一月

凡例

一、《文庫》所收爲無錫籍作家的著述和與無錫相關的歷代文獻，分爲《官修舊志》、《地方史料專著》、《年譜家乘》、《無錫文存》和《近現代名家名著存目》五輯。

二、無錫地域範圍以現行行政轄區爲準。《文庫》立足無錫市區，兼顧江陰、宜興，適當選收江陰、宜興具有代表性的著作。

三、《文庫》所收著作，以史料價值高、使用價值大爲原則，適當兼顧其版本價值。

四、《文庫》主要采用影印方式出版，《近現代名家名著存目》收入作家小傳和主要著述目録。

五、《文庫》所收著作，其編纂年代下限爲一九四九年；《近現代名家名著存目》則不受此限。

六、《文庫》所收著作，原書如有蠹損、殘缺、漫漶不清處，原則上以相同版本予以換頁、補頁，使全書清晰、整齊。

七、《文庫》對所收每種圖書，均撰寫提要，置於每種書扉頁之背面；每册均新編頁碼，自爲起訖。

八、《文庫》編制書名索引和著者索引，以方便讀者使用。

第一輯編輯説明

本輯爲《無錫文庫》之第一輯《官修舊志》。

無錫自古爲文化昌盛之地，修志傳統源遠流長，延綿不斷。歷代纂修的地方志卷帙浩繁，内容豐富。其特點是修志年代早，數量多，品種齊，質量上乘，在全國方志中占有一席之地。

中國最早的風土記——晉代《陽羨風土記》發源于宜興。清代嚴可均認爲『古地説《山海經》、《水經》外，此爲最舊』。無錫修志事業發達，無錫、江陰、宜興三縣歷代纂修志書五十四部。特别到了明清時期，較他縣猶盛。明代纂修縣志十四部，清代修了十七部。無錫舊志的種類繁多，除了風土記、地記、圖經外，還有軍志、郡志、州志、縣志、合志。從記事的上下限看，有通合古今的方志，亦有斷代的續志，形式多樣。在修志過程中，李兆洛、嚴繩孫、繆荃孫等一些名人親自制定凡例，廣搜資料，考證史實，講求章法，成就了一批名志佳作。在晉代有『文言美詞列於章句，委曲敘事存於細書』（章宗源《隋書經籍志考證》）的《陽羨風土記》；元代有『詞簡而事該，亦地志之善本』（《四庫全書總目》）的《［至正］無錫志》。《［萬曆］宜興縣志》『引史證志，爲修志創一新例』（《稀見地方志提要》）。清《［康熙］無錫縣志》因『秦、嚴并名流，精史法，故其書完美。所爲凡例，尤多名論，誠佳構也』（《續修四庫全書提要》）。《［乾隆］江陰縣志》以其『文亦詳密瞻雅』（《續修四庫全書提要》）受到史學家好評。《［道光］江陰縣志》被贊譽爲『體例精嚴、裁制有法，在當時推爲佳志』（《續修四庫全書提要》）。《［光緒］宜興荆溪縣新志》『其文字之雅，搜輯之宏，誠爲後來居上』（《方志考稿》）。繆荃孫主纂的《江陰縣志》因『石刻及藝文孜孜彌詳，至有價值』（《江陰志略》）。

無錫縣先後修志十三部，散佚四部。宋代和宋代以前修有舊經、圖經、無錫志三部，均散佚；元代凡一修，明代有景泰（散佚）、弘治、萬曆三志；清修康熙、乾隆（二部）、道光、嘉慶、光緒志六部。從晋代到民國，宜興編修志書二十二部，散佚十四部；宋代以前（含宋代）修的九部志書均佚；明代修五部，僅存萬曆志一部；清代至民國修志八次，散佚一部。從宋代到民國，江陰纂修志書十八部，散佚十部。宋代和宋代以前修的五部均佚；明代修八部，存弘治、嘉靖和崇禎三部；清代修志五次。

本輯收録了民國以前無錫現存的二十六部舊方志（本輯之末附宋代的常州府志——《［咸淳］毗陵志》）。從時期上分，宋代一部，元代一部，明代七部，清代至民國十八部。按行政區劃分，無錫九部，宜興、江陰各八部。另附府志一部，其緣由是無錫、江陰、宜興的宋代方志均散佚無存，而常州府的《［咸淳］毗陵志》保存了所轄區内各地修志上繳的史料。

本輯影印的這些志書，有稀見的珍本、孤本，也有名構佳作。原書如有殘缺、漫漶不清處，以相同版本予以換頁、補頁，儘量系統而完整地整理影印出版，以起到資治、存史、教化的作用。

本輯排列順序，無錫、江陰、宜興，後附《『咸淳』毗陵志》。各縣之下以志書出版年代先後爲序。每部志書前冠以提要。

目録

［光緒］無錫金匱縣志（二）

（清）裴大中 倪咸生 等修
（清）秦緗業 等纂

無錫金匱縣志卷二十

官望

國朝

顧鏞字常孟順治四年進士授戶部主事歷郎中出爲興化知府興化邊海亂後苦寇盜備弛而役困鏞至稽舊法密植巨木樁於三江汛環之若城復置營舍於楓亭驛要口驛莆仙交割所也籍漁船刷甍目盜息役平官至廣東僉事道會奏銷案起詿誤歸

吳達字章甫明舉人起工部主事會有議新令不便者奉嚴旨敢再言者死達獨疏論辨竟寢不問尋屆考選策問勦撫江西事狀達直言勦撫兩失特擢御史達遂上天心民命疏直聲大振出按山東有東土大勢疏復陳禦賊安民治標八略按湖廣有南楚情形疏按陝西偵知鎮弁漁利茶馬滯鈌狀將馳奏鎮帥懼立舉弁回邊市大替卒

命還京郎上知人第一急務疏直斥枋臣洪承疇及尚書高爾儼臙腫銓途稍降行人淡歲仍還前職累進通政使爲論者所中戍邊

薛信辰字侯執順治六年進士除潮州知府潮州守將郝尚久有異志信辰屢密陳於上官及既叛信辰被執將

授以僞巡道不從而遣其子潛出約總兵吳六奇率師攻城而已爲內應其啟上官密牘爲郝兵所得報尚久尚久大會文武縛信辰至命斬之潮之士民慟泣請命了繫獄家屬投井仰藥死者五人凡四閱月事平得釋還職仕終浙江右布政使

費國瑄字子復順治六年進士知餘杭縣首捐竹稅免絹解山寇亂身先士卒討平之民戴其德爲立生祠擢兵部主事以强項不能俯仰自劾歸

朱瑛字晉白順治六年進士知常甯縣時湖南初向化民流土荒瑛勞來安集歸者忘亡粵兵來援洪承疇方爲督師瑛籌備供億具著機略擢寶慶同知承疇特疏薦之瑛竟以親老歸

顧煜字銘柏順治六年進士知象山縣革弊政祛蠹吏練兵御寇履畝平徭設觀瀾社課諸生禱雨雨應詛虎虎去邑大治以失上官意論罷

侯杲字霓峰順治六年進士知宣平縣宣平民貧多逋賦杲輸家貲補之辦軍興供億未嘗擾民亦不廢事遷禮部主事擢郎中改刑部督九江關清慎奉公悉罷額外征商旅德之丁外艱歸遂不出

張亢欽字臣若順治九年進士授太常博士遷工部主事

歷郎中督江南江西湖廣蘆政潔已奉公擢翰林院侍讀以詿誤去官

顧龍裳字稚龍順治九年歲貢生授棠城訓導擢孝感知縣有惠政祀名宦著有世德詩鈔

秦鉽字克繩順治十二年會試第一廷對第三人召見南海子賜袍服比第一人授國史院編修充戊戌會試分考官大學士合肥李天馥其所取士也旋出爲廣東參議分守雷州遷杭嚴兵備副使嘗有告無爲邪教者鉽問知此曹戒食肉飲酒遂集之堂下遍與酒肉飲食訖散遣之遷榆林參政旋擢江西按察使進賢縣有

叛人江德八者久未獲而所司得江國八鍛鍊誣服鉽察其非亟請上官奏釋之未幾卒獲德八伏誅又數人詐稱旗兵取人財例當與盜同罪而操舟人徐旦者不得財鉽當旦盜未得財律減死部議坐失出降調久之補長蘆運使遷湖廣糧儲參政會裁缺歸子汝泌字鄰仙官虹縣教諭能詩書兼米趙又嘗作服議一篇可補陳氏禮書

嵇永福字爾遐順治十二年進士授嚴州府推官降歷城縣丞督師蔡毓榮辟入幕府主機宜文字康熙戊午以博學鴻詞薦報罷後軍功議敘以僉事道用未補官而歿孫炎由諸生薦舉材能知儀封縣性簡傲罷歸炎從子承烈官平陽縣丞以善捕海盜擢黃巖知縣

過松齡字佺期順治十二年進士授鎮江教授已亥海寇突至官弁皆匿松齡獨抱印不去曰吾一介書生當與此共存亡耳事平進服俸稍後有太和教諭吳人秀壽州訓導丁濟美並著清德

顧岱字商若順治十五年進士授銅仁府推官遷思南同知約束悍兵苗民德之尋擢雲南武定軍民府知府調潞安復左遷贛州同知值三逆犯順閩粵楚三方兵火相接岱隨機應變倉卒立辦時用軍興法督撫提鎮皆

得專殺岱悉力拯救多所全活軍中獲陷賊者數十人帥欲盡誅以威衆守道欲生之議相左岱趨而前曰將軍議是然其中有可用者請釋之因趨廷下閱囚謬曰是皆能技作者即令釋縛免者二十五人又釋絷囚賸女口無算遷袁州知府丁艱歸起補杭州府罷歸岱才氣卓越官雲貴時吳三桂獨器重之岱不爲用其調山西三桂欲奏留岱固辭乃免孫預舉人歷官大理知府仁慈寬厚多惠政贅刖有傳

華亦祥字纘長順治十六年進士第二人授編修辛丑充會試分考官尋遷侍讀未幾卒方江南以抗糧事逮諸

士人至京至委頓有道斃者亦祥陰爲左右而資之歸亦祥事親至孝內行淯備歿時無以殮其同年崑山徐元文葉方藹爲之經紀其喪

鄒象雍字燹宮順治十六年進士知武陟縣中州賦法田輕丁重豪弱偏枯不平象雍彙算配撥請定分等則例具申得報可遂著令通行全省便之屬　大兵赴楚粵駐軍懷慶象雍詣大帥正色請申約束居民安堵仕終行人司祀河南名宦

曹鼎臣字掄生順治十五年會試副榜授無爲州學正遷奉化知縣康熙初三逆蠢動土寇蠭起蔓延餘姚上虞

新昌嵊鄞慈谿奉化諸邑境鼎臣團練鄉壯會七邑勦平之上官索賂不應抑其功弗敘踰年授中書科中書奉化民爲刊勦寇錄行世

華彝志字惟貞順治十六年進士由戶部主事遷刑部郎中擢貴州提學僉事振興文教士林悅服歿於官祀名宦

張浩字鶴昭由拔貢知宜春縣廉明善斷兵燹後圖籍焚燬田糧收除朦混浩立局按查令民各自呈報賦稅得實嗣是民有定賦見江西通志

秦松如字亦仙松齡弟知吳川縣廣東自軍興民散餉急而逋益積松如議新集不任帶徵條上利害請遂錮之大拂時指罷官歸後十年乃如所請粵人追感其德立祠祀之見廣東通志

張翔副貢生康熙元年知永川縣無官廨僑寓松子灘城中戶口零落翔悉心招徠在任三年流民大集祀名宦

施剕曾字雒遷康熙五年舉人爲全椒教諭遷奉化知縣奉化濱海魚鹽估舶交集猾商籠官長爲姦利剕曾下車肅然屏息巡撫張鵬翮疏薦之歷戶刑兩部郎中

季麒光字聖昭康熙十五年進士知閩清縣移諸羅時臺灣甫入版圖設郡縣諸羅以新闢之邑諸所措置規畫

日無甯晷嘗條議事宜上大府一郡賴之見臺灣志

秦松華字瀛仙父德湛見隱逸傳松華由歲貢生官筠連知縣既莅境有里長挾貲以迎具言縣官日用所需均取給於此松華亟揮之去比視事里長又斂錢固請松華又峻拒之自是不敢復言每歲遣二健僕走數千里取金於家以自給時蜀遭獻賊亂後瘡痍未復松華勸民耕作多所開墾復進士於官舍親爲講畫人以嚮學卒於官喪歸士民素衣涉江遠送祀筠連名宦

高洪字仙令康熙二十年舉人知遵義縣清介不苟取自奉儉苦幕客家人悉辭去莅事精敏判決如流俗多告

許人命官檢驗即破家洪簡役從詣戶所檢不實立懲
告者自後命案用稀力行保甲法勤於勸課而紳士占
役希優免皆不聽坐是得怨總督年羹堯亦惡洪欲執
劾去之然重其才乃延入幕府待以賓禮久之將復薦
起洪遽歸無何羹堯敗
邵璿字虞在拔貢生知芮城縣徵爲工部郎擢御史掌登
聞鼓院康熙六十年與同官秦天錫等抗疏言建儲事
從軍西塞歲餘卒予祭葬復原官璿工詩其出塞諸篇
悲壯可誦子建徵字鳳倫雍正五年舉材能科知灌縣
其地夷虜雜處盜賊間作建徵日夜徼廵閭閻不擾上

官將保薦解組歸
楊銘敦字鍾衡由歲貢教習知湯陰縣邑故河北孔道會
征澤旺到官即判差過兵車馬芻粟踵至立應而民晏
然既而檄赴軍前跨鞍疾馳謁大帥撥管肅州雙井站
插羽報辦動適事機再歷歲還湯陰前後十一年邑罹
旱者三之二自句當給軍外即措置賑災活民無算以
是傾其家貲且以當旱𥙿徵罷官歸銘敦好學嘗從邑
陵金敞及顧培遊
侯文熺字裕日康熙二十三年舉人授長洲教諭作吳縣（選舉表）
頻歲饑疫設粥厰手調湯藥全活無算（見蘇州府志）

邊脩字洪撰康熙二十三年舉人知海城縣縣雜籍旂民
帥弁挾勢要有所搆率軍勝而民失直脩至持法不撓
民氣大伸在官七年幾致刑措創他山書院以課士由
是甲乙科踵起爲遼海望時高安朱軾方尹奉天曰邊
海城乃非俗吏進部主事監海運倉剔弊如滌老胥目
笑之號癡主事
王世濟字貽京康熙二十九年舉人知雩都縣時江西被
兵久田野荒蕪至是稍生聚報漏税者累至吏私進曰
據報清勘升降可以增額世濟叱之曰寬大之世以我
險其生耶聞數日他吏又以其說進叱如初歷任四年

世濟最愼民命卒以失法官意罷歸
陳大經字筠操康熙中遊京師一滿洲巨公爲注選籍得
甯津縣到官不設轉斗訟者直造衙齋立剖曲直去久
之民隱無弗聞農時躡芒屩親視播插民忘其官値歲
凶屏去催租版輒散官穀大吏將揭參即自投獄倚虎
門決事民日號哭大吏曉得雋職留任民懽躍趨獄舁
出之無何歿於官民爭築土作廟祀之時有吳遵鎮以
副貢知內江縣亦勤敏有聲
薛祿天字二宜康熙四十二年進士授長壽知縣遷石屏
知州憂歸補嶲州所至有能聲其同年進士朱琬歷任

耶縣新津臨安知縣皆不久於官而多惠政
施熹字對揚康熙四十五年進士歷刑部郎中熹號强項有貴人子悅一衣工婦數挑之不從陰使僕辇工事露獄具貴人行千金至熹所熹笑拒之而富其子罪黄某者倚勢脅人金且數萬人不勝忿訴所司諸司皆中其賂獨熹不可竟以獄上立寘黄於法歲餘怨者摭他事論熹浮躁休致歸
嵇曾筠字松友父永仁見流寓傳曾筠康熙四十五年進士選庶吉士累進僉都御史典試河南還奏貯穀理漕防河三事未幾河決中牟即遣監視堵築隨又條上河

工便宜授副總河督豫河事務累進吏兵二部尚書專河道總督任加太子太保太子太傅拜文華殿大學士卒贈少保謚文敏曾筠負經濟大略知人善任恭慎廉明果用引河殺險法前後節省庫帑不下百萬其生平勞績治河爲大與靳輔齊蘇勒並稱名臣合祀於清江浦嘗葺浙江塘工於海甯築尖山壩以殺潮勢又建魚鱗大石塘七千四百餘丈至今賴之入祀浙江賢良祠又祀之西湖范公祠范公者前總督范承謨曾筠父永仁嘗從之同殉耿逆之難者也子璜自有傳瑛副貢生歷官廣南知府璡舉人歷官湖北武漢黄德道皆有聲

玫國子生官永昌知府勦鎮康賊獲頭目三十餘人撫其脅從者邊境以安
顧開陸字元臣父貞觀見文苑傳開陸康熙四十五年進士知永寧縣値歲旱開陸多穿渠引洛水灌田民賴以活調遵義遵義地介黔而隸蜀黔民掠賣幼苗多徙竄而誅報歧迕開陸設法爲置巡緝其後遵義改隸黔民吏稱便皆由開陸倡議官終澤州同知
黄天球字璋伍康熙五十一年進士知靖安縣靖民多瘠首豁積逋賦籍開除細戸立飭清釐士田嚴革換段僞契及殺人沈命徙屍諸大弊吏胥不敢因緣爲姦有兄

弟搆訟久不決天球曉以天倫大義皆涕泣引罪明蘇州知府況鍾故靖安人也特建祠祀之尋擢禮部主事告歸
顧仔字子肩父焻孝友誠篤訓導安東頽廢具舉遷溧陽教諭謝歸仔康熙五十七年進士官編修督學廣東振夙習蠲弊竇進秩中允旋移浙江持法不少借士氣整肅而亦以此取時忌還朝尋予假歸子維鈁進士由知縣選刑部主事植品嚴峻勤於服官
陶正中字田見雍正元年進士由編修遷御史巡察近畿畿內多宗人田越屯爲暴正中請以法繩之勢遂戢豪

民殺傭欲私其婦婦逸訴豪錮婦於獄七年正中廉得之卒抵豪罪擢廣東糧驛道徙任天津時旱暵造告而析津爲漳滹沱下流又患水正中建言疏子牙河濬淀泊卽藉其土築堤捍之使淫水有歸遷直隸按察使尋擢山西布政使於時人尙操切正中獨持以鎭靜左遷直隸清河道卒從弟履中字叔和工爲詩

潘杲字師仲雍正元年進士知宜章縣俗健訟而多盜杲聽斷明恕擒盜魁置諸法境內肅然又禁諸淫祀悉毀其祠宇改造義學及節孝祠三堡屯田久湮歸民田冊而軍戶輸賦如故請免之擢辰州府永順同知坐事罷歸杜門讀書敎授弟子深於易學並工詩古文

顧贄字敬輿岱孫父起佐性絕俗嘗從宜興湯之錡講學贄雍正二年進士由編修改御史督糧山東運丁積虧舊欠山東爲最至二萬石有奇故事交存贏米官給半價贄請倉督以贏抵欠以半當全由是銷欠幾及二萬石旋解職歸起補重慶知府重慶屬有趙姓二悍役督人錢致夫妻母子四人死州吏當其怨家罪磔贄廉其冤訊得實以所當罪罪二役州人稱快官終四川鹽驛副使弟維高才生以詩名

鄒一桂字元褒雍正五年進士由編修改御史督學貴州乾隆七年遷禮科給事中初衡陽知縣李澎等倚巡撫許容浮收賦額糧道謝濟世發其奸爲容誣劾旣覆讞得實奪容職未幾仍
命巡撫湖北一桂疏爭謂容不宜復用乃罷遷太常少卿奏律載獄具全圖俱有定式毋許非刑乃今直省新制無論獄囚多寡概令排頭仰臥於腳鐐手梏之中橫穿長木鎖通兩端多緣致斃宜下各督撫嚴禁從之累遷大理卿平反重獄脫死罪二人歷內閣學士禮部侍郎以年老仍調閣學致仕歸再入都祝
釐與九老會在籍食俸卒贈尙書銜予祭葬年八十七一

桂工畫亦有名於時

錢基雍正二年順天舉人知巫山縣捐俸刱修書院籌膏火爲久長計士民德之祀名宦見四川通志

陳士雋雍正四年順天舉人知崇甯縣脩文廟建書院作育人才設棲流所普濟堂以養孤貧祀名宦見四川通志

秦旬字中馭少爲諸生讀書有根柢雍正五年進士授濰縣知縣慈祥愛民不施鞭扑民以老佛呼之入爲刑部主事行槖惟山繭數匹而已從弟蕙田方官侍郎時無迴避之例每日上堂呈稿蕙田拱立以俟旬執禮維謹見者以爲難

嵇璜字尚佐曾筠子雍正八年進士選庶吉士累官至文淵閣大學士璜習於經世之務尤善治河歷南河東河河道總督皆著聲績如其父爲人樸柔中剛不肯矯激沽名而內自確然有守遇

召對時有陳奏不以告人旣陟綸扉屢以年老乞身不許

上累賜詩章以文彥博目之乾隆庚戌重與瓊林宴年八十四卒贈太子太師謚文恭璜故工書子承謙翰林侍講承豫兵部郎中並以書名承羣東昌知府有政聲族子承志由舉人歷長蘆運使

上廉其家世長於治河超擢河東河道總督會河決衡家

樓承志督理畚築事宜勞瘁成疾入爲順天府府尹以歿

侯嗣達字爾端雍正八年進士授刑部主事由郎中擢御史進呈易經泰卦講義

召見奏各省保題人員毋得專尚才吏以清治源報可外擢湖南衡永郴桂道撫治苗疆規畫有方移福建汀漳龍道以迴避改浙江甯紹台道卒於官

孫灝字山傳雍正八年進士授靖安知縣甯官獨立不阿江西州縣有漕者四十八南昌水次倉七十二有監司與旂丁比倡議當徙倉瑞洪可省兌費瑞洪瀕湖無障障歲虞漂泛且爲劫盜招灝起爭之謂倉萬不可徙又或議剗水腳費旣轉請且檄行灝列陳不可於大府凡數千言大要謂壓給募運病在官官不能應勢且攲船勒夫病究在民語甚激烈於是二議皆得寢甫四載卒於官監司以下遠近吏民赴弔者塡街巷皆涕下

秦仁字體國由副貢生舉茂異科知蒙自縣治漢猓有法會普思不靖仁嚴設戒備邑境帖然移東阿擢知福甯府皆有殊政仁少孤奉母至孝事兄秉丰尤篤倫誼子雲錦諸生淸釐先人冢墓著秦氏先城攷

華恒泰字興生乾隆元年進士授直隸新城知縣廉潔不

名一錢以事至鄉與百姓語煦煦嫗嫗忘爲長吏也改教職歸貧至不能自存從弟西植由舉人知貴溪縣亦有淸望告歸後年九十二始卒

賈霖字沛然乾隆元年進士授靈壽知縣有德政先是陸淸獻隴其宰靈壽時山出一泉民稱陸公泉迨霖至復出一泉民稱爲賈公泉以憂去官終甯國府教授霖幼負異稟工於詩

顧灣字克家以諸生薦授福山知縣調單縣單民輕生小忿輒以死相傾陷利株染灣遇事立斷一無波逮姦民失所圖俗遂革遷知濱州請豁鹻地逋糧迕制府意會

又有墾荒令濱獨無所報趣之澇曰甯去官無病此土遂假他事落職歸澇工文書法尤渾勁

秦勇均字健資乾隆四年進士第三人授編修出知九江府俗好訟勇均遇事反復開譬不施笞責而事多寢息移廣信親詣鵝湖書院與諸生講學歲旱未奉檄先發粟平糶幾被譴丁憂服除起爲平陽知府久之擢陝西按察使條奏刑律輒報可執法持平告病歸卒於商州

周金紳字大階乾隆四年進士知新甯縣崇文廟葺書院修邑志鹽總某餽白金欲專鹽利金紳叱還之聽訟明允以疾卒官祀名宦著有握蘭詩草四卷

張泰開字履安乾隆七年進士選庶吉士入直上書房授職不數年洊陟卿貳晉禮部尙書兼都察院左都御史嘗以胡中藻獄牽連被逮高宗知泰開忠謹卒貰之以病乞歸加太子少傅卒年八十有六謚文恪

鄒雲城字擁書乾隆三年舉人任元城知縣元城濱河地勢窪下雲城豫治堤堰及秋水大至元城獨完擢知深州首革陋規民大服時鄰縣災富商囤積居奇民憤將成大獄雲城奉檄往勘事得平擢知河間府子儀字補山舉人知雩都縣免沙積地糧益書院膏火士民德之俟順天府治中儀淸泉知縣皆著惠政

侯鈞字嗣沂乾隆十年進士歷任陝西知縣屏供億杜苞苴嘗修三賢祠三賢者燕伋郭欽段秀實也其在武功會有念佛聚眾之獄上官將治以邪敎鈞廉得其實曰此愚民求福耳省釋甚眾

周照字南愷乾隆十三年進士授戶部主事遷員外郎郎中擢監察御史奏言河南歲饑請飭有司實心賑濟會日食應詔條陳時事乞勿用新進喜事及言利之臣退而自焚其稾丁母憂歸遘疾卒

王瑛曾字玉裁乾隆九年舉人知鳳山縣時生番出掠單騎入其境諭止之嘗於臺灣民家得僞印例遷秩而臺灣令應降調瑛曾瞿然曰人黜我陟胡可居也旋擢貴平知州以勞卒官祀鳳山名宦

侯錦雲字升嚴乾隆九年順天舉人知河津縣値歲祲錦雲悉發倉穀以貸民同官皆危之明年歲豐民悉還穀於倉無後者以母老乞養歸

秦鏶字廣和乾隆十二年舉人爲人沈毅有定力由湘潭知縣遷歸州知州甫三月聞父訃時方按捕巨盜張仁貴等之獄旣成讞臺司護前過堅持不可勢且反坐錄

聞之從叔尚書蕙田尚書入告
上命大臣鞫治之誅張仁貴等臺司皆獲罪鏁累遷至湖北按察使降長蘆鹽運使終刑部郎中弟鑽才亞於兄由翰林出歷廣東鹽運使鏁子泉以編修改吏部主事潮官國子司業視學安徽有清名湘舉人署大竹縣鄰境叛兵侵擾湘嚴守得安授合江設四鄉義學置田千畝積穀備凶荒以病歸

鄒應元字清源乾隆十六年進士授武甯知縣累遷至杭州知府所至皆有遺愛特調臺灣知府臺灣懸隔大海應元甫至賊黃教聚黨數千人謀爲逆應元出金募健

兒三百人勦捕之得其死力縛其渠誅之賊遂平凡在臺灣六年以病免歸

丁鶴起字乾九父詮歲貢生官安慶訓導嘗爲諸生申雪究枉雅有聲譽鶴起由國子生効用南河爲嵇文敏曾筠所器授主簿累遷至安慶同知其令陳留最久償積逋慎庶獄飛蝗過境下令捕之蝗抱穗死去官日民多泣送其他治蹟皆類此從弟王士舉人好爲詩歷官松谿漳浦知縣有惠愛

丁亭字中臺鶴起子乾隆十五年舉人由長甯知縣累擢贛州知府權吉南道終高州知府長甯民兄弟爭產亭

諭之皆感泣讓其資以建橋曰聯氣橋知瓊州時生黎弄兵射殺巡檢某亭募鄉導偕總兵冒瘴霧疾馳縛其渠及黨百餘人以歸事乃定弟尹志雲銘尹志別有傳雲銘知藤縣亦有聲

侯可儀字于逵乾隆十五年副貢生知新化龍山等縣以奉母歸母石年九十曲盡孝養服闋知五河縣祀名宦爲政務靜化不事鞭扑宦橐蕭然子鈐字鍵六進士知安仁衡山等縣廉愛有父風鈐兄大鏞弟鍔皆知名族孫叔度煜並從鍔學有聲庠序

華雲鵬字古愚乾隆十七年進士由部曹出爲嚴州知府

性端重不阿上官子申伯改名翃舉人榜姓王歷任太和祁門吉水知縣廉介自守告歸家無一椽

顧光旭字華暘乾隆十七年進士授戶部主事累擢監察御史屬直隸山東大水光旭奏請以工代賑並借給牛具籽種以資耕作報可出爲甯夏知府調平涼値歲旱請開賑與布政使忤而光旭竟先發銀米民得無饑陝甘總督文綬移任四川時方有金川軍事文綬奏請以光旭隨往署四川按察使蜀有失業奸民俗名嘓嚕子者四出刼掠光旭督役搜捕獲其衆懲治之羽黨股慄誓改悔尋以秋讞失出罷歸光旭學術純正工於詩尤

精書法居官有清操歸主講東林十餘年卒子丞之舉
人挑發河南決獄平恕而伉直如父湛之國子生葆之
歲貢生沛縣訓導皆有學行
錢曜字震暘乾隆十七年舉人授象山知縣曜質無城府
為政廉而愛民如子既罷歸仍教授鄉里以自給故家
邑之馬橋讀書課子足不入城市年七十五卒
周際清字思順乾隆十九年與杜玉林同舉進士同官刑
部兩人並諳律例為尚書秦蕙田所器玉林出外官四
川鹽茶道方金川用兵佐理軍儲累遷至刑部侍郎而
際清官終永昌知府際清幼時父遠出絕音耗母撫之

成立迨登第始迎父歸而母尋卒際清性孝友與兩弟
同居不析箸衣服飲食必均玉林字寶樹嘗以事謫戍
釋歸歿於嘉峪關
鄒奕孝字念喬祖升恒見文苑傳奕孝乾隆二十二年進
士第三人授編修官至工部左侍郎嘗充起居注官見
載筆非一人手文法參差因譔記注成規一卷為後來
者法五十一年
天子臨雍奕孝以國子祭酒講易天行健一節敷陳明暢
上為動容命兼管樂部纂律呂正義續編嗣奉
敕定詩經樂譜據文辨音據義定調一複三百篇本音於

朱載堉樂律全書多所訂正製器尤精任祭酒時和珅
柄國忌其才欲羅致之不可假觀其器又不可會七載
不遷官有諷之者則曰命係於天恩出自上若何能為
耶生平掌文衡最久同考典試視學凡十有三子曾蔭
字勗齋南鄭巡檢以才幹稱
朱宗洛字紹川乾隆二十五年進士授天鎮知縣甫下車
緝獲廣昌縣越獄積匪於西南山谷中窮治窩黨境內
肅然聽訟不踰三日悉論報可息者令自和解宗洛性
耿介坦白研精易學卒於官篋中惟所著周易觀玩篇
及手抄書數十卷祀名官大同府志有傳

丁尹志字襄城乾隆二十一年舉人歷官肇慶廣州知府
歲凶議平糶上官難之尹志委曲陳告卒得請紅毛夷
以怨劫呂宋舟於澳門內仔其眾勢洶洶尹志密白左
翼鎮於虎門張瓛整師親往登其船諭以外夷在內地
無得相讎夷酋懾服歸呂宋仔事遂解子瀛洲萬載知
縣芳洲舉人番禺知縣閬洲循化同知並以廉敏稱於
時丁氏數世友愛瀛洲之去萬載也虧款數千金芳洲
閬洲醵金償之
王寬字渠人千仞子乾隆三十一年進士授兵部主事洊
升監察御史言事左遷出知狄道州承追二十餘年逋

賦民力殫竭寬力請大吏得入告豁免逋省積欠民勒
碑頌其事州故楊忠愍公作尉地其祠久廢修復之調
泰州乞養歸族弟珙字玉章以進士官兵部主事勤愼
稱職嘉慶十九年邑大祲珙在籍董賑務定畫賑法後
倣行之

倪鼎銓字晉階乾隆三十年舉人知渠縣適教匪滋事堵
禦有方並擒賊首超遷知府時賊四竄焚掠鼎銓陳堅
壁淸野之策民賴以安補雅州知府旋卒

馮培字體中乾隆三十六年進士由工部員外郎出爲青
州知府益都報災單騎往勘設法撫卹吏不敢欺調雷

州漁戶多奸民常勾引海盜兵弁往捕輒縱盜首而略
瀕海貧民誣爲盜以邀功培悉心研訊莫敢誣陷弟培
字仁寓進士歷官給事中在樞廷三十年愼密謙退蕭
然若韋布著有鶴半巢詩稿

孫永淸字宏度乾隆三十三年舉人授內閣中書尋入直
軍機處永淸性警敏諳曉時事累擢都察院左副都御
史出爲貴州布政使擢廣西巡撫會安南阮惠逐其主
黎惟祁攸關求內附總督孫士毅遽請出師永淸以不
宜深入阻士毅士毅不聽竟敗於富良江其後惠悔罪
投誠效職貢旣入關永淸料簡護送往來瘴癘積勞成
疾卒弟藩字振宇國子生以四庫館議敘中書科中書
累任劇郡善治獄擢陝西督糧道以敎匪不靖督辦軍
糈著勞績終安徽布政使

秦震鈞字酉經國子生以乾隆三十二年授臨淸州判逾
年王倫反壽張震鈞適權州事預爲戒備而賊巳至嬰
城固守凡十七日賊每以大礮擊城危如累卵矢盡糧
絕城竟得全擢臨淸知州累遷浙江鹽運使以病免復
出爲濟東泰武臨道卒於官方賊攻臨淸有婦女千人
羅拜城下乞入城副將葉信持不可震鈞曰是吾百姓
忍棄之耶竟納之居家孝友好施與其善舉甚多

鄒炳泰字仲文祖捷諸生有學行父夢皐進士歷官戶科
給事中巡視京城介不絕俗炳泰乾隆三十七年進士
授編修轉司業援古禮請建辟雍尋擢內閣學士累官
吏部尚書加太子少保協辦大學士屢掌文衡力厲淸
節人莫敢干以私囊橐蕭然澹若寒素視學江西有隸
人子濫厠學校士羣攻之前學使斥革四人炳泰至卽
予開復而斥隸人子士大悅服官戶部嚴核侵蝕同官
欲變法裕國用炳泰謂是與加賦異名同實持不可乃
止嘉慶十八年邪教林淸滋事炳泰以兼尹畿輔未能
先事覺察左遷歸歷主鄉會試所得士如李鋐昌强克

捷忠義最著子光駿二品廕生歷官徽州知府有巨商某以三千金爲壽乞臨其喪不許清介有父風

秦瀛字淩滄乾隆三十九年順天舉人四十一年
東巡召試
賜內閣中書遷侍讀出爲浙江溫處道除永嘉數十年以生監充莊長積弊擢按察使平反定海難民蔡長興十二人之非盜甯紹台大水告饑有司預報豐收不敢請瀛言於巡撫得議賑調湖南衡州歲歉陝西奏撥兵米瀛力止之旋告歸復出按察廣東治吳飯喜之結黨於順德者撫黎民之爲亂於瓊州者懲賭博之號稱白鴿

標者擢浙江布政使入爲光祿卿終刑部右侍郎瀛少負異稟操筆千言以詩古文名當世出入中外屢爲刑官治獄明慎歸而捐義塾田以課子弟修錫金縣志卒於家弟濂舉人工詩文聞父訃號慟嘔血卒沆自有傳

楊揆字荔裳乾隆四十五年
南巡召試
賜內閣中書入直軍機處隨大將軍福康安征廓爾喀遷內閣侍讀授四川川北道擢按察使陞甘肅布政使調四川時教匪方渡潼河焚掠三臺中江縣境成都戒嚴總督魁倫逮問揆施設悉具而師行饋饟不繼檄他州縣預籌糗糧以資飛輓又奏請亟發餉銀二百萬兩報可以勞卒官揆少工詩文與兄芳燦並負才望居官遇事果決與軍事相終始贈太常卿芳燦見文苑傳弟英燦字蘅裳知安縣建倉以備凶荒調成都官民爭地積久不決英燦折之訟始平擢松潘同知撫蠻夷有法紀著通省蠻夷備攷卒於官

周鎬字懷西乾隆四十四年舉人知鄞縣邑有塘衛田數萬頃歷築屢圮鎬相其形勢甃以石名永鎭塘邑之人尸祝之擢同知署嘉興府歲旱奉檄移粟數萬石鎬與一萬石巡撫大怒鎬曰嘉民亦乏食杭民何不糴於產

米之區而奪嘉民食乎巡撫韙之擢漳州知府上治漳六事行之卒於官著有犢山類稿

秦鴻升字霽峰乾隆四十五年舉人授滑縣知縣地曠民刁盜賊充斥鴻升治以嚴民作歌曰秦公來戶夜開嘉慶二年許州賊猖獗延及滑境鴻升日夜籌備民藉以安旋乞休歸

顧鈺字式度乾隆五十二年會試第一以庶常改部曹時和珅方柄國招致之鈺屏跡不往嘉慶初擢御史旋卒鈺性伉直遇事不阿論者多以未竟其用惜之

華枋字因培乾隆五十一年舉人知鎭海縣時浙洋多盜

枋令沿海居人能自備盜者以名上得若干戸諸大猾亦在其中悉召入密室具酒食從容指實其事皆叩頭伏乃與約令緝盜自贖卒得其力境以安歷任什邡灌雙流宜賓諸縣所至平反冤獄興利革弊俱有聲

秦雄濤字聲雷乾隆五十四年舉人授太湖縣訓導勸修學宮蒐訪邑中貧寒節孝二千餘口彙詳請旌士民頌之平生好究經義著有五禮輯要朱旭字漱軒雄濤同科舉人太平縣教諭在任日有奸豪爲勢力所抑者旭力扶持之俾得直以疾歸諸生建祠祀之

華瑞潢字秋槎歷知瑞安象山臨海等縣有惠政擢同知

署台州知府被議去官僑居西湖二十年大吏重其才事多倚辦瑞潢狀短小而膽力過人嘗行段橋見兩僧搏其一被按伏地呼盜瑞潢直前擒其按者果太平盜亡命淨慈寺爲僧者也幷獲其贓以畀縣官而不尸其功又從巡撫吉慶勦賊甯波大風賊舸驟至瑞潢立鷁首手刃一賊賊發礮礮擾於桅離頂數寸不爲動慶將上其功辭曰如欲得官則向者獲盜可矣後巡撫阮元再濬西湖以瑞潢悉湖中水利俾董其役焉卒祀象山名宦杭人亦祀之蘇公祠側

孫錫孫字望庭乾隆五十七年順天舉人歷知天台上虞慈谿等縣道光二十年英夷冦海疆錫孫以積勞卒於慈谿邑人與將軍朱貴前知縣賴晉並祀於城外大寶山

蔡維鈺字其相嘉慶元年進士選庶吉士授編修改御史奏西洋人傳習天主教多不法宜諭禁又稱江浙米價騰貴聞有私出海洋情弊宜飭督撫嚴查又參劾廣東林五一案交總督審辦久不奏報宜令刑部嚴立期限皆報可維鈺少受學於秦瀛砥礪名節爲言官思有所建白年未及艾而卒

竇廷模字立範由舉人授江浦教諭江浦毘連六合暴雨

山水盛漲圩田皆爲巨浸廷模請開支河以疏洩之上官令董其役水患遂息又捐建同善堂節孝祠邑人德之祀名宦從弟廷柄以玉田主簿署縣事居官廉介時北河久不治作二十四大河口號復繕治河方略圖說由大府上之會教匪倡亂隨營辦事恒獨騎窮巖絕壑間圖要害以獻以憂歸

侯昉字勤補乾隆五十九年舉人任五河教諭修葺學宮歲祲勸賑心力交瘁卒於官祀名宦族兄雲濤字漢翔舉人任全椒訓導亦以勸賑爲民所戴著有北譙吟草

薛凝度字岵亭嘉慶六年進士由中書出爲雲霄同知建

城垣修學校署漳州知府劾罷不職者二員調與化鋤梗安良士民著甘棠雅詠頌之與前知府薛梅洋並祀爲二薛公祠

孫爾準字平叔永清子嘉慶十年進士由編修出知汀州府甯化民斂錢拜會大府將治以叛逆爾準訊悉其狀誅其首無株連遷福建鹽法道累擢布政使巡撫安徽平河南甯入邪黨旋授浙閩總督會彰化賊械鬬附近蠭起全臺震動爾準先遣將遏之而親帥兵渡洋臺民惶懼爾準首誅盜六人以徇奏請焚殺有據者始坐辟餘從未減其附從而即解散者置弗問數日間人心大

定保全無算時議調兵協助又奏止之爾準宅心平恕學問淹貫兼善詩詞雖兵事倥偬誦讀勿輟恂恂如書生所至必咨訪疾苦前後修舉水利成膏腴數萬頃以瘁卒官贈太子太師謚文靖

俞肯堂初名坊字人表嘉慶十四年以內閣中書中進士由編修擢御史二十四年河南大水疏請以工代賑報可豫民是歲無流亡肯堂慷慨好任事嘗偕編修劉嗣綰主事徐煥副指揮繆其泰創建錫金會館於都門肯堂尋卒內閣典籍華文榕署正施普士其事經營又十餘年其泰性豪邁初謀作會館費鉅萬計其泰貸金書劵而鳩助於邑之仕中外者事以成後官平陽通判

秦琳初名琦字漆漁嘉慶九年順天舉人知范縣會敎匪李文成滋事東明長垣間寇流充斥邑戒嚴琳籌畫儲備夜宿堞樓匝月不解帶武弁藉端需索琳裁抑之聞母訃代者未至琳寢苦從事卒賴安堵工詩文有漆漁詩稿

秦沆字小泗四庫館議敘得新淦縣丞擢知臨川縣興學校鋤豪强修城築隄養老育嬰埋胔拯溺十餘年民情大洽時江西鹽引鉠銷沆請平鹽價減加引裕販本遷南昌同知監寶昌錢局知錢法之壞由料價不敷而侵

蝕者衆乞貸庫錢生息津貼罷冗役陋規議皆得行擢永平知府嚴絕所屬供億瀕海多荒地乃召民墾禁索費成田無算沆性仁恕而勇於任事尤善折獄祀臨川名宦臨川縣志有傳子國楠舉人工詩文居父喪哀毀尋卒

秦鳳梁字琴山嘉慶九年舉人攝雲州知州民人楊紅爲捕役所殺府委通判代驗通判與吏目有親賄紅妻以火葬滅跡鳳梁發其奸補浪穹知縣引疾歸嘗爲同考官得知名士五人主試林則徐爲繪五芝圖記其事

蔡培字蓉塘嘉慶十四年進士由庶常改甯晉知縣歲大旱培方詳請秋賑時京師有林清之亂軍書旁午請發

庫銀僱車以應兵差民得不擾又密獲西境逆黨二十
五人頭目二人置諸法境乃安調高邑邑多猾胥培至
嚴約束釋株累以憂歸再任文登卒於官
厖志勳字雲階嘉慶十八年拔貢生爲兵部七品小京官
旋中二十三年舉人性端謹處事詳審嘗館大學士英
和家甚見器重無一言及私工小楷累遷職方郎中
華希高字退庵歷知浮梁豐城等縣豐城地窪下水恒漂
沒入田廬希高築隄捍之工鉅而費博自是邑無水患
卒於官竟以虧帑籍其家民建祠祀焉
楊德墳字伯吹諸生歷知宣城博羅歸善新會等縣從湖
無錫金匱縣志　卷二十　官望　三十九
廣總督盧坤征猺有功及坤移督兩廣又檄治韶州會
匪擢佛山同知未任卒其在博羅仿南河碎石工築海
隄以遏潮衝歸善爛崑病民德墳按治如律新會瀕海
多盜乃添設巡卡廣募民船游緝洋面以安謍偕族人
建先祖忠襄公祠於惠山又捐田以贍族
杜紹祁字少京嘉慶二十五年進士署仙游知縣補鳳山
貢生曾高飛故巨猾與富室爭墳山歷數令不決紹祁
核積牘得高飛最初券年月不符猝詰之辭服署臺防
同知未幾鳳山奸民王曾楊良斌煽亂檄紹祁兼署鳳
山馳至赦脅從收反側賊漸解散擒曾良斌誅之有歐

和尚者聚衆謀不逞紹祁密購線揚言詣府出不意擒
之其黨遮道將刼奪紹祁命斬和尚竿其首衆駭逸餘
盜亦次第平邑大治又以鳳山城陋無形勢可扼乃建
復舊城於龜山之麓紹祁捐廉爲之倡擢淡水同知引
疾歸建宗祠恤族婣而佽其昏嫁喪葬者主講東林所
入修脯時以周士類佐賓興焉咸豐三年寇警邑人多
徙避子友李友房以請紹祁咄曰吾嘗從大夫後且忝
諸生一日長奚避爲卒年七十六友李友房皆有學行
華端翼字鳳威道光三年進士知靈壽縣持身廉介以陸
清獻嘗宰是邑慕而法之其同年進士秦大治官武強
無錫金匱縣志　卷二十　官望　四十
知縣劉承本官金鄉知縣並工制舉文大治居官戇直
忤上官歸主講東林又陶沅與大治同舉于鄉以進士
知安化縣敀池州教授亦善制舉文
秦緗武字省吾瀛子少能文善擘窠書以國子生歷任江
西知縣而蒞彭澤者再彭澤多豪猾難治緗武杜請謁
精聽斷吏莫能爲奸數平反冤獄他邑有疑案輒委決
焉其再任時邑多逋賦又累被水前令多以奏銷處分
去無得久任者緗武至不事敲扑開誠諭之民戴前惠
慮其去爲揭帖于市曰願黍父留者輸無後咸踴躍自
災緩外輸如額而贏馬當鎮界湖北安徽其閤排洲爲

盜藪綁武夜馳往盜不及越界獲其魁大吏才之使禁
督贛南會匪綁武日其會名千刀人衆難盡捕惟先得
者不惜盡法懲庶未得者聳懼又上便宜四事行之以
烈日中捕蝗得疾卒無以斂縣人歸其喪彭澤縣志有傳

華雲陛字味根道光二年舉人歴知崇安仙游長泰等縣在崇安卻茶商陋規仙游民好訟嘗一日夜清積案三十餘勸戒並施訟爲之衰長泰瀕海民風獷悍雲陛禁械鬭繕城隍廉明大著每去任攀轅祖送者載道卒于官囊橐蕭然子鏡字附貢生能書畫

侯之翰字蘭臺昉子實錄館議敘縣丞署曲江縣事累以

獲盜功擢知陽春東莞縣南澳同知在陽春興書院治水災修城垣在東莞士人作詩頌其清德祀曲江東莞名宦

蔣大鏞字和叔道光二十四年進士咸豐初知雄縣會粵寇擾畿輔軍書旁午事辦而民不知調知通州繕城隍嚴防守寇不敢偪

上才之召諭大臣近畿防務宜法通州擢順天府治中嚴絕請謁忌者或中以蜚語坐落職尋事白復官選奉天府治中奉天與旗員錯治政令歧出貨賂公行皆削厓岸相容隱大鏞獨柴立一切裁以法度大著清望旋陞

大臣勘事吉林吉林將軍等先以庫金寄市權子母至此事覺大臣至欲閱庫大鏞曰急則將軍以下罪皆死而金不及還庫請緩三日庫金八十萬可盡歸也從之果如其言將軍以下得減罪論戍皆感激出金爲贐大鏞卻之曰吾爲國家計耳敢有私哉復隨大臣赴高麗議邊界操紙筆五問五答卒屈高麗俾讓甌脫地博六十里袤三千里卒于官同僚集賻歸其喪

程應庚字文泉諸生以縣丞擢陽穀知縣有女戸驗係被勒事無端倪應庚檢得手帕設法鉤距罪人斯得署壽張有父母匿女而以重情控夫家者應庚密購獲其女

誣遂白尤善治盜以瘁卒官

周建勳字臣哉世襲雲騎尉署太倉劉河營都司咸豐三年土匪周立春等據嘉定攻太倉東門建勳與知州蔡映斗悉力拒守鎗斃數十人賊衆敗走建勳待士卒有恩信人樂爲盡力見太倉州志

朱厚基字子山咸豐十年進士授兵部主事未補官出爲湖北試用道旋卒王綍字華鋤同治二年進士由庶常改戸部主事綍文名噪都下一時問業者甚衆光緒二年典福建試尋丁母憂亦卒二人在部以勤敏稱尤篤鄉誼有以緩急告靡弗應皆未滿五十卒鄉里惜之

無錫金匱縣志卷二十終

儒林

自漢宋分馳而談理者或離經訓詁經者或疏義理墨守而相譏通儒蓋兩病焉夫生三代後而希聖賢要旨固舍經末由知窮經以求理則其道未嘗不合無錫學者莫盛於南宋迨顧高諸君子出海內翕然宗之聲氣既廣或不無流弊然是數君子者固無得而訾也　本朝崇尚實學士務經明行脩服古之儒彬彬盛矣迄今數十年來餘風未遠而閣束經籍但求速化幾於漢宋諸儒之傳胥泯焉抑又何歟綜而觀之可以知世變矣

志儒林第二十三

宋

蔣浩字直翁與同邑陳敏同學於胡瑗以經術知名治平二年進士嘗知蓬萊武涉二縣以能名召拜太學博士推胡氏之學以誨士士皆敬服之出判辰州知渠陽年六十五致仕

陳敏字伯脩年十一喪父哀毀廬墓有芝生焉與同邑袁默蔣浩史郡孫載同受業胡瑗之門號爲四俊熙甯三年進士王安石奇其才薦敏堪大用除太學正出知台州會郡國立元祐黨人碑敏不從監司趣之敏曰嗟乎

誣司馬公爲姦是誣天也通判某竟立石敏碎之掛冠去自號濯纓居士大觀中以八行搜天下士殿譔李夔薦於上守令勸駕敏嘆曰昔歸今往於出處之義何居弗就敏與蘇軾游甚厚軾嘗遺之書曰風氣凋喪植立於頹波狂瀾中唯吾伯脩與景純謂刁約而已敏卒年八十有一

喻樗字子才其先桐廬人至樗乃徙居無錫少慕伊洛之學從楊時游中建炎三年進士第嘗謂趙鼎曰公事上當使啟沃多而施行少啟沃之際當使誠意多而語言少鼎都督川陝荆襄辟樗爲屬紹興四年金人入寇趙

鼎勸帝親征樗見鼎曰公自度此舉果出萬全乎或姑試一擲也鼎曰非鼎所知樗曰然則當思歸路毋以賊遺君父憂張德遠有重望居閫今若使爲江淮荆浙福建等路宣撫使俾以諸道兵赴闕則其來路卽朝廷歸路也鼎遂入奏起張浚知樞密院事令視師江上浚至執鼎手曰此行舉措皆合人心鼎笑曰喻子才之功也尋授秘書省正字兼史館校勘金師既退人謂鼎浚將並相樗獨言二人宜且同在樞府他日趙退則張繼之立事任人未甚相遠則氣脈長若同處相位萬一有不合或當去位則必更張是賢者自相背戾矣後略如其言紹興間力言和議非便言者希秦檜旨劾樗謗訕出判衡州致仕檜死起大宗正丞轉工部員外郎知蘄州孝宗卽位提舉浙東常平卒宋史有傳

尢袤字延之少從喻樗汪應辰游得楊時之學紹興十八年擢進士第知泰興縣縣有城屢毀於寇袤脩築之金人陷揚州泰興以有城得全除將作監簿大宗正闕丞人爭求之陳俊卿曰當與不求者遂除袤虞允文以史事過三館問誰可爲秘書丞者僉以袤對張栻曰眞秘書也亟授之遷著作郎兼太子侍讀張說自閤門入西府袤率三館上書諫出知台州會有毀袤者上疑之使

人密察民誦之不絕口因錄其東湖四詩歸奏累遷樞密院正兼左諭德旋除太常少卿高宗崩自南渡後恤禮散失事出倉卒每有討論悉付袤斟酌損益當定廟號與禮官定號高宗洪邁請號世祖袤言祖有功宗有德太祖規創大業稱祖太宗混一區夏稱宗禮子爲父屈太上爲徽宗子子爲祖父爲宗失昭穆之序將來祔廟在天之靈必有所不安邁論遂屈臺臣請定喪制袤言釋老之教矯誣褻瀆請一切禁止進禮部侍郎淳熙十四年有事明堂詔議升配袤議方在几筵不可配享歷舉郊歲在喪服中者有四惟元祐間用呂大防請升

配神考去大祥百餘日時祖宗用以日易月之制今陛下既行三年喪高宗雖已祔廟百官猶未吉服請俟畢議之詔可上嘗與袤論事久語宰執曰尤袤甚好前此無一人言之何也權中書舍人兼直學士院辭不許時方言内禪上曰旦夕制策甚多非卿孰能爲之光宗卽位開講筵袤論官制近年舊法頓壞使披堅執銳者積功累勞僅得一階權勢貴近之臣優游而歷華要姜特立議爲周必大黨遂與祠起知婺州召除給事中昌言曰某老無所補報凡貴近營求礙法制者雖特旨命書不敢奉詔甫數日繳奏者三韓侂胄以武功大夫和

州防禦使用應辦賞直轉横行袤繳奏入手詔命書行復言侂胄四年已轉二十七年合轉之官今又超授四階復轉二十年合轉之官是朝廷官爵專徇侂胄之求也命遂格耶律适嘌以手詔除承宣使袤一再繳奏言天下者祖宗之天下爵祿者祖宗之爵祿陛下安可私用祖宗爵祿加於公議不允之人哉上怒裂去後奏付前二奏出袤以後奏不報使吏收閣命竟不行除禮部尚書上屢不省重華宮以袤請駕隨出兼侍讀上封事曰給舍臺諫論事不行如陳源奉祠姜特立召尤爲駭聞方特立得志竊弄威福一旦斥去莫不誦陛下英斷今遽召之醫除蔓草猶懼復生況加封植乎是時上已屬疾國事多舛乞致仕歸八年卒年七十袤既得楊時之傳時爲程頤高弟乾道淳熙間忌者方攻程氏學袤在掖垣首言道學者堯舜所以帝禹湯武所以王周公孔孟所以設教近立此名詆訾士君子士君子欲自見於世一舉足卽入其中便無得免此豈盛世所宜有袤死數年侂胄擅國禁錮道學士大夫皆受其禍識者服袤爲知言袤容貌端凝晚益嗜書積至三萬餘卷取孫綽遂初賦以自號光宗書額賜之謚文簡 宋史有傳

嘉慶志云宋史言袤卒於位尤玘萬柳溪邊舊話則稱袤致仕後卒於家今從舊話

李祥字元德隆興元年進士爲錢塘縣主簿攝錄參時邏者以巧發爲能每事下有司必監視鍛鍊因服乃已嘗告一武臣子謗朝政鞫於獄祥不使邏者入門既而所告無實具白臨安尹姚憲憲驚曰上命無實乎祥曰卽坐譴自甘迺具論如祥意上曰朕幾誤卿吾爭臣也遂賜憲出身爲諫大夫祥調滁州錄事參軍安豐守臣冒占民田祥卒論歸之民累官國子祭酒慶元元年丞相趙汝愚以言去國祥疏曰頃壽皇崩兩宮隔絶中外洶洶留正棄印亡去國命如髮汝愚不畏滅族決策立陛下風塵不揺天下復安此社稷之臣也奈何無念功至

意使精忠巨節怫鬱黯闇其何以示後世除直龍圖閣湖南運副言者劾罷之太學生楊宏中等六人上書留之并得罪祥學於尤袤學識純正祿入悉散親舊家人勸買田宅不聽以直龍圖閣致仕卒謚肅簡宋史有傳

沈有開字應先父松年見文苑傳有開從呂祖謙游其學志其大者不務華藻口耳淳熙五年進士爲太學博士下簾竟講不妄請謁留正巽之擢與語聳聽移日正拔擢淳熙知名士有開實陰贊之而不以爲功教嘉王邸進講必嚴君子小人之辨甯宗即位遷起居舍人嘗宣入禁中賜坐問民疾苦忌者乃排以僞學廢斥十年既

而起知徽州改太平不行以直龍圖閣致仕家居落寞貴者求見皆以老疾辭而獨與朱熹通書問焉

蔣重珍字良貴嘉定十六年進士第一簽判奉國軍紹定二年入對首言自天子至於庶人所當先知者本心外物二者之界限界限明則知有天下治亂生民休戚而已何樂其尊奉哉遷校書郎行都火應詔曰臣頃進本心外物界限之說蓋欲陛下親攬大柄不退託於人盡破恩私求無愧於己昔周勃今日握璽授文帝是夜即以宋昌領南北軍霍光今年定策立宣帝明年稽首歸政今臨御八年未聞有所作爲進退人才興廢政事天下皆曰此丞相意焉有爲天之子爲人之主而自朝廷達於天下皆言相不言君哉天之所以火宗廟火都城者殆以此況九廟至重事如生存而徹小塗大不防於火之未至宰相之居華屋廣袤而焦頭爛額獨全於火之已然亦足以見人心陷溺知有權勢不知有君父矣他有變故何所倚仗哉昔史浩兩入相纔五月九月而罷孝宗報功甯有窮已然如此其亟何哉保全功臣之道可厚以富貴不可久以權也上讀之感動他日星變復申前說進爲君難六箴端平初入對上五事乞召用真德秀魏了翁帝曰人主之職無他惟辨君子小人重

珍對曰小人亦指君子爲小人此爲難辨耳兼崇政殿說書戒家事勿以白務積精神以寤上意每草奏齋心盛服有密啟則手書削藁時史嵩之既失相主出師關洛詔百官集議重珍力爭乞專意備守不得已則用應兵既而關洛師大衄復進兵重珍言若恥敗而欲勝之則心不平而成忿氣不平而成怒生靈之命豈可以忿怒用哉又言更化以來舊弊未去者五今又益以輕易遷起居郎以疾求去以集賢殿學士知安吉州權刑部侍郎三辭不許自劾不能取信朝廷之罪詔守刑部侍郎即致仕重珍生十歲而孤母顧氏親教以書一覽輒

記從尤袤游講伊洛之學與眞德秀魏了翁友善卒謚忠文宋史有傳

虞薦發字君瑞其先丹陽人性孝友未弱冠鄉試高等宋亡避地無錫遂家焉學成行脩而不肯爲世用無錫學久廢强起薦發爲師招諸生講說義理士皆聞風自遠而至時士人有田籍者官俾給驛傳薦發極言於上官得免爲鄉校官十餘年未嘗受廩祿當路交辟辭不就自號薇山老人以見志學者因稱薇山先生延祐元年初行科舉左丞許某董試江浙徵之乃曰吾所避者利祿耳今幸無是遂應命經疑問忠恕或引天地忠恕以

對閱者乙其處薦發曰此程子之說於是黜而復取者數人子志道

元

虞志道字彥高薦發子幼閑家訓弱冠以茂異起爲校官其學務明體適用爲文章必本於理教授湖州以嘉興尹致仕平生踐履篤實於義利之辨尤明

陸以道字士宏明易溯程朱之源獨得象外旨至正二年進士授校官累遷翰林待制著宋鑑提綱

明

邵寶字國賢年十九從江浦莊昶學成化二十年進士授許州知州月朔會諸生於學宮講明義利公私之辨改魏文帝廟祀漢獻帝易獻曰愍從昭烈所謚也巫言龍骨出地中爲禍福寶取骨毀於庭杖巫而遣之躬課農桑推行朱子社倉法入爲戶部員外郎郎中擢江西提學副使釋菜周元公祠脩白鹿書院學舍以處學者江西俗好陰陽家言父母死或數十年不葬寶請令不葬親者不得與試其俗遂革宸濠每請爲詩文輒峻卻之濠敗有司校勘書札寶獨無一字歷遷浙江右布政使與鎮守太監勘處州銀礦寶曰費多獲少勞民傷財卒奏寢其事正德四年拜右副都御史總督漕運筦議畢

至京師會劉瑾惡漕督平江伯陳熊欲論殺之一日刼寶於左順門將逮之尚書張綵曹元自內出謂公第劾平江則事釋矣寶曰平江功臣後督漕未久無大過不知所劾越三日給事中劾熊并及寶勒致仕去瑾誅起巡撫貴州累進戶部左侍郎命兼左僉都御史處置鹽運以母老乞歸乃拜南京禮部尚書以便養再疏辭免嘉靖初起前官復以母老懇辭許之命有司以禮存問比終母喪未幾卒贈太子太保謚文莊寶生三歲而孤事母過氏至孝甫十歲母病爲文告天願減己算延母壽及終養歸得疾左手不仁猶朝夕侍親側不懈學以

洛閩爲宗嘗曰願爲眞士夫不願爲假道學文章典重碑版遍天下博綜羣籍有得則書之簡取程子今日格一物明日格一物之義名之曰日格子嘗築二泉書院於惠山之麓世稱二泉先生明史有傳

王問字子裕少從邵寶游以學行稱嘉靖十七年進士授戶部主事監徐州倉改南京兵部南京額設馬快船七百八十餘艘歲脩役卒四千有奇病民滋久問白尚書爲酌款紓之時帑有邊警問預籍武從而厚其廩食比罷歸多有溢領或請追之問曰人輕其死以來來又撤還而官奪其餘他日朝廷更下尺檄誰復至者官南曹

時迎其父澤澤不欲行而令問畫三十扇扇各一詩自朔至晦日持其一以代子之侍前也比罷廣東僉事瀕行父愴然有離別之色問內自悲循其孫而歎久之曰吾終不能爲溫太眞矣行至桐江投劾歸終父養不出問工詩善書畫淸脩雅尙士大夫皆慕之卒年八十門人私謚曰文靜先生明史附邵寶傳子鑑見宦望傳

談綱字朝章少薄章句潛究聖賢之學應事從容不動聲色爲時所重臺使者行部必式其廬嘗與同里楊文張綬莫止虞祚輩結崇義會張綬字朝紳力學好問官東陽訓導與諸生闡明金許之學

顧憲成字叔時父學倜儻負氣自邑之上舍獨身徙涇皋日食一糜而信乎鄉黨久之遂用起家憲成以鄉試第一人舉萬歷八年進士除戶部主事大學士張居正寢疾朝士爲羣禱於神同官代署憲成名憲成聞亟馳赴手削之改吏部會大計京朝官都御史辛自脩以斥尙書何起鳴忤執政爲言官劾罷憲成上疏詆侵閣臣謫桂陽州判稍遷處州府推官累擢至吏部員外郎時有三王並封之議憲成以太子爲天下本與諸王就王爵有不可者九乞令皇元子早正儲位語甚愷切并上書大學士王錫爵其後並封議遂寢二十一年內計吏部

尙書孫鑨考功郎中趙南星盡黜執政私人憲成實左右之南星罷憲成亦自劾請與同罷不報尋掌選事又會推閣臣憲成所舉益與執政牴牾坐削籍憲成在文選嘗言閣部既不同心惟有三十巡撫十三提學吏部猶可選擇使皆得其人天下事庶幾少補未幾竟得罪去憲成既廢名益高中外推薦無虛日悉不報歸脩復東林書院與高攀龍輩講學其中月爲一會悉遵朱子白鹿洞規時有管氏之學一貫三教而憲成獨排無善無惡之說以發明性善爲宗嘗曰聖人敎人爲善去惡而已爲善爲其所固有去惡去其所本無又曰諭本體

只性善二字論功夫只小心二字淮撫李三才被論憲成遺書葉向高孫丕揚御史徐兆魁以其出位疏攻之吳炯上言憲成被誣恐天下以爲戒絕口不談孔孟之道國家正氣從此而損亦不報憲成初以投閒講學未嘗欲樹壇坫久之應和旣廣頗以操持國是激揚淸濁自是發科場獎勘熊廷弼爭三案攻魏閹其人率目爲東林而羣邪害正者遂益以東林爲的致類東漢黨人之禍自憲成歸十餘年起南光祿少卿不拜尋卒熹宗立贈太常卿魏忠賢亂政其黨石三畏追論之又削奪崇禎初贈吏部右侍郎謚端文明史有傳

顧允成字季時憲成弟性耿介自厲名節萬歷十一年進士十四年赴廷試對策卽陳內寵將盛羣小將逞語侵貴妃乃抑置末第時御史房寰疏詆右都御史海瑞允成不勝憤與同榜進士彭遵古諸壽賢上疏劾寰欺罔七罪坐削籍久之起南康府教授以母病不行旣終喪補保定累遷禮部主事會三王並封與張納陛岳元聲合疏諫言元子封王祖宗以來未有此禮陛下安得叔之吏部尙書孫鑨以拾遺事被責允成謂閣臣張位實爲之上疏論位及錫爵并侵附執政者上怒謫判光州歸與兄憲成講學東林辨析狂狷中行之說意以狂狷自處而疾世之爲鄉愿而託於中行者允成居官先後僅六十日卒贈尙寶司丞明史有傳

安希范字小范如山子萬歷十四年進士授行人歷南京吏部主事時王錫爵秉政多斥異己者希范上言近年以來正直之臣不安於位敢言之士削跡於朝如趙南星孟化鯉趙用賢天下皆知其賢乃次第屛黜孫鑨李世達李楨雖材器不同而其自爲正人君子鑨世達先後去國楨亦累疏乞休高攀龍一疏此陛下之忠臣輔臣之諍友楊應宿疏辨實塗面喪心乃應宿僅薄謫而攀龍反重斥夫閣臣之職輔皇上以進賢退不肖今賢

者以異己黜不肖者以媚己進誤國不忠莫大於此疏入削籍歸會東林書院成希范別搆一室讀書講學其中所居膠山多淸川長薄又樂吳興山水晚而卜居武康天啟初贈光祿少卿明史有傳子廣居字無曠高攀龍女壻也由舉人中崇禎十六年會試乙榜應得縣令自免歸方攀龍赴止水死家禍且不測廣居力護持之甲申春都城陷慟哭乞死及秋而卒

高攀龍字存之材孫萬歷十七年進士出吏部員外郎趙南星之門授行人四川僉事張世則進所著大學初義其說一遵古本詆程朱章句之誤請頒天下攀龍上言

極陳其邪妄非祖宗之訓帝嘉納時當國者頗持異同部院大臣多以不合去國至是謫南星等吏部一空攀龍疏言中外羣言皆曰輔臣除不附已近侍不用正人陛下深居九重曾以諸臣賢否較量果皆由聖怒則自孟化鯉而外未聞忤旨輔臣王錫爵等是非邪正尚不能辨不過洩其私憤利於斥逐之盡耳言鄒材楊應宿輩讒諂宜黜應宿亦訐攀龍謫揭陽典史既歸築水居於漆湖而居之會顧憲成亦以言事罷因相與脩復東林書院讀書講學垂三十年天啟初起光祿丞進少卿劾戚畹鄭養性及其黨不報轉太常寺禮部尚書孫慎

行追論紅丸歸罪舊輔方從哲事下廷臣議攀龍議從哲之罪非止紅丸最大者在交通國戚表裏爲奸所以謀危先帝者不一此賊臣也無逃首惡之誅且討賊則爲陛下之孝說者乃謂爲先帝聖母隱諱爲孝明如聖諭目爲假託忠如楊漣謗爲居功人臣避居功甘居罪君父有急袖手旁觀是忠孝之說皆可變亂何事不可妄爲時從哲輩與援甚固摘疏中不孝語激帝怒將加嚴譴閣臣葉向高力救得免遷太僕寺卿都御史鄒元標馮從吾建首善書院於京師攀龍時與講會給事朱童蒙因疏訐爲朋黨於是元標等皆去位攀龍乞休不許進刑部右侍郎尋推左都御史時趙南星爲吏部尚書攀龍謂師弟子不當分掌部院力辭不得既就職則劾罷魏忠賢私人御史崔呈秀先是副都御史楊漣劾忠賢二十四大罪於是其黨嗾忠賢曰東林必殺公御史陳九疇遂因會推奏部院徇私而南星攀龍俱罷明年盡毀天下書院戍南星逮楊漣魏大中等殺之而削攀龍職既又逮周順昌等并攀龍七人收者至攀龍先一日拜遺表自沈園池以死崇禎初贈太子少保兵部尚書謚忠憲初海內學者率宗王守仁攀龍心非之著無善無惡辨其學本於靜而以眞知實踐爲主粹然一

出於正進脩次第詳所著困學記中方之揭陽時過旅舍小樓讀二程語至萬變俱在人其實無一事怳然曰果無事也自是學日進卒年六十有五明史有傳

葉茂才字參之萬歷十七年進士授刑部主事改南京工部權關蕪湖請以課羨數千金餉邊且言入旱始通故有羨請不爲例改南吏部郎中告歸起歷南太僕少卿御史唐世濟疏斥建言諸臣指爲邪議茂才上疏爭之不報其黨給事中官應震暨連疏攻茂才再疏折之竟自引去是時黨人悉踞言路他曹有言必合力逐之茂才既去人無復敢操異議者天啟初再起太常不赴四

年擢南京工部右侍郎甫三月致仕茂才通籍四十年十九在告與顧憲成高攀龍講學東林意所不可不爲苟同攀龍殉難茂才力免其子於禍家貧苦節以布衣疏食終其身崇禎初卒賜祭葬如禮明史有傳

陳幼學字志行萬歷十七年進士授確山知縣政務惠民積粟以備荒給貧民牛五百餘頭里婦紡車八百餘輛節公費六百餘兩代正賦之無徵者性不通權貴其親戚家人犯法立捕治之汝甯知府邱度慮幼學得禍言於撫按調繁中牟縣南荒地多茂草令民投牒者必入草十斤未幾草盡得沃田數百頃悉以畀民有大澤積

水占膏腴地二十餘里幼學爲疏渠引入小清河民獲大利越五年遷刑部主事復以員外郎恤刑畿輔出矜疑三百餘人進郎中遷湖州知府甫至卽捕殺豪惡奴會有施敏者士族子楊陞者人奴也二人以大猾橫郡中幼學以計執敏寘諸獄敏賂貴人私屬巡撫巡撫佯謂諸屬吏曰此惡非陳守不能得今當提勘與諸君磔之因日檄取親鞫幼學執不予曰陳某豈戀一官脅以利害卽畏人見奪者立杖殺之敏獄詞連故尚書潘季馴子廷珪廷珪惡埒於敏幼學言於御史疏劾之并收繫廷珪是時又論殺他奸豪數十輩獨楊陞畏禍引匿方置之復念己去陞必還遂捕致之死一郡大治御史徵其治行推官閻世科列上三十六事以聞詔加按察副使仍視郡事後以副使督九江兵備歸再起光祿進太常少卿卒幼學究心理學晚獨好易嗜管見不及成在東林諸人間以吏事著湖人俎豆之至今不衰明史有傳

嘉慶志云幼學在東林以治行著明史入之循吏前志錄入宦蹟傳幼學崇尚正學官刑曹時有某創新說以攻紫陽幼學抗疏斥之又有吳人撰罪知錄指摘宋儒幼學著罪罪知錄一書其闢邪衛道之功甚偉歿後從祀道南祠謹改入儒林附顧高後

劉元珍字伯先父陞舉人歷任山陽績溪校官高攀龍少從受經既而同舉於鄉攀龍自言少未知學驟得舉稍

自行意先生呼責之後始自繩檢云元珍萬歷二十三年進士授南京禮部主事歷兵部郎中移疾歸久之赴部候補會大計京朝官吏部侍郎楊時喬都御史溫純盡黜閣臣沈一貫之黨給事中錢夢皐等一貫密爲地詔留臺省被黜者且不下察疏元珍上言沈一貫秉政以來嫉視善類比昵匪人卽如考察一事諒陛下非愛夢皐非私臺省一貫曲庇私人內假公以罔上外挾威以箝下旣借陛下之權以伸其意遂竊陛下之恩以固其交使二百年鉅典一旦決裂一貫敢於欺罔犯淸議而不顧如是況有爲之鷹犬如夢皐者將何施而不可

疏上將杖元珍於廷會雷震郊壇燈竿木乃反杖旨削籍歸俄而察疏亦下諸被留者皆自免去元珍歸與顧憲成高攀龍講學東林光宗即位起光祿寺少卿時遼瀋既沒前贊畫主事劉國縉以招撫南四衛官民爲名擁衆數萬請發天津登萊船南濟議者欲推爲東路巡撫元珍極言國縉爲人詭秘不可信議乃寢未幾卒官明史有傳孫惠恆順治四年進士知閩縣歸讀書爲詩文皆有家學

許世卿字伯勳萬歷十三年舉人被服東林爲十戒書壁後有嘗以私者日息壤在彼又戚黨以事麗法甚亟屬世卿爲解適賣婢爲輸其罰緩而謝之其歿也顧憲成誌其墓

吳桂森字叔美萬歷四十四年貢生學易於武進錢一本受所著管見像鈔因廣其意作像象述東林之興每居講席及高攀龍赴召以會講屬桂森天啟六年拆毀書院崇禎初有旨修復乃建麗澤堂又築小齋名來復日講易其中嘗言有善無惡心之體有善有惡意之動知善知惡是格物知善無惡是致知其自署曰東林素衣弟桂亭亦預東林講席先桂森卒

張夢時初名大受字伯可萬歷三十一年舉人築精舍東

林以居與諸儒往復垂二十年謁選得安吉州擒土寇葉朗生餘黨斬之遷山東運同謀登州叛卒之亂功尤偉薦剡屢上竟告歸

宿夢鯉字龍吉萬歷三十四年舉人除松陽知縣問民疾苦請行弭三大患平田六大議以魏閹株連黨禍遂歸少砥文行高攀龍命其三子師事於家塾者十有六年

張雲鸞字羽臣從顧憲成高攀龍遊以經師教授里中時溫陵李贄以異學蠱惑人心其說尚行雲鸞爲經正錄闢之崇禎中齎書自獻於朝命學臣察其平生行誼以聞有詔充貢

鄒期楨字公甯從攀龍學每尋格致之義嘗論靜坐期楨曰調息亦頗有益攀龍曰不屑也期楨憮然既而獨心旨所論觀未發工夫以是有得弟期相字公寅從遊東林崇禎中御史張纘曾舉賢良方正歷官浙江衛經歷崇禎甲申五月聞國變請當道發喪哭臨及期浙人至者惟山陰劉宗周一人歸里不過私家止於惠山祖祠中病卒

黃廣字冠龍高攀龍赴止水死有旨詰問漏洩之由有司責保狀甚亟無應者廣同華國材慨然署狀以貢除安遠知縣有重囚寇至陽從賊走而道亡自歸者且請出

死力守城及部移至應決廣力請竟得釋
華貞元字始得從高攀龍受靜坐說有得嘗留止默對豁
然見無隱之象與吳桂森同受易於錢一本平生不啬
飲食衣被其中家貧或竟日不爨不以累其心族子允
謀允誼允誠與相師友終其身
華允謀字汝翼萬歷二十八年舉人世受易得其精義而
用之躬行立家會與高攀龍吳桂森諸人遊鵝湖始興
起於學授寶應教諭諸生爭地者各讓不取時為作興
讓亭弟允誼字汝正崇禎六年歲貢不赴廷試初偕弟
允誠受易於錢一本後從攀龍講學攀龍歿力保持其

家
華允誠字汝立允謀季弟天啟二年進士除工部都水司
主事告歸崇禎改元起營繕主事進員外郎明年冬京
師戒嚴分守德勝門四十餘日不稍懈帝微行察知之
敘功加俸一年改兵部五年六月上言時政三大可惜
四大可憂大學士温體仁吏部尚書閔洪學閣部朋比
阿黨陛下勿以神聖之資爲臣下所蔽治法之大爲奸
邪所制使名流善類錮於清時士氣人心日趨頽懦如
臣言得行即治臣以僭越之罪亦有餘榮奏上帝方褒
體仁純忠亮節疑允誠受他人指使責令回奏迺言體
仁以洪學爲羽翼臣以義憤所激不受指使益發兩人
諸交通狀纍纍數千言凡三奏語益厲帝亦悟兩人同
里有私迺奪允誠俸半年而洪學亦旋罷去其冬以母
老乞終養歸母喪服闋未及赴京而京城陷福王立江
南起吏部員外郎見時不可爲在官十三日而歸允誠
初受易於錢一本既得主靜之學於高攀龍攀龍嘗言
鳳超（允誠號）整齊嚴肅殆若性成及將赴止水死拜遺表
外獨有遺允誠書其見重如此周延儒之再召也遣人
以京卿啖之拒不應及赴南都馬士英先詣之終不報
謝國變後杜門讀易順治五年以未薙髮被執就訊無

一語死於江甯市諸孫尚濂年十九亦從死乾隆四十
一年追謚節愍（明史有傳）
顧樞字所止憲成孫天啟元年舉人世承家學又親受業
高攀龍之門故於忠孝出處之道少而習焉其學以無
欲爲體以居敬爲功以闡明性道爲家法而皆探本於
易值鼎革屏居涇皋結茆故廬之旁取陶靖節語名之
曰西疇
秦鏞字大音父爾載見孝友傳鏞崇禎十年進士知清江
縣邑素僉富民爲馬戸富民竄入胥吏累貧戸鏞以胥
吏僉而給其值劇盜嘯聚以計擒斬之築梅家畲建義

倉敎民稼穡福王時擢監察御史屢上封事不報尋歸南都亦亡錦獨居城東弓河之上自題曰千休館惟與門弟子講習主靜之學閉門讀易謝絶人事垂十餘年疾革或請歸錦曰硜硜者志安可移耶遂卒弟鋏鉞並以文學知名鼎革後棄諸生服

高世泰字彙旃攀龍從子崇禎十年進士除禮部主事擢湖廣提學僉事至則脩濂溪書院遴諸名士數百人講業其中均州劣生某陰導武當太和宮稅監謁文廟令諸生講書於前因有非笑之者璫怒誣以毀拆宮坊文致數十人入告事下學臣勘覆世泰備陳璫僭虐狀爲

諸生辯甚力遂得旨撤璫罪劣生而解均州獄事竣歸方是時東林書院之毀幾二十年世泰爲重建燕居廟出舊藏先聖木主而祀之春秋仲丁行釋菜禮又次第起道南祠築再得草廬講學其中三十餘年世泰性嚴肅見子弟如賓客子蓮生有文行事母以孝聞又弟壂升亦篤行世其家學

浦袞雲字伯登諸生與弟沖漢並游錢一本高攀龍之門學以居敬爲本當東林難作之日獨與鄒期楨期相兄弟按節偕講會不輟嘗以學行被薦予冠帶居家一遵古禮

堵景濂字濂生維垣孫幼學於東林晚中崇禎十五年舉人巡撫祁彪佳延之幕府以目疾辭歸未幾失明家居教授生徒日使人誦書於前因爲剖析其義先後從學者蓋八百餘人一念慮之失輒自記注名曰自知錄

嚴瑴字佩之始爲名諸生中歲落拓絶意進取嘗讀高子遺書歎曰吾舍是書將誰與歸因成東林書院志高世泰推瑴爲主講學使者聞其名欲禮致之不赴贈額不受或勸以野服報謝亦不答

嚴福孫字祺先父紹宗見孝友傳福孫甲申後棄諸生專意古學幼讀老莊楞嚴意甚善之既迺大疑務求正學

苦心讀易積十五年著通義九卷不徇諸家不爲僻解期明白簡當而後已又善太極大衍諸象數之學時廢寢食而得其解爲易象圖義五卷

錢爾登字叔嘉九歲喪父事君母吳生母譚竭誠盡敬崇禎十六年進士出給事中吳麟徵之門爾登見時事日非遽歸福王時授長興知縣地阻山瀕湖羽檄旁午爾登戢境均徭民不知亂聞金陵不守將圖後舉莫應遂去官里居寢處一小閣當路敦勸不出堅臥三年卒爾登師事高攀龍篤服其所著書歿以爲殉

張夏字秋紹諸生少遊馬世奇之門著孝經衍義補雒閩

源流錄於易書詩春秋皆有解義睢州湯斌撫江南甚重之講學東林者以夏爲大師性彊記多識邑中舊聞軼事故家譜牒瞭如指掌年八十餘以遺民終

錢肅潤字礎日幼從學於鄉期相期相故高攀龍弟子也授以靜坐法頗有得旣補博士弟子員鼎革後棄去隱居教授當事見其衣冠有異執而詰之折歷肅潤笑曰夔一足庸何傷因自號跛足生自此名益高四方學者尊爲東林老都講年八十八卒於家

國朝

顧祖禹字景范家對宛溪號廊下顧父柔謙爲贅壻昆湖

譚氏生祖禹祖禹故聞自署常熟實世錫人也中歲與黃庭結鄰遂家膠山祖禹少負異才博綜羣籍出游踰嶺嶠而歸崑山徐乾學奉

敕脩一統志延致祖禹與太原閻若璩常熟黃儀德清胡渭四人於家四人之學尤精地理又得傳是樓藏書參稽窮討各有譔著而祖禹則成讀史方輿紀要一百三十卷凡九州山川形勢阨塞圖經瞭如指掌自禹貢職方桑經酈注而下一大歸宿也祖禹又與甯都魏禧爲金石交禧客死蕪湖祖禹往紀其喪祖禹在志局時乾學將薦起之力辭罷有馬潤者世奇從孫從祖禹游亦嘗入志局祖禹纂方輿書潤與參考焉

秦松齡字留仙弱冠中順治十二年進士改庶吉士授檢討以逋糧案削籍康熙十八年舉博學鴻儒復原官歷左諭德再典鄉試又以磨勘落職至四十二年

南巡始給還原品官京師時大學士滿洲某公欲招致松齡屬人道意卒不往嘗以薦從軍荆襄督師察毓榮請於軍中講學松齡爲陳說忠孝大義介冑之士無不悚聽平生於書無不窺以詩古文名世晚益耽研經訓尤深於詩自毛鄭以下旁及歐蘇呂嚴諸家參以己見補朱傳所未備有毛詩日箋四卷行世別有書經春秋日

箋未卒業

秦松岱字燈巖松齡弟國子生幼讀王守仁傳習錄高攀龍靜坐說因有志於學後師事族祖鏞鏞故攀龍入室弟子自是識解益進時盩厔李顒武進惲日初慈溪黃宗羲皆前朝遺老以講學相應和松岱馳書質証往復累千言家故豐而菲衣糲食治家一守古禮

秦道然字雒生松齡子少時資頗鈍發憤誦讀遂能融貫經義爲文卒成名家康熙四十八年進士改庶吉士年已五十有二尋官禮科給事中掛藩邸事在圜扉十四年著困知私記明儒學錄貎益充視聽益精明乾隆初

得釋優游十餘年卒年九十
高愈字紫超諸生攀龍從孫十歲讀攀龍遺書即有志聖賢之學既長孰復諸儒語錄務躬蹈力行不尚議論謂士求自立當自不忘溝壑始家貧父性豪嗜酒愈委曲承奉之或父就人飲則遣僮往候而已屏立路旁俟與主人別則趨而翼以歸以爲常先後居親喪不飲酒食肉不內寢嘗受知於學使高裔歲科試皆第一時山西姜橚主文幕於江南之士獨賞愈與桐城方苞及己卯橚來典試苞以第一領鄉薦而愈已不與試橚歎息而已巡撫湯斌舊識愈雅重之屬縣官致意再三卒不往

謁晚年益窮困嘗餓廩七日矣方挈其子登城眺望意充然樂也生平覃精經術爲周禮解凡數十易稿華學泉以春秋相質愈言聖人據事直書而義自見爲辨正諸家之失甚力顧棟高少從受業亦往往宗其說云又嘗作小學纂注卒後四十年學使尹會一頒行其書
劉齊字言潔元珍曾孫性耿介以貢入太學名聲壓其儕輩應試順天有欲援而進之者齊作閨女詞五章謝之教習官學生期滿叙於吏部例以十之八授縣令爲正途下則授州佐爲冗雜且底滯無選期是時某侍郎遣人禮先於齊曰君來見必爲選首齊笑曰吾不以一刺易科第肯以此易縣令耶卒不往某卿之粲籍州佐或勸納粟爲教官齊與邵緒廣書謂教官雖微當爲諸生分別義利之辨奈何己先以納粟進卒卻之歸數年卒年四十七桐城方苞大書其墓道曰狷者劉言潔先生之墓緒廣字經農篤學好古於六經子史靡不窮究著書甚具八品峻潔與齊相埒
錢仲選字禹田性高潔非其義一介不取窮研經義尤多讀儒先書少以孝行聞儀封張伯行撫吳檄縣令延主東林講會仲選講有子孝弟章一座傾聽平居不食肉惟食蔬菜間佐以魚腥而貌益豐腴年九十一卒

華學泉字天沐世居邑之鵝湖與兄學瀚弟學潛並敦孝友年四十餘鍵戶一室讀書窮日夜不倦足未嘗躡曆事與黃瑚陸楣其爲古文而學泉尤以經學著所著儀禮喪服或問高愈極稱之儀封張伯行撫吳屬教官某延主東林講會謝不赴後數年卒年七十六平生尤邃於易顏其室曰讀易廬
顧培字畇滋與族弟鏊同受業於宜興湯之錡有志聖賢之學時武進金敞長之錡三歲而師事之錡卒培與敞築室於錫山之麓曰共學山居以招四方學者其學以靜爲本而以九容九思爲入道之要每春秋兩會

遊高攀龍復七規遣方至者常不下百餘人儆卒培與鏊主其事家故豐裕後日益貧至晚年日閱無儲而接引學者諄諄不倦年七十九卒

顧鏊字倚生年二十六始志於學習靜三十年用力勇猛徹夜無倦容自號恒惺取常惺惺義易簀時猶延族兄培至榻前講學不輟其與培共主講席也學者咸樂培之和易而苦鏊之嚴毅然誠意懇至其面刺人過初若不容久之無不心服

鄒祖綬字天目期楨曾孫少即有志於學應事湯之錡金儆與顧培兄弟同主講席爲人樸訥寡言而自守廉潔

家極貧未嘗假人一錢閒爲古文爲甯都魏禧所稱賞以布衣終同時逮事儆者又有姚琛蕭銘功及祖綬從子雲升雲升尤覃精儀禮之學

孫袠仁字立三繼臯元孫父維曾從宜興湯之錡學仁年十九刻意厲行束躬收斂時其學山居方盛乃從顧培顧鏊遊講求高攀龍靜坐之學每春秋舉行復七會會者近百人仁據坐講說日昃歌詩數章聲出金石晩以貢入都同邑吳雍言於江陰楊名時擬上疏薦之仁力辭未幾卒於京邸子諸生錫信孫訓導開濟並敦士行

華希閔字豫原以副貢生爲涇縣教諭中康熙五十九年舉人雍正十三年以博學鴻詞薦不赴乾隆十六年年八十恭迎

聖駕於惠山孝子祠

賜知縣職銜尋卒希閔篤嗜儒先書勤於著述雅好脩先賢古蹟如復邵文莊墓築高子水居重建松滋王侯祠皆鉅舉也嘗埋父遺金於地撫幼弟希閎成立而予之平生慷慨尚氣節巡撫張伯行與總督噶禮互揭主其獄者庇噶禮而罪伯行希閔上書斥之幾罹既後卒如希閔言

顧棟高字復初康熙六十年進士授內閣中書以奏對越

次罷官乾隆十六年

詔舉經學侍郎鄒一桂以棟高薦授國子監司業銜嘗入

都

召見棟高奏對首及三吳儉俗請以節儉風示海內

上嘉之賜七律二章二十二年

南巡晉祭酒銜又

賜傳經耆碩額以寵之棟高少受經於舅氏華學泉暨高愈通三禮學於諸經沈潛往復鉤貫旁通久之用史表諸表例著春秋大事表一書又著毛詩訂詁五十餘卷並經進呈同時華孳亨字子宏與棟高並習儀禮嘗讃

宮室制度於棋枰以棋子記賓主升降之節器物陳設之序如以身揖讓進退其閒蓋篤學如是棟高撰大事表每一篇成必以質諸孳亨

王繩曾字武沂少受學於舅氏秦道然講主敬之學壘守繩尺言動必於禮年五十餘以雍正八年進士官揚州府教授旣歸主講東林書院尤能造就後學及門如顧奎光秦朝釪後並以品學著

吳之枚字卜臣世居邑之閩江少喪父家貧年十八未知書採樵以養母會以逋賦爲縣吏所辱或云爲弟子員則可免乃發憤讀書孫祁雍誨之作文之枚晝夜苦讀

食止粥一盂齏數莖秦道然聞而餽之食之枚笑而卻之繼登道然門之枚性素魯道然授以高子遺書一見有省服膺終其身

黃施鍔字虞封雍正元年進士知登封縣鍔條奏請開經筵以廣

聖學改淮安府教授自河漕大府以及郡守靡不重其人凡興利除弊伸寃鋤強請無不行行無不當人意而鍔無毫髮私尋以卓異薦大學士陳世倌請講周易鍔爲說泰卦謂內君子外小人爲泰此是今日要著亦是公身上要著是冬世倌以體用兼優薦授國子監博士性至孝弱冠時父遣常守秦某之禍幾不測鍔除夜肩行囊走二百八十里瀝血顙呈大府事始白

吳鼐字大年乾隆元年進士鼐幼而嗜學穿穴宋元明儒之書而沈酣於六經撰三正考以駁胡安國夏時冠周月之謬於易三禮尤深暇與仲弟鼎及蔡德晉秦蕙田龔燦爲經會尚書楊名時以經學薦未授官成進士授工部主事聞父訃歸尋歿鼎字尊彜舉人質性過人治經博而能約以蕙田薦舉經學授司業歷侍讀學士其學尤邃於易與同時唐誠往復辨論誠字以誠精小學謂文字與卦畫同出一原著勺文若干卷旣歿鼎爲敘

其書鼎弟熙進士亦深於經尤精律呂龔燦字繩中早卒

蔡德晉字宸錫雍正四年舉人年十五卽覃精三禮至忘寢食合儀禮周禮爲禮經周禮以六官爲序而考工記不冠以冬官儀禮以五禮爲序而闕軍禮又補逸禮八篇爲本義三十九卷戴禮則刪薙去複博採周秦兩漢之書及先聖格言之有關於禮者爲禮傳本義二十卷又輯通禮五十六卷積四十年十易稿而後成江陰楊名時薦爲國子監學正遷工部司務德晉旣以禮經名世謂橫渠以禮教人最得孔門博約之旨故其立身甚

厳燕居能自檢攝飲酒至醉不亂在工部歲卻常例數百金妻子啼饑號寒弗恤也其論三禮多發前人所未發與方苞李紱侃侃辨論悉有据依

秦蕙田字樹峯乾隆元年進士第三人累官刑部尚書蕙田少承家學以經術篤行爲江陰楊名時所知本生父道然以藩邸事入繫縣獄蕙田既通籍伏

闕陳情乞以身贖父罪道然竟得釋領西曹最久遇事沈毅果斷退則閉戶著書其學以窮經爲主生平精力尤萃於五禮通考一書蓋本朱子遺意而參諸崑山徐氏讀禮通考凡閱三十八年而後成因并徐書刻之又奏

請刊正韻書

上命與武進劉綸共任其事蕙田建議古韻二百六部今併爲一百七韻如元與魂痕當析爲二殷韻宜入眞韻不當入文韻上聲拯韻去聲證韻宜分出各自爲韻又考定四聲表欲通古音於等韻時已遘疾猶往復辨論不輟云卒謚文恭所著味經窩集亦多說經文字有已入通考者故學者稱味經先生

無錫金匱縣志卷二十一終

無錫金匱縣志卷二十二

文苑

易曰修辭立其誠故文以載道言必有其所以立韓子有言約六經之旨而成文夫亦以經爲載道之書與句吳舊壤季札實生跡其觀樂上國風流滋啟然漢唐之世以文學見於史傳者尚寥寥焉北宋以降人多大雅之才家擅著述之手彬乎蔚乎於今爲盛其言之果合於道與否按其人以考其文亦可以知所折衷矣志文苑第二十四

後漢

高彪字義方家本單寒爲諸生遊太學有雅才而訥於言常從馬融欲訪大義融疾不獲見迺覆刺遺融書譏融養疴傲士融省書慙追還之彪逝而不顧後郡舉孝廉試經第一除郎中校書東觀數奏賦頌奇文因事諷諫靈帝異之時京兆第五永爲督軍御史使督幽州百官會餞長樂觀議郎蔡邕等皆賦詩彪迺獨作箴詈曰文武將墜迺俾俊臣整我皇綱董此不虞古之君子即戎忘身無曰己能務在求賢淮陰之勇廣野是尊周公大聖石碏純臣以威克愛以義滅親勿謂時險不正其身勿謂無人莫識己眞忘富遺貴福祿乃存先公高節越

可永遵佩藏斯戒以厲終身邕等甚美其文以爲莫尚也後遷內黃令高彪碑作外黃令見隸釋帝敕同僚臨送祖於上東門詔東觀畫彪像以勸學者彪到官有德政上書薦縣人申屠蟠等病卒於官後漢書有傳子岱字孔文性聰達輕財貴義所友皆世之偉人太守盛憲以上計舉爲孝廉許貢來領郡岱將憲避難求救於陶謙憔悴泣血謙感其忠壯有申包胥之義許爲出軍岱還而貢已囚其母吳人皆爲危悚岱徑往見貢才辯敏達好自陳謝貢即出其母孫策聞其善左傳乃自玩讀欲與論講虛已候焉爲媢嫉者所中策遂囚之知友時人皆露坐爲請策登樓望見數里中填滿惡其得衆心遂遇害見三國志孫策傳注

晉

顧愷之字長康悅之子博學有才氣嘗爲箏賦謂人曰吾賦比嵇康琴不賞者必以後出相遺深識者亦當以高奇見貴桓溫引爲參軍溫卒爲殷仲堪參軍自荆州假還仲堪借以布帆至破冢遭風與仲堪牋曰地名破冢眞破冢而出行人安穩布帆無恙還至荆州人問會稽山川之狀云千巖競秀萬壑爭流草木蒙籠若雲興霞蔚尤善丹青圖寫特妙謝安以爲自蒼生以來未之有也或畫人成數年不點目睛曰傳神寫照正在阿堵中每重嵇康四言詩因爲之圖曰手揮五絃易目送歸鴻難圖裴楷象頰上加三毫觀者覺神明殊勝嘗以一廚畫糊題其前寄桓元皆深所珍惜者元發廚後竊其畫而緘閉還之愷之直云妙畫通靈變化而去亦猶人之登仙了無怪色桓溫嘗稱其體中癡黠各半故世傳愷之有三絕才絕畫絕癡絕義熙初爲散騎常侍卒晉書有傳

唐

李濬初官渭南尉擢祕書省校書郎乾符四年以宰相鄭畋薦入國史館嘗作惠山寺家山記其文見文苑英華按輿地碑目李相家山碣條下稱濬爲紳孫然宰相世系表紳孫無名濬者攷乘謂紳從孫亦無所據家山記稱敬元爲濬高祖叔據紳傳敬元紳之高祖是濬乃紳族子耳而世系表則以敬元爲紳曾祖與傳亦不合

宋

杜鎬字文周南唐時舉明經官集賢校理入直澄心堂江南平歷崇文院檢討將祀南郊彗星見宰相趙普問鎬鎬曰當祭而日食猶廢況譴見如此乎迺罷郊界遷國子博士加秘閣校理太宗問西漢賜予悉用黃金而近代爲難得之貨何也鎬曰當是佛事未興故金價甚賤判太常禮院編次館閣書籍會修太祖實錄命鎬檢討故事以備訪問景德初置龍圖閣待制遂以鎬爲之預修册府元龜拜右諫議大夫龍圖閣直學士班在樞密

直學士下時特置此職儒者榮之大中祥符中同詳定東封儀注累進禮部侍郎卒錄其子涯大理寺丞鎬每檢書戒書吏某事某書在某卷幾行覆之未嘗誤上得古器異書問鎬必手疏本末以聞士大夫訪以古事雖後進卑品應答無倦故士類推之宋史有傳

袁默字思正父絳字子安以篤學顯默嘉祐八年進士官京兆府教授遷司農簿獻無逸傳歷太學博士遷湖北轉運判官學問淵博士大夫以爲師法弟點

袁點字思與熙寧初太學直講學者推爲領袖與兄默號二袁元豐八年進士累官通判杭州知淮陽軍點喜佛

老書工詩蘇軾以爲有驚心駭目之奇

沈初字子深始入國學試周以宗强賦名第一舉熙寧六年進士元祐中尙詞賦以初此賦及朱希佚道使民劉煇堯舜性之陳之方恤民深者饗其樂江衍王道正則百川理五賦頒爲天下格初賦流傳至西夏夏人織以爲文錦官象山尉入爲國子直講

唐作求字叔孝崇寧五年進士徽宗召對稱旨除御筆所禮制局檢討官出知徽州以朝散郎致仕作求學術該敏嚴家訓厲後學唐氏自是以儒雅名家從弟孚字益裕亦以學問遊元祐諸君子間

李端行字正達與弟尙行俱有俊聲同賜大觀三年上舍第爲太學博士高麗遣子入學夷禮不除朝廷病之丞相蔡京會議於學端行曰吾聞用夏變夷彼學夷禮學於其國可矣何用來學宜以國禮繩之遽趣賓贊引高麗士卽日成禮儀注悉裁於端行後以作詩詆蔡京出宰鄞縣發憤丐閒終身遂不復仕尙行字師尹丰神秀偉兄弟同學易日鈔萬言登第後知蕭山縣累遷太常少卿出知信州討平巨盜潘逵趙琦等高宗親書詔命獎諭進直龍圖閣遷江南東道轉運使以言去職尙行與參政張守周葵待制董棻並一時名士

沈松年字性仁大觀三年進士知金壇縣以文學擢太常博士靖康之難丐歸田里有妹適洪皓皓北使妹攜諸甥歸無錫松年教之學皆舉博學宏詞科适爲相遵官樞府邁再入翰林由是三洪名滿天下

錢紳字紳仲大觀三年進士知萊州歸別築漆塘山中地有湖山之勝志尙高潔工詩

陳篆字師文紹興十八年進士氣豪邁讀書過目不忘以經學教弟子戴達先幾先兄弟並遊其門

戴達先字子善父滂有文行紹興初建太學達先與弟幾先俱中進士爭傳其文號二戴格以上舍射策賜第高

宗召對擢太學博士孝宗朝求直言逵先條天下利害
南北戰守事以對召試館職除正字遷校書郎歴知江
陰軍移袁州幾先字子微紹興十八年進士嘗官國子
司業對便殿論王安石蘇軾之學功利仁義差別上嘉
之擢禮部侍郎兼侍講累遷直龍圖閣
呂克成字世德學問精慤與同邑陳篆俱有名兩浙士從
遊者常數百人紹興二十四年進士特奏第一仕終蘄
州教授
費袞字補之肅孫國子免解進士嘗作梁溪漫志開禧中
牒取進御其他著書甚夥

無錫金匱縣志 卷二十二 文苑 六

尤棟字率齋年十五已破萬卷景定三年進士除山陽知
縣改州教授歴秘書正字出知廣德致仕家貧年至大
耋二子燾照皆有文名一時江南郡邑金石碑版皆出
其父子之筆
李晦初名燧卿字顯翁咸淳六年鄉薦幼嘗從外家尤氏
尤抄書最富故晦得徧讀自經史子集醫卜陰陽算數
射覆篆隸眞草下至稗官小說釋典道藏無不畢覽家
無宿舂而好延客忘勢利齊物我自號惠泉散吏

元

尤玘字君玉袤六世孫仕元歴官戸部尚書封魏郡公博
學多識嘗著萬柳溪邊舊話多述先世遺事
陸介字伯壽穎悟絶人早負文譽薦授平江學道書院山
長尋爲昆山教授調信州雅無宦情以諸暨州判致仕
范致大字德原工古文詞舉經明行修爲常州路教授
陳顯曾字景忠炤曾孫刻苦問學嘗蒐輯其祖生平所作
持狀走三千里告於史館至再四而後爲炤立傳顯曾
爲文力追古作者至正元年中鄉試官儒學提舉終翰
林修撰從子汝霖字伯雨亦以鄉薦歴婺州路教授因
變革杜門不出孫尙簡亦有文行

明

無錫金匱縣志 卷二十二 文苑 七

張籌字惟（史作惟）中翼子元至正二十五年江浙鄉試第一
人入明以詹同薦授翰林應奉改禮部主事奉詔編集
漢唐以來藩王事爲昭鑑錄洪武九年由員外郎進尙
書與宋濂定諸王妃喪服之制籌記誦淹博在禮曹久
諳於歴代禮文沿革然頗善附會初陶安等定圜丘方
澤宗廟社稷諸儀行數年矣至是籌迺更議合社稷爲
一壇罷句龍棄配位奉仁祖配饗以明祖社尊而親之
之道遂以社稷與郊廟祀並列上祀識者竊非之已出
爲湖廣參政十年坐事罰輸作十二年仍起禮部員外
郎後復官以事免（明史附崔亮傳）

呂敏字志學少貧爲黃冠後反服爲詩取法漢魏志高心苦世以呂山人稱之與高啟徐賁諸名士卜居相近號北郭十友又稱十才子洪武初官本縣教諭十三年舉明經不知其官所終（明史附王行傳）

錢仲益名允昇以字行幼穎悟長於詩歌洪武中舉明經爲本縣訓導擢太常博士預修高祖實錄進翰林修撰雅好碁待詔禁垣成祖嘗呼爲碁仙後爲王府長史自號錦樹山人年八十一卒於官從父子正子義亦以詩名

浦源字長源工詩時閩人林鴻論詩以開元天寶爲宗高

自期許源聞其名徑踰嶺造之二元請誦所作至雲邊路繞巴山色樹裏河流漢水聲之句歎曰吾家詩也鴻延之入社二元者鴻弟子周元黃元也源亦善畫洪武中舉求賢科授晉府引禮舍人（明史附林鴻傳）

丁信字念誠洪武中舉明經授本縣訓導能詩楊基嘗遊其門同時舉明經爲校官者有趙次鈞朱昇馮善次鈞字孟鴻昇字彥昇皆博學能詩善字擇賢嘗纂邑志

王達字達善苦志問學究極羣書金華宋濂甚重之洪武中舉明經爲本縣訓導遷大同府學入爲國子助教永樂初擢翰林編修預修高祖實錄進侍讀學士充編纂總裁達有盛名與解縉王偁王璲輩號東南五才子及居塞外所學益邃著書曰筆疇亦善畫（大同府志有傳）時有余璿者字彥恆從達遊博學強記舉儒士預修永樂大典璿子文亦有文名

王紱字孟端少爲諸生博學工歌詩能書寫山水竹石妙絕一時洪武中坐累戍朔州永樂初用薦以善書供事文淵閣久之除中書舍人紱未仕時隱居九龍山遂自號九龍山人於書法動以古人自期畫不苟作游覽之頃酒酣握筆長廊素壁淋漓霑灑有投金幣購片楮者輒拂袖起勿顧也嘗曰丈夫要審所處輕者若此重者

將何如哉在京師月下聞吹簫聲乘興寫竹石圖明日訪其人贈之則估客也客以紅氍毹餽請再寫一枝爲配紱索前畫裂之而還其餽一日退朝黔國沐晟從後呼其字走及之以畫請紱頷之數年晟復以書來始爲作畫既而曰我畫直遺黔公不可黔公客平仲微者我友也以友故與之俟黔公與求則可耳其介節如此（明史有傳）

翟宏字宏道永樂中舉明經授齊東教諭調於潛進寧府教諭王甚禮重之宏有家學父時中季父克讓俱能詩子厚字公厚亦世其業

余樞字季樞博而能文爲李時勉所知賞景泰初薦授景

陵訓導歷岳陽王府教授楚王府伴讀每於王前申講
舉義必有關要
成始終字敬之長身修髯丰神秀爽正統四年進士歷官
湖廣按察僉事好爲詩於近體尤工告歸後築室金匱
山旁以讀書自娛第二子性工書見藝術傳性子周進
士亦官僉事以風裁稱
劉宏字超遠正統九年舉人歷長垣知縣順天推官東平
知州負氣自高視世無足當意爲文奇古政有成績
許篪字仲樂正統十年進士歷官戶部員外郎工詩每有
作人爭傳之

陳勉字進之正統七年貢入太學歷官工部員外郎以詩
書名尤工大書襟度卓犖見知於李時勉
張九方字應皋景泰元年舉人入胄監授汝寧府推官不
畏强禦被誣棄官歸售文自給買舟名浮莊往來湖上
擇勝而游或假宿西神僧舍積日忘返其學該博文無
凡語自號月林居士
張泰字國泰成化十九年舉人授臨湘知縣有政聲泰爲
人高簡才思敏捷書其餘事學王紱每出畦徑之外邵
文莊寶嘗題其水北山莊圖云近來善學孟端畫眼中
吾許張臨湘

俞泰字正齋宏治十五年進士歷官給事中山東參政雅
好翰墨兼工繪事與信陽何景明善景明題其畫云黄
門身在青雲上眼中白雲日南望白雲飛入錫山裏封
君之堂應在此俞卿善畫更能賦畫開青瑣開縑素晴
牕落筆白雲生寫出黄門萬里情
秦用中字擇之父璠工詩用中負才名李夢陽何景明諸
人與相倡和尤善邊貢以宏治十八年貢授泰順教諭
莫止字如山工於詩前人稱其句如天濶一聲何處雁江
平千里獨歸舟風致翛然自遠其昭君曲云千年青冢
在猶是漢家春尤得風人之旨

錢文字章靖爲諸生累舉不第乃刻意於詩爲文縱横出
入多微詞隱義而詩名特著子百川字東之性曠達亦
以詩名
華察字子潛嘉靖五年進士選庶吉士與吳陸粲袁袠胥
應埈並有才名當軸不喜改戶部主事歷兵部郎中再
入爲翰林修撰預修寶訓實錄進侍讀同考會試皇太
子立詔諭朝鮮賜一品服充使以行尋以劾罷既而起
原官主應天鄉試拜侍讀學士掌南院事乞歸時方膺
丈田畝鄉里藉其力剗去虛糧六千石括諸蠹蝕豪侵
漏科者抵之家本素封林圃甲江表而食不三豆室無

侍滕文詞清削獨契濱滓祭與同邑施漸姚咨善多倡
和之作漸字子羽嘗官海鹽丞詩格清迥絕俗咨字潛
坤漸子陽得負清節由舉人歷官戶部主事
陳籌字廷猷有文學嘉靖七年歲貢廷試第一除沂州知
州歲荒紓民自刻坐馬價弗辦改漢陽教授歸築芹野
草堂以讀書終老
王表字邦正嘉靖八年進士選庶吉士改戶部主事乞補
南曹便養歷禮部郎中歸念母老致仕表居官僅四載
退然與文史爲伍其文典則爾雅悉傅於理通懷樂善
鄉里稱之子立道字懋中嘉靖十四年進士官編修有

羸疾鍵戶讀書不事交謁爲詩文博贍婉切五言尤具
標格
唐詩字子言志行高潔杜門讀書所爲詩沖和古淡頗具
居曰白雲高隱世稱唐山人
俞憲字汝成嘉靖十七年進士除刑部主事出爲紹興同
知攝府篆屬邑新昌田賦不均憲差其則爲四輸者便
之時巡撫嚴海禁而郡縣遂羅織爲民病憲至悉解其
獄再爲南京刑部郎中尋擢江西僉事遷山東參議分
守遼陽具著聲績歷官至湖廣按察使乞歸憲好讀書
工詩風格蕭雅嘗甄綜有明一代之詩錄而刻之曰盛
明百家詩選
華雲字從龍少師事邵寶又出王守仁之門嘉靖二十年
進士會當試館職以親老徑歸三年除戶部主事権稅
九江甚著清節改南京兵部進刑部郎中時嚴嵩用事
遂乞歸築眞休園萃古法書名畫其中雲素工文辭尤
好與當世賢士大夫遊故其一時往來翰墨之富幾甲
於江左
孫一元字虞允性孝友嘉靖四十年舉人寄意蕭然有不
羈之才爲文辭數千言立就
浦萬里字與鵬世居前河里巷父汝舟字利川工詩古文

厭市囂萬里別爲室城西坰侍父觴詠其中有泉東集
高攀龍以通家子數過從歎其晏室靜坐有獨得者子
湛如舉人次子涵如涵如子博士義升又以文章顯四
世皆能書
安紹芳字懋卿國子生累試不利棄去一意爲詩歌古文
於所居西林羅置圖書彝鼎每四方名流過從置酒刻
燭歌吹間起至忘日夜亦善畫得黃公望法同時有葉
之芳者字茂艮以詩名與紹芳並稱二芳見王世貞西
林記之芳好使酒罵坐亦奇士
吳謙字伯禮父時敏倜儻好施予謙始知學攻苦爲文嘗

戍廣東安遠侯柳溥延置幕下事白歸因號復民有獸菴編年紀行集從子翀字鳳翔有學行嘗重修邑志

華夏字中甫少師事王守仁守仁謫龍場驛夏周旋患難中歲與吳下文徵明祝允明輩爲性命交搆眞賞齋於東沙藏三代鼎彝魏晉以來金石縑素品鑒推江東巨眼徵明爲之銘眞賞齋拓本妙埒宣和停雲快雪而下不敢望也

顧起經字長濟更字元緯爲從父可學後浸淫墳典從可學官京師嚴嵩知其才要置直廬屬爲應制之文起經逡巡謝不能去以國子生謁選授廣東鹽課副提舉兼

署市舶起經素負才氣不能甚下人嵩壻袁生者爲參議奴視其屬起經長揖徑出曰吾尙不爲爾婦翁屈而辱鼠子乎少詹事黃佐修廣東西通志起經與黎惟敬歐楨佐之

顧起綸字元言起經弟爲從父可賢後可學挈之京師代爲祝釐應制之文多當上意以國子生授雲南某衛經歷有宦官挾數緹騎以鮑司禮指求金於黔國所過橫甚手批殺驛卒起綸辨非是迺遁去遷鬱林州同知援据葛洪句漏事以正大司農檄徵丹砂之誤既歸有別墅在惠山寺塘涇富泉石豪於文酒好讀書工古文辭善書法在滇與楊愼皇甫汸相倡和輯明諸家詩名國雅從子道洪字嗣圖可久孫篤學力行著述甚富其襄陽外編采入四庫書

尤鏜字伯聲瑛子以太學生授邛州判不赴家貧友人爲築雲鴻館以居之窮覽載籍著書甚富弟鈿亦有才黠同時談修負才氣擅著述與鏜皆好詆諆時賢

鄒迪光字彥吉萬歷二年進士授工部主事累官湖廣提學副使擅衡鑒楚士服而歸之以吏議罷送者數千人生祀之濂溪書院迪光既罷治園亭於惠麓與當世名公卿文士遊宴其中極聲伎觴詠之樂垂三十年有集

數種合三百餘卷一時聲氣奔輳幾與甚水弇園後先狎主文壇子德基字公履負不羈之才工詩文書畫嘗上疏願以家財三十萬助邊不報好爲驚絕之行爲盜所殺

顧嘉舜字虞工天啟元年副貢生爲人方嚴有氣骨嘗與諸友論文有貴人過訪謝弗見其學深於尙書旁通博覽著有尙書日牋及表異錄馬世奇嘗敘其書以爲學人非才人也

張韓字幼韓天啟間諸生自少服膺昌黎文故以爲名詩兼綜陶杜家奇貧不作苦寒語過高會跌蕩詼謿傾其

座人尤喜讀易有別悟編纂甚夥其自爲詩文曰率無
雜著五卷

華淑字聞修讀書善病有小築曰斷圃引客倡和其中於詩苦心數十年頗隨逐時好而久自陶汰亦別成杼軸

同時呂自咸字誠之亦工詩善書法

周夢華字公西性狷介經學別有心得能古文詞崇禎八年以貢生選授推官未仕卒

吳寅字虎侯少遊薛敷教鄒期相之門文有奇氣及壯尙困童子試馬世奇爲之延譽始補弟子員嘗爲詩餞世奇乞爲文序後江行遇盜死

馬瑞字爾采父世名與兄世奇齊名天啟元年舉人以薦授知州居鄉里稱長者年八十五卒瑞才華富贍稱其門風崇禎十六年進士除吉水知縣不赴改應天府武教授遷國子博士福王時馬士英頗以同姓招致之拒不報

馬壬玉字彥豐父世奇見忠節傳方世奇官京師一時干謁者眾壬玉杜門以絕几榻蕭然及世奇殉國變壬玉號泣請卹南都目擊馬阮枋國歎曰定鼎門西名利如舊而國家陰陰猶日將暮遂時時寄託詩篇江南亡後一日舟過虎邱疾作卒遺命以沙門服斂後湯文正斌巡撫江蘇私謚之曰文孝

顧宸字修遠嘉舜子崇禎十二年舉人操文場選柄數十年每辟疆圖新本出一縣書林不脛而徧海內好藏書插架充棟後厄於火嘗注杜詩補輯宋文三十卷皆東萊文鑑所未及爲詩文豐蔚典贍子彩字天石有異才尤工詞曲客曲阜製樂府百餘種彩子忠亦工詩

安廣譽字无咎希范子不事繩檢而文采宕逸與弟廣生並工於詩兼善書畫門人張愷亦有名族人夏字大已諸生善詩鼎革時文文肅震孟子乘死夏保其遺孤隱居吳縣之木瀆

秦德滋字以巽副貢生名著復社工於詩與華淑黃傳祖輩結涯瑧詩社尤善楷法似歐陽率更嘗彙刻前人各種書曰梁溪秦氏帖甚精妙

陳卿茂字碩符諸生弟某字本符道光續志謂卿茂字本符今從梁溪詩鈔皆工詩號陳氏二符與顧樞顧杲友善恆以詩相唱和

國朝

邵儒榮字仲木名世子少時文采翃襮所交盡當世名士選伎徵歌無虛日既經兵燹家日落乃閉門著書爲文悉有根柢慈谿姜宸英稱其所爲顧杲傳與陳振豪墓碑得太史公法性至孝尤能急人之難晚逃於禪及卒

宸英志其墓

陳大成字集生少孤發憤讀書家貧雅好客客過梁溪者大成爲之授館舍治行李典衣鬻蔫日不暇給與邑中嚴繩孫友善其詩豪宕感激爲時所稱

鄒忠倚字于度順治九年進士第一人授修撰忠倚素孝友嘗侍父疾於邑之東亭夜走入城延醫失屨而不覺性靜默淡於榮進登第後常翛然有出塵之思故其所爲詩淸遠閒放不染垢氛惜不永年而歿

王仁灝字時大孫蘭子以歲貢知連江縣工詩與東吳偉業序之詩閒婉秀靚麗而不纖淸而不薄又王畿字式

無錫金匱縣志《卷二十二 文苑　六

九諸生達十世孫與寧都魏禧及邑中顧祖禹交嘗以詩寄鄒溶於獄極悲涼可誦

唐德亮字采臣明季文體蹐駁德亮以韓蘇之氣行之應舉之文試輒無前順治九年進士授戶部主事管京糧廳歷員外郎卒於京邸時有繆振光字維揚少負才名與顧宸及德亮輩爲聽社十七子又吳濯時字漢若與德亮善博涉有淸才頗傲物

秦日新字映碧歲貢生少與錢肅潤張夏輩善官旌德教諭著有白鹿堂詩具唐人格律宣城施閏章嘗與倡和

黃傳祖字心甫正色曾孫好刻苦爲歌詩與其友彭年皆爲竟陵鍾譚之學傳祖嘗甄綜有明一代之詩名之曰扶輪性率易好飲酒晚以貧死年字子川貢生歷官西安府同知同時蔣遵路字路然少好詩亦從事鍾譚已悉焚棄求之漢魏盛唐遂與傳祖議論多不合重交遊結納家故富亦坐是日貧

鄒漪字流綺博學多聞好著述遊婁東吳偉業之門偉業綏寇紀畧半出漪手平生交遊多名士新城王士禎歲暮懷人絕句所謂花時曾過九龍山第二泉邊挹妙顏者也

周宏字子重康熙三年進士第三人授國史院編修仕至

無錫金匱縣志《卷二十二 文苑　九

侍講學士應制典冊人推作手己酉主試山西一以先正法程爲則孫曰萬曰贊並以進士知名曰萬由知縣改安慶教授工制舉業其弟子多掇科第曰贊由庶吉士改部位不達而迭主文枋稱得人

顧景文字景行廷文字廷颺樞子兄弟皆以才名景文故跌宕爲詩具有奇氣廷文善飲時時病酒而景文尤嗜酒每劇飲必醉廷文顧諫止之然廷文竟先夭景文雖老壽亦窮困弟貞觀

顧貞觀字華封以舉人官秘書院典籍才調淸麗尤善塡詞爲人儁爽篤古誼初契吳江吳兆騫兆騫戍寧古塔

貞觀灑涕要言曰必歸季子納蘭成德者與貞觀交而相國子也雅善兆騫貞觀作金縷曲二詞示成德容成所成德讀之悉力處辦贖鍰相國爲之地兆騫卒得生入關兆騫既歸言塞外多暴骨貞觀即募僧心月者斂金徧歴戰場收瘞之貞觀自少名譟東南愼交社晚搆積書巖於惠山祖祠之旁著有纑塘詩一洗綺靡之習子統鈞字珊公幼聰俊最工五言詩

馬翀字雲翎壬玉子髫齡凝重如成人讀書不待師授抽視架上帙皆自通解年十餘作遊仙詩數十首有幽詭奇絕之語長有異才中康熙十一年舉人體弱善病與

其師黃家舒皆篤信釋氏年三十卒家舒見隱逸傳

秦保寅字樂天家富藏書喜賓客蕭山毛甡後改名奇齡亡命時嘗主其家盡取其書而讀之尤善燕谿姜宸英與爲倡和保寅讀書兼綜條貫所爲詩刋落一切獨標清冷中歲棄諸生能醫偶爲人處方輒效崑山葉方藹序其詩稱樂天爲人落落穆穆與之相處塵意俱盡其詩質而實綺癯而實腴從弟泉芳字天乳亦好學能詩

嚴繩孫字蓀友康熙十八年以博學鴻儒薦召試授翰林院檢討充日講起居注官遷右中允歸繩孫性恬靜既膺薦辭不允就試賦一詩而出

仁皇帝識其名遂以布衣入翰林時與秀水朱彝尊吳江潘耒富平李因篤稱四布衣在館纂修明史及平定三逆方畧出典山西試稱得人其讀書不務涉獵案置一編精熟迺易他書文宗范史詳雅有度詩詞婉約深秀獨標神韻工楷書小畫片紙寸縑爲時珍賞子泓曾字人宏性尙雅素畧似其父詩譜澹畫有家法

王國楨字礎臣工詩文與顧祖禹陸楣諸人善講求經世大畧旁通天文地理奇門兵陣之學好飲使氣人多憚之吳三桂嘗辟置幕府察知三桂縱恣多不法辭去後三桂叛以策干總制蔡毓榮謂賊不足平毓榮不能盡

用而倘鐵川者故與有隙搆蜚語陷之辭連毓榮後得釋而毓榮貶死國楨薄遊梁宋間不得志亦死當三桂跋扈時國楨嘗言彼耽逸樂無遠志嗣子懦朝廷不召之必不敢動俟其死西蜀丞可無患設激之反亦不能踰洞庭而北後果如其言國楨無子以甥秦子顯爲子子顯亦奇士

鄒顯吉字黎眉七歲能詩與秦松齡嚴繩孫顧貞觀輩相推致鍵關湖北草堂甄錄漢魏六朝三唐人集情寄深遠尤善寫生兼繪山水人物落墨盡妙弟卿森嶽文顯臣皆工詩畫卿森字衡湘豈弟樂易人稱長者學士升

恆侍郎一桂父也顯吉子士夔士荀士隨並知名士隨進士歷肇慶知府時有張應元者與士隨同舉於鄉任舒城教諭亦能詩

華長發字商原諸生工詩詞與秦沅善二人嘗偕顧祖禹同纂方輿紀要沅字湘侯亦名士與寧都魏禧交沅子臬從祖禹遊工篆法著有篆刻簡一書禧爲之序長發尤工行草楷法邑人稱孫高嚴華孫竑禾高世泰嚴繩孫及長發也竑禾初師率更晚用虞法矩矱森然爲時第一

劉雷恆字震修以貢爲本府訓導遷六安州文行著大江

南北間弟霖恆字沛逵時稱二劉三施三施者國琮字創堅彝宣字儷清京字青蓮風流文采並爲時所推

王志寧字用康長洲籍歲貢生內行醇篤貧館穀廩餼以給養其爲教有根柢從授學取青紫者數十人官青陽訓導子雲錦康熙四十五年進士第一人官修撰督學陝西以經術造士關中人始知嚮學

陳瑞聲字朝喈振豪子爲詩多楚調居與嚴繩孫鄰論詩輒斷斷而爭亦復互相推服少爲貴公子豪宕自喜中年侘傺失志其無聊不平之氣一寓於詩方秦松齡從軍荆襄招瑞聲同往所至登臨弔古詩愈悲壯可誦

華章慶字叔延諸生以教習得教職與太倉吳偉業嘉興曹溶同邑秦松齡相往還爲詩極夥有九龍山人全集

黃瑚字夏菉爲文惡㸦古主中唐北宋尤深於史遷少時名著雲門社其所作張春傳睢州湯斌亟稱之時邑中多好古之士而以文名家者無如瑚婁東吳偉業嘗延之至家康熙十七年屬舉博學鴻儒崑山葉方藹以瑚名上徵書下病厲不行尋卒無子年僅三十有四其外兄華學泉輯瑚遺文陸楫爲之序瑚友侯麟勳工詩古文辭中康熙十八年進士未授官卒

陸楫字紫宸幼孤露讀書雞棲豚柵旁志意慼慨喜爲古

文辭同邑朱旂見楫所作延譽於秦松齡得縱觀秦氏藏書自是北走燕趙南踰閩嶠其學益進楫於六經皆有撰述垂老作古今官制考未成而歿楫巨肩昂鼻不知者以爲河朔傖父也及門楊聲字清寧畧能具體先楫卒

敖瓛字山來吳縣籍諸生胸羅羣籍爲文章手出機杼掉鞅同聲慎交兩社間一時有繡口錦心銅筋鐵骨之目然厄於遇子汾清江知縣

孫祁雍字李若繼皋元孫年十二能文與高愈劉齊善祁雍爲諸生擅才名五十年尚書張廷樞以茂異薦有

旨徵召謝病尋卒吳之枚王繩曾皆其高足弟子
黃溱字維觀詩工古體嘗效李東陽作擬古樂府百首雜
之懷麓堂集中人莫能辨
安璿字孟公廣居子好讀書工詩所至皆有留題多識前
朝遺事晚更研心理學所著書十數種亦善畫曾孫綎
傳諸生攻苦力學早歿子舉人吉刻其遺稾
許表祓字天章少爲諸生短小矯捷氣陵其曹偶研精詩
禮春秋尤長於史學晚成一書曰諸史詠
黃炎字炎孫父東山少應童子試嘗於學使者案旁奏七
藝一表獲雋炎亦天才秀挺少工時藝及詩歌古文辭

而年至四十始爲諸生尋歿
顧仁垣字中以景文子諸生刻意爲詩沈博絕麗不及其
父而法律精細則過之口滑稽能令滿座鼓掌遺稾若
干卷其遊梁草及倚聲諸作具饒風調尤爲時傳誦
朱襄字贊皇諸生嘗與邑中呂莊頤鮑景先輩爲詩會曰
繽碧山吟又著有易章蕭山毛奇齡序之秀水朱彝尊
稱其立說皆本漢以前不墮陳圖南邵堯夫窠臼
呂高培字柏庭康熙中隨嵇永福客蔡毓榮幕吳三桂平
由楚入滇以軍功任米脂知縣丁母艱起補隴西罷歸
高培詩宗香山眉山碑版之文得廬陵意度家本貧自
罷隴西益無憀以窮死浦乃恒字立方永福壻也亦同
從軍官止福清縣丞詩詞溫潤
王一元字畹仙康熙四十二年進士授靈臺知縣好爲詩
兼工大小令所著凡五十餘卷
秦靖然字藥師少爲諸生以帖括聞於時與吳門汪份張
大受交善其文出入金陳諸名家康熙五十一年進士
選庶吉士授編修尋告歸屏居讀書時秦氏兄弟多能
文章道然靖然辰燕曾榮其尤也菊然繼道然入翰林
而辰燕曾榮皆以諸生終
邵曾訓字衷彝幼工詩爲名諸生書法入右軍之奧同時

寓公王澍蔣衡輩俱推之好登覽遇佳山水輒有終焉
之志其意興所到一寓諸詩子之鵬諸生亦工書之鵬
孫辰焕亦諸生善爲詩尤工五言
徐珽字紫長康熙四十二年珽以布衣獻詩賦選爲蒸園
教習校勘秘書久之以勞授光祿寺署正雍正間改授
德清知縣尋罷珽才名最盛顧爲外吏坎壈不得志子
梁棟字宗海以進士歷官辰州同知亦善詩工書法
杜詔字紫綸少從嚴繩孫顧貞觀遊得其指授工於詩尤
善塡詞康熙四十四年詔獻迎
鑾詞十二章於

行在試列高等
命入內廷纂歷代詩餘方輿攷畧及詞譜五十年舉順天
鄉試明年
賜進士改庶吉士尋乞假歸卜居南垞以詩倡導後進雍
正十三年大學士嵇曾筠以博學鴻詞薦辭不赴時秦
莘田吳培源皆學詩於詔莘田培源後先成進士培源
詩格清整有刊本
呂簡材字丹録幼質魯苦讀不倦年逾二十貫蘇籍爲諸
生海昌陳元龍嘗延至京師訓其子邦直病歸遽卒生
平所著詩文四五巨冊皆散逸浦起龍少從受業其學

多得之簡材
張文耀字元明九歲知操筆爲文章稍長補諸生其爲制
舉文宗法唐順之歸有光日手一編曰二川風格晩除
天長訓導以老不行同時諸生王起祚字賡韶從金敞
顧培諸人游爲文根極理要工小楷惜年不永
倪坊字文繩諸生家貧好學肆力六經注疏及史班范諸
書弟子問字者集其門孳孳教誨不倦又嚴元桂字丹
森負志節有詩癖亦能古文自號宋家山人
邵煩字振飛幼擅才名工辭賦困於諸生詩格近襄陽柳
州其從弟覺字粱夫亦工詩煩與華龍翔陸慶元吳培
源爲詩友稱四子
華龍翔字丕光父黃字備大康熙十八年進士嘗以戶刑
曹郎與修律例出知永平府官吏不能欺龍翔國子生
工爲詩歌行長句出入韓蘇
鄒升恆字泰和卿森子康熙五十七年進士選庶吉士館
試第一授編修歷官侍講學士直著作之庭累職文柄
文尙體要詩沖和淵永以標格勝督河南學時疏請追
謚舊儒臣睢州湯斌又請著出嗣子遇本生父母喪停
官停考一年之令並得
旨允行

王史直字子擎弟史鑑字子任俱好學能文熟於舊聞軼
事嘗輯無錫文獻各爲一集尙書任蘭枝爲之序
秦望字元功諸生精究易學旁及天文地理作思通集兼
善醫著有醫源八卷
王邦采字貽六諸生中歲棄舉子業覃精六經淹該史學
好爲詩古文辭尤工於畫跌宕超逸入古人妙境精別
金石隸素南北宋雕鏤版本吳與賈人接踵就辨眞贋
又喜箋注前人遺編如徐節孝晁具茨吳淵穎諸集而
離騷更別有解會云
徐漢倬字鳴皋諸生澹於進取喜曠書詩擬襄陽詞仿玉

田淸迥不染塵滓爲人謙退沖夷與之處矜躁都化事親孝父歿以哀毀卒年僅三十七

劉瞻榕字于根父學洙有學行與劉齊同爲桐城方苞之友康熙三十九年進士謁選歿於都門瞻榕持終身喪一素帶常不解曰死以此束我瞻榕深於詩沖澹淵穆如入禪定子執玉亦工詩邑中學詩者多從之遊

俞玉局字爻心拔貢生偉貌修髯讀書過目成誦學詩於顧仁垣性孤介居京師十餘年意所不可雖公卿造廬輒拒弗納父履道客死苕溪玉局以弗克視含斂爲終身恨歿時斥子孫去左右其友鄒乾樞亦拔貢生同學

詩於仁垣記聞博洽尤熟於舊聞軼事玉局孫模諸生能詩布衣糲食閉門忍饑亦狷士也

浦起龍字二田雍正八年進士官蘇州府教授起龍居邑之前磵肆力於古於書靡不窺丹黃甲乙積數十年從學者質問經史輒舉某書某卷某頁以告檢之無不合其爲文學唐人諸雜家所著讀杜心解

御選唐宋詩醇多采其語官教授時甯浦王昶嘉定錢大昕王鳴盛輩方爲諸生並遊其門

朱克敏字若愚布衣居城南讀書苦吟詩寒瘦似郊島少雄於貲晚而貧至不能給饘粥兩目亦盲其死也鄉人斂之克敏與邑中惠雲邵燮崑山徐德宗稱四狂皆能詩燮最後死時有陳倫字子循工七言古詩

華玉湆字師道諸生爲學窮研經史務究根柢顧棟高春秋大事表一書資玉湆討論之力浦起龍讀杜心解成玉湆致書多所辨駁起龍無以難也嘗欲撰述八書以補三通所未備未成而歿其古文亦具有義法不苟作弟育濂字師茂從棟高遊治經學從弟嶽蓮字師實與邑人黃中並以詩名中字包山

趙繼光字爽陽博涉羣籍稗官野乘靡不搜采尤好爲詩歌嘗遊燕趙吳越之墟轗軻無所遇酒闌燈灺輒以詩抒其抑鬱邑中詩人如朱克敏劉執玉繼光皆與之友

有兄繼益亦能詩

秦鄰洛字大來寄籍吳縣中康熙五十三年順天舉人務有用之學治河營田兵法靡不通曉當路欲羅致之遂束裝歸遂不應禮部試晚涉佛老並通奇門占驗諸書

楊度汪字若千拔貢生篤志問學尤工擘窠書膺薦入京師客舉主尙書任蘭枝邸舍得交山陰胡天游天台齊召南學益進旣中博學鴻詞科官庶常尋改德興知縣告歸同時鄒有學乾隆四年進士授隆德知縣有學長於記問史漢八家之文及李杜詩皆能背誦爲諸生時

爲人挺刀文多借刻他氏

王會汾字孫服乾隆二年進士改庶吉士歷官吏部侍郎終大理寺卿會汾少刻苦下帷雅負文譽雍正十三年舉博學鴻詞報罷洎入翰林

御試翰詹第一不數年洊陟卿貳充明史綱目副總裁先是總裁周學健纂明綱目前編會汾奏元綱目終於順帝二十七年今斷自洪武元年宜與至正二十八年兩行分注於甲子之下入洪武二年始將明祖年號大書不必創立前編且前編所載已見元綱目請刪去

上從之又以原纂洪武一朝之書旁摭稗說不合體裁建

文以後又多失中乃詳覈史文重加編纂遇京察舉齊召南自代居官廉潔其歿也門人梁同書經紀其喪

楊潮觀字宏度父孝元諸生殖學砥行出後世父希曾希曾工詩文楷法康熙中獻詩

行在蒙錄用供奉武英殿補諸生遽歿潮觀乾隆元年舉人除林縣知縣移固始性和易而爲政廉敏有聲人稱爲楊固始擢邛州知州調簡州瀘州告歸潮觀幼擅才華兼工書法平生雅好著述以餘技爲吟風閣傳奇錢唐袁枚演之金陵隨園一座傾倒

秦鈞儀字伯芳拔貢生善談論掀髯抵掌旁若無人以能經義稱詩古文具有體裁學使寧化雷鋐亟稱之年六十餘遊楚歿於襄陽

華純曾字敬思乾隆三年舉人授常熟教諭學問淹貫主講貴州多所造就其文宗法歸胡兼善詩同時鄧愷以副貢生爲旌德教諭事繼母以孝聞亦能詩

沈金鰲字芊綠貢生從華希閔治詩經尚書從秦蕙田治易從顧棟高治春秋數年窮一經各有著述其尚書隨筆采入四庫書晚潛心醫學著有沈氏尊生書

顧奎光字星五宸曾孫博學多識詩古文俱有名於時乾隆十年進士歷瀘溪桑植知縣愛民養士頗著循績年

四十卒於官所著然疑錄春秋隨筆采入四庫書湖南通志有傳弟斗光諸生亦負才華

秦朝釪字大樽乾隆十三年進士由禮部郎中出爲楚雄知府朝釪胸無柴棘吶於口而丰裁峻厲人不可干以私官楚雄日屬有兵事朝釪辦治井井兵過而民不知一日巡撫過境朝釪方讀書廨中之山亭迨終卷出城不及趨謁巡撫聞其賢亦不怪也繼以左遷歸朝釪工於詩其集顧光旭刻之尤善治古文多可傳者

黃印字堯谷家貧力學以教授生徒自給注釋諸經而尤深於易乾隆庚午修縣志印別成識小錄一名酌泉錄

於邑中掌故多所辨正卬嘗應乾隆六年鄉試其文見賞於主試臨川李紱已魁其本房爲副主試所斥而同邑龔錫純以是科爲省元錫純字倈復平日專心著述其學尤深於三禮稍後有諸葛曦名未出里巷閉門讀易著有周易義政一書

薛田玉字鳳翼乾隆十七年以大興籍中順天鄉試第一十九年成進士選庶吉士散館改知襄陽縣遷保定同知田玉少有文名擅才藻嘗教授鄉里從游頗盛

吳峻字一峯雍子副貢生姿稟絕人博通律呂句股之學詩兼衆體上溯漢魏迄於三唐無不窺其堂奧尤以風

格音調擅場同時作者未能或之先也嘗偕宦遊知府秦鎮入蜀詩益奇其友鮑汀輒取其句圖之汀字若洲諸生工詩及書畫峻又善李雝來其詩五律近王孟

朱雲駿字逸湄乾隆二十一年舉人官隆昌知縣少學詩於劉瞻榕入蜀後篇什尤富古文學曾鞏在隆昌時方有金川軍事饋饟供億不以擾民竟以勞瘁卒官雲駿之友曰華文緯陳凱並諸生文緯善治經及顧棟高之門凱工詩二人皆早歿

諸洛字杏程諸生少學古文於秦道然顧棟高既而交徐流方得桐城方氏義法文益進嘗遊京師名頗著公卿間晚年杜門著述藏書甚富皆手定流方字玉川嘗從王澍蔣衡學書棄去一注意於詩有晉魏風繼客漕督長白顧琮所因得師事方苞幷治古文時有舉人鄒方鍔與洛善亦善爲散體文字行楷書尤工

劉松苓字思九國子生少時與顧光旭鮑汀友善光旭早達汀老於諸生而松苓落魄轗軻得狂疾竟以狂死松苓詩才奇肆工小賦所爲詞兼有辛蘇姜史之長居西郭外人皆目爲城西狂生云

王廷範字敏齋貢生少有異才於性理經史多所發明尤工制藝選東臺訓導奉檄查賑足繭荒山中歸病瞀

從學者咸口授之

潘垩齡字璜溪乾隆三十年拔貢生貴山教習陳文恭宏謀將以經學薦會丁母憂止歷主泰州六合講席從學以百數年踰八十問業猶滿戶外子本郊十歲能屬文舉於鄉以父老不仕授徒自給講求實學

黃世則字正衡國子生嗜吟詠手集邑人詩曰梁溪詩匯山陬水湄敗笥敝簏中靡不窮搜後以其稾歸顧光旭光旭輯梁溪詩鈔多取焉同時周鎮字漢沖亦工詩

楊芳燦字蓉裳乾隆四十二年拔貢生
廷試一等知伏羌縣值回民田五滋事圍伏羌芳燦誅內

應數人城守五晝夜援至圍解擢知靈州尋入貲爲戶部員外郎與修會典丁母憂歸主講關中旋修四川通志卒於蜀芳粲工詩及駢儷文才豔絕一時與同郡洪亮吉孫星衍同邑顧敏恆齊名守伏羌時按察使王昶賦詩飛達圍城芳粲援筆和之其整暇如此子燮生以雄縣丞累擢知薊州亦有才藻尤長於塡詞

秦鼎雲字汾祥勇均子乾隆四十二年拔貢生爲如臯教諭常集課諸生與邑人徐觀政等爲詩社宋王學士觀墓爲豪僧所侵鼎雲力言於上官復其地又得詩人邵潛夫墓碣於他所訪而復之卒於官祀之學宮旁舍鼎

雲好古博覽藏書甚富鼎彝書畫無不精審又喜談兵著有愼戰愼守編見聞隨筆錄

顧敏恆字立方奎光子乾隆五十二年進士天才俊拔嘗游貫池撰昭明太子廟碑錢塘袁枚見之拊掌曰此文令我懷疑十年今得之矣任蘇州教授弟敦愉敬恂敷憲皆工詩楊揆合刻其兄弟四人詩爲辟彊園遺集

蔣起元字善長諸生專攻經學殫數十年精力輯
御纂周易述義詩義折中春秋直解三書義疏窮搜博採一書皆數百卷同時鮑棨字戟門起元著義疏常與往復駁議著有易經傳義約言

秦鳴雷字震宇諸生善治經兼通性理私淑外祖王繩曾弱冠遘疾枯坐玩易經年學大進著有易玩讀易質疑書質疑詩測詩存春秋抱遺禮涖周官粹義瑤石山房詩文鈔史雋等書

楊掄字方叔少有文譽中乾隆四十三年進士知浙江太平縣著有春草軒詩弟搢字蘊叔能詩文四川敎匪滋事大將軍福康安延佐幕府事平論功辭不就

安吉字棠古乾隆四十四年舉人操行端潔閉戶窮經兼深音學以叶韻爲非謂韻有古今無所用叶生平著述頗富夏時考韻徵二書尤其心力所萃也子念祖亦著

有古韻溯源等書

許庭堅字次谷恩貢生父卓然藏書萬卷庭堅枕葄其中詩文縋幽鑿險迥絕恆蹊工山水秀逸天成著有忍古齋詩文集鄒岳字舜咨國子生工詩善音律尤長考訂

楊李度汪子國子生以能詩名性伉直于文襄敏中以年家誼招致謝不往乾隆四十五年
臨雍獻頌
賜銀兩宮綢著有賜硯齋詩從子抃優貢生能詩文

侯鳳苞字舜威乾隆四十八年舉人官寶應教諭前明鄉賢華允謀嘗爲是官鳳苞因構景燕齋以課士以允謀

號燕超故也鳳苞篤學至老不倦從游甚眾著有洗心齋詩文史論汲古綆等書弟鳳芝鳳蘭族子士穀並有文學

高雅塤字殿英湯泉字澗南俱乾隆五十一年舉人爲邑名師泉少力學致左目失明中式後以母老未與會試雅塤從江筠受經學工書官靈璧教諭

吳騊字與騤乾隆五十一年舉人通經學尤邃於易著有易括易解彙要等書子雲諸生能世其學

華榕端字蔭楠乾隆五十四年進士知范縣罷歸家居三十年杜門讀書當道罕識其面子光燮諸生著百一草

吳邦基字諤庭乾隆五十三年舉人工詩文久客京師著大禮考未就卒

薛玉堂字又洲祖景珏見流寓傳玉堂少能文善書中乾隆六十年進士授中書出爲廬州同知時和州旱民欲鑿緯河利灌溉紳士沮之玉堂奉檄往勘以開河請民便焉歷官慶陽知府以疾歸藏書數千卷閉關卻埽足迹不入城市年七十九卒時有薛一飛者爲諸生有聲又玉堂弟子朱培年亦諸生通小學

秦永年字雪颿貢生署奉賢訓導江北饑民南徙永年奉檄勸賑流民無失所者著有碧梧桐館詩集族弟玉海字步三貢生爲邑名師著有擁書樓集永年孫炳文字誼亭舉人官吳江教諭晚入貲爲戶部主事居京師久以善畫山水擅名於時

鄒印綬字錫桓乾隆五十七年舉人任六合教諭其俗攻擊蒐籍考試印綬除其弊再補興化奉檄勘賑胥吏無欺冒民德之印綬少孤力學著有天香閣詩文鈔

顧皋字晴芬嘉慶六年進士第一人授修撰累掌文衡官至戶部左侍郎引疾歸皋天性和易居官清介宦歸閉戶蕭然當道罕見其面善寫蘭竹詩文高雅如其爲人弟爽諸生能詩咸豐十年死難年七十六

徐煥字舫亭嘉慶六年進士歷官禮部主事少治儀禮嘗作朱子釋宮圖證爾堂前方丈地導諸生進退揖讓其間王公子弟多執經門下座師朱文正珪題其楹曰先生畫堵同綿蕞弟子傳經半繡衣都人傳誦之煥爲人坦直樂易爲古文質樸無華飾著有舫亭集

鄒植行字禮旿嘉慶十年進士授編修充實錄館纂修夙夜勤慎旋擢司業屢遷左庶子出爲山西學政所拔皆知名士

秦大受字可廷諸生邃於性理易學諸書發爲文深入理窟晚游廣東著有粵中吟草讀史遺編弟大光字麗中

由舉人歷官睢州知州有政聲著有楞香詩草秦瀛重
修邑志大光獨贊之
秦大雯字霆章嘉慶九年舉人攻苦力學著春秋人名考
巽弟大霖字懋學歲貢生淡於進取著詩義尊聞
施晉字錫蕃諸生性高曠於世無將迎工詩初盡力於六
朝諸集後以老杜爲宗格調神韻獨擅一時凡幕遊所
至登山臨水佳搆極多著有一枝軒稾
王焜字燿華嘉慶十二年舉人讀書過目成誦終身不忘
幼與劉嗣綰稱兩神童壯歲博覽經史爲文益工選授
通州學正未赴任卒子禮甲字晴耕貢生詞賦敏妙而

落拓不羈著有靈蘭館詩鈔
吳寶書字松厓國子生省曾子著有桐華樓詩詞又善畫
梅竹同時吳瑗字雲侍亦能詩工書
王鳳岐字巢谷諸生詩文有風格尤工駢體著有紹裘堂
詩稾駢儷碎金其友杜解字遠峯諸生詩有奇氣
孫廷鎬字蓮峯諸生工詩文著有白紵集熟於史事喜談
兵從游者諸生韓芸章優貢生馬燦皆能詩傑子錫初
亦諸生積學能文早卒
周暻字篠麓諸生博覽强記性耽吟咏注李青蓮集十餘
年始成同時華白字素人詩宗王孟賈季超字雲莊能

詩工畫蘭丁禾字滋之諸生詩文有奇氣
汪士侃字寫阮嘉慶十四年進士知樊流縣入貲爲工部
員外郎性耽讀書研究經術改官時以俸錢買書數千
卷寢饋不離尤精於氏族之學邑中著姓均能道其所
自出有其子孫所不能知者卒年八十餘子望求舉人
亦博學能文
顧翰字兼塘敏恒子少承家學詩才清絕人品狷潔如其
詩嘉慶十五年舉人知合山涇縣晚歲主講東林書
院粤匪之亂受傷而歿祀涇縣名宦弟鈞惠生並有才
惠生又善畫從弟翃字雨臣官昭文訓導詩學玉溪生

顧氏自奎光後子孫昆弟能詩者數世風流文采爲時
所稱
楊紹基字桂巖諸生幼孤力學受業孫文靖爾準之門詩
文軼宕有奇氣著有兒梅齋詩官蘇州府教授丹徒訓
導子延俊字菊仙以進士知肥城縣工制舉文在肥城
嘗修書院以造士
章簡原名程字芝楣道光元年舉人少家貧勤學苦無書
館於秦文恭蕙田故第讀其所藏書幾徧故博雅冠一
時工辭賦駢體妙筆札兼善弈游公卿間往往以弈掩
其文名云著有讀史質疑注疏辨正思誤齋詩鈔同時

安詩字芝麐館侍郎蔡瀛家詩文得瀛法以進士歷官吏科給事中有飛香閣詩鈔又有吳培蓀字竹坪亦邑人能詩

唐汝翼字爲廷道光十二年舉人博學能文研究天官家言及罰鈐奇壬太乙諸家靡不通曉咸豐三年粵匪踞金陵邑人遷徙汝翼謂無恐惟庚辛年當有變條陳團練戰守事宜上書當事不報後其言皆驗

丁彥和字暢之國子生以駢體爲林文忠則徐所知居其幕最久性嗜古畜金石陶器富而精雖屢空人以兼金易之不予也粵匪之亂彥和病廢不能從全家遁難

周有壬字佩安國子生自幼棄舉業肆游公卿間數十年於邑中文獻掌故考求甚力斷碑隻字靡不搜訪編錄梁溪文鈔凡八十卷又著錫金考乘補證邑志爲多其次女婉芳適蔡㢈形有壬卒婉芳收集父書勤護之考乘十四卷則其病革時出私橐金所刊也

鄒導源字蓉垞諸生博學工文章精經術嘉慶十八年省試主司賞其文已置魁選而導源未終場輒棄去性堅僻不諧於俗著有古桐書屋詩古文以王介甫曾子固爲宗導源卒鄒壯節鳴鶴爲梓其遺稾

華湛恩字孟超諸生官太和縣教諭藏書數萬卷熟於邑中掌故著錫金志外一書先是邑治前明弊政有現年之役道光丁酉戊戌間議除之卒爲奸胥所格湛恩痛發其事臚著於篇後鄒壯節鳴鶴因之而弊以革是書實爲之張本云

鄒安鬯字敬甫歲貢生爲文高簡試輒不利喜讀性理書治三禮通算學嘗用鄉賢顧棟高法習儀禮於棋枰一時問業者頗眾又以善書爲里塾師家貧飲酒鼓琴怡然自得其友宣力字少能諸生亦通漢學又諸生丁彥超國子生張鴻文皆以習算師安鬯彥超簡默善思後其學益進安鬯轉以叩焉兩生嘗同參立天元一至徹

夜不寐安鬯謂鴻文深思不如彥超而穎悟過之惜早卒彥超兼善弈亦不壽

薛沆字子憲原名汪度父錦堂諸生著經說標異等書沆治經精小學以諸生爲邑名師學使祁文端寯藻巡撫林文忠則徐皆深器之然竟不遇晚遘粵匪之亂走投學宮前河浮沈數里不死其子福楹則遇賊見害焉逾年沆卒著有經義備考讀史正氣綱維錄福楹亦諸生博學有才氣

薛湘字曉颿沆弟道光二十五年進士知安福縣咸豐四年五月粵賊連陷常德澧州安福賓介其衡湘料民集

丁壯擊敗悍賊曾天養於錫山市調新甯與縣人劉坤一江忠濬等戮力防守賊不敢犯擢知潯州府縣人乞留未受代去卒湘於學無所不窺著有說文段氏翼宋雨齋詩古文其制舉文孤出一體天下爭相模倣

沈鑾字晴庚諸生能詩精篆刻尤工倚聲有留鷗吟館詞嘗與吳江郭麐元和戈載同客清江浦郭故善爲詞戈深於音律鑾詞學蓋得諸二人云同時虞文雄字健資亦諸生工詩惜早卒

張岳駿字端甫諸生少工詞章雅善側豔後從上元梅曾亮游得古文義法自是悉變其所爲數年學益進然竟

轗坷卒於京師年三十五其友侯楨秦緗業刻其遺稾曾亮爲之序

侯楨字子勤道光二十六年舉人博通經史方輿水利諸書無所不究善爲詩古文辭與張岳駿同師事梅曾亮於京師既歸益肆力於學著述甚富粵匪之亂再投水不死困頓逾年而卒同時湯天麟字石民與楨善亦工詩

張步瀛字蓮洲少工詩賦及制舉文爲邑名師以拔貢生中式道光二十四年副貢步瀛治經通歷算嘗謂本朝經學直接漢唐宋以後所不逮算學直接三代又漢唐所不逮也晚年專心六書病郝氏釋名疏證闕略因作重箋又爲釋名求音未竟而卒著有醉墨軒詩鈔

錢勖字揆初咸豐五年順天舉人勖少負才名厭舉業著爲詩歌駢儷文辭沈博絶麗類吳偉業楊芳燦之倫同治初巡撫李鴻章統師上海勖以内閣中書參其幕累薦以知府用後從勦捻匪得疾卒於濟南贈太僕寺卿蔭一子知縣有張嗣平者與勖友善勖嘗延嗣平主其家共著 國朝詩話商

杜友棠字仲容咸豐元年順天舉人工詩署陽江知縣謫卒朱蔭培貢生善筆札亦治古文有潛庵文存客死齊

南

無錫金匱縣志卷二十二終

無錫金匱縣志卷二十三

〔忠節〕

處天下之變而致命當國事之失而極言不可謂人臣之幸而天地之正氣存焉若虞俊以下諸賢既各炳乎史乘而李忠定尤以忠直暴著寰區迄乎有明氣節彌厲士爭慷慨言事自是蓋少衰矣豈以時際其隆歟抑風會爲之也然自粤逆搆難或殉疆土或捍鄉閭斷脰捐軀者至不可勝數又何其烈也豪傑之士固在乎自命哉志忠節第二十五

〔漢〕

虞俊字仲卿少以孝友稱於鄉黨明春秋公羊左氏傳哀帝時爲御史稍遷丞相司直王莽執政左遷新陂令莽召爲司徒俊欲逝歸遂見迫脅仰天歎曰吾漢人也願爲漢鬼不能事兩姓飲藥而卒光武即位高其節行與二龔比爲表墓

〔南唐〕

陳喬字子喬廬陵人徙居無錫仕南唐爲太常寺奉禮郎烈宗頗器重之遷尚書郎拜中書舍人元宗既失淮甸恥其降號將授幾務於太弟而陳覺之徒因有窺覦之計欲委國事於宋齊邱而取之喬排闥入諫元宗驚悟乃止於是引喬入見后及諸子指曰此忠臣也他日國家有急汝母子可託之及元宗南遷留喬輔太子監國後主即位遷吏部侍郎翰林學士承旨門下侍郎兼樞密使遂總軍國事宋開寶中太祖遣使召後主入朝後主欲行喬曰陛下與臣俱受先帝顧命委以社稷今往而見留則國非已有悔將何及後主於是連年拒命皆喬爲之謀也及城陷後主自爲降款俾喬與世子仲寓開門納之喬遽歸府投款於承霤後主促之亟喬入見曰自古豈有不亡之國降無益也臣請宜城下一戰而死後主執喬手曰盍與我北歸喬曰臣當大政而致國家如此非死無以報臣死而歸臣以逆命之罪陛下可無恙也掣手而去入政事堂自縊死吏撤梯瘞之後宋

太祖命以禮改葬焉南唐書有傳

〔宋〕

錢顗字安道慶歷六年進士爲寧海軍節度推官守孫沔以威嚴爲治僚屬奔走聽命顗當官而行無所回撓獨見器重治平末召爲御史裏行王安石行新法宰臣曾公亮依違不言顗疏安石誤堯舜以致公輔首財利以爲容悅言行乖戾公亮畏避固寵非是貶監衢州鹽稅將出臺謂同列孫昌齡曰君奴事安石得御史自以爲

得計卽我視君犬彘之不若也拂衣上馬而去後從秀州家貧母老至丐貸親舊以給朝餔而怡然無謫官之色蘇軾遺以詩有烏府先生鐵作肝之句世因呼鐵肝御史宋史有傳

袁植字材老兄默黙在文苑傳植崇寧二年進士復中詞學兼茂科官監察御史金人入寇陳邊防十三事以誅伎人爲先不納引疾致仕建炎初召爲左司諫直言忤宰相出守岳州會北騎大入叛臣李允文據鄂州大剽荆湖植條其姦上之允文中路得遞疏怒勒兵趨岳陽執植植正色詆之不少懾遂見害於武昌事聞追贈直

龍圖閣錄其後二人

李綱字伯紀邵武人自其祖廢始居無錫父夔龍圖閣直待制綱政和二年進士積官至殿中御史忤權貴遷起居郎宣和初京師大水疏言陰氣太盛當變外患謫監沙縣稅務七年起爲太常少卿金人渝盟朝議避敵綱上禦戎五策欽宗卽位上言中原勢弱陛下履位之初當攘除外患誅鋤內姦以副太上付託之意召對延和殿奏今李鄴等議割地臣愚以爲祖宗疆土當以死守不當以尺寸與人上以爲然除兵部侍郎宰執議避敵綱言太上手挈宗社以付陛下委而去之不可白時中謂都城不可守綱曰天下城池豈復有如京都者且宗廟社稷百官萬民所在舍此何之惟當整飭軍馬固結民心堅守以待勤王之師上意稍悟內侍奏中宮已行上色變降榻曰朕不能留綱泣拜以死邀之上顧曰今爲卿勉留未幾復決意南狩入朝則乘輿已駕禁衛皆擐甲以待綱急呼語之曰爾等願守宗社乎從幸乎應曰願死守入見曰陛下已許臣留復戒行何也今六軍父母妻子皆在都城萬一中道潰歸陛下孰與爲衛且敵兵已逼知乘輿未遠使輕騎疾追何以禦之上乃悟遂命輟行綱傳旨敢復言去者斬拜爲親征行營使

以便宜從事迺治守戰之具數日而畢敵兵攻城綱身督戰募壯士縋城下斬敵將十餘人衆數千級敵退上遣李梲至軍中議和金人需金幣千萬求割太原中山河間以親王宰相爲質梲懦不措一辭還報綱言所需金幣竭天下且不足矧三鎭屏蔽割之何以立國至遣質則親王不當往宜遣使與之議遲留數日大兵四集雖不得所欲亦退卽許之盟不令輕中國與宰執議不合甫退則誓書已行所求悉與綱遂奏金人貪婪兇悖今以孤軍深入若阨河津絕饟道分兵復畿北諸邑以重兵臨敵堅壁勿戰俟其食盡力疲以一檄取誓書復

三鎮縱其北歸半渡而擊之此必勝之計也上命約
日舉事有姚平仲者勇而寡謀先期斫敵營不克亡去
金使來宰相歸罪於綱遂罷綱太學生陳東等伏闕請
留及軍民集者數萬上急召綱入復其右丞金師退除
知樞密院事請如澶淵故事遣兵十萬分道護送過可
擊則擊之宰相咎綱盡遣城下兵復詔徵還已追及邢
趙間遂得命諸將皆扼腕比綱知力爭已無及矣初太
上南幸童貫高俅以兵扈從流言且爲變議遣聶山圖
之綱曰使山圖成震驚太上憂在陛下如不果數人者
挾太上求劔南一道何以處之莫若請太上意去此數

人上從之太上行次南都聞政事改革疑召綱至則具
道皇帝仁孝思慕請早還京師太上感悟泣數行下既
還耿南仲欲屏太上左右與綱意不合劾綱即上章懇
辭上手詔諭留時北兵已去上下皆恬然綱以爲憂上
備邊禦敵八事即除河東北宣撫使言臣以愚直不見
容進而死敵固臣之願第恐朝廷執議未堅并言唐恪
聶山姦邪必悞國行次懷州時更議和止綱進兵又罷
徐處仁吳敏許翰而相唐恪進聶山陳過庭等綱聞之
歎曰事無可爲矣召綱赴闕尋以言者論落職金兵再
至上悟和議之非除綱資政殿大學士領開封府事次

長沙命率勤王兵入援未至都城失守康王開府承制
復故官遺書曰閣下學窮天人忠貫金石當投袂而起
以副民望及即位拜尚書右僕射兼中書侍郎遣官迎
勞綱入見涕泗交集復奏蒙陛下識擢相臣必令臣畢
志盡慮乃敢受命因上議十事凡數千言翌日頒議於
朝惟僭逆僞命留中綱言二事乃今政刑之大張邦昌
在政府十餘年淵聖首擢爲相如能死守臣節感動人
心敵未必若是而彼且爲僭計及知天下不與始請太
后垂簾聽政其僭僞始末斷以春秋之法非特將而已
也臣今誓不與同列當以笏擊之至僞命臣僚駢肩反

面不知有恥四方聞之誰不解體因泣下上爲動容遂
謫邦昌潭州吳幵莫儔而下皆遷謫有差復請於河北
置招撫使河東置經制使擇有材畧者爲張所傅亮及
宗澤爲開封留守會朝廷議遣使於金命草表奏言陛
下以二聖遠狩正宜枕戈嘗膽內修外攘使刑政明而
中國强則二帝不俟迎請而自歸不然雖冠蓋相望卑
辭厚禮恐亦無益乞降哀痛之詔以感動天下上嘉納
之未幾黃潛善汪伯彥力主幸東南避敵上意已決綱
謂國之存亡於是焉別即疏言自古中興之主起於西
北足以據中原而有東南起於東南不能復中原而有

西北蓋天下精兵健馬皆在西北若一旦委棄豈惟敵得乘間以擾內地盜賊亦將蠭起爲亂跨州連邑陛下雖欲還闕不可得矣況欲治兵勝敵以歸二聖哉疏上留中不出是時潛善當國侍御史張浚復劾綱因罷提舉洞霄宮凡綱所規畫軍民之政一切廢革車駕遂東幸兩河郡縣相繼淪沒紹興二年復除湖廣宣撫使勦平羣盜繼以徐俯劉斐論劾罷四年冬金及僞齊來攻綱具防禦三策五年上問攻戰守備方畧綱言朝廷偏據東南苟非大修守備何以圖敵守備之宜當料理淮南荆襄以爲屏蔽至論東南形勢莫如建康今未得復

舊都亦須權宜駐蹕天下未嘗忘宋雖西北之民亦陛下赤子特制於強敵可以綏懷若退避之策非臣所知往時自南都退而至維揚則關陝兩河失自維揚退而至江浙則兩淮東西失不知今將何適而可臣觀古與敵之邦鮮復通使東晉渡江石勒遣使元帝命焚其幣不納今無故使往祗傷國體臣願自今後脩吾政事擇所當爲者一切以至誠爲之是非明邪正別賞罰當在陛下方寸間耳因上條六事陳弊十有五事經畫措置皆中興之要務八年王倫使北與金使來以詔諭江南爲名綱言彼意大畧欲陛下屈體降禮以聽受臣念陛

下豈忘祖宗之業生靈之屬遽自屈服與衆論不合上意不怍曰大臣當如是九年除知潭州荆湖南路安撫使綱力辭遂允其請綱生平負天下重望以一身用舍係社稷生民安危每宋使至燕山必問李綱安否其爲遠人畏服如此十年薨年五十八贈少師謚忠定宋史有傳

陳炤字光伯少工詞賦登第爲丹徒尉既而入帥幕改知朐山縣仍兼主管機宜文字丁母憂歸北兵至常州守趙與鑒走匿朝議以姚訔知常州訔以炤知兵辟爲通判或勸炤辭炤曰鄉邦淪沒何可坐視與其偷生而苟全不若死之愈也遂墨衰而出率義兵戰禦自夏徂冬

不下以功加帶行提轄文思院常將張彦攻呂城兵敗降於北因盡言城中虛實攻益急元丞相伯顏自將圍之常兵阻濠水爲陳矢盡猶不降城破訔死之炤斂兵巷戰家人曰城東北圍未合可走常熟達臨安炤曰去此一步非死所矣日中兵至死焉事聞贈炤朝奉大夫直寶章閣官其子應蓀爲將仕郎宋史有傳應蓀寶祐六年鄉舉炤守城時赴平江乞援於文天祥復出家財犒軍募義卒以補散亡宋亡後衣冠不改力耕教子以終其身又炤有假子楊立聞炤死方自殺人義而救之遂佯狂以終

楊宗達字子通祖邦乂殉節建康父璘爲其弟再興於岳飛收復西京戰沒臨穎璘始居邑之鴻山爲無錫人宗達性慷慨任俠嘗寶慶紹定間憤金人爲患嘗輸金助佐軍以助餉功授將仕郎德祐元年元人大舉兵分道向臨安遣降將呂文煥先驅入常守臣趙與鑒亡匿溫人王良臣迎降三月姚訔及陳炤合謀起兵復常州元兵攻圍不能下丞相伯顏親將軍二十萬旦暮且至宗達語二子曰常臨安門戶常失守臨安不日可破事勢危促極矣吾家世宋臣讐虜之心吾祖父未嘗一日忘此吾父子捐軀捍患之日也遂遣長子震發詣平江文

天祥乞師而自與仲子濟良募集鄉勇數千星夜赴常會統制張全奉朝命來援與宗達約爲犄角元兵大至全望風遁宗達獨率鄉民死戰殺傷相當元乃以數萬衆合圍宗達軍搏戰矢盡力窮竟遇害濟良年十九亦中矢死及天祥遣尹玉麻士龍救至宗達父子已死五日矣

嘉慶志云乾隆庚午志宗達父子死難廬陵鄧公光薦爲之傳俞公貞木爲楊氏譜序亦特書其事二公距宗達死時未遠搜訪宜實夫執干戈以衞社稷至父子同日并命固非尋常義舉但歷徵野乘雜記如姚訔陳炤各有誌載宗達姓氏遂亡并考之信國行實中亦無一語及之然陳炤事得載國史非其曾孫幽曾書告史官及得德祐日記亦不免湮沒忠義之傳固有幸不幸耶據傳書之以補遺闕

（元）

陳禎字伯將性嚴毅而好學於諸子百家無不貫串舉博學鴻才授蘭溪州判累官翰林學士兵部尚書河南行省左丞至元季竟死於王事

（明）

錢鏞字季文忼爽有大略洪武初以人材徵未受職即上書指斥時政上大怒下於理將殺之長子璧在家聞父得罪徒跣走金陵擊登聞鼓訟父寃願以身代衞士箠擊幾斃帝覽疏感動鏞得滅死戍蜀

俞德惠字用濟洪武中舉經明行修授行人司行人奉命

使蜀繼而廣西龍州土同知趙宗壽擁兵拒命復命德惠齎敕往諭驅車徑前卒與賊遇逼降不屈爲宗壽所殺死時猶手執精微批不舍以道阻骸骨未歸葬衣冠於繡嶺之下

嘉慶志云乾隆庚午志明洪武二十年八月高帝以開平王子常茂安置廣西龍州遂土同知趙貼堅死無子其姪宗壽襲職而貼堅妻黃氏倚茂納其女爲妾仍掌土官印與闕者趙觀海通數凌辱宗壽會茂卒宗壽以計取土官印上章言茂已死并械觀海等至京黃氏乃告宗壽實從子不應襲宗壽復上章言狀帝以疑遂人亟釋之後有告茂匿龍州未死前宗壽所言皆妄者遂命德惠齎敕往諭宗壽捕茂入朝二十八年二月庚辰詔右軍都督府榜諭宗壽及其軍民人等宗壽抗不赴召五月詔發湖廣江西諸衞軍六萬人期秋初赴廣討之既而德惠以逼降不屈爲宗壽所殺內閣至京帝益震怒八月特命左都督府楊文佩征南將軍印爲總

兵官廣西都指揮使韓觀右軍都督府都督僉事宋晟爲左右副將軍率京衛馬步軍三萬會諸衛軍討宗壽復討奉議南丹向武諸州附宗壽者以兵部尚書劉儁參軍事未幾儁自軍還言宗壽服罪乞罷兵九月宗壽來朝十月奉議諸蠻平而德慶郵典竟未之及前志云再使廣西佈寇亂者非也嘉靖甲寅撫按陳洙孫愼始合題請建專祠

周衡字士平其學與兄文理弟孝權當作三人相師友衡洪武中舉明經授本府訓導十三年召試江源論稱旨擢右正言帝嘗詔蠲江南租已復徵之衡言不宜失信於天下竟以直言論死

許靈字至善年十八舉洪武十八年進士授禮科給事中美風度成暁有欲妻以女者靈不從竟歸越歲入朝數

上封事時以操束郡縣吏太急竄疏言之又劾輔臣不職左遷桂平縣丞卒於官

李孟善字宗吉洪武中舉明經拜監察御史太祖一日以事將殺學士宋濂孟善力諫帝怒戍遼東

陸士隆字季平洪武中舉明經拜監察御史抗疏發胡惟庸姦狀忤旨見殺妻及子皆死之劉基爲作忠節孝三歌

張文煥字伯開通春秋洪武中舉人材除儀真驛丞以材勇擢白洋鎮巡檢寇至文煥力戰戈折矢盡死之妻鄧以十歲孤元保託文煥故人姚樞而自殺樞見行義傳

施武字宗武洪武中舉明經拜監察御史以言事謫洱源州亂嶺關巡檢死於謫所

吳璽字文山洪武中舉經明行修拜監察御史建文嗣位見齊黃削奪諸藩璽亦嘗從容引漢事言李景隆非周亞夫比頗見優納會父憂歸未幾靖難兵渡江聞京師失守宮中火四北向叩頭慟哭曰臣有老母在未能殉也奉母逃遁山中或言變姓名從亡楚蜀間有人識之於西平侯第正統中禁解歸卜築於常之孟墅業醫養母及母年九十餘卒遂不復爲醫

王亨字仲理祖實元臨江路同知有詩名亨性嚴正通春

秋左氏學洪武中舉秀才授刑部郎擢四川按察僉事大振風紀蜀人稱爲王鐵面會紅苗破城賊衆數萬亨驅戍卒以戰爲賊所得縛而求金亨大罵體被三刃賊無意殺之適大叫辱國如此何以生爲以首觸牆不死賊去後兩月卒於行臺

葛桓字仲威洪武中舉明經拜監察御史姊子徐弼字子相以方孝孺薦官工部主事進兵部郎中參李景隆軍事密奏景隆凶悖有異志爲景隆所陷戍甘肅桓亦與景隆不協靖難兵入景隆降桓死之成祖即位景隆卒誣殺弼弼妻死無子二妾發功臣家爲奴皆即日自經

死其族死者三十餘人
儲福洪武初隸燕山衛籍好讀書慕顏真卿文天祥之爲人建文末挈母韓妻范逃去成祖即位詔購戍卒入伍福在籍中調興州衛當詣京師乃仰天哭曰吾雖一介卒伍義不爲叛逆屈復挈母妻以行在道中日夜泣不輟竟不食死妻范年二十奉姑甚謹每哭其夫輒走山谷中發聲長號不使姑聞貧無以自存一日浣於澗上見旁有蓆草因織蓆以養姑死居守墓旁至年八十餘卒既卒蓆草不生土人異之即其所居葺爲庵名曰崇孝崇禎十七年贈福指揮使謚貞義范贈淑人謚孝節

黃理字公理以貢除大名府推官性嚴介斷貴人子獄偘偘執法幾爲刺客所戕理不顧擢兵科給事中累上封事彈劾不避權貴三被廷杖殞而復甦後諫成祖北征下獄上以敗歸特召出之先一日死獄中
倪峻字克明洪武二十三年舉人授鄖城教諭歷泗水沙縣知縣擢兵科給事中時文皇帝好佛峻上疏極諫忤旨遣使占城後先浮海垂十二年初占城國王欲召見峻峻力折之俾郊迎而後宣詔終都給事中
沈宗字原本正統九年以貢任鶴慶府照磨寇發死之
倪敬字汝敬峻孫正統十三年進士擢御史景泰初畿輔饑命出視請蠲田租戶部持不可再疏爭竟得請巡按山西奏罷入粟補官令戍將侵餉者悉治之再按福建時議開銀礦敬抗疏引唐德宗爲言事得寢鎮守內臣斂細保貪橫敬劾罷之而治其黨吏民相慶六年七月以時多災異偕同官杜宥等陳敬天節德六事謫宜山典史英宗復辟起知祥符縣尋以都督府都事從安遠侯柳溥西征師還卒敬善飲能詩明史有傳從子祚工草隸祚子容舉人官漢州知州以廉名詩文亦有法
高璽字景雲以國子生除漳州府通判正統十四年討鄧茂七府使璽督軍餉次於茶舖遇賊將掠其芻糧執至

琥珀嶺見賊將脅以刃璽厲聲罵曰逆賊無狀上勞王師下毒百姓卽日且斷爾首懸市上敢肆猖狂戕爾父母賊遂殺之事聞贈工部員外郎
葛昊字原大景泰七年以貢授揭陽知縣潔廉有惠政忤監司不得殊擢遷城武衞經歷寇至偕指揮使沈文勤之皆死
顧可久字與新正德九年進士授行人武宗將南狩可久倡同官上言陛下輕萬乘棄九重忽垂堂之戒而甘馳驟之遊縱不自惜如宗廟太后何上怒廷杖之左遷國子學正世宗立錄諫臣擢戶部員外郎會追崇獻皇議

起可久又上疏諫復詔杖尋出守泉州移贛州擢廣東副使備兵瓊海按行諸部相其阸塞要害黎出海開說峒黎出掠旁郡按圖窮治幾空其巢未幾免歸可久好讀書工書學鍾繇法從父弟可適字與行正德三年進士官刑部郎宸濠就擒牽連逮治多濫可適往按多所平反終參議

楊淮字東川正德十二年進士授戶部主事再遷郎中始監京倉革胥徒積弊殆盡繼監淮通二倉罷中官茶果之供除囤基及額外席草費最後監內庫奄人例有供餽淮悉絕之公劾廉慎爲尚書孫交秦金所重嘉靖初

將升興獻主於廟淮與同官繼大臣臺諫之後抗疏執奏其明日伏闕候命未得衆號慟聲徹於內詔執其疏首八人餘固伏不退遂俱送詔獄越三日詔杖於廷淮氣體孱弱當舉伏時或言自逸可免淮曰吾小臣効區區之愚罹禍而逃非初心也既杖病創甚臥一月而卒子女貧無依秦金爲經紀歸其喪後贈太常少卿 明史有傳

曹懷字于德正德十二年進士選庶吉士改戶科給事中武宗將南狩廷臣伏闕下諫者百五十有五人懷與焉詔與杖凡死者數人而懷卒不出歷吏科兵科嘉靖初詔廷臣集議大禮忤旨下詔獄復杖於廷創甚呻吟中再疏論當事諸臣有五鬼刺天五經掃地之語聞者股栗然竟得不罪奉命稽察甘肅倉儲兵器出守永平調思恩致仕

華鑰字德啟嘉靖元年鄉試第一明年第進士授戶部主事調職方司伏闕爭大禮與楊淮同被杖不死忤尚書汪鋐去官居母憂以毀卒

張選字舜舉嘉靖八年進士知蕭山縣稱循良擢戶科給事中太廟祫祭帝遣勳臣代行選抗疏諫伏闕下候旨帝御文華殿覽疏震怒詔杖八十至三折梃選無委頓意謂杖者曰吾罪甘死但恐累明天子有殺諫臣名奪職歸世宗大漸遺詔復原官進通政司參議隆慶中進階朝列大夫 明史有傳

黃正色字士尚嘉靖八年進士知仁和縣再補香山移南海其座主霍韜家南海諸霍喜謂令必庇我及有犯者一繩以法諸霍怒馳書於韜然卒自斂戢擢南監察御史劾尚書張瓚武定侯郭勛會章聖太后梓宮祔葬承天荊山侯崔元禮部尚書溫仁和太監鮑忠奉命輔行在道橫甚正色列其怙寵黷貨諸不法狀上疏論劾世宗初大怒將窮治其事諸人懼誣正色於梓宮前乘馬揮扇遂詔獄將殺之以霍韜力救得廷杖戍遼東瀋陽

衛正色即日囚服荷戈趨戍所著伍經使者葺書院以
居之不可問以易教授遼東士人多樂就之自是三十
年未嘗一離尺籍穆宗即位詔以原官擢大理寺丞歷
少卿進南太僕卿致仕祀遼陽三忠祠明史與張選合傳
胡涍字原荊嘉靖四十四年進士知永豐縣移安福擢御
史神宗即位六月命馮保掌司禮監涍請嚴馭近習毋
戚詔諛虧損聖德冬妖星見慈慶宮後延燒遂房涍乞
偏察掖廷中曾蒙先朝寵幸者體恤優遇其餘毋論老
少一概放遣奏中有唐高則天語上怒斥爲民明史附陳吾德傳

華白滋字紫梁官養利州學正崇禎六年交阯入寇城陷
具衣冠死明倫堂妾姜氏殺其三歲兒從死
王孫蘭字畹仲崇禎四年進士累遷成都知府蜀宗人虐
民民相聚將焚內江王第孫蘭撫諭之乃解以父憂歸
服闋起官紹興修荒政遷廣東副使分巡南韶部州二
府連州猺賊爲亂馳剿三戰皆捷十六年張獻忠大亂
湖南湖南郴州宜章與韶接壤孫蘭乞援督撫不應最
後以七百人至一宿復調去及賊陷衡州肆屠戮韶所
轄樂昌乳源仁化遁竄既空連州守將據城叛而賊所
設僞官傳檄將至孫蘭仰天歎曰失封疆當死賊陷城
又當死吾盍先死乎遂自縊後賊竟不至朝廷憫其忠
予贈䘏乾隆四十一年追謚節愍明史有傳
馬世奇字君常希尹子世奇幼穎異嗜學有文名登崇禎
四年進士選庶吉士授編修十一年帝遣詞臣分諭諸
藩世奇使山東湖廣江西諸王府所至郤饋遺還進左
諭德父憂歸久之還朝進左庶子帝數召廷臣問禦寇
策世奇言闖獻二賊除獻易除闖難人心畏獻而附闖
非附闖也苦兵也今欲收人心惟飭督撫鎮將嚴束部
伍使兵不虐民民不苦兵則亂可弭帝善其言爲下詔
申飭時寇警日亟每召對諸大臣無能畫一策世奇歸

邸輒太息泣下曰事不可爲矣十七年三月城陷世奇
方早食投箸起問帝安在東宮二王安在或言帝已出
城或言崩或又言東宮二王被執世奇曰吾欲不死安
之其僕曰如太夫人何世奇曰正恐辱太夫人耳方闔
戶見二妾朱李盛飾來前世奇訝曰若以我死將辭我
去耶對曰聞主人盡節來從死耳世奇頷之二妾並經
死世奇端坐自引帛力縊遂死世奇修頤廣頰揚眉大
耳砥名行居館各有聲好推獎後進爲人廉父死蘇州
推官倪長圩以賻鍰三千助喪世奇辭曰蘇饑留此可
用賑座主周延儒再相世奇同郡遠嫌除服不赴都及

還朝廷儒巳賜死親暱者卒避去惟奇獨經紀其喪其
好義如此贈禮部右侍郎謚文忠　國朝順治十年改
謚文肅乾隆四十年又改曰忠肅（明史有傳）
錢振先字其若顧憲成識之童子中崇禎四年進士歷
官金華知府以發歸在東林與馬世奇龔廷祥以學問
名節相砥礪申酉之際避地湖州　大兵至投苕溪死
龔廷祥字伯興世奇弟子也崇禎十六年進士出劉理順
之門順治二年　大兵下江南廷祥時官中書舍人在
金陵慨然曰吾不可以負吾師因手書寄其子曰此時
惟捐軀以明志而已但思一見吾母不可得肝腸寸裂

遂具衣冠自投秦淮人咸聚觀廷祥恐救巳躍出水而
搖手者三而沒乾隆四十一年追謚節愍
施召徵字克用崇禎十六年進士授陸川知縣勤於吏治
卓有賢聲山寇作亂被執不屈死乾隆四十一年追謚
節愍
賈雞皮薛叟逸其名五牧人行至高橋聞李自成破京師
大慟赴水死
過俊民字尊伯崇禎十年歲貢生授常熟訓導再補臨安
會兵潰邑吏皆望風遁民遂倚俊民為守八月上丁俊
民方攜祭文廟兵卒至被執不屈縊死功臣山乾隆四
十一年入祀忠義祠
孫源文字南宮繼皐幼子諸生有至性善飲酒好詩書其
學經史百家無不畢覽軀幹短小服古衣冠慷慨語天
下事或古今成敗莫不窮其源流崇禎十七年聞京師
陷帝死社稷源文行坐悲泣無間晨夜及秋賦聞雁詩
曰少小江南住不聞鳴雁哀今宵清枕淚知爾舊北來
未幾咯血聲瘖淚盡而絕乾隆四十一年入祀忠義祠
又副貢生吳以馭字乘臨亦痛哭不食卒
嚴紹賢一名葛學與揚一鵬兄子諸生素倜儻不事齷齪
細行順治二年薙髮令下紹賢大書屋壁曰守義全歸

遂自經於寢室婢張生春亦自縊一女幼絕乳死乾隆
四十一年入祀忠義祠
華尚濂字靜觀允誠兄孫順治初允誠以不薙髮被執尚
濂年十九婚甫彌月衰衣請從行遂偕允誠傳送江寧
既至諸將帥雜坐訊之允誠瞑目坐地無一言尚濂植
立不跪令薙髮堅不從俱死（語在華允誠傳）僕薛成聞允誠被
執長慟不食先一日死僕朱孝附訃亦號哭而絕
何以培字曰厚楝如孫以培少負氣節日講習擊刺戰陣
之法福王時以良家子從軍命為參將不得志即棄官
歸未幾南都破以培屏居湖濱懸其祖楝如像於室側

所遺故劍家有名馬中夜或聞嘶鳴聲拔劍起舞慷慨不自勝是時江南皆下邑人先歸附者欲除異己以自劾以培名聞知府其命其人檄致之有伯三山者故棟如家將詗得之夜半走告邀與俱亡以培歎曰吾世受國恩焉用逃死天明檄至持檄者即以培戚也從容留飲談笑如平生請少須持檄者雖之以培笑曰何以培男子豈懼死哉遂偕至郡知府陳衛卒露刃以培白衣冠束帶入軀長八尺餘豐頤白皙儀觀甚偉知府異之爲好語曰速降不失富貴曰吾世臣無降理曰不降且不得生曰願即死再問答如初知府目左右喻意或

引以培耳語厲聲叱曰斫即斫耳何效兒女子爲解衣就縛神色不少動遂斬於市以培既死妻黃氏欲以身殉家人言以培尸未得盍緩之黃乃竭貲贖以培首以培以六月殉節至十月而首始得面如生黃爲櫛髮啟棺納之尸亦不腐黃手爲縫紉如全尸狀因綵衣素食二十六年始歿黃安逆知縣廣女也又張以備福王時爲守備謝歸　大兵南下或薦於主帥召之以備先諷妻自盡乃見主帥卻之仕不屈遂見殺

案張以備事邑中遺聞傳乘俱及之者嘉慶志除兄陵節烈傳錄入嶽改附何傳疑其本一人而傳誤爾

顧杲字子方憲成從孫諸生詩文卓犖善書好擊劍使酒負奇氣崇禎之季阮大鋮僑寓南京謀以逆案起用杲與吳應箕左國材沈士柱黃宗羲楊廷樞輩一百四十餘人作留都防亂揭討之所謂復社諸賢也未幾福王立馬阮柄國將盡殺諸人會國亡得免　大兵徇江南杲盡散家財糾鄉里敢死士千人將援江陰誓師進發行至砂山鄉人以爲盜也圍攻之及審其誤然創重不可救乃呼酒飲數升而歿子黙應蒸皆死乾隆四十一年入祀忠義祠同起兵者高明昭字聖培精天文與杲同遇害明昭子綿士馳救父亦被殺

許學字習之崇禎十六年進士未授官即遭國變學志憤

求死入密室將自經其母老矣救之謂曰許氏數世惟汝一人且汝死吾安依學迺止後以不薙髮被執詣大吏被髮覆面而入大吏曰此病狂人命扶出遂得免黃冠野服屏居養母母死亦尋卒

華京字壯與吳縣籍諸生從吳江進士吳易起兵於長白蕩兵敗先驅妻子入水格殺數人後卒纖至手與搏戰溺死

秦廷珪字延喜歲貢生福王時除長沙縣丞江南亡廣王稱號福州督師何騰蛟檄令署善化縣事順治四年長沙破湖湘悉平廷珪與其二女屏居湘山冲赴水死僕

郄義爲衣冠殯之
堵允錫字仲緘崇禎十年進士歷官長沙知府山賊掠安
化寧鄉允錫率鄉兵破滅之又殺醴陵賊魁遂以知兵
名十六年八月賊陷長沙允錫朝覲還賊已退明年六
月福王命爲湖廣參政分守武昌黄州漢陽左良玉稱
兵總督何騰蛟奔長沙令攝湖北巡撫事駐常德唐王
立拜右副都御史實授巡撫李自成死衆擁其兄子錦
爲主奉自成妻高氏及高氏弟一功領衆三十萬至澧
州言乞降遠近大震獨允錫議撫之乃入其營開誠慰
諭犒其軍皆踴躍拜謝乃節軍中宴之導以大義數千

無錫金匱縣志　卷二十三　忠節

言明日高氏出拜謂錦曰堵公天人也汝不可負別部
田見秀劉汝魁等亦來歸唐王因加允錫兵部右侍郎
兼右僉都御史總制其軍手書獎勞授錦御營前部左
軍一功右軍賜錦名赤心一功名必正賞賚有差號其
營曰忠貞封高氏貞義夫人允錫欲結赤心等倚以自
強已而哀宗第劉體仁諸營先歸騰蛟者亦引與赤心
合衆益盛允錫以芻糧難繼令散處江北明年正月騰
蛟期諸軍盡會岳州赤心先至餘逗遛不進永明王立
進允錫兵部尚書總制如故順治四年永明王令赤心
等攻荊州月餘　大兵援荊州赤心等大敗走入蜀衆

餓乃散入施州衛聲言就食湖南時王在武岡劉承允
懼爲赤心所并計非允錫不能禦請加東閣大學士封
光化伯賜劍便宜行事允錫疏請得給空敕鑄印頒賜
秦中舉兵者八月　大兵破武岡及寶慶常德辰沅允
錫走永順土司尋赴貴陽抵遵義乞師於皮熊王祥又
入施州詣忠貞營軍會楚宗人朱容藩僞稱監國天下
兵馬副元帥居夔州御史錢邦芑傳檄討之五年正月
允錫乃見容藩責以大義曉譬利害遂散其黨未幾金
聲桓李成棟叛我　大清以江西廣東附永明王於是
馬進忠王進才曹志建李赤心高必正等乘間取常德

無錫金匱縣志　卷二十三　忠節

以下諸州縣允錫疑進忠有他志令赤心必正守進忠
所取常德進忠盡焚廬舍去赤心等亦棄空城而東所
至守將皆燒營棄城走湖南已復州縣盡爲之墟允錫
乃率赤心等入湘潭與騰蛟會騰蛟令允錫向江西而
自率進忠等向長沙六年正月騰蛟被執允錫與胡一
青守衡州戰敗走桂陽初赤心等入廣西龍虎關守將
曹志建惡其淫掠或說志建允錫將召忠貞營圖志建
志建夜發兵圍允錫允錫及其子逃入富川猺峒志建
索之急猺潛送允錫於監軍僉事何圖復抵梧州會王
遣人安輯忠貞營至梧而赤心等已走賓橫二州乃與

允錫諭王於肇慶時馬吉翔及李元允袁彭年專柄各樹黨允錫欲與吉翔激赤心等東來除元允又移書貽式耜言王有密敕令共圖之元允黨丁時魁金堡論允錫喪師失地乃令移駐梧州允錫行至潯州憤恨發病卒王贈爲潯國公謚文忠（明史有傳）

（案永錫世家宜興生長武進徙居無錫以錫籍登第後歸宜興詳見年譜考乘據以正嘉慶志生長無錫之誤）

堵孫正字寅叔允錫從子八歲而孤十五工制舉業面試提學案前得雋工詩及篆刻善技擊會鼎革允錫奉唐藩命撫楚以書招之孫正甫婚數月得書告廟訣母妻而去偕允錫子孫驥入楚允錫命爲前鋒統兵連復數郡以恩義結李錦高一功之心而善撫之累官都督僉事掌錦衣衛事驅馳五載身經百戰己丑四月守永興爲我　大清兵所破巷戰力竭死東郭門內年二十四妻沈氏生一女事姑孝謹備歷艱苦不變其志又三十餘年卒人以方范孝節云

（嘉慶志云華氏宗譜載元華蓉字希明樂平縣萬山監稅卒民拒賊死明華福字寧一官南京錦衣衛征廣南有功戰白溝河陣亡華珊常德衛百戶嘉靖時征陽刺陣亡子本衛世襲華廷鶴字少峰與華爾徵楊冠世俱以順治乙酉死於兵華葆素字伯仲諸生明亡殉節無他書可考附識於此）

國朝

秦華鍾字元發禾曾孫順治四年歲貢授宮川知縣屬有兵事三年乃蒞其土撫叛歸俘民漸復業無何流寇大至被執賊勸之降鍾大罵寺就縊守者覺而救之乃挾以行方渡江伺間投水死贈按察使僉事予祭葬官其子沚爲戶部主事曾孫雄飛進士官至江西布政使

張令憲字嘉仲順治四年歲貢授香山知縣流寇破香山令憲及子丹翰皆見殺贈令憲按察使僉事予祭葬錄其孫進爲浮梁知縣令憲師王家諫字培貫明諸生工詩文尚風節當熹廟時璫禍方烈家諫悲歌痛哭發憤死其弟子皆砥礪名節而令憲尤著

王日杏字丹宸雲錦孫乾隆十八年舉人由內閣中書軍機處行走歷戶部郎中出知銅仁府罷職仍授中書隨大學士溫福赴雲南會有金川之役以功擢刑部主事三十八年六月兵潰木果木殉焉贈光祿寺少卿入昭忠祠

楊夢槎字再騫乾隆二十一年舉人寄浙江籍榜名張槎後復姓改今名官酆都知縣會　大兵征金川隨定邊將軍營管礮局兵潰木果木被執脅降不從賊環跪請點礮法乃紿令裝藥過度礮裂斃賊甚衆夢槎死之贈兵備道入昭忠祠

浦寶光官宣恩縣乾壩巡檢會湖北教匪滋事奉檄募鄉

勇勦旗鼓寨賊寶光馳至三保嶺遇賊奮身追殺賊旣衆死之予祭葬入昭忠祠

吳兆麟字德洲副貢生知鳳山縣會海盜蔡牽船竄入海口兆麟亟募義勇防禦內地有盜乘機聚衆攻掠兆麟擊退之斬其首賊以狥追捕至淡水溪賊愈衆地中火藥突發兆麟死之予祭葬入昭忠祠時兆麟幕友周邍聞變單騎赴救同被害亦予祭葬入祠兆麟從孫爾鎭官宿遷主簿在河工久以勤慎稱同治中擢靈壁知縣未赴任奉檄查勘睢河酷暑步行蘆葦間中暍卒得優邮

鄒鳴鶴字鍾泉父麟書舉人文名著都下尙書那淸安出其門出故城知縣改江寧教諭赴任時歲歉道殣相望隨予掩埋終淮安府教授鳴鶴嘉慶二十五年進士歷任河南知縣擢知開封府道光二十一年河決張灣壞省垣二十餘丈衆洶洶議遷鳴鶴上六不可遷之議毀貢院磚石堵塞城闉露宿城上八閱月城得完丁生母憂服闋爲江西督糧道

文宗登極詔京外薦拔賢材侍郎侯桐趙光合疏薦鳴鶴擢順天府尹出爲廣西巡撫時賊洪秀全等倡亂陷永安州大學士賽尙阿統諸軍駐陽朔省城存兵二百餘賊乘間悉銳來攻鳴鶴督衆登陴固守會提督向榮倍道赴援戰守三十三晝夜賊解圍去俄竄全州鳴鶴竟坐失援轄境落職歸兩江總督陸建瀛特奏調赴江寧以六品頂戴辦沿江防堵至則建瀛已率師溯流上乃與將軍祥厚等籌守禦部署未定而建瀛自九江敗還賊躡之直薄江寧鳴鶴知事不可爲書絕命詩二章付子觀儀揮之去城陷死之以道員例議邮同治中

朝廷從兩江總督曾國藩請照巡撫例優邮謚壯節鳴鶴性剛果洪聲偉幹勇於任事諳禮家居時廣書院膏火及賓興公車等費革除現年總甲之役皆鳴鶴爲之倡鄉里德之

王步雲字月莊少時父命入市肆習賈樸訥爲人笑乃發憤讀書中嘉慶二十三年舉人官桃源訓導咸豐十年正月捻匪猝至步雲分守東城子試用訓導士斌及文生張弼堂楊逢春等率勇禦賊賊麕至弼堂逢春戰死士斌傷步雲見事急命妻張士斌妻鄒女孫宏生招弟增弟佩貞婢巧如投泮池已乃朝服端坐明倫堂賊至突起批賊頰賊怒斷其十指復以鞾尖趯賊賊蹴之斫足指盡步雲罵益厲士斌至請以身代不得竟截舌碎顱死年七十二士斌亦投泮池死並贈國子監學錄銜

李福培字仲謙道光二年舉人咸豐初以教習期滿授從化知縣時賊起廣西擾及縣境福培累戰却賊四年三月擒斬賊目謝亞青等賊攻廣州福培請大府以兵二千守花縣之石角及從化之太平場以保諸邑而斷賊糧道不報七月賊突至縣之東門賊分兵犯北門而入福培集民兵力戰退之又敗賊于麻村良口等墟九月賊悉衆來攻礮洞城城陷福培迎戰不能支退登尊經閣礮石殫賊賊聚薪其下脅之福培罵益烈與從弟性培典史趙應端僕周鏘勇丁蘇兆英等同死于火贈知府銜同治中許建專祠謚剛烈其殉節處血影儼然後

之官其地者爲石闌以護之

秦炳章字霞煊道光十二年順天籍舉人官鶴慶州知州調署龍陵廳咸豐四年土寇作亂死之

王恩綬字樂山道光二十九年順天舉人教習宗學期滿以知縣用時湖北寇患方劇以闕員請揀發選人皆難之輒謁假不往恩綬慨慷曰時事多艱正人臣效忠之日而顧擇地自便乎乃聽選果發湖北咸豐五年二月抵武昌賊圍攻急城閉不得入胡文忠林翼以布政使駐軍城外惜恩綬才欲留贊軍務不可曰以揀發來省而逗遛營中是取巧也縋而入踰日城陷巷戰死子燮僕丁貴吳福壽皆殉贈知府銜蔭子簿銜同治中得建專祠謚武愍恩綬少時以文受知于巡撫林文忠則徐俾讀書衙齋李福培其外兄也以行誼相砥礪卒皆以知縣死節同時予謚而恩綬未受事之員得謚尤爲異數云

張應蘭字佩之原名蘭隅道光二十二年舉人咸豐三年從軍天津累以書抵大帥言軍事四年三月與從九品曾勉詞賊臨清州入其營爲所得賊識爲文士禮之不顧舁以刃瞋目大罵拘十餘日見西北塵起賊祭應蘭色喜詰之大言曰逆賊速殺我我將爲鬼引大軍至矣

賊怒刳其腹而死官軍至得應蘭及勉尸照知府例議卹應蘭擅才藻工詩歌駢儷文詞面白晳修偉遇翩然遇意所不可輒抵几叫罵人不能堪嘗客河南某守所意氣不相中遺書絕交拂然去其書傳誦京洛間

華元超字安之道光二十九年拔貢生咸豐七年以向武州判署平樂知縣境偪于寇元超至即議戰守具請大府于城東羅漢嶺扼險爲備未十日而游匪張龍祥率衆分犯上下二關攻西南門元超卓旗登城手繩礮擊賊賊環攻益急守弁皆退賊自羅漢嶺布雲梯入元超力竭被執賊壯其貌欲用之元超怒罵不屈剖腹刳心

以死年三十七其戚薛文元于叢屍中識其屍乃夜取之并殮元超妻子踰城出

嵇榮培字藥園曾筠曾孫事母至孝客游以養恒寓家揚州咸豐三年賊破揚州居人爭易敝服走且匿榮培獨衣冠立門外賊見愕然榮培厲聲斥之遂遇害母秦及妻女皆自經死

林蔚字霞巖以吉安府經歷擢知德化縣調鄱陽鄱陽無城郭再陷于賊落職旋以功復原官賊躪永新永寧蔚援之吉安戒嚴按察使周玉衡檄蔚助守援絕糧盡城遂陷蔚格鬬死時咸豐六年正月也又有楊福鬯國子

無錫金匱縣志　卷二十三　忠節　三二

生客吉安知府陳宗元幕亦死于難後吉安南昌建祠祀玉衡祔同死者四十一人蔚與焉福鬯亦祔宗元祠

祝錫勳字湘洲以江西候補通判留本省軍營嘗從張忠武國樑攻復丹陽句容等縣咸豐八年協守溧水早夜乘城九月賊大至城陷死之贈知府銜祀溧水昭忠祠

華廷榕爲提督周天培主文案天培攻克鎮江援浙勦賊廷榕實左右之咸豐九年九月以會勦浦口賊與天培同歿于陣

顧昆揚字賦亭官遵義知縣治苗匪有威惠地方以安調知威寧州擢知府去咸豐十年苗撲威寧上官以昆揚

悉苗情命督團助守城陷死之子以勳爲浙江巡檢亦于是年死難杭州

竇爾畿定遠巡檢尚氣有力嫻武藝集鄉兵親訓練之得精悍五百人禦賊屢挫其鋒賊大恚悉銳來攻爾畿戰死爾畿在官有惠政民德之爲棺斂歸其喪

溫榮培字厚卿廪生咸豐十年粵賊南下邑戒嚴榮培主西門團練局巡防無少懈四月九日賊逼三里橋提督張玉良方退保無錫檄榮培赴榮巷運糧行及惠山會宜興賊越山蜂擁至榮培以數十人與戰不敵被擒大罵不屈死

無錫金匱縣志　卷二十三　忠節　三三

虞廷皋字賡颺道光十五年副貢生工舉業爲邑名師咸豐十年廷皋分守邑城城陷而死子汝翼亦以拒賊死于鄉

顧箴字風時貢生主講淮安麗正書院二十年性方鯁人或少越禮盛氣呵斥無所避里中皆嚴憚之咸豐十年粵匪破城箴大罵不屈死年八十一子德垣亦死之

許繼柏字寶巖由桐鄉縣丞擢新樂知縣以老乞休性耿介足迹不入城市聞警家人請避避怒曰人患不得其死耳吾年已九十復何求賊至繼柏踞坐大罵遂遇害

吳彝鐘字作音諸生咸豐三年江寧失守邑人皆徙彝鐘

大言曰冦來惟死耳何避爲衆笑之十年賊至彝鏡不
屈被重傷夜乃縱火自焚子婦陶從嫂楊從孫女二人
皆死彝鏡年七十一
蔣鎰字仲衡國子生大鏞兄咸豐十年約鄉人行分坊團
練法及城陷令各鄉團衆鳴金拒賊有竄入者輒殺之
既而賊大隊至執其弟鉽脅降鎰謂鉽曰此吾兄弟致
命之日也大罵不絕聲皆遇害
薛華平字雲卿成平字虞卿禮社人兄弟皆篤行能文成
平嘗刲肱療父疾邑城陷集團禦賊七月六日賊大至
團衆潰華平兄弟死之成平妻華挈一女投水死

浦錦堂朱貞柏皆開化鄉武生邑城陷誓殺賊保鄉黨揚
名大橋南戰輒勝錦堂善射多智略製子母礮以禦賊
遠近義民皆歸之七月朔賊大至奮戰自晨至午錦堂
恃勇登橋巔發矢連殪悍賊賊飛礮中之墮橋下大呼
貞柏曰我已矣君勉之貞柏力敵逾時而死賊亦引去
計聚金萬安鄉人有膂力南禪寺僧曰道德者精武藝避
居鄉之祠山殿因相約集團累創賊鄉里恃其保障者
數年同治二年四月各路潰賊麕至二人知勢不敵麾
衆退曰吾兩人以死當之君等宜自爲計乃扼賊于匡
橋格鬭逾時擊殺數十人而後死衆人因得脫歸事定
爲位于祠山殿側並祀焉
廖長生咸豐十年以勇丁守南門四月十日賊自水關入
長生奮搏却數賊賊擁至入不能當躍登岸潰兵數
十自北來長生呼之皆反走有舊家子朱姓等倉皇欲
出城長生其鄰也乃送之東門外曰君等自此去吾還
視老母還遇賊鬬死于嚴家池頭

〔附〕

梁國泰楊氏僕也山東人矯健善鬬在陳墅寨門等處累
盪狂寇江陰王元昌方倡義集團延國泰共事戰于毘
山祝塘松橋殺賊無算金匱常熟江陰三邑鄉團皆倚

之每戰必陷陣賊憚焉詐空江陰城以誘元昌信之以
三千人屬國泰往國泰不可強之行果遇伏覆軍國泰
跳而免尋乞餉蕩口蕩口人疑之夜殺之甘露各團自
是不振

無錫金匱縣志卷二十三終

無錫金匱縣志卷二十四

孝友

書云孝乎惟孝友于兄弟蓋孝弟者爲仁之本也漢時已有耰鋤箕帚之誶挽近俗益澆漓然鄉曲委巷往往有不讀詩書而至性過人有足多者豈非良知良能出於愛敬之真者然耶刲股廬墓或者病其近名而前人紀載多及之士生三讓之鄉可以感發而興起矣志孝友第二十六

晉

華寶父豪晉義熙末戍長安時寶年八歲豪臨行謂寶曰須我還爲汝上頭長安陷豪歿寶年至七十不婚冠或問之輒號慟彌日不忍答也建元三年與同郡薛天生劉懷允並表門閭南史有傳

宋

許九田家子早喪父獨與母居淳化三年饑九往來城邑求食養母人厭其數斥之九念母終不得食哀痛不忍俱死因持斧自斷其手手斷血不出人皆異之爭餽之餐母子得全進士孫浩以其事聞於令令謂九傷毁支體不孝逐之浩與俱去常州留養於家九每與母同出累日不至浩所浩問之曰所得幸足供母不欲數累長

者浩益憐之爲置緇衣衣之居歲餘母死九服所得緇衣漆其斷手口誦浮圖言與母俱卒

張爽字公爽父歿廬墓三年墓側産芝鄒忠公浩爲作孝芝歌

元

張阿蟠生甚微致和中歲饑從父母就食晉陵父歿家益貧蟠方成童傭於馬氏馬染工也蟠因習其業主愛之歲益其傭直蟠乃盡其所能得以厚奉母暑月夜自焚艾以驅蚊蚋窮冬雨雪爐未嘗斷薪積二十餘年母年六十五而歿舁喪歸葬哀動路人

李元昭字伯昭晦子嘗爲慈湖書院山長父歿哀毁滅性廬墓四年墓有四大樹元昭結巢樹杪而寢其中冀風雨晦明見父魂魄也晨暮悲泣羣烏和之當路聞之辟命日至終不出

華幼武字彦清父鉉早卒母陳以節著幼武幼與羣兒戲於庭聞母語生平事輟戲而泣母問之具道母言痛切於是母亦泣事其祖若仲父至孝篤從未嘗析産異居母老喪明曲爲承順以舒其鬱及母得旌搆貞節堂春草軒以居之晨夕左右終其身幼武工翰墨以詩聞於時與鄭元祐王逢陳基張友諒善春草軒成四方名流題

詠甚富士大夫監稱之子悰輦見隱逸傳

（明）

尤貞字心之失愛於君毋姚而事之彌謹姚病刲股療之元泰定三年解元入明累官至太僕卿洪武六年卒官上嗟悼不已賜棺斂銀五十兩遣祭龍江關舟次詞官撰呈祭文不稱旨宸翰親爲之蓋異數也

王建字建極遂從兄家貧三十未娶舅氏朱以女字之會毋病二年卒服除將婚而父病又久之亦卒廬墓六年夫婦皆年逾四十始成婚

李步行城東賣菜傭也早喪母每晨出鬻菜得錢以奉父

父嗜酒依之必歡未嘗暫缺見時物於市購以進雖高價不少後體無全衣而父周身之具無不給一時鄉里中子有不順者人輒舉步行名誚讓之

錢璧鏞子鏞以建言戍蜀璧隨父往間歲一歸省母後鏞老請代任戍役鏞歸而璧死於戍鏞季子瓊方遣戍時瓊纔數齡既長知璧乞代父死事輒痛哭璧死例以親子姪代行司勾捕璧子瓊慷慨代行隸戍所亦歿於戍

陳阿皮早孤養母母死而貧迺鬻身營葬嘗墮大水人莫能援漁人網得之得不死人皆謂至孝所感

華興義字仲模幼武孫洪武中父被誣繫獄興義才弱冠擊登聞鼓請以身代辭極懇摯上爲惻然命原其父

安宙與兄宇篤友誼洪武中宇坐糧長事論戍雲南宙念兄老請代戍挈妻與長子斌行留幼子彧守墓彧長誓尋父母行次楚雄衛得之父促之歸及再往而父歿母亦尋歿與兄泣別攜父戍稿繭居吟以歸

時亨字待菴性至孝父卒亨哀毀骨立三年不挾纊絮不食粱肉人稱時孝子洪武末郡以楷書薦授臨江同知潔已愛民以疾去官

陸平字公愷母久病平以憂成目眚一日爲母治刀圭手授金櫻子誤拭目頓明母亦尋愈永樂元年以貢入

都對策稱旨爲浦江知縣訟簡賦平仕至工部郎中晚年精求性命之學金華府志有傳

鄒暐字允章父近仁早卒暐事母錢至孝母遘末疾刲股作糜以進獲痊孫永章亦以孝稱

褚鳳字廷儀諸生父伯欽年八十而病弟幼妻又死鳳旦夕扶侍淸明父命祭墉比歸父死於鄰火鳳卽日葬父遂斷火食惟飲水噉草木根皮備嘗得値悉爲松楸封樹之用踰半年事畢告其弟曰可自圖早娶以延父祀遂負薪於墓聚而自焚宣德九年十月朔也時有陳智沈椿沈榛魏忠皆食貧而能以孝聞

莫昌字順甫田廬悉讓兩弟季弟義甫在金陵遘疾昌兼程往視疾衣不解帶同舍生有病者其親屬畏染不顧昌拯療之如弟皆起時謂有薛包庾袞之風當道薦於朝辭不就

全純字原赤事母甚孝母卒哭歲餘而瞽鄉里聞於官巡撫周忱餉粟布固辭不受曰使純能孝則目不盲矣忱歎曰如是純目當復明已而果然

楊琛字叔獻景泰五年進士歷官禮部郎中引疾歸琛性孝友父歿嘗廬墓三年治家敦睦五世同居無間言或問曰食指逾千雍睦如此豈得忍字力耶琛答曰恐不

可久惟無隙斯善耳

吳傑字世雄館於武進胡忠安濙家歲餉甚厚洗腆養母如富家母終時傑年七十三矣持喪孺泣廬墓終身

秦旦字永孚奭字仲孚以字行父旭見隱逸傳兄夔宦於外旦奭家居侍養四十餘年父嘗患心疾醫謂得人胸間血酒可療二子爭剜胸出血和酒以進父疾竟愈母傷膝創潰二子以舌舐之旦忠厚沈默擇言而發奭直諒工於詩操行異而俱以孝稱憲宗旌其門曰雙孝旦子鏜奭子鉉亦有雙孝名鏜別有傳永孚仲孚見明史孝義傳序

唐恒字公常年十六喪父惟寅哀毀骨立事母周至孝成化十七年七月大雨水裂龍山之趾而出惟寅冢當其衝恒負土塡壍不克又貧不能改葬亡何母病且屬纊謂恒曰冢陸沈奈何恒痛毋言即以銀鐺繫頸仰天誓曰恒不徙墓不去此然力終不辦後六年恒病革其戚友將爲脫之恒捫鎖淚橫下曰吾脫此何以見吾母地下竟抱鎖死有司上其事未及旌正德中巡按御史聞而祭之

虞廣字以勤成化間父戍遼左母免僉行廣歲一往還以爲常父卒負櫬航海颶風舟覆俄有神出柩洪波中卒獲南合有兩地承顏卷傳於後

蔣朝憲少失父母哀慟死而復蘇貧不能葬席藁枕塊者三十餘年或問及先人淚迸注不能語邵文莊寶亟道其行衆感而賻之迺得葬

蔡孚字信之官蘇州衛指揮使事節母陳五十餘年以孝聞與弟濟終身不析產築宗教學堂以收族人不能力學者教之

秦鏜字國和旦子母張病痿且瘖鏜以意揣其所欲而調護之坐臥躬自抱持積十九年不懈鏜宏治十七年舉人自母病不赴禮部試比母喪服除而鏜年已老授南京都察院都事卒從弟鋭孌子官浙江布政使都事執

喪廬墓事母至孝錢子淮父疾創有試輒父趣之行乃陽治裝而潛留省侍後官辰溪知縣見宦望傳淮弟瀚有文學爲姑後於吳往來定省亦以孝稱後復姓

俞鎧字武元性至孝家貧授經以養督學御史廉其狀俾越次補貢入太學以母老辭不赴既喪毋廬墓四年始就試順天宏治二年舉人授長興教諭卒邵文莊寶及吳學張愷皆出其門

秦鬨字邦哲以諸生貢太學謁選而父歿遂誓不復出築室父墓旁歲旱水涸忽有泉湧然衆顏之名曰孝子泉

浦瑾字文玉宏治中南塘火風急熾甚將及瑾廬父柩方

在殯瑾呼天叩顙血流被地左右鄰皆燬而浦室獨存瑾博學與邵寶善舉正德十六年進士知麗水縣受事三日疾作仲子應元手狀走當道爲父乞休並日夜哭泣禱於神求代而瑾竟歿應元自經死處州知府黃體行上其事於朝而特爲之傳瑾門人華諫正德中舉人亦以孝聞

錢鉦字允宣本姓華參政泮之子幼育於姑遂母其姑而父姑之夫曰西園處士鉦事之孝嘗再刲股肉愈母疾處士晚舉子鈞鉦覺而教之鈞亦有至性老人相繼歿鉦鈞哀毀廬墓六年

吳汝憲字道卿兄某嘗坐事繫獄汝憲因自囚一室藉草食糲一如獄中人勸之輒泣兄釋而後出

折足者子嘉靖初人父折足而老子負之乞於道得少物必進父父有遺餘子始食歷十餘年折足者死子慟曰父在眞孰負之者遂死父旁

陸爻字時貞家貧力養母母年七十嘗病爻夜禮北斗及東嶽願以已算益母周旋坐起十餘年而卒同時有張麒者市民也兩割股愈父疾爻有子爲父請旌麒竟無人知之者（麒一作麟）

浦劭字成德父應虞諸生嘉靖三十三年夏倭寇自常熟

入境掠村落劭與弟濬挾老幼匿僻阻處旬日賊稍稍退應虞潛出探之猝遇賊隊之失道者牽去令荷物前行時劭濬並先他往劭適還不見父惶遽望賊隊直前叩其首道父狀貌請以身代酋感其誠使釋父去而劭不解倭語猶以爲未釋也厲聲請不已賊怒刃之聲愈厲遂亂斮之死比賊去濬甫歸急往跡之屍解爲七適斂而葬之石室山下應虞爲劭主寘牀頭出入必呼而告之曰老人無恙萬歷四十三年旌劭妻過亦以苦節旌別有傳濬授經養親每以劭身後名不朽爲親慰時亦稱雙孝云（明史附楊通照傳）

俞紹祖鎧曾孫嘉靖中倭躪江南父貫病癱不能行紹祖倉皇負貫竄匿遇賊將殺貫紹祖號哭請代遂遇害賊棄貫於途遇老僕負歸

蔡元鋭國子生居控江門外倭亂具舟奉父軫入城父未即行賊掩至適與弟元鐸將翼父而升諸屋鋭遂爲賊所執殺於道中鐸以父免未知鋭死明日持金詣賊贖兄因并遇害事聞旌其門曰孝友 明史附王在復傳

嚴翙字子期七歲而孤與兄皆撫於叔氏翙奉母周至孝周病甚翙中夜具衣冠露禱請以身代母病果愈既而翙疾勢且劇意謂此必代母當爾卻醫藥不御久之亦

愈叔氏卒無子翙以次當爲後兄窺其遺産厚欲專之翙曰幸甚吾後吾父又何求焉悉讓之不取爲里塾師以給母方教授邑西新溪橋倭至人驚竄遇賊被執使爲導不可遂見殺子一鵬

李緒字承曾父望病浹月不弛帶歿而三年不弛哀兄子明徵少孤縣僉爲糧長緒曰孤兒當此立槁矣請身代之遂傾其家不遺尺土卒不悔子應祥

王宗字振之父伯常世雄於貲以俠敗妻死自傭於惠山僧舍宗年十三慟哭迎父歸止於外家旦暮負薪以養既二年拾遺襲於道俟其人至而還之則報以三緡受而買二驢負載取直以養父又十年始僦屋三登里娶妻生子痛母早世終身不飲酒食肉當宗策塑時有富民張江者齮齕之宗大屻後江與强銘訟不相下會銘一奴死誣江殺之知宗之讐江也餽之金而引爲證及就訊宗慷慨明其始末還所餽金於官修三登倉人皆義之其子曰澤澤子召問問見儒林傳

衛邦青城鄉人與弟國樵五頂山中遇虎伏巖下相去尋丈邦曰吾兄弟不兩全矣我已有子汝方婚可速去國不應持刀大呼赴之虎奔逸皆免

沈璵字子美五歲喪父家貧母李苦節撫孤勤十指資遣

璵學璵魯鈍不能讀書比長又弱不任耕自恨無以活母偶過橋於泥中拾銀一大餅因坐待遺者拭之見面有天賜節孝四字適持之歸里人異之有賁醫妻以女璵傳媍翁術家稍裕極意奉母二十年母歿斂葬盡禮璵尋死妻賁從死遺孤偉五歲相傳湖州客攜去補弟子員

吳聘字子來有義行以孝聞學使者將越次貢之辭不可遲之又二十年除京衛武學教授遷南國子監典籍會滿考請移贈其父而格於例聘泣然曰吾先人終布衣地下乎爲子無狀敢濫上恩遂并本身告亦卻不請仕

終廣州通判初父年大耋而困末疾聰晝披以行夜伏身伺喘息冬月體溫溺器以進凡十餘年

林沐字自新父死而貧營什一以養母兼撫諸弟其季買荆襄醫其貨被惡疾以歸沐匿之別舍療治既痊迺引見母且更貧之母嘗患疾暑月思黃雀又冬思蟹沐求皆得之母壽八十餘臨卒謂沐曰爾眞吾孝子願而子他日事爾亦如爾人因呼爲林孝子

黃應元字岵瞻六歲喪父母楊守志積四十七年應元事之未嘗幾微失母意初就外傅與羣兒戲母見切數之繼以泣應元自是終身不事嬉遊

華祺字永年行三兄弟四人父歿母以祺有幹才家事悉令祺職之祺輒歸美於伯兄仲失歡於母母怒仲祺必跪解杖必身蔽之大父析諸孫產祺與仲共宅仲所受有母擕者母弗予祺遂與仲易居仲歿以孤屬祺祺謹護之逮其成盡返所有祺仲父秘書某貲鉅萬無子祺當立以讓季季歿復撫其孤如已子

王望道字懋及諸生兄立道卒於京望道走二千里以喪歸割腴田與兄子而自承其役奉母孝爲上林苑丞獎年即乞歸養子化醕諸生父疾不解帶數旬鬚髮盡白著有百花鼓吹梅花鼓吹採入四庫書

張明卿字與時萬歷四年舉人母早卒事父晨夕不離不赴禮部試以純孝稱

周後字養蒙弱冠喪父里有蔣氏擕其弟訟後於官而牟取其利後遽析已産之腴者予之計沮亡何又擕其弟與他族訟數年産且盡則犇後田百畝以媚勢家及後疾猶再受弟訟後終不爲忤將卒誡其子善事而叔無銘吾墓以彰厥愆孫懷忠字士克諸生孝友如其祖哭父至失明弟爲豪家齮齕懷忠傾貲護之豪亦感化子公謨

鄒忠字顯之髫齡即以孝聞稍長貨無私蓄食無私羞務

當其親心歲捐租什一爲賑歉歲十二旦振饑人祁文莊寶爲作務本堂記兄賢字佑之亦嘗出粟千石以賑饑又獨出貲刊邑志平生多奇節偉行兄弟友愛無間言

賣餻陳孝子其事蹟不可考邵寶嘗作詩稱之有苦哉孝子心一念通神霄之句

邵天祿者葉茂才同里貧無妻鬻鐵鍡子爲生鐵鍡子者俗稱具名以受穉陽者也少喪父竭力舂築以養歲時日具酒肉而已餍粗糲每夜歸必秉燭伺母眠依母榻四十餘年里人化之知縣劉坤以天祿名上副使旌之

茂才嘗作鄧孝子吟
鄧龍光字彦爲萬歷八年進士官中書舍人父宦楚豫留龍光侍大父母以孝稱著有尚書約言弟鳳光知安仁縣居官清白嘗入恤交社子宏基亦敦内行
惠仁市傭也父早卒母姚仁以傭錢養得酒肉必懷以奉母母喫旱烟買桑槀爲薪價倍他薪弗計也母年九十跪求畫工寫像母死假貸厚葬之對母像出反必告得酒肉必布像前如生時又有朱可爲者新安鄉人事母以孝著巡按御史給之冠帶
過對揚字獻可萬歷二十五年副榜父疾中宵籲斗以身

無錫金匱縣志卷二十四 孝友 廿三

代妻劉氏以完節旌子松齡
嚴紹宗字與德一鵬子少負才名天啟元年中副榜後襲父蔭父年近大耋無他兄弟遂絶意科舉亦不謁任子選居家侍養明季人復飾貲斥産以給不使父知一鵬晚沐存問營建綽楔以迄歿後請卹治葬諸費甚鉅比畢則負郭田盡矣紹宗衣冠修偉晚益貧鬻宅居城隅別業病革謂其子曰死必葬我陽溪父塋子福孫繩孫
張星字楚垣從高攀龍學偕友談高受兄弟敦行朱子家禮家貧養親一食館穀母莫病刲左股和藥進之又病刲右股肉以進皆立愈巡按祁彪佳予獎

高士鶴字聲野攀龍幼弟事生母盡孝資皆請其妻曰子有三母母惟一子耳有兄六人事之皆得其歡初遊太學與海甯許令典善及令典來知縣事敦舊契而士鶴一無干謁人兩賢之子世泰
高應豸年十八聘妻王氏卒會父病須其莊紉婚竟不起應豸遂不復娶崇禎中旌
陳志夔業賈事父生死能竭其力崇禎中旌庚午以進儲恩給章服
秦爾載字彦熙事所後母談與其生母吳交盡其力吳嗜芡吳亡爾載終身不食芡師事高攀龍篤信好學卒年

無錫金匱縣志卷二十四 孝友 廿四

僅三十三攀龍志其墓子鏞
唐起龍字于震諸生父子三世以孝聞父疾起龍旦暮籲天四閱月兩膝腫裂高攀龍志其墓
葉允輔字調耕茂才子少從馬世奇遊以父蔭得官不就崇禎初伏闕上疏爲父請祭葬既得命廬於墓額其樹曰水天菴一日肅衣冠祭畢飄然出門有頃求之已死舍後池中
華自明字以先同母兄死族以里役困其子自明任之異母弟已析産復全畀以母所儲産其婿王永吉官儀曹歸奉儒士劄并冠服進爲之子璣字龍叔亦以孝友稱

痛上世春草軒遺墨散失購之累年由是鄭元祐貢湝
危素黃師泰諸名人所作詩文凡十餘家及圖書盡得
之述保墨閣世藏於家瓏子章志
淩小道農家子父八十不能自卧起寢以矮牀父溲溺小
道蛇行負而下上妻亦孝
鄒莘字莘野諸生天性孝友兄某爲富人所訴縣捕之急
莘代繫數月乃釋無怨言治地得父藏金三百三分之
與兄及弟不以私弟拱辰優貢生恬介有守
陳官奴早失父日磨豆斗許以養母妻忤母立遣之獨居
三十年寒餓自甘罄所贏供母母年九十餘官奴七十

餘孺慕如初
陳景仁字長公母老晝常卧景仁旦夕跽牀下挾匕箸進
食以爲常母死遇諱日必慟
陳悅谷賈人子有二弟父鍾愛欲私厚之悅谷時納錢父
處父得行其意父好遊而嗇於貲每風日晴美先厝錢
酒家遍屬父所善友挾以行父樂之以爲友眞知我也
單可觀早喪母父衡陽義不再娶可觀亦不娶寢處與父
俱父歿悲慟而絶
岳呈祥刲股肉起母疾經三旬創沸不可支妻怪詰之發
視口如杯椀血淋漓駭曰何不急救治使至此呈祥恬
然曰吾聞爲此者人避知一日親衍壽一歲故默忍耳
其後爲親刲股者有蔡志儒蔣元祖顧坦如許朋儔殷
允升俱以孝行稱
楊紹祖諸生事父母有至性妻亦孝崇禎中舉賢良方正
以親老不赴巡撫祁彪佳又以道明德立足表人倫薦
後有秦翔龍字翀之家酷貧秦父正道母丁極孝先後
兩刲股以愈母疾婦孝亦如翔龍
呂鳴廷字爾嘉諸生父疾篤命之娶鳴廷泣請緩父遽卒天
啟元年也江南諱言采選室女一時嫁遣殆遍母迎婦
入室鳴廷痛不自勝曰父疾而命之娶猶弗忍今父方

歿而忍爲此乎苦塊終喪又數月始告廟成禮
陳國賢靖海門外賣菜傭也慕李步行之爲人事母亦以
孝聞
湯時化有至性娶初至即以孝事舅姑爲戒妻未接語而
猶恧疑其色忤遽遣歸久之舅姑慰之復迎室母病時
化刲肉進之立瘥時化嘗拾遺金守三日俟其人返之
平德清字君甫父病篤禱東嶽神廟願減己算益父算歸
而父已霍然弟與子俱患痘甚危德清禱曰吾平氏三
世皆一身脫不兩全寧殤子無殤弟竟俱生
秦孝維字善先性湻至事親孝親歿廬墓三年與戴廷祥

高明玿友善及二人殉難遂晦迹斗山不見一客
秦詔字寧侯諸生七歲失恃欲以身殉弱冠潛心理學爲明心錄采古今格言爲省心錄又善以方藥活人或過顯逝煮糜給槥無倦色
李炌字介臣生崇禎末父母死於兵炌於積骸中刺臂血徧滴得骨以歸葬
丁亟（俗謂祝獻）四子大虎小虎阿旗阿皂世嶂峒灣人共竭力田作具酒肉以養父父病大虎禱夢於神神語以股可療虎不解股是何物訊山僧得之四子爭割以進父愈後父死二虎悲哀相繼卒

國朝

虞爾忘爾雪膠山人父罕卿充社總 國初多盜竊殺人膠山盜胡鮑三爲之魁罕卿計團鄉勇行往白縣中途過一村少戕手爲賊罕卿意其罹毒也語以故且告姓名村少謝曰幸甚再越宿罕卿還自縣閭門外遽呼虞罕卿出見卽所過村少也左右皆操及立縛罕卿去是時二子方田作比婦女奔告二子急荷農械馳救父父已死園塘橋下矣順治五年六月三日也於是二子收父尸斂葬密求殺父者主名且泣曰團鄉勇父志也縣批故在遂相與招徠部署立團冊二子於團首自署名曰爾忘爾雪誓忘仇蓋雪恨也於是遠近響應鄉皆連結盜失勢與梟見獲凡獲盜必詰殺罕卿者乃知前村少者胡鮑三養子杜息也三走江陰匿於獄而息謀入海與所左右二人夜治行爾忘爾雪偵知之躡北土使躡後而身掩至息家息就縛并縛二人牽至罕卿死所比明爾忘歸抱罕卿木主至爾雪爇釜其旁爾忘截息舌釜炙以祭爾雪不勝憤取心肝炙之且祭且噉衆亦爭觸食之爾忘遒斷息頭懸腰間將及二人其一人已膽裂死一人乞哀遂沈之河爾忘爾雪懸息頭於父墓再拜瀝酒大慟乃歸是爲七月十六日自後邑境亦寧

秦鏡廷珪長子順治四年鏡省父長沙既至見父已殉節死撫棺號慟亦死之康熙三年鏡幼弟鈗間關往訪始得御父兄柩以歸
華世煃字公聚少孤又失母庶母金撫之世煃事之極誠敬兄歿覆露其遺孤周貧窮鄉里稱善人時值鼎革鄉盜橫甚戒毋入世煃門
秦重采字幼儀居親喪哀毀盡禮家人失火迸毋柩采悉柩哀號火及篋而返事兄嫂如父母子鉽
劉果遠字千之順治四年進士累官湖廣提學僉事事母至孝俸餘所寘產悉與弟分之

侯曦字朝賓鼎鉉子順治十五年進士鼎鉉令黃岡母王未赴留曦侍養曦聞寇警走二千里省父於危城中寇退始歸父歿遺命葬祖塋形家言不利長子曦曰吾遵治命非邀福也父有田三頃命諸子中得第者與之曦不專受分給其弟從弟卿瑩幼孤多難曦爲殫力保持卿瑩歿又撫其子子麟然亦以孝行著聲鄉里

浦佑昌字時泉篤於倫紀鄉里稱之子曰新孫長發皆質朴長者

吳維泰字爾志少孤事母孝析產推大第與弟姊寡養之終身官萊州推官忤上官意乞歸晚罹家難北行歿於

道第三子德全年尙稚呼老僕楊槃走數千里護父喪還

王允持字簡在康熙二十四年進士當授知縣以母老歸工詩詞篤於孝行一日手書數十行付諸子皆身後令奉養大母事未幾卒

陸士奎字聚五六歲喪母感丁蘭事刻木爲母像像成會母諱日抱像而慟像亦隱隱含淚父豪飲喜賓客奎値佳時雖甚窘必質錢置酒致父所知愛博父歡奎亦善飲不飲以供父奎故貧授徒以給云

虞官皐字汝明生五十日而孤母吳茂貞以養以教官皐習母訓篤倫誼卹寡庇孤恩浹宗黨嘗集格言名曰孤餘子銓諸生官皐卒哀毁成疾未幾亦卒

邵可學興道鄉民負販養母一言不苟嘗冬月出販母問歸期以明日對會大雪就販即還及到家忘進信又更深不敢驚母寒禁匿檐下明旦迺入知縣吳興祚獎之

魏廷球字商玉黃巷里人嘗刲股療母疾後母疾復篤爲血疏禱神請代母尋愈而廷球竟死康熙二十三年事

曹童子者父南郭外塐工也童子方五歲父或扃戶出則竟日不食鄰舍餔之輒搖首泣俟父歸同食未幾父死童子嗚咽匍匐死父旁鄰人斂之康熙四十年間事

仇斌本姓杜事所後父母極謹父嚴冬患痢斌侵晨取中帬廁牏滌冰罅兩手瘃瘃不怠也母嗜果未老齒豁雖果之不可熟食者其妻必蒸以進鄉黨以爲斌之孝於其妻益徵之

王晉錫字受茲父客荆州更娶小妻貧家爲時西南用兵音問阻絕晉錫授經奉母及聞平問父已死間關往訪比至而父之小妻亦死一弟尙幼晉錫昇兩柩擕其弟歸母亦視之如己子凡命晉錫教之成立

張寅孫字伯玉父拱明遊桂林音耗斷絕寅孫子身行哭不見父不返至則父已死昇櫬歸與母合葬乾隆四年

旌

朱旂字大占父遂範早卒旂跬步不違母側偶以事入城則合家童數輩時刻傳報高堂喜愠或稍失和吐餔疾走足及門醫巫已羅俟矣康熙二十三年中順天舉人旂戀母不常與計偕甲戌母正色遣之行抵京考授中書遽歸母卒不勝喪亦卒

潘志道字嗣安少從其婦翁遠賈售輒倍喜周人急施予無虛日尤憫獄囚歲三賑焉冬則絮之薦之即遞解寄獄者悉給錢米性至孝母病目舐之復明遘危疾刲股食之得愈乾隆年間旌

丁紹美字西文幼孤育於從兄稍長挾與敝租鄉莊紹美晝隨行夜匿誦讀兄覺之喜聽就學補諸生喜探濂關源流體驗而身行之益深於易事從兄如父從兄死二子業不守紹美以所受脩脯資之未嘗時出詈言資之如初子起元亦孝友授經里中有大小丁先生之目

劉耿字覲文父早歿家貧母令爲道士已歸省其母母已三日不食矣耿大慟告其師歸習星卜小技又爲人傭書自是菽水稍給有大戶憐而字以女會母喪耿廬墓大戶計女年已長微言之耿拒之堅女尋卒耿亦終身不娶

黃汝濟字子楫兄汝澄溺死震澤汝濟徒跣湖濱覓尸三晝夜不得慟哭曰兄乎有靈盍夢我夕夢而旦獲之喪得歸子超音康熙四十四年舉鄉試第一成進士入翰林爲人重名節通籍後家甚貧燕坐讀書不與外事人稱爲固窮先生

秦源寬字未能生四歲而孤母胡苦節撫之源寬既成進士考授中書告歸侍養請旌如制遂與顧培等相地惠山之麓集貲別建貞節祠奉母主入焉子伯龍進士知濰縣龍光吳縣學生性至孝早卒

秦枝桂字燕庭父世綸有孝行枝桂好讀書文行謹飭秦

氏自其先尙書金始編宗譜有名淪者圖繪先人遺像以及碑銘傳記彙爲一集閱數世而枝桂又續加纂輯共六十卷逾二十載而後成嘗自館塾歸適有從弟婦歿磬教授所得爲治後事從弟歿復殯斂之卒歲家徒壁立蕭然自得

呂茂芳母丁生四子而寡嘗遘危疾茂芳屏隱處刲股肉大如掌暈絕久之弟時芳世芳心動燭見之釁肉合劑以飲母母立愈

成達字民望父英訪毋不歸不知死處母吳以節聞達察色聽聲先意承志比歿廬墓久之芝産墓門甘泉出井

兩世純孝能詩者爭歌詠之雍正二年旌

陳人龍字震先十歲喪父事寡母孝少善飲母戒之終身不過三爵母歿年逾九十人龍亦老禁斷酒肉既禫適館固安主人治盛具瞿然曰禮始食乾肉飲醴耳撤去適即席人龍教授生徒多達者年六十四始舉順天又十年雍正五年

特賜進士其歿也弟子華希閔爲作言行略

朱昭時字聲甫父重華好施予昭時以節儉稍致贏餘已中善舉必悉力爲之以成父志母得危疾露禱願以身代母病竟愈而昭時年止三十九

曹安國字明善父諸生某字穀汝故家子不問家人生産耽觴詠賓客喧還履綦無虛日安國典鬻進具產盡繼以閨匳滌爵繫椀皆躬親之三十年無間父年九十四孺慕如初安國少多才以病痿廢

浦百齡字永年父鶴翔病劇夜半禱於神刲股以進卒不能治負痛終其身母張年九十六卒百齡已七十二悲哀不止亦卒先是家困徭役客虎嚶受厚糈弟妹咸賴之妹之夫邃人也依之五十年庇其家兩世

葛成璟字友宋國子生家本素封里有猾者逮其父於獄逮者至成璟請行橐空屝累月父驚懼成疾不起兄謀假父筆爲析券盡以沃田自予而以磽瘠者遺弟家所倚米廩三穀廩一盡空其米而留穀以待成璟事解歸痛不得卒父含斂一切惟聽兄指無幾微見於言又歲將闢倪設質庫受販器而予值以陰惠其地之貧者壽八十卒

楊大猷字兆偉少攻苦制舉藝而以試射古學籍父縉高殁教其弟綸大松若嚴君不別財以事致於學綸大松卒以決科名當時大猷保衛先世五百年古墓悉反所侵地護鴻山泰伯墓尤力

許國蘭國芳開化鄉人嘗隨父樵山中虎嚙其父去國蘭

兄弟爭搤虎脫其父皆傷焉又有周承陛徐世芳秦涵曾袁成學及宋村朱兆斎皆割股愈親疾又顧琮朱輝顧天錫亦皆有孝行

秦賓然字涑子貢生道然弟出後叔氏松岱雍正初道然以事繫獄罰鍰數萬賓然矢以其身共兄難臺憲不可固請臺憲曰若胡爲於此株不及弟况若出嗣對曰出嗣者分同生者身不株者　國恩不移者天性兄存與存兄亡與亡耳卒出私錢代償罰鍰家以貧困年八十九卒

朱生煥字子千諸生其母病篤嘗糞以辨其甜苦里中某

好蒱博生煥嘗以事至其家某留飲既坐進食遺陽吐
疾走歸懼母之疑與狎也其承志㒞射多類此子琬舉
進士
張允甫字若賓諸生雅有文學事父孝嘗以母不逮存爲
痛兄歿撫教其子如己子尚書秦開父也
華世章字漢倬父疽發背世章衣不解帶三閱月父又患
目疾黎明世章必就枕舐之乃愈年五十六先其父歿
族子希閔志其墓
秦瑞熙字輯五貢生工書不多作多藏古人書畫精於鑒
別寄暢園爲秦氏世業瑞熙獨力新之乾隆十六年

南巡瑞熙進畫冊
賜貂皮瑞熙歿
特頒孝友傳家額並令配享雙孝祠子兆雷綢常稔田二
百畝爲雙孝祠春秋祭享及脩葺山園之費
王進字來益成童時即以孝聞父病嘗刲血枯所致進迺
頻刺兩臂血和湯藥飼父父疾遂瘳父歿進偕妻移榻
母側歷三十年服勤如一日子麟芳亦至孝
雷汝器字若貢國子生父始賈學賈以積逋多出走汝器
時年九歲泣不止年二十或許字以女謝卻之聞父歷
楚豫閒遂往尋覓歲率一還家省母輒復出後忽於江
陰旅舍遇父相抱而慟然父終不肯歸汝器迺先馳至
家賓酒遍召父所嘗見負者曰有某在若所思老人皆
許諾至日皆來賀是時年二十六後合券凡四十餘載
第盡償之汝器故竇人方求父日習爲星卜堪輿之術
所贏奇零買小物輒數倍歸而業隆隆起以是得行所
願父歸始娶父安養又二十年母病且殆禱於大夢神
饋藥飲之愈季父夫婦歿遺一子幼撫如己子
趙楙字禹植父世祿雄於貲生四子楙其仲也分授家產
多所推讓世祿以楙賢俾主質庫孟嫉之孟私一奴婦
張張鈎守者姦出財庫物匿之私所父覺責楙踰其所

盡獲所亡失張訴于孟孟滋怒陰發兇徒使伺之一日
楙行暗處投以巨木魁中脛脛斷其後拜墓班而跪孟
故屛後猝出銅椎連擊楙折踝折臂世祿老無如何宗
黨置酒令解讐酒方洽孟又猝起刺楙衆錯愕力格之
乃共懺縛孟將詣官寘之法而楙顧遍拜之慟哭爲乞
哀孟至是亦懼而感悔焉
楊綸字象貞由諸生入成均父淵之貲池教諭及歿諸孤
流離家大淪廢綸走四方數載槖稍裕歸迎伯嫂二弟
共炊爨從隨其器能處以常業雍正中舉學方正才能
皆不應

毛士褧字子輿五歲喪母哀動旁人事生計業以起養父
華市蓋孝養妻賢亦以孝稱士褧宅當鄉田水口齊過
旱入租當口者家貧乃得水及褧主其口會旱豁其租
且議永除之
華宗轍字子由事兄謹父所遺產悉以讓兄一切公家器
悉後已不先取而力行節儉頗致饒裕以其贏賙鄉里
黨人咸稱之
李昌裔字兆玉諸生其先故徽人也昌裔五歲而孤母邵
撫之成立里人侮其單弱避之郡邵念夫墓在錫鬱鬱
成疾昌裔調寢膳數年刻責自奮仍奉母返邑之東亭

服勤慎終備極誠敬家故貧痡母飄飄一生志切褒顯
得請旌迺卒
徐智字鑑若父某有五子產不踰中人智斥妻奩物得金
轉販江淮間贏餘推與兄弟共之兄潮為諸生不嫺生
計智白首恭事潮病羸則瞪覷參飲和酥酪中進餌之
大起迺已
浦雲字漢章父照病喝神憒雲刲肉和藥灌之迺甦妻尢
以節旌在室時亦嘗剜肉療其母時有顧欽明者並以
孝聞
許培元字資番家故貧減食養親歲歉困絕竭力營旨蓄
無缺乏培元夫婦累至斷飧父疾培元以股肉起之繼
患心痛疾刺心血進痛頓已父歿終身不食肉不御絺
帛
陳垣字璿衡父霞光性好遊不事生產垣善治家一切不
以干其父霞光因得放浪山水間其友之過霞光者亦
無不盡其歡而去乾隆庚午志作霞先
楊宗濂字聲毓事母至孝平生未嘗渡江日登高臨深嘗
有一危以貽親憂妹適唐得心疾宗濂為娶妾生子教
弟大綸有文名官定海知縣
錢朝熙字二思事父母有至性鄉里皆稱錢孝子與兄袁

英同居終身無私財雖小事必咨而後行兩姊早寡時
賙給之而迎養其無子者兄子中寄亦以孝聞父疾籲
禱以身代神示諸夢父疾瘳而中寄卒
朱國棟字有懷早喪父母仰出耕負米經父母墓必慟哭
娶婦甫三日設祭夫婦相持哭終身以不逮養為恨
龔爍字渭臣性友愛與季弟同居數十年不析箸子德持
亦善體父志無間言侍母疾[illegible]皆不懈
倪體明字黄吉執喪不勝哀既葬廬墓側或竊其疏布被
去迺編藁為囷寢處其中墓去家可一里其妻紡織相
活或米不足炊則雜馬齒莧為糜餉之一日遇雨徑

滑子失足傾廡體明握草根和溪水咽之除喪數年而
卒

潘稷字稼先果子果以事下獄稷聞信自家馳六千里省
父職橐饘俄而嘔血死臨絶歎曰脫爰書有餘計以此
身代父今畢命臥榻死不瞑矣逾年父獄解檢其篋得
預草代父死疏詞極酸楚

鄒文然字路若母患蠱百藥罔效文然刲股以進且禱於
神願減算益母壽母夢神手撫其頂腫漸消旬日而愈

華希閔字文友希閔弟九歲而孤雍正七年舉人十三年
應聘分校江西鄉試授內閣中書嘗刊邵文莊寶容春

堂集行世其他如脩學宮葺宗祠諸舉悉希閔爲首倡
希閔始喪父時奉遺命事希閔如父希閔自幼以迄成
立凡事必請命於希閔而後行方官京師聞希閔病亟
馳歸遂不出子繼石所府經歷亦敦倫誼好施予

劉泰父惟裕患風痺手足不仁泰日侍旁著衣傅紛溺器
必親檢母疾革刲股和藥以進母亡號慟嘔血幾絶恐
父知入寢室問安如平常父好施予族黨有困乏者告
其父泰爲鬻田以給之乾隆二十七年有司表其閭

姚夢熊字伯男諸生父球少有異稟善讀書尤精岐黃之
術夢熊負雋才工詩詞以夏月隨父遊惠山舟過者湖
大風驟作舟覆父子俱溺夢熊躍而登岸不見父仍躍
入水抱父尸死

周奕清字省源祖宜振進士知錢塘縣民爲建生祠於吳
山父金蘭年七十餘病卒奕清擗踴號慟咯血不止亦
歿即父卒之一日也乾隆三十八年旌

秦文錦字仲簡諸生能文工書畫少孤兄弟四人仲出後
文錦稍長隨其伯兄雲錦栫柱家事事孀母至孝甘旨
之奉不以貧缺雲錦歿食指日繁不析箸家益困文錦
迺出遊粵東積有羸金歸置田二百畝與其兄子及季
弟均分之而一無所私時有周振亦諸生事繼母孫至

孝教其弟援成進士拱補縣學生

華紹濂字西京少讀書一目十數行下爲文握管立就不
加點竄補諸生困於省試竟不遂事親至孝母病侍
奉湯藥以勞瘁得疾卒其友秦鳴雷爲之傳同時諸生
高樂志華聲雷亦高才生而內行淳備皆推紹濂

趙維枚父仁淵年五十始舉維枚性至孝母疾思食鮮蘑
菇不得因上惠山頂尋之力倦坐石上旁有白如靈芝
者鮮蘑菇也聞者異之母既歿方議葬適鄰火延及人
怪維枚不出火光中見維枚跪柩側號慟言欲與柩俱
燼衆憐之迺共冒火舉柩而出嘉慶十二年有司表其

閭

華士俊諸生父暱得疾危甚士俊日夜禱於神願減算益親比歿絶粒臥柩側奄息不起告母浦曰兒不及事母有弟在可無憂屬妻以衰絰斂我不能終三年側世僚亦用初喪服言已長號數聲嘔血而絶同里有錢秉義字奠倫事母以孝行稱亦工詩

黄兆熊字宗文少喪母事父至孝父病足瘡且潰兆熊口吮之而愈既又患痱飲食轉側晝夜扶持閲數年不少懈子嗣昌亦以孝友著稱錢唐吳錫麒爲作兩孝子傳

唐際華國子生幼喪父見父遺衣冠即慟哭事母孝會修

父塋與傭同畚築家人至以母疾告目風雨疾行數十里至家竭誠籲禱母疾瘳而際華以憂瘁咯血不止卒學使旌其閭

華世棟字爾任事後母以孝聞從弟世楨被誣力爲營救屢困而弗得尋世楨子元臣少失怙母郭守節壽至九十餘世楨先意承志不少懈族有傳宅於世楨者將遷矣夜聞兩嫠婦哭甚哀乃焚券不責値

張元義字心才諸生家貧力學與弟東美同爨五十餘年元義自以館穀不如弟乃曰余兄弟垂老同居能保子孫長令乎盍分爨仲媳悍聞之出見二翁曰媳子歸時父嘗戒曰張氏三世同居若汝去而析産是汝之咎也言畢而泣乃不析箸

王均字安茲少失怙恃兄主家政積逋二萬以三百金遺均曰毋累汝均請分任所負貲葬得遺金寢不安乘資明旋其人還之生平不以爲善名卒之日臨門哭者甚衆

羅孝子世居北里鄰火及其居母病臥孝子持錢券募救母衆見火盛莫敢入孝子奮身赴火中與母俱死

楊作鼎字西京事父母以孝聞兄子章五已孤與作鼎子同時出痘章五症危作鼎謂已年方富尚可育子章五

死兄無後矣乃夜禱於庭願以己子代章五翼日子殤而章五無恙不數年果復生子

周琦字企韓乾隆五十七年舉人際清從子際清兄弟不析産琦服官後自大功以上皆仰給焉祿入不繼歷任當塗兗澤知縣多逋負去官日士民醵金代償乃得行幼通曉律令老吏懾服而內行淳至爲時所稱

邵綸錦字香谷九歲刲股療母疾年十六父歿哀毁骨立因母多疾治方書精其術兄綸錫出繼伯後謀以父産讓兄已獨奉母會兄産復罄仍佽助之婚嫁其子女母心安焉族祖文莊公祠就圮偕顧光旭修之踰年

久磨滅綸錦蒐訪五載搆地見志銘瑩遂復

過棟字翼廷嘉慶十二年歲祲議岡賑棟以父積誠於乾隆中曾售産助賑遂倡捐全活甚衆始祖宋郡馬墓侵圮過半積誠擬修復未果棟蒐訪十餘載力返侵地而修築之弟金殿諸生嘗刲股療父疾析已産予幼弟族有相搆訟者賄金殿左袒峻拒之

司馬瑞泰伯鄉人幼失怙恃大母章撫之得成立章老病嚴冬思食鮮魚不可得瑞鑿冰涉河得兩魚以進又嘗刲股和藥愈章疾年六十卒太子德章亦以孝著母患心痛斧斫二小指和藥進痛即止後指漸長如舊云

錢學文字道南父病篤刲股以進父更活七載友貧無後及歿醫已産殮葬之知縣楊潤表其廬

葛煒字又艮年十四侍母疾衣不解帶者半載精繪事資以養母及弟偶不給輒減已食不使母弟知爲弟授室弟卒撫其孤穿

劉攀龍字潛川業醫早喪母父聲揚善弈一日不可輟攀龍延弈者與父弈每食雖典鬻必具甘旨不使父知三十年如一日同時欽浩生懷仁鄉人家貧務農母陸病癱瘓浩生晨夕不離揣其意之所欲母忘疾苦母歿浩生年已六十餘結草棚宿於墓側寒暑無間

簪者南里人磨粉爲業事母至孝竭力供甘旨年至四十餘眼忽復明

啞兒南里莫宅兆人生而啞幼即行乞於市以所得錢養母必市酒脯以供人憐其孝皆喜施予之母卒每食必祭祭必伏地號痛既葬日祭於墓見者皆爲感泣

沈昌錫字硯芸諸生博學工文年十四喪父弱冠即以館穀養母杜嘗值初冬暴寒冒朔風徒步數十里歸爲母添裘曰母衣單吾不及兒舟耳逾數年母暴亡昌錫首觸牀稜額多傷七日死年二十有八

陶丙吉字勳階諸生八歲失恃繼母性嚴丙吉曲意承順

尤友愛諸弟母亦撫之如已出焉嘗以課徒修脯創惜字會朔望必衣冠將事晚爲族兄弟所累幾罄其産自書一聯云學老子退一步法效張公書百忍圖丙吉病且卒子文揆妻尤已身有賢行侍疾彌謹丙吉命之曰吾死汝度日良苦不得已日減一飱勿仰面求人也尤志其言終身不丐貸于戚鄰撫三子成立以壽終

尤德基字滋庵本生父琛光任宣化知縣疾革德基泣叩天顙請身代居喪哀毁宣化士民有尤孝子之稱後治申韓家言歷佐大幕妻顧亦以孝稱嘗刲股療其姑疾

孫希朱字仰晦世居孟里年十二刻臂療母疾稍長得朱子小學讀之乃請父更今名以聖人爲必可學一言一動皆法焉雖盛暑不露體雖暗室必危坐雖倉卒無亂步有以道學笑之者曰制外所以養中道學正不必避其名也中歲棄舉業益潛心理學一以朱子爲準的父病食魚致不起遂不食魚母卒不受人賻而假貸營喪葬或問之泣曰希朱平昔無狀然以力所得奉親親享之心稍稍安自是以往有力不能致于吾親雖累十萬奚益令貸諸而次第償焉則吾猶可以自致也既葬日授徒里中夕廬于墓每獨身手竹杖冥行冢塗躑躅危

橋仄徑間雖風雨沮洳弗輟如是三年咸豐初賊踞金陵希朱爲書倡義集餉因得鉅款濟師六年歲大旱邑令敦請禱雨跪誦孝經于赤日中得應同治中旌所著書凡三十餘卷弟子薛鎰篤行士也爲刻而傳之

許鵬遠字岵瞻母周瞽且痺扶持調護一切皆鵬遠任之不敢一日離授徒得館穀悉以供母年四十不娶人勸之鵬遠曰吾兩兄皆有子何汲汲爲咸豐十年粵賊犯境奉母居湖瀆之南津母命諸子無聚處曰聚則殲焉散則或有存者故惟鵬遠留侍母賊至縱火鵬遠登樓負母不能出同焚死事定出其爐骨猶負母不釋手云

周升鎮新安鄉人父疾篤刲臂療之越數年而卒事母彌謹過神廟輒入拜若有所禱人問之曰願減己算以益親也吾父早卒者未預計及耳後母壽登耄耋而升鎮未五十歿母常涕泣述於人

張大銓早喪母經亂失業而父取攜無闕一日中膳已具父市魚肉歸婦將留作來日供大銓知之怒曰吾父非不知艱偶市此必與有所屬奈何拂之命烹以出父歿逾年哀毀成疾卒

榮光世字詠叔光緒二年進士授工部主事觀政數月請假省母吏謂以措資請可紓期限光世曰吾誠欲歸省

耳甫入仕即欺君耶卒不易光世少孤奉母盡孝事繼母必白於兄而行體羸善病歸數年遂卒

附

管近德陸士進皆涇里華氏僕也奉母皆盡孝近德妻事姑少不謹輒懲之母病且死稽顙北辰自誓逮日母死復甦士進兄弟四人並以孝友稱而士進割股療母疾孝尤摯

繆季少失父母有三兄弗恤亡去爲仕者僕三十年辭歸居里屋舍盡改兄盡死遺一嫂傭於人一從子已爲僧季訪得之迎嫂歸爲從子娶婦置田宅家賴以復完

無錫金匱縣志卷二十四終

無錫金匱縣志卷二十五

行義

邑中特立獨行之士如明初張翼徐績輩義聲震於遐邇跡其行誼殆范史所稱操尚鯁絕者矣若夫爲善於鄉好行其德其人大率優柔平中不必有峭絕奇特之行然自流俗既衰乾餱且有失德士大夫果能不以封殖自私緩急足恃君子有取焉志行義第二十七

宋

沈樗字斯年性醇厚樂善家饒於貲人貸之或不償即折劵無靳色歉歲傾廩賑恤嘗以萬緡助軍興朝廷欲官

之不願賜號達義處士

李綸字季言綱弟當建炎元年八月叛軍來寇將及境邑無城戰守皆缺綸與知縣郗漸定謀出粟犒約俾受犒去邑賴以全

元

强以德字振之二歲而孤弱冠學成授禾石書院山長歷儒學提舉以母老棄官歸搆義學延師以教鄉里子弟捐田千畝贍之又買璨山地四頃以葬邑之死而無歸者朝廷表其門曰善義同時華玠官長安織局提舉亦好施予有義聲

明

張翼字飛卿長七尺赬顏而髯蔚有節氣節雖時貴人言不循理必面折之張士誠陷無錫盜販之徒首纓絳帕執戈矛巡門嘯呼民恐且笮居歲餘不爲動徐達破姑蘇遣胡廷瑞率師攻無錫偽吳將莫天祐閉守達命使諭降天祐殺之達怒檄廷瑞曰即不下屠其城於是翼與儒士徐續徐績往見天祐曰西吳兵至矣將軍計安出天祐曰吾受主厚恩誓以死報翼曰將軍固守爲張氏也今張氏已就縛矣又將誰爲胡平章率十萬之師壓境生民之命懸於將軍翻然改圖則上不失名位而

下免數十萬衆於荼毒將軍豈無意乎天祐沈思久之擲帽於地曰誠如君言吾不惜屈己事西顧如失信何翼請往議以報乃縋城下見廷瑞廷瑞許之約三日率妻子來降翼歸報天祐自縛詣軍門廷瑞乃入城不戮一人市肆安堵如故錫民德之至今續字伯凝績字仲祥三人既以說降天祐有名於時洪武三年並舉經明行修將召用而續故嘗爲僧至是竟逃去不知所終翼亦以老辭不起惟績應命爲武岡知州進順德知府太祖嘉其始終一節賜璽書褒美歸老於家卒年九十有七初張士誠聞績賢欲用之不往入明乃委贄爲時

又有火丹赤者邑人周思文養子思文以先世爲哈麻火契丹達魯花赤俘其家故名子以識志翼等之說天祐也思文率父老而從之丹赤進曰周氏宗祀惟大人在大人不可往請代大人行及天祐降其麾下兵猶不即進丹赤趣之則怒曰爾欲誘殺我乎遂殺之天祐至金陵亦磔死後翼子鑄衆皆貴顯

李元丑字遐季有勇力讀書擊劍多俠遊元至正中群雄競起元丑謂天子氣在淮泗間乃渡江求主得明太祖從爲平張士誠有功將官之遜卒詔賜斗門田以贍其子李氏遂世著於斗門

談綽字公綽性質直洪武中以人材徵奉命督賦蘇州知府李某以百金餽不受嘗答松江同舍郎夜置酒召妓而迫狎之綽明燈端坐達旦妓感泣遂改行爲良家

姚樞字景衡貢生授某府推官與張文煥善文煥死寇難其妻邵以子元保屬樞遂自殺樞攜元保至京師節衣食養之元保又夭乃訪文煥骨於野寺負之以歸并元保葬之

楊宗昌朱待用皆邑老儒蘇州知府姚善先後延之於家教其子節善被戮節戍遠邊二人間關徒步護節以行皆死道中人稱爲雙義

苗有年字足國力耕自給永樂三年歲饑民多死有司勸賑富室莫應時有年家有米十二斛捐其十以散之鄉里僅存其二乃取草根樹皮雜米食之是秋大疫苗氏獨免

顧信字元孚祖福五父壽皆尙義明初有强黨俞負者縱橫膠山鄉嘯聚刼掠福五及壽倡集義旅捍禦里倚以全寘乃竄入京搆蜚語陷福五逮繫獄壽伏闕訟冤寘伏法福五得釋歸永樂時詔旌其門曰雙義信少孤貧寄食於其姻邵氏家嘗早起立門外見富人鄒雲偕僕騎而入城僕下馬撋笥如溷頃之馳去忘取笥笥中裝

值千金信立俟其來還之鄒問馳謝分十一以贈不受適蘇商某泊舟見其事而義之要以行厚託焉且妻以女後乃漸昌尙書可學副使可久之祖也

華與叔字仲諄悰韡子勤力田鄉人化之無惰農逵宇而好施嘗因事被誣搆而與其人同繫獄興叔推誠相對無幾微芥蔕病爲具醫藥撫視甚周其人愧悔曰吾小人迺大獲戾於長者事卒得釋孫禎字守吉宏治中出粟賑饑例得旌門禎請移旌祖墓邵文莊寶爲作旌義墓門銘

錢湝字孟湝慕婁師德爲人自號景婁家富族黨待舉火者數百家正統五年饑捐二千石穀佐賑景泰五年饑復捐三千石朝廷欲官之不就授其三子俱承事郎時有俟湝者亦字孟湝富而好施邑有義冢得湝迺辦時人爲之語曰困欲拯乞二湝

錢秉字公治以字行家世好禮秉尤好讀書正統六年饑與從姪惟常出粟千石以賑有司以惟常名聞於朝賜敕獎諭焉

趙瑾字公韞景泰六年饑疫死者皆棄於野瑾買棺置衢路縱取無所問有鬻田者質其左券以搆訟而遺其券於道旁瑾所畜犬遽銜至瑾前質券者詣瑾謝罪瑾曰

本未嘗有券也人以是益義之

華燗字文熙父守方遺財巨萬燗無他好惟以散財爲樂凡助邊賑饑下及捐衣施藥其門如市一日人眾空其一倉則大樂產盡而後已兵部郎綸之祖也

殷廣成序孫歲薦饑出粟千石以賑貧民者三遊左軍與傾家貲助餉詔賜七品秩不受

成昌字彥文以醫自養而樂施濟嘗有老嫗詣門求醫貸鈔數緡忘持去昌追還之年踰五十始娶子郎僉事始終也

朱南仲前洲里人以昔獄爲縣吏景泰末歲大饑饑民強

貸於富室富室指爲盜訴之官知府當以大辟甫仲持
不可官怒屢榜掠之不易辭獄因久不決明年天順改
元大赦獄乃解獲免者三十六人
華芝字楚英性謹厚巡撫周忱舉爲萬石長成化十六年
饑出穀二千石賑貧民有司以聞錫冠帶獎之
楊旻字日初讀書好客居迴溪里歲積粟萬鍾與里人共
之歉散豐收不以時高下其價歲饑嘗應詔捐千石以
賑授冠帶孫淮見忠節傳
華賢字人表任俠尚氣節武宗時劉瑾專政賢詣闕疏陳
瑾罪權詔獄邵文莊寶力救之得免

安國字民泰其先黄姓蘇州縣珠里人洪武中有茂者贅
於安因從其姓國性警敏多筭略以貲雄於時贍宗黨
惠鄉里乃至備倭寇濬白茅河諸大役國皆有力焉父
喪會葬者五千人所居膠山數里無水會歲饑大出粟
課民鑿渠日集千夫自春及夏成巨渠民賴以溉石田
轉爲沃壤而其圃亦成所謂西林也
鄒瑆字國表父錮指揮使望才局機敏愛人禮士好施予
凡貧者來告無不得所欲而去
華麟祥字時正由諸生入監選浙江布政司都事不赴轉
輸[illegible]殖遂雄於貲歲饑粟貴傾廩賑貸無弗應者薪會
陳獻章爲顏其堂曰樂善令子寀受業於邵寶寶歸田
後與富室相款曲者惟麟祥一人
華珵字汝德以貢授大官署丞稱疾歸承蔭生殖好爲德
於鄉里受其澤者每元朔扶臘叩首滿戶庭珵無德色
有反噬者搆大獄誣珵既而其人坐發冢論戍聞逃還
珵勞苦飲食之歡如平生善別法書名甚一時鑒古之
名亞於長洲沈周
張獻可字廷諫家貧爲塾師子選貴無驕色及選延杖歸
獻可怡然曰死諫職也既老命選施義棺書圖三千於
紙每施一棺則記日月於圖之一日盡此則續之復募
掩露骸先後無算武進唐順之志其墓選見忠節傳

鄒鉦字履坦家僅中貲而喜施予以糧長領區賦代窮民
償者無算嘉靖四年歲饑盡出家財以賑
鄒夢桂字汝丹嘉靖二十二年舉人少孤發憤能自立不
與俗浮沈家所遺田悉推其弟娶妻徐貝美閨御不受
一時鄉舉者有蔡瀛殷以祝舜齡皆有志節見稱於時
張守經字子傳翼族孫善射任俠嘉靖三十三年夏倭至
焚掠遠近死者相藉守經傾其家貲募集鄉勇延教師
何五路爲之督而率諸生苗子白爲謀主子白及何五
路等三百餘人與賊戰斬其酋閻二等數人既而敗五

路及其徒三十五人死焉倭亦氣奪遁去守經爲監司檄取從征屢有摧敗將論功以母老辭歸

按王其勤修城在嘉靖三十三年甲寅城成而寇至何五路等死焉卽其時也考諸王其勤修城記及高忠憲王侯兩廡記王永積王侯祠記皆合而前志此傳則云三十五年丙辰其誤始於梁溪雜事而識小錄因之錫金志外述謂王公築城與義士死事非一時事一在三十三年一在三十五年今攷識小錄云倭寇踐蹦江南四月及錫知縣王其勤始築城五月八日苗子自等與戰於西郊死者何五路等三十六人則亦未嘗不以爲一時事特偶誤三十三年爲三十五年耳又攷明史稟日本傳三十三年正月自太倉掠蘇州四月復薄蘇州蓋卽吾邑築城禦寇時也三十四年復掠蘇州延及江陰無錫至三十五年倭擾之處與無錫遠不相涉而高忠憲之記亦云甲寅乙卯間吾邑有倭寇而不及三十五年則吾邑是年實無寇患益可證梁溪雜事之誤矣

薛旦字子明雄於貲嘉靖中知縣王其勤築城禦倭旦先輸金助役西南隅𨴴十二旦偕弟灝出貲竣之灝字子大亦慷慨有氣節嘗以諸生爲糧長時政煩賦劇民不堪命灝糾賦役諸弊上書當道得請邑人便之

施方昇字仲光諸生慷慨好義重然諾其友有華兆登者姊適强以虐死兆登訟於官而直之强以是讐兆登必報焉亡何家有喪非華之少長畢會而族人某者以攙義田租爲衆所疾遂群擊之喪所而死强因厚資其家使力主兆登詿服繫獄方昇命其子元徵曰善人在患饑不及餐況父友耶子必勉之元徵每左右兆登不能脫久之朝命使者恤刑江南元徵冤轉營救得釋歸兆

登武進孫愼行門人多著述尤深於易

張洪字子期學行清介顧憲成師也憲成擢吏部郎徒步往辭喜曰此眞吾弟子非天官郎也以貢歷官吳縣休寧訓導未嘗於達官貴人前一齒及門弟子姓名一日賦詩曰靜中自念常憂國夢裏思親輒過家遂掛衣歸饘粥不給晏如也

吳元長厚好施邑水災民多溺死收瘞遺骨凡千餘養濟院頹壞見諸瞽者凍露風雪中卽爲築而新之設粥施棺頻歲不倦知府趙兌旌之曰尚義 元後居武進

許伊字文山性介特陳以忠知光州延教其子光州名士多與之游有余繼善者尤相契厚後余成進士司理常州累招不往有里人爲盜所誣余知其枉謂曰汝能致許先生一來吾脫汝矣伊乃詣郡白之里人愧謝不受

倪珵字良玉力作起家兩弟皆早世諸治辦先兩家而後已萬歷十六年饑出粟千石備賑仍爲糜飼其里人邑當編役身任之脫諸貧民邑長加禮則曰往役庶人分也恭而不伐人尤難之

華祖勤字汝成萬歷二十二年舉人博學負才氣有武弁持千金求屬事於其姻婭之在要路者卒謝不可屢蹶禮部試天啟中居京師逆璫亂政遒拂衣歸于潤球有

文行官高州衛經歷

陳正卿字亜漁幼學子萬歷四十三年舉入遊高䕫龍之門受易於錢一本所交惟馬世奇一人疾惡甚故寡與有田不過數畝僅供飦粥値歲饑指其餘粒語家人曰吾欲出此賙桑梓則不給欲獨食義不忍奈何因日啖三棗遞減一棗八日而餓死子禋祉順治十五年進士臨安推官嘗籲巡撫題豁三邑荒糧六千五百石有奇

季衍昌字如舜少以誠信推於其鄉有西村孫氏者故豪封與談濟有隙濟子死誣孫殺之訟於府蔣檢視而濟妻不忍其子之析骨也使濟夜叩衍昌門曰吾始意不

至此誠以君之言俾少資我可告息也於是議以百五十金爲濟養及葬其子費事已濟至衍昌所受金因留三之一以報衍昌衍昌緘幐識歲月穴埋之牀下後五年過濟於城南望見衍昌而趨衍昌呼止之問無恙曰向之所得旋爲族人分攫蕩盡今羈棲邑城且不能歸故土何面目復見丈人衍昌邀至家謂曰若但改行若爲補資遂出所藏畀之濟猶識故物也頓首愧歎受金而去又里人盜衍昌粟事發其人反訐於官累訟得實將發驛衍昌度歲饑久繫今逮遣萬一道死是吾以數石米殺之也爲宛轉解釋竟得不罪

顧三達字行甫誂孫以長厚稱鄉里崇禎中歲大饑倡義平糶遂半其直悬之者如其値求米二百石立與之

孫秉禾字秉兮源文子亜然諾有智數好急人之難當所欲言雖貴豪不屈而未嘗忿一婦竪族黨服其公正是非多取質焉

樂韶字振之諸生鼎革後堉家教授爲邑碩師家故貧父所遺產悉讓其兄友人倪康侯饒於財因鄉多盜昇數囷寄韶家曰此粟留君所倘不給任所取用韶檢視皆金帛也亟手封識事定後悉歸之邑有被誣陷重辟者適司理爲韶故人密白其冤得釋其人德韶持五百金

爲壽韶笑謝不受子孳政皆諸生孳嘗割股愈母疾

周在爆字用協諸生內行醕備華允誠以不薙髮被逮戚黨皆竄匿在爆獨詣舟勉厲且出贐金爲別邏卒欲併執之笑曰死且不避豈畏禍者耶允誠顧卒曰自今無復有餽贐者矣乃解其業師某歿家有四喪悉代葬之

附

迺安者華仲儀僕仲儀戍淮久貲盡自分無所得食則死安因求事乾沒日以所得歸給其主必有餅餌脯鮮而後卽安其後有王朋者亦秦塘涇華氏傭主爲邵諸生而擊殺其族人之僕舉家倉皇不知所出朋徑詣官言

主有事郡學去邑百里殺人者朋也歷訊任益力遂具爰書死獄中又李松者龔錫爵僕錫爵父暴卒有利其貲者謀賊殺其孤而取之松知之乘夜冒雪負孤而奔金沙村得免後輔其主勤苦二十餘年至錫爵登進士官工部郎松乃死又姚祿者從其主姚期綱進入都期罹法東廠捕之亟期出祿守舍遂自言期子縛之去詭遇期亂以他語期乃逸祿至官榜掠甚酷堅言父逃事久得解歸又梅受周鹿遊僕鹿遊居菰川妻死負甚獨養於受鹿遊與鄰張道人爲至交受并養之受嘗凍餓無怨悔垂三十年而死

許達馬忠肅世奇僕世奇殉節時達請從死世奇曰汝死誰歸吾櫬達受命扶櫬歸既葬大書於墓旁石曰身還父母歸黃土魂隨恩主上青天自經墓樹馬氏葬之惠山天妃宮後李士芳者其姊爲世奇妾從殉難者也初士芳伴幼主丙玉讀見史記程嬰公孫杵臼事問曰彼二人固趙氏僕乎何以謂之客師曰因其義也士芳曰吾他日亦可爲馬氏之客乎師大奇之甲申之變士芳走投御河橋下死年僅十五

國朝

楊墀字覲黼諸生廉謹而好施歲饑常貸粟以賑邑有大役爲食於路以餉役夫或負官逋而鬻其養女墀詢知其舊族也爲代償賦而歸女於其本生邑趙生才而夭婦苦節鬻田以葬墀命諸子反田折券子泓進士官行人

華汝脩字履祺諸生父國球敦行孝弟教授鄉里汝脩承父能養志建祖祠率宗人遵朱子家禮卹貧乏贍孤寡施棺掩骼諸善舉甚多嘗見有逋糧被繫者爲納逋而釋之

丁明俊字樹滋父命析產悉推與寡嫂獨身治生有羸餘以什之二與其孤甥而已更與兄子中分之有大帥鎭

蘇撤同兵縲騷明俊獨延其伍長厚飲食之令戢衆由是兵過南塘無譁者

丁華祖字熙之少孤服賈養母嘗客武昌心動亟歸抵家母果寢疾鼎革初鄉多盜華祖詣軍門上方畧卒用其計殲盜歲饑捐粟助賑子允祉以歲貢任潛山教諭能得士心

楊紹雍字鴻森諸生性惇厚負經世才有大事上官倚以條畫邑中善舉常恃之主辦所建造修舉爲鄉黨利賴者人得一事足以爲名而紹雍自視若不足子銘敦知湯陰縣在官所需悉輸給之銘敦見宦望傳

鄒溶字可道以字行世貴盛豪於文酒嘗北遊主滿洲法葆家法葆善書鼓琴以事亡命吳楚間時與溶不相聞數年矣溶飲於外聞有急客歸視則葆也舍之山中數日逮者至先逮溶因獲葆械至京繫獄葆伏法溶亦論斬所親爲斂貲治後事溶顧吟詩豪飲醉即酣卧如平時獄上命監繫在繫五年讀書不輟寄情山水學吳仲圭初不自名至是購者無虛日既減等流關中士大夫皆待以上客又十年遇赦歸家早破寄食僧寮以死

溶友朱瀾字幼安以友人獲罪牽連死詔獄瀾嘗客遊燕趙齊楚間多懷人弔古之作宜與陳其年序其詩予

元方於父被逮時徒步隨侍入都稱孝子

倪永建字建侯貢生　國初時嘗走閩浙贖回被掠婦女數十家歲暮入城見負逋繫械者輒代完賦稅歲凶出粟助賑設粥廠施棺藥治橋梁靡不竭力輯古今善事爲法戒錄勸世

孫溶佳字南堦諸生倜儻負才氣三佐賑濟條上方略皆施行康熙十九年大水巡撫慕天顔議以工代賑溶佳請築芙蓉圩堤岸七十里巡撫即委溶佳一月而成武進江陰咸利賴之其議編審法不可離披愷切又議革除糧催（催一圖十甲本年糧銀進卯候比不及欠戶）議停丈量蘆洲議門稅勿加耗而免孤寡之稅時吳興祚爲縣官深倚信溶佳溶佳於邑利病事亦知無不言

顧敦字子仁諸生以恩貢授知縣不就嘗捐貲築塘自三里橋至石塘灣計二十餘里性且厚所欲施不問多寡子惜字珏斯以友愛稱庶弟千乘法傾貲營救得解既諸庶弟盡破其產則割己產給之惜子廷元尤好施予赴義若渴遇歲祲賑貧乏無所避即兵備道光旭父也

楊思九字維三少貧勤於力田穀稍餘輒別貯之大署其廩曰賑謂異日施濟當用是會歲饑邑紳請鄉勸賑諸富家皆辭以他事因共過思九思九即踴躍曰計吾家

所食餘悉以賑諸富室聞之洒更出粟子宏度篤孝酷行亦如其父

杜芳字韡仙父禹謨尙義喜恤貧弱芳初貿易江湖間得百金則輟其半爲從弟婚復貿易得百金則以嫁從妹葬族中五棺既而業隆起見饑寒者輒衣食之歲葬湔銀錢數十函走街市見㷀㷀然無以卒歲者遺一函道芳使之拾去初自韜晦久漸有聞索施者盈門芳亦倦亦無濫與者芳八十九歲卒予詔見文苑傳

蔡松期字邵仙以貢授蒙城縣訓導不就改翰林院孔目家居養親內行淳至負才識不及施用間試之鄉里臨

事爭牮難惑以非邑有公正訟期恆尸之急難排解或以此叢謗弗悔也

陶天璧字恢旃本錢氏其先贅於陶因冒陶姓天璧少孤貧祖墓濱太湖迷失塋域訪求積年始得其處既長家稍裕性好施濟會江陰水災沙民多飢溺即偕里人齎粟栽舟往拯之慷慨切直常面折人過退無後言子布政使正中

秦公鎬字二酉初嗣叔父後叔舉子即謙遜叔產因與之受將田二畝種秫以釀酒架上卷帙縱橫覆之皆成誦亦時用爲酒資曰昔在吾腹中無事此冊子矣居沙頭

面湖環山陵谷奇絛經歲不見客嘗至虞山居海濱聽湖聲三年不歸家人莫知所在老值歲饑家既貧無子又恥從人求食走入湖中死

錢袁英字爾宜父棟卒時以節性慎言積德三箴授英英因更字箴三居負北郭市當鼎沸英鍵戶讀書教授弟子門無雜賓產不踰中人而勇於爲善不以力詘辭少寄籍婁縣爲諸生以貢授青陽教諭未任卒

陶乾字元直性慷爽敦氣誼陰濟人急不尸其功冊祝嘗節乾服賈以養未嘗失歡其後有與文錦字茂如亦以賈起家好善喜施有楚商攜栗材求售于金者文錦寄

其僞能殺人于之值而焚之孫延祿諸生官兖州通判有友爲福建知縣以虧帑被逮延棟傾貲贖之歸

過人秀字惠民夫婦操作習勤自給既而業漸起慨然慕范文正之遺風先置田百畝贍族之孤寡老疾者復延師課族子弟將卒命其子能成曰若必成吾志能成積累乘及千畝遘病卒遺訓曰義田不成祖父目不瞑其子延棟卒成之

范章采字施五諸生章采兩妹婿而貧并諸甥養之於家吳培源少孤露章采撫而教之後成進士

蔡鶴齡字穉仙居延祥鄉之西地高仰小旱輒絕流鶴齡

出貲開濬二十餘里桔槔無阻鄉里賴焉梅村泰伯廟圮鶴齡獨貲之捐田四十畝爲修繕費復請於有司役諸于日衆錢懷之以與飢寒者欸窮故人惟恐其去家其祝其族有家椿者字楚材性坦率勇於爲善家事付衆雖頗有後言不顧也

虞龍祥字子定貢生父則元以歲祲額賑激怒當事禍且不測龍祥走告有司爲剖斷民生利害覺得白而釋其父

范君璦字遵若諸生慷慨好義歲饑君璦先出粟給鄰里令侯官賑官賑畢復出粟續焉里人因忿爭自刎其股

君瑗佳愍召醫治之得愈種德施惠久而不倦

柽錦字斐分少孤節儉起家撫其姪授産如己子姪屢破其産復振給之嘗獨修建殷埭橋人不病涉又有華昌祉華元錫兄弟益深陳世傑趙鴻恭皆敦厚好施而益深能養其姪婦之孀者至於三代尤人所難

鄒文錦字煥章國子生居邑之蓉湖尖豐於財而急於義睦婣任卹而外如廟宇寺觀橋梁道路以損壞告必極力營治之鄉里稱善人幼子思成諸生亦能承父志

華進思字聲求世居蕩口以勤儉累積致豐裕獨置義田一千三百畝贍族當事爲請於 朝授休寧縣丞卒喪

歸其族男女老幼號哭拜迎皆曰聲求活我子公弼字聖培承父志移建義莊於所居之右其後人遵循施設條理秩然一本進思遺法

周文哲國子生邑之南鄉人尚義好施遇歲祲疫癘必多方賑卹其鄉里以是漸磬其貲不惜也知縣稽光瑄將聞於大府旌其行堅辭之嗣後有周宗琳居開化鄉慷慨負氣嘗泛海遭颶風冒險拯鄰舟於難弟某溺海死宗琳親詣海濱求弟尸御其櫬還子鏞見宦望傳

宦秉文字省宇業賈有信行客有以貝千石屬秉文售而去者秉文爲傳之得千餘金客久不至乃啓與僕周埋之室中閲十數年秉文歿客子始至周發所埋金還之曰今日主人心得白矣

張鵬翔字萬景世居蓉湖尖乾隆五十年饑明年春大疫貧病者枕藉於道鵬翔處以空室至數百人予之食及藥鵬翔故知醫多所全活家産爲之罄遂爲窶人族兄雲汾字玉川亦好施予

過鳴岡字正鍔家故有貲喜賓客工詩文初遊京師以文謁尚書任蘭枝或戲之曰長袖善舞鳴岡怒遂歸買楊氏園於管社山林壑幽勝奉二親居之邑城北普濟堂鳴岡獨力成之家遂落子仁字味勤撫兄弟子如子至

老不析箸嘉慶十九年歲饑出粟助賑鄉里德之

鄒宗周字希濂從父士元歿於江甯遺孤岳才數齡挈歸教養逮汝瑗字體蘧性鯁直與族立條約經理祠墓代納逋糧年近八旬卒

安泉字鳳林少讀書既長習醫就醫者履滿戶外過貧乏則徒步攜藥往治不責報數十年不倦拓其廬曰飛香圃樹植花藥貯古書鼎彝尊斝於其中子恩桂與弟宮桂析産以讓稱恩桂子詩見文苑傳

殷文珍字寶齋有姊適馬無嗣寄貽千金産文珍爲之立嗣盡還其書乾隆五十年邑大疫子㞐餘將攤新室冊

錫文珍不許廢餘因以所購室材就里廟倡施棺木慶
餘嘗收債旣焚券矣察其色哀仍與之遇寒士將沈淵
贈以資得生父子濟窮賑乏多類是
秦鴻甲字肇中乾隆四十五年舉人性淡於榮利家人勸
其謁選中途遇浙人梁某舊友也以州縣虧空被追鴻
甲遽解千金槖付之歸乃不復仕年七十四卒
安汝諧字聖和貢生奉父遺命建置贍族田千畝嘉慶二
十二年捐貲修葺學宮邑有善舉無不佽助年九十二
卒門人朱方增爲之傳
華廷選字孔傳欲置義田未成臨歿勖其五子四子相繼

卒季子雲從集諸兄子設義田千畝里西有白沙圩橋
將圮雲從獨力建石梁嘉慶十九年大旱捐貲助賑
侯釪字仁字國子生可儀兄子少失怙一動作必咨於母
釪節縮衣食臨歿以千金產設義莊置田三百畝贍族
張兄軒字振西汾陽縣典史亦友愛無間
過龍桂字子蟜父裕光母孫俱早歿事繼母陳終身孺慕
從弟二人失怙恃族子棐以盲廢龍桂撫而長之咸得
成立母黨妻黨若干人婚喪衣食皆佽助之嘉慶中助
賑者再子賓宏皆好善兄弟友愛數十年不析箸
須宗周字兆瓚國子生嘗刲股療父疾以孝行旌從兄大
炳卒撫其妻子同居子又卒撫其孤孫置義田千畝新
文廟成橋梁屢捐助賑前後共費五萬有奇子錦中亦
刲股療母疾好善如其父
孫保之字惠時忼爽有識勇於爲義嘉慶十九年亢旱知
縣韓履寵延入賑局保之首捐三千緡爲倡邑紳富皆
竭力樂輸是歲捐數錫金甲江左保之悉心經畫凡七
閱月年六十一卒
錢耘仁字性香好施予嘗集同善會以資里中之惸獨者
三十年無間能詩著有貧樂居詩藁
嚴昭字公覲捐田四百畝並勸同族捐田百畝以贍族嘉

慶十九年董賑務竭力倡捐道光十三年歲災亦如之
浦曰璞字席珍性孝友樂善好施親族之無告者賙之不
倦里中施衣施棺掩骼修塚諸善舉無不與嘉慶十九
年捐貲助賑
錢雲龍字際會國子生好周急年過八十以娛老田二百
畝授其次子楚南欲增置以資贍族楚南出己產並集
諸昆季以成父志又置田十六畝供祭祀之費
嚴仞千字鳳翔以孤貧起家行善舉必勉力嘉慶十二年
歲饑捐貲助賑鄉里以全十九年旱荒尤爲倡道光三
年流民至復盡力佽助人皆效之全活甚衆

秦瑞字丹麓家饒於貲少因病精醫嘉慶末大疫人相仆於道瑞治之輒起自是有名富貴人招也謝不往獨喜視貧人疾或并給以藥及錢米居近蕎鴻諸山山麓暗植相望值歉歲出金召人掩埋人賴以瘞而數十里無暴骨道光中佐賑者三費六七千緡江陰譚與沙潮患漂溺人瑞病中聞之以四千緡畀人拯救其好善如此

孫桓字公執父洽嘗捐田課族子弟桓又出千金及諸從弟營建孰舍以承先志居喪三年不入內寢性儉約歲祲既佐賑益自貶食曰人方無食忍獨豐耶或攜錢過窮巷不徑給陰置其所而去嘗遊浙中館人胠其篋金

或搜得以白桓桓曰此非吾物也笑卻之

貲承焯字俊三貢生能任事嘗於恆善堂增設保墓遷解船又集灑埽會爲學宮歲修費邑有大役若水旱議賑修圩岸葺橋梁一切倚辦鄉壯節鳴鶴偕莊現年總甲廢書院資火承焯皆力贊之咸豐十年寇辦團練死難

顧灝字影悟富而好善道光中累以水災力佐賑務嘗捐八千緡於恆善堂二千緡於東林書院祀東林報功祠子璞於吳塘門倡建救生局長興縣俗多溺女乃往助建保嬰堂道光咸豐間助賑助餉璞皆有力焉

陶雨田字秀莊以貲起家建祖祠置義田嘉慶道光間水旱助賑尤力子承佩副貢生知貴縣

華廷徽字蓉溪諸生能幹濟道光二十年大水廷徽以官賑不能徧而或以食賑爲恥乃與余治議設粥店減價賣又擔粥就之全活無算後遇旱潦皆如之

余治字蓮村諸生以勸善爲己任每謂當道及諸富室誅邺災保嬰等事多得行江陰長興沙有劇盜王錦標咸豐四年大府檄札福山總兵將往勦以治習沙民檄令先往治至集眾諭以禍福皆聽命共縛錦標餘黨悉解治晚年益廣刊善書或集優人俾演古今果報事冀感發鄉愚一時有余善人之目嘗病劇其僕陸慶斷一指

療之既愈數年而卒

錢騂字逸樓諸生治小學以長厚稱於鄉里六世同居無閒言咸豐十年邑城失守各鄉集團勇有同里十七人以避賊匿山谷間邏者得之疑爲賊謀將戮矣騂聞亟往白其冤而脫之

嚴湘字楚望世居寨門湘贅於膠山朱氏遂家焉善治生家日起而諸弟漸貧乃迎母及弟同居慷慨好施多賴以濟

徐對揚字少山貢生選嘉定教諭未赴邑有災祲捐賑不遺餘力嘗偕蘇州許某創建恆善堂又以南望亭橋水

滿悍舟行多失事乃於其旁築石隄數十丈橋下鑿木路以通纖復浚支河以便纖道自是往來無覆溺患

汪海平字春莊諸生治小學從同里張步瀛長洲陳奐游咸豐十年邑城失守海平居安鎮集團與賊相持數月團潰乃走上海上書巡撫李鴻章慷慨言事及收復邑城奉檄辦撫䘏事尋卒

倪景曉陡門人母疾露禱於天母素持齋及卒景曉亦終身不茹葷道光二十九年大水盡鬻其田數十畝以煮粥賑飢於宅旁建保嬰堂並設義塾遭亂居上海亦募

捐煮粥以食難民並給木棉紡具俾自謀生邑人余治孫元楷欲白當事請獎辭不受

附

張義張發先僕發先父爲里正負積逋每過追比義輒代受笞笞畢歸未嘗愆期亦無怨言發先妻死子捘三幼義及其妻哺育之義死益貧其妻卒撫捘三至於成立

又烏子者顧分孟僕也分孟死寡妻幼子無所倚恃烏子傭工養之無缺乏

耆碩

五帝憲三王乞言憲法也法其德行乞言求其善言也又曰食三老五更於太學蓋天子視學設三老五更及羣老席位執醬親饋執爵親酳是也漢永平二年三老李躬五更桓榮皆以齒年賜爵祿嗚呼盛矣邑中耆碩遠者無可考今次自明以下得若干人雖非必安車束帛盡有如漢代稽古之榮而貴遐遺者類以厚德懿行著於鄉黨不獨尙年尊齒而已志耆碩第二十八

明

周理字彥復與兄文及弟衡齊同居講學互相授受文等

皆仕理教授於鄉里以高壽終

侯文淵字怡晚敦龐朴茂表率鄉里時稱之曰侯善人孝宗初恩授八品秩子清見行義傳

盛昂字文珪行鹽於粵父喪訃至鹽直千金未入棄之遄歸曰營利以養親也親亡安用利爲晉郵貧乏不忘舊

談復字采芝以醫藥濟人衣食常不給而所得悉施貧者愬子郎都御史顧也

子經綱皆貴復亦高壽

秦樸字物初長身古貌博學有文章皆與同邑翟厚諸人爲眞率會不求聞達而衣冠文物表率鄉里號抱拙生

年九十三卒孫霖字卓牧雅有祖風卽尙書企之父
茹海字德寬精岐黃術選隸御藥院二十年起入濟困無
算好施與雖妻孥飢寒不念予嗚玉鳴鳳鳴金皆貴顯
海年八十餘訓子孫勉行訥言晢田林俊私謚爲端簡
先生
俟應昌字希紹諸生祖德子性坦率有故人鬻其田若
干畝應昌往還如故不以介意子先春官給事中時嘗
奉敕閱邊左則書誠曰邊左蘿漫貂倘以老人故攜一
貂片蘿入山海關者非吾子也晚構數椽中畜二鶴朝
放莫還顏其處曰環溪深隱以壽終

顧道潔字嗣白諸生嘗爲詩古文年甫艾輒謝科舉屏居
南邪別墅與從弟治相酬唱簡素寡俗惟讀書鼓琴用
自娛悅卒年八十有七
王之柱字國衡諸生倦貴人家有以千金屬居間者艴然
御之性醕厚遇孤嫠尤有恩以高壽終
王化宏字充甫立道子少孤從舅氏唐順之學取精六經
修行謹飭子乾一字健公爲諸生三十年未嘗入縣治
與馬世奇善世奇殉節邺其家且梓遺稾傳之父子皆
老壽乾一子承積
秦埈字太淸國子生燿子性純謹言動不苟貴遊子弟皆
畏憚之壽至八十三從兄雝字太階亦高壽人推老宿
埈子仲錫賢而多才受業於馬希尹希尹子世奇銘其
墓
茹金字用卿高攀龍師也攀龍登第貽書京師極言勢家
奴僕陵轢鄉里之害攀龍韙其言比歸講學東林金必
上坐攀龍執弟子禮惟謹
秦坊字表行貢生操履純正長厚樂善置義田贍近族之
貧者既而族人欲以銀易米又求析田且指田索値坊
應之無倦也嘗著範身範家集以學者尊爲祭酒
國朝

周公謨字季嘉諸生從東林遊而未嘗講學曰聖道舍孝
弟忠信外無實學也子宏登土第益務謙抑質樸端重
無危言飾貌次子宜繩以孝弟聞
華景輝字曙生事母以孝聞從弟允斌無子雖於貲死有
遺腹而族中皆利其產景輝力爲掌護及遺腹子授室
乃籍而還之年八十卒著有存心養性編孫從音諸生
有文名知縣林海山與爲文字交里人有構訟者喻以
重賄求爲左袒從音御之年七十五卒
秦德藻字以新父歿時祖父母具在祖父母歿泣血居廬
如三年喪子松齡以族姑詭寄逋糧落職或請自申雪

德藻命勿辨曰孀姑子幼辨之恐株連窮達有命不如
安之德藻壽至八十五子孫曾元及見者男女百餘人
仁皇帝南巡幸寄暢園德藻婆娑迎謁鼎被
存問尤極榮遇云
高芷生字楚培世泰子早侍東林世泰歿措拄講席數十
年張伯行撫吳嘗親詣東林與諸生講論獨心許芷生
晚年揭主靜二字於屏間不以耄而廢其家學也
嵇者孫字大生遊路子以孝弟聞壯年即棄舉業習經史
教授弟子盛暑必肅衣冠燕居無惰容年九十一無疾
而逝

嵇松喬字髯仙生長世家而修慎若寒素性樂善有叩必
應天真爛然頎身童顏雖童豎亦愛而親之羣呼曰三
老佛子孝然字石經貢生鉅人長德恭遜
純皇帝南巡嵇氏諸老跪伏山阿孝然年九十特荷
御詩之賜其歿也顧棟高志其墓
華允藻字天翼貢生吳俗溺女火葬允藻徒步數百里請
當事嚴禁之歲施藥給櫬廣刊格言以化末俗孫秉綱
舉人任常熟教諭古道長德和易近人士子愛之
孫棟字伊東副貢生篤於婣睦性好施不求人知視弱方
嚴接物以禮鄉里敬憚焉

恭敬然字學伊恬然字節石皆松如子檢身持家矩度整
肅教子弟尤嚴恭儉溫文鄉里以爲模楷敬然年至九
十卒
楊銘朱字自亭少喜讀先儒書篤於孝友父紹雍析財產
無所受祗取宗黨貸券不能償者歸而焚之伯兄罷官
有虧帑力爲補苴以善其歸於骨肉間誠意懇款無不
周至歲饑司賑事人感其惠
朱廷銓字韶九貢生父乘祥富而好禮子姓彬雅廷銓爲
家督尤尚恬素敦行古道恭儉而慈有流民婦產路隅
俗以寄產爲不祥莫肯收邮廷銓命載歸調治彌月復

資之使歸其鄉
施謙吉字季吉康熙三十二年舉人授中書改寧都知縣
著清節以病告歸喜啟迪後進恭道然附詩云廿載春
風培後學四朝玉燭介耆年年八十卒
朱重華字亮采居邑羊尖少任俠多智略土盜胡龍三爲
亂屢招重華弗應寇亦不敢犯及官兵勦捕重華密營
救無辜者多得解年八十七卒其族人顯字宗海樂善
不倦亦以高壽終
王培元字孝文質行敦厚受侮不校里中多强暴培元以
恭慎柔之垂三十年卒無能抵之者課其子起鳳敬止

勤學皆爲諸生有名年至九十一卒起鴻侍郎會汾父也

李迪光字覲文諸生早失母過諱日必悲泣父老病迪光衣常不解帶父歿三年不內寢好著述有四書講義正宗行世年九十四卒又强罔字大坤亦高壽嘗輯五倫類書三十卷爲巡撫徐士林所優禮

楊國瀦字憲文祖省魁嘗輸米百石佐賑國瀦內行惇厚和易近人尤好讀書至老不衰

華山竹字友鳳楊士登字尙傑二人皆敦本務實里中稱爲長者又皆以高壽終

施禹言字成允以歲貢生官安化知縣禹言爲吏廉年老乞休貧甚不能歸從子鳳立挾貲而往護之歸鄉一椎方與顧建元等倡爲十老之會禹言與禹性友愛與弟禹德終身無間言禹德亦事之如父鳳立即禹德子

胡在字潛園諸生爲經師五十餘年循循善誘每曰循序則樂而易入躐等則艱而鮮功年七十七卒子履享字秩宗亦諸生績學工詩文

秦春田字耕和實然子國子生少時力學從鄒升恆王繩曾游學使者將以人材薦會丁母艱不果性至孝居父喪年已六十猶哀毀過人晚年倡錫義田年八十有八卒長子鴻鈞諸生績學砥行教授四方弟子多掇科第而鴻鈞年未四十已罷舉子試安貧樂道家無宿儲座客常滿鴻鈞子瀛見官詹事

王一峯字圖南繩曾子諸生事親孝親歿葬錫海門外一峯每日必展謁寒暑風雨無間工書法小楷尤精年九十六卒弟千仞工於詩與一峯並教授鄉里人推老宿壽亦至八十九一峯子宮舉人才高而嗇於遇僅官遂州同知賓進士授武寧知縣

秦夢蘭字文心考授主簿父尙烈諸生隱居庶渠以詩名夢蘭貌樸野而性情誠篤樂施予好交遊人皆目爲長者卒年八十有五

孫文偉字匯川世居石塘灣性敦厚治家樸嗇而孳孳爲善如不及嘗偕其從弟璽等錫田義田又特營家祠修建其里漢壽亭侯廟文偉既享大年璽亦高壽

朱勝章字耽環性謹厚尤尙敦睦嘗修輯家乘建文公祠於里皆獨任之歲歉助賑者再鄉黨中賴以全活人稱爲長者卒時年九十六

顧熙字玉田諸生喜玩性理諸書事祖孝待人和易族祖建元輕財好施熙實贊襄之壽近八旬卒子應春字時岡諸生誠樸有父風壽亦七十餘應春子鉅見官詹事

王雲燦字硯英性方謹所識皆手錄生徒百餘人顧皋
及從子珙皆受業壽八十餘卒
何旭字曰旦弟昶字曰明皆以諸生教授鄉里旭性坦易
鶉衣破襪而里中咸敬憚焉昶喜周恤家雖赤貧人以
急告必傾囊與之宦室周鳳儀何仁山皆託孤於旭俱
倚以成立絲粟無所染年七十餘卒
楊廷渠字翰文乾隆四十八年舉人授元和訓導家多藏
書晚猶校勘再從子德埔字仲篪貢生敢於任事恩權
長洲吳縣學冢選欽縣訓導以年老未赴卒
汪嘉名字揆度力勤事父色養惟謹練習時務非意見侮

恐不校好爲人排難解紛債務不償立焚之子士佩登
仕版嘉名示以祖詒嘉善留衣圖勖之年七十餘卒
高祖德字映萊諸生教授里中其師顧龍光語之曰爲師
者一年令人畏二年令人愛三年令人敬汝無愧矣祖
德生平游覽至老不忘言行尤不苟年八十六著有春
秋左傳集注
華昶字雨棠治申韓學事親孝置義塾以課子弟偕蔡霆
鈞倡建同仁堂集邑中好義者捐金助施絮衣棺槥程
開泰捐地二十餘畝昶即地營屋居貨以其直充經費
又設棲流所三以處行旅之病者年八十餘卒子希高

見宦望傳嘉植貢生慇署新陽震澤訓導爲人廉靜長
者族人湛恩著錫金志外多與嘉植商榷年八十一卒
華光桐字謙齋諸生福建福清場大使年七十餘告歸家
居篤謹兄弟怡怡工詩著有冉溪草堂集壽九十二
王樾字玉溪諸生爲人沈毅以書法教授鄉里從學甚眾
七十餘卒弟霖字雨蒼國子生浙江按察使照磨亦能
書邑中公舉時襄辦焉年九十有二
杜文原字匯川貢生工小楷嘗爲督撫主章奏後在浙撫
某署某坐事籍沒先一夕以兩篋遺文原文原堅拒之
年八十餘卒

錢昂字若千乾隆五十三年舉人授蒙陰知縣居官謹飭
以詿誤歸囊無一錢教授鄉里咸以清望屬之年七十
餘同里嚴升曜字寅賓副貢生古樸醇厚壽八十二
華瑞清字淑藝國子生能爲鄉里任事每有大役邑令必
就詢利弊建望亭豐樂橋修鴻山泰伯墓皆瑞清爲之
督卒年八十八
孫應穀字敬宜乾隆六十年舉人歷官資州知州年逾八
十解組歸健步如少年遇春秋佳日攜一孫逍遙山水
間竟日不倦性和易近人後輩多樂與處咸豐四年重
游泮水五年重宴鹿鳴年九十二卒

楊熙之字緝甫度汪孫度汪嘗著十三經疑義解熙之續成之中嘉慶九年舉人任元和訓導金墳敎諭晚歸主講東林書院熙之工舉業爲時名師在元和造就弟子尤盛如張肇辰馮桂芬其最著者也卒年七十

秦承濂字蓮叔璜季子國子生性耿介嘗鬻宅於某某致二十緡爲遷移香火承濂怒曰我獨不能自祭致我祖父歆他族之祀耶擲還之遷移香火者謂將徙家祠而設祭之費陋俗藉以索多錢者也承濂工行草書年七十六卒

龔桐字小梧諸生官路南州吏目吏循舊例納金桐卻之

曰吾豈爲此來耶性方嚴治家有法度戒子孫毋作佛事至今守之邑中稱家教善者推龔氏桐又能詩著有聽鶴山房等稾顧翰以爲神似東野云卒年八十子煜貢生有文行

趙潘字所甫嘉慶二十三年舉人官池州訓導諸生某以訟事株連被褫潘爲白其誣而復之某生謁謝拒弗見潘少爲里塾師從游頗盛告歸後杜門課子以終年七十四

顧寶字存之幼孤貧弱冠投効河工官至蓬塘營守備四十後卽告歸慷慨好施遇所當意千金弗吝捐田千畝獨建義莊優游林下五十年親見元孫有司循例以聞給匾嘉獎年九十三卒

秦文楷字朗山鼎雲孫貢生道光間與輯錫金續志嘗與楊奎斗許叶泰謀葺東林書院增拓課舍既鳩工而絀於貲會鄒壯節鳴鶴以憂歸里力主之事乃大集文楷性渾厚治身及訓子弟恆以慎獨去私爲本卒年七十二著有誦芬書屋詩稾

宮桂字印川貢生篤學能文授徒鄉里嘗偕外弟周雲桂省試雲桂暴病遽送之歸而宮桂竟以三場未至佹得復失少受業於族子太和太和貧無子宮桂恆養之

及卒謀諸族孫人瑄等置田奉太和祀同治元年詔舉孝廉方正邑中議以宮桂應力辭而止卒年七十五

侯最字紀之道光五年舉人由沭陽教諭擢知縣歷署建德安吉建德以鄰境陷賊戒嚴有黄梅木商等過境武弁誣爲賊謀最白其冤安吉鄉民索賑滋事最甫履任往諭之卽解散以年老改敎再選山陽教諭卒於任年八十一

無錫金匱縣志卷二十五終

無錫金匱縣志卷二十六

隱逸

易稱嘉遯又曰幽人貞吉是必抱濟時之才無所用於世不得已而矜高蹈之節固非僅山澤之癯所可同日語也無錫高士倪瓚樂志沈冥翛然塵𡏖之表其風邈矣他如李琛輩不應辟命以及勝國遺民終身韜晦多可錄者若自號逋隱比於种放陳繼儒之流槩無取焉志隱逸第二十九

宋

錢道人頴弟隱惠山亦號惠山山人與蘇軾游

按錢道人屢見於蘇集中而不著其名志外云名頴未知何據

尢山字元鎮烜曾孫太學生宋亡杜門不出隱於許舍山故居或勸之仕曰吾家三百年科第十世冠裳宋恩渥矣何忍失身二姓其從兄司徒玘對之輒內愧云

按舊志均作其從弟司徒玘茲據尢氏譜改

元

侯德宗字友泉尙志不仕隱居城東之六箭河子希道孫希夷之爲人日晏坐一室讀黃老書澹如也孫承常亦以隱德著

孟渠字仲良號九龍山樵有先塋在惠麓因家焉兄弟皆出仕渠獨隱泉石間事親孝强敏多能尤工繪事嘗避兵海上轉徙流離晚年仍歸隱惠麓以終

倪瓚字元鎮居梅里之祗陀村世父煥砥節礪行元初嘗辟爲桂陽主簿不就父炳性淸約亦隱居樂道瓚所居清閟閣藏書及古鼎彝名畫甚富至正初天下無事忽鬻其產散與親舊人莫喻其意未幾兵起獨扁舟往來震澤三泖間張士誠聞而欲禮致之不可其弟士信乞畫又不與士信恚欲辱之嘗從賓客遊湖上聞異香出葭葦中以爲必瓚也物色漁舟中果得之挾之幾斃終無一言洪武七年始還鄉里卒於其姻鄒惟高家瓚名

聞外國使有過者操沈香百斤爲贄求一至淸閟不許乃再拜去其畫簡淡世推爲逸品第一與黃公望吳鎮王蒙齊名有元四大家之目自署名曰懶瓚又嘗號幼霞變姓名曰奚元朗或曰元瑛亦稱荆蠻民淨名居士朱陽館主蕭閒卿而雲林最著瓚雖終於明初而鼎革後書畫俱不署年號但書甲子而已故仍繫之元以比陶潛云 明史有傳

明

李大椿字茂卿有文學義不仕元隱居梁溪之曲洪武初以大臣薦召爲御史附使者疏辭因上太平十二策帝

嘉許之

周翼字子羽工詩元末不仕

李琛字伯器宋尚書琳八世孫元季避兵嘗挾先世誥牒誥敕自隨天下已定歸蓉湖徙邑之南市橋教授生徒以養其親尚書張籌每招之仕輒謝舉孝廉不就與浦源趙汝鈞輩爲詩文之交號雲泉生孫戣字桓仲亦飭行工詩不應辟命與弟戩俱有名

華悰韡字公愷幼武子宗韡有學行元季奉其親避居蘇松間世平始歸梅里故居耕田讀書冠昏喪祭之可通行於士庶者名曰慮得集洪武中累徵孝廉通經儒

士皆不應

華希顔字以愚少入國子監洪武初以明習春秋徵授木府訓導踰年即告歸隱居東湖賦詩自娱亦善畫山水

尤文字文達家迴溪父居敬嘗鑿池獲金悉施貧者民德之稱其地爲尤岡文弱冠讀程朱遺書及遂初集探其淵源有千駟弗視一介不取之意洪武中舉明經秀才不就永樂十七年詔舉孝廉得十五人文與焉行人盧玉齋敕書徵之以母老辭學者稱務樸先生

顧協字允迪隱居勵志操行端潔工詩與王達王紱友善有華恪者字叔端稍後出作詩不尙琱績二王引爲忘年交恪子藻澤亦不仕能詩

周世忠字士行少厲學問讀書僧舍三十不娶嘗避亂入吳有勸之仕張氏者不聽吳人丁仲舉高其行妻以女乃買田定居於邑之揚名鄉而隱焉從孫益幼孤育於世忠亦好學不樂仕進自號樵野

過儀字廷章魁岸風流擅詞翰善畫作長松特妙亦能小景有司薦於朝不就自號聽松道人

顧恒字成之抱藝高蹈與其兄泰及楊永年丁照王治隱嶧峒山中年皆八九十明州劉與竹爲繪五老圖

周祐字惟吉有詩文名與同里鄒駿俱有隱操而駿不拘

小節爲歌行立就別字梅雪

秦旭字景暘父季昇有隱德旭亦不仕工於詩晚結廬惠山之麓與李庶陳履陸勉高直黃祿楊理陳公懋施璵潘緒輩觴詠其中名曰碧山吟社旭雖以子夔貴而退然謙約如韋布以德望見重里中有不善者輒相戒勿令旭知卒年八十五友人私謚曰貞靖先生庶字舜明致子善爲詩文而不欲炫露故自號綱庵正德元年詔行優老之典庶受粟肉絮帛而辭其服嘗與吳翀同修錫山志緒字季芳至孝而精於醫詩文清古社中人皆高年獨緒未滿六十諸人重其品援以入焉後楊文琦

續吟社稍爲祭酒

陳鳳字羽伯周子讀書習隱月夜挂琴松間調所馴山猿得詩擁膝長吟與猿嘯相應又自號石村山人好結客父窰王問以下皆造焉子以忠見宦笠傳

顧谷字世叔篤行有文本生長紛華心厭之避而之深之投金瀨又不喜避而之吳皮市又不喜時時寄居浮圖老氏之宮敝衣破履率意去來不修禮容對人非故知未嘗出一語人亦無知之者

浦繼巖名逸其少負豪氣中歲便棄家築室於蔦山食淡飲水隔絕世事垂三十年吳桂森嘗書蔦節詩遺之

華應象字心白性孤僻家貧不營衣食好遊山水人皆目爲華高人嘗仿王紱製竹茶爐有題詠見吳桂森息齋筆記

高世胄字季莛攀龍季子也少遊家難息情進取當得任子不就手輯忠憲年譜抄遺書凡數帙至於朝章國典文學掌故之私記及委巷習聞無不究悉當與人雜處談諧間作或於眾中忽發驚世絕俗之語晚更韜晦惟好山水晝時焚香靜坐作水墨梅花以寄意

華時亨字仲通父珍聘諸生與高攀龍友時亨亦學於攀龍方緹騎赴吳逮周順昌珍聘遣時亨先以告攀龍攀龍赴止水死巡撫毛一鷺究漏洩者將殺之以媚璫時亨匿而免蕭山王生繫獄時亨因倪元璐之言爲鳴其寃於推官出之甲申後失明日坐劍光閣屏絕人事惟與子弟講論攀龍之學

許儀字子韶工詩文善畫尤精於花鳥崇禎朝薦授中書舍人丁外艱歸服闋值鼎革遂棄家放浪山水間自號欸公閩人林茂之棲寓乳山儀往從之相與酬唱茂之嘗曰欸公皋羽所南儔也遊吳門疫甚因製方藥濟人輒驗晚歸隱於邑之石門黃冠草服足不下山年七十一卒儀好鶴稱鶴影子又稱丁塵道人

張列宿字惕菴諸生鼎革後避居陽山陽湖間爲詩文多酸楚之音命二子經緯並棄諸生籍季子光緯字次民殫見洽聞隱居著述有青巖集若干卷

吳明玕字頌筠居閭江少工舉業已而棄之家貧不事生產嘗日晏未炊家人相顧有饑色明玕方讀書笑曰汝輩恤見耶因爲講富而可求及求則得之書數章家人惡其迂次第避去明玕恬然自如而明玕性至孝自以母老孤煢無所取給輒歎曰爲子若此何益有無又值鼎革悄焉自傷每獨行山巔四顧蒼茫執竹杖擊石歌曰天高兮不可知身煢煢兮生我何爲極目望兮將安

之歌闋長號不自禁明玗博綜羣書詩文古雅與族人濯時並負清才而明玗介特竟以貧賤老

華慶遠字子嘉齠齔隨父適虎邱時方營魏閹生祠問其故卽卻立不視既壯好劍術鼎革時鄉多盜流寓吳之嘐關陸墓畫始遷祖以下像置之行笥及圖書數十篋轉徙必以自隨亂既定乃歸葺屋竹間曰物外閒居雜蒔卉木籬落環之竟日讀書暇則灌蔬畚圃不復見客有貴人徒步往訪欵扉自通遙見慶遠在花下負手徐徐行曰謹謝客乃歎息去慶遠詩長洲汪琬敘之

鄒初基字白心少爲名諸生累試不遇乃棄去窮覽經子

百家之書勇於纂述其學尤邃於史凡朝章國故靡不究心鼎革後遯居村舍時託歌詩以見志晚逃於禪號樗全子秦松齡銘其墓

顧柔謙字剛中家於宛溪少孤遊家難長贅譚氏自傷不得養母致疾幾殆其外父爲別置宅使弁迎母以來病乃已國變後棄諸生常閉門默坐或竟日不食子祖禹叩頭寬譬乃曰汝能終身窮餓不思富貴乎能以身爲几上肉不思報復乎祖禹應曰能乃大喜曰吾與汝偕隱耳遂更名隱字耕石善行草尤喜篆刻詩工古體著有補韻略六書考定及耕石草若干卷長子祖禹最知名次子安世有奇才早卒

黃道明字在龍好弈閉戶獨居操白黑子分行相攻殺不求耦對人稱曰獨弈先生道明好施與有德於鄉嘗陟山遇盜盜詢之爲道明相顧笑曰無驚我公送之山下盜焚鄰人居延及道明廬盜羣起撲火火不滅乃共擁始禍者於庭

黃庭字守中少任俠與常熟范晉同里顧祖禹善後祖禹游四方爲公卿上客而庭終身屏居膠山祖禹時過訪之或衣冠少易其故庭厲聲訶責祖禹亦遜謝無忤色有嘉興人李譚避難依庭既死遺寡媳庭訪其宗爲立

後鄒溶被逮入都庭貽祖禹書屬爲營解得減死論戍庭與溶故不識也家奇貧客至或不能具食族有勢再醮契列庭名夜叩門納米五斗庭詰得其故怒麾去時不食兩日矣里中子弟或嬉游過其門必相戒毋妄語亂步其爲人敬憚如此晚歲深自韜斂杜關製硯特精好云年八十餘卒

黃家舒字漢臣自少稱高才生與孫源文善甲申之變源文殉節家舒遂棄諸生服坐臥斗室謝絕交遊自名其集曰爲文堂集以見志知府宋之普聞其名欲一致之不可得體羸以病自廢修淨業無子門人馬翀刻其遺

文秦松齡序之

華東觀字若木工詩有奇力順治二年　大兵平江浙東觀聞湖州白將軍尙死守城未下糾死士三人往救之甫至數日城破將軍死三人者亦亡其二東觀與一人同被執尋逸歸潛山室中東觀弟字若拙者家富甚踪跡者時至其家産爲之破事定始稍稍出常往來金陵於驢背作休休歌

張遜字素臣少時篤志力學値鼎革幅巾方領鍵戶不出其婦翁貴顯横遜有租負皆不責償曰人將謂我倚婦翁因是日窘窮以老將卒召其門人講孟子舌本木强

以暘潤之日昃命退因就寢移時視之逝矣

周憲申字憲之以祖炳讃廕官戶部主事福藩南渡遂隱去不知所終徐枋避跡長泰寺嘗一遇之

薛瑾字勗生諸生有才氣常游關隴踰太行抵漠北航海而歸博稽輿地形勝務爲有用之學鼎革後屢徵不起盩厔李顒榜其室曰守齋學者因稱守齋先生仲子儀亦諸生隨父不應舉晚乃遁於蘇之鄧尉山卒遂葬焉

王昭吉字夫吉諸生受學於高攀龍鄒期楨之門易代後野服緘口不交世務年七十一無疾卒著有天倪齋集

秦徳湛字以寧諸生爲學務躬蹈實踐鼎革後屛居小樓足跡不履戶庭二十餘年慈谿姜宸英爲之傳

邵應奎字樂山諸生與華節愍允誠同學允誠殉節後應奎杜門三十年孫璿別有傳瑚字商六不仕有祖風

國朝

李崧字靜山其先江陰人祖國綱徙居邑之嘯傲涇崧不樂仕進與其妻隱居高蹈工爲詩而妻吳及繼妻許並工詩伉儷間自相倡和於榮利泊然詩名日益高其詩簡古澹泊樸至有眞味間畫花鶺蘆鴈時露天趣年八十餘兩目盡盲猶口占詩令其幼孫書之於鵝湖之濱預封一龕曰白雲窩死卽葬焉

華坡字子山少與顧貞觀杜詔等爲詩社亦善畫晚隱居坊前之鄒莊流水孤村柴門一曲興至則吟小詩或解衣盤礴終歲甚閒除夜獨子子有事或問之曰古人祭詩吾兼祭畫取一歲所作詩稿畫本享以乾脯酹以旨酒聚而焚之

楊維甯字紫淵卜築湖濱之管社山規湖爲池築隄植柳養魚種芙蕖菱芡不絕窮木燔石搜剔巖壑迺置層樓別館高亭曲榭於湖光山色中維甯率妻子偕隱讀書賦詩布袍草屨與漁樵爲伍客至非意所欲見輒拒弗納意所可則延款之亦無俗賓至性剛直膂力絕人而

終身不言武事

周王邁弱冠爲童子師數十里中半其弟子喜吟咏芒䩫布衣課徒暇率子孫力田未嘗一入城市邑令吳鉞聞其賢聘之不至顧光旭見其詩徒步過訪歎曰吾鄉龎德公也

藝術

書居六藝之一而畫亦游藝之餘事士大夫文章行誼卓然表見於世間或怡情毫素正不必以是爲重而專門之學如劉浩以下諸人亦彬彬焉至若扁鵲之技日者之術見於史冊旁逮占卜琴弈百家九流併亦所謂小道可觀者與摭拾舊聞附以近人之較著者一藝必錄彙而輯之志藝術第三十

宋

劉浩紹興中人善作窠石人物子顥能世其學

許穎字子由善八分書所製筆亦精妙

明

郎成工楷法臨佛遺教經得其神致

姚洪字仲宏一字楚明質敏好學工書畫作窠石竹木法郭熙爲山水氣韻奇古永樂中以楷書薦召入都預修大典授壽光丞

沈洪字巨源彭戬字汝翼咸以楷書著名稱江東二俊被薦入都預修永樂大典洪授戶部郎中戬授安樂丞擢衡山知縣以廉勤稱

成性字大章成化中貢官教諭工山水人物風度瀟灑筆法出范寬夏珪之間

陸勉字懋成碧山十老之一工畫尤善大書一時題額多
出其手
莫懋字雲樓任俠有勇力里中戲集壯士百人圍之一躍
而出欻如風雨壯歲折節讀書遊賢豪長者間畫法郭
熙高克恭尤好爲張旭狂草題詩其上嘗作一松巨石
圖最自賞愛令王仲儀貌已像於松下懋子息宏治十
二年進士與王文成守仁遊文成因爲題讃焉
葛有恆畫梅有名與聽松道人過儀善
陳稱字有實國子生能詩及書畫花鳥入黃筌古紙中幾
不辨邵文莊寶曾乞稱作萱草圖爲母夫人壽

盛虞字舜臣顒從子畫仿雲林筆意高古性倨傲不輕與
人作嘗得雲林秋亭野興圖舉力摹之因以秋亭自號
又仿製聽松庵竹鑪一時名流多詠其事
張廣字秋江曾祖德先洪武中以都指揮使奉命守無錫
因家焉父綬分教東陽有文行廣善書畫嘉靖中徵入
京待詔內廷世宗見其萬福圖賞之命畫進所畫於是
宦者共屬廣爲萬壽圖將獻以邀寵廣辭疾不可明日
採之已南歸矣
談志伊字思重愷子以父任官中府經歷會星變汰庶僚
歸屏跡園居極圖書鐘鼎彜歌遊宴之樂旣而遭家多
雜先業蕩廢乃盡斥餘產擕橐中裝走金陵遂遊冶頹
然自放久之疽發背卒志伊穎敏多能書學曹娥碑頁
精繪事作花卉翎毛點染娟秀出宋人法外
盛顏字時表善楷書初宗沈趙出入王宋筆勢遒勁時稱
大家貢禮部廷試第一不仕終孫盤字朝新有才名萬
歷中與修無錫縣志書亦入妙
顧祖源字元濬工篆籀小楷萬歷中修世穆兩朝實錄詔
選善書者祖源被薦授中書舍人累遷禮部員外郎
陳言陳公詣識小錄作字國楨勉子居兄喪不飲酒食肉者三年
書法晉人畫仿趙千里性廉倨不徇人請竟以窮死其

友尤鏜爲營葬焉
徐孟潛初名孟濟善畫花鳥有遺幅爲璫人所得萬歷中
大內便殿成欲畫殿壁上見畫幅賞之有詔馳驛赴闕
授中書舍人賜名孟潛
周訪字龍溪與白陽山人陳道復善因工畫花鳥旣而作
山水師王蒙貧甚不以徇人求者非其人終不可得
吳三畏字常惺能詩工懷素草書薦授武英殿中書嘗作
錫山遺響十二卷
吳應卯字三江長洲祝允明外孫習允明書輒能亂眞亦
能畫作小景平湖遠嶼得李嵩家法

張復字元春畫法梅道人爲人溫厚長者故士大夫樂與之遊
林存義字敬坡工花鳥類陳道復子梅世其學
國朝
吳琯居梅里自幼未冠稱九逢頭善畫人物瀟灑絕俗
華胥字希逸善畫人物與惲壽平花卉王翬山水並稱秀麗盬逸所畫老子出關圖最工
華鯤字于千孤苦力學工詩畫貧甚至數日不炊乃浩然北游京師爲太倉王原祁所賞由是知名繼以太傅明珠薦授光祿典簿鯤奉母孝有弟五人皆教育之爲畢

婚娶百口同居內外無間言及鯤子龍皋猶未析爨
邵曾詔字吏綸兄曾訓善書曾詔善畫時稱雙絕其繪花鳥秀麗絕倫遊京師公卿交推重之孫珣紹其學
周復字文生善畫竹石筆墨森秀本武進人後居無錫
蔣元治字煥俞寫山水氣韻高潔游虞山爲秋林平遠吾谷踏葉二圖王翬見之歎爲合作弟元令字嘉俞山水法倪黃尤工寫眞元治子綸少工畫早卒
胡蕃字義人善畫山水嘗應莊親王召至京師王翬於邑中能畫者許蕃爲成家
計長發工畫山水筆墨蒼勁參用北宗神似藍瑛閒作工筆千巖萬壑點景細密又近似邵彌
俞大猷字軒臣工花卉娟秀特甚然不輕作故存者絕少（案道光續志有俞大鴻字軒臣以下云云皆與此同當是一人而誤其名續志又稱子鑒字敬亭亦工書畫）
蔣震字大復工寫生法其山水尤蒼秀著名於時後有黃甯亦善繪事長於畫馬兼以騎射著
華沅字愼思書法歐柳尤工繪事壯遊四方無所遇晚益貧賣畫自給自號秋田老人
吳楙字逸泉工畫尤善寫眞名重公卿間性情高僴不事干謁筆墨如其人無俗韻子省曾亦有名後有許逢泉者諸生獻子嘗以其技游湖北巡撫梁國治頗延譽之

以酒病死獻嘗與乾隆庚午志參訂之事
秦銑字南珍諸生善畫山水學文徵明花卉尤勝工於臨摹時尚書鄒一桂在籍人購其畫不易得銑輒代爲之觀者莫辨眞贋也年八十餘卒
姚仔字笠山工山水人物鄒一桂嘗以其所摹殿洲曾畫佛數幅進呈
李點字撰春工寫眞筆法高簡神理自足同時有華烜者父鳴岡善星卜而烜以寫眞著
朱志鉅字湘椒寄籍浙江以歲貢得訓導詩文書畫靡不工妙著有研山草堂詩文集子宗瀚亦以書畫名

鵬運皆諸生工山水方逵源亦諸生工蘭竹並有詩名
楊點字文山多讀古書作翎毛花卉枯樹竹石落筆瀟脫
摹惲壽平幾可亂眞
寶廷槐字公旦國子生劬學書力摹智永千文晚年深入
晉唐之室楊湘字春帆心貌古樸能作擘窠書遒逸豪
邁稍後陸雲程字澹國諸生能詩文兼工小楷
錢泳字梅溪國子生能詩工分隸行楷客京師爲成邸所
知詒晉齋帖皆泳刊定手書碑版幾徧江浙又所摹漢
唐碑及縮臨本刻石傳世者尤多嘗倡修錢唐武肅王
後諸王祠墓及表忠觀鐵券金塗塔者年八十六卒

常熟翁文端心存銘其墓
顧應泰字雲鶴諸生能詩工白描人物筆墨冷逸如其人
少與顧皋善及皋官歸屢造訪而應泰未嘗一至其第
有貴客挾貲求畫卻之
施蘭字芝泉國子生嘉慶中客總督百齡所嘗從往徐州
防堵敘匪將保薦力辭蘭工書值
萬壽節巡撫陳桂生上其所書無量壽佛經得
旨有神似趙孟頫之褒晚寓蘇州賣字以終
龔大夏字舜和廩貢生工書法
王芝林字人月嘉慶十八年拔貢生以親老不赴

蔣和字醉峰起元弟精篆隸兼能詩畫少游京師充四庫
館篆隸總校乾隆五十一年
賜舉人時
命刻蔣衡所書十三經於石以和董其役補國子監學正
引疾歸所著有竹譜行世
華淞字半江諸生王澍弟子工篆書能以尖穎運枯墨兼
工鐵筆一時名流競購之淞故貧藉以自給嵇承濟得
其法以授孫介福並有名同時袁泓亦工篆書子宮桂
承其學
華冠初名點字吉厓善繪出於天性童時就塾客有訪其

師者冠以寸紙寫其形鬚眉畢肖比長藝益精
高宗南巡恭寫
御容稱
旨賞賚優渥嘉慶初徵入都供繪事與修永樂大典議敘
官廣東任佛山賓同知以親老乞休家居蒔花疊石
以自娛年八十餘卒冠兼善山水花卉晚年所作尤幽
秀絕倫人推逸品其友王玉海由四庫館議敘任蘄水
縣丞亦工畫
嵇承咸字于進工山水受學於鮑汀寸縑尺素恆自矜貴
與兄承濟友愛怡怡一室索畫客常滿同時吳錫桂王

廷試能詩善書文廟佾舞久廢芝林倡與之歸置樂器與諸生童討論肄習他邑亦聞風踵行

邵涵初字吟泉道光五年拔貢生官阜甯訓導擢南和知縣以疾不赴歸米李太師墓址爲土豪所占訟而復之與輯錫金續志晚嗜形家言著有學易反隅地輿指原諸書涵初亦能小篆與同郡先輩孫洪爲近

楊伯壎字芝田父燦工寫生伯壎自幼得其傳設色尤雅淡有致晚年右手病廢以左手代之猶揮灑不輟卒年八十三著有畫則一卷

王言鑄字伯陶道光十七年順天舉人官內閣中書工小

楷

孫顯字協三諸生性閒逸咸豐中嘗偕浙省試顯方治具入場忽自歎曰所以爲此者以父母在耳親已歿焉用是爲乃獨游湖上而歸謁以枯筆作山水爲小詩輒有逸韻兼精卜筮一日與客弈局未終起入內卒

侯煒字石琴同治六年舉人工八分書亦健於文

右書畫

明

施仲模世業幼科于中立爲太醫士孫澤民潤民濟民始兼通朱李之學術遂盛行濟民官訓科子康字彥清精

賑理每危疾諸醫斂手廉輒起之宏治中以明醫徵至京師不受職而還能詩爲碧山吟社十老之一族子言諫並以醫名族孫敎允著別有傳

施存善字昌宗永樂初詔徵除韓王府良醫副宣宗召拜御醫賜詩宴文華殿以子安累進奉政大夫安子元濟歷官太醫院使卒賜祭歸葬錫山父子歷仕七朝數蒙褒寵當世榮之

施敎字子承五歲喪父研精儒學久不遇乃就世業診切若有神遇其治專用人蔘取效于病寒首用蔘劑至三錢三日而愈人問故敎曰百病從虛入風寒暑溼何日

不損耳目口鼻何處不損因其損補之氣實則病去矣故一切以人蔘爲主他藥爲佐然他人效之不能如敎百不一失也求治者毋問貴賤貧富皆濟之好施予樂周人急士大夫時相過從不獨以醫也子錞官太僕卿

魏思敬祖叔皐元本州醫學學錄業婦人科思敬及子公哲孫宗美並世其業宗美官醫學訓科子朝器孫鏞亦工醫

潘仁仲祖傳之在元爲常州路醫學學錄父進德本州醫學提舉仁仲楊維楨門人與倪瓚張居貞輩遊爲醫學教授晚以高年應詔子克誠永樂中召爲太醫院醫士

與王達錢仲益友善克誠子韞輝尤妙鍼灸官訓科
黃樸菴名逸其外科得異人秘方其後叔洪師善者兼通大
方脈師善子祿工醫而能詩
張用謙深究朱李著有醫方摘元同時有徐吾元論運氣
甚精博有醫經原旨
孫貞字恒心博綜軒岐書遇異人授鍼訣有貴官左手不
仁已一紀餘貞鍼治之宿疾盡去乃集屬吏謂之曰此
醫殆神授也好方術卒傾其貲
周濟廣名紘以字行外家金氏工醫遂精其術瘍瘵婦人
諸科無不通曉名滿吳中成化間以明醫徵至京師引

疾還每診人脈預知人生死無不驗者子敷牧孫騂皆
世其學敷亦有名王鏊表其墓
竇良茂字樸庵博學工醫爲邑醫學訓科良茂孫時望治
患瘍七年者卒起之時望子楠能詩徵醫士不就邵文
莊寶作乳泉記載其醫術之神楠子夔鶴從王問遊敦
學行夔麟嘗註竇默瘍醫全書
徐孟容醫士其妻陸亦善醫名聞於朝永樂間中宮遣内
侍召入宮既老遣歸賜賚甚厚
徐某號愛杏山人善醫尤精金創雖垂絕者治之無不應
手愈蓋其父傳之異人云武進唐順之嘗贈以詩又書
其醫施氏婦事
尤仲仁字依之以喉科名初御史周清嘗曰一中官於大
獄餽秘方十有七周死而甥得之卽仲仁祖也
司馬大復字銘鞠諸生其醫得傳於常熟繆希雍繆所著
廣筆記往往載大復語言飭行馴人禮重之
華搞藻字麗涵諸生去爲醫得傳於雲間李中梓遂世其
業
國朝
許至字芳墅工醫恒製丸劑活貧病者不責其報喜爲詩
篆刻亦精詣

施廷銓字鼎臣教元孫諸生康熙初以明醫徵授鴻臚寺
序班冊封琉球充副使
杜有功字昇侯諸生父元美善醫有功得其傳雖奇險症
應手輒愈而不責報貧人尤德之呼曰醫仙
沈文淵字繹明少多病習醫以自治繼遂能活人邑大疫
當事徵之所投卽起性最慈祥凡鰥寡及婢僕乳媼延
之立往曰此輩求醫最難不可緩也
張經始字民沾精岐黃家言兼工文翰温雅有士風士大
夫皆敬禮之
許德基字承垣擅嬰兒科祖重熙父世煜明天啟間官太

醫德基心利厚遠近神其術二子鵬鵾繼其業時許之
嬰兒尤之治喉朱之接骨皆邑中所推專家及鵾子岱
名益振且以敦睦稱於士林
許昭字來茲多讀書能詩以稟弱習醫治病不責酬尤急
婁人予必與善藥性抗直不少挫一勢家與役死先數
日與富室某角口以此牽連申報有司昭嘗與診息知
以病死比對簿或餌以利不顧直前白之獄遂解
柯懷祖字德修工醫嘗入都名噪公卿間其言不知天地
人不可與言醫輯理虛元鑑等書行世稍後有朱世揚
字淇瞻善岐黃術所著有誠求集其同里華淳熏學於

世揚亦名於時
王鶚翔字心一國子生少習醫貫串於靈素難經諸書以
意爲變化而不泥於古所投無不效貧者資以藥餌而
不索酬同時有徐涵字兆京爲瘍醫甚危險莫能治者
涵立起之
曹杲小兒醫遇危疾輒應手愈元孫桑曦尤精其術貧者
每贈以藥餌不望報桑曦子鑽孫晉桃皆世其業
吳廷桂字東山精岐黃於傷寒洞悉微奧著傷寒析義十
四卷灰餘集六卷
葉大椿字子容精於痘科症無危險應手卽愈人以神醫
目之有痘學眞傳八卷行世
許叶熊字太占精醫術能以金針開瞽與殷耀奎齊名稍
後有高梅字雲白著嘗藥本草八卷
堵西洲兼治內外科穎悟過人疑難症全活無算同時查
玉山治內症亦有名
黃鐘字樂亭善醫疑難症應手奏效不責酬人餽之亦不
辭貧者資之藥物敦本好施伯叔早卒無子竭誠事諸
母伯母有女寡迎歸與母同居數十載親友之貧者養
之終身不倦手輯解圍元藪古本行於世子瀚亦有醫
名

高秉鈞字錦庭性抗直工醫求治者應手輒愈貧不索酬
兼資以藥餌著有心得集孫爾準爲之序
右醫

明

尤鍪善琴有別墅在春申澗下時攜琴對流泉彈之因號
琴泉散人
唐理字孟渲永樂三年舉人官陝西河渠提舉好弈常於
陽羨山中遇蜀雅州道士買荼者與對局三日夜遂爲
吳中第一家有竹素園楸枰滿座諸姿臧獲無不能之
其壻顧義得其傳久之與理爭勝負焉

施顯卿字純甫嘉靖三十一年舉人知新昌縣素精於弈老而彌篤無能先之者旣而北郭有祝萬年忽起而勝之後又有秦延𧷤萬歷二十八年舉人更出萬年上

過文年字柏齡以善弈游京師天下高手築壁壘攻之者無遠不至卒皆屈於文年遂羣奉爲國手自是數十年天下言弈者以文年爲宗其人馴雅有士行在都時大學士葉向高禮而客之秦松齡爲之傳

國朝

沈鳳來字右山父汝愚妙解琴理常熟嚴澂趙應艮皆兄事之鳳來嗣其家學兼參衆長造微詣極尤善歌詩酒

酣發響激揚中節家素貧葦簾紙牕常自操所度曲聲徹戶外性和而介抱絕技不事干謁竟以貧死

周士申字西侯弈中高手與黃龍士徐星友相頡頏吳興祚延致幕府日與對局一枰所獲常不貲而士申性慷慨隨手散盡周人急難揮千金弗恤也

惠雲字閶孫善弈爲詩亦有佳句有假其金者以臥榻償之雲往取視其家榻外無一物詢曰榻去君夫婦誰所臥者其人答曰地可臥也雲慨然曰若貧竟與吾等耶擲券還之

楊廷果字令貽性閒逸生平不應有司試與吳峻王宮華晉學宋人徽之風骨善鼓琴兼工琵琶自製一曲曰瀑渡引嘗抱琵琶踞虎邱生公石轉軸撥絃聞者以爲絕調家藏米黻帖及蘇軾畫竹客覬其貧欲指囷易之不可歿以爲殉

嚴惟仁字全如乾隆初以弈名諸名士皆樂與交

嚴錫清字振玉善弈爲人寡言好靜與人弈終日不過一枰人稱爲嚴一局同時李步青才思較敏並稱國手又有堵兆麒善醫而嗜弈遜於嚴李

賁益以善弈遊京師一時推爲國手官盧氏巡檢

右琴弈

國朝

朱鎬字岐載工篆刻以薦官翰林院待詔

侯文熙字曰若意度瀟灑能詩尤精篆刻宗文三橋而茂勁過之客京師垂四十年名著公卿間前此以鐵筆名者有倪雪田呂柏庭高培而文熙後起游蹤最久王度得其傳他如周心鑑以桃核船名尤氏以犀角飲器名皆擅絕藝而桃核船更出鬼工牕櫺餅供開闔生動其東吳偉業有詩今亦有精其技者

右篆刻雜藝

明

姚蓬舜字虞廷精天文洪武初徵入欽天監

國朝

談丁戊字宏周深於授時歷法著歷學末議

楊作枚字學山初受家學於其祖國鈞國鈞字定山著歷法大成十卷而所精者中歷也中歷即授時法精而未密至西人三角弦弧之術興而方員羃渾隨所施之無不盡妙其法宣城梅氏文鼎得之最深作枚嘗從文鼎遊後入算學館掌館事者即文鼎孫瑴成也欲官之遽卒鮑祖述亦精西法

倪榮桂字月培諸生嗜學能文究心天文象數諸書及督

烏家言著有中西星要二卷

右歷算

明

孫紹先字振之隱居橫山好彈琴精曉術數庭有古松每爲人言吾與此松同壽及年七十九病篤謂其子曰吾不死松當先我七十日而殞又七年重九大風拔木松仆紹先果於是冬卒

王若水字一清神骨疎秀博學通道術其子爲卜葬地於芙蓉山若水易簣謂二子曰五十年後此山下有大水當吾家可更之乃改卜宏治末蛟起山麓淹爲巨浸推之正五十年矣

顧節字公理性伉直面折人過嘗滅息緩急於人然所殖益厚善許負術自謂其女當大貴時邵文莊寶三歲喪父家貧節一見喜曰吾女之貴乃以此子也即許字焉後撫視之人服其識鑑

華善繼字孟達精星術著有三命珠鈐璿璣抉微五星元珠等書其學直抉躔度歲差之秘時爲天文學者不能及也

唐古風者不知其名善相術爲女擇壻見張惠安國維於崇安寺曰此可七品且多男而壽足矣乞張所善顧舉

人應龍爲媒而納女焉是歲國維舉於鄉一夕宴其同年古風坐而觀焉曰郭龍潭顧少岩皆不久於世錢虛堂華石門周儆菴皆有貴子而儆菴爵甚高惜不甚永年耳其後言悉驗

施仲達通易理善卜筮乾隆時河督高晉延請幕中使決休咎皆奇驗後游於都益有名子孫傳其學

朱耀字旭輪恩貢生工舉業嘗游廣西河南以堪輿術著公卿間性友愛所得館穀輒分給兩弟及寡姊妹未嘗自私著有宅法舉隅

章甫字仲山博涉多通習形家言精其術著有地理辨正

直解心眼指要等書

右術數

（明）

陸憲者其先在元時爲可兀闌之屬（華言將作大匠也）憲官諸路

工匠都總管贈中奉大夫備院使陸藏仕終保定路諸

匠提舉洪武初𠡠建宮殿有陸賢陸祥兄弟應詔入營

授營繕所丞祥授鄭府工副食營繕郎俸歷事五朝至

帶銜太僕少卿累加工部侍郎賞賜累鉅萬賜飛魚服

犀帶官其子姪四人祥年九十餘卒賜祭歸葬錫山

右工藝

無錫金匱縣志卷二十六終

無錫金匱縣志卷二十七

列女

舊志沿史家之例輒錄列女多尚節烈其安常履順者

概不及焉豈以所重在彼不在此哉夫閨門恒行既若

書不勝書故耳目易忽雖賢卿著而其遇彌苦者其節

彌彰亦理勢然也然以樹貞風砥頹俗烈霜勁草君子

必於是乎取焉志列女第三十一

（宋）

尤大成妻范年十九大成卒三日不食飲以其子申屬其

妾徐持夫佩劍自刎有司給粟養其子而表其墓曰貞

節申既長以母死於劍戒家人無得殺牲終身不服紈

綺以從弟輝恩當得官辭不就

蔣南式妻顧忠文重珍母也少育於外家管氏一日父母

家絕食女翦髮貽其父鬻以給炊歸蔣而寡重珍甫十

歲有累舉得官者屬媒黨議婚顧叱去之親授重珍經

書平生喜說李氏斷臂事訓婦人當如此所居僅容膝

而內外區別不可越貧甚或乞貸重珍爲謝不聽有願以

女贅者田廬畢具顧曰貌孤所以得不死者諸父力也

豈可去之重珍舉進士第一人迎養於京邸

孝婦尚書尤焴妻吳事姑孝姑性嚴卞常苦目疾一日痛

刲欲自投池水中哭慟哭禱天刺臂血和藥進姑疾自
是瘳

元

都事華鉉妻陳明淑年二十八而寡誓不貳志撫孤幼武
成立至正間表其門幼武作貞節堂卒之一時名人多
題贈高蘇州俞貞木志其墓

鄒琪妻華冬孃至正丁酉兵起鄉人奔竄冬孃從其夫匿
草野中兵卒至度不得脫顧謂琪曰我義不可辱君善
自保赴水死

明

華文浚妻黃淑瑛年二十七而寡養姑教子以壽終

吳國祥妻劉如玉盛年而寡子璠亦夭與璠婦朱撫其孤
孫時敏成立洪武中旌其門時敏作堂顏曰思貞以志
之曾孫益亦早卒妻尤守節如劉撫子翀以儒名成化
中旌

白洋鎮巡檢張文煥妻邵事詳文煥傳

御史陸士隆妻某事詳士隆傳

燕山衛卒儲福妻范事詳福傳

工部主事徐弼二妾逸其姓事詳弼傳

贈尚書顧壽妻蔣壽與父福五並以倡義捍患於永樂十
一年詔旌義士是年福五卒於京師壽扶柩歸尋卒蔣
年二十八子信七歲家僅一椽即其地營葬旁結草舍
以居晝夜號泣不三年亦卒永樂十八年旌

華淑妻翟年十六而寡父更許他氏翟以死拒乃止事姑
孝姑卒鬻衣飾以葬年七十餘以苦節終

華宗常妻鄒淑惠宗常疾革以孤託其母而不及妻鄒歎
曰妾之心夫尚有所不知自經死年二十一又二月宗
常卒

魏思民妻沈思民卒無子沈年二十一撫外孫爲後教養
成立宣德初有司以聞陳繼爲之傳

楊崇順妻呂嫩早寡子河海尚幼家極貧事舅與繼姑至
孝又節儉能起其業買田走馬塘而迎二老以居族號
其居爲北莊

趙禮妻楊禮卒楊年二十七父母將嫁之不從衣食於女
紅卒成其志正統中旌

壽光丞茹洪妻陸娉洪疾革執娉手指其子瑄曰善保此
孤娉泣曰妾苟懷二心者有如日洪卒鬻簪珥挈遺孤
千里歸葬正統中旌其門洪族子惟賢早卒婦關撫孤
守節與陸先後旌關之曾孫萬鍾亦早世婦尤以苦節
稱

佘彥昭妻楊淑華洪武初彥昭戍滇南死楊年二十一子同善甫及期家貧守志養姑強以壽終既而同善亦死遺腹子庠楊與其婦姜共撫庠底於成姜先卒楊正統中旌

陳文俊妻厲文俊死於役厲年二十七子公約甫三歲父母欲奪其志厲自經家人救之得不死奉姑教子終其身景泰間旌

鄒時揚妻錢時揚病錢露禱請代寡時年二十一鄒饒於貲錢事婦事惟謹紡績有間則獨坐未嘗越中庭一步從子望爲立後守節四十三年邵文莊寳爲之傳

錢公達妾姚年十八公達卒父母將嫁之姚截髮以誓乃免天順中旌

虞宗約妻孟徳厚宗約毋孟族姑也歷年寡居孟父憐宗約而妻之年二十三而寡姑婦相依無二志成化中旌

李昌妻周蘇之農家女也昌故爲鄒佑之僕昌死周年二十二大慟曰吾必下從吾夫矣昌既葬或諷之嫁周從慟誓必死主母使左右守之守者懈自經後昌死二十一日

華緯妻吳正德中劇寇劉齊犯江陰吳出走卒遇寇以及脅之不從磔其屍投之江中

登封訓導尤輔妻成輔遊學靖江成從焉成化丁未五月江水夜至家人倉皇升屋成整衣欲上問爾等衣冊衆謝倉卒不暇成曰安有男女裸而可與俱生耶我則獨留死爾卒不動厥明水退坐死榻上成定閑教諭給女（明史有傳）後有倉橋俞氏夜火火至寢主婦某求衣未得一僕冒火救之婦曰甯死爾豈可裸而出遂焚死二人立志略相類惜不著婦姓氏

國子生吳鈇妻秦孝子旦女也年二十八鈇卒遺腹子生四歲夭乃歸依父母以居以弟子瀚爲後年七十二受旌又十有四年而卒其媵丁七歲從歸於吳終身不嫁

沈昇聘妻單未嫁而昇卒翦髮自誓聞有委禽者乃自經幾絶嫂解之又引刀刺臂流血盈襟將斫腕家人奪其刀而止卒守貞老於家年至八十五正德中巡按御史爲建祠惠山

盧齡妻顧年二十三而寡截髮納棺中爲誓撫孤天宿茹荼六十餘年及卒邵文莊寳嘗爲詩弔之

俞暉妻楊年二十八而寡慟欲絶葬之日大風雨不能舁楊躑躅泥石間臨哭卽事初暉且卒書雪操冰心四字付之楊粘之寢壁坐臥瞻焉家貧舅姑老二子遺孤才數齡有欲奪其志者則指壁書以誓姑病扶抱吮摩猶

卤便液皆躬奉之親授二子讀嘉靖十三年旌武進唐
順之爲作旌節碑銘憲見文苑傳

秦漢聘妻熊壽芳蘇州人通孝經列女傳諸書年十五聞漢暴卒哀痛幾殞媒至覺其故卽闔門自縊鷩救不死父母終以其年少頃之復議婚他氏熊引刀斷髮截右耳血滂然仆地昏絕良久乃蘇自是不敢他議及漢葬斬衰來會以墾畫穴冢旁曰死必歸此既返茹荼服素有司以聞詔月致薪米後年而旌其後漢父都事鋭謂不可使熊無嗣乃命漢兄子標後之俾定省於蘇熊父母歿遂迎養焉逾年爲嘉靖三十五年始旌其門時熊

年五十四又十餘年卒王文恪鏊爲之傳漢再從兄子梁以文表墓云

贈副都御史邵溥妻過文莊寶母也年二十二而溥卒寶甫三歲族人欲奪之矢不二及析產金帛泉貨無所取獨取先世遺書千餘卷曰將與兒讀之寶入太學過鬻產鬻諸服飾以給之俾卒業逾後迎養官舍在許州時寶毀淫祠寺觀人欲沮之因間以請於過過曰此部旨也可廢格乎俗例州官母生辰輒納女貲爲壽過曰是諂賄也不許後病寶五疏乞終養歸嘉靖初命有司以禮存問初寶除副都御史制辭有曰剡子風紀之臣上有貞節之母王文恪鏊爲作貞節碑文

鄒睿妻華年二十九睿死遺孤中甫二歲撫之迄有成嘉靖中旌

烈婦吳聞江人適武進王岳岳病亟籲身後事吳曰妾當死於君前召其兄弟及夫族屬家事畢乃拊女而寢有頃已自縊死越五日岳卒吳年二十四嘉靖中旌

鮑𢣐妻呂御史卣女二十二夫亡苦志五十年撫鮑前妻之子甚慈一女適李貧而寡乃攜歸同茹苦以節終

吳琛妻李以孝稱琛卒李年二十九伯叔氏不與相協李教子成立持家事不貽其舅憂

錢栻妻胡妙眞栻幼病痼胡歸時栻已爲廢人遂請立族子爲後栻卒胡年二十七舅惑後妻悉以田宅畀女而斥歸還父家服除歸請留事不許號哭以行僦廬潛巷紡績自給既稍裕姑且老而女養不終胡請迎養慚不往則別搆廬具以奉舅姑而自留潛巷間一往省姑慚終不見戒勿復來胡遣候不怠姑死乃移入奉其舅卒後喪祭如禮張愷爲之傳

華音妻鄒年十九歸音五年而音卒有女適鄒成章亦二十四歲而寡母子相依食貧厲志並以壽終

華立妻鄒年十九而寡守節五十九年妾周戚鄒志操亦

斷髮自誓以節終

贈御史胡覯妻闞年十八歸覯九年覯卒覯兄坤先客死婦趙年少矢志闞賓周旋之既而趙子莎亦夭婦錢年十九三婦相依不渝其守及闞子孝舉進士聞於朝旌闞趙而錢格於年有司匾其堂曰三貞後孝妾許年十九孝卒矢志不二亦以苦節稱

孟澤民妻莫賓時年二十一子公泰甫三歲其媵談年十七莫謂曰我爲人妻義不再適汝婢也服闋當嫁談泣曰主母爲貞婦妾奈何有二心且舍妾誰當輔主者闔戶紡織共撫孤孤長家稍裕相守五十餘年

陸子才妻蔡孝子元鋭女也嘉靖中倭犯無錫蔡歸甯舟行控江門外聞有寇急入城而倭已至見蔡美將污之蔡悉出所攜金幣求免不得顧見旁有虛舟因給寇過彼乃從汝寇喜牽其臂蔡亟嚙其手流血得脱投水中死婢三日阿滿招女三英僕婦二人徐姓皆從死詔旌其門

周文妻錢文有文翰所居齋多古名蹟奇器有小淸閟之目後遇道人授秘戲之術以不檢爲蘇州武弁所訟避匿他所錢被羈紲榜掠幾死一夕文忽夜歸錢泣謂曰今夕不留子則夫婦恩絶萬一留子而妊六年淸白敗於一旦奈何文然其言相持慟哭而去遂不復歸錢時年二十九家已破製網巾自給又四十年而終通判周俊民斂葬之題其墓曰節婦冢

國子生楊菼妻劉夫亡年二十九子幼姑年老見侵於族人産益削姑卒子甫婚而夭孤孫應文甫四歲貧不自存劉泣曰不能自振何以保孤一僕忠而才使以事聞於有司復其舊業應文舉進士歷官太僕少卿萬歷中旌

華理妻鄒嘉靖中避倭亂爲所得鄒死不從乃褫其衣而束以帛鄒念必不得免見寇植双於路遂盡力騰身而

上觸双穿腹死年二十二

案舊志作錢理本姓華志外云此支實錢鈺之後而歸宗者應改錢爲華今從之鈺見孝友傳

華蘭芳妻楊年二十六夫亡二孤相繼殁家貧衣食不給誓以死守年六十餘卒

華庠妻吳庠死家極貧一子方在繦褓吳矢志不移及子長傭耕以養母

孝子浦劭妻過年十九歸劭嘉靖三十三年劭以脱父於倭被磔死野田中過間奔視仆絶久之甦收夫屍七塊出長布纏合之入棺葬之石室山下過時年二十七子正平尙幼正和猶在娠身姑皆老過以一身俯仰任荷

數十年萬歷四十一年先卲得旌
華仁夫妻黃年二十五而寡有欲奪其節者黃泣曰夫訣時以母與孤是託敢有他志
沈璵母李璵失怙時方五歲李年少里豪某欲奪爲妾李誓死不許紡績以教子璵長以孝稱母歿歛葬盡禮哀毁死妻費從死遺孤偉五歲烏程筆工沈某與璵善攜之歸教以讀書補邑諸生
秦烱妻華夫疾刲股療之者再守節三十四年
諸生華夢旭妻胡年二十三夫亡子善繼甫二歲善遊猶在娠胡苦志七十三年以清節著萬歷二十三年旌三

子俱孝友工詩
布政使龔勉繼妻李年十六歸勉十年而寡勉歿後家術落李與其孫績祖妻徐共守節五十年
華茂才妻胡奉化知縣濬女年二十茂才卒父母憐其少諷以意胡翦髮自誓萬歷中旌茂才弟茂和妻馬忠肅世奇姑也年二十六而寡胡與馬俱無子年俱七十終茂才季弟子焜祁妻談亦早寡撫三月孤苦節三十年
華三德妻補夫死時年二十一遺孤僅兩月孀居二十餘年足不踰戸及舉孫抱謁夫主流涕嗚咽示畢志焉
孝婦贈侍郎顧學妻錢端文憲成母也事姑孝姑好以意求錢委曲順之家故貧斥奩具以供膳一日匱之從鄰婦摘蔬取乳劑之以進姑食之甚甘姑歿哀毁得疾卒
華登灝妻奚年二十三而寡遺孤甫八月撫之成立年六十一終
盧肇庚妻李肇庚亡遺孤顯謨李自教之學顯謨娶婦許生子鼎臣而亡鼎臣既娶亦亡三孀相依以苦節終鼎臣妻失其姓
諸生華洙繼妻陸洙博學有文早卒陸年二十二素善琴夫歿後撤去之終身不復鼓琴
諸生華樹聲妻鄭年二十五樹聲死家貧無子以女紅自

給樹聲弟樹德妻許年二十而寡誓不他適樹德子燿妻黃婚六月而燿亡不二志萬歷中旌
秦達材妻蔡年二十二達材卒蔡素通孝經四子書聚村中兒課之讀鄰媼攜雞黍來餉以是得奉姑甘旨姑卒謝遣生徒食貧厲志三十餘年
孝女何父病篤醫藥罔效女刲股肉進之愈幼許字劉志志父投尤氏爲奴女惡爲家奴婦而難顯言翦髮事佛劉強娶之去女毁容截左耳誓不屈後還母家歷三十年以梵誦終其身
黃氏幼爲殷氏女奴殷夫婦相繼歿遺孤三人其二尚在

乳哺黃保抱之有老僕二人黃貴以大義曰吾與若俱受主恩今主亡孤幼若應其外吾營其內以存諸孤他僕以黃年少欲犯之叱曰汝人類不念故主乃欲爲禽獸行請於殷族逐之孤長皆爲娶婦殷氏以全

錫華學士華察少子叔陽妾也叔陽善病察斥錫華歸之歙人錫華毀容飾侍兒自代而身獨居叔陽卒錫華同日自經死

王大紳妻浦二十八歲而寡盡斥嫁時衣飾晝夜紡績以奉姑子四俱成立

王希裕妻呂夫亡呂年二十六撫十月孤教之成立苦節

五十餘年

傅士庭妻顧年二十三而寡苦節盡孝三十餘年萬歷中巡按御史表其門

孝貞女盧年十六父文烈病革謂曰汝母年尚少二弟幼汝適人將誰依女泣曰兒願終身不嫁與母與弟相守耳父乃瞑母曰吾力尚恐不能保汝二弟何能及汝女獨處一室爲網巾鬻以自給既稍裕爲弟娶婦婦間與母誶語女不食自責婦化之

高宗孝妻徐年十七歸宗孝未越月而寡誓以死殉縊柩旁姑解之越日仍自經死萬歷中巡按御史表其墓

楊方妻孟方死伯氏楊艮利其產改許後圻張姓者夜半戒飛艇不及衣履裹以被劫之行孟欲投水不得竟擁入張姓家孟截髮求死會其父孝言於陳太常幼學乃歸守節三十四年

顧懋德妻傅懋德業鬻煤事父孝而早卒弟以不肖傾其家有以富室誘傅改節者不應自經於牀姑救之得不死又投河復以救免忍饑苦守終其身

范汝誠妻華年十八歸范時汝誠已病未成婦而寡長齋守志以終

王家棐妻張家棐死京師喪歸張撫棺慟自以有妊不死

既生男撫育盡瘁每姻黨讌集未嘗與焉

朱士英妻周寡時年十八業紡績以贍嘗曰翁內外迫脅必奪其守至自經者再復投水數次而後已萬歷中旌

華道英妻胡道與妻張俱二十三而寡張無子截髮自誓胡以哭夫喪明撫遺腹子卒年五十六

華性義妻李性義方死目視李不瞑李嚙指自誓乃瞑家貧常絕粒餘一鏡易米以奉姑而已與孤食糠秕有欲奪其志者舉鋤中肩不爲動萬歷中旌少子棐妻陸守節如其姑

王有道妻秦年二十九有道卒時舅姑年皆八十而子僅

三歲家多難以節孝終
華亨時妻葉年二十四而寡家貧舅老紉績以養巡按御史給粟帛表之
沈士珍妻馬年十九夫亡自經死天啟中有司表其墓
趙之俊聘妻華之俊死誓不他適終身侍母母亡撫幼弟成立補諸生又死復撫其孤凡五十餘年葉氏有妖憑物爲崇女叱之遂不復見
王天麟妻單年十九孀居無子以壽終
辛憤妻陸年二十夫死爲族人所逼引刀剺面以全其節
趙士賢妻王年十八士賢死於水王亦赴水死家人亟救

之得不死遺腹生子守之以終
華寅壽聘妻楊寅壽死不更字父勸之輒號泣求死知縣李復陽給米贍之
華存仁妻朱年二十三而寡無子舅以家貧欲令他適朱指心自誓竟以節終
烈女華淑貞許字吳縣朱某朱得瘋疾議解姻女曰乖吾志矣何以生爲自經死
顧漢臣妻沈浙之烏程人也年十七歸漢臣二十五而寡以貧自守至壽終崇禎中旌
祝鴻業妻施鴻業死施年二十憑棺翦髮一以殉夫一自佩誓不二心家貧甚歲洊饑或勸其改適施刎目以示志甲申之變不食死
僉事安如山妾吳希范生母也十五歸如山時如山年已及耆嫡郭性甚厲吳有娠七月匿不敢言既生希范欲溺之而如山弟如陵婦鄒早寡無子因襁以付鄒居周涇母子不相見者數歲如山與二母相繼歿希范方七歲無所依復撫於吳如山遺命伯子析產於弟伯子卒諸姪匿不予吳曰兒苟材矣必食先世之餘自是復之周涇後希范舉進士官行人奉使過家請母就養不果行無何希范以抗疏言事罷歸吳慰之曰此時見爾不

異周涇歸也希范遂不復出以終
安如陵妻鄒希范嗣母也年十七歸如陵十九而寡無子希范生彌月撫以爲嗣時苦節已十九年矣希范七歲而鄒卒守節二十六年
華允謨妻浦歸數月而寡臨卒曰吾二十年來視息人間直寄耳生不愧死死不愧生
秦煒妻胡婚甫三月而寡遺妊不育守節二十二年
華葆光妻徐寡時年二十四家貧守志足不踰閫三十年
華茂森妻李夫亡貧甚舅以婦年少而無子欲示他意誓不從歸依母氏其兄弟欲強之抑鬱成疾既劇乃曰死

於此非正也昇至夫家而歿年二十七
華世忠妻浦年二十五世忠卒撫遺腹子成立巡按御史
旌其門曰節孝馬忠肅世奇作傳以表之
華嘉穀妻許性方嚴其所服御雖子女弗與其守節三十
餘年
華九德妻馮年十九守節衣食取給十指與其娣九韶妻
吳子婦薛並勵冰操
鄒萬程妻華早寡夜輒臥夫棺下見其東沈承妻薄氏哭
夫詩泣曰彼有孤可撫且死吾何戀遂扼吭而卒
吳九德妻王九德死姑老且病王生事死葬以禮持家計

畢婚嫁奉詔旌
葉允晟聘妻薛未嫁而允晟死訃至已葬走哭於墓依其
孀姊以居姊適王永觀年二十六矢節兩人以紡績自
給終其身
秦城聘妻顧將婚而城卒歸秦奉舅姑以守食貧矢志雖
至戚不聞其笑語聲
湯榮聘妻方榮死閉戶自經者再請於母成服送葬供木
主於小樓臥處其側守貞以終
陳邦選妻徐遭亂潰兵掠無錫執邦選并逼徐抱幼女赴
水死

烈女陳許字徐文美文美爲梓人墮河死陳素練自縊以
殉鄒迪光爲文建祠祀之
顧世華妻黃嫁十年而寡言不出閫卒以貧死有婢相依
二十年終身不嫁
孫景惠妻王年二十六景惠死撫三孤親族凌侮忍而不
校以壽終
贈侍郎張集之妻劉早寡有三子口授以經兼父師事垂
五十年
陸亨聘妻張年十三亨死守貞歷六十年始歿事父及繼
母至孝天啟中旌建祠九龍峯坊側

華世炫聘妻鄒年十三世炫夭有媒氏來議婚女悲憤投
井未死父母知其志不復强守貞終其身天啟中旌
翟應南妻錢應南挈家遊京師而卒遺孤甫三月錢奉姑
扶櫬而還姑死於道及抵家舅復死錢欲自盡念三喪
在殯黽勉營葬守志以終天啟中旌
諸生嵇兆和妻尤早寡姿許生子五齡家日貧尤與許其
守撫孤光世成立
進士賈明佺妻堵明佺未仕卒堵事姑華至孝縞衣蔬素
畢止惟樸人不知爲名家女也
葉之藩聘妻華年十六之藩死訃聞遂歸於葉成婦服撫

父母舅姑伶仃獨立卒年三十有七
諸生唐士奎妻張寡時年二十五事舅姑盡孝崇禎中旌
贈主事侯世美妻王世美砥行績學早卒孤鼎鉉甫八歲
王守志撫之鼎鉉成進士出黄忠端道周之門王命鼎
鉉爲父請銘有詩百二十韻述世美潛德以訓子孫守
節四十八年崇禎中旌
秦應聘妻黄少寡子幼苦節四十年孫永禎進士
烈女浦幼知書見葉茂材八貞女傳心儀之許字陳毓華
毓華卒女聞驚欲死父母守之女製道家韡式中書一
火字授其小妹比晚伺者懈投河死衣密紉不可卸雙

環繫焉陳聘物也旦日毓華母往視目一閉而瞑以女
柩偕毓華柩合葬惠山繡嶂街之側崇禎中旌
張鼎烈聘妻胡未婚而鼎烈夭女年十九歸張執喪號於
墓崇禎中旌
贈推官胡倖妻虞年二十八而寡子時忠始十歲家貧族
黨屢逼辱虞不勝憤使孤爲狀自陳守節於縣官既乃
營喪葬撫子成名崇禎中旌時忠妻毋榮孀妻亦以
節聞
贈中書龔修齡妻劉節愍廷祥母也夫亡奉其姑至孝食
貧苦守訓子廷祥成進士官中書殉甲申難

黄汝妻楊汝早卒楊年二十有四孤六齡兩世舅姑俱在
堂仰事能盡厥職割私產以償公逋性矜飭暮年雖疾
於乳未嘗袒胸以見子婦教子應元以孝聞
諸生華璐妻馬贈侍郎希尹女也事舅能盡孝年二十二
而寡矢志以終希尹次女幼字何枋如枋如疾亟歸何
守貞並以節著
高宗謙妻鄭封主事士鶴冢婦也年十六歸高二年宗謙
卒以苦節終士鶴妻毋吳早寡久依於高鄭既守志其
姪女輩孀居者並依鄭共處一室泰昌旌
烈女吳許字秦法昌法昌卒女誓不二執喪於家如婦禮

比服闋而媒至女欲引刀自盡侍婢守之遂屏粒食嘔
血而絕
養利州學正華白滋妻姜事詳白滋傳
侯歷聘妻殷早喪母其姑乃姨也年十八歷病卒女聞訃
請歸侯執喪欲依姑以居姑以年少屢慰諭遣還乃哭
於歷靈而行昇至家則已自經於輿中救之得不死復
歸於侯足不踰閫十年以病卒
贈侍郎馬忠肅世奇二妾朱李事詳世奇傳又妾袁以苦
節著
施節愍召徵妻馬忠肅世奇女也召徵死山寇馬聞之不

食死
華應鶴妻楊應鶴死於兵楊年二十九子允魁甫三歲挈之依父父無子將死謂嗣子曰姊無歸以田若干爲之贍嗣子利其有謀於族某曰姊幸少嫁之可貪有無賴子搜人金謀娶婦某納其金招至舍將逼之楊夜穴屋後垣負兒出匿邱墓灌莽中飲泣不食兩晝夜族之長厚者求得之匿之他舍無賴子既失所求索金去楊乃得歸以十指自給允魁以疾盲從人投日者術養母以壽終
王節愍孫蘭妾嚴孫蘭死寇難嚴守志不二完節以終

長沙縣丞秦廷珪二女事詳廷珪傳
諸生華曠度妻王明季王與夫避兵竹塘里懼不免乃紉珠爲約密納衣袽縫中曰即死以珠爲驗得收余骨曠度適遘疾騎突至曠度急呼婦挈少子走王行里許復還謂夫曰君留此必死挾之臥旁草舍中冀得脫畀以金曰以此與追騎可免語畢行而騎兵已至王倉卒投水被獲一騎挾之上馬王乘間解腰間帨自縊騎兵怒而斫一刀復一刀潰腸五指牢握敗禾以死越三日曠度得脫求婦不獲見一屍於草間盛暑齒腐裂所紉珠知爲婦屍年四十二

諸生嚴紹賢婢張事詳紹賢傳
劉明楨妻顧婚未逾年値湖盜縱掠將逼執之躍入井中死
呂完音妻徐明季避兵匿蒿草中兵索得之挾之去不從赴水死尸流數里女猶在抱不離年二十七
華尙濂妻鄒婚未數月尙濂殉國難鄒年十九入室自經家人救之得不死苦節四十餘年尙濂從兄子廷楨聘妻費亦以守貞終
參將何以培妻黃事詳以培傳
烈女王性矜嚴溽暑不御輕縠許字何年崇禎末所在盜

起年從之坐繫獄其家願離婚索所聘物父兄將從之女投井中救之不食兩日死
秦之珩妻董之珩卒時謂曰負汝半生吾死勿守倘遺娠生男善付託之可也董以死誓歲歉至取榆皮磑食之撫子自守
貞女陳許字某未嫁夫死女聞訃嚙耳自誓守貞以終
國子生堵大建妾錢早寡撫孤孫正爲諸生孫正死於蒞軍錢與婦沈厲志守節四十年沈事詳孫正傳
丁建明妻劉年二十八建明死撫二孤扃戶紡績終身節素長子榮祖夭婦陸從姑守志知縣表其閭曰兩世宿

操女適同郡劉繼美繼美亡守節依母以居
諸生華夏甯妻杜早寡撫子洊吉成進士守節五十餘年
烈女陳許字某未嫁夫死訃聞女自縊
夏某聘妻顧未嫁某亡歸夏執喪禮守志終身
郭維翰妻秦年十九夫亡欲以死殉有勸之者身有妊如
生男撫之愈於死後生子文輝甫成立而夭抑鬱死
郭鈜忠妻徐鈜忠早卒遺三孤家極貧或勸之嫁曰不欲
我爲郭氏人恥泣謂三孤汝輩能力田吾無憂也
副貢生過對揚妻劉對揚死苦節自厲子松齡進士
諸生高明炤妻李明炤及子綿士均死於兵李聞自經鄰

媪救之甦守節三十六年
顧灴繼妻錢婚七月灴亡遺腹子培以理學聞於時
烈婦周適江陰諸生黃晞晞父毓祺故前明遺民爲怨家
所告死金陵獄而收晞兄弟籍其門周名在籍中屢求
死不死會諳府當僉解吏卒呼周名周陰挾利刃直趨
上階右手引袂障面左手抽刃自刺血衝涌仆地夜半
復活又不死知府上其狀於按察使按察仍逮之乃自
經死晞就獄中述其事而邵長蘅爲之傳

無錫金匱縣志卷二十七終

無錫金匱縣志卷二十八

列女

國朝

贈僉事劉士璋妻榮早寡而貧撫二孤教養甚瘁子果進
進士先旌後封年九十卒
諸生馬瑜聘妻鄭未婚而瑜卒鄭聞以首觸火焚髮至盡
泣請於母願歸馬執喪母未應即擲身墜樓折左臂斷
於馬具禮迎之守貞七十年
朱甯某妻錢寡時年二十九嚙指血書守節撫孤四字於
壁以自誓家貧習勤力盡於嫁娶歷三十年

張國禎妻王早寡守志五十年凡舉十三喪婚嫁事八教
子元發元超俱有成
過檟生妻周年十八檟生卒藏弃遺書見必持之慟守節
三十年
貢生王玉汝繼妻秦玉汝卒撫前室子與己子課之學並
有文名叔母華早寡甚貧秦割產贍之生母亦少寡迎
養於家四十餘年
烈女曹武進農家女也幼失父母撫於邑西鄉朱氏以字
朱氏子未婚朱病女割股以療不愈矢不嫁有欲之者
强委禽焉曹度不可解裝服自經

華章閎妻曹年二十六而寡痛不欲生念兩世宗祀寄於二孤強撫之成立時舅已老每哭其夫不使舅知守節五十餘年

華章斐妻葉少寡遺孤甫逾歲既娶而夫婦並亡撫幼孫又夭孑然獨守五十餘年

諸生鄒侗妻徐年十九侗卒遺腹子振芳既就塾徐語姑曰孤稍長可從夫地下矣遂投淵死里人名其處曰烈婦河

尤某妻陸某死陸年二十八里有強奪之者挈二孤匿鄰媪撫之遂自經

許行我妻趙行我溺水死無子趙年二十一苦節六十餘年卒行我弟明傳嘗刲股療母疾順治間兩使旌之

烈女席許字單吉凡子某單父子以事死於獄女聞去色服時飲泣父母別字之至嫁夕促登車闔戶自縊死

節婦秦知縣延默女適宜興湯作霖年十九而寡工於詩八歲時有句云松栢壽不花寒天葉常碧父見之曰是兒當以節稱其祭夫文尤酸楚

陳氏二女俱許字未嫁一聞夫死自縊一割耳自守並以貞烈稱

朱承宇妻曹家極貧承宇死曹自穿穴負土以葬指甲盡脫族人逼嫁之乃託孤其姊走夫墓哀號自經其屍在穴凝血尚殷始知向爲夫割股云

方應宗妻惠應宗死遺幼女二舅與夫弟并惠之兄將令他適自經死

貞女陸許字江陰俞某某病夭陸年十七歸俞守志時姑亦寡逐之歸姑自改適而女操益厲

華元運妻朱年十九守節壽八十有六元運族弟允昌及明儀妻皆朱氏年俱十九撫遺腹子同以節著元運嗣子起鳳妾楊以烈殉

朱重熙妻丁年十八歸朱越二年夫客江右死於耿逆之

變守節四十餘年

劉憲舒妻張婚甫四月而憲舒卒哭其夫尋亦死張之姊許字秦汝舟未婚汝舟亡女時年十九聞訃自經家人救之甦守志不二人稱爲雙貞云

贈編脩諸士爾妾葉士爾死荆湘訃至顧二子保育豫曰冀汝成立恐不逮矣竟死之後二子同年成進士

諸生侯長源妻吳早寡父桂森東林宿儒也吳稟承其教以節著於鄉黨

諸生劉肇楹妻嚴少寡無子家極貧女歸華依之女死撫甥女嫁吳者壻又死所後子弱不能給饘粥苦節四十

年
顧與楨繼妻邵年二十四夫死孤鼎吉甫二齡貧甚撫之成立鼎吉建祠於惠山寺塘涇與邑中貞節五十一人合祀之
晉代何妻錢年二十四夫遘危疾憐婦少錢曰他日相見遲君白玉夫死矢志不渝年八十五夢夫就索白玉知將死晨起更衣而卒
司馬德大妻華德大以教授自給疾革問華吾死何依華曰從君死耳及卒華不哭既殮成服設奠闔門而入久之寂然排戶入已自刎年二十九

劉世高聘妻馮世高未娶夭馮年十六歸於劉持喪守貞
王仁浤妻堵文忠允錫女節愍孫蘭婦也仁浤死堵矢志苦守後得疾戒勿藥曰吾願從夫地下耳整衣坐而歿
虞道滋妻薛治家有禮法一日命僕市瓷器款云抱琴沽一醉終日臥斜陽薛曰一醉而終日臥是何品格終日臥而曰斜陽豈復成語因屏不用其嚴如此道滋故名士年三十卒薛以哀毀終
諸生華嵩祝妻陸歸華四年夫死子殤嗣子甫娶亦卒婦某相依以節終
黃洛源妻繆方妊而夫死及生男三日殤繆不食七日卒

諸生楊夢鼇繼妻周早寡年十七與夢熊妻顧俱以節聞
談悌妾李年十九守節身不踰閫內外之別凜然不可犯
貞女華許字蘇州施某某訃至以死自誓歸於施七年卒
李茂春妻袁歸李一年而寡無子以夫兄子碧為後碧卒與婦黃相守以終
諸生楊光祖妻吳早寡遇盜至匿其孤免盜火其廬光祖棺燬焉吳慟哭覓遺骸出烈焰中後捕得盜乃手刃而尸諸湖有司察其情不問以節終
丁宇凡妻潘年三十而寡有子五家徒四壁守節四十年撫其子俱成立

虞相堯妻李少寡撫孤振華成立孫元甫無子而夭嗣姪明輿為子又早卒元甫妻朱明輿妻盛俱盛年而寡與李相依四世三孀事變迭至不奪其守
諸生秦己錫妻胡己錫卒胡年二十一延名師教子源寬成進士源寬不仕奉母以孝稱
贈大學士嵇永仁妻楊永仁客閩督范承謨幕死耿逆之難楊年二十三子曾筠甫七歲拮据營葬茶苦二十年曾筠貴迎養官舍封一品夫人以壽終予祭葬永仁妾蘇瑤青從永仁拘於獄自經死道光十三年旌
劉學理妻黃學理贅於黃未幾卒守節三十年嗣子夭婦

某亦以苦節終

華士樟妻秦年二十三夫亡子夭母吳桂森孫也亦早寡無子里中稱爲雙節秦甚貧至不舉火逦文翰族諸女多就之學

糜仲明妻徐家貧以織席爲業年二十四夫殁無子盡斥嫁時衣營葬畢衰麻自經

許氏二女長字華炳泰次字泰某俱未笄守節

華景炫妻劉守節無子壽八十餘景炫兄景熺允斌竝早亡景熺妻陳亦無子允斌妻秦遺腹一子娣姒三人皆年少同處一室雍睦無閒景炫從兄景煜妻薛亦以節

著

華文藻妻楊文藻卒與妾某孀居同守以苦節稱

華學瀚妾張年二十八學瀚亡事君母黄至謹學瀚嗣子孳貞就外傅張以織紝供之既娶婦撫其子女如已出持家習勤以勞悴卒

浦樹裕妻陳家貧無子樹裕暴死假貸買棺以斂計無可償自沈死衆義而權瘞之

華樹芳妻浦歸華四月而寡年二十家人欲奪其志浦繈戸自縊夫柩之右面如生

華某妻鄭少寡守節子孟曾既娶夭婦曹孀居共守不渝其志

呂以成妻丁早寡而貧治家嚴整有法子茂芳時芳世芳承芳俱以孝友稱承芳子婦吳亦孝嘗刲臂愈姑疾

顧起予妻胡年二十五而寡無子有利其產者迫之嫁胡不從產爲所奪亦不問

秦珩聘妻侯未嫁珩卒欲歸秦守貞其舅姑固辭之抑鬱以卒年十八

贈知縣秦文然繼妻顧文然卒撫孤華田尚幼又撫伯氏孝然子荷田爲子如已出守身持家以禮華田成進士

華亥楨妻金寡時年十九生子甫七月食貧厲志撫孤振

先成立

劉毅生聘妻單未嫁夫亡奔喪持婦服撫姪爲子子娶又夭與婦某撫幼孫底於成守貞四十二年

烈女王許字金兆年一作兆斗女年十四聞夫死即投繯殉母覺救之甦欲改字女投井死

孝女計居近市臥室臨街比鄰罕識其面夜有火延及之女跟蹌曳嫂出不見母復入覓母出母尚裸體蹈火入取衣衣母烟眯目不得出竟死於火

劉宏緒聘妻華將議婚宏緒卒華聞誓不改字以全其貞

貞女王寶守貞不字祀毘陵節烈祠

盧瑞星聘妻鄭未婚夫亡歸於盧持服成婦禮立嗣守貞
陸躍元聘妻駱未嫁躍元卒矢志以守
史起龍妻蔣年十九歸史數月起龍卒舅姑衰老忍死支
持撫嗣子成立
張瑞昌妻丁年二十四夫亡舅姑相繼歿丁營葬如禮撫
二歲孤既成立而夭復撫孤孫苦節四十餘年
蔡嘉瑞聘妻張夫亡守志以貞壽終
陳德淡妻何早寡家貧歲祲竭力奉姑自食糠覈榆皮戹
日苦節歷數十年
華敏芳妻殷年二十四夫亡三世四喪竭力營葬撫從姪

爲嗣紡績自食姑苦以終
知縣贈布政使秦瀾妻諸年二十八守節甚貧撫孤樹穀
爲娶婦婦又早歿撫其孫雄飛成進士諸始卒以雄飛
官布政使贈夫人
吳銓妻吳銓家貧訓蒙於外吳奉養舅姑甚謹夫亡遺腹
生子佐撫之成立佐舉人
虞道揚妻吳事孀姑誠孝夫亡子官梟纔五十日撫孤守
節四十餘年
華彥松妻張彥松病臥久張主家事舅姑卒彥松相繼亡
遺孤三歲張念三喪未舉竭力營葬孤既成立乃迎母
終養於家
全煒繼妻陳少寡子尚從叔氏外學日不再食忍饑紡績
宗黨稱賢
秦雙峯妻虞以德稱事舅孝舅弟貧無依患腐疾虞請迎
歸調治先意承志得舅之歡心
夏誠明妻施力貧養姑每具飯粥別置一器以奉而自食
野菜不使姑知
浦漢章妻尤漢章亡以節著子瀛婦周姪汾婦陳俱盛年
而寡守節皆如尤尤父聲玉前卒母毛庶母張依尤以
居皆以苦節稱

烈女王許字陳含章將婚含章暴病卒聞訃欲歸陳度父
母不聽不敢言絕粒七日死
華南征妻周年二十八而寡遺孤佩文甫四歲誓守節佩
文既娶而夫婦相繼卒苦守五十七年
貢遠妻周年二十五而寡孤起鳳甫五歲周欲殉舅姑持
之慟曰予家三世單傳此呱呱者血食是賴迺受命事
舅姑至孝撫孤得成立無恆產取給於十指以壽終
孝婦仇斌妻某事詳斌傳
朱肇瑞妻毛少寡遺孤甫一週事舅謹孝夫柩未殯鄰火
延及毛撫柩哀呼火旋反迺力營葬事

趙儒琮妻任夫亡奉孀姑五十年相依度日營葬舅姑及夫三棺與子躬親畚鍤哀感路人
孝女陳嘗刲股療親疾又刺血寫經祈父母壽守貞以終翰林杜詔爲詩紀其事
陳燿聘妻趙未嫁而燿亡歸陳守志撫夫從子爲子教之有成
烈女姚許字虞儀九幼育於虞未婚夫亡自沈死
嚴源曾妻黄源曾婚時已得狂疾八年卒黄猶處子也事載馬翀江夏吟
唐義溥妻逿年十九夫亡矢志撫孤成立事姑孝乾隆十

六年旌一時紳士俱歌詩以贈
贈侍講鄒辰策妻華適辰策一年而寡撫嗣子升恆成立終身不出閫戶惟聞紡績聲備歷艱辛升恆貴已不及覩升恆子稷妻張亦少寡撫孤奕孝及奕孝登第迎養京邸布衣蔬食如平時
贈知州楊希曾妻侯希曾卒無子侯厲志以守撫嗣子潮覩成立潮觀見文苑傳
吳欽諾妻黄嘗刲股愈父疾少寡守志以節孝稱
顧宬妻九宬卒九矢守不渝教子成立孫趙炳成進士早卒有女年十二子甫朞女曰我嘗保抱幼弟常相依矣終身不字
敖椿齡妻趙早寡以孝聞割股愈姑疾
虞希仁繼妻舒少寡撫孤際明成立選拔貢生際明早卒無子有女適施元維而寡依舒守節舒卒女無歸因即惠山虞仲祠廢址結茆以居與庶母張相守女歿張獨居時稱一門三節
孝女殷舉人夢高仲女也夢高無子女侍養不嫁以鍼指爲嗣子牖脩夢高謁選京師女密購參朮貯行篋中母歿寢處柩側三年夢高卒於山左迎櫬郊外營葬盡禮
華瑞文聘妻蔣蘇州人瑞文歿歸於華事姑孝家極貧族

有義田邺米謝不納或欲爲之請旌亦不應
陳尊三妻浦年十六歸尊三尊三已抱羸疾密許從死尊三言於母而歿母於是與婦同寢處越日伺守稍懈浦即自經死
徐德隆妻蔣少寡家貧茹糵教子年逾八十而卒
袁浩聘妻張未婚浩卒女年二十五欲歸袁父母察其志堅從之事舅姑盡孝守貞以終
華鳴臯妻劉鳴臯疾嘗刲臂和藥以進無何鳴臯歿遺二女賽英賽珍俱幼族人餽之錢米不受一日見屍浮水面則劉及二女也衣上下聯紉不可解有司旌之侍郎

秦瀛爲作傳立石
吳奎煥妻湯年二十四奎煥卒勺水不入口母勸慰勉進飲食服除設祭迎母至厲以幼女夜闔戶自經
司馬如山妻華夫與舅相繼歿遺一子痘殤痛絕自沈於河鄰有拯之者紿云滌而失足也越二日縊如山殯几之側年二十四
華某聘妻徐某死矢守不字父母從之
陳某聘妻諸未嫁夫卒父母欲改字女不從依兄以守
黃曾勸聘妻莊訃聞誓以死殉歸黃執喪哀慟成疾卒
金某妻喻年二十二而寡遺孤三歲一侍妊勤苦操作或

勸之改適喻曰如此何待今日
許某聘妻喻未笄而某死守貞足不踰戶姑素終身
贈知縣秦恬然妾安未嫁時嘗割股愈親疾既寡年少無出欲遣之誓不去全節以終
張卿冠聘妻陳卿冠航海死女矢守貞父母爲擇配絕粒七日適從之終身蔬食以貞孝聞
華某妻胡某病卒胡絕粒八日不死遂自經
周鵠儒妻浦婚未周夫病亟謂浦曰汝年少無子我死勿守遂卒浦欲殉舅姑勸之乃止服除父兄又欲奪其志浦拒益堅以全節終

貞女華許字長洲施壇壇卒歸施守貞
宣酯衷聘妻周酯衷有厲疾年三十五未婚疾既篤使媒告曰吾久負此女可速嫁周不從酯衷死歸於宣撫姪爲子卒全其貞
秦中威聘妻顧年十三失母即育於秦未婚中威卒索斬服號慟欲絕守貞以老
董樹臣妻王年二十六而寡事舅姑及姑孝謹宗黨賢之知縣旌之曰節孝兩全
過芝妻浦芝早卒浦茹苦守節兩世舅姑皆在生事死葬獨任之撫二孤成立

曹某聘妻王某幼慧年十九卒王聞訃早起以其衣披所坐牀背投井死少某一歲
章宏志妻高年十九而寡遺孤甫兩月家無恆產老屋一間撫幼子勤苦自給母章氏亦早寡相依以居
孝女雷性純至願侍父母遂不字家貧奉養取給鍼指終其身
周順卿妻錢年十九而寡無子一女在襁褓越二十餘年依贅壻以終
談宜聰聘妻秦未婚宜聰卒守貞三十餘年
秦某聘妻龔性至孝某卒歸秦守貞

高廣閭聘妻顧年十六廣閭卒歸高守貞家甚貧父母予之田五十畝顧不自私悉以其入爲舅姑膳後舅姑相繼歿喪葬如禮族人云女六十以前無得識其面者

曹濬聘妻華濬卒奔赴喪次成婦禮設榻柩旁持齋以終

强烈妻劉進士宗熹曾孫女適烈生一女年二十四烈死家貧藉紡績以食乾隆十七年歲饑舅某鬻其居挾貲往他縣不與劉一錢劉攜女歸母家母亦貧有鄰媼諷劉改適母諾之劉知而密紉其衣投河死

王某妻楊年十八而寡遺腹生子撫之成人見四孫而卒

顧炳妻施國子祭酒棟高婦也炳本生父極高棟高喪子以炳嗣炳卒施年二十四能持家明大義棟高著春秋

大事表等書無剞劂資施以節儉所蓄刊之行世姑患目疾甚劇施舌舐之遂復明終事喪葬成禮極高長子燦早卒妻楊守志如施以節孝稱

殷輅妻華瑤希閔女未嫁時刲股療母疾既適殷鬻奩具爲翁償宿逋居貧藉鍼指以養著有繡餘詩稾

孝女秦父欽亮母章素有疾將受聘女泣請曰母疾若此兩姊又出嫁女去誰事母者父惻然遂從之父母卒依戚朱節母以終

孝女孫旭娛父以疾廢弟夭女矢志不字以鍼黹給養能詩畫兼知醫知縣旌其門曰貞孝有峽猿吟草

烈女蔡昭姐性端飭不苟言笑里人某以語汚之自縊死

華序和妻葉年十八婚甫三月序和以痘亡矢志守節奉姑孝謹撫姪藻爲後姑卒殯葬以禮藻諸生

顧道華妻朱婚未逾月道華死舅姑俱老藉鍼指以奉膳節餘金爲叔氏置妾生子以延宗祀

秦坤敬妻徐年十八而寡事姑孝姑病目徐朝夕以舌舐之遂復明撫八月孤讀書有成

秦倍聲妻殷倍聲有羸疾婚兩月而卒殷欲以身殉以舅姑年老姑不死撫所後子既授室而子婦相繼卒遺孫在抱以苦節終恆謂戚黨曰老婦終身一處子也其姊

鳳聲妻華年二十三而寡撫姪又文爲子娶婦倪年二十又文卒兩世三孀俱以節著

周勝瑞妻張有志操無賴子某誣以汚言張忿激自死以明其貞

秦嗣聲妻季嗣聲卒季年二十五孤子甫週歲撫之既娶子婦俱卒無出茹苦終身

朱燦聘妻支年二十四未嫁燦死歸朱守貞姪應埈後之有田二十餘畝奉姑撫孤皆是出姑卒應埈夭議他嗣應埈本生父文耀利其產與族人材任謀曰立嗣以母

無毋何子脅之嫁不從縱無賴子擾之至裸體入支避匿益堅文耀數搆事擊支又給傭人黃姓强娶之碎其閾奴之出支急取剪自戕鄰里救之不死復投淵過弟錫昌告以實訴之縣文耀私交府通判某詣縣言支有別情知縣鞫之支解衣求刀剖胸自明乃遣嫗驗之果室女材任文耀之逼脅皆吐實重懲之而爲支定嗣并作傳表之知縣爲靑田韓錫胙

華扶九妻杜扶九力學早卒杜年二十七無子紡織自食妯娌皆敬事之

侯惟興妻楊年十九惟興卒遺孤在襁褓伯叔利其產欲

嫁之楊不從遂鬻其產又賣其紡具守益堅撫子成立

王印川聘妻虞年十九印川死虞聞絕飲食晝夜哀慟卒殯歸王氏與印川合葬以慰其志

孫鎮聘妻李未婚鎮卒李聞訃歸孫執喪撫姪爲後守貞以終

朱建立妻惠年二十五而寡遺孤甫二歲惠苦守足不踰戶舅姑相繼卒喪葬盡禮子多疾背之甚嚴卒以成立

烈女程許字康叔健叔健卒女年二十一手製衰服歸於康朝夕哭柩側送葬歸不食死

諸生華荇繼妻高年二十五而寡素奉忠憲家訓以禮法自守撫孤紹濂學成爲邑宿儒

烈女王許字周士新年十七方議婚士新訃至閟戶自經歸於周合葬焉

魯國安聘妻胡國安死聞訃矢志守貞裏衣潛易純素一日有行媒者胡覺之乃手鈔邵文莊羅貞姬祠堂記置妝臺上兄見之告於母曰妹志堅不可奪遂勿再字事父母盡孝父卒母多疾奉侍惟謹守貞三十餘年卒時母年八十餘猶以不能終事爲憾

國子生秦文釗繼妻陶年二十五文釗卒無子撫姪翀爲子夫婦又相繼卒撫孤孫成立既娶而夭婦楊亦以苦節終

國子生秦鼎銘妻蔡工部司務德晉女也年二十九而寡蔡少奉家教事舅姑誠敬撫遺腹子昇范爲諸生

顧江妻楊婚二年而寡無子女在襁褓守節不渝事舅孝撫姪爲夫後教之有成

龔召棠妻薛年二十八召棠卒脫衣飾以殮遺孤甫三歲家貧常不具食值歲歉有恤之者辭不受

顧盈科妻吳年二十九盈科卒越十五日舅亦死有遺姑勉爲經紀喪事家貧無食依母以居撫孤子得成立

孫宋郊妻宋宋郊嘗割股療父疾早卒宋年二十二孝於

姑紡績度日撫孤有成

烈婦章歸繢溪程某程病革許以同死既卒勺水不入舅姑勸之曰吾與夫有成言矣以哀毁咯血不止卒

華麟桂妻尤寡時年二十五遺孤順元甫五齡貧不再食而督課不懈操作勤儉以織紝餘買田數十畝宗黨皆賢之

孝女楊父覲潮無子女願事父母以代子遂不字家甚貧習爲刮絨花易粟以養父卒奉母十指告瘁得疾泣告姻黨屬母終身事而卒

恩施縣典史華兆椿繼妻楊兆椿在官入山捕盜失足墮

澗死楊年二十六歸櫬營葬守節二十七年

曹澄源聘妻華未婚而夫卒華赴喪撫尸慟尸亦流淚守貞以終

張錫聘妻朱未嫁而錫死訃聞矢志必死恐有伺守之者急收淚言笑自若紿母嫂他出闔戶自經

施成憲妻潘年二十六而寡舅宏任爲萬全知縣既罷歸家益貧姑性嚴潘侍奉誠謹茹苦守節以終

吳鴻章妻陳鴻章死陳矢守不二舅姑已老孤子甫二歲俯仰賴之

朱子遠妻陳甫婚子遠卒或勸之嫁不從自刎以殉知無錫縣吳鉞建坊表之曰女中鐵漢

王元楨妻華早寡無子有二女貧不能發有以言微動之者華嚙指斷寸許言者駭而去二女嫁以斷指示之曰婦道當如是

范介玉妻楊介玉爲讎毆死讎以利餌介玉父欲寢其事楊自詣邑訟冤讎論如律里有無賴子逼就之楊以刀自刎而卒全其節

李某妻丁年二十一而寡遺孤三歲撫之既成立又死苦守以終

貞女周許字某以事他出無歸期某家請於周曰子不自

不可以辱君女將改字女曰遇人不淑命也請依父母以居後營父母喪葬又與弟婚恐女一人任之

徐汝楫聘妻郁汝楫死截髮自誓過歸徐事舅姑能盡誠孝汝楫弟妻某亦早寡同居守節

凌浩然聘妻馮未婚浩然卒慟哭歸凌事姑惟謹姑死鬻衣飾以葬

華弦妻朱嫁未踰月而寡姑性嚴能曲意承順苦節五十年撫子江涵爲諸生

華杲妻沈杲有瘵疾婚未一年而死沈絕粒姑曰爾妊男也以承宗祧可無死既産女又不食百計防護得不死

沈有姿蓮垢不自飾或勸之改適且窘苦之志益堅貧
無食饑餓死

陶子佹妾沈子佹卒沈年二十無出嫡謂之曰守節撫孤
吾事也不可以是累汝沈泣請願受役嫡死兩孤賴以
成立

黄兆鵬妻秦兆鵬死哀慟幾絶舅姑謂之曰吾等皆老汝
死易立孤難勉爲其難者秦受命嘗刲股療姑疾既卒
喪葬以禮撫孤周備督教甚嚴爲諸生有文譽

李瑞隆妻葉瑞隆卒撫三月孤既成立爲授室子婦相繼
亡遺兩稚孫又撫之茶苦備嘗以壽終

朱遇時妻秦遇時以疫死遺七歲孤家極貧秦苦守撫孤
成立其孫烈芳童年嘗刲臂以療父疾

王南妻朱南卒朱年二十二子甫四歲人謂汝微年又少
可勿守朱誓不他適事舅姑以終

朱晉妻陳年十八而寡以姪爲子子既舉孫而子婦俱亡
撫孤孫甫娶又亡孫婦華年十九孀居相倚陳既卒華
獨守營地以殯三世喪尤稱苦節云

李仲慶妻楊年十九歸李未期而寡撫子有成父無後迎
養之有節孝名

錢紹業聘妻華未嫁紹業卒斬衰往臨其喪守志終身華
母薛亦節婦教子枋成名爲宜賓知縣以年三十一而
寡格於例不得旌

國子生錢瀛士繼妻楊盛年而寡撫前妻子如出腹亥子
世模早卒婦周守節如姑瀛士世模俱尙義而未竟其
志楊與周相繼成之置祠田建義莊先後旌

朱郡蒼妻浦年十七而寡無子易簀時郡蒼屬浦立後夫
弟萬成生子克照撫爲嗣既娶克照夭浦泣曰余負夫
屬矣復嗣從姪子紹堂爲孫與婦錢共撫之守節四十
五年萬成繼妻何與姪克熙妻王皆少寡一門四節鄉
黨稱之

侯作梅妻秦嫁時作梅已病革月餘作梅卒秦欲殉勺水
不入其姑以米瀋進勸慰之越數月竟死

朱震妻倪年二十五夫卒遺孤方數月家甚貧俯仰皆給
於十指苦節六十年

徐起鵬妻華年二十二起鵬死欲絶粒舅姑慰之曰子死
婦存如未死也舅姑有疾潔誠露禱奉湯藥惟謹愈則
祭告於夫之靈以姑喪哀毀致疾卒

諸生秦調鈞妻胡原籍武陵布政使獻徵孫女也少聰慧
通書史調鈞疾亟謂胡曰今累汝矣語畢死胡以首觸
柱流血被面姑曰如吾老子幼何胡涕泣受命子二人

長雷爲諸生
孝女錢蘭父卒母病女以母無依矢志不字母有所維持
得永年
烈女孫如姐本須氏女幼育於孫事母李以孝聞母死自
縊以殉鄰婦救之甦夜有里中無賴子李某潛入其室
欲污之不從卽自刎有司得其實誅李某孫以貞烈旌
秦之樞妻楊年二十六之樞卒絕粒欲七日幾殆母勸之
勉進飦粥嗣姪㸙爲夫後乃專意撫孤舅姑已前卒依
母以居母秦早寡秦長女適高亦寡母女三孀同志以
守

鄭廷照妻華婚一月而寡撫從姪爲子家極貧喪葬婚娶
皆十指所出苦節五十餘年
孝女楊早喪母弟夭矢志不字事父與繼母誠謹以貞孝
稱
施振雅妻嵇年二十六而寡撫伯氏子爲嗣事舅姑孝敬
待家人以慈和子孫有過示之意未嘗一言呵斥親見
五曾孫三元孫守節六十年
張象一聘妻陳將嫁夫卒泣請父母願守貞父母卒依兄
以居
楊榮益聘妻沈未婚夫亡女誓以死從恐傷父母心少竢
之後父母卒曰可行吾志矣遂死之
夏之龍聘妻華未婚之龍死歸華守貞不渝其志
沈惟和聘妻郁年十九聞惟和訃歸沈執喪蹐泣盡哀
周啟瞻妻王寡時年十九哀慟欲以身殉方有娠家人勸
之不死遺腹子又殤撫姪爲後苦節五十年
孝女倪早喪母父欲嫁之女願終事父遂不字奉膳皆鍼
指出父卒依姪以居
欽名邦妻劉寡時年二十五守節四十餘年姪維明甫娶
卒無子婦朱矢守不二撫嗣子淮爲諸生
南寵知府張鳳枝妾冉鳳枝先有二姬又納冉冉之父母

屢搆事鳳枝怒遣之去誓不他適居貴陽不相見者數
年而守益堅鳳枝以事被逮入獄二姬去惟冉留求一
見作死訣以理諭之始不死居潕陽以待鳳枝戍伊犂
寄言於冉有姻黨爲儀唯分守往依之既至署有挑之
者冉正色避懼不能免縊於寢年二十七
吳子龍妻徐年二十一而寡無子家貧姑老徐矢守紡織
事姑能盡誠孝
陳子山聘妻姚年十七未嫁子山死歸陳守夫喪事舅姑
惟謹以全其貞
楊又鳳妻孫寡時年二十七人謂其舅曰家貧歲歉胡不

嫁新婦孫聞潛自經死
孝婦袁永烈妻蔡姑病亟惟乳可救蔡甫舉子乃寄其子
於母家專意乳姑姑疾瘳事姑盡瘁以終
施莘傳聘妻吳未嫁而莘傳卒吳誓志守貞五十餘年宗
黨稱其賢
知縣薛肇熿妻周少有至性母早卒在室時嘗刲股和藥
療繼母疾人稱其孝子泰階舉人
符德宗聘妻高年十九未婚而德宗卒歸符成婦禮茹素
終其身
孝女倪父廷堅家貧女自矢願終事父母遂不字以鍼黹

佐膳兄在外嫂卒爲撫其子守貞五十年
王持衡妻黃持衡游幕於浙卒孤子二俱幼家素貧黃茹
苦三十年舉兩世四喪營葬如禮叔氏早卒撫其子女
教養婚嫁如己出
張天五繼妻倪早寡撫前妻二子如腹出既授室而良嫡
婦鄒禹錫婦曹又相繼而寡兩世三孀相依倚以苦節
終
孝女唐素母早卒父年老無子女矢志不字以事父貧甚
賣畫爲活家在第二泉側冠蓋往來咸知有唐孝女云
吳西安聘妻丁西安素有疾丁待年至二十七西安死歸
吳執婦禮織紉自給守貞五十年
國子生楊陛焱妻劉華亭教諭寅賓女也有至性明禮教
年二十八而寡茹苦以守撫孤紹基成立爲蘇州訓導
楊殷光妻錢年二十四而寡撫姪永基爲授室守節終
國子生孫國頤妻陳國頤銳於學得疾謂陳曰以二親及
孤累汝卒陳年二十五子保之甫四歲陳孝事舅姑惟
謹姑病調湯藥滌溺腧不假手婢媼撫孤保之成立以
樂善好義昌其家咸以爲節母之教云
孫文庠妻秦寡時年二十七遺孤餅尚幼紡織自食餅既
娶又夭婦顧依姑以守兩世孀居不渝其志

胡壽山妻過年二十四而寡遺孤三歲殤家貧有勸之改
適者父母意惑之過聞閉戶自經
鄒汝珩妻徐年二十六而寡子印綬未週歲事姑撫孤達
大體印綬舉人汝珩妹適國子生楊衡于歸時已不逮
事舅姑年二十八而衡歿時歸事母嘗與徐同侍疾夜
分聞母喚亟起失足折左股子畹諸生
尤戒三妻周年二十四戒三卒無子家極貧以鍼指所入
奉舅姑膳姑喪明資之行冬日寒抱臥以溫之舅姑俱
享大年至九十外撫姪楠爲後以節孝稱戒三弟綎三
妻惠年逾三十而寡亦以苦節著

倪繼繹聘妻顧未婚而繼繹卒女聞訃哀慟歸倪守貞

王濬聘妻虞濬夭虞斬衰往臨其喪哭泣嘔血未幾歿

孝女尤以父母無子守貞不字居惠山文節祠側祠故尤曾祖身滋建也年八十餘始歿

孝女胡素娥不字以事母卒全其貞

錢會孫妻陸年二十五夫亡撫孤孤又殤慟幾絕戚黨勸之得不死守節三十餘年以從姪熿爲後

贈知縣陶瀚妻鄧年二十八瀚卒家貧撫孤錕成立舉於鄉爲羅山知縣未幾錕又卒守節五十餘年

張沛然聘妻陳未嫁而沛然卒女聞訃絕粒母勸慰之夜

自經家人救之而甦遂歸於張舅姑又相繼卒喪葬如禮守貞以終

錢培妻楊培以力學致病疾卒楊年二十一遺孤甫週月又殤痛絕欲自盡躍樓下擲地父母亟救之得不死撫姪元鎧爲後以苦節著

烈女俞杏貞贈編修英女許字高郵拔貢生金蘭將有期蘭歿於京師杏貞聞訃絕食死

俞垣聘妻楊垣夭歿於京師楊聞訃哀慟死

金大鏞妻蔡大鏞病瘵死越數日蔡亦絕食死年二十三

孝女邵蘭芳性貞靜年及笄有行媒者蘭芳泣告父母願不字以終事父母從之晨夕侍養終始不渝歷數十年而卒

陳元燮妻朱婚未一年而寡姑老且病終事以禮姑既葬設奠於夫之靈曰予婦之職盡矣遂絕粒死

楊開元妻張年十八歸開元既寡遺孤在襁褓依叔氏鼎元度日不數年鼎元死與娣周紡績奉姑以送死喪葬產盡去周挈子女依母家而張奉姑僦廬以居與周終事惟謹張之子既授室三年而卒遺腹生孫矢志共守婦亦安之逸其姓

陳元長妻袁年十六歸元長數月而寡遺腹生子負撫倚

姑憐其少勸之嫁袁曰烈女不更二夫況有孤可守耶爲人賃舂夜則紡績達旦孝養其姑以壽終子成立

張柔中妻吳幼育於張舅家昌教子嚴柔中以力學致羸疾既病亟而婚未彌月而寡時吳年十九父母以其猶處子也議改適吳矢守不從作淨室亘其四閉而鑿一竇以進食吳道裝居處其中年六十始毀垣出家昌妻袁年十六而寡亦以苦節終

華作龔妻孫年二十八而寡無子舅年老貧不具食孫少讀書通解文義里黨中女弟子從之以脯脩供舅甘旨舅卒斂葬如禮撫姪爲子底於成

宋德丰妻馮于歸時德丰已得瘵疾未匝月而卒馮時年十九誓以死殉德丰鮮兄弟舅衰老迺以仰事爲事痛舅與夫無後鬻產爲從叔封買妾以期得子而卒無子奉栗主於宗祠置祭田以祀之

蔡倘仁聘妻黃年十九未嫁倘仁卒聞訃往哭其夫持姑服事舅姑克盡孝舅姑歿貧無食迺歸依其兄卒全其貞

孝女查父某病瞽母顧素有疾女侍奉惟謹及笄將議婚則以待弟授室辭弟既娶女曰新婦未諳姑性願終事不字歷數十年按察使汪志伊表其閭曰安貞全孝

華淮妻安年十七歸淮未朞而寡截髮自誓以守嗣子申錫又早卒婦謝事姑撫孤以節孝聞

王文桂妻殷殷之姑故甯國知府嵇璂家乳媼遂依於嵇文桂歿嵇之僕隸有挑之者殷毀容自刺其目姑病事之至孝閱十餘年姑歿以帶繫門屈戍上自經死

金敬東繼妻華淑貞婚未五月敬東卒誓以身殉僕婦守之惟謹越日紿守者出鍵戶自經死年二十四

黃孟曾妻顧幼習孝經列女傳通曉大義二十五歲而寡舅姑俱老遺孤在襁褓仰事俯育心力交瘁守節三十年

蔡曜妻陳年二十七而寡事姑孝資紡績以膳教子培成進士官晉甯知縣迎養於官舍

孫藹堂妻顧藹堂早卒舅年老疾革私割股和藥以進尋愈後顧病遍體癰惟所割處如常姑以手摩詢之始言其實

張聖開妻李年二十聖開卒無子李請之族人爲立後守節三十餘年

劉公順妻錢年二十六公順卒家甚貧紡績自食有勸之改適者錢不從撫孤成立以完節耆

贈中書徐雲錦繼妻陳年二十歸雲錦越四年而寡遺孤

時俊甫三歲家貧織紉爲活舅姑歿葬祭以禮守節三十年孫煥進士官中書

顧廷燮妻孫廷燮客廣陵歸遇颶風覆舟死孫年二十五舅姑已衰老子女俱幼孫生事死葬教養婚嫁俱有條理苦節四十五年

華萬濟妻錢年二十六而寡苦節四十二年子有木亦早卒婦陳守節如姑有木子瑞林聘妻曹幼育於陳瑞林未婚而游學久不歸無踪跡處姑欲遣之曹曰吾育於此有年矣孰不知爲華氏婦紡績養姑守貞以卒

烈女王蘇州人幼字方三才既長而女父悔之潛鬻與富

室爲妾女知之閉戸自縊死三才聞亟往視女所繫環珥方聘物也歸葬其柩以慰其志

王龍觀妻繆十九歲歸龍觀越三年而寡舅以年少無子且無養欲嫁之繆聞哭於夫墓歸自縊死

秦嘉文妻支年二十嘉文卒姑老病相繼死家極貧鬻所居室營葬地而結茆墓旁以居遺腹子庭賢旣娶夭妻支年二十四無出撫姪爲後姑婦相依俱以苦節聞

何開然妻龔年二十四而寡舅早卒姑龔以苦節著開然旣病亟屬善事母侍奉誠謹不少懈嗣子書田教之學補邑諸生

陳敏德妻虞盛年而寡遺一子二女俱幼哭其夫嘔血失聲遂得瘖疾家貧無養糠粃雜野菜爲糜食之以爲常苦節三十餘年

周公憲妻董早寡而貧或諷之去董不從以勤儉所節爲子震陽娶子與婦復相繼亡煢煢獨處年八十卒

張炳翼繼妻史炳翼死誓不獨生視殮後絕粒五日不死夜縊於柩旁

朱欽妻楊早寡撫孤緒成旣授室緒成得瘵疾卒婦錢守節如姑兩世孀居錢侍奉誠謹姑卒喪葬如禮嗣從姪聯芳爲夫後以節孝稱

錢大才妻顧年二十三而寡事舅與繼姑克盡誠孝舅卒相繼卒幼叔松元甫三歲顧哺養之旣長爲之授室以松元子珏爲夫後

國子生嵇承恆繼妻楊年二十一歸嵇二年而寡遺腹子文燠撫之成立守節二十七年

國子生鄒本豫繼妻劉婚四月本豫赴京兆試久不歸客死於黔聞訃哀慟歸櫬營葬以禮守節四十七年

華伯瑞妻周年十七歸於華越二年而寡家貧紡織度日足不踰閫者五十年

陸升妻包年十八而寡極貧性孤介常忍饑不以匱乏告

人苦節以終

許濟龍妻張年十九濟龍卒無子撫從姪浩爲子教養成立守節五十五年

吳俠君妻黃生子甫三月而俠君病亡子又殤家甚貧舅性疎略不任事黃痛吳氏無後請於舅盡質奩爲嗣續計舅曰爨下且無薪何言是黃悉出所有簪珥售之爲置妾有妊五月而舅卒黃毀痛之餘日祝其男果生子名曰鑄妾遂去鑄生僅百餘日貧無乳孀黃子病後乳已絕晝抱之飲以薄糜夜呱呱泣不得已時以乳就之數日復生潼喜曰天之不絕吳氏也黃自翁亡後無依

倚勤於十指以給衣食鬻既壯爲授室葬舅姑與夫柩
以壽終
錢以鎮聘妻華未嫁以鎮以中暑得暴疾卒華聞訃欲歸
錢守貞絕粒沓累日父兄知其志堅告於錢以禮迎之
易衰服成婦禮舅棻生前卒繼姑倪早寡相依以居侍
養惟謹撫從姪宗鑾爲後苦節以終
謝良榕妻周年二十八而寡無子女適周亦早寡母女相
依以居
孝女倪文秀父承雲早卒母呂少寡鮮兄弟伯姊旣嫁文
秀年及笄矢志不字紡績養母所居宅旁買地一區爲

圃栽蔬以供旣終事母爲父立後年七十餘卒
諸生鄒容成妾高年二十六容成卒依君母吳矢志不二
守節以終
華允誠妻陳年十八歸允誠未週而寡誓欲死家人相戒
日夕守之不得閒長齋繡佛守節五十年
倪廷斐妻陸年十八廷卒屏戶獨居姻黨讌會謝弗往茹苦
以終
國子生陳寶輪繼妻顧盛年而寡以禮自守主家政禦外
侮家故豐置義田以贍族人之貧者宗黨賢之
錢繼昞妻華將議婚繼卒華聞欲歸錢守貞家人阻之不
從舅姑嘉其志禮迎之持婦服如制
范康恆妻趙事姑孝姑患痢幾殆醫禱無效趙刲股和粥
糜以進姑疾瘳飲食如常享大年以終
國子生丁權聘妻馬玉姝未嫁聞權死割耳自誓其姑憐
而迎之歸旬餘得咯血疾不肯治遂卒年十八時嘉慶
十一年郡人劉逢祿書其事
過恆基妻錢少寡舅前卒家極貧錢事姑至謹晝夜紡績
以具食而自饜糠覈匿不以聞里黨咸稱其節孝
楊某聘妻劉球琳未嫁某卒聞訃欲奔喪或勸阻之卽以
守貞請於父母遂不字年五十六卒

孝女吳玉堂父母有疾兄不慧女矢志不字以鍼指爲菽
水資扶持抑搔旦夕無倦數十年如一日
周洪璋妻朱早寡家極貧姑老子幼織紉爲食苦節五十
年孫光啟甫娶而亡婦榮依朱以守光緒聘妻談幼育
於周未婚光緒夭談衰服成禮以哀慟致咯血不止卒
許漢武妻馬年二十二而寡有娠甫三月姑前卒馬無依
迎其母同寢處旣而遺腹子殤迺鬻奩具爲舅娶繼姑
黃生子興宗馬與繼姑共撫之旣長爲授室而以興宗
子廷棟爲夫後
秦鼎梅聘妻潘年十八將議婚鼎梅卒潘奔喪服往成婦禮

嘔血而絕
周思孝妻王年二十一而寡遺腹生女舅姑已前卒祖姑
迺年老且病家甚貧織紝以具膳營三世喪心力交瘁
以苦節終
廉文元聘妻賀文元病卒聞訃絕粒母謂曰母老弟幼汝
未可死女受命事母至孝弟既授室請歸廉行廟見禮
歲歉得食盡以奉舅姑而女常忍饑
沈震元妻楊事繼姑黃謹孝黃有痼疾侍奉藥餌越七年
無倦繼姑卒楊以哀毀死震元亦義終身不娶
侯秉銓妻華秉銓體素羸以力學致疾卒遺孤甫周歲華

矢守自勵事舅孝割股者再孤既成立又早卒華與婦
同撫孤孫苦節五十年孫桐進士官至吏部侍郎
鄒邦彥妻華舉人楫女年二十邦彥歿痛絕以双自刎姑
急持之傷二指絕粒飲七日姑婉勸始進米瀋以哀慟
致疾未幾卒
嚴萬隆聘妻榮國子生錫璋女將婚萬隆卒聞訃自經家
入救之甦遂矢守祖父母憐其少欲改字女聞之赴萬
隆墓號慟以首觸地而死年二十一
趙鎬妻孫年二十四而寡舅姑衰老孤子蘋在襁褓仰事
俯育茹苦以守舅姑相繼卒喪葬如禮蘋亦娶於孫年
二十九而寡事姑孝姑婦共厲清操撫孤孫得成立
許文燕妻蔡御史維鈺女夫卒事孀姑潘孝謹守節二十
餘年卒初文燕祖叶猶欲置義田贍族後子三慶孫文
燕皆早卒蔡以田四百畝詳請建立義莊用承先志
舉人秦濂妻張年二十歸濂姑病篤將醫薪田四十畝爲參
苓費翁姑不知也年二十三濂卒於京都張聞號慟淚
盡繼以血守節五十年壽至七十八卒
楊錫贊妻馬郎班錫贊世父夢槎殉節金川立祠未就馬
脫金釧助成之少寡守節三十餘年卒能詩工山水
胡德先繼妻徐德先歿年僅二十一無出前室子逢源方

七齡教養兼至得成立寡居五年旌
薛世琛妻許世琛卒許年二十九子錦堂甫二歲教育成
立許能詩著有十笏樓詩稾
華翰才繼妻倪適華五年而寡遺腹生子藜照家貧恃十
指以給族有義田議養之不受藜照就學族爲具贄又
卻之後藜照補諸生授經養母將具狀請旌倪止之曰
守節乃婦道之常何旌爲既卒逾年始旌顧皋爲之傳
廉永清妻朱年二十三永清卒事重闈以孝稱訓子成立
捐田十二畝爲義冢
國子生陳鳳喈妻秦父家貧以女紅奉大母甘旨年二十

陸陳氏殁鳳嗜哀毁疾革泰露禱請代脉誠慼卒不起
因姑哭悲痛過甚泰惟飲泣不出聲終身屏衣飾操井
臼撫兩孤俱成立年六十六卒
錢朝鈺妻謝年二十夫卒吞金絶粒誓不欲生翁姑諭以
撫孤大義守節三十餘年學政辛從益以苦節徽規額
表之
徐學謙妻顧年二十九學謙卒顧侍奉孝敬翁姑忘失子
之戚撫孤教養備至家庭內外整肅守節二十餘年
錢炯妻黃年二十一寡遺孤立基甫六月欲以身殉頭死
者再先是炯生母沈亦守節撫炯成立黃念身死則姑

無依且如遺孤何遂勉起操作道光七年旌
孝女孫適經歷秦璋女父乏嗣迎母同居母病且革女刲
股和藥進病立愈目復明者數年
秦氏瞻妻蔣年十六母宋患對口疽醫束手蔣刲股煎湯
母竟愈洎歸秦姑患瘧痢瀕危蔣割股如前亦愈
顧宏昶聘妻張素五景秦女年十八婚有期而宏昶歿女
絶粒誓殉父母勸諭之乃去簪珥姑齋素事親孝敬守
貞五十五歲卒旌
沈玉成聘妻過未嫁玉成卒女父士安匿不使聞女知之
飲泣不食父憐之不改字女事父母以孝稱父母殁依

其弟以終身
强啟文妻薛啟文卒薛年二十三遺腹舉男教養成立事
姑孝敬妯娌敦睦守節二十五年卒
平鶴嘉妻過年二十三歲鶴嘉爲徭役所累自縊死過悼
遠悲慟亦赴河死
陶鎮繼妻過夫病劇禱於嶽神刲臂以進夫病少愈越四
年乃卒家貧苦節教子源成學道光二十年旌
過景昌妻朱年二十三景昌卒藉鍼指事舅姑及卒喪葬
盡禮撫遺腹子福田成立旌
諸生匡延梁妻朱青城鄉人延梁家貧力學工詩文道光

辛巳染疫遽卒朱視含殮畢時夜已半潛啟後戸赴水
死旦得屍植立水中面如生鄒鳴鶴爲作傳同時周鼎
妻高鼎沾疫疾革高矢以死殉鼎死既殮舅姑防之潛
飲藥死知縣江之紀記其事
廉靖基妻王歸廉未彌月靖基暴病卒王自縊者再爲家
人所覺時姑已先卒祖姑何勸慰之曰汝無姑幸代姑
盡婦職勿重傷我心王泣諾閲九年何卒王曰予事畢
矣乃投繯死道光四年九月也七年旌
杜淩霄妻褚年二十九夫卒痛不欲生念孤元功甫七齡
無所依勤苦操作資紡績以教養年六十餘卒有女適

錢廷樑早寡孝翁姑撫孤子亦以節稱
范循鏞妻過年二十九而寡其姑朱命循鏞置田贍族未
就卒過克成先志捐義祭田五百五十畝事姑以孝稱
烈女高許字唐某唐卒父光斗閟不使女知女微覺即撤
簪珥易素服跪父前泣請奔喪父無如何往告唐唐固
辭女因不食數日卒
闞增妻夏懷仁鄉人增同鄉兄某覬夏有姿色百計誘之
夏訴於增增素懦弱久之又加以淩逼一日夏跪姑前
請分居某不肯析夏思無生理遂自經死
錢琳妻張二十八歲琳卒與姒婦諸生琦妻薛同守苦節

無錫金匱縣志 卷二十八 列女 十一

事翁姑均以孝稱
朱源聘妻李將嫁源病劇父母議改吉女欲泣不食父母
憫其志屈期成禮源已彌留女隨姑起居數日源卒遂
矢志不字先是源兄毓英聘妻虞毓英夭女聞凶耗悲
慟欲絕父母勸諭之女毀左目自誓越二日奔喪成禮
亦苦守共勵人稱朱氏雙節云
過茂德妻倪年二十一茂德歿遺腹子耀宗家貧事姑老
紡績以奉甘旨教子有成苦節三十餘年卒
秦玉林妻吳年二十六而寡玉林曾割股愈親疾玉林卒
吳孝事舅姑撫子成學守節十六年卒旌

諸生韓雲墀妻朱年二十八而寡家貧事翁姑撫孤子均
取給鍼指旌
丁煜聘妻吳國子生春源女年十五煜歿女請適丁成禮
翁廷樑憐女年少固辭女哀痛自經母救之得不死遂
適丁事重闈盡孝守貞十三年卒旌
孝女趙瑞雲年十九字秦某父振初病阽危在旦夕女泣
禱於竈神願以身代自誓遂且忽發狂一日卒父病即
愈女妹慧貞字史未成婚夫卒時年十七母欲改字女
誓死不二赴喪成禮家貧賴十指事姑逾二十年不懈
秦均鎧妻陳年二十八而寡苦節盡孝撫子鴻達成立旌

無錫金匱縣志 卷二十八 列女 十二

孫煥若妻方年十九夫亡子陶甫在襁褓方絕粒七日
耳遂聾姑疾割股以進
秦炳倉妻張夫患瘵將不治婚有期矣母不遣嫁張告母
曰既受秦聘往即死無悔遂歸秦數月夫歿張哀毀旋
卒
俞鈞妻秦鈞客死於閩秦聞欲以身殉時夫兄鍨官於楚
遂攜子女往託焉越日即自縊死
賀勝玉妻薛年二十九而寡事翁姑盡孝紡績撫孤子得
成立年八十四卒旌
孝女王淑貞錦女以父病母瞽諸弟幼小矢志養親誓不

意旨父母俱賴以安道光八年旌
烈女倪鳳珠年十四歸養於某氏姑不安於室鳳珠嚴自保守居半載强暴謀污之鳳珠乃飲毒死
高鼎銓聘妻周榮慶將嫁鼎銓卒女欲奔喪守義爾不許女即守貞依父儀祥以居事父盡孝卒年三十有八
薛煦妻陳青城鄉人煦疾焚香禱天願代卒不起含殮畢遽吞金環翁姑泣諭以事育大義飲藥得不死遂治家代子職者四十年撫二子皆成立道光十六年旌
孝女許奇如年十二父兆麟負窘暮夜自沈於河女力不能救赴水抱父死道光二十年六月二十四日事

孝婦尤德基妻顧事詳德基傳
烈婦林適婺源金待聘有子凝祥文祥兒蔚女曰明霞凝祥娶馮文祥娶於祝亦無錫人待聘挈家僑江甯道光二十二年英夷由鎮江擾江甯待聘適以事回里林聞警命從子徵祥買舟將泝江歸行至采石磯遇盜傾其橐與之盜既散復至斫篷索舟不得行林曰事亟矣遲恐受辱遂自沈也二子從之明霞及祝見姑與夫皆死亦各抱子投於江初徵祥見盜至躍岸呼救至是反舟人語以死狀乃募習水者求屍三日得明霞尸瘞諸磯上侯楨爲之傳蔚咸豐中亦死難江西見忠節傳

孝女秦璽美知縣緗武女年二十父卒矢志事母不嫁而刲股愈母疾先母卒同治十三年旌
國子生華汝璇妻張歸華逾年汝璇病且卒張豫曆毒迨服爲家人救以藥不納夫婦同日死旌
榮雲浦聘妻馮爲養媳于榮里社演劇鄉女或招與偕不可曰戲者戲也名既不正豈所宜觀姑疾馮禱竈神乞身代尋愈雲浦隨父雅山賈于蘇州以疫卒馮慟幾絕雅山陰欲女之而爲擇配馮聞絶粒議遂寢咸豐三年三月訛傳賊至夜相驚呼馮自經死年二十二
尤超曾妻趙超曾有痰疾仰事俯育趙一身任之咸豐十

年冦警日偪或勸從居趙以姑張方卒柩在殯不忍離城陷從超曾及女子文炳女細妹同投水死
從九品鄒清華妻施咸豐十年城陷賊突入室欲犯之施曰釋汝刀乃從汝賊擲於地施乘間取以斫賊賊怒奪刀亂擊之至死罵不絶口從姪女芬適代州馮格從格父任緗雲同治元年賊陷緗雲施吞金自縊皆未死以刀自刭又不死賊憫其狀予以鴉片膏遂服而死
貢生朱光照妻楊兵部主事厚基之母也咸豐十年避居北鄉長安橋賊至匿屋後絶食數日鄰嫗以賊所遺糜粥相餉楊覆之地曰吾有死耳豈食賊餘夜赴水爲家

八所持尋自經死

塽人周汝寘妻程幼從父受四子書通詩禮大義咸豐十年賊陷邑城汝寘率礮船守獨山門拒賊頸三中刃絕而復蘇越數日賊大隊搜山夫婦走匿山麓程曰今日勢難兩全君善自爲計賊至脅汝寘索金程紿曰彼吾兄城中來惡得金我有金藏石罅中盍取諸賊從之行未數武聞池水洞然有聲則躍入死矣汝寘遂得免

華履長妻周佩蓀履長父希高見宦望傳希高因公虧帑家籍没履長以布都事需次河南改廣東亦不得志以卒周茹苦操作數十年少嫻吟詠至是遂廢投諸孫讀

督責甚嚴咸豐十年避亂居許舍四月賊至次孫黼臣遇害八月賊又至周赴水死次孫婦顧率二女從焉周年七十五著有辦餘詩詞鈔周女諸生史應蘭妻及其二女一爲顧穀妻一未嫁皆自沈死又顧珦妻亦應蘭女罵賊被害死尤烈同治二年旌

烈婦張適舍山國子生程光昭咸豐中避亂歸居邑之堠山賊至張望見旗幟即抱幼女投水死張能詩著有浣蘭遺稿

鄒其瑋聘妻蔡知縣墡女未嫁其瑋卒矢不再字侍父母足不下樓者五十年父母卒懸像奉之如生咸豐十年避亂北鄉賊至投水死婢春香隨女不嫁亦罵賊被戕同治十一年旌

范子偉妻顧涇里人少通文義咸豐十年聞冦警獨攜一刀自隨人問之曰殺賊耳及賊至拽索財物顧大罵突斫賊不中而賊刃交集死之子偉亦爲賊殺

諸生糜桂士女寶珍咸豐十年四月冦掠張村作絕命詞一絕別父母從容赴水死年十三

施頲聘妻鄒恩貢生安邑女咸豐十年避亂居鄉而頲督團禦賊以勞卒鄒聞欲自盡父母密守之許以不更字既而謂妹曰設親歿兄貧將誰依妹察其意坐臥與俱

閱數月竟伺間自經死同治十年旌

國子生司馬鷴妻安安鎮人年十二刲臂愈母疾既歸鷴鷴病刲股者再卒不斁矢志守節同治二年夏賊踪蔓延安恐不免絕食死年二十四未幾賊至

孝女周貞一父光旭卒母章老因矢志奉母嘗禱天刲臂愈母疾兄慶鈞入客江甯乃移家焉咸豐三年江甯城陷兄已先卒章年九十餘病篤女獨侍左右賊亦不加害母尋卒以被裹瘞諸庭而逸及官兵克江甯乃求骨改葬時女年七十又數年卒以刲股事旌于道光中

孝婦陶文揆妻尤事詳陶丙吉傳

孫雄培聘妻王雄培客游于外未成婚遽卒而王先以父母歿歸夫家翁姑欲爲擇配王不可乃撫從子思敬爲嗣事翁姑盡孝嘗刲臂愈姑疾同治九年旌

知縣顧楨妾湯虞城縣人楨知恩縣病篤他妾周刲臂和藥進不瘳將以身殉湯謂之曰汝有二子矣不可以累女君楨卒湯視含殮畢吞金死旌

諸生楊鉞妻顧早寡姑病風廢事之盡孝數十年如一日撫孤春池成立性好施雖困無倦以壽終

俞景壽繼妻秦年二十七而寡哭夫慟遽吞金環翁姑飲以藥而吐之得不死恪盡婦職撫前室子敦培有恩年

七十七卒

孝女侯長姑四姑皆以事親不字父成老病衣食湯藥悉手治以進父忘所苦母華臂劇疾醫云不治二女剺臂血爲疏禱天請代母壽愈幼弟病革時四姑嘗刲肱燒之曰吾亦知于禮爲過然吾親戚吾弟甚于疾痛之在躬萬一弟病得解猶解吾親之疾也年皆五十餘卒光緒五年旌

楊天錫繼妻陳歸楊三年而寡撫前室子女如己出喪葬婚嫁無失禮卒年五十四

諸生薛鳴和聘繼妻范未婚鳴和卒堅請歸於薛躬操作執婦禮甚謹會遭寇亂自咽糠粃而奉舅姑必以甘脆撫鳴和前妻子丙元教養兼盡愛逾所生同治十年旌

徐某妻虞觀莊農家女也歸徐數年而寡一日庭中紅鳳仙花盛開其子摘插母髻遽擲之詰旦花盡白人以爲苦節之感

貢生楊治安妻薛青城鄉人治安能文不遇客死湖北薛聞訃欲殉家人防閑之越六日乘間仰藥死旌

顧其康妻陳浙之平陽縣人其川也微而性絕端謹從其康客汀州其康病劇託孤于其友華文浩而卒文浩爲經紀其喪葬有期陳抱子出拜曰君旣諾亡者之言矣

敢以相累文浩勸慰之陳曰母子孤孀故鄉萬里妾計已熟又何言遂仰藥死年二十六同治九年九月也合葬于汀州東門外牛尿湖越二年旌福建省志有傳

烈女馬大寶許字包文煒幼失母父廷燦貧而寄食于人女依從母施居葛花四家花子阿金屢調之不遂施故無行陰以事怒女金益無所忌一日挾刃往施見而奪之女泣求去施曰汝去何之乃不復言逾夕金偵女寢徑登其閣女號金手扼之女拒益力竟死年十八同治十一年五月十六日也廷燦至花款之他室旣斂則曰女與金有私事覺仰藥耳廷燦信不問而斂女者頗泄

其狀於是廷燦及文煒之父其鳴諸官發棺檢尸捕金
至立出其實遂置諸法而旌女爲秦緗業爲之傳知縣
爲黄陂張佑璧
諸生楊煒聘妻過聞夫病篤刲股和藥告母齋祭之弗瘳
訃至號慟奔喪幾以身殉
吉大全妻馮安鎮人大全早歲失明馮曲盡婦道嘗刲臂
愈姑疾一日鄰舍火起倉卒扶姑從烈焰中出幼子猶
在室馮籲天哀求火亦尋滅
孝女龔秀鳳母成早卒父燦廷多病因矢志不嫁事父盡
孝繼母陸亦善病女侍奉惟謹先陸卒旌

孝女楊母余少寡守節撫孤女善事母既長而美爭委禽
焉乃撤環瑱長齋以見志母卒哭竟日而死年二十四
嵇奉三妻謝福建人奉三以布經歷需次浙江病歸而歿
無子越數日謝自經以殉浙江候補道秦緗業等請浙
撫奏旌

無錫金匱縣志卷二十八終

無錫金匱縣志卷二十九

流寓

梁鴻適吳賃舂皋廡其在無錫史無明文顧伯鸞之溪
鴻山之井每以是名流風餘韻猶有存者楊文靖講學
於玆實開道南一脉蓋東林之所自昉也其他名流賢
哲樂其風土或一時託跡或挈家徙居緬彼遺蹤多可
考者因並採掇存之志流寓第三十二

漢

梁鴻字伯鸞平陵人受業太學家貧尚節介博覽無不通
而不爲章句學畢乃牧豕上林苑中曾誤遺火延及他

舍鴻問所去失悉以豕償之其主猶以爲少鴻曰無他
財願以身居作因爲執勤鄰家耆老共責讓主人而稱
鴻長者於是始敬異焉勢家慕其高節多欲女之鴻並
絶不娶孟氏有女狀肥醜而黑力舉石臼擇對不嫁年
至三十父母問之曰欲得賢如梁伯鸞者鴻聞而聘之
及嫁以裝飾入門七日而鴻不答妻跪牀下請曰竊聞
夫子高義簡斥數婦妾亦偃蹇數夫矣今而見擇敢請
罪鴻曰吾欲裘褐之人可與俱隱者今衣綺縞傅粉墨
豈鴻願哉妻更椎髻著布衣操作而前鴻喜曰此眞鴻
妻也共入霸陵山中因東出關過京師作五噫之歌肅

宗聞而非之求鴻不得鴻易姓運期名燿字侯光居齊魯之閒有頃去適吳依大家皐伯通居廡下爲人賃舂每歸妻爲具食不敢於鴻前仰視舉案齊眉伯通察而異之曰彼傭能使其妻敬之如此非凡人也乃舍之於家鴻潛著書十餘篇及病卒伯通葬之吳要離冢旁後漢書有傳

宋

湛挺字茂之官司徒右長史隱惠山築草堂讀書其中與南平王劉鑠友善更以詩章倡和留刻於石

唐

陸羽字鴻漸一名疾字季疵竟陵人不知所生或言有僧得之水濱既長以易自筮得蹇之漸曰鴻漸於陸其羽可用爲儀乃以陸爲氏名而字之少日讀書其師苦之甚至亡去匿爲優人太守李齊物異之授以書貌侵陋口吃而辯好聞人善多規切與人期雨雪虎狼不避也隱苕溪自稱桑苧翁闔門著書或行野中誦詩擊木徘徊不得意或慟哭而歸詔拜太子文學不就職羽嗜茶著茶經三篇言茶之原之法之具尤備天下益知飲茶矣時鬻茶者陶羽形置煬突閒祀爲茶神御史大夫李季卿宣慰江南聞而召之羽衣野服挈具而入季卿不爲禮羽恨之乃更著毀茶論其後尚茶成風回紇入朝驅馬市茶唐書有傳

李隲潛陽人嘗於惠山寺肄業其詩凡言山中事者悉記屋壁會昌末寺廢詩皆無存隲官至御史中丞上柱國

皮日休字襲美一字逸少竟陵人性傲誕隱居鹿門自號閒氣布衣咸通八年進士第崔璞守蘇辟軍事判官入朝授太常博士賊巢之亂避地會稽依錢氏卒日休嘗寓無錫與陸龜蒙魏璞泛舟芙蓉湖爲烟水之遊

宋

楊時字中立南劍將樂人熙甯九年中進士第時河南程

顥與弟頤講孔孟絕學河洛之士翕然師之時調官不赴師顥於潁昌相得甚歡其歸也顥目送之曰吾道南矣四年而顥死又見頤於洛一日頤瞑坐時與游酢侍立不去頤既覺則門外雪深一尺矣時杜門不仕者十年起知瀏陽餘杭蕭山三縣皆有惠政轉荆州教授會有使高麗者國主問龜山安在使回以聞召爲祕書郎遷著作郎奏言熙甯之初大臣文六藝之言以行其私祖宗之法紛更殆盡元祐時盡復祖宗之舊廢熙甯之法至紹聖崇甯抑又甚焉凡元祐之政事著在令甲皆焚之以滅其跡願明詔有司條具祖宗之法有宜於今

者舉而行之當損益者損益之除邇英殿說書聞金人
入攻謂執政曰今日事勢如積薪已然當自奮勵以竦
動觀聽若示以怯懦之形委靡不振則事去矣要害之
地務嚴爲守備近邊州軍宜堅壁清野勿與之戰使之
自困若攻戰略地當遣援兵追襲使之腹背受敵則可
制勝矣又謂今日之事當以收人心爲先人心不附雖
有高城深池堅甲利兵不足恃也免夫之役毒被海内
京城聚斂東南花石其害尤甚欲致人和去此三者正
今日之先務也金人圍京城勤王之兵西集而莫相統
一時言唐九節度之師不立統帥雖李郭之善用兵猶

不免敗衄今諸路烏合之衆臣謂當立統帥一號令示
紀律而後士卒始用命又言童貫爲三路大帥敵人侵
疆棄軍而歸當正典刑以爲臣子不忠之戒疏上除右
諫議大夫兼侍講敵兵初退議者欲割三鎮以講和時
極言其不可曰河朔爲朝廷重地而三鎮又河朔之要
藩也一旦棄之北庭使敵騎疾驅貫吾腹心不數日可
至京城今詔三鎮之民以死拒之三鎮拒其前吾以重
兵躡其後尚可爲也疏上欽宗詔出師而議者多持兩
端時又抗疏爭之會李綱罷太學生伏闕上書乞留綱
軍民集者數十萬朝廷欲防禁之吏敏乞用時以靖太

學遂以時兼國子祭酒奏言蔡京用事蠹國害民幾危
宗社論者莫知其所本也蓋京以繼述神宗爲名故推
尊王安石加以王爵配饗孔子廟今日之禍實安石有
以啟之安石之邪說壞人心術者甚多伏望追奪王爵
明詔中外革去配饗疏上安石遂降從祀之列而諫官
馮澥力主王氏學上疏詆時會學官有紛爭者有旨罷
學官時亦罷祭酒頃之四上章乞罷諫省除給事中辭
乞致仕除徽猷閣待制提舉嵩山崇福宮高宗即位除
工部侍郎兼侍讀乞修建炎會計錄乞恤勤王之兵乞
寬假言者連章丐外以龍圖閣直學士提舉杭州洞霄

宮已而致仕卒謚文靖方時之渡江也東南學者推爲
程氏正宗蓋講學於無錫者十有八年云宋史有傳

章誼字宜叟建州浦城人崇甯四年進士補懷州司法參
軍歷杭州通判高宗幸臨安苗劉爲變人心洶洶帝問
羣臣曰今日之事何如浙西安撫司主管機宜文字時
希孟輒曰乞問三軍誼越班斥之曰問三軍何義若將
鼓亂耶希孟卻立屏息帝嘉之事定寘希孟吉陽軍誼
遷二秩尋擢殿中侍御史帝自太平乘舟抵平江所
至劫掠誼請置水軍於駐蹕之地且言古舟師戰守之
備詔淮南三宣撫措置並又獻四策陳宰相黃潛善汪

伯彥呂頤浩誤國狀謂守戰之策有江海必資舟楫險守之具有險阻必資郡縣防守之力有兵將必駕馭撫循不可爲將帥自衛之資有糧賦必漕運轉輸不可爲盜賊侵據之用四者各付能臣分路以辦重賞嚴罰誰敢不用命哉紹興二年除大理卿宰相奏知平江府帝曰誼儒者賴其奏讞平恕使民不冤勿令補外尋除權吏部侍郎遷徽猷閣直學士樞密都承旨誼奏漢有南北兩屯唐有南北兩衛皆天子自將之兵祖宗所置殿班親軍處禁門之內皆極天下之選今日神武兵來於五軍多逃亡之餘市井之人殿班親軍侍衛者曾無于

百願酌漢唐南北禁衛之意修本朝選班直之法選五軍及諸州各爲一衛合取萬人分爲兩衛則禁衛增嚴王室大競矣金遣使求還劉豫之俘及西北人在東南者又欲盡江以益豫時議難之加以龍圖閣學士充軍前奉表通問使誼至雲中與粘罕兀室論事不少屈金人諭亟還誼曰萬里銜命兼迎兩宮必俟得請金人乃授書并以風聞事責誼誼詰其所自金人以實告乃還至南京劉豫留之以計得歸帝嘉勞之擢刑部尚書累遷端明殿學士江南東路安撫大使知建康府未幾提舉亳州明道宮代還卒謚忠恪誼由丹陽徙居邑之斗城卒葬横山 宋史有傳

翟汝文字公巽丹陽人登進士第徽宗時除祕書郎三館士建議東封汝文曰治道貴清淨今不啟上述三代禮樂而師秦漢之侈心非所願也貴監宿州稅召除著作郎皇太子就傅命汝文勸講除中書舍人言者謂汝文從蘇軾黄庭堅遊不可當贊書之任出知襄州歷陳州召拜中書舍人遷給事中高麗使人貢詔班侍從之上汝文言不可上遂命如舊制內侍梁師成强市百姓墓田廣其園圃汝文言於上師成諷宰相黜汝文出守宣州歷密州密負海產鹽蔡京屢變鹽法盜販者衆有司

窮治黨與汝文曰祖宗法度獲私商不詰所由欲靖民也今繫而虐之將爲厲矣悉縱之欽宗即位召爲翰林學士改顯謨閣學士知越州兼浙東安撫使建炎改元上疏言陛下即位赦書上供常數後爲獻利之臣所增者當議裁損楊應誠請使高麗圖迎二帝汝文奏應誠欺罔君父若高麗辭以大國假道以至燕雲金人卻請問津以窺吴越將何辭以對後高麗果如汝文言紹興元年召爲翰林學士兼侍講除參知政事先是汝文在密秦檜爲郡文學汝文薦其才故檜爲相引用之然汝文性剛不爲檜屈對案相詬目檜爲濁氣至是檜劾罷

之汝文風度翹楚好古博雅精於篆籀有文集行世愛
無錫山水之勝由臨安徙居焉宋史有傳
翁挺字士特建安人博綜群籍有詩名累官考功員外郎
建炎二年罷歸寓邑之膠山有泉名乳竇久湮塞挺坎
山得源甃地結宇其上署曰蒙齋爲文記之
胡珵字德輝晉陵人建炎中避地居邑之甘露鄉宣和三
年舉進士第歷遷祕書正字太學生陳東上書攻六賊
言者謂珵嘗潤色其書貶梧州紹興初召試館職復除
正字遷著作郎兼史館校勘先是姦臣得志舊史蕪穢
珵筆削忤執政出守嚴州未赴而卒珵性嗜學既第後

嘗講事南都劉器之器之曰子聰明能護以至道當成
令器珵因作護道錄
李琳陳留人宣和間進士父傳官儀同三司高宗南遷父
子從至常州傳卒斂葬晉陵定安東鄉之柏墓琳因家
錫之蓮蓉門琳博學有文章歷官多外服秦檜死復張
浚等官琳始登朝爲吏部侍郎歷敷文閣待制致仕孝
宗朝起爲吏部尚書卒斂葬父墓
陸宋字元珍山陰人尚書左丞佃之子任台州寧海縣丞
攝令事遇事立決以治政稱靖康間金人薄都城宋方
提舉京畿常平等事以便宜招集戍卒數千日夜部勒
扼據要害敵稍引卻未幾罷歸徙居無錫陶墅讀書賦
詩優遊以終嘉慶志云乾隆庚午志宋舊志皆作寀寀係古寶字而宋與寶通今其字爲元珍當從宋又陶墅亦作桃墅見薛提學應旂陸子明墓誌子明宋六世孫也宋本籍山陰罷官始居錫列流寓爲允前志載入宦望誤
洪适字景伯父皓徽猷閣學士謚忠宣适初以父使朔方
恩補修職郎尋與弟遵同中博學宏詞科後三年弟邁
亦中是選由是三洪文名滿天下适除祕書正字累遷
中書舍人時金人再犯淮羽檄沓至書詔填委咨訪酬
答率稱上旨遷翰林學士奏罷秦檜孫塤予祠并其黨
復召者數人進端明殿學士簽樞密院事帝諭三省事

與洪适商量於是東西府始同班奏事累拜尚書右僕
射同中書門下平章事奉祠起知紹興府浙東安撫使
卒謚文惠遵字景嚴以詞科擢祕書省正字薦爲御史
訟其父冤曰先臣皓與龔璹同出使璹仕於劉豫爲豫
所誅而秦檜贈以節旄擢用其子先臣拒金人之命留
十五歲而歸南竄嶺表臣兄弟屏跡於外高宗曰今以
修注處卿拜起居舍人奏以經筵官除罷及封章進對
宴會錫予講讀問答萃爲一書名曰邇英記注後乾道
間又有祥曦殿記注自遵始累遷翰林學士兼吏部尚
書奉祠起知平江府孝宗即位拜翰林學士承旨兼侍

讀以御史周璪劾罷復起太平州其前守璪也聞遵來不俟合符馳去遵追餞十里勞苦如平生曰君當官而行我何怨焉民築圩田凡數萬畧拜資政殿學士卒謚文安遵字景虞初入官以忤秦檜出添差教授福州歷除樞密檢詳文字會議欽宗謚遵曰淵聖北狩不返臣民悲痛當如楚人立懷王之義號懷宗以係復讐之意不用金使來告登位且議和以遵爲接伴使奏更禮數十有四事及報聘遵請行以辱命論罷復除起居舍人奏修祥曦記注歷知穎婺二州拜翰林學士上四朝史一祖八宗百七十八年爲一書累遷端明殿學士致仕卒謚文敏並節宋史本傳

舊志适等母魏國夫人沈氏松年之妹忠宣公皓官吳時夫人卒不能辦歸葬於邑之白芋山及皓使金使适等依舅氏居無錫松年教之各以功名文字顯於當世适後遇蔭補舍其孫密而奏松年之子自强以報焉

薛極字會之武進人以父任調上元主簿中詞科爲大理評事累官兵部侍郎嘉定八年疏奏願陛下深思顧諟之難益懷兢業之念勿謂帝德罔愆而怠於進修勿以天災代有而應不以實政綱雖舉必求益其所未至德澤雖布必思及其所未周誓以今日遇災警懼之心永爲異時暇逸之戒遷刑戸吏三部尙書拜端明殿學士參知政事兼知樞密院事封毘陵郡公加少保和國公致仕卒極晚年遷居無錫宋史有傳

范晞文字景文太學生杭人理宗時與葉李上書詆賈似道竄瓊州元世宗時程鉅夫奉詔求賢與趙孟頫等同薦於朝授江浙儒學提舉不赴以子共爲無錫教授遂卽邑之茅場里居焉

周泰臨安人宋末任國子學正元兵至糾衆抗之不克名其子曰思岳思李思文訓武穆忠定信國也後徙無錫思文卽偕張義士翼說降莫天祐者文恪子義其後也

元

孟潼字宗鎭世吳人宋信安郡王忠厚五世孫舉茂異爲文學掾累遷松江府判官所至以廉能稱信安墓在無錫又其先世別業在惠山下潼官遊南北遂歸老焉

陳高字子尙永嘉人至正十四年進士授慶元路錄事明敏剛決吏民不敢欺一日忽棄去方谷珍招致不得寓留無錫張籌師之東西浙陷浮海過河南王王欲官之不從卒於邸

焦鼎字德元單父人延祐中進士善書能詩歷工部員外郎還常州治中因居無錫弟鼐亦能詩

蔣捷字勝欲陽羨人徙居無錫德祐元年進士好古遯去

義理不事詞華入元遯跡不仕大德中憲臣交薦皆不就家竹山人稱竹山先生

鄭元祐字明德遂昌人博覽載籍文章豪宕邑大姓徐元度楊宏龍延之於家故寓無錫久至正中舉爲平江教授後遷浙江儒學提舉皆以儒職强起而歸 元史有傳

王仁輔字文友鞏昌人兩娶皆吳產故多知吳中山川人物作無錫志二十八卷卒於邑梅里之祗陀村無子門人倪瓚贍之終其身死爲之服執喪而葬焉

王逢字原吉江陰人至正中臺臣薦之稱疾辭避亂於松之青龍江徙上海烏涇又居邑之鴻山自號最閒園丁

又曰席帽山人張氏時遂爲畫策使降元拒明洪武十五年以文學錄用不欲行其子掖官通事司令以父老叩頭泣請帝命吏部檄止之逢老明世二十餘年而爲詩多不忘元年七十卒 明史有傳

明

周砥字履道吳人寓居無錫與義興馬治善因之荆溪有荆南倡和集義興富人慕之者漸益爲具招砥砥心弗之貽書別治遯去歸吳與高啟楊基游書畫益工已又去之會稽馬治字孝常初爲浮屠後從儒著詩能書舉茂才知內邱縣遷建昌同知嘗客無錫子桓仲遂家居焉 明史有傳

楊基字孟載嘉州人生於吳中嘗寓邑之城南從丁信遊張士誠辟丞相府記室謝去又客饒介所明初以饒氏客安置河南後起知滎陽縣累官山西按察使奪職甚負詩名與高啟張羽徐賁齊名稱吳中四傑 明史有傳

徐與老字仲祥錢塘人太學生嘗遊上都屬南北阻絕航海歸時兄釋鑑主席惠山亦能詩因寓居倡和有雙清集既卒門人王達爲治喪葬之錫山而志其墓

莫士安字維恭吳興人爲湖學教授張羽薦知黃岡縣遷國子助教永樂中治水江南遂家無錫卒

陳基字敬初臨海人嘗辟張士誠幕府去之洪武初召修元史寓居無錫卒同時有常熟陳方字子貞亦寓邑中與基及鄭元祐並有名 明史有傳

張簡字仲簡吳人初師張雨爲黃冠以母老歸養遂返服居邑之鴻山饒介守吳中延文士作詩簡詩擅場居首座贈黃金一餅所謂醉樵歌者是也洪武初召修元史其詩近體柳王禕序之 明史有傳

安明善字汝德祥符人洪武初以人材辟通判金華兵燹之後教民開墾成熟爲萬頃太祖賜詔褒美致仕後愛梁溪山水清淑遂卜居膠山坎村里子孫因家焉

張安國定海人少居無錫建文朝官工部郎中致仕歸閒靖難之變率妻孥自沉於太湖弟安義國子生亦不食卒定海縣志有傳

陳公賓字耕隱嘉定人與姚廣孝善靖難兵起廣孝薦辟之公賓避居無錫終其身

按嘉慶志作陳周蘇州人建文中進士志外云姑蘇志建文時無進士名陳周者查陳氏譜始祖公賓與姚少師善徵召不起自嘉定避居無錫其孫周成化辛丑進士見選舉表卽陳以忠之祖也足證前志之誤今從之

聶大年字壽卿臨川人以貢授仁和訓導改常州因寓無錫一目重瞳長身紫髯有清才能詩善書景泰六年徵詣翰林預纂修之事卒於京師

王懋明字僅初長洲人讀書經目能誦多撰述人稱經笥爲學士華察所知僑居無錫與邑人姚咨同客於察時目懋明咨及察與施漸爲錫山四友

吳孺子字少君蘭谿人博學善鑒別古書畫彝鼎款識遇俗人輒曰我不識字口占詩使人代寫能畫水鳥芙蓉蘆葦嘗遊鴈蕩絕食取蘆菔以給遂四十日不返好潔見泉水泠然雖秋冬之際便解衣赴溷家既貧以數緡市一大瓢拂拭光采殊自寶惜盜發其篋怒而碎之抱持以泣者累日王世貞爲作破瓢道人歌又自謂得劍術藏一劍篋誡人勿近所至炊一銅鐺飯不足則繼以粥糜日買少生菜別異榦葉爲蔬蓏語人曰使我不俯首向時人者甘於五鼎矣與孫繼皋善故常遊無錫晚歲來依遂死其家

薛敷教字以身武進人提學副使應旂孫居邑之五牧萬歷十七年進士觀政刑部卽劾都御史吳時來耿令問不當爲執政阻言路罷歸尋起鳳翔教授遷國子助教一疏諫三王並封再疏救趙南星被逐謫光州學正歸講學東林望重朝野孫衆少讀書邑中城東王氏崇禎三年進士由刑部郎出守開封見時事不可爲託告病歸鼎革後出家靈巖爲僧自號米堆

王野字太古歙人從祖仲房以詩名野少習爲詩長從其兄賈江淮間因僑居邑鴻山下詩益有名嘗遊金陵有貴人慕其名訪之野惡騶報謁稱布衣王野投刺竟去

戴思謙號雲洲鳳陽人居無錫早歲賣卜於市尋去之京師又自齊魯歷燕代登醫巫閭慨然慕安期羨門嘗在廣甯雪夜遇一道人授以五運六氣十二經絡之祕及證治諸方既而棲小五湖之石塘山間出爲人治病沈痼立起遂名於時當事多延致之或以事請思謙輒爲掩耳云

李譚號滌趾本姓沈嘉興人具經世大略魯王監國於浙

曾與兵事其後遯迹至邑之膠山時閉門慟哭與黄庭善依之以居工詩歌古文卒無子

湯之錡字世調宜興人明季布衣遭世變屏居田野講求聖賢之學嘗來無錫其學宗顧高主静立極之旨而歸於踐履篤實既殁諸弟子祀之錫山之麓

金敞字曠明武進人負氣節有經濟才魯王監國嘗官僉事 大兵渡錢塘江易服行遯事定歸里與章大士從湯之錡講學無錫悉遵東林舊規敞流離顛躓不忘忠孝疾革時呼弟子取缶吐鮮血盈器曰一腔熱血盡矣遂卒大士字我任敞同邑人

身本字野人中州人初姓謝後忽去謝字兩旁而以身爲姓作告廟文詞甚哀其於天文地理律歷筭數皆神悟默契所製占候測量諸器巧思絶人嘗從金敞遊敞殁徒步至閩中求李顒序其遺書主邑中楊氏家以畫龍自給

國朝

龔廷歷字玉臣武進人自湖干徙居無錫熙春里順治九年進士除湖州推官上官有以叛黨陷平人者廷歷不可上官怒爭之益力乃罷歸廷歷好讀書手不釋卷與邑中秦詔最善

錢陸燦字湘靈常熟人蒙錫籍補諸生爲聽社十七子之一踔厲風發才名甚著年四十餘始舉順治十四年鄉試以逋糧案詿誤既而復還授通判職昆山徐乾學修禊遂園爲耆年之會陸燦居首年已八十有四

胡獻徵字存仁武陵人以父侍郎統虞蔭入國子監授戸部主事遷郎中出爲直隸巡道明於折獄人稱自爲包公所薦拔守令如彭鵬陸隴其邵嗣堯輩後皆爲名臣擢湖廣布政使改江南移疾去官治閣亭於惠山之麓遂家無錫子其衡字元方舉人官至甘肅巡撫其衡負異才故與大將軍年羹堯善年敗下獄卒放還其衡於

世宗時嘗薦漳浦蔡文勤世遠見全祖望墓志

塗騰茂字植卿延慶州人順治中由拔貢生爲西鄉知縣時秦地未平自西安至西鄉道經黑水圩爲明總兵賀珍所據騰茂驅車徑前珍不敢阻至境募士訓練守禦珍遣部將圍西鄉急攻三日夜不能拔會救至騰茂身率壯士開門突出內外夾擊珍敗走西鄉以寧累官鳳陽知府致仕卒於揚州葬無錫之大池子孫因家無錫

蔡汝騏字養恒蘇州人父客楚久汝騏間關訪尋父不欲歸則迎母入楚既復奉父喪還吳屢瀕危險心力並瘁本家洞庭晚徙無錫遂世居之

嵇永仁字匡侯由江甯徙居無錫遂家焉少爲蘇州府學生福建總督范承謨延至幕府康熙十三年耿精忠將煽亂永仁勸承謨早備之乃條上撥餉補兵安插逃弁屯田等議并請提精兵駐上游以應變精忠既叛幽承謨別室脅永仁降不屈因錮之獄永仁以炭畫壁作詩與承謨迭倡和凡在獄踰三年聞承謨被害遂自經死賜䘏歸葬贈國子監助教永仁能詩古文有抱犢山人集子曾筠見宦望傳

薛景珏字玉佩四川蒼溪人康熙中領鄉試第一歷光山知縣乾隆九年卜居邑之寺頭卒年八十有三著有藏

書閣詩稿子稻孫舉人倜儻好義嘗隻身走數千里送亡友旅櫬還其家詩才婉麗具晚唐人風格孫玉堂見文苑傳

王澍字篛林金壇人康熙四十五年進士仕至吏部員外郎初出翰林編修改官戶科掌印給事中雍正初元詔六科晉隸都察院澍疏言不便自是科臣雖隸都察院得封駁如故尋移銓曹歸悅梁溪山水買屋金匱山前自號二泉寓客澍善行楷書兼工篆隸喜成就後學邑之工書者華淞王游皆其弟子也

蔣衡字湘帆金壇人恩貢生工古文詞及書法進乎晉十三經授國子監學正不赴補往來淮揚蘇杭間碑版榜額多出其手卜居無錫子䴡官黔西知州孫起元見文苑傳和見藝術傳

任端書字念齋溧陽人尚書蘭枝子蘭枝父文煒官無錫教諭遂家無錫端書乾隆二年進士第三人官編修丁父艱歸遂不出優遊林下二十餘年所著有南屏集

徐德宗字于朝貢生崑山尚書乾學孫壻於秦遂居無錫倜儻負奇以詩雄於時不得志慨然以殁女夫秦鴻鈞葬之惠山望公塢下從孫鏻慶（原名[illegible]）涉獵經史亦以詩文名以金匱籍中乾隆五十一年舉人謝繩祖雍沉於

湖北會有兵事主奏記歷官蘄州知州鏻慶子寶善由繼同族後占歙籍以進士官御史性好施賴以舉火者甚眾京師粥廠久廢力復之著有壺園詩鈔漢魏樂府

毛秋繩字綦芠陽湖人平生抱匡章之痛棄妻子去田里以布衣倨傲公卿間著書等身而不免飢雜之病居無錫主華希閔家希閔歿棲遲僧舍以終

江筠字震滄長洲籍嶶州人乾隆二十七年舉人幼依外家於無錫爲吳巍高足弟子博雅好古其學尤長於三禮三傳著有儀禮私記其友臧炳爲之序晚年失明以教授自給

俞琨原名瑛字企唐海鹽人吏部侍郎兆晟孫兆晟去官後卜居無錫琨幼英敏目十行下稍長詩賦書畫無不入妙而書尤能入宋元人室高才不遇侘傺失志以終

劉汝器字亞彝陽湖人尚書協辦大學士於義曾孫父寶爲人家金匱之錦樹里僅一赴南宮試絶意進取授華亭教諭汝器少有至性敦内行工於詩年四十餘始舉順天鄉試假歸以歿汝器弟汝藝官翰林編修亦以才著

楊懋珩字桐石江西進士任長洲知縣罷官後僑居無錫十餘年與丁芳洲兄弟及四川諸生張問晳觴詠無虚

日問晳字海客豪放不羈殁於無錫著有海客詩鈔程開泰字龍箕附貢生嶽州人歷知分宜德安藍田鎮安等縣嘗捐地十餘畝歸同仁堂著有攬雲詩集

許憲字顯明岡縣人父松佶爲江蘇布政使遂家無錫憲任澄海知縣甫下車即擒積匪李亞集誅之邑之南河通潮汐田苦斥鹵憲築長堰蓄淡水溉灌民便之升碣石同知解組歸憲工書臨摹不輟年九十一卒從孫鉉字春山以進士官趙州知州時滑縣教匪滋事大兵進勦趙當其衝方旱歉物價騰貴鉉請於例外加一成市直以平民甚德之

劉嗣綰字芙初汝器子少受學於楊芳燦才名甚著嘉慶十三年會試第一授編修官京師引掖寒畯倡酬問字者戸常屨滿晚年主講東林造就甚衆著有尚絅堂集

趙函字艮甫吳江人父基乾隆中官金匱訓導因家焉函少工吟詠從楊芳燦游與芳燦子夔生及徐寶善顧翰顧翃相倡和有同岑五子詩函以名諸生久困場屋家無儋石游公卿間數十年著有飛鴻閣詩詞菊潛庵賸稿等集

釋道

自二氏之教行其間不乏修眞見性之徒以道行聞於世而世所傳尸解焚化雖涉怪誕亦偶見於紀載其他道流緇侶從士大夫遊往往好爲吟詠篇什流傳者有之至若時際滄桑逃名方外此又當分別觀之者矣志釋道第三十三

梁

釋法超曲孟氏子年十一出家住靈根寺修習經論兼有深思武帝敕爲都邑僧正命徧尋戒檢綱羅衆部譔出要律儀普通六年講律平等殿帝臨坐聽受三旬而竟

七年冬卒勅有司葬於鍾山開善寺

陳

道處姓戴氏其先本廣陵後渡江家無錫年十一出家落談說時目慶江河在口陳亡東歸無錫居鳳光寺風神蕭散毫翰奔涌琴書精妙爲於交遊唐武德九年卒空壙日有羣鶴自天而下哀鳴久之

唐

若冰不知其所自來寓惠山之普利院惠山泉本出洞中歲久而湮冰披荊榛劚巖谷乃求得之古洞既啟新泉遂注故後世稱惠山泉必本於冰冰能詩工書法

常俊清河張氏子住鳳光寺禪宗內蘊法印心契會昌元年示寂葬無錫縣太平鄉村東一里官河西門人文則元通伯昌等刊磚爲誌見全唐文

宋

宗本邑管氏子性質直少緣飾年十九師事蘇州承天永安道昇禪師弊衣垢面操井臼之役十年薙髮受具服勤三年乃辭昇遊方至池州謁義懷禪師言下契悟使主瑞光集衆擊鼓鼓輒墮圓轉震響衆以爲法雷震地之祥自是法席大盛神宗與相國寺召本主惠林對延和殿有司使習儀而後入既見賜坐盤足跏趺侍衛皆

驚變色帝問受業何寺對曰承天永安帝更喜其直哲宗即位加號圓照禪師元祐中乞歸元符二年入滅塔靈巖山

元

慧鑑字仲明號湛然靜者俗姓徐氏世居錢塘江上至正末浙西兵起削髮爲僧住惠山寺著畫多散落莫止藏其江山雪霽圖

明

至道字物外臨海人卓錫邑之嵩山寺少師姚廣孝嘗師之歸昔日至遂大建幢刹爲嵩中興祖

普眞字性海延陵人有高識住惠山寺寺災眞重建之嘗
種茶惠山之麓晚又創聽松菴於寺左而居之歿遂葬
於菴後王達銘其塔眞與至道皆能詩眞弟子韶石深
於禪悟亦能詩
道璿字楚石能詩住惠山寺後薦爲南京僧錄司左覺
慧照字本明邑孟氏子出家惠山寺善書有詩名與倪瓚
高啟遊詩成雖夜必造而商焉
信受字西傳姓陳氏嘉定人博學有文幼聽法南翔寺有
悟因出家後住翠微寺著韻會增註通鑑集覽正誤又
覺性者亦陳氏子出家惠山寺通儒書多知山中故實

嘗著惠山志
法泉字雪山吳人居華藏寺與松巢一雨並以詩名有雪
山集王穉登序之
圓顯邑陳氏子幼不茹葷不踐生草出家於知微山房戒
行精勤博通梵典不出山門五十年老著惠山記十卷
希復字同石吳江人住東郭絲蘿菴中工詩善畫俞憲王
問俱稱賞之
眞緣邑梁氏子出家參方十六年得悟性宗萬歷中之四
明禮育王佛舍利塔光中感佛現身乃曰眞緣何德感
此瑞相遂誓焚身以報佛恩頃之烈焰自發身如黃金
頂間復現一佛長二尺許觀者萬人塔於鄧尉之巔
法藏號漢月邑蘇氏子年十一入寺禮佛方投地心若開
悟十五出家既而研窮內外典籍遍海虞三峯喜其幽
寂居焉室不置榻懸板於側困則倚之適窗外植筱屏
竹有聲忽得心空後聞關參臨濟元要至痘發於背而
不覺久之忽推窗見黃梅墮地乃契旨聞天童悟禪師
出世金粟往從之即日請爲第一座未幾欲辭去天童
乃手書臨濟源流并信拂授之初開三峯法席歷主大
刹後歸鄧尉聖恩一日上堂辭衆示寂塔於聖恩寺之
右入塔之夕有白光如虹貫天

祖福字谷泉秀水龍淵寺僧後居惠山以老能詩著有谷
泉集
洪恩字雪浪能詩天啟間開講於惠山不二門過草菴樂
之爲額曰忍草由是菴名始著時菴僧有德洪者亦能
詩
雪徑明宗室朱翊鏼祝髮爲僧工詩九善鍾王法
宏證號大樹邑朱氏子出家依三峯禪師苦志力參一日
目前壁立白光照耀忽如胸背迸裂洞見身後諸物人
因名爲破背比邱後侍三峯七晝夜目不交睫忽憶世
尊不說說迦葉不聞聞而得開悟歷主潤州甘露石渚

淨業玉峯清涼晚居邑之華藏示寂塔於三峯

宏璧號剖石邑鄭氏子謁三峯藏禪師依止二年一日舉扇揮而有省既而元日與一老宿相見忽明大法又八年盡徹奥義乃付源流開法聖恩住山三十五年示寂塔於本山華嚴壇後

宏儲字繼起號退翁崇川李氏子母夢異僧授金環而生年二十五慨然曰丈夫有一事不知猶以爲恥況如來大法乎遂見三峯藏禪師於邑之錦樹花尋從入鄧尉剃染遂獲印記初住祥符歷主能仁國清興化靈石天甯靈巖諸刹前後往來無錫說法時最多其弟子覩英居湛輩皆久闡教於邑中後退老靈巖示寂火後啟龕

忽大聲如雷放異光燭草樹如晝

讀徹字蒼雪雲南人居吳之中峯以講華嚴疏鈔寓北郭遂萊閣最久讀徹詩有一夜花開湖上路半春家在雪中山之句王文簡士禎極賞之許爲當日詩僧第一沈文慤德潛選入明詩別裁以爲逍遥民而逃於禪者耶

本仁字明潔姓李氏邑故提學副使應祥之子初名仍枝爲諸生甲申之變去而歸禪始居邑西華嚴山去其先人之墓五里而居既而之夫椒將依祥符宏儲不遇復歸華嚴而卒　此本舊志邑中無華嚴山或是華藏之訛

遂俊字介石邑故國子生王永嘉也生有至性而躁急不能諧俗鼎革時避地鄉居遂不入城邑去依儲禪師於靈巖得源流衣拂之付歷主瑞巖徑山未嘗爲衆說法晚居邑開化之洞菴又靈巖弟子志元字古疑亦邑人

國朝

覩英號毅菴合肥孫氏子年二十出家參瑞光徹禪師有省已忽自疑曰使禪只如此亦何以參爲去謁天童密弁山皆不契復謁靈巖儲禪師始大悟後付源流令開法國清至則鍵關六年謝絶酬應衲子苦其嚴冷儲獨重之嘗曰天下會第一句者三人老僧與具兄及毅子

耳具兄徑山禮禪師也歷主覩史院光巖祥符晚乃退居邑雙河之柏成菴

居湛字去息蘇州徐氏子出家鄧尉後參靈巖儲禪師遂受印記尋主祥符及邑之摩竭保安繼靈巖祖席者二年復退居無錫北禪寺之旁舍嘗和宋梢堂禪師山居詩四十首風格特妙示寂後塔於開原之青山

方晟字雍篁通州孫氏子少爲諸生嘗受業馬忠肅世奇之門中年歸釋氏得法於靈巖儲禪師主無錫保安寺既而退隱吳門寶華之南梵作宗門錄行錄晚歸泰伯鄉之福慧菴示寂

圓通自號呆道人順治初卓錫福慧菴相傳爲明季進士
文章詩畫無不精菴中有手寫蓮華經楞嚴經
南潛字月函湖州董氏子初以儒服參靈巖有所觸發不
竟學而去後三年請爲弟子既得付屬主堯峯寶雲院
後主無錫保安博綜典籍有奇才彙纂宗門諸書甚富
超杲字玹水邑黄氏子年十三出家得法於龍池既而遊
京師
世祖時嘗
賜紫衣歷主慈雲廣濟修笑巖祖塔南歸修建惠山嵩山
二寺錫山龍光塔皆久圮之後一時鼎新超杲性孝前

後遭父母喪皆克盡志後遊楚還至儀眞示寂千佛寺
秦松齡銘其墖弟子性乾祝髮橫山雪浪菴繼席嵩山
竟所未竟弟子覺紳嘗請方策大藏經供惠山不二門
蜀喬康熙初卓錫斗山有詩一卷秦松齡黄雲爲之序又
然明字昭雯富於詩著有業桂齋集
濟鎡字瓛基蜀人受法於三峯證禪師初住靜九龍第五
峯下後主邑東梅里祇陀寺
寂琇字乃奇漢川人能詩康熙間秦叔銘延之住惠山一
梅亭更名曰楚禪菴釋居湞爲之書額又德新號懶牧
宋村朱氏子亦能詩兼善書法

圓顯字文晦得法於靈巖居惠山忍草菴工詩畫著有
梅巢吟稿忍草菴乘略
道乳字宿龕本邑諸生棄去爲僧得法檗公性孤潔間爲
詩不輕示人同時元徹字沂月善琴詩亦清逸
超拳字施山邑周氏子受石峯記莂後結菴鄧尉之萬蒲
潭與諸名士結寒香社菴有古梅甚高超拳架木爲巢
與客對奕其上遊人探梅詣其處每於花下丁丁聞落
子聲著有梧影山房詩十卷又超鏡字曉堂龍池彔巖
淵和尚法嗣住持邑西南許舍里之古洞菴亦工詩
處洪字迂公太倉江氏子出家依去息湞禪師居開法保

安寺主席靈巖退居邑之寶華菴能詩著有山居雜詠
同時宏倫字敘彝亦能詩
明際字滄洲住城南之吉雲菴與杜詔朱克敏瓊唱和著
有吉雲遺稿
元文字楪雪石門沈氏子爲劍安果禪師法嗣能詩康熙
中住持惠山之壽明菴
則遠字研樵一字聲倍能詩著有爷齋集超揆爲之序超
揆字輪菴號寒溪道人
明瑜字昀熙板村蔡氏子祝髮保安寺康熙中主席靈巖
著有隨雲草又明遠字惟善文溪菴僧亦能詩

妙復字天鈞住錫山石林菴與杜詔桀速結詩社號九峯
三逸妙復詩情眞閒淡脫落塵滓亦詩中之逸品也朱
克敏輯其遺稿時大悲菴僧繼遠亦好爲詩與妙復還
往唱和
成瑩少祝髮惠山寺雍正間入都受戒律於法源寺
賜紫衣於圓明園內參禪閱數年返初地
高宗南巡
賜石刻心經三希堂法帖貯於竹罏山房之寶墨閣
昭吉字聖宣邑趙氏子祝髮崇安寺普賢北院嘗遊普陀
九華五臺峨嵋歸作名山紀遊

明留字聖能短而修髯嚴戒行乾隆五年住崇安寺開堂
接衆自明留始十八年募建天王殿二十一年六月方
盛暑徧詣諸檀越告別果以七月二十七日焚香沐浴
而逝其弟子寶樸字剖成嗣法爲住持募建鐘樓禪堂
曇花蘭若
清觀字悅可住北禪寺樸率寡言梵誦之外常竟日趺坐
而喜以濟人利物爲事遇窶人輒爲丐貸於巨室與僧
明乾同薙染明乾移主蘇郡之佛花菴而清觀終身不
離初地其後有廣衲者持戒律甚嚴居大悲樓廿年足
不下樓不見一客云

際慧字靜蓀新安程氏子年十三出家蘇州法華寺受具
戒於雲林巨師復從石杉省老人講天台教觀直契微
旨後住持邑之南禪寺著禪宗心印楊潮觀爲之序
達乘字志清披薙崇安寺文昌宮誠樸甯靜能書通曉文
義主席蘇州靈巖山崇報寺寺無鐘樓募建焉逾年歸
示寂之頃崇報鐘樓頂有花葉怒生烟氣蓊然一發頓
瘞若感召云
申和尙住持準提閣能書好靜持戒最嚴與諸生周喁相
友善喁晚年貧甚申和尙留宿菴中十餘年嘗終日相
對無言見者歎爲神交

右釋

宋

盧至柔字必强茅山道士初居洞虛宮以符水濟人病可
治者與之水卽不可治必欲得水亦不拒及歸發水瓶
上激如矢迸流於地終不得飲久而思晦迹行至綮山
有鹿騰出曰生氣在是乃結菴居焉大觀初元符宮籙
劉混康以至柔行業聞於朝賜名其居曰明陽政和中
有詔徵之至則先三日逝矣
呂雲字山友幼爲儒爲文甚敏一夕得異夢覺有所悟遂
去家如京師道籙劉某方被徽宗眷遇補雲金壇郎非

其志也去入太行山遇至人授以元旨辟穀窮谷中茹
草木而神采充潤紹興中三下詔徵入對太乙宮自是
時入禁中論講莊老乾道中自草遺表晏坐而化
尤道元字浩光袠族父也性孤介志慕沖曠先是方茂山
登仙觀有錢道士夏月汲水王八百丹井得冰大如璧
取食之遂發狂不復粒食周遊名山不知所終道光初
從錢遊食少冰亦不食者數年一日渴取水引飲自是
復食顔如渥丹雙瞳凝碧晏坐一室凝塵滿几乾道間
無病而化
徐道明邑石幢儒家子家貧母武進王氏因度爲天慶觀

道士德祐乙亥城破敵帥坐觀門詰道明曰亟降吾活
爾觀中人道明曰吾知有宋而已不知其他遂死之帥
屠其觀少長數百人無乞哀求活者

元

倪文光字昭奎瓚從兄生時夜有光出屋上稍長學道儒
釋輿地象胥之説無不精究去爲黄冠師作元文館於
弓河之上以祠老子有薦之者署州道判會煌文光祝
之悉入太湖於是州上其事賜號元素神應崇道法師
又賜元中文節貞白眞人嘗築淸微觀於惠山重九日
登山絶頂下覌五湖揮手謝別越明日卒

明

尹蓬頭宏治中嘗遊金陵毘陵之間攜宋時度牒自言理
宗時人尹從龍也至無錫止秦勵家或毒暑暴日中或
嚴冬擁雪臥身腐穢多蟣蝨勵與同寢處三年後去不
知所終
周松石字碧崖宏治中洞虛宮道士嘗以夏旱禱雨即應
邑人莫息爲記其事喜爲詩有鳴籟集與同邑顧廷鈺
戴文澤許某唐勉之談大猷厲某沈廷用張行之孫時
用爲碧山吟社十丙會盍十人皆生同景泰丙子聯爲
詩社嘉興屠尚書勛有記

錢月齡字鶴山邑人嘉靖時洞虛宮道士與王問華察先
後唱和著有丹邱漫稿詩見朱彝尊明詩綜

國朝

呂樹字雲隱父貞九明太倉諸生鼎革後棄家爲道士樹
隨父訪道終南武當金陵從崑陽王律師受法晚居蕩
口正心道院每以靑律教人曰知道不知律是名空悟
知律不知道是名空修著有心印經注復元山房詩華
玉滆爲之傳
陳煥章字倬雲梅里泰伯廟道士道行修潔禱雨輒應問
爲人祛邪治病無不驗者徒孫曹峻字維岳本望亭儒

家子嘗請絡修泰伯廟及梓其祖得忍所著前貢正義
三卷行世
樊太復字初陽元升壇道士嘗與王雲錦及南禪僧迅帆
倡和吳門陳必大爲之圖著有初陽詩稿時又有泰太
照呂太晉亦以道士有詩名
榮漣字三華少孤多疾母命入明陽觀爲道士爲人簡直
善畫亦能詩徧遊名山水所至以詩筒畫笥自隨事母
孝在外得珍玩良藥悉藏以奉母母歿廬墓三年不復
出邑士大夫共往迎漣築室錫山之巔以居之漣鑿池
其中繞麓植梅花名所居亭曰香雪其後有朱道士者

善畫山水亦居於是泰瀛有雪後登錫山飲朱道士山
房詩
陳韶字舜音梅里泰伯廟道士能詩善吹笛時以長笛仙
目之又錢鈞字引年亦泰伯廟道士年六十遊武當著
有紀行草
李谷賓不知何許人嘗寓崇安寺與一老僧普僧患痢已
不起谷賓煎松蘿茶飲之遽愈自此常爲人治病凡從
之學養生術者多老壽居寺中久將去留大竹一截謂
寺僧曰吾去必有人來訪可以此示之既去果有人至
寺僧以告示以所留竹剖之得畫一軸谷賓小影也其

人捧持畫軸涕泣而去谷賓不知所終
葉嗣昌字丹山世居邑之石幢出家洞虛宮爲道士性澹
淡氣清色夷善符籙過歲旱有司延之設壇祈禱無不
應以是名聞四方後有方楷孫鳳梧並能傳其法
侯詮字青溪出家城東之報恩道院能爲詩五言澄澹學
韋左司又喜藏書丹黃甲乙籤帙恒滿與程楚芳蔣同
元善楚芳山陽人依其外舅諸洛居無錫同元蔣衡孫
三人皆早歿
華宗彝號汝軒出家梅里泰伯廟通元理乾隆二十一年
隨張眞人至京都和碩履親王給迭參同契額又贈十

一曜神像爲鎭山寶後嗣錢燦錢鎬皆有道行燦兼善
書畫
華乾字雲峯陳敬字亦華俱泰伯廟西院道士精祕典祈
雨輒應嘉慶二十三年修泰伯墓又捐田六畝爲墓祭
費重刻梅里志若干卷
華滋泉字雪梅出家祠山廟善符籙嘉慶十九年大旱延
請祈禱得雨年過七旬體貌充實不異少壯云
胡倚字卓峯洞虛宮道士祈禱輒應歲癸未大水以錢助
賑不署名哾通易理年過七十忽不食飲茶數日而卒
著有止樓集

嚴仲均字星舟洞虛宮道士長身鶴立端謹寡言精符籙
其卒也先知時日人謂靜養所致

右道

無錫金匱縣志卷二十九終

無錫金匱縣志卷三十

風俗

延陵遺教其君子讀書好禮其小人畏罪亟法沿流討源厥風懋焉迨至風俗與世移易佻達偏於矜訟師起於飲食蓋禮讓之俗微矣昔南陽好賈而召父富以本業穎川好爭而黃韓化以篤厚庠採選革疋在有司況逢
聖世累洽重熙休日浴月長吏所以化導斯民使日囂鼓軒舞於不自知者宜何如也志風俗第三十四

荊蠻之先斷髮文身至泰伯來奔其民從之遂以立國厥

後延陵季子閎覽博物慕義無窮去千乘而不顧吳都賦所云端委之所彰高節之所與者迨吳越相攻其民好勇輕死易發是時闔閭已遷姑蘇而句吳之禮俗衰矣至漢時高祖王兄子濞於吳招致天下士枚乘鄒陽之徒並尙文辭其失巧而少信吳俗一變自是之後雖時代屢更升降不一至於勇或輕發文或鮮信大抵不離乎二者而已宋時邑多儒者至明之季世東林諸君子崇正學主持名教遂成風會當時辨氣大興響從皆附或者病之然甲乙之際布衣韋帶多能忼慨赴義亦道南之遺教也

男子不行冠禮見於舊志婚姻之家必量其貧富而後合婚之夕女冠曰花籠其上雜綵爲人物蒙以紅帕而曰是神能傷人入門女媒氏亟手探而壞之則吉交拜後行合巹禮三日行廟見禮彌月壻婦皆往拜父母謂之囘門無知小民有新喪娶婦者謂之拔親又父母疾不行婚禮肩輿舁女而歸謂之衝喜二者非禮之甚喪不師古而繁於俗禮尤重僧道禮懺誦經七歲內無虛日一殯之費或破中人數家之產親死久不葬多爲風水所惑大夫士廟制久廢節日忌日祭於祠清明十月朔祭於墓庶人之家亦如之疾病先鬼神而後醫藥凡巫

祝所言莫敢不信其士之桀黠者相與舞刀筆破律令表裏胥役共爲搆煽其次好談新聞造作謡詠或勝匿名書夜揭坊市且相傳述至於袒跣呼盧雖僕隸輿臺不擇其人有司柰公令間捕一二小民懲之而其淵藪不能問也邑中巨族向以詩書世其家而冶遊之習結隊成羣近日尤甚農民勤力作無不毛之土故田之貴數倍於前而佃不輸租每爲業戶之累市井之豪鷙者州處以飲博相徵逐遇事則逞其拳勇呼喻聚散弱肉强食爲閭閻患家奴竄養去留無時有祖孫相繼爲世僕主人稍失勢輒跳梁甚有遣犯告訐其主者此風蓋在明季

邑中凡遇神誕不惜縻費財力諸廟神來賀爲本廟神設宴舁神出謝事近於戲至有左道惑衆如前志所云無爲長生諸教近已衰斂杜漸防微是有司責也

邑地氣本薄雖男勤耕女勤織鮮有積聚故素封之家遇歉歲則貧至於故家大族支派蕃衍菀枯不同義莊義塾前志已有之不久而廢近惟蕩口華氏創行之踵者遂十數家敦睦之風庶幾近古同善之會所在多有比復有同仁普濟育嬰䘏嫠之設掩骼埋胔各鄉義塚數十處斯皆邑中善舉惟裒多益寡施濟艱難有心者不能無遺慮耳

兩邑二十二鄉風氣各殊天授興寧勤於稼穡薄於飲食婦人執女紅嗇而近陋故凶歲鮮流亡之患膠山上福萬安類之招義尤樸青城類之興道布政神護富安西鄙之民頗鷙訐而好訟開原揚名水國習漁有魚蝦之利富者兼事商販衣食差足新安素輕佻農隙織蒲爲業開化稟岡巒之氣性好鬭狠巨室自尊以凌貧弱泰伯垂慶延祥梅里向稱醇謹有先民之遺近亦稍侈宅仁懷仁去邑遠其豪多役屬居人而武斷其鄉景雲袪數處以成俗爲農爲圃爲陶以至歌舞博塞袖手而嬉各附所近此大略也

歲元日五鼓長幼咸盥漱拜家祠祖先訖然後互相拜賀市闔戶凡三日罷炊而食隔歲之餘又禁不得灑掃取蓄藏也他邑祝壽例以其人生日邑故事計一歲中合若干家列其目於歲首畢賀云崇安寺市爐列兒童玩具自元日至望日而止上元夜斷木爲薪如其日之數架而然之於門佐以爆竹名曰火爐燈市爲魚龍寶蓋之屬鳴鉦疊鼓衆舁以行婦女聯袂而出名曰走三橋家家作粉丸食之名曰團圓二月北塘齊傳香燈之會蓋吳人進香武當者期會於此至之夕聯索於樯縱橫上下懸燈至不可數今已廢寒食餳麥清明插柳士女

出行郊外爲踏青上巳裁薺花謂能已睡三月望前後鄉人各執香沿途禮拜上三茅峯曰拜香會二十八日齋辦香走東嶽廟者數縣畢至村姬市媪扶攜而行遂止宿廟中名曰宿夜數日間寺塘涇爲之壅塞立夏合七家茶米食之云不病暑四月八日浴佛作會謂之傳經梅里鄉祗陀寺尤甚午日比戶裹角黍屑蒲根雄黃和酒飲之堂戶粘朱符爇蓬艾以驅毒物婦女翦綵爲人大如荳謂之健人又刻繭虎以細爲能禳符艾而簪之是月之初卽傾城出觀競渡龍舟午集迎謝館下自月朔至晦戶懸一燈相傳爲張睢陽而設非也當明兵

臨縣將屠城賴義士張翼以全翼以四月晦卒民德之以是報焉今稍廢爲睢陽則於七月朔至晦日里巷懸燈皆遍夏至炊麥荳作糜以食六月十九爲觀音會立秋日食瓜或以赤荳七顆和水吞之以防瘧疾七夕乞巧女子以雜花漬水露置庭中旦則取以靧面謂能好顏色十五日各寺觀舉盂蘭會比戶以楮幣薦亡三十日戶設香燈於地謂地藏燈中秋以月餅相餉夜結高臺置香盈斗而爇之名燒斗香是夕皆置酒肴瓜菓二十四日以新秫米爲糍餌祀竈九日則登高啖重陽糕九品羹十月十三日進香保安寺禮跡大士前冬至賀

節亞於歲首臘月八日食粥以菜菓襍煮之二十四日掃屋塵是夕然火爐作瑪瑙糰祀竈農家於田間然長炬名照田蠶二十五日作紅飯以祀牀然蒼朮以辟疫俗本工爲門神至是盡易新者除夕復然火爐少者揖長者爲辭歲定昏後掃除中庭以白堊畫地作弓矢懸先像於堂中歲乃告畢事

占候之法立春日宜晴暖寒則主水元旦晨占東南風大稔東風次之東北又次之西則歉七日爲人日晴則少疾疫八日爲穀日晴則穀不粃上元夜分月影卜水旱二月八日祠山神誕相傳神請客送客必有釀寒風雨

十二日爲花朝晴則百菓熟上巳日聽蛙聲占水旱前午鳴高田熟午後鳴低田熟詩云田家無五行水旱卜蛙聲指是日也四月十二夜雨傷小麥芒種逢壬爲梅夏至次日爲時五月忌甲申乙酉日雨雨則大水二十日爲分龍次日雨主豐稔立秋日忌雷又處暑日更忌爲風潮之驗秋後虹見爲天收雖稔亦稍減八月朔喜雨雨則有秋九月朔喜晴晴則燥穫中秋夕晴雨占次年元宵夏驗霜降日有霜則穀貴小雪日有雪則穀賤九月十三日爲小重陽喜晴十一月十七日早起占風南風米貴北風米賤冬至後逢三戌爲臘喜雪除夕爲粉坎十二如燈

檠盞按方位置飯釜之面飯熟時揭釜蓋看坎水各分數以徵來歲逐月雨水多寡奇驗除夕所事皆畢後沃水於釜以木瓢旋之視瓢柄所指潛走其方聽人語謂之響卜又俗諺云歲朝烏蹝禿高低田稻一時熟又云百年難遇歲朝春又春寒多雨水又黃梅寒井底乾又二十分龍廿一雨又小暑一聲雷黃梅倒轉來又處暑一聲雷秕穀兩三堆又秋孛鹿損萬斛又九月十三晴釘鞋掛斷繩又若要麥見三白又臘雪瑞春雪災老農以此驗天時十不爽一

識小錄云方康熙時冠履猶尚古樸常服多用布冬月衣裘者百中二三夏月長衫多枲葛間用黃草繅今則以布爲恥綾縐綢紗爭爲新色新樣北郭尤甚間有衿成不改布素者則指目訕笑之冬月富者服狐裘袷綢孫之屬服貂者亦間有之若羊裘則爲貧者之服矣馬褂昔惟營兵衣之當康熙之末有富家子爲此服者衆以爲怪甚有爲俚句嘲之者至雍正間服者漸衆今則無人不服鄉僻亦效之游行街市應接賓客不煩更衣習俗移人方領矩步之風不可復見矣遭喪之服昔則年以內袍套俱白布下不緝小祥後始用黑者有爲今大祥後始俱用黑近則七七外即衣黑無衣白者祇所由來蓋出仕者在任聞訃或有事見上官忌白故做墨縗之制後在籍者效之庶見素衣惟在村農欲堅推望諸衣冠之族矣可歎哉昔童子十歲以上猶存髮辮髫裁綢布兩布前後合縫爲帽露其頂蓋古未冠時飾如此至十三四始去頂髮垂辮從時服焉今則甫三四齡遽辮髮戴冠與成人無別或加金銀水晶頂著補服以爲華飾則褻名器之尤者也

善舉

周禮任恤著於六行然其時上有授田之制下有收族之法而老幼貧窮疾疫者又有保息之政以通之民之不得其生者蓋寡後世或貧無立錐而宗法又壞甚至父子異財產昆弟不通有無降而至于宗族鄉黨之間其情意衰薄固無譏矣是以民生日蹙而相救相賙之義爲尤急也夫勿以善小而不爲況足以濟羣生垂久遠者乎志善舉第三十五

普濟堂無錫舊有二一在西溪一在陸龍基皆富安鄉金匱亦有二在懷仁鄉上下扇乾隆五十八年邑人過鳴岡祝洝等於北門外慈雲寺後別建一所兩邑共之咸豐十年毀同治初以城內福緣庵改設（堂舊名養老雍正四年易今名）

育嬰堂在金匱城隍廟西康熙中知縣吳興祚與邑人蔡松期倡爲之尋廢乾隆初金匱知縣王允謙募王邦采秦圭田等捐建堂廡無錫知縣吳翼祖撥公田爲乳養之費（每歲義租項下無錫給錢六百千金匱給米三十六石麥十六石五斗）管嬰孩義冢四處（無錫應宿墩後金匱城隍廟後及同仁堂後堂旁）咸豐十年堂毀同治六年脩建歸同仁堂理其事

同仁堂在金匱城隍廟東嘉慶二年邑人秦震鈞倡建施藥施棺施棉胎暨棲流所三（八兒巷惜棲街館驛前各一所以居流民疾病之無

無錫金匱縣志　卷三十　善舉　八

歸者）義冢九（五里街有二萬壽庵後庵旁各一南斗星君廟後保安寺旁東亭鎮嚴家橋冷瀆橋各一）咸豐十年堂毀過半同治六年稍脩建焉（案咸豐十年城陷死難者無算聚而葬於錫山之麓者有三在寶善橋東者有二曰殉難義冢光緒六年無錫知縣裴大中金匱知縣倪咸生倡捐築牆立碑焉相傳元時强以德買察山地四百畝爲義冢今萬安鄉有義冢在十一都一圖其他有附見義莊者）

恒善堂在崇安寺東道光四年蘇人許承祥倡建其初祇卹貧嫠後邑人竇承焯等添設保墓及遞解犯人船咸豐十年毀同治初趙彭淵秦臻趙榮募捐重建定貧嫠額三百六十口正副各半每正額月給錢四百副半之遞解船四隻月給錢七十二千不準封踏他船路斃之案由堂驗報以免藉尸圖詐歲暮施米施棉胎惟保墓事經亂未辦

集仁局在城內西北隅道光間邑人余治募捐創設黃漪伯捐屋爲之內設義學冬發棉胎設粥厰恤嫠有米每口月給五升製棺以待貧者與之而收其劵無力償者聽歲終出劵焚之名曰代貲又有普材局在圓通東院

救生局在吳塘門咸豐五年邑人葛琰等募捐創設俾太湖漁船以拯溺者拯一人給錢四千已斃者減其數

保嬰局在陡門秦巷咸豐九年邑人倪景堯李廷發捐建同治初景堯子顯祖廷發子金鏞又共捐田百畝以成

無錫金匱縣志　卷三十　善舉　九

之孔產婦極貧不能留養嬰孩者由鄰里報局驗實酌
給錢米衣物之屬
保墓局在惠山忠節祠光緒五年邑人鄒仁溥倡捐及沈
承祖等集資創設以山民盜賣墓地無主者輒罹其害
乃設此局逐段繪圖造冊以時稽察
右善堂各局
明時有華氏義莊華雲建吳氏義莊吳情建皆置田贍族
涇皋顧氏蠲公田租千餘石設倉祖祠旁贍族之餘兼
以濟貧助役今並廢
華氏義莊在蕩口鎮乾隆十年華進思捐田一千三百畝

汪由敦爲之記進思子公弼建莊舍道光間曾孫文標
等續捐田二百九十畝族墓八畝
過氏義莊在懷仁鄉八字橋乾隆十九年過廷棟承其祖
父志捐田千畝
錢氏義莊在南延鄉嘯傲涇乾隆二十八年錢瀛士繼其
楊氏及子婦周氏建捐田三百四十畝司事錢宗武及
子學文續置田二百畝嘉慶中瀛士孫煒燦又捐書塾
田七十畝祭田二百八十畝
秦氏義莊在城中第六箭河乾隆四十五年秦春田及族
人鑛泰鈞等捐田五百餘畝嘉慶初春田子震鈞創建
莊舍續捐田四百餘畝共一千畝
孫氏義莊在石塘灣乾隆六十年孫文偉及族孫璽等捐
田三百餘畝建倉一所長洲陳鶴爲之記
鄒氏義莊在北門外缸尖嘉慶六年鄒容成妻吳氏建捐
田二百畝
安氏義莊在安鎮嘉慶八年安汝諧建并市房二所田三
百畝越二十年盈千畝
周氏義莊在懷仁鄉南橋嘉慶九年周憲武建捐田一千
九十八畝義冢一所道光初子安基始報部
陳氏義莊在芙蓉塘橋嘉慶十三年陳寶輪妻顧氏建捐

田九百畝
蔡氏義莊在北門外嘉慶十五年蔡承烈承父國柱志建
捐田千畝秦瀛爲之記
嚴氏義莊在懷仁鄉寨門嘉慶十六年嚴昭建捐田五百
畝又集捐田百畝
袁氏義莊在城中中市橋上塘嘉慶十八年袁均捐田千
畝子士鈺成之
侯氏義莊在城中第八箭河嘉慶二十三年侯鈺建捐田
三百畝族人鳳藻捐田一百四十畝道光中鳳藻子咸
及族人昕之翰等續捐田一百八十六畝桐及之翰子

守廉捐錢六百九十千
錢氏義莊在北延鄉鵝埄錢振鐸建捐田三百畝道光六
年子雲龍成之
余氏義莊在城中眞應道院巷余達海建捐田三百九十
四畝房屋二所道光八年子大貞成之
薛氏義莊在禮社道光九年薛雲從等承父景逵志建捐
田一千十五畝
趙氏義莊在鵝子岸道光九年趙豫建捐田二百畝又趙
恒置祭田百畝十九年恒子鳴玉豫子元鳳捐義冢二
畝

顧氏義莊在聖瀆顧樹本捐田四百二十六畝子覲光等
於道光十二年建族人廷樑澧等又集捐田六十畝
須氏義莊在懷仁鄉黄莊道光十三年須宗周建捐田千
畝
范氏義莊在懷仁鄉與塘道光十三年節婦范過氏建義
祭田四百九十畝
楊氏義莊在江溪橋道光十四年楊恕建捐田千畝子錦
榮殿英續置田千畝
周氏義莊在泰伯鄉香山道光十四年周瑞清建捐田七
百畝

華氏義莊在城中道長巷道光十四年華起莘建捐義祭
田三百二十畝
丁氏義莊在張涇橋道光十四年丁雲錦建捐田千畝
鄒氏分支義莊在嘯傲涇積五世捐田二百畝創祖祠倚
莊道光十五年建
許氏義莊在北延鄉嵩山道光十六年節婦許蔡氏建捐
田四百三十畝
竇氏義祭田一百畝道光十六年竇廷琳等捐置
馬氏義莊在萬安鄉仁里橋道光十七年馬杲妻夏氏鳳
鳴妻孫氏承夫志建捐義祭田三百畝

喬氏義莊在懷寗鄉喬巷道光十八年喬榮春建捐田五
百四十畝
浦氏義莊在北延鄉安葉里道光十九年浦汝霖妻呂氏
承翁曰璞遺命建捐田千畝
胡氏義莊在天授鄉村前胡際昌捐田創建子椿柏於道
光十九年擴成之共田六百六十畝
浦氏分支義莊在北延鄉厚橋道光二十年浦燮堂朝鏞
等集捐義祭田二百四十畝
華氏永喜支義莊在蕩口鎮西倉上道光間華汾春坊廷
標等集捐田五百畝

張氏義莊在北門外黃泥橋道光二十三年張耀堃承父
榮元志建捐田一千一百畝莊基一所
張氏義莊在西門外丁埄裡道光二十三年張耀墀建捐
田一千畝莊基一所
施氏義莊在北門外黃泥橋道光二十六年施曾培建捐
田三百畝
王氏義莊在北門外布行衖道光三十年王潤芳滋芳承
父錦及已故兄弟沐芳漱芳志建潤芳捐田四十畝滋
芳四百五畝沐芳二十畝漱芳四百五畝
江氏義莊在南門外談渡橋道光間江樹德樹勳承父秉

禮志捐田四百畝
王氏義莊在南門外黃泥埄咸豐六年王耀堂同從子世
鈺世釗承父洪泰志捐田三百畝
蔡氏義莊在北延鄉西倉鎮康熙間蔡鶴齡嘗置公田四
百餘畝尋廢同治五年鶴齡元孫錫莘妻華氏及族孫
承恩妻華氏族孫福蔭承先志創建共捐田四百五十
畝族人昇恒捐田二十餘畝又廷桂妻鄧氏等捐書塾
田四十餘畝光緒三年報部
華氏義莊在北延鄉東浜同治十三年華衮建捐田五百
十六畝

周氏義莊在懷仁鄉同治十三年周文江與妻父柳廷烈
合捐田一百十二畝
倪氏義莊在景雲鄉坊前同治十三年倪陳氏承翁遺命
建捐田四百七十三畝
華氏三省支義莊在蕩口鎮許家橋光緒元年華存寬存
吉承父清蓮及兄存恭志建捐田千畝樓房一所
王武愍公祠義祭田三百畝市房三所光緒元年王庭楨
捐置
楊氏義莊在南延鄉雙板橋光緒二年節婦楊陸氏建捐
田二百二十畝

滕氏義莊在南延鄉光緒三年滕廷鈺及弟廣銓昺福從
子同甫等承父達志捐田三百十六畝莊基一所
滕氏義莊在謝埭橋光緒三年滕鑫桂鍾英及從子文清
錦椿等承祖父德源志捐田六百五十八畝莊基一所
顧氏義莊在城南新開河顧鴻遠同弟汾灝合捐田八百
畝子璡從子瑤球等於光緒四年建莊基一所

右義莊

光緒五年以豫省奇荒邑人多勸捐助賑嗣奉撫院咨
札勸捐出力之人未經得奬者先將姓名附入志乘俟
通志開局再歸總纂核定云云今查邑中紳士華翼綸
趙聚姚熙績戴敬熙過恩湛錢福基徐其曜過人遠陳
錫度鼎覲揚安鴻勳楊曙渭楊晉年沈明揚周寅棻過
振華錫嘏王承本須沛等共集捐洋銀五千四百二十

餘元均由縣署報解又李金鏞集捐銀五千兩華文滙宣敬熙陳蓀椿沈承祖唐錫晉楊殿奎汪煦張樹培蔡鳳沼等共集捐銀五千兩均由蘇局報解

無錫金匱縣志卷三十終

無錫金匱縣志卷三十一

物產

禮曰天時有生也地利有宜也天不生地不養君子不以爲禮則物宜尙焉邑中所產無足珍異而稼穡之種布帛之利魚蟹之美與夫果蔬瓜瓠之屬所以前民用者無弗具綜而記之亦尙書不貴異物賤用物之旨與志物產第三十六

無錫米明光祿寺志有無錫米倉一區他郡邑皆無之

糯米馮善志天下糯米本縣最美本縣又惟南鄉揚名等處爲最佳色純白以釀酒則多於他種

惠泉酒名曰三白以臘月釀成色白味清而冽者爲上山中賣者比舍皆是頗多以甘失名蓉湖尖釀者尤上

蕩酒出鵞湖色白而味冽亦其地水性然也

布邑中女紅最勤紡織故不種棉而出布特盛識小錄俗以無錫爲布馬頭其出東亭者尤緻密勝於他處

絲舊惟開化鄉有之自同治初經亂田荒人多植桑飼蠶輒獲奇羨其風始盛延及於各鄉

黃草辮出開化鄉用黃草劈極細合絲綫織而成佳者出諸名葛上

苎絲績苎兼絲爲之輕白不減生絹或織爲帨亦佳

席新安開化之間居民田事稍閒輒以織席爲業成則鬻
於滸關虎邱之肆中寰宇記邑之土產有龍鬚細席
甎瓦甎甕在望湖門外販鬻徧大江南北各郡雖自造堅
緻不如
宛山石色純黑可作硯品亞歙石在水中者佳邑人黃守
中手製者最貴重宛山在常熟界琢而爲硯多自邑人故舊志載此今仍之
陽山石咸淳志云風土記陸墟市東七十步有陽山出石
堪作礲臼始民未知開鑿漢大夫陸端設肴醴以祭後
取爲器寰宇記引南徐記云此山石堪作器江東數州
皆藉此其石質麤而堅至今采之不竭

朱石出斗山
赭石出鴻山
青石出石室山及嵩山擇其質緻者可爲碑材
硃砂宋時邑橫山有大楓樹枝生芸香其下有硃砂墩產
硃砂今無之
白墡出斗山及管社山
薯蕷出膠山唐時充貢見郡邑志今無之
茶橫山雪浪庵有數十株山僧于穀雨前採之曰本山茶
香味不減洞庭碧螺春
蠶荳出惠山邵文莊茶田者味甘美

桂花栗出惠山不過十數株香嫩遠勝他處以桂花時成
實故名
蘭花筍出膠山萬玉亭前色白如玉香清似蘭他處所無
桃鸚鵡山錢桃塢有桃實小如錢而美今無之
紫蘇邑產爲最佳出東門外者尤勝他郡邑產名北支
薄荷出保安寺者佳亞於蘇郡學之龍腦
芡俗名雞頭出鵞湖華氏祖塋之旁產不及百畝居民多
取芡中所出雜以入市或臨視采之輒先置根下亦罕
眞者近則萬安鄉之龍塘岸所生差堪伯仲
腐豉蓉湖尖所鬻者佳糧艘貿鼎運之徧京邑及諸省會

白魚出太湖四時皆有惟五月中梅雨多則大上色瑩白
如銀觸箸紛解鮮美冠時濱湖之邑惟錫有之次則吳
江亦不及也
銀魚出鵞湖盛於晚春夏差減七八月盡矣其大如鍼結
髮爲網取之留水入白瓷碗中了不可見但黑睛兩點
如砂浮著水而居人艤舟得魚傾入煖酒即熟皆成小
玉環好事者置本處水草中不用水養攜入城猶不失
味然不成環矣近者與塘諸處亦有之
蟹出青城鄉玉圻者膏腴盈殼名玉爪蟹
黃雀集諸蕩葦最深處秋食稻粒其肥在尾黃瑩如蠟

門神州青人物極工甲於天下自京師以下販鬻無遠不
至
硃砂箋邑俞氏所製純用硃砂積染而成膠法既善用書
春聯最利筆墨黏之屋壁及屛障間歷年久遠殷鮮不
改後秣陵亦仿其法爲之不及也
堆紗刺綉前明尤仲驥妻俞氏所造卑家保孤業此自給
巧奪天工曾以充貢今邑中或仿其法

祥異

水旱必書所以示儆至禨祥之說本五行志有驗有不
驗稗史所錄博物君子亦往往道之今綜核舊志徵諸
近事祗云記實匪侈異聞志祥異第三十七

晉

永嘉六年五月無錫欻生茱萸四株交枝若連理先是臧
鼠出延陵羊祜令郭璞筮之遇臨之益曰此郡東明年
當有妖樹生若瑞而非瑞辛螫之木也如其果然東西
數百里有作逆者其後吳興徐馥作亂殺太守袁琇亦
草妖也

義熙七年邑人趙未年八歲暴長八尺鬚髯蔚然三日而
死

劉宋

元嘉二十一年木連理生晉陵無錫南徐州刺史南譙王
義宣以聞
二十四年七月壬子晉陵無錫穀櫟樹連理南徐州刺史
廣陵王誕以聞 以上二條考乘據宋書補

宋

熙寧六年旱
紹寧元年大疫

按宋無此年號考熙寧淳熙間有紹熙宗寧紹興紹熙止四年而此下有五年事蓋非宗寧即紹興耳

五年六月大雷電蘇村一民家所用斗稱謠挂於門外大樹之杪

淳熙　年水澇

嘉泰二年蝗自丹陽入武進若煙霧蔽天其集亘十餘里常之三縣捕八千餘石

嘉定七年蝗遍於野

元

元貞元年五月水

天歷二年旱氣如焚疫癘大作

至順元年秋大霖雨民多饑死

二年春大札

明

洪武二十年旱河竭六月丁未戊申大雨水漲溢傷稼

二十五年旱穀價騰貴

二十九年大旱水竭禾槁死

建文三年地震飛蝗蔽空

永樂三年大水米騰貴

宣德六年六月訛言有物食人自淮以南越本境抵蘇松人心惴惴未昏鍵戶明火擊器終夕震驚踰月漸息

九年夏旱民饑摘草葉屑榆皮雜豆餅食之

正統八年夏旱秋大水

九年七月癸亥大風拔木水驟溢

十二年旱

景泰四年十二月大雪樹介冰厚尺餘

五年正月八日夜大雪及丈冰柱長五六尺積陰連月菜麥皆死六月大水傷稼民爲饑

六年夏秋大旱民饑疫死者三萬餘人

七年秋蝗

成化四年六月旱水涸運道殆絶

六年三月壬午黃霧染人鬚眉

八年七月壬子大風雨如正統九年

十五年五月乙丑地震生白毛細如髮長尺餘九月丙子又震生白毛

十七年春夏旱七月丙戌大風雨膠山水驟漲淹上福等鄉壞民廬舍八月乙未風雨又作惠山安陽山水漲尤甚人多死者歲大祲

十九年正月朔大雪越七日林樹冰結成花有氣如霧而黑陰晦積日

二十年夏有物色正黑乘夜遂窗隙攫人始自武進至六

月壬子延及無錫民間徹夜然炬持梃擊金鼓自衛浹
日乃已
宏治元年五月辛巳疾風暴雨竟日
四年四月泰伯鄉民家生豕一頭二身三耳八蹏
七年七月己丑大風雨如元年
十四年十月十七日寅時地震
十八年九月十三日丑時地震
正德元年三月十二日北風大雷電驟雨冰雹平地二尺
餘十二月晦龍見有虹貫日
三年秋大旱

五年七月大水傷稼
七年七月十九日大風雨竟夕傷稼
十一年　月白水蕩蛟起壞民廬
十五年九月大水
嘉靖元年春錫山產芝夏秋旱七月二十五日大風雨拔
木平地水深數尺
二年大旱秋大水
三年十月七日有黑白二龍鬬於太湖之濱湖水皆赤白
龍敗
四年蝗

八年夏飛蝗蔽天秋大雨田禾皆沒
十年十月朔虎入熙春門
十五年大旱農家掘井以灌禾
二十一年夏有虹起第六箭河其光燭天
二十二年潮水至第六箭河甲子復至越五月己巳又大
至
二十三年自六月至九月不雨民饑疫死
二十四年大旱
二十六年九月閏月十月不雨十一月乃雨
三十一年大有年

三十二年天雨赤荳地生白毛
三十四年夏六月大水淹圩田
三十五年正月五里湖嘯中無勺水有二大魚死於湖濱
三十六年五月訛言有妖過江至無錫民間驚惶自衛如
宣德成化時
四十年大水深及丈彌望成川舟行入民居七月地震
四十三年潮水至第六箭河
四十四年六月二十四日夜大風拔木
隆慶元年八月初二日大風發屋拔木六晝夜
二年元日大風太湖水涸

三年湖水至第六箭河

六年壬申宅仁鄉陳幼學田內麥穗四歧考乘據陳筠塘事實補

萬歷元年十月十二日大震電

二年春湖水入西水關至學宮之前

十五年七月二十一日大風湖水驟漲民多溺死

十六年大水

十七年大旱河流絕死者甚衆

三十六年大旱

三十七年大水

四十二年三月二十六日民間訛言倭至頃刻爭入城有相蹂躪死者時邑人張汝陞手挐跆者活十數人載送其家

四十四年正月大雪雪有黃紅黑色屋瓦皆有巨人跡

天啟三年冬地震十二月二十二日申酉間地中有聲如雷自北而南屋舍皆動

四年夏大水湖流泛溢舟行阡陌間

七年秋大風拔木蟲食禾歲大饑

崇禎元年秋八月有蟲嚙禾盡槁民多饑死計六奇北畧載崇禎二年無錫災荒畧言自天啟四年至七年二年大水一年赤旱一年蝗蝻舊年八月以來突有異蟲叢生潛嚙禾之根節以入禾心齧之必斃民臨田大哭有自溺及自經者或磨薪作餅食噎而亡或焚樹皮石粉枕藉以死時武進宜興災狀畧同知府曾櫻會入覲哭於戶部請改折以甦民困當事者持不可

五年元旦雪深四五尺六月二十五日大風雨傾屋拔木冬十二月霰著樹成花作纓絡刀劒之形

六年六月二十五日大風雨拔木毀屋九月十八日風復作如前

九年四月八日雨雹傷麥

十年四月二十二日雹大如拳甘露祝塘等鄉麥盡死秋旱蝗時南里人張元斗宿甫有掩捕之功

十一年蝗大至七月二十五日大風雨雹

十二年七月飛蝗蔽天歲大饑

十三年秋大旱天雨荳七月蝗傷禾

十四年春夏大水秋大旱而蝗米石三兩民多饑死

十五年大疫死者相籍

十六年自京口至江陰無錫民曉起或見黑圈記其門或見釜底畫梅花一夜殆徧考乘據綏寇紀畧補

國朝

順治七年夏大水淹官塘歲饑

九年大水六月江湖至城河

十一年大寒河冰盡合

十三年大旱

十五年八月五日未時地震

康熙四年冬大寒太湖冰官河絶舟楫者匝月
七年六月十六日戌時地震生白毛
九年春夏大水舟行田間歲饑虹橋民家一産二男一女
十年旱禾槁死
十一年有蝗不爲災秋蟲食禾
十三年夏大水傷稼
十五年夏大水傷稼
十八年大旱官塘水盡竭歲饑
十九年大水浸及惠山之麓田盡淹民廬多壞舟行數百里不循故道一帆可達民薦饑自是年及二十年旱澇

之後疫癘大作民間盡室閉門相枕而死村落爲空
二十七年大有年
二十八年旱
二十九年三月之末民間訛言有妖火或變爲人形及猢猻傷人所在秉炬鳴金持梃而譁其言亦來自武進數夕乃止
三十二年大旱九月澇
三十四年夏積雨傷麥食者皆嘔洩秋旱
三十五年春夏旱七月大風雨壞民居
三十七年旱疫

三十八年疫
三十九年旱十一月桃李華麥有秀者
四十三年旱歲饑
雍正元年旱
二年旱
三年旱
九年秋七月大風雨傷稼
十三年夏六月大風雨震電梁溪蓉湖間舟覆溺死數十人
乾隆二年七月與安鄉孤里有七龍見居民數百家屋盡壞多傷死者

三年夏旱
五年夏雨雹傷麥
六年夏地震
十二年秋蟲傷禾
十三年饑米石三兩秋稔
十四年秋疫
十六年二月十八日戌時地震自春及夏霪雨傷麥
十七年四月初四日寅時地震越十餘日地生白毛
二十年八月蟲傷禾盡槁歲大饑民食草根樹皮殆盡

二十一年春大疫
二十四年秋蟲傷禾
三十四年七月膠山鄉過氏家中地出血
四十六年六月十九日大風二十一日方止木盡拔
四十七年夏江潮至城河
五十年大旱河水盡涸歲大饑
五十一年自春至夏無雷六月十六日始聞雷是年大疫
嘉慶元年正月九日大風拔木雪深五尺許
九年大水
十九年大旱

道光元年大疫
三年大水浸及惠山之麓
十一年秋禾被水
十三年自秋至冬積潦傷禾稼
十四年正月大雪深數尺
二十年六月大雨潰圩田
二十九年大水
咸豐三年二月二十七日訛傳粵匪至爭擁出城南吊橋下踏斃二十餘人三月地震八月又震
六年大旱蝗
九年竹開白花半枯死
十年三月大雪
同治三年春西北鄉人相食
四年有獸類狗俗稱竹狗夜入村落噬人年餘始息
六年六月江潮至城河
光緒二年七月譌傳有物壓人夜輒鳴鑼相警聲徧城鄉又有無故失其辮髮者既而獲妖人數輩繫諸獄害乃息
三年五月大風拔木蝗入境不爲災秋蟲傷禾十二月大雪深數尺

四年五月地震

無錫金匱縣志卷三十一終

無錫金匱縣志卷三十二

藝文

志載藝文類有關於地方之掌故民生之利病山川之形勢非徒記登臨侈游讌爲士大夫之雅尚也詩自哀慕歌以降迄於近今風雅代興洪纖畢奏錄其尤者庶無戾於風人之旨文則採自獨孤及而下大都與志傳相參補至於諸家著述別存其目俾後之人有考焉然其佚者蓋不少矣志藝文第三十八

詩

商

哀慕歌

古今樂錄泰伯既與虞仲逃去被髮文身託爲王采藥後聞太王卒還奔喪哭於門季歷謂泰伯長子也當立垂涕而留之終不肯止遂委而去適於句吳是後季歷作哀慕之歌

先王既徂長震異都哀喪腹心未寫中懷音粲追念伯仲我季如何梧桐萋萋生於道周追於切宮館風雅逸篇作舒云舒古榭字一作觀徘徊臺閣既除何爲遠去使此空虛支骨離別垂思南隅瞻望荆越涕淚交流伯兮仲兮逝肯來遊自非二人誰訴此憂

漢

適吳詩　梁鴻

逝舊邦兮遐征將遙集兮東南心惙怛兮傷悴志菲菲兮升降欲乘策兮縱邁疾吾俗兮作讒競舉枉兮錯直咸先佞兮唌唌固靡慚兮獨建冀異州兮尙賢聊逍遙兮遨嬉纘仲尼兮周流儻云覩兮我悅遂舍車兮卽浮過季札兮延陵求魯連兮海隅雖不察兮光貌幸神靈兮與休惟季春兮華阜麥含英兮方秀哀茂時兮逾邁愍芳香兮日臭悼吾心兮不獲長委結兮焉究口囂囂兮予訕嗟恇恇兮誰留

六朝

過歷山湛長史草堂　宋南平王劉鑠

玆山蘊靈詭憑覽趣亦贍九峯相接連五渚逆縈浸層阿疲且引絕巖暢方禁溜泉一作泉溜夏更深林交蓋長蔭伊予久緇涅復得味恬澹願逐安期生於焉愜高枕

歷山草堂應教　湛挺

閉戶守元漠無復車馬跡衰廢歸邱樊歲寒見松柏身慚雎陽老名忝梁園客習隱非市朝追賞在山澤離離插天樹磊磊間雲石持此怡一生傷哉駒度隙

無錫縣歷山集　江淹

愁生白露日思起秋風年窮悲杜衡暮聲弔空山落葉下楚水別鶴嘆吳田嵐氣陰不極日色半窺天酒至情蕭瑟憑尊還惘然一聞清琴奏歔泣方留連況乃客子念直置絲竹間

無錫舅相送銜涕別　江　淹

心遠路已迴意滿辭未陳留風飄別燕北雲竦征人盃酒憐歲暮志氣非上春若無孤鳥還遲泣何所因

望震澤　江　淹（一作鮑照）

澗漫潭洞波合沓嶂嶚雲漲島遠不測岡澗近難分幽篁愁暮見思鳥傷夕聞以此藉沈痾棲迹別人羣結言非盡

書有念豈敷文

亂後行經吳御亭　庾肩吾

御亭一回望風塵千里昏青袍異春草白馬卽吳門獯戎鯁伊洛雜種亂轘轅輦道同關塞王城似太原休明鼎尙重秉禮國猶存殷牖爻雖賾堯城吏轉尊泣血悲東走橫戈念北奔方憑七廟略誓雪五陵寃人事今如此天道共誰論

唐

題湛長史舊居　邱　丹

無錫縣西郊五里有惠山寺卽宋司徒右長史湛茂之之別墅也舊名歷山故南平王劉鑠有過湛長史歷山草堂詩湛有酬和其文野而典特以松石自怡逍遙沈寂終見止足之意可謂當時高賢矣至齊竟陵王友江淹亦有繼作余登兹山以觀三篇列於石壁仰覽遺韻穆若清風遠訪湛氏胄裔山下猶有一二十族得十三代孫略執其譜書殘闕塵蠹年世雖邈璽籠尙存余披宋史略不見其人心每惻歎悲夫斯人也而史闕書然有其一篇則爲不朽矣因復追繼六韻以次三賢之末時有釋若冰者蹤跡兹山修念之餘鑿嵌注壑灑入諸界無非金碧缽帽之資悉償工價是以道友邑僚諷詠

佳賞嗚呼得非茂之之緣果而陰隲於上人不然何竭慮之至耶余聖唐山令臣也屏居臨平山墅亦有年矣嘗諷茂之篇句云衰癈歸邱樊歲寒見松柏不覺禪意超散若在廬霍之間矣異時同歸猶茂之之不忘也壁平湛君用刊巖石徯俟後之知我者得不繼之乎貞元六年歲在庚午檢校尙書員外郎兼侍御史邱丹誌并詩

身退謝名累道存嘉止足設醴降華幡挂冠守空谷偶尋野外寺仰慕賢者躅不見昔簪裾猶存舊松竹烟霞雖異世風韻如在矚余仰江海人歸轍青山曲

前題　韋夏卿

道勝物能齊累輕身易退苟安一邱上何必三山外雲霞長若綺松石常如黛徒有昔主過竟遺青史載詩因野寺詠酒向山椒酹異時逢爾知茲辰駐余旆

前題　李益

昔降英王顧屏身幽巖曲靈波結繁笳爽籟赴鳴玉運轉春華至歲來山草綠青松掩落暉白雲竟空谷伊人撫遺跡惆悵芳又縟云誰斆美香分毫寄明牧

前題　于頔

蕭條歷山下水木無紛滓王門結長裾巖扃怡暮齒昔賢

枕高躅今彥仰知止依依矚烟霞眷眷返墟里湛生久已殁邱也亦同恥立言咸不朽何必在青史

前題　呂渭

巖居舊風景人世成今昔木落故山空猿啼秋月白誰同西府僚幾謝南平客摧殘松桂花蕭散烟雲夕跡留異代遠境入空門寂惟有草堂僧陳詩在石壁

伏覽呂侍郎邱員外舊題十三世祖歷山草堂詩因書記事　湛賁

名遂貴知已道勝方晦跡高居葺蓮宮遺文煥石壁桑田代已變池草春猶碧識曲遇周郎知音荷宗伯調逸南平兆風清建安蹟祖德今發揚還同書史冊

題歷山司徒長史祖宅　湛賁

隨官長史籍高步歷山椒麗句傳黃絹香名播宋朝分能知止足跡貴出塵囂松竹心長固池臺興自饒龍宮欣訪舊鶯谷忝遷喬從事叨承乏銅章愧在腰

别惠山書堂　湛賁

捲簾曉望雲平檻下榻宵吟月半窗病守未能依結社更施何術去爲邦

宿惠山寺　王武陵

戊辰秋八月吳郡朱遐景自秦還吳南次無錫命予及

故人竇丹列會於惠山之精舍是時山林始秋高興在目涼風白雲起於坐隅逍遥於長松之下偃息於盤谷之上仰視雲嶺俯瞰寒影夕陽西歸皓月東出羣動皆息視身如空元言妙論以極窮奥丹列有遯世之志遐景有塵外之心予亦樂天知命怡然契合視富貴如浮雲一歌一咏以抒情性夫良辰佳會古人所惜序述不作是闕文也山水之下景物秀茂賦詩導意以記方外之遊

秋日遊古寺秋山正蒼蒼泛舟次巖壑稽首金仙堂下有寒泉流上有珍禽翔石門吐明月竹木涵清光中夜何沈

沈但聞松桂香曠然出塵境幽慮澹已忘

秋暮登惠山北樓　王武陵

秋老空山悲客心山樓晴望散幽襟一川紅樹迎霜老數曲清溪遶寺深寒氣急催遥塞雁夕陽高送遠城砧三年海上音書絶鄉國蕭條惟夢尋

宿惠山寺同王晦伯竇丹列作　朱宿

古寺隱秋山登攀度林樾悠然青蓮界此地塵境絶機閑任晝昏慮澹知生滅微吹遞遥泉疏竹對殘月庭虚露華綴池靜荷香發心晤形未留遲迴履歸轍

重遊惠山寺　朱宿

歲月人間促烟霞此地多殷勤竹林寺更得幾回過

宿惠山同王晦伯朱遐景作　竇羣

共訪青山寺曾隱南朝人問古松桂老開襟言笑新步移月亦出水哄石磷磷予洗腸中酒君濯纓上塵皓彩入幽抱清氣遠蒼旻信此澹忘歸淹留冰玉鄰

元和二年五月三日重遊此寺獨覽舊題二十年矣當時三人皆登諫列朱遐景方詣行車王晦伯尋卒郎署余自西掖累遷外臺復此躊躇吁嗟存殁朱拾遺詩云歲月人間促烟霞此地多殷勤竹林寺更得幾回過可謂得詩人之思也因命題壁以識所懷山南東道節度副使檢校兵部郎中兼御史中丞賜紫金魚袋竇羣記

蘧舅氏扶風公貞元四年秋八月與太原王武陵吳郡朱宿同遊惠山精舍爲賦往體詩一首王序而題之觀其辭頗有世外之交出塵之想凝思澹慮泛溢天格雖建安才人不足居其右矣後二十年復繼於末則有傷時歎逝之感宿草鄰笛之悲洎會昌初武皇帝廢浮圖法詔毁其宫而逐其徒惠山在毁中時無好事者詩亦隨塵焉今寺既復而詩尚遺落内弟審餘寓書請於蘧會蘧赴河陽辟召路出寺下因重記於軒廊南垣我舅氏由吏部拜執法器業磊落爲時鉅人平生操尚備在

國史此不能舉所載者風韻之詞登臨之興俾後人挹其清芬而已大中十一年五月十三日懷孟等觀察使試大理評事兼監察御史李蘧重題

晨過昌師院　竇羣（一作李隲）

深庭芳草濃曉井山泉溢林馥亂沈烟石潤侵經室幽巖鳥飛盡晴嶺雲歸密壁蘚凝蒼華竹陰漏晴日生期半宵夢憂緒仍非一若無高世心安能此中畢

赴無錫别靈一上人　劉長卿

高僧本姓竺開士舊名林一入春山裏千峯不可尋新年芳草遍終日白雲深欲徇微官去懸知訝此心

無錫東郭送友人遊越　劉長卿

客路風霜曉郊原春興餘平蕪不可望游子去何如烟水乘湖濶雲山遍越初舊都懷作賦古穴覓藏書碑缺曹娥宅林荒逸少居江湖無限意非獨爲樵漁

惠山寺肄業送懷坦上人　李隲

太和五年四月予自江東將西歸涔陽路出錫邑因肄業於惠山寺居三歲其所諷念左氏春秋詩易馬遷班固史屈原離騷莊周韓非書記及著歌詩數百篇其詩凡言山中事者悉記之於屋壁文則不載其寺會昌末經廢毀屋室殆無存者去年棠恩自禁職出鎮鍾陵與

毘陵地不相遠而惠山居其屬邑聞其寺復置會錫邑宰去年過此留宴數日令於予爲故人因寓書請再題焉嗚呼自太和癸丑至咸通己丑三紀餘矣念邑中居人與僧居在惠山興寧兩寺者今無人焉染翰增悲復何言耳咸通十年二月一日江南西道都團練觀察處置等使中散大夫檢校左散騎常侍使持節都督洪州諸軍事兼洪州刺史御史中丞上柱國賜紫金魚袋李隲題記

流水何山分浮雲空中遇我生無根株聚散亦難固憶昨門龍春巖棲侶高步清懷去羈束幽境無滓污日落九峯明烟生萬花暮茲歡未云隔前笑欻已故四時難信留百草換霜露離襟一成解悵抱將何諭驚泉有餘哀永日誰與度緬思孤帆影再出重江路去去忽悽悲因風暫回顧

自惠山至吳下寄酬南徐從事　李隲

不接芳辰游獨此長洲苑風顏一成阻翰謁勞空返悠悠汀渚長杳杳蘋花晚如何西府歡尙念東吳遠瑤音動淸韻蘭思紛盈畹猶及九峯春歸吟白雲巘

讀惠山若冰師詩集因題故院　李隲

五天何處望心念豈皆知化塲留今日鳴泉自昔時古苔生石淨秋草滿山悲莫道聲容遠長歌白雪詞

高懷逢異境佳句想吟頻月冷松溪夜烟濃草寺春浮雲將世遠清聽與名新不見開巖日空爲拜影人

景物搜求歇山雲縱放飛樹寒烟鶴去池靜水龍歸暗樹塵飄滿陰簷月到稀何年燈焰盡風動影堂扉

陰陰垂露蹟苔壁幾年書種樹青松老傳衣白髮居宇工窮八體詩律繼三閭豈是多年學眞空任性餘

常聞鑿洞碑此立爲冰師意到山泉解功深造化疑碧雲終一謝飛錫久無期惆悵人間世空傳樂府詞

上家山　李紳

余頃居梅里常於惠山肄業舊室猶在垂白重遊追感

多思因效戎均體

上家山家山依舊好昔去松桂長今氺容鬢老上家山家山臨古道高低入雲樹蕪沒連天草草色日萋萋悲盤徧草啼噪鴉投樹遠行雁貼雲飛巖光分落日僧火開經室竹洞磬聲長松樓鐘韻疾苔階滴溜鞅石甃鋪莎密舊徑行處迷前交坐中失歎息整華冠持盃強自歡笑歌連穉孺絲竹縱吹彈山明淡月上酒滿心聊放非髮此淹留垂絲匪閒曠青山不可上昔士還惆悵況復白頭人追懷空望望

憶東郭居效邱遲　李紳

昔余過稱齒從師咏知與徒懷利物心不獲藏身寶曳裾一縱掖出處勞昏旦醒醉迷啜哺衣裳辨顛倒忠誠貫白日直已憑蒼昊卷舌墮讒諛驚波息行潦衰禽識舊木疲馬知歸道楊柳長庭柯蘭荃覆堦草旌旄光里舍騎服歡妻嫂絲鬢絕新知蒼鬢稀舊老冠緌身忝貴齋沐心嘗禱笙磬諒諧和庭除還灑掃棲遲還竹巷物役侵江島倏忽變星霜悲傷滿衷抱

泛五湖效謝惠連　李紳

范子蜺冠履扁舟挽霄漢嗟予抱險難怵惕驚瀾漫窮通泛濫勞趨適殊昏旦落日瀉層空浮天淼無畔依灘落葉聚立浦驚鴻散湿疊雪峯連山孤翠崖斷風帆問巨鼇雲蠶成高岸宇宙或東西星辰沈燦爛霞生滇洞遠月吐清熒亂豈復問津迷休爲呂梁歎漂沈身詎保覆溺心嘗判吳越羣異鄉嬰童反爲翫依稀古井邑寥泬同鵝鸛舉櫂永宵分維舟方日旰微彼濟川力若鼓凌風翰易狎當悔游臨深罔知歎

憶放鶴　李紳

頃年無錫閑居里人獻鶴雛余馴養之周歲羽毛既成見其宛頸長鳴有烟霄之志開籠放之一舉沖天復迴翔久之乃去

羽毛似雪無瑕點顧影秋池舞白雲閒整素儀三島近迴飄清唳九霄聞好風任舉應摩日逸翮將成莫戀羣凌厲坐看空碧外更憐鳧鷺老江濆

別泉石　李紳

惠山書堂前松竹之下有泉甘爽乃人間靈液清瑩肌骨漱開神慮茶得此水皆盡芳味也

晴沙見底空無色青石潛流暗有聲微動竹風涵淅瀝細浮松月透輕盈桂凝秋露添靈液茗折春芽泛玉英應是梵居連洞府浴池今化醴泉清

鑑元影堂　李紳

故禪師鑑元影堂在惠山十年前師亦到壽州相見

香燈寂寞網塵中煩惱身銷色界空龍鉢已傾無法雨虎牀猶在有悲風定心池上雙漚没招手巖頭夢幻通深夜月明松子落儼然聽石待生公

別雙溫樹　李紳

余往年於惠山寺手植今蔥翠蔽日此樹過江多死有橘之狀

翠條盈尺憐孤秀移植書窗待月軒輕剪綠絲春葉暗密扶纖幹夏陰繁故人手植空懷想溫室深知不敢言爲爾拂雲今得地莫教陵谷改秋顏

重到惠山　李紳

再到石泉寺內有禪師鑑元影堂在寺南峯下頃年與此僧同在惠山十年鑑元到壽春相訪因追舊歡

碧峯依舊松筠老重得經過已白頭俱是海天黃葉信兩逢霜節菊花秋望中白鶴憐歸翼行處青苔恨昔遊還向竹窗名姓下數行添記別離愁

憶惠山　李紳

故山一別光陰改秋露殘蟬歲月多松下壯心年少去池邊衰影老人過白雲生滅依巖谷青桂榮枯托薜蘿惟有此身長是客亦驅旌旆寄烟波

卻望芙蓉湖　李紳

丹樹村邊烟火微碧波深處雁紛飛蕭條落葉垂楊岸隔水寥寥聞擣衣

水寬山遠烟嵐迥柳岸縈迴在碧流淸晝不風鳧雁少卻疑初夢鏡湖秋

遂波雲朵參差遠背日嵐光隱見深猶似望中連海樹月生湖上是山陰

舊山認得烟嵐近湖水平鋪碧岫間喜見雲泉還悵望自慚山叟不歸山

翠崖幽谷分明處倦鳥孤雲在眼前惆悵白頭爲四老遠

隨塵土去伊川

望亭驛酬別周判官　白居易

何事去長洲連宵飲不休醒應難作別歡漸少於愁燈火穿村市笙歌上驛樓何言五十里已不屬蘇州

送陸羽歸惠山采茶　皇甫曾（一作顧況）

千峯待逋客香茗復叢生采摘知深處烟霞羨獨行幽期山寺遠野飯石泉淸寂寂禪燈夜相思磬一聲

登無錫北樓　郎士元

秋興因危堞歸心過遠山風霜征鴈早江海旅人閑驛樹雲仍密漁舟晚自還仲宣何所賦祇歎在荆蠻

宴無錫蔡長官西亭　李嘉祐

茆檐閑寂寂無事覺人和井近時澆圃城低下見河興緣芳草積情向遠峯多別日歸吳地停橈更一過

自蘇臺至望亭驛悵然有作因寄從弟紓　李嘉祐

南浦菰蔣覆白蘋東吳黎庶逐黃巾野棠自發空流水江燕初歸不見人遠樹依依如送客平田渺渺獨傷春那堪回首長洲苑烽火年年報虜塵

惠山寺流泉歌　皇甫冉

寺有泉兮泉在山鏘金鳴玉兮長潺潺作潭鏡兮澄寺內

泛巖花兮到人間土膏脈動知春早隈隩陰深長苔草處處縈迴石磴喧朝朝盥漱山僧老林松自古草自新清流活活無冬春任疏鑿兮與汲引若有意兮山中人偏依佛界通仙境明滅玲瓏媚林嶺宛如太空臨九潭詎滅天台望三井我來結綬未經秋已厭微官憶舊游且復遲回猶未去此心只爲靈泉留

過惠山春申君祠　張繼

春申祠宇空山裏古柏陰陰石泉水日暮江南無主人彌令過客思公子蕭條寒景傍山村寂寞誰知楚相尊當時珠履三千客趙使懷慚不敢言

懷惠山寺　許渾

排空殿峆倚巖巒松韻經聲月裏寒雨眼流泉清戶牖九龍飛雨灑闌干浣紗女弄金池影聽法烏啼施食盤借問繡衣車馬客幾時林下脫儒冠

宿望亭館寄蘇州一二同志　許渾

候館人稀夜自長姑蘇城遠樹蒼蒼江湖水落高樓迥河漢秋歸廣簟涼月轉碧梧移鵲影露低紅葉溼螢光西園詩侶應多思莫醉笙歌掩畫堂

夜泊毘陵無錫縣有寄　羅隱

草蟲幽咽露初溥獨繫孤舟夜已闌濁浪勢奔吳苑急疎

鐘聲出惠山寒愁催鬢髮凋何易貧戀家鄉別漸難他日親朋應大笑始知書劍是無端

題惠山普利院　張祜

舊宅人何在空門客自過泉聲到池盡山色上樓多小洞穿斜竹重階夾細莎殷勤問城市雲外暮鐘和

泛太湖　方干

長天接廣澤二氣共含秋舉目無平地何心戀直鉤孤鐘鳴大岸片月落中流去憶鴟夷子當時此放舟

經無錫醉後吟　趙嘏

客過無名姓扁舟繫柳陰窮秋南國淚殘日故鄉心京洛

衣塵在江湖酒病深何須覓陶令乘醉自橫琴

懷錫山藥名離合體　皮日休

暗竇養泉容決決明園護桂放亭亭歷山居處當天半夏裏松風儘足聽

曉景半和山氣白微香清淨雜纖雲實頭自是眠平石腦側空林看鹿羣

題惠山寺　皮日休

千葉蓮花舊有香半山金刹照方塘殿前日暮高風起松子聲聲打石牀

惠山泉　皮日休

丞相長思煮茗時郡侯催發只憂遲吳關去國三千里莫笑楊妃愛荔枝

馬卿消瘦年纔有陸羽茶門近始開時借僧爐拾寒葉自來松下煮潺湲

藥名離合體和皮襲美　陸龜蒙

鶴伴前溪栽白杏人來陰洞寫枯松蘿深境靜日欲落石上未眠聞曉鐘

佳句成來誰不伏神丹偷去只須防風前莫怪攜詩稾本是吳儂蕩槳郎

泰伯廟　陸龜蒙

故國城荒德未荒年年椒奠濕中堂邇來父子爭天下不信人間有讓王

題惠山泉　釋若冰

石脈綻寒光松根噴曉涼注瓶雲母滑漱齒茯苓香野客偷煎茗山僧惜淨牀安禪何所問孤月在中央

訪陸羽處士不遇　釋皎然

太湖東西路吳王古山前所思不可見歸鴻自翩翩何山賞春茗何處弄春泉莫是滄浪子悠悠一釣船

訪陸鴻漸不遇　釋皎然

移家雖帶郭野逕入桑麻近種籬邊菊秋來未著花叩門

無犬吠欲去問西家報道山中去歸時每日斜

酬皇甫冉將赴無錫雲門寄別　釋靈一

湖南通古寺來往意無涯欲識雲門路千峯向若耶春山子猷宅古木謝敷家自是長俱隱那云相去賒

宋

泰伯祠　范仲淹

至德本無名宣尼以此評能將天下讓知有聖人生南國奔方遠西山道始亨英靈豈不在千古碧江橫

題陸羽茶泉　王禹偁

甃石封苔百尺深試茶嘗味少知音惟餘半夜泉中月留

得先生一片心

芙蓉湖泛舟　胡宿

小湖香豔戰芙蓉碧葉田田擁釣篷嵐氣欲飛山隔岸秋波不動水搖空翩翩雪鳥爭投浦撥剌霜鱗對擲風正是滄浪濯纓日一竿多謝紫溪翁

即惠山煮茶　蔡襄

兹泉何以得適與真茶遇在物兩稱絕於余獨得趣鮮香籬下雪甘滑盃中露嘗能變俗骨豈獨煎塵慮晝靜淸風生飄蕭入庭樹中含古人意來者庶冥晤

答和蘇公遊惠山寺　竇綱

寺枕青山遠俗氛解鞍憑檻對溪雲樓危鐸韻搖風響林迥禽聲向暮聞紗護佛燈微有暈爐留殘篆半移紋拂衣聊見禪扉靜頓覺塵勞此地分

題惠山寺　蘇舜欽

古寺名傳唐相詩三伏奔迸予何之青山相照翠會合碧殿對影涼參差淸泉絕無一塵染長松自是拔俗姿邊疆雲擾日格鬭釋子晏坐殊不知

翠蘿亭　丁寶臣

諦看軒前翠微暫來登此已忘機地連佛寺樓臺古泉落山田稻蟹肥曉遥忽穿淸氣入夜船多載白雲歸世人誰識紅塵外終老功名未拂衣

寄題翠蘿亭呈伯强寺丞　錢公輔

曩時曾作家山游亭有翠麓排新幽疎軒密牖竹鏘戛烈風勁雨松颼颼呀然出戶瞰山足屹然數竿園上頭掃除雲峯聳客步煎煮錫水供茶甌我時既合衆賓飲醉岸山幘心遲留山僧顧我丐詩榜詩未脫吻驚旋輈四方環走倏已晚十載負約今方酬珍藍增葺想勝舊我已白首縻簪州何當一賦歸去來再欵巖室窮披搜吾宗道人正蕭遯擺脫世上無窮憂欣逢主人賢且令泉石笑傲都相求上人灑掃莫暫閑行行逆我西來舟

寄伯强知縣求惠山泉　蘇軾

兹山定中空乳水滿其腹遇隙則發見臭味實一族淺深各有値方圓隨所畜或爲雲洶湧或作綫斷續或鳴空洞中雜珮間琴筑或流蒼石縫宛轉龍鸞蹙瓶罌走千里眞僞半相瀆貴人高宴罷醉眼亂紅綠赤泥開方印紫餅截圓玉傾甌共歎賞竊語笑童僕豈知泉上僧盥灑自挹掬故人憐我病篛籠寄新馥欠伸北窗中晝睡美方熟精品厭凡泉願子致一斛

和三唐人惠山詩　蘇軾

余昔爲錢塘倅往來無錫未嘗不至惠山既去五年復

爲湖州與高郵秦太虛杭僧參寥同至覽唐處士王武陵竇羣朱宿所賦詩愛其語清篇蕭然有出羣之姿用其韻各賦三首

夢裏五年過覺來雙鬢蒼還將塵土足一步漪瀾堂俯窺松桂影仰見鴻鶴翔炯然肺腑間已作冰雪光虛明中有色清淨自生香還從世俗去永與世俗忘

薄雲不遮山疎雨不溼人蕭蕭松徑滑策策芒鞋新嘉我二三子皎然無緇磷勝遊豈殊昔清句仍絕塵弔古泣舊史疾讒歌小旻哀哉扶風子難與巢許鄰

敲火發山泉烹茶避林樾明窗傾紫盞色味兩奇絕吾生

眠食耳一飽萬想滅頗笑玉川子饑弄三百月豈知山中人睡起山花發一甌誰與共門外無來轍

贈錢安道兼寄其弟惠山山人　蘇軾

鴛鴦湖邊月如水孤舟夜傍鴛鴦起平明繫纜石橋亭慚愧冒寒髯御史結交最晚情獨厚論心無數今有幾寂寞抱關歎蕭生耆老執戟哀楊子怪君顏采御秀發無乃還謫反更美天公欲困無奈何世人共抑眞疎矣毘陵高山錫爲骨陸子遺味泉冰齒賢哉仲氏早拂衣占斷此山長洗耳山頭望湖光潑眼山下濯足波生指儻容逸少問金堂記與嵇康留石髓

惠山謁錢道人烹小龍團登絕頂望太湖

蘇軾

踏遍江南南岸山逢山未免更留連獨攜天上小團月來試人間第二泉石路縈迴九龍脊水光翻動五湖天孫登無語空歸去半嶺松風萬壑傳

錢安道席上令歌者道服　蘇軾

烏府先生鐵作肝霜風卷地不知寒猶嫌白髮年前少故點紅燈雪裏看他日卜鄰先有約待君投紱我休官如今且作華陽服醉唱儂家七返丹

贈惠山僧惠表　蘇軾

行遍天涯意未闌將心到處遣人安山中老宿依然在案上楞嚴已不看欹枕落花餘幾片閉門修竹自千竿客來茶罷空無有盧橘楊梅尚帶酸

同蘇子瞻僧參寥和三唐人惠山詩　秦觀

輟棹縱幽討籃輿入青蒼圓頂相邀迓旃檀燎深堂層巒瀉如洗傑閣森欲翔林巒含雨溼岫日開雲光涓涓續清溜靡靡傳幽香俯仰任登覽悠哉身世忘

使君厭機械所與惟散人顧慚蒹葭陋謬附瓊林新上干青礙礙下屬白磷磷洞天不知老金界無棲塵緬彼人間世烏瞻闕青旻記得蹕三隱巖阿相與鄰

樓觀相複重邈然閟深樾九龍吐靑泠濊濊曾不絕羈遞馳千里眞味猶未滅況復從茶仙玆焉越葵月岸巾塵想消散策佳興發何以慰游嬉操瓢繼前轍

次君倚寄題惠山翠麓亭韻　焦千之

余愛玆山昔屢遊面環氣象冷淸幽茂林蓊鬱疊蒼翠宴坐瀟灑風颼颼密巒積蘚迸泉眼飛甍比翼參雲頭逕邊誰開靑步障客來共泛紫玉甌每思乘興可獨往塵纓未濯莫我留勝處未到心先獻健步歷覽氣挾輸生平趨向與時背泉石夙志略已酬玆山獨以泉品貴乃得嘉名傳九州譬人其中貴有物源深混混難窮搜知公此去久愈

愛惠我佳句忘百憂忽蒙遠寄煮巖壑而我方欲千里求願公早見疑蛇解急詔當應易剡舟

謝黃從善司業寄惠山泉　黃庭堅

錫谷寒泉橢石俱并得新詩蠆尾書急呼烹鼎供茗事晴江急雨看跳珠是公與世滌膻腴今我屢空常晏如安得左轄淸潁尾風爐煮茗臥西湖

張公奭墓芝　鄒　浩

錫山居士張公奭廬墓側有芝三本生焉繪以爲圖見者咨歎

此芝初無根生自孝誠裏孝哉本於誠非緣利心起無芝非所怍有芝非所喜不期芝有無秀出乃如此養志勤色難送終極哀毀既葬不忍歸結廬獨留止孺慕秋復春淚接九泉水比鄰或未知天已知之矣因芝示邦人邦人爭賛美會逢當路賢薦此八行始

惠山寺　蔣之奇

瀟灑攜家上翠微白雲凌亂繞人衣流泉噴薄山前去應待元冬作雪飛

次韻蔣不回惠山行見贈　袁　默

九龍山高茂松竹冉冉風光眞潑綠重岡複嶺勞崢嶸五里垂楊排岸曲雲生洞口若拖練泉落田間如噴玉公乘

若冰遺跡在瀟灑儒冠與僧服夜蟾淸影照寒流春鳥新聲答寒谷山畔人家農事閒長得秋風魚稻熟太湖光射夕陽閒潤澤相通材必育一生游賞心不足憶與高人時往復夢魂還是念歸與問舍求田無百斛身名牽制悼人心收拾未能如水覆侵尋白髮已盈簪方此徘徊千寸祿樂安道人來自蜀尙爾小官身僕僕惠然相訪蓋初傾符彩瑩顏神滿目徐言得道先辟穀二年粒米不入腹日南先生韻超俗授術爲之留五宿天發殺機指下傳妙用圓通皆燭見我情親逾族屬勸以修持言滿軸自慚正類雞伏鵠敢示精心循所祝痊除多謝枕中方臭腐豈爲刀

下肉谷斤牛羊肆殘毒古人已況牛山水深言元氣須引纘起我衰羸丸射鹿煩胸一訣願相傳卦體儼然存九六

惠山　袁默

山翁自合老林扃小有天中盡杳冥兩面樓臺驅作勢半崖松石倚爲屏雲歸洞口紛紛見泉落池心細細聽勝景深藏誰到此好須圖繪入丹青

留題惠山寺　張商英

元符己卯兩浙運判曾孝蘊作常潤京口奔牛二閘成集英殿修撰發運使商英被旨相視遂至惠山寺留題以記行役

咸陽獲璽之明年五月端午余泛船二閘新成洞常潤組練直貫吳松川淮南舵師初入浙借問邑里猶茫然茶經舊說惠山泉海內知名五十年今日親來酌泉水一見信異傳聞千置茶適自建安到青林石臼相爭先碾羅萬過玉泥膩小瓶蟹眼湯正煎乳頭雲腳蓋盌面吸嗅入鼻消睡眠滌缶操壺貯甘液緘題遠寄朱門宅仙人見水是琉璃乃知陸羽非凡客

題惠山諫公竹軒　袁植

子猷喜種竹太白喜乘月俯仰雲泥間勝事㐲清絕況乃吾廬幽風烟浩一邱竹虛能受月華白月白能牽竹翠浮不應玉壘李太白長對山陰王子猷未攜花下一壺酒已登殘夜水明樓人間好景并四難無如月下青琅玕影搖金鎖碎光動劍芒寒魂醒耿不寐哦詩坐長歎

與蔣仲任惠山觀溪漲　袁植

烟曳平川上雲屯翠嶺頭雨淫成大浸堤潰失安流地入三吳窄山餘九隴浮不應昏墊後始用濟川舟

膠山寺　蘇紳

驅馬欵禪扉松風冷拂衣紅塵不到處青嶂此忘歸鳥翠生臺下雲侵講座飛楞伽味眞趣轉覺俗緣稀

惠山寺并簡寶公　蘇紳

綺塍行盡入松門暫拂塵纓袖惹雲海月未升樓上見湖波初起坐中聞寶扉膜拜青蓮相石案傍行白氎紋促榻偶隨居士語煮茶燒栗到宵分

寶乳泉　楊備

山名膠孰結泉味乳親嘗雲竇穿銀井冰甃貯玉漿竹陰濃處冷松子落時香不雨潺潺響無風瑟瑟光粉源初滴瀝珠派遠汪洋曲注分環砌方澄引鑿塘趁齋僧洗缽就讌客浮觴稻漬麕牙飯茶煎蟹眼湯纖毫龜鑑徹盈腹暑襟涼農畝需甘潤膏腴穫萬箱

四亭詩爲錢紳仲作　蔡載

碧亭傍林泉偶與初心期佳處時自領未應魚鳥知遂初亭
白雲何時來英英冠山椒西風莫吹去使我心搖搖望雲亭
高人不惜地自種無邊春莫隨流水去恐污世間塵芳美亭
水行天地間萬派同一指胡爲穿石來要洗巢由耳通惠亭

翠麓亭　楊傑

聞說支公最好賢瀛洲可買不論錢樓臺蔽日都無地草木藏春別有天石上雲翻千峽雨洞中泉落幾家田高閑誰似幽居樂一坐青山不問年

遊惠山　蔣之美

絕頂疑天設重門一徑深泉清千古意松老百年心高閣

窺平陸危亭倚翠岑勝遊方自適猶恐日西沈

遊惠山　蔣之美

維舟上重巘景物近斜暉流水連珠落殘花碎錦飛白雲隨步武香鳥傍軒扉拂井松傾蓋緣崖蘚上衣池光清可鑑竹色翠成圍更接高僧話林梢帶月歸

通惠泉爲錢紳仲作　葛勝仲

山翁徹骨清日飲一瓢水天公隱其窮殆將貽石髓先敕西神君一派疏清泚初驚石罅出盈科來未已其瀦爲淵潭其滙則沼沚酌彼九龍泉錫味參差是一甌紫筍春芽穎留甘美餘波供濯纓濺沫邀洗耳山中有異事喜甚展折齒長安吳天觀泰吳隔千里妄云脈絡通道人眞疏矣寄語贊皇公未應停水遞

陪制置朱工部正辭惠山泉詩分得雲字　蘇儀甫

醴液璇源世味珍陸經甄品始流聞千尋深異江心汲雨派元因嶺上分輕潑茗花憑七箸散爲膏澤待風雲一篇此日摛鴻藻五色他年浴鳳文

濟川諸公同遊惠山因成長韻　錢紳

好山如佳人變態百種好陰晴朝暮間可愛不可道時時思一見如垢久不澡我來正清秋令人豁懷抱秋色佳有

餘俗客跡如掃佳哉二三友在席每傾倒杖策窮縈迴高絕須一到幽尋不厭倦遇境卽窮討階前千歲松閱盡眾木槁亭下百尺井空傳天眼老陸子賞遺味至今泉浩浩高僧挂衣去誰識衣中寶九淵深非龍徒見腓百草眾泉失蹊徑迸散不可考世事每如此所合輒顛倒夜深山色清更對冰輪皓林梢影參差水中交荇藻迴櫂𦬆波心如在蓬瀛島舉觴望青天醉鄉得深造茲遊須再嗣萬事殊未保

華藏寺　錢紳

窈窕招提入翠微碧波千頃照巖扉白頭僧向斜陽立黃

帽人衝細雨歸芳草遠從湖外見殘雲紛繞雁邊飛分明一片家山景卻憶松間筍蕨肥

題雲海亭　姜夔

茫茫復茫茫中有山青蒼大哉夫差國坐占天一方夫差醉蓮宮巨浪搖不醒越師從何來奪我玉萬頃至今亭上秋一蓬萬古愁誰能知往事飛下雙白鷗

泰伯廟　蔣堂

泰伯何爲者不以身爲身遜避天下位奔走句吳濱隱德照來世遺祀傳斯民吁此廉讓國合生廉讓人

惠山泉　劉遠

靈脈發山根涓涓才一滴寶斂護深源蒼珉環甃壁鑒影鬚眉分當暑挹寒冽一酌舉瓢空過齒如激雪不異醴泉甘宛同神瀵潔快飲可洗胸所惜姑濯熱品第冠寰中名色固已揭世無陸子知淄澠誰與別

龍淵 龍縮泉　劉遠

巖巖白石嵌深泉適此止夜雨半山回春風蟄龍起清明無迸形溥博有餘美受濁不傷清納污非所恥趣操比幽人泓澄如得已山林乃挺途眞復誰洗耳

青山寺　尤袤

崢嶸樓閣插天開門外湖山翠作堆蕩漾烟波迷澤國空濛雲氣認蓬萊香銷龍象輝金碧雨過麒麟剝翠苔二十九年三到此一生知有幾回來

題安陽山翠微寺　唐皞

平地巍然起一峯歷山西畔滆湖東勢侵雲漢千尋直影落烟村四面同龍窟正當螺髻頂僧居端坐畫圖中邦人不獨資觀賞旱歲爲霖更有功

惠山雲開復合　楊萬里

二年常州不識山惠山一見開心顔只嫌雨裏不子細彷彿隔簾青玉鬟天風忽吹白雲折翡翠屏風倚南極政緣一雨染山色未必雨前如此碧看山未了雲復還雲與詩

人偏作難我船自向姑蘇去白雲穩向山頭住

題陸子泉上祠堂　楊萬里

先生喫茶不喫肉先生飲泉不飲酒饑寒祇忍七十年萬歲千秋名不朽惠泉遂名陸子泉泉與陸子名俱傳一瓣佛香炷遺像幾多衲子拜茶仙麒麟畫圖冷似鐵凌烟冠劍消如雪惠山成塵惠泉竭陸子祠堂始應歇山下泉中一輪月

尤延之侍郎屢求作遂初堂詩詩未成延之去國因以奉送　陸游

印何纍纍綬若若只堪人看公何樂忽然摸袍開布颿慰

滿平生一邱壑遂初築堂今幾時年年説歸眞得歸異書
名刻堆滿屋欠伸欲起遺書圍舍之出遊公豈誤鬖髮朱
顔已非故請將勳業付諸郎身踐當年遂初賦

惠山齋中聽雨　李　祥

雲令銀蟾遜香寒寶篆遲輕雷新破夢好雨故知時池荇
陰抽帶山茶暗展旗空階聞夜響楚咨起題詩

自題雲龍小隱　蔣重珍

龍山錫山兩山雲出能爲雨入爲晴雲山之氣有歛散歛
散之理斯爲神我廬山下有小隱雲爲動兮山爲靜悠然
而出物之澤屹然而峙地之鎮我見雲山喜與俱雲山無

情不見余我比雲山多此見不如一似雲山無

秦太虛墓　張　理

九峯朝暮雲搖落少游墳野蔓碑全沒晴菴磬亦聞洞偏
泉路細松折鶴巢分高視太湖近雲濤鷗起羣

碧雲塢　李　維

坐久三峯晚望中疑碧雲不應談世事自是出塵氛嘉木
層層見秋聲處處聞佳人端可待風景欲平分

登雲海亭 嘉熙庚子清明前一日　邱　岳

幽尋到華藏峻嶺穿林霏玉鑑水千頃翠屏山一圍雲濤
浩莫測瀛海是耶非馬鬣葬英骨鴟夷脱危機問君借沙
觜容我著釣磯狎鷗似相識來近闌干飛

題膠山寺壁　元　堅

岡頭鵓鴣鳴定欲喚晴雨驅車指東山山下寺亦古道人
雙眼青雪齒起柔語松同萬壑風落絮趁輕舞日暮詠歸
與扁舟在烟渚

前湯普濟菴　陳　炤

一尖龍舌地蘭若此中開曲徑深依竹荒池淺甃苔要令
溪水接莫礙野雲來只恐菴居興難淹出世才

弔五牧 五牧在無錫縣西北四十里　文天祥

予初以朝廷遣張全將淮兵二千救常州以其爲淮將

必經歷老成遂遣朱華將二千人從之張全無統馭之
才自爲畦町十月二十六日提淮軍自往橫林設伏虞
橋北兵至麻士龍死之張全不救走回五牧五牧乃朱
華所駐如掘溝塹設鹿角張全皆不許二十七日北兵
薄朱華自辰至未朱華與廣軍與之對北兵自路塘直
來死於水者不可計至晚北兵繞山後薄贛軍尹玉當
之曾全胡遇翁雲曾玉先遁尹玉死焉張全提軍隔岸
不發一矢有利災樂禍之心吾軍渡水挽張全軍船張
全令諸軍斷挽船者之指於是溺死者甚衆張全幷胥
遁惟尹玉殘兵五百人與北兵角一夕殺北兵及馬委

積田間質明止有四人得歸嗚呼使此戰張全稍施手援可以大勝捷一夫無意事遂闕宗社嗚呼天哉予初欲先斬張全然後取一時敗將並從軍法以張全爲朝廷所遣請於都督乃宥張全使自贖予遂不及行法後詣餘杭發京師取曾全以徇衆而噬臍多矣過五牧弔戰場爲之流涕不可禦

首赴勤王役功成事則天富平名委地好水淚成川我作招魂想誰爲掩骼緣中興須再舉寄語慰重泉

過無錫　文天祥

已未歲予攜弟璧赴廷對嘗從長江入裏河趨京口回

首十八年復由此路是行驅之入北感今懷古悲不自勝

金山冉冉波濤雨錫水茫茫草木春二十年前曾去路三千里外作行人英雄未死心先碎父老相從鼻欲辛夜讀程嬰存國事一回惆悵一霑巾

同蘇子瞻秦太虛和三唐人惠山詩　釋道潛

山烟昃滅沒山木含葱蒨剩舟傍遙岸理策升虛堂迴遭嶇層巒矯矯如翺翔下瞰平田流澹然浮日光靑篁解初籜洗雨聞淸香雖云迴前途眞賞豈易忘

杜門暗朝雨寂歷無行人陰曦忽穿漏卉木鬱已新階泉漱玉齒照眼光磷磷使君美無比卓犖遺囂塵風標傲柏竹談笑凌蒼旻何愧沈冥子卧霞與結鄰

揚帆渡江來洗眼驚翠樾雲姿既容裔鳥弄更淸絶凌梯訪仙蹤金石亦未滅嗟我魚目光疇能綴明月狂墨掃琅玕風烟坐中發殊勝區中人茫茫走飛轍

偃松軒聽松　釋道章

得地八蟠踞參天多晦冥月通深夜白雲壓歲寒靑獨擁虬腰大疑聞雨甲腥深根動坤軸蕭瑟挂疏星

雲海亭　釋法句

目前多少古今情盡在太湖之上亭舸艦浮空雲影亂錫

鏤沈水浪花腥一盃瀲灧含雲夢數點蒼茫認洞庭明日惠山曾有約又攜茶鼎汲淸泠

無錫金匱縣志卷三十二終

詩

元

梁谿謠贈盛高霞道士　柳貫

梁谿一片月搖蕩綠蘿烟玉女采珠回駕龍耕蟠田春去竹花實歲深芝草駢鳳凰招不下遲景惜留連卻望白雲嶠明星正當天雲中青童君招麾使之前謂言寳訣書列在瑤臺編蚩尤守扃鑰一閟三千年至今海嶽閒光氣常蜿蜒茅龍亦解飛金匱豈徒堅引手探元策得之可登仙首路向恒碣西窺臨岳蓮天壇見日出皓鶴共蹁躚行藥

飛狐塞回薄扶桑淵滄溟挹不滿石廩小如拳還尋屏風疊鼓枻淩中川調笑呼陸羽濯纓第二泉但聞丹齊成不見朱顏遷顥露薦冰液雄虹爲采旟上下八景中窅然觀化先何必肩洪厓遂將儕偓佺甯能獨不死爲我啟眞詮大還容草創小刼度朊綿桂枝倘堪結遲贈遠游篇

惠山夏日酌泉燕集　鄧文原

我生懶拙百不堪放意林壑窮幽探茲山九龍勢飛動髻鬟錯落盤松柟高風吹衣淩險遠太湖渺渺天西南泉流不逐湖波逝融爲冰鏡開塵函六月火雲生熱惱三嚥氷雪開清甘試將水品證泉味一語須喚山僧參層臺柔芑肖遺像古屋彌勒空香龕五年兩懸惠山頂求辦草長來卓菴白鳥翻風導先路碧雲垂地隨歸驂酒醒呼枕聽風雨老龍卷水空溪潭撫掌歡游已陳迹隱隱孤舟沈暮嵐

送徐元度　虞集

起家辟掾三公府拄笏西山度歲年故舊總懷天下士風流更重幕中賢香烟滿袖遊絲夢春水如天上計船三月看花鵷鷺裏題詩還向遠人傳

溪山勝槩樓　揭傒斯

日極高深思渺綿詩家樓閣好山川風光流轉酣歌裏烟水微茫徙倚前地足蒲荷連夏沼年豐黍稌滿秋田多藏

陽羨先春茗日試山中第二泉

題惠山寺　湯仲友

梁谿停短櫂帶月步西關路盡忽逢寺松多不見山巖腰雲殿古洞口石泉閑到此正吟苦秋聲滿樹間

惠山寺行殿宋高宗駐蹕於此　杜竹處

渡江五馬竟忘歸愁見年年雁北飛千里版圖非故國六朝基緒幾危機烟藏經葉閑僧錫風落松花上客衣前輩衣冠已塵土空留碑碣枕斜暉

留題惠山　柯九思

騎馬東華塵滿道山川如此不曾來清泉白石何年有翠

竹蒼松古殿開幽人試水嘗春茗過客題詩坐雨苔杖藜
絕頂便疏曠日暮浮雲天際迴

送王誠夫知無錫州　柯九思

黃金橫帶爛輝光出守甯辭道路長鵷序久陪蒼水使鳳
池曾赴紫微郎雙旌坐鎮湍溪月列戟看凝燕寢香肯汲
惠山泉見寄青春煮茗當還鄉

遊惠山寺　王仁輔

紅杜溪頭艤小舟青蓮宇內作清遊土花繡壁淡如畫嵐
翠潑雲濃欲流短李清風存古意大蘇圓月洗春愁摩挲
泉石舒長嘯未羨神仙十二樓

五牧　張翥

苦戰勤王事精魂泣鬼雄壞城兵氣黑遺鏃血花紅故老
談亡國明時錄死忠長吟一搔首落日鳥呼風

七月之集慶次無錫宿元文館　張翥

海月光芒溼川雲意緒閑剛風浮地外元氣滿人間野榜
歌相答漁燈去不還電明知有雨只在九龍山

中秋望亭驛對月 北還 代祀　張翥

月色滄波共渺茫驛亭雜坐看湖光仙家刻玉青蟾兔帝
子吹笙白鳳凰蘆葉好風生晚思桂花清露溼空涼回撓
使者秋懷濶倒寫銀河入酒觴

次元鎮伯雨錫山倡和之作　張翥

鶴在青林鳳在阿騷人行處有吟窩西風落木秋來早南
國浮雲日暮多欲賦朱華臨鄴水可堪白芷怨湘波期君
不負湖山約來聽吳儂欸乃歌

謁李忠定公祠　陳方

丞相非庸傳慷慨遭國難平生痛哭心忍死抱長算嗚呼
百歲後寂寞誰享祼至今空山中祠宇安厓岸鳥跡上香
臺棲塵落風幔山僧雖異流展像亟稱讚飄飄風塵際黃
屋任鼠竄不有左轄尊至今猶扼腕公留人心安公去人
心亂桓桓神將軍一鼓銳而悍所至繫其頸小衂何足憚

魏公經濟才安劉左吾袒傾蓋出流離中情始氷泮倉皇
青城役慘澹失神觀豈無婁敬策尙足勤修捍落付空
言悠悠惜神斷聲名宇宙間草草入嗟歎

和華彥清宿洞虛宮　陳方

眞館時時到仙花樹樹幽西風寒入竹北斗夜當樓煩覺
乾坤異甯爲歲月憂乞分筇竹好相伴赤松游

遊惠山　陳方

僧居高處接雲霞村市周遭石徑斜細細山泉爭入澗雙
雙水鳥靜眠沙佛前風動桫欏樹溪上春留躑躅花十五
年來頭漸白倚闌仍舊一烏紗

題惠山寺　鄭元祐

百里盡平壤茲山忽中蟠硿砑得宏深迂徐納平寬僧坊隱其腹宗構居桓桓立神衛觚稜緣雲置闌干我來元冬交枒舟起微瀾天連黃沙白露委青林丹地無車馬塵松筠正堅完蒼然後凋意彼此不厭看稍稍陟其崖深源汲甘寒共惟桑苧翁出處良獨難帝青九萬里冥飛見修翰空留雪泥迹莫究清靜觀瀹茗滌愛渴晏然有餘歡

溪山勝槩樓　陳顯曾

江南二月羅衣裳藤花滿地山雲香背人小燕撇波去朱簾白日游絲長蒲茸綠淺芹芽紫沙上輕輕溼飛雨美人

遙盼木蘭舟一夜相思隔春水

溪山勝槩樓　張思廉

九龍山下梁溪水水色如藍山色紫一聲欸乃雁初飛十二闌干人獨倚琵琶撥斷氷絲結滿地青蘋落秋雪隔窗最是拒霜花下有鴛鴦睡明月

留題時思精舍　李士行

策馬九峯道行行如山陰勝景不暇接爽氣襲衣襟悠哉時思菴寫我千古心修竹秉高節流水響清音日暮下山去疏鐘烟霧深

宿元文館　張　雨

十日閉春院草積青苔厚稍止侵窗雨爭鳴決渠溜想見蝸口泉玉色動欄甃便尋雙凫舄翻飛入烟岫

寄題時思精舍　張　雨

重遊九龍峯寒食生春陰竹露灑我笠松風吹我襟況逢金閨彥幽探愜素心風泉繞屋壁亂響琴筑音翻然出谷去回睇烟蘿深

上巳日遊惠山　張　雨

水品古來差第一天下不易第二泉石池漫流語最勝江流湍激非自然定知有錫藏山腹泉重而甘滑如玉調符千里辨淄澠罷貢萬年離寵辱虛名累物果可逃我來爲

泉作解嘲速喚點茶三昧手酬我松風吹兔毫

與倪泰宇遊無錫華藏　張　雨

湖上亂峯如髻鬟湖邊才子駐金鞍霜餘鸂鶒沙汀淺日落麒麟墓道寒古壁風篁無盡意清尊雲海有餘歡遠遊未羨鴟夷子直向飛仙乞羽翰

春日雲林齋居　倪　瓚

池泉春漲深徑苔夕陰滿諷詠紫霞篇馳情華陽館晴風拂書幌飛花浮茗盌階下松粉黃隱閒雲氣暖石梁蘿蔦垂騶騎行跡斷非與世相違冥棲久忘返

與張貞居雲林館燕集分得春字　倪　瓚

青苔網庭除曠然無俗塵依微樵路接曲密農圃鄰鳴禽已變夏疏花尚駐春坐對盈尊酒欣從心所親

元文館讀書 有序　倪瓚

余友元中眞師在錫之東郭門立靜舍名元文館幽潔敞朗可以閒處至順壬申歲六月余寓是兼旬謝絶塵事遊心淡泊淸晨櫛沐竟終日與古書古人相對形忘道接翛然自得也且西神山下有泉味甚甘冽與常水異館去山不出五里故得昕夕取泉以資茗荈余讀書研道之暇時飲水自樂焉乃賦詩記事

眞館何沈沈寥廓神明居陽庭肅宏敞月林鬱扶疏晞言

茲遊息脫屣榮祿區檐榱初日麗池臺涼雨餘焚香破幽寂飲食聊舒徐潛心觀道妙諷詠古人詩懷澄心自怡意愜理無遺誰云黃虞遠泊然天地初回首撫八荒紛擾蚍蜉如願從逍遙游何許崑崙墟

寄題時思精舍　倪瓚

我生劬馳騖無機如漢陰重遊古蘭若對山開我襟風流李謫仙賞靜諧夙心琅然哦新詩如聞大雅音回首石林晚白雲花雨深

題惠山　倪瓚

重過漪公宅因嘗陸子泉佛香松葉裏僧飯石巖前市駿誰憐馬荒池憶種蓮淸心有妙契塵事已長捐

溪山勝槩樓　倪瓚

樓下淸溪夏亦寒溪頭箇箇白鷗閒風迴綠卷平堤水林歛青分隔岸山若士振衣千仞表何人泛宅五湖間絶憐與子同淸賞定向雲霄共往還

聽秋軒 在祗陀寺　倪瓚

聽秋軒裏聽秋雨定起山僧坐翠微隱隱烟濤搖夜闌濛濛花雨著人衣驟如崖瀑衝雲落宛似湘靈鼓瑟希六月塵根今已淨松篁陰下共香霏

淸閟閣　倪瓚

眼見藤梢已過牆手拈書卷復堆牀閒臨水檻親魚鳥欲出柴門畏虎狼冠製不嫌軀殼小衣裾新翦鶴翎長從來任拙惟疏懶一月秋陰不下堂

晚泊新安有懷九成　顧瑛

夜泊新安驛西風八月天人家溪樹裏喚飯杝樓前水落星移石雲開月墮船遊思佩韋者凝坐不成眠

登惠山和韻　于立

秋水放船來野寺寒崖古石路崚嶒鶴棲雲外三珠樹猿掛烟中百尺藤古殿金銀黃面老小龕香火白頭僧明朝城市多塵事何日重來一再登

前朝古寺倚崔嵬快聽松風上古臺一勺靈泉通地遠九
峯龍氣抱天迴淸暉娛人不少住黃土睇眼何當開歸舟
賸載煎茶水更帶新詩入郭來

和顧仲英晚泊新安見懷韻　鄭韶

長林夕露下一雁過靑天月照風燈外星沈野水前美人
隔烟渚淸夢落江船孤坐閶城漏迢迢夜不眠

遊惠山　陳邁（一作迈）

空山微雨後啼鳥早春時雲氣侵衣潤泉聲出寺遲淸茶
方破夢新酒復催詩了卻公家事重來再與期

往揚名開化二鄉掩骼　王逢

分藩多賢勞不敏參賓客雖無官守縻亦復與言責二鄉
虔劉禍慘甚長平阨先王制禮經孟春當掩骼僕夫有難
色款段纔任策駸駸度岡坂渺渺循藪澤稍稍烟微靑歷
歷野四白游魂行草上遺老候道側我豈物役徒玆來出
心臆皇天久下憫赤子非寇敵鴟鳥何不仁銜啄血更瀝
因歌戰城南風悲淚狼藉

洞虛宮玩月　王逢

獨立鬢蕭騷天風吹綺袍石牀秋後薄香殿月中高句落
丹山鳳神游滄海鼇仙人渺何所靈響度雲璈

山中春晚　趙若巖

山空行跡少地迥落花多草長迷香澗松高掛女蘿林深
猿鳥下徑靜鹿麋過春事今云暮其如懷抱何

登鹿頂山　華幼武

雨洗春泥輭山高興轉孤振衣淩絕頂拊掌望平湖塵霧
逐迷楚烟花直過吳乾坤萬里濶不泣阮生途

中秋夜泛舟鵝湖　周翼

八月十五夜何其鵝湖漾舟人未歸水生金浪兼天湧雲
度靑冥傍月飛鴻雁沙寒微有影芰荷秋冷不成衣古人
一去渺何許黃鶴舊磯今是非

登惠山和韻　陳基

欲叩沙門大小乘西風飛屧過崚嶒空山金碧鏘流水絕
壁龍蛇走亂藤一室香花同聽法百年雲水不如僧何時
更躡山翁屐寶地相從取次登

霜作楓林葉作堆秋高蕭寺客登臺排空列嶂千重合出
谷流泉百折迴須洞烟濤塵海濶參差樓閣化城開獨憐
萬里關河鴈不寄天涯一字來

登惠山和前韻　陸仁

惠山秀拔南蘭陵大雄宮殿開崚嶒登高未試九節杖攀
險且攬萬年藤泉頭已無裹茗客峯頂或有巢雲僧梁溪
歸槳追落日杵聲何處響登登

西神秋色清於水下馬長林坐石臺山鵲忽鳴銜樹過巖花欲落受風迴松聲暗與泉聲答龍氣朝隨霧氣開悉苧祠前無限思明年試茗擬重來

登惠山和前韻　周砥

九龍之山天外青寺門巖壑寒崚嶒水流秋澗渾疑雪路轉陰廊或凝藤刻石定傳霞上作具茶應喜竹間僧御憐獨臥滄江者何日杖藜還共登

行盡疏林黃葉堆青蓮境界起樓臺雨分山氣空中落雷挾泉聲地底迴磬響驚人溪路隔香烟滿袖殿門開誰知拂石題名處頓愷前身今再來

留題惠山　移剌廸

參差樓閣古招提猶有唐人石上題潭影空明天上下薛痕生澁路高低泉香茗細僧清供竹密花深鳥亂啼已負半生巖壑趣馬蹄羞踐綠莎泥

惠山留贈眞長老　馬治

殿門高拱碧崔巍慚愧名僧此日來辛苦欲興泉上寺蕭條爲掃刼殘灰九龍雲氣諸天繞萬象潭心一鏡開洞酌便同甘露灑下方思見古風迴

自仙源過祇陀懷元鎮　范致大

扁舟蕩槳出東城最愛新流拍岸平霽雨蘭苕來翡翠晚風楊柳送鶬庚盈盈溪女臨沙浣歷歷郊農傍隴耕謬倚林齋望山郭憶君清話不勝情

題麻監州墳在邑西郊　范致大

一日孤墳起翠微空山草木亦生輝賀蘭竟復彝雲死杜季寧遲馬援歸義魄不隨黃土化英靈長共白雲飛篤交郵幼端奇事慚愧梁溪一布衣

雲林草堂答元鎮次韻　楊維楨

坐斷深林事不聞西窗風日愛餘曛舊經高亦尋三傳新詠山王倒五君翠篠侵牀落蒼雪石池洗硯動元雲東鄰書屋最相憶莫遣草堂移眞文

訪倪元鎮不遇　楊維楨

霜滿船篷月滿天飄零孤客不成眠居山久慕陶宏景蹈海深慚魯仲連萬里乾坤秋似水一窗燈火夜如年白頭未遂終焉計猶欠蘇門二頃田

題惠山寺　釋明本

惠山屹立千仞青俯瞰大地鴻毛輕七竅既鑿混沌死九龍攫霧雷神驚霹靂聲中厓石裂銀泉迸出青鉛穴惟恨當年桑苧翁玉浪翻空煮春雪何如跨龍飛上天併與爭過崑崙巔散作大地清涼雨免使蒼生受辛苦我來叩泉泉無聲一曲冷光沈萬古殿前鳳檜盡然鳴日暮山靈打

鐃鼓

題雲林居　釋良琦

每憶雲林子隱居淸且閑褰裳采芝秀倚杖看秋山微雲松陰暝靑苔石上斑韓康偏有意時復到柴關

（明）

夜投西神寺　高啟

江月上秋衣來敲遠寺扉棲禽驚客至睡僕訝僧歸鐘度行廊盡燈留浴院微非無招旅館禪定欲相依

寄惠山熙書記　高啟

禪居紫閣陰欲去問安心野岸隨流曲山門隱樹深千燈

然雨塔一磬出風林想見跏趺處雲深不可尋

惠山春申君廟　高啟

封君開巨壤相楚服強鄰名重三公子謀疏一婦人晝幃留古像珠履絕遺塵簫鼓時迎祭還憐舊邑民

寄懷雲林草堂　高啟

名落人間四十年綠蓑細雨自江天寒池蕉雪詩人畫竿榻茶烟病叟禪四面荒山高閣外兩株疏柳舊莊前相思不及鷗飛去空恨風波滯酒船

無錫道中　張以甯

壘橋隨港直聯木護堤偏村落皆通水人家半繫船橋花沓嶂露楊葉澹寒烟中土何寥廓黃沙入種田

賦得泰伯廟送倪元鎮　袁凱

窮商肇基迹傳季思遠聖兄弟逃荆蠻讓德一何盛千家聿來從句吳始開境遙遙至裔孫欲大心愈驕深宮貯妖麗高堂瞰遐迴既拒伍胥忠還甘太宰佞鄰邦樹讎怨上國肆爭競社稷終變遷軒檻獨完正相傳在閭里灑掃政嚴淨歲時具牲醴歌舞勞送迎楚鬼久無食越魄誰將祭強暴有湮晦聖哲無終竟於焉送將歸舟艫得依並是時春氣和氤氳滿芳徑渚花動幽彩汀蒲發深艷江水去不息烟霞日將暝斂衣拜階下懷哉起孤詠

望惠山　王惟允

昔者歲庚戌承檄離故鄉遠與此山別關陝隔異方緬懷林壑姿令人歸思長瀟灑棲白雲靑松蔭石牀泠泠第二泉流潤石髓香今辰罷官守春風促歸航靑靑九龍峯鬱然當我藏我本江海人泉石有膏肓一從縶塵網鬢髮已蒼蒼寄謝桑苧翁卜鄰漪瀾堂

題靑山白雲圖　錢仲益

連山盤盤隔溪水翠滴嵐光淨如洗松梢日出初雨晴滿地白雲收不起溪窮路轉石徑斜隔溪遙見山人家柴門深閉人不見煖風吹落朱藤花良工邈得無窮景坐玩令

人發深省何由築室住山間長臥雲窗弄秋影

秋夜與浦舍人敘別　林鴻

南宮飲散動經年此會羈魂各黯然霄漢故人誰更在江潭逐客自堪憐疏燈細雨開秋宴落葉驚風攪夜眠歸去胥陵成遠別好憑陽雁望南天

膠山雪晴　謝應芳

夜來雪深二尺強石人墮指氷蠶僵猶喜金烏兩翅凍不折天明飛出海上之扶桑老夫晨起膠山下風景看來渾似畫連山萬頃玉爲田隔水數家銀作舍田中築城圍義兵日高未飯饑腸鳴黃泥凍地硬如鐵白柄短鋤鏘有聲

不辭受寒饑但恐虧工程將軍踏雪來點名萬夫鵠立顫且驚馬前壯士五色棒棒頭性命鴻毛輕余生悔不習兵法雪夜禽渠書奏捷客欄抱膝漫悲歌奈爾義兵寒苦何

無錫書所見　謝應芳

丞相樓船槌大鼓鐵騎前驅猛於虎何物鼠輩敢跳梁不畏輕遭萬鈞弩落日未落懸林梢一天殺氣風蕭騷官軍縱火鼠入窟太湖水濶陽山高相君名位同裴度豈無將軍如李愬兜鍪戴雲擣賊巢一夕湖船可飛度我有方寸鐵願作將軍箭將軍三箭定陽山湖水依然淨如練

登惠山酌泉　周權

惠山鬱律九龍峯磅礴大地包鴻濛劃然一夕震風雨欲啟靈境昭神功六丁行空怒鞭斥電火搖光飛霹靂一聲槌裂老雲根嵌洞中開迸寒液道人鑿玉深護藏鏡含蒼古凝秋光陸羽甄品親試嘗翠湏煮出松風香我來山下討幽境自挈瓶罌汲清冷味如甘雪凍齒牙紺碧光中敲鳳餅昏塵滌淨清靜觀心源點透詩中禪瓦呼陶泓挾元玉揮灑字字泉聲寒投閒半日聊此駐孤棹明朝又東去紅塵人世幾浮雲鐘鼓空山自朝暮

懷惠山　錢師貞

何處春光最可憐蓮蓉溪上惠山泉梨花照水散晴雪柳

樹遶堤生暖烟神廟乙靈香蠟社泉亭留客綺羅筵而今景物都非昔一度逢時一愴然

西城晚眺　浦源

官柳猶遮舊女牆角聲孤起送斜陽英雄百戰成寥落兵燹平分自渺茫寒雁帶愁離塞遠暮江流恨入雲長古今天地誰非客何用登臨獨感傷

秋日惠山寺覽景　浦源

偶到惠山寺因尋陸羽泉江皋片雨歇天際一帆懸野鹿嗡花過沙禽傍竹眠焚香同看畫煮茗共談禪茅舍炊烟起溪城古樹連悠悠聽牧笛汎汎見漁船興發烟霞外情

西巖有明月更留清話不知還

觀柳道傳太宰留題惠山詩卷　周文字

五雲樓閣鎖成堆彷彿山光百里開天上神龍行雨去日邊驄馬踏花來千年蘭若春餘夢百世文章刼後灰惟有石泉流不盡月明猶照鶴飛回

泰伯祠送張守　張錞

泰伯遺墟在梅李井邑依然舊山水當時三以天下讓周家綿延八百禩可憐有廟附南郭社鼓鼕鼕歲時樂兵火年來草棘深惆悵文明竟誰託張侯一郡民父母此固無嫌我鄉土豈惟墜典與自今要使流風亦還古

遊惠山　沈瘠

春風吹我步烟霞路入蒼苔一徑斜新綠漫添平岸水淫紅輕送過牆花勞勞塵世尋常事隱隱烟村四五家物理細推行樂好莫從愁裏過年華

春申君祠　王達

昔年大邑封江東意氣傾奪何其雄今朝送客過祠下感慨令人愁萬重頹垣敗屋鳴寒鼠千載寥寥竟無主片言曾見服强秦一計那知失於楚古來辯士多殺身用智得愚良苦辛三千珠履今何在門外青山解笑人

竹茶爐　王達

生澗谿邊春申祠上坐弔古一悽然

聽松菴　韓友直

坐斷西神九脊龍一菴花竹隱僊踪碧山學士水蒼珮玉女明星雲母舂漚芸池香魚弄藻繙經院靜鶴盤松只應同飯胡麻了更上瑤臺第幾重

李丞相讀書臺　朱昇

昔賢曾習靜爲客借僧堂聽法過苔徑攤書據石牀佛燈然雨暗僧飯煮泉香雖自紆朱組幽期豈暫忘

過倪雲林墓　韓奕

一壠與田平青青麥生耕犁他日處挂劍故人情書畫

名空在山林夢亦清不堪寒食節落日杜鵑聲

過聽松菴　顧協

偶得讀書暇來尋野衲家澗鳴風乍起山暝日初斜到樹驚啼鳥推窗見落霞同遊鄭高士坐石共分茶

宿照菴僧舍　顧協

煮茗復煮茗笑談忘寢眠斷鐘春寺裏細雨夜燈前詩好無多首琴殘剩幾絃年來挂行跡多半在林泉

過聽松菴　顧協

偶來林下叩松關分得禪僧半日閑孤興忽生流水外高情聊寄白雲間炊烟晚映高低樹落日晴分遠近山今夜

製作精深亦可觀日供高士試龍團輕分淇雨苔猶綠細剪湘雲粉未乾紫筍滿甌吟骨健清風一榻鬢絲寒啜來坐盡梅花月正是凌秋第幾竿

題成趣軒　王紱

桑麻日已長稼穡日已成門巷蔭榆柳隔屋繅車鳴生平負營爲遂此田園情衣食幸不乏公賦尤寬平舉家情欣欣淡然忘世榮力作雖云勞濁酒時共傾豈意事高尚所樂安吾生

憶惠山　王紱

我昔九龍山下住結廬正在雲深處日日看山還看雲嘗

教剪卻當檐樹無端一別猿鶴羣馬跡南北徒紛紜塵迹底事拂衣既回首負卻山中雲

惠山煮茶　王紱

寒齋夜不眠瀹茗坐鑪邊伏火煨山栗敲冰汲澗泉瓦鐺翻白雪竹牖出青烟一啜風生腋俄驚骨已仙

竹茶鑪　王紱

僧館高閑事事幽竹編茶具瀹清流氣蒸陽羨三春雨聲帶湘江六月秋玉臼夜敲蒼雪冷紫甌晴引碧雲稠禪翁託此重開社若個知心是趙州

太湖春漲　馮善

震澤春深漲碧漪淨涵天影漾玻瓈遥增翠嶠千尋潤頓減吳山數尺低紅泛落花通別浦綠含芳草漫長堤釣舟昨夜歸來晚汲御漁磯路亦迷

重遊惠山寺　聶大年

汲得春泉不滿瓢老僧相引說前朝殘碑久許遊人搨古殿新遭刼火燒白墖荒墳寒食飯青山流水夕陽橋空餘陸羽祠前月永夜松房照寂寥

寄朱彦昇東郭居　趙次鈞

耿耿傷離居幽情日蕭索霜寒林木變石出溪水落抱沖思寒儔同志念非昨援琴寫素懷伫子在東郭

眠雲軒　張適

山人賣藥還倦就山房寢白石作匡牀嚴雲爲席枕於焉得宴休軒楹澄夕景落月映虛白輕飈度微影灑灑毛髮清冉冉衣裳冷無心同卷舒澤物共馳騁鶴鳴驚夢回離腮夜初永

宿泗州寺　呂敏

纖月墮高林清風灑疏竹山僧沐相慰雲榻留共宿座凉交竹陰爐温藹蘭馥於焉爲申章庶以寫幽獨

石門　殷序

石門我來不厭頻悠然欲酌還自酌千崖冥冥送雨來萬

木紛紛向人落丹邱已會煩青鳥青田猶未見元鶴句漏
小住亦多時便欲從此凌寥廓

登惠山　張遜

泓雲蒙青山零雨暗村樹重來邱壑暮慰此情夜敘高堂
開翠戶野客當楹據疏鐘越林度清嘯逾嶺去風吟松可
聽石漱泉致飫景勝煩顧接心領各異趣悅此神爲清耿
耿至達曙

遊惠山柬韶石師　尤稷

背郭山無十里賒上方樓閣鎖烟霞逕連野色迷芳草泉
帶寒香泛落花齋鉢暫收雲外菌竹罏聊試雨前茶道人

知我耽詩癖共倚長松到日斜

仲秋八日與繼芳遊天全亭　秦旭

峨峨九龍山迢迢五湖岸扁舟弄雲水山影波底亂遊嬉
松桂林已覺風景換長吟斜川詩驚鷗忽飛散

甲辰正月六日繼芳邀社予以眩疾不赴詩以申謝　秦旭

頭白昏昏只欲眠招呼長荷社中賢餘生待獎鬼門下良
會負期人日前畏酒暫辭金谷罰酌泉重結惠山緣春湖
綠漲桃花水煩借米家書畫船

與懋成惟清公祿叔理舜明山行歸途和韻

落梅風急放湖船六客逍遙是散仙雪白河豚新入饌鵝　秦旭
黃楊柳未成綿松菴相地開詩社花市留衣當酒錢寄語
諸公愼終始莫因勤怠誤流年

立夏前一日偕梅菴立夫過新安別墅　秦旭

裹得新茶立夏前白龍橋下泛湖船紅雲壓地薔薇海黑
雨翻空玳瑁天急景任教隨逝水閒情何必問流年山林
鐘鼎粗能了更與諸公保萬全

題碧山吟社圖　史寬

詩壇高築壬寅歲勝事遙傳大歷年買地有貲酬野衲品
泉無譜問茶仙樹藏亭子清風裏路遶雲根小洞邊賡倡
願隨諸老後結盟遲我賦歸田

盛舜臣新製竹茶罏　史寬

已亥之春予過無錫遊惠山入聽松菴觀竹罏酌第二
泉煮茶嘗賦詩記其事今刑部侍郎盛公無錫人也謂
罏出於故王舍人孟端制古而雅乃倣而爲之且自銘
其上其姪虞宇舜臣者性尤好古來省其世父不遠數
千里攜以與俱予獲覩焉因取前詩次韻賞之

聽松菴裏試名泉舊物曾將活火煎誠讀銘文何更古偶

觀規制宛如前細筠信爾呈工巧暗漲從渠攪醉眠絕勝
田家盛酒具百年長其子孫全

野翁山居　施廉

淸晨梳我頭有客過茅宇呼兒具尊罍展席集朋侶鉤簾
對青山瀟瀟落疏雨可人期不來相思渺何許

與余民用潘時覲同遊惠山　楊璿

前朝湛氏宅十載一經行境勝多題詠僧閒少送迎松風
禪榻靜花雨石牀平共飲山中水蕭然遠世情

陸墟別業　楊璿

文筆峰前湖水西幽棲地僻少輪蹄花間稱子坐垂釣竹

下老翁行灌畦酒熟漫判金谷飲詩成先許錦牋題已閉
孫筍如蓬賤更說雕胡似掌齊

雨憩聽松閣　徐問

山雨正冥冥山僧開翠屏水拖千澗白雲約半峯青石髓
分茶鼎塵心靜佛經松風坐來定餘韻遶檐楹

題孟氏惠麓小隱　秦夔

亂後家何在歸來始定居丹心三尺劍白首五車書成晚
名猶在雲臺業未疏結廬來小隱歲晚足耕鋤

錫谷書堂 陳處士公懋別墅　秦夔

錫谷逶迤山水幽中有隱者之飛樓二泉烟霞半歛夕九
龍爽氣常宜秋吟邊落日動遐思望裏平湖消客愁山靈
珍重此訶護更約臨風來上頭

復竹茶鑪 竹茶鑪淪落已五十餘年頃公從孫宏上人訪求得之秋林楊公家仍攜歸山房　秦夔

煮茶只合伴枯禪誤落人間五十年華屋夢醒塵冉冉湘
江雲冷月娟娟歸來白壁原無玷老去青山最有緣從此
遠公須愛惜願同衣鉢永相傳

湖南草堂　秦奭

竹裏衡門掩翠微自將荷葉製春衣園林雨過梅初熟池
館風輕燕學飛濁酒半缸怕我老短琴三弄識人稀明朝

準買湖南櫂擬向沙頭理釣絲

溪橋散步　秦奭

老去觀書興易闌綠陰清晝況多閒杖藜扶我溪橋步看
盡湖南十里山

龔行儉以扇索畫　秦奭

行過谿橋日欲低綠陰滿地郭公啼微風輕颺茶烟起知
有人家在竹西

龔守誠山莊邀賞桃花和韻　秦鎧

桃花何似武陵溪試唱新吟續舊題遊舫半通沙市外酤
人多在畫橋西山橫翠靄連書屋春釀紅香拂杖藜酒盡

一尊歸去晚晴郊散步夕陽低

寄題二泉亭爲邵泉齋作　李東陽

江神夜泣山靈嘯帝遣神工鑿山竅飛流出地聲灑空泉水下與中泠通江邊老翁不知姓手著茶經親鑒定金山之外更無泉坐令匡廬瀑布空高懸地官侍郎心似水平生品泉如品士似云江水不同清此山自得青金精尋山浚泉發清寫原是江南好奇者山高水絶詩亦奇鳴金噴玉無停時我山曾過泉不酌夢枕崚嶒漱潺潺我歌泉和兩知音吁嗟乎誰哉更識泉齋心

盛舜臣新製竹茶爐和韻　李東陽

石鑄曾分裊裊泉裏茶添火試同煎形模豈必隨人後鑒賞何因置我前秋共林僧燒葉坐夜留山客聽松眠王家舊物今雖在竹鈌砂崩恐未全

惠山泉歌和西涯先生韻　喬宇

空山散步舒清嘯㶏灂泠泠出天竅澄波靜影涵遠空一脈上與銀河通山稱惠山誰所姓郤憶九川初浚定後人品作第二泉名其瀑布廬山懸知君素志在山水同是坡翁門下士滄浪調翻宮羽清夜泣江怪號山精臨泉浩歌一傾瀉㵎視古今誰作者我生未老空好奇此山此水遊何時感君釀泉爲君酌遠意芬芳奇潺潺寥寥川上有遺音洗耳避世誠何心

謝友人送惠山泉　李夢陽

故人何方來來自錫山谷畧行四千里致我泉一斛清泠不異在山時中涵石子蕪苔綠越州花瓷蘄燕竹陽羨紫芽出包束故人好我手自煎分坐庭隅候湯熟潟器寒雪碎繞腸車輪鳴一舉煩鬱釋再舉毛骨輕三舉不敢嚥恐生羽翼隨風行我聞茲泉世無匹夢寐求之不能得詩乞韶愧蘇家才驛送兼無衛公力又虞誤載石頭波頓令眞品無顏色感君酌我向君揖一勺橫澆萬古臆嗟嗟此意誰復知極目江雲三歎息逆想水師初具船山靈涕洟上訴天蠕蝀委蛇晴貫窗蛟鼉睥睨宵近舷灘浮泗泛梅雨蒸車輪馬曳炎塵煎開甕滴滴皆新泉敢謂君非山水僊或我埃垢入肺腑倩君攜此親洗瀹酬君合書蔑尾帖九原誰起黃庭堅

聽松　邵寶

聽松復聽松松聲在高閣閣成四十年聽者今如昨風來春濤生風去秋濤落當其無風時蕭然亦微作聽者聽於斯冥心對寥廓

和西涯先生題二泉亭韻寄答　邵寶

鑿石長歌復長嘯山無人聲泉有竅詩人曾謂茲山空又

閶山與南海通向來泉托山入姓公爲改名名始定石池左右多檻泉東流迤邐非突還非縣公門如海納川水豈向東方遺一士出山還似在山淸中有石子星之精別公無言還獨寫公乃題詩贈行者登高盡得今古奇我歌合向觀泉時年年壽公泉一酌公每書來問瀹濟援琴欲奏山中音水風吹月千里無遐心

石牀行　邵寶

惠山石牀古有之聲聲松子金風時皮休題詩李冰篆千秋并作山中奇山菴之名本緣此石也移來應偶爾遊人玩侮等尋常識者共憐非所止牆西松樹幾百春大圜三

人小二人此松此石雅相友乾坤無心物有神二泉山人愛觀物謂物皆然胡獨不立破頹垣遣往參卻笑他年兩湮鬱君不見赤松子黃石公姓名久落荒唐中酒酣擊節愛淸嘯春深繡嶺回天風

青山歌　邵寶

吾聞太湖之上羣山叢參差一碧皆摩空茲山乃獨擅名字兩洞庭北夫椒東南條西來幾經絡東將到海還盤礴左旋右引眞有情古色疑從天上落望湖亭如一巢小萬頃烟濤遶樹杪七十二峯名者誰今古興亡雲杳杳援山曾和恒山歌斷碑破冢如余何振衣獨上絕高處滄浪調遠淸風多讀詔歸來病初起拭目江湖千萬里丹邱信有在人間茲山茲山毋乃是老僧報我山花春題詩爲報山中人他日歌詞已陳迹謂君再拂湖邊石吾嘗一題少室三匡廬不知山靈謂我今何如

石塘觀水謠　邵寶

東南風湖水生西北風湖水落昨日今日皆天風不見水往來但見郊原成一壑海深如不容洪流橫復縱都水使者難施功三江不爲江震澤不爲澤岳陽何處樓長嘯洞庭窄君不見山東不雨夏接春赤地千里還愁人

華藏寺　邵寶

湧金亭倚水雲高三月餘寒尙綈袍古寺客來敲柳瘦老僧門外掃松毛天風欲定還舟楫春色無端謾酒醪獨立蒼茫思何限吳山烟樹越山濤

璨山明陽觀　邵寶

行過青山復璨山幾層雲磴幾松關中盤泉落龍猶臥上界壇高鶴未還十月風淸雙笛遠五湖波濶一舟閒憑君看我題名處應在丹崖萬仞間

希夷道院　秦霖

圖南曾憩迹作院號希夷地古莓苔老林春草木滋榻閒仙久化人到鶴先知願借西亭竹吟鐫小體詩

築鳳谷行窩成　　秦　金

名山投老住卜築有行窩曲磵盤幽石長松冐碧蘿峯高看鳥度徑僻少人過清夢泉聲裏何緣聽玉珂

歸途登惠山時烟雨空濛衆有難色余獨奮往　　沈　周

惠山怪我昨徑去歸來欲登卻作雨溼雲隔眼失高翠掉頭不顧眞巢父願治笠屐往慰謝衆慮雲濡吾莫阻我言惠不在天上行不畏難當至耳呼童挈擔客乃從一段奇蹤自伊始西湖山色奇空濛當與此山移此語

鑫湖　　孫一元

初日浮高樹晴鷗散淺沙挂帆湖水上聞笛野漁家岸折菰蒲合雲迷山郭斜芳洲動幽興自起采蘋花

膠山萬玉亭　　唐　寅

萬玉一亭子山僧清可知雲陰消暑地月影弄秋時笛出足爲酒客來堪刻詩何當竟深造莫問我爲誰

石門　　顧可久

達人不嬰物雅好在邱園晨興念山遊邀客覩石門緣崖屢登頓度徑奮層騫懷新意轉勝悲往鑿獨存前瞻緬江嶼俯瞰臨郊原石竇紅泉細鳥道白雲屯昭曠蕩胸臆窈窕屏巋喧朋簪鶱絶倒仙舄遥翩翩復此泉上酌谷響忽窮源非君多道韻表靈誰能論來者其自今風流當彌敦倘事詮圖牒聊用嗣所言

冬日惠山作　　蔣　孝

夙負山水癖惠麓成獨往高原木葉盡巖岫出林莽靈泉散古甃細石發清響寒蕪澗道遠落照洞冥朗捫蘿入精廬欲覓生公講從兹寶林隱日久寄遐想

寄題無錫呂仲仁碧山居　　邊　貢

梁溪渺渺錫山蒼南去天涯客路長霜下海門潮漸落雨深江甸橘初黄城池舊識延陵郡風俗猶傳至德鄉卻見吏曹頻寄語一年秋色負重陽

香山寺　　莫　止

香界追攀十載曾薜蘿深處翠微局齊梁古跡談雙樹水月元心鏡一燈山鳥弄晴春冉冉閣雲凝碧晝冥冥投簪莫訝賓朋少猶有逢迎白社僧

秋日崇安僧舍　　王　問

一雨忽復陽秋至尚殘暑偶與文翰虛假此空門住臨池生晝涼幽香蔭叢樹嘒嘒亂蟬鳴自得林中趣瀟灑塵迹遺沖漠道心悟遂結無生緣日暮忘所去

與楊世卿至寶界山居　　王　問

遥水映微旭溼雲猶在山幽居隱深谷空濛烟樹間葳序

忽復變樵歌常自閑與子不忍去躊躇暮方還

洞虛錢道士樓居　王問

涼風動高梧登樓挹清暑於心無所營永日自閑處流雲生遠空當晝忽微雨江禽帶溼回枝上相對語

棲雲山房　王問

春晴出門去林花亦已繁移舟泊烟岸步屧至空門日暮向東院歸鳥寂不喧自得澗中意勿與山僧言

清溪莊　王問

使君初解綬小隱碧溪深以我蟪蛄歎知君蘿薜心涼風度虛閣明月滿前林歲暮垂楊岸扁舟許獨尋

題惠山秦園　茅坤

江南佳麗地幻石與瑚粱獨愛茲園勝偏多野興長洞花迷日月巖樹雜隋唐寄語陶元亮無憐三徑荒

採藥逢鶺莚穿林坐女蘿雲霞曳冠葢水竹傍巖阿客過花偏落興來鳥自歌猶言曲池上已可狎烟波

王繼山考功載酒惠山園亭邀鎮山司空同宴集　茅坤

席擁尙書履林深帝梵家軒楹半祇樹笙吹入空花日漏松陰薄泉穿石徑斜前頭虎谿路長嘯躡飛霞

秋夜送戶部家叔登黃埠　華察

離亭對衰柳落日送行客秋聲在孤艇興來恣探涉臺殿澄夕陰明燈照禪室夜靜山月高潭虛映空色水鏡清道心超然垢氛滌浮雲亦何意聚散隨所適風葉逐歸篷霜空起寒笛

泛濠湖　華察

載酒隨輕波演漾情未已夕陽映前川櫂入微茫裏散髮弄烟空竊比鴟夷子沙際暝色來歸棹還自理何處滄浪歌因之一洗耳

題姚滘坤山人茶夢閣　華察

山人耻獨醒啜茗亦自醉清風敞高閣隱几頽然睡平生在苦吟冥想入寤寐殷勤夢裏言欵曲詩中事神超萬象融意愜情景備天籟本希聲筌蹄一何贅悠悠池草心千秋可同致

惠山寺與施子羽話別　華察

看山不覺暝月出禪林幽夜靜見空色身閑忘去留疎鐘隔雲度殘葉映泉流此地欲爲別諸天生暮愁

續碧山吟社次韻　華察

曾聞高蹈碧山南試叩山僧事尙諳雪積林扉寒不掃月明空水夜相涵吟壇久廢名猶在策杖重來路可探爲看當年誦經處惟餘松影護禪龕

希夷道院　施　漸
何爲此休暇物境俱蕭然幽磬時一響閒庭無雜喧春風
林中度桃李滿窗前未能游方外數與靜者便秉姿類絕
俗學道未忘筌往志謂易竟來日遂遷延踪跡一槃此當
爲同心愆

華補菴孫川莊　施　漸
宛然一水外已是隔塵緣深竹嘗留客幽齋頗近禪疎林
澹殘照遠岫起寒烟席上𠊱芭醉知君好講玄

謁顧洞陽公祠　海　瑞
兩朝崇祀廟模新抗疏名傳骨鯁臣志矢回天曾叩馬功

同俗日再批鱗三生不改冰霜操萬死長留社稷身世德
尚餘清白在承家還見有麒麟

過王九巖讀書圃　唐順之
微日挂孤壁四山何悄然因穿蘿徑去忽造竹林邊叢木
深寒氣平蕪淡野烟徘徊興復盡還就茆齋眠

顧刺史清溪莊三首　唐順之
阮生常避俗平子正歸田種秫供生事爲樓貯列仙沙行
睡鷺跡湖泛趁漁船月下聞高詠應多感興篇
城郭往來久獨憐湖上居素封千樹橘白首一牀書山客
秋分蠡溪䑸夜捕魚橫經豈不貴此樂復何如

地即梁鴻宅溪連范蠡湖霜天柴橘柚秋水戲鷗鳧從宦
元非巧名園亦是愚欣君遂始願繞屋樹枌榆

泛梁溪　王立道
幽尋極寥廓理棹清溪長落日照孤嶼微風生夜涼須臾
遠氛淨百里開湖光漁子相傍宿月明歌滄浪採芳不能
浴悄然悲沅湘

清溪莊　王立道
日入理輕棹所欲避人諠沿洄清溪側迢迢見孤村始疑
松菊徑復似桃花源林際見明月浦口聞驚猿嘯傲倚修
竹步屧隨芳蓀本求於陵隱欣得辟疆園杳與塵世隔將

同漁父言

前湯菴　王立道
僻地多逢寺秋花滿石壇僧閒縫衲坐客到出門看失姓
離羣久躬耕乞食難清言殊未厭車馬去長安

自題山莊　賈應璧
無那青山笑白頭抽簪聊復小句留不知陸羽泉南社何
似黃岡縣裏樓風月無邊多暇日溪山第一況新秋藕花
閒落閒門掩飛去飛來幾點鷗

東林菴　秦　植
涼風吹客衣近午東林下禪房秋意閒香泉鉢中瀉隔花

問磬聲老僧掩關罷何爲不染心真心無言借獨據一龕
雲吾來已解夏

斗門　秦植

野塘迴斗靜春櫂漫相尋流水烟扃隔落花人語深牛羊
初散牧桑柘乍園陰未得閑偕隱滄洲盡日心

移家湖上作　王懋明

夙昔厭喧擾湖壖聊聚廬五柳陰到門客子攜家初歡言
治隱計織屨兼藝蔬妻孥哂荒陋而我良自舒魚鳥適幽
性水竹澄貧居開簾峯翠繁停舟潭月虛心與勝槩遇跡
將城府疏養生黃精飯銷憂老氏書了悟損益理何須儋

石儲食力愧伯鸞攻文愧相如所長惟達命天地寄窮子

惠山寺　陸弼

野寺落花新何來對角巾鶯啼雙樹午鶴薦五湖春白幘
多幽事青尊幾故人天涯堪一醉容易隔風塵

春晚登惠山　郭諫臣

花落清明後扁舟載酒來山從一徑入寺遶萬松迴池上
泉聲細樽前暮色催杖頭錢未罄沽取盡餘杯

秋晚梁谿道中　郭諫臣

向晚梁谿道秋光滿畫船山明低落日波淨倒涵天遠市
分殘雨叢林起暮烟同行俱故舊杯酒共留連

茶麥閒和姚山人濟坤韻　秦梁

山人愛習靜棲遲有高閣卧牀想烟蘿所志在巖壑桐陰
碧四圍孤琴望寥廓日長自草元道勝忘寂寞

和三唐人惠山詩錄一　秦梁

烟光被層巒芳氣寒清樾松門僧未歸石徑泉不絕禪心
覺無生塵機坐來滅長天澹澄湖微雲逗涼月林虛夕吹
爽壑幽靈籟發稅駕從茲遊千秋同一轍

和三唐人惠山詩錄二　鄒迪光

金商薄秋麓桂樹淩清蒼緒風叩元壑爽籟奔虛堂俯聽
山蟲鳴仰視林雁翔方塘逗玉液粼粼浮清光鑑貌燭毛

髮漱齒流芳香買山未可得招隱焉能忘
金仙棲石龕珠宮結靈樾黃葉樵路深綠苔人履絕巖花
見空色山雲悟生滅客來嘯遠風僧行踏涼月香燈十地
明寶鐸四天發已是兜率宮詎想襄城轍

春暮新霽偕友人步入惠山憩秦氏園亭　鄒迪光

初陽革故陰同人摸心賞總轡陟原隰谷風薦五兩牽裾
襲芳郁伐木遞遐響林葉漸蒙密巖葩盡升長鉤雲屐迴
復名園出蒼莽旋從童穉入復偕麑犢往巖氣乍掃滌石
樓發清爽矚遠無近尋臨深有餘想仁智樂在斯意適忘

歸鞅

家園卽事　鄒迪光

買得菟裘已十年揭來歸隱共周旋爲山直割雲頭石鑿沼頻偷地底泉清梵自天投寶篆疏鐘挾雨答朱絃生平不少蛾眉妬剩有烟霞與作緣

王養和同遊寶界山登嘯臺因懷故僉事王先生作　王穉登

涼風吹微雲曠然舒客懷美人招我遊載酒青山隈綠波如魚鱗畫舫相沿洄前賢不可接後者誰當來別墅倚石壁樓觀鬱崔巍星壇饒寒松巖屋枕蒼苔諸孫二三人一

一非凡才君尤惠好我然諾無相猜明月飛上山照見尊中醅暮壑烟中流泠泠有餘哀鳥聚丹霞林蟲啼白露階悲往念逝者太息以徘徊遠慚蘇門嘯安用登高臺

贈秦舜峯中丞　王穉登

勳名虔楚刈榛芃太息中朝謗𧬈騰天地何心容放逐湖山有興集賓朋燈前看劍重回首花下開尊獨拊膺近日投竿溪上住漁郎猶識舊中丞

大池別業　施　策

草堂棲隱北山阿三月春寒未試羅遶徑松杉林氣合滿庭竹葉雨聲多蒼苔路滑人希到白晝窗虛鳥自過住世徂求清淨埋不妨寂寞臥烟蘿

月坡戌　高攀龍

浩浩月初上月坡正受之以我無營心當此獨坐時爲黛世中事無樂可代茲長林寒風息春氣藹如斯萬族各萌動我心豈不知俯視方輿靜仰觀圓象馳靈襟旣無際一形安足私持以昇大鈞榮悴非所思

水居三首　錄一　高攀龍

少敦詩書好長嗜山水娛一朝謝簪組而來居菰蘆青山當我戶流水遶我廬窗中達四野喜無垣壁拘桃柳植長堤芰荷被廣渠徒侶有漁父比鄰惟田夫虛堂白日靜恍

若游黃虞兀兀日趺坐忻忻時讀書會茲動靜理常得情性舒恬然以卒歲去此將焉如

湖上閒居季思子往適至　高攀龍

正爾山水閒念吾烟霞友春風吹微波日暮倚楊柳我友惠然至童僕喜奔走相別歎經時相逢慮非久所歡得晤言欲言仍無有默默各自怡一室閒相偶夜深不能寐明月在東牖

水居　高攀龍

有客風塵歸去來兀然孤坐水中臺九龍山似翠屏立五里湖如明鏡開春雨鱖肥菰米飯秋風鱸美菊花盃蕭疏

白露伊人在茲向江天亦快哉

幽居無事不開顔爲惜春光只閉關兩眼情親惟綠野一生心契有青山桃花灼灼鳥啼寂柳絮飛飛人意閑緩步溪頭看落日月明深竹抱琴還

庚子正月吳子往見過同訪高存之於漆湖　歸子慕

令節思故人流光懼蹉跎心在隰桑篇三復當如何忽聞叩門聲良友遠見過攜我訪同志詰朝鼓輕艇情殷無遥路信宿踰關河依然漆湖上春山渺晴波主人愉愉如兼以風日和風和卷簾坐開尊鳥來過忘飲飲更適不覺芳

顔酡階前山茶花落英何其多

西林詩六首　安紹芳

芳蘭冐幽石清芬散巖阿相思隔美人紉佩當如何庶保空谷姿幸免當門鋤　蘭巖

石道蒼翠間窅篠絶塵鞅麋鹿日以驕薜荔日以長獨有青巖雲倏忽自來往　石道

朝曦出東嶺明霞相與鮮松露逕未晞花源漕浮烟道人隔巖宿獨藉孤雲眠　晨光塢

結茆空山中冥心契元寂時聞虛籟生復聞虛籟息倦與齊物觴高枕青山色　虛籟堂

層臺一何曠修竹有爽色披襟清風來往往墮巾幘白雲自滿地上有蒼蘚跡　爽臺

乞得袈裟地青山如沃州欲知無著心面面清溪流稍容支許輩乘筏來溪頭　沃邱

和西林二首　葉之芳

長松夾修道芳草寒未歇朝落東峯雲暮照西原月獨鶴步不鳴主人清嘯發尋仙可長往將從鍊金骨　鶴徑

林木一何榮軒居一何敞山空白雲散遊子發孤想已感霜烏啼復值秋聲響無使心傷悲遂歇邱中賞　榮木軒

贈鄒公履　葉之芳

鄒生天下士落拓竟佯狂擊劍有奇術賦詩多樂方輸錢九邊上結客五陵旁欲殺亦何意休令蕭艾傷

題五湖水居用高存之韻　安希范

紱晃情原淡邱園道豈窮世從驕腐鼠君自托冥鴻夾岸移新竹開畦種晚菘扁舟隨所適春事五湖中

福延菴贈振延上人　顧允成

太虛石洞居孤絶少人依遠客攜琴過逢師乞食歸一薜青草上四面白雲飛盡日無言說唯花落滿衣

東林道南書院志感　陳繼孺

城頭歸羽夕陽時不是深秋也自悲川上水流君子澤皆

前草護叢人碑魚龍混雜原難辨玉石俱焚詎爲誰獨有
講堂三四柳蕭條枝葉向東垂

譚友夏自越歸晤於錫山　鍾惺

衣邊秋未去霜氣自湖陰凡子吟能及皆予夢所尋分風
來往路計日别離心各指梁溪水寒烟共一深

望亭舟中感興　吳兆

水國蠶桑早春山蕨筍肥誰憐行路客著盡離家衣村犬
迎舟吠田烏繞帆飛悠悠望遠岫卻羨暮雲歸

同吳次尾過東林廢址　顧杲

秋陽暴東林巍然道南峙先帝重賢者折毀不及此講堂

遂荒蕪斯道亦已矣小人紊忠奸君子雜怒詈朝野學漸
絕吾汝乃奮起一二同心人往往隔千里春秋偶相過必
求是非理庶幾化黨同他日能不倚悲風自南來衰草滿
基址垣墉昔誰勤何以爲後死

秋入山寺訪廬山德公　馬瑞

午鐘新雨後清響出空林忽與遠公遇共茲塵外心人來
佛地少秋入寺門深一笑前溪别幽蹤不可尋

陽溪丙舍　嚴紹宗

何必蕭騷賦遠遊柴門流水日悠悠人逢末俗營三窟天
置吾儕自一邱儒不楚坑原自賤書經秦火尚堪收羝羊
自識蕃閑意涕淚何須學楚囚
烟波十里問吾廬曲曲蘆花入小渠聊復藝蔬成野圃偶
然種竹即幽居鴻冥誰復爭周粟牛角嘗懸是漢書溪水
粼粼試芳餌幽風輸我一竿漁

過顧子方故居　黃家舒

擊筑悲歌記昔時烏啼月落酒盈巵羊曇悔踏西州路虎
賁空餘北海思池館尚存書散盡衣冠非故燕來遲田光
刎首荊卿死寂寞西風哭漸離

喻玉泉先生墓下歌　錢禧潤

南宋天子英明姿數天祖者左手支政府得人兼馭將內

外戮力交維持喻公矯矯應運出往來書計多雄奇憶自
建炎始釋褐蓋棺之年在淯熙中間半遷或半調力主正
論迴衰靡紹興四年金師至六龍蜿蜿爭驅馳微公一言
念歸路一跌安知車不脂壯哉宣撫長城寄江淮荆浙惟
其司兩人相逢拱手笑廼見公力非等夷功名旣埒且並
相公謂並相非其宜趨退張繼氣乃永毋令兩正滋嫌疑
厥後語亦稍稍驗賢者慮患眞無遺無何姦檜唱和議長
城自壞屠熊羆公謂九成大不便九成入對言其欺同時
諍訕人有七檜乃劾之貶以差檜居相位十九稔慶恣放
逐徒行私公於進退久已豫衡陽謫去惟其時久之命下

大宗正帝曰爾樗能有爲煌煌誥敕親自定濡染御筆揮綸絲高宗寶翰不易得字畫天矯蟠蛟螭當時褒賜及韓岳天言赫赫懸之旗然彼字數皆有限惟公一卷多其辭帝心簡注艮有在工師繩墨非虛期館閣多年屈復起非公重任誰肩仔公少爲學慕伊洛長遇文靖眞吾師此中衣鉢原有主東南倡道昭來茲學宮片席奉俎豆淵源立雪非聞知我來城東弔公墓路人空指麗牲碑香火荒涼傍郊郭衣冠寂寞埋土藁一抔聊爾寄遺澤惟公靈爽無不之

過千休館訪大音先生　張　夏

先生竟學道高臥自園林一卷姬公易（自注時方注易）千秋表聖心斯文還未喪墜緒已難尋（自注謂東林書院）賴有靈巖叟瑤華惠好音（自注吳下徐昭法隱居靈巖土室中與先生初不相識獨以書問往來）

和王孟端送眞上人還惠山　釋廣益

故人迎候久料亦恨遲還建業吟邊雨梁溪夢裏山室空龍臥澤松暝虎巡關塵網慙偏見禪心去住閒

聽松菴次王達善韻　釋普眞

泉上歸來已一年萬松影裏屋三椽坐殘白日渾無事買斷清風不費錢猿墮山崖尋果樹鶴穿林逕避茶烟王猷識我平生意時寄新詩一兩篇

山居　釋法藏

覓得三峯好卜棲月涼疏影到階齊山空萬籟晚來寂臥聽隔林啼竹雞

花落軍持入澗香寥寥淨域絕思量不知下界黃昏近獨向西窗戀夕陽

無錫金匱縣志卷三十三終

無錫金匱縣志卷三十四

詩

國朝

謁高忠憲公止水祠　施閏章

西臺就義水中央皎皎寒潭荇藻香正氣從容還白日清流生死愛滄浪旌旗何處應箕尾俎豆依然舊草堂誰道渟泓隔河海濂溪洛汕總相望

祠接孤山道不孤東林遺緒起吾徒致身偶類江丞相舍憤甯同屈大夫自昔黨人移漢祚到今尸祝盛文儒流風未墜箕裘好精爽遺應戀舊廬

雲起樓　汪琬

峩峩溪上山鬱鬱山磵松涓涓松下溜分流磵西東使君睠邱壑締構一何工曲欄接游禽危棟凌層空平臨九龍勝遙睇夫椒峯每從簿領暇蕭散尋幽蹤繁花覆空谷馴雉雊芳叢俯池布華榻莞爾罷絲桐爲汲陸羽泉一勺清塵胸茲泉日潺湲千載鳴松風使君今亦然流譽無終窮

惠山下鄒流綺過訪　王士禛

雨後明月來照見下山路人語隔谿烟借問停舟處

第二泉和浯翁韻　王士禛

春山細雨三人俱藤笈親攜雙貯書縛亭登石幾年事至今浣沼噴明珠山人形癯味道腴九鳴不老將焉如軍持銅鉢此生畢頁田卽傍芙蓉湖

高橋曉望惠山寄修遠留仙心甫流綺　王士禛

清盥披衣起開簾見九峯烟深微辨樹湖落緩聞鐘泰嶋望中近高流何處逢那能品泉水與爾趺長松

嚴人宏寫碧山吟社圖題詩留別用韻送之　王士禛

碧山吟社好幾日返雲林晏起翠微曉開門黃葉深君歸自邱壑予與在登臨賴畫滄洲趣依依慰陸沈

春申澗上　王士禛

碧澗亭邊野望新明流秀嶂碧粼粼青山終古逋秦嶋珠履何年閟楚人冰雪倒懸三峽水風烟遙接五湖濱李園已事成荒草太息空祠一愴神

題春申澗　王士禛

桃夏遺宮廢韋華蔓草深但餘流水意如聽女環琴

惠山紀遊寄毘陵邵子湘　宋犖

毘陵挂帆得快風惠山迎人媚如許老夫遊興忽勃發筍竹櫻鞋勇可賈初入曲港破澄碧俄近招提聞粥鼓入門鳴腳葉亂飛颼颼晴空來急雨蕭閒法界帶巖壑抖擻中

襟絕塵士肅瞻祠宇憩山逕（華孝子祠）旋採泉源歷磵戸一泓古甃酌清泠香美應知勝牛乳竹鑪遺製爭摩挲（鑪爲明初僧性海製王孟端諸公圖詠）鹿柴鄰園任容與（鄒園）荒寒俤徑難久留屐眺東山趁亭午丹房禪室半棘榛獨有浮圖峙今古九龍峯迴阻背漢五里湖明辨洲渚微茫雲外是具區翠姑毛公堪爾汝下山餘與不可遏別苑重過瘳節拄（秦園）艮齋屢到嘉樹堂新構偏愛梅花塢即次思欲委符節局促人間亦何苦還舟命酒寫所見迴首林巒幾延佇屬和好待青門翁定笑頹唐劒南語

第二泉同計甫草賦　　宋犖

寂歷空山下涓涓第二泉來遊新雨後正值采茶天古甃

莓苔積虛亭磵壑偏風鑪松樹下石鼎句誰傳

與從姪留仙赤仙小憩寄暢園　　秦泉芳

羣從期何所終朝緬翠微雨跳松鼠過花落水禽飛讀易吸清茗（赤仙讀易方）題詩吟落暉溪山幽興在吾已憺忘歸

三和唐人惠山詩　　秦保寅

金商變氣候層巒自蒼蒼孤烟出林表縢蘿冐虛堂入門鐘磬發鳥並浮雲翔落日照秋潭水淨生微光徙倚不知晚山花遞幽香肅穆古祠深仰止詎能忘

秋雲渺無盡秋山澹娛人樓臺紛綺構忽焉成故新淸泉與白石曾無歎緇磷所以棲遯士懷貞避囂塵空明入遠眺湖水連青旻願言擬艮辰荒塗更誰鄰

晚色向人靜雲房蔭清樾豈無人境喧慮澹塵事絕長廊僧語響落葉苔徑滅寒泉生夜風高天迥秋月居人意彌愜游子忘明發緬想區中緣千古同一轍

報恩道院　　秦保寅

市氛吹不到庭樹接春城流水門前綠遠峯樓外晴有時鐘磬響終日步虛聲何必緱山上遙聽子晉笙

春申澗　　秦保寅

春申遺廟碧山隈勝蹟猶傳絕壑開不就縱橫虛相業尚

餘疏鑿見雄才寒泉影入崖邊斷急雨聲從樹杪來三戶無人陵谷變楚王宮殿亦蒿萊

復竹茶鑪和顧梁汾　　秦保寅

高閑清製尚依然試茗蕭齋一榻邊秋水澗深朝聽雨落花風過午生烟縹囊珍重三千首僧院銷沈二百年不是彥先能好事幾同遺韻委流泉

哭華鷲湖侍讀　　徐元文

先生瑚璉器一慟竟泉原聖主需前席同官哭寢門文章留館閣事業付兒孫尚有平生誼鄉人盡感恩

惠山李忠定新祠　　黃鼎

杜鵑落日叫天津支拄朝廷幸有人豈謂一身頻去國遂敎二帝卒蒙塵金甌復說中興日鐵騎曾無北伐辰千載知公遺恨在青山有淚灑松筠

里兩翁　秦松齡

爲黃先輩漢臣馬博士大林作也兩翁之死宿草猶悲旅役豢安車中無事尋念師友愴然興懷爰賦長句寄示同里諸子

白楊蕭蕭起夕風高墳古碣千山空人生貴賤等一死文采吾悲里兩翁兩翁生長梁溪城死同涕淚生齊名九原不作黃江夏四壁今無馬長卿長卿早入金閨籍家世才華照東壁白馬青絲白面郎二十登朝人嘖嘖一自黃巾破故都君家文肅獨捐軀痛哭君親慘天地芒鞵投隱在江湖湖邊花柳芳菲節花色殷紅杜鵑血只道先生愛看花月落空山心寸折文賦江南庾子山流傳筆墨在人間酒酣向我一揮灑風雨秋燈半掩關自說前身老衲子心空妙解無生理每將止觀教黃翁他時共出青蓮裏黃翁多病苦著書柴門高柳城東居三更爇火因煨芋五月披裘非釣魚早謝青衫甘韋布圖書考索無譌誤高文金石滿名山細字巾箱不知數精研梵夾幾春秋學餌丹砂悔白頭摩詰中年修淨業樂天老去覓丹邱空有文章誇屈宋草堂萬卷無人誦執紼貧交范式看傳經弟子侯芭重兩翁吾里眞典型一時彫謝愁晨星遞相祖述杜陵意後生誰此窺門庭我今哭兩翁襆被入東魯欲將西風淚灑作泰山雨一洗秦皇無字碑不隨文士歸黃土

金陵司馬行　秦松齡

宿遷旅次何子曰鴻述其先世遺事請作是詩兼送之別

汝祖金陵小司馬移家始傍梁溪居不事毛錐好兩劒男兒塞上當捐軀襄陽法曹年少日貂璫盡屈諸司膝惟公倔强殺其奴脫走京師歸請室請室朝朝復暮暮手把陰符自箋注百年興廢總瞭如九邊扼塞能指數溫旨重寬直節臣芙蓉湖上幾垂綸援邊忽奉勤王檄應詔還留部主身萬金散盡酬死士死士曾無一人死偏師纔出復合旋西風淚落桑乾水破耗軍需罪不宥權奸在路天無晝鍛鍊誰當楊魏先覆車幾作熊王後信郎能飛再赦還撫髀常憶玉門關壯心未展英雄死孫子飄零衣食艱送君東行在岐路努力功名莫返顧濁酒今朝盡一觴宿遷城外蕭蕭雨

秋水閣　秦松齡

小閣坐知久愛看秋水淸萍開孤鶴遠遠墜小魚爭迴向

深林碧微添落照明未窮莊叟理圓對愧吾生

支泉　秦松齡

不自藏深谷因人度鬱盤映空仍皎潔潤物恐艱難林影依山折溪聲挾雨寒那知流近遠還作二泉看

雨後泛舟梁溪同金陵俞廣霞楚黃杜茶邨從叔樂天先生分韻　秦松齡

湖山仍宿昔文采亦同時出郭對尊酒沿溪垂釣絲葭楊閶古縣烟雨散荒祠不盡扁舟興蒼茫任所之

能史閣觀沈石田碧山吟社圖　秦松齡

書英舊事百年思尊酒披圖日正遲戎馬幸存前輩蹟風流眞憶太平時彈琴高館帶泉響點筆青山各鬢絲今日

草堂松石廢夕陽空自對殘碑

爲黃漢臣題所藏顧子方書蹟卷　嚴繩孫

顧子耿介士夙昔見嶻岏豈惟異風骨不肯同衣冠抵掌論當世奮袂起長歎分別涇渭流心事如鶩湍皇路一蕩覆所爲艮獨難天風吹輓歌碧血川原丹摧謝理一致達人辨蕭蘭壯心未試時日夕弄柔翰金石委坐隅逸思發流紈振穎既游龍斂筆亦停鸞官奴草書後法不逮貞觀旭素與過庭各自開波瀾顧子學書譜妍步非邯鄲今觀倔强意孫賓慚冰寒故人黃夫子投分同鷄壇至今藏舊蹟寶若金琅玕示我一卷書無乃墨未乾其前列詩歌慷慨念無端歌時筑聲苦歌竟壺口殘其後綴短牘豁達披肺肝懷袖二紀餘如聞勸加餐世路多諱忌今人好譏彈獨有吾友心相守如任安勿言數行墨彷彿平生懽緹封護風雨一一蛟螭蟠余愁腕力弱空得幾回看

闔閭城　嚴繩孫

君王東徙築雄都尙有離城水一隅山擁蛇門迴震澤浪翻犀甲走姑蘇碧桃塢在荒烟上青笠漁歸落日孤自古興亡俱寂寞西風啼殺夜栖烏

西施莊　嚴繩孫

苧蘿無復浣春紗腸斷湖帆十幅斜蔓草尙霑亡國淚遲山長對美人家白猿劍去空消息烏鵲歌殘幾歲華不見沼吳人別後年年開落野棠花

專諸墖　嚴繩孫

何年壯士此棲遲片石居然照等夷尺劍已還公子國一龕翻並讓王祠不妨居狗長鄰近豈有巫陽走歲時堀室功高猶慘淡更將何地葬要離

竹鑪聯句 并序　朱彝尊

錫山聽松菴僧人性海製竹火鑪王舍人過而愛之爲作山水橫幅幷題以詩歲久鑪壞盛太常因而更製流

傳都下羣公多爲吟詠圖既失詩猶散見於西涯臯墩諸老集中梁汾典籍仿其遺式製罏恒歎息舊圖不可復得及來京師忽見之容若侍衛所容若遂以贈焉未幾容若逝矣丙寅之秋梁汾攜罏及卷過余海波寺寓適西溟青士愷似三子亦至坐青藤下燒罏試武尼茶相與聯句成四十韻明年梁汾將歸用書於冊以示好事之君子

西神峯連延龍角沈泉歎愷似 桑芭次水經第較中泠遜西溟 山僧夐營役谷飲遂夙願竹垞 跏趺長松根風來耳垂鬚青士 都籃遜茶具一一細莎頓梁汾 舍彼陶冶工截竹等辦峯愷 附以紅泥團其修僅扶寸西 坎上離於中下乃利用巽竹 微颸颼颼入活火焰焰熒青 初聆檜雨喧漸見魚眼睔梁 紫筍舒萌尖乍點湯色嫩愷 王郎穿竹過愛接支許論西 解帶盤石閒素瓷迭相勸竹 欣然愜所遇伸紙隨染渲青 濛濛巖亭瀑歷歷水田畈梁 短短茅簷屋茸茸荻抽藩愷 橋攲乃有路門闔或無楗西 林壑雖未深埃壒頗已遠竹 流傳盛新詠羣雅足彝憲青 或爲篆籀隸若盃鬲敦甗梁 或爲眞行草若繇靖羲獻愷 穆如清風作舉一可當萬西 嗚呼百年來精廬竄貙貒竹 曩時所珍物零落委荆蔓青 吾家罏塘側想茲恒繾綣梁 形模授巧匠高下仿遺棧愷 所惜七尺圖虛爲塵土坌西 開篋逢故人轗贈得右券竹 羊脂鏤玉獸錦束腰衆青 譬諸延平津劒合始無恨梁 俄聲鄰笛悲永歎壑舟遁愷 蕭條黃公壚歌哭與俗溷西 是物覩者希五都絶市販竹 今年吳船來載自潞沙堰青 徙置青藤陰旅話破幽悶梁 質比蓮勺輕形嗤石鼎鈍愷 小勺分宮時頭綱試甌建西 忽憶秋水生乘此風力健竹 逝將挂席歸耦耕師下溪青 毋令石牀空兼使夜鶴怨梁

十峯草堂歌爲錢礎日作　嚴我斯

九龍之山環九峯一峯一態如一龍興雲出雨氣磅礴鱗甲欲動凌蒼空別有一峯伏而起神奇夭矯爲龍尾世人咫尺不知名古來畸士都如此中有草堂繞烟蘿峯峯迴薄青嵯峨左圖右史安樂窩猿啼鶴唳山之阿草堂主人抱龍德或潛或見人不識時時掉臂弄雲霞往往歌聲出金石曠懷雅好遊名山往來齊魯多躋攀有時夜半登日觀雙騎白鹿青雲間去年把臂歷山麓清詩萬首酒百斛今年欵段走長安不使緇塵涴素服手持尺幅字琳瑯索我題詩寄草堂予本風塵落拓者青鞋布襪思徜徉安得投簪便泛宅五湖之曲烟光白與君挂杖聽鳴泉夜向松窗讀周易

送嵇滴園之黔蜀　　王畿

江頭楊柳草芊芊何事臨歧更惘然匹馬短衣愁去路高堂老母望歸年荒雞頻破滄江夢鞞鼓猶驚紫塞天漫把文章諭巴蜀烏蠻落照夜郎烟

寄顧景范用山來韻　　王畿

多才未許卽常閒歲月消除筆墨間題盡興亡悲楚漢閱殘風物對江山蕭齋夜雨成灰劫絕塞春蕪老閉關先生著有方輿紀要時少英雄成豎子披圖欲使淚痕斑

同梁汾謁涇陽先生祠坐二泉亭竟日　　王畿

一艇溪迴帶雨輕斷崖千仞入雲平丹楓石壁先祠古黃葉山椒野史成祠中爲梁汾積書巖攜茗漫嘗新汲水摩碑爲檢舊題名偶談遺事還增感坐對寒巖別有情

遊寄暢園四首　　邵長蘅

聞道秦園勝偶然成獨遊入門幽篠合穿磴落花留斷埼山池浸晴巒樹杪浮泉聲清絕處瀄㶁石根流

嘉樹層軒外風潭百尺渟倒浮連檻碧遠漾一峯青吹浪魚兒出鉤簾鳥語聽濠梁幽興極理釣近前汀

山劚九龍骨池分陸羽泉撲簾蒼翠逼鏬石洑流涓邱壑原胸次高深得自然頗疑文叔記不及此山川

亦知難久住惜別爲林泉便欲買山隱那知此地偏鶴鳴花嶼月人語石林烟幾兩平生屐臨風一惘然

秋水閣　　姜宸英

亭曲未全遮紅闌學水斜漢臯思解珮秦洞欲迷花牛入垂楊雨全低翠嶺霞湘簾長不卷穩坐閱南華

支泉　　姜宸英

澗水石中行來從何處生涓涓流不盡汩汩細成聲帶月穿巖出移花落沼平無因能潤物餘鑒再分明

謁高忠憲止水新祠　　蔣遵路

高公止水傍城隅是處成仁返太虛江相當年無列膀賈生異代孰投書冥冥杜宇移殘晝黯黯荒烟接故居肅拜新祠靈爽切九歌終古薦椒醑

忠魂如在此全歸老屋依然舊講幃三紀璧田頻假易千秋俎豆共瞻依元堂改造松楸古譽命終須日月輝百變滄桑尊道統龜山祠宇共巍巍

過碧山吟社有感　　陳大成

春申澗上古棠梨十老風流尚在茲盛世亭臺傳勝地莫年詩酒動當時碧山人去無遺構白社苔荒有斷碑今日漂零孫子在寒泉照我鬢如絲自注予七世祖玉溪公主盟吟社

同學諸子邀汝陰劉公㪺嘉禾朱子䄇句章姜西溟

鹿城徐蓺初過籦影園看菊即席分得灣字　陳瑞聲

地僻塵囂遠庭荒草木閒鳴騶過竹里放鶴起柴關菸菊分深淺看花成往還不愁紅燭跋霜月照池灣

灌園　顧貞觀

不自量筋力求爲人灌園意惟營一飽跡若避羣喧誰遺五色芝服之託騰騫奈非塵埃種移蒔安得蕃還將理荒畦膏澤資泉源黽勉試操作編籬復插援早韭和露茁晚菘凌霜翻但從採掇便未覺烹飪煩心形誠若疲既飽亦軒軒向讀神農書近聞老圃言

滸溪行　顧貞觀

溪口白雲晴不歸溪邊紅雨沾人衣老漁收罾坐釣磯人家賣酒開雙扉艖頭鯿老鱖魚肥短蓑藉草爭相依欲醉不醉烟霏微去與亂鴉投落暉

重製竹罏告成志喜　顧貞觀

竹罏清韻忽依然位置仍宜水石邊書訊有僧來穀雨鬢絲如鶴伴茶烟家山夢去忘爲客故國詩成感紀年冷煖此君須自覺無勞更試醒心泉

和顧梁汾竹罏新詠原韻　納蘭成德

罏成卷得事天然乞與幽居置坐邊恰映芙蓉亭下月重披斑竹嶺頭烟畫如董巨眞高士詩在成宏極盛年相約過君同展看淡交終始似山泉

前題　梁佩蘭

見說山居思渺然簾櫳清影竹罏邊一春茶事添香雪滿地松風上綠烟長似茂陵忘客病絕無寒食禁新年菴中更有高僧約放鶴歸來聽夜泉

壬寅仲春移居瀆川田舍　華章慶

移居南山下烟水抱吾廬偶謝車馬緣忽與親故疏晨長展遐眺獨行還徐徐綠陰暗遙甸和風襲衣裾旅燕葺新巢綢繆復拮据萬物爭向榮我心用以舒閒吟彭澤辭契

懷古人初微尚苟可託眷言終荷耡

案華章慶字叔延諸生以教習授訓導詩格清迥爲曹侍郎溶吳祭酒偉業所稱

對酒歌贈華霞峯昆季　陸楣

恨我生不見古人蠡湖三君庶其倫北風微涼雨霰集湖干斗室生陽春開筵剏覺風景好仲口不飲中含醋鬚眉尨落襟袖潤腹內經籍何紛綸巨觥對客不辭讓伯也坦率渾天眞詼諧四座正頤解隱几俄作華胥民溫其如玉者叔子舉盃斂頷微露脣初嘗和煦後縝栗出火三日知堅珉醉醒語默各有態神氣合併如一身我從定交仲子始高談忤俗君不嗔傳呼三子共傾倒十年肝膈均天親

平生所過跡便掃，此會輒欲忘宵晨。邇來契濶間湖海，夢隨落月蘆花津。世途巇險靡不有，屠煎骨肉肥狂猘。縱橫國瘈恬入室，人間何處逢祥麟。君家盛事復誰記，至行要自動鬼神。翩翩少年弄柔翰，已見滾滾詞源新。願編此詩入家乘，長使元氣留清湄。

集華翁商原齋　陸　楣

昔與宛溪子，悲歌野史亭。勝遊成濶絕，良會喜重經。髮短今垂白，編成未殺青。滄江遺老在，寂寞少微星。自注：往與宛溪商畧方輿紀要，予及見之，忽已三十年矣。

追和祖母舅華鳳超先生臨難詩韻自注：丁卯三月恭謁新祠作

陸　楣

早年清望肅朝端，直作朝陽一鳳看。欲障狂瀾波已逝，爲留完節歲偏寒。攖鱗自分輕投組，滅頂何期後掛冠。金虎銷沈銅狄改，忠魂無路問長安。自注：官職方時疏劾閣部。

追和宛溪題方輿書　陸　楣

誰憶當年舊酒徒，蕭蕭風雪叩菰蘆。空江月冷驅烏鵲，半嶺烟昏語鷓鴣。萬里鯨波征夢杳，十年螢火夜窗孤。牀頭數卷寒芒在，還識荒城劒氣無。

李相讀書堂　顧仁垣

歷山草堂最深處，長史題詩久仙去。南峯衲子營精廬，杖履經過重游寓。公垂遺蹟留山隈，數卷長依佛火開。棲遲頗自愛巖壑，憔悴豈即期公台。浮沈幕下名逾重，政府傾危相遘弄。頻遭遷徙忘恩讐，嶺海江州均一夢。沙堤築就近懸車，追憶前遊願遂初。何日重尋石泉寺，妙香燈影證殘書。

江夏女行自注：此黄夏孫之女歸於嚴瀚曾　馬　翀

斗山古何鄉，節烈鍾婦女。娟娟江夏子，舉案來皐廡。良人負痼疾，襁褓業相許。六親哀其行，掩泣摧肺腑。慷慨不自惜，女拜啟父母。人生有定命，加餐願無苦。不見鴻與光，今爲塵與土。改婚議將成，吞金方得阻。投袂觧鴛機，驅車引

列炬。洞房夫如何，已矣勿復語。來歸八九年，良人自滔古。飲藥食肉外，不辨麥與黍。羅幬並帶垂，繡出雙鴛舞。低頭默自愧，獨倚影爲侶。他人應且悄，怨罵日縷縷。視女惟淡然，奉夫潔鉶俎。未寒益絮帛，未暮靜寢處。良人忽猿躍，據地忽爲虎。百戲無不爲，怪駭走童豎。徘徊但微笑，終身罔或侮。旁觀盡太息，斯人世無伍。哭泣送夫喪，合邑垂淚睹。方秋念霜露，塵筵虛木主。無後豈姜從，入廟終酸楚。議禮嗣余甥，受書年方五。騎羊繞母膝，他日分珪組。黻佩榮其親，五鼎不足數。翩然謝蓬蓽，母也今何處。遺衣委故篋，敗几留環堵。小婢一兩人，伏哭朝至午。已嫁稱女貞，退哉友

山齋和高子詩　秦道然

山齋寂寂元鳥初來香風融融林花乍開共二三子撫景銜杯從容詠歌吾師點哉

春日月坡初成和高子詩　秦道然

湖干月無際月坡先得之山人倚杖閒坡上月到時逝者不可留明月常如茲田夫荷鋤歸漁舟亦來斯笑言隄柳畔誰云不相知仰觀天宇空不礙浮雲馳千川一月印疏寂亦成私撫景時有得古人吾所思

夏日閒居和高子詩　秦道然

何以娛永日對景常忘言棲遲詎非計造物與我閒碧草

長亭除珍禽息樹間微風生秋意雨氣在遠山良友欣然來小酌俱陶然柴門月色裏相送溪橋還

挽旌節高母二十四韻（節母李氏適諸生高聖培先生子四長綿士次伯常季常幼常乙酉夏先生偕綿士死節江陰母守節三十六年教三子皆成名士）　呂莊頤

列女添新傳騷壇續舊辭地因梁案著名共柳丸垂聞昔禕初結相依日正遲鹽虀儒素味櫛縱大家儀世忽桑田改人驚烽火馳棄繻知已矣擊楫悵何之濟否從吾力行乎仗子隨斷魂啼杜宇歸夢絶隃麋髮署憑誰解城崩示可期牛衣零獨淚馬革失雙屍鏡破鸞悲影巢空燕認絲餘生惟十指惜死爲諸兒芝砌看三秀萱堂借一枝移忘陶留豈無朱樓人爭傳京兆嫵豈無香車客結柳常容與此心非灰燼誰能守空宇空宇甘如飴淒淒更風雨壁立千尋上甯復識險阻我聞欽高風題詩愧北渚

答秦雒生　嚴泖曾

賤子安廢置抱病亦已久習性終不移潦倒托杯酒平生相識者取笑十八九誰能了不嗔自顧終何有出門無一事逶迤衆人後心非不能言習見冥可否世路苦無常愔愛味所守於時既無競稍覺人情厚秦子數相過意氣乃無偶利器甫出匣快挾風雨走豁然情性舒未覺疏狂醜若翁我父執金石比交友願免平生期臨風更搔首

書秦石農集後　嚴泖曾

予昔童稚時識公裙屐場矯矯諸君子文彩森相望但知親情貴日夕同杯觴焉知三十載眇若晨星光石畫識頁璞草萎見孤芳不才辱提攜復登君子堂欵曲接言笑外物都相忘薰然懷抱盡令我用意長先生笑謂我此道日已亡羣情如風雨達者守其常再拜誦公詩澹爾契微茫世事良已矣吾其師老莊

王阮亭先生屬寫碧山吟社圖　嚴泖曾

古人不可見望望碧山岑宛是當時地猶傳正始音牛羊下斜日鐘梵隔空林珍重王夫子因余問陸沈

仍作孝以毋郤兼師菽畫鉤如鐵羊埋舌在瓷輓車桓氏婦扃戸狄家姨菽水貧堪辦蘭膏讀自支譽推元季並節表郝鍾宜此父還生此斯人不媿斯夜臺雲寂寂華表鶴翅翅薤露歌難挽冰霜報有時清風江上嶺明月井邊祠豈羨鴛鴦冢偏須常棣碑賦詩遥再拜酬酒問湫湄

案呂莊頤僉事陽子陽明季進士入本朝嘗官濫處僉事有詩云甌栝忝分巡荒殘亂後春海鷗常近岸江燕尚依人島嶼仍多盜閭閻念此民瘡痍還未復何以撫艱辛其去位也民立祠祀之

問竹隱乞藤杖　李崧

老去山翁慣學顛愛拖藤杖踏蒼烟扶持白社稱詩長帶挈青山買酒錢高節琢磨加意瘦鈍根砥礪自然圓知君

不負余清興早結芒鞋篛笠緣

與邵二來九論詩　李崧

老研律法不容絲難覓知音似子期愛友無如茨舊草賞心莫過改新詩春風綠蟻催君興寒雨青燈伴我癡甘苦味深誰解得箇中惟我兩人知

菾壽先生於黃山深谷得杖一枝雙莖盤屈節目輪囷而首尾仍合并爲一極離奇瑰異之觀爲作短歌

華龍翔

菾壽之杖一而兩夏后雙龍落吾掌菾壽之杖兩而一延津劒合誰能掣驪珠百六節可數追琢丁丁鈇鬼斧或言軒轅丹竈多遺薪自注黃山有黃帝同浮邱公鍊丹處燼餘裂石蟠靈根雙椏競茁不相讓欲擘未擘成輪囷或言扶桑相倚老東溟孫枝迸出仍駢穎九烏長喙日夜啄疤節蚴虬墮殘梗我行欲把不敢觸恐是生蛟遭束縛先生興至時一捉畧似雲駢駕雙鵠世途夔峽從崎嶇扶攜直過三山曲

竹石歌贈朱若愚　徐德宗

月中搖蘿影零亂風前戛玉聲鏗鏘朱君市隱性古癖意蓄文氏之篔簹君不見梁鴻賃舂在廡下高賢遯跡同賤者又不見君平賣卜在簾前乾坤伸縮壺中仙小庭數竿垂鳳尾終日陰翳斗室裏不醉亦富富此君自注若愚不善飲旁

立怪石奇容皴讀書家貧肉食少雅稱城公語最好綠筠避暑不避寒君今高節追袁安吁嗟乎我與朱君鬱塞磊落甚相似千金帚敝技窮矣誠知我是高陽徒一尊往往與我俱狂來醉臥竹陰下笑呼石丈來相扶

四狂歌自注惠雲字閬孫號逸狂朱克敏字若愚號擱香邵之鴻字來九號自怡余附其末爲四狂

徐德宗

惠翁夙世非常人作孽天譴磨凡塵三日一飡不知餓陣圖撐腹充精神自注雲好弈以善弈名朱子市隱南郭外黔婁閉戸甘沈淪作詩寒苦類郊島天骨峭立峯嶙峋邵君之筆走華嶽直逼李杜凌徐陳四時鍵關但安臥高舂不食心無

貧徐生家世重東海弓裘墮去徒悲辛不如只持一觴酒勿負陶潛頭上巾

沈石田碧山吟社圖卷爲味經少司寇題用吳匏菴先生韻　錢陳羣

十八人同結耆英會六百八十又三年得壽有方惟大藥酌泉無事便眞仙人當修竹蒼松外興寄梁溪惠麓邊許借碧山容我老何須陽羨更求田

東膠山晤黃守中先生曾孫某出其先人手製硯并顧景范安孟公兩先生畫卷　楊泰

梁鴻山與嵩膠連鵞湖宛溪中洄旋水深土厚俗湻樸龎

門往往棲高賢守中先生最狷潔授經門外多車轍摩挲一石常數年手斲溪雲製獨絕我來山下尋公孫百年家世仍清門開緘什襲示手澤穆然太古風猶存家徒四壁復何有草堂爲𣶒先生壽孟公手繪獨弈圖顧子作辭文不朽秋風釣渚鷺花月執手蒼涼對華髮自注俱序中語釣渚景范先生所居袖手殘棋局外閒蓬萊淸淺傷飄忽憶昔分宜柄國時累朝元氣中㕘夷光熹以後盛閹豎清流白馬同傷悲喬木依然故家在洞口花深閟時代斯文載讀重嗟吁卷圖撫硯還躑躅溪山無恙如畫圖寒峯落日村烟孤

顧珍山邀遊慧川園和彭芝亭尚書韻自注時珍山令子光旭督運潞河適有書至　鄒一桂

聽竹禽鳴晝登樓月掛簷身安隨坐臥興適共飛潛水態經風渙山容過雨添迢遥通潞水芳訊達郵籤

惠山聽松菴當明洪武間高僧性海手製竹茶鑪王舍人孟端繪圖且爲賦詩名流相繼屬和幾遍海內而鑪之存沒不常須靈源上人於斗門張氏訪得之織竹爛煸土色如漆丐雲川先生廣爲徵詩余雖未識靈源然知其工詩善畫竊喜性公宗風未墜也因貽以長句　王會汾

曉光溟濛小雨慳落花委砌紅斑斑虛堂坐見時節駛矯

首一望空雲山山中清淨古佛子六時趺坐忘嗔喜身是眞公幾葉孫鶴翎脫頳無泥滓憶昔眞公杖錫來赤霄鸞鳳紛裴回一莖弱草插崖厂千龕古佛離苺苔非惟道器瑩天表兼復錘鑪覷天巧活火鑪中雪浪翻空山葉落禪宮曉詞翰當年誰擅場舍人畫好詩亦好爾時遊戲聊復爾頗怪諸君鎮相嬲貿黨摧折刹藤悲混沌畫眉殊草草靈師卓絕道門秀法海澄瀾自繚繞山堂舊物今始歸色豣神腴未枯槁半樓居士文章伯還許靈源參講席欣然爲賦竹鑪詩老勢欲飛巖竇坼見說精藍雨花處嶺猿溪鳥同香積紗幮夜誦撥鑪紅斑管朝哦翦春碧我生胡爲

縮不得意超象外傳其神空山夜半清景絕仙風吹人冷詩骨掛君西園之素壁夜夜吟情托寒月

暮春訪雲川先生觀清明社集南垞諸作亦和一律　吳培源

春光已過半風雨滯孤村無酒作寒食落花空掩門舊遊懷杜曲嘉會集南園郤喜今詩伯薪傳又有孫自注先生幼孫齊郎髫年與社詩思清雋

味外閣古松歌有序　寶光鼐

余門人無錫秦舍人小峴屬錢塘潘庶常蘭公作味外閣古松圖以壽其尊人世萊先生閣故先生家讀書處也庭前古松一株殆數百年物秦氏世多壽今先生之父溪隱先生年八十餘而先生亦年六十矣爰爲作歌以題其冊

秦家味外閣閣在梁溪上飛簷百尺高拂雲更有長松與雲抗此松不知幾百年松下主人多華顚高曾以來世眉壽衣冠奕奕如神仙今年紀歲在戊戌舍人有父開六秩父還有父八十餘聞說孫曾齊繞膝蒼髯翠鬣偃蓋重秦家父子時支笻月明松底白鶴叫芝草五色花茸茸錢塘翰林好畫手特作斯圖爲翁壽舍人他日還里門松更低頭呼小友

倦煩促塵坌無由吐肝膈爲憶靈師文字禪夢裏晴嵐青欲滴何當攜屐果幽期瀧瀧山泉入翠微枕簟瓜茶相對好更從杜老賦新詩

大年尊彝兄弟見訪溪莊　徐流方

白鷗渺何處一笑接諸昆不盡秋來意相將倒一樽花香傍舍樹月上隔湖村釣得鱸魚美清愁細細論

張俊墓　陳倫

六丁不下驅天驕宮車碾雪夜渡遼白頭烏啄大家屋衣錦王孫路傍哭一馬化龍浮渡江臨安王氣於斯卜烽火江淮草木殘中原血戰腥風寒揮戈誰洗靖康恥屈指英雄岳與韓區區子英奚爲者片紙贋書背人寫風波萬里壞長城三字眞稱廷尉平北人歌舞南人泣賀蘭鐵騎仍縱橫兩宮魄冷冰天月翊戴反旌讒諂骨麒麟墓道枕蒼烟御碑淋漓灑碑碣寺門縹緲對晴湖萬頃不洗青山汗錢塘風月更蕭瑟逆檜堂封還屹屹

題聽松山人梅花書屋圖爲丕光作　吳培源

峭壁摩空如斧鑿一道飛泉九天落夜烟如霧隔人間縹緲寒峯隱孤閣鐵榦離奇千百樹雪後霜前吐瓊萼何人結屋此中居應是逋仙耽寂寞煮茶聲裏夢初回凍合堦除閒啄鶴山人下筆無點塵墨痕盡化爲烟雲花魂月影

遊寄暢圖自注時間秦味經先生以病乞假　湯世昌
遊屐隨孤鶴閒尋別墅偏路緣花嶼入人向石牀眠明月齋前樹飛流磵上泉猶聞大司寇頭白未歸田

春暮攜酒登見山樓遇族姪夌滄樓舊在顧梁汾先生宅　秦鈞儀
委巷少車轍高樓深樹間好攜棼尾酒來看佛頭山大雅誰復作斯人安可攀與闌逢小阮醉倒接䍦還

懷賢詩二首自注余少受經於蓼園王先生稍長從劉檉林先生學詩二十年來老成凋謝兩先生皆相繼下世追維曩昔賦此誌感　秦鈞儀
少從舅氏學自注蓼園先生少從學余伯祖南沙先生深探六經義五十始成

名遇窮養彌邃一官辭苜蓿蕭然樂衡泌徘徊城東隅斯人嗟永棄
先生狷者流意有所不屑獨好為詩歌所尙惟雅潔忍饑嘗苦吟不取世俗悅古琴復誰彈惆悵蓉湖別

沈石田碧山吟社圖為秦氏世寶偶失之小峴廉訪出重貲購歸出以示余敬題卷後　錢大昕
九龍山前有吟社十友題襟杯共把風流直欲繼南皮眞率依然學司馬炎中高士白石翁人物點染意匠工耄年展卷再題字自注石田翁於繪圖後二十年復作跋語雪泥指爪驚飛鴻碧山回首已陳迹豈獨尊前無此客能史閣中舊峴詩珍重斯圖等球璧楚弓偶失今得之延平劒合洵有期主人快意浮大白縱筆自記瓊琚詞粉墨流傳三百載寒具纖塵不曾涴手澤重歸淮海家雙孝門風今尙在西園摹本多失眞斯圖清勁妙入神衰齡一見氣便旺直欲尙友當年白髮掃石題詩人

沈石田碧山吟社卷為秦小峴大京兆題　朱珪
明孝宗代朝成康十老仙隱歌羲皇碧山草堂在何所九龍翠滴梁溪香茶烟鑪火詩會古主盟淮海源流長二泉後起已尙友京兆先蹟今餘慶嗟我三生澹甯夢自注余前身為

馬文肅與公十世根因芳香山蓮社稱盛事陳荀星聚傳二方石田居士擅名繪四美三絕鬢眉蒼知公什襲寶袟帖高風千古長相望

送秦小峴少司寇歸城西草堂即題其圖卷　翁方綱
公昔持節嶺海疆日懷城西舊草堂遂菴如見遂初叟自注草堂中有遂菴詩名高揖范陸楊去年詩索屠生和圖畫江鄉競傳播誰教好手出林巒似盼歸人來坐臥白雲司楊書景深忽動梁溪返櫂心此堂此菴為心跡元非寄託在登臨華家眞賞顧花問自注華東沙眞賞齋豐南禺作賦顧梁汾花間草堂毛際可作記送初

之意誰追攀活火松風烹乳水橫窗翠黛捲龍山此堂歸
來有此客尋詩復夢長安陌盡是詩中宿盟緣不負堂前
雲水白豐銘毛記恐弗如遂菴今始擬遂初畫卷更添吟
社卷書來示我益齋書自注尤延之遂初堂書目一名益齋書目見楊誠齋集

宿惠山樓同若洲賓王爵瞻限山字　吳峻

一步一芳樹相看未許攀欲尋前夢好只與素心閒小雨
散春墅疏烟籠夜山危樓歡笑語吹響下人間

梁溪　吳峻

淨綠不可唾萍開插遠峯溼雲多演漾水鳥亦從容落日
無人釣寒村有夜舂昔賢於此隱溪上問遺蹤

西郭逢顧五持國　吳峻

落木懸疏雨滄江隱彩虹偶於西郭眺忽與故人逢把酒
芳山外論文秋水中請看湖上櫂若個采芙蓉

題朱畫莊井田硯送之任蜀中　顧光旭

君家藏硯名井田周原禹甸如眼前君今入蜀稅征鞅井
絡天彭落吾掌硯兮相失二十秋豈意還隨萬里遊先人
製硯作恒產後人奉硯爲先疇筆耕墨耒有如此仁政必
自經界始川原高下使君行彊理南東田畯喜巫山巫峽
亂猨聲巴童漢女來相迎文翁石室今猶在杜甫草堂花
正明此時攜硯出公府此時置酒更懷古人家遥帶杜鵑
城鳥道交橫荔枝雨荔枝初熟杜鵑紅硯雲卻繞琴堂東
錦江船在青天上麗句聲傳白水中墨池臥牛角森聳萬
壑奔流浩呼洶一卷之石什襲藏作爲雅頌貢玉堂
案井田硯爲黃處士庭所製藏於城南朱氏失而復得畫莊名雲駿淹雅嗜古華師道玉涌顧星五奎光吳一峯峻皆有詩

遊石門　鮑汀

終朝面山坐山遠意自親披雲入山中彌覺所歷眞奔流
震厓谷仄磴迷荆榛跼步眩反顧攀援愜前因高巖駐夕
景陰壑無陽春酌彼澗中水憩此石上茵夙聞喬木末時
有餐霞人古苔閟靈跡石扇空嶙峋

溫硯鑪詩有序　鮑汀

溫硯鑪安桂坡製邵文莊公銘邗江方西疇購得之乾
隆丙戌秋歸錫山聽松山房與竹鑪並貯王涵齋徵詩
余亦有作

履霜誰識堅冰作超然堂上雪花落尚書點易硯亦冰著
手回春自河洛妙義旣劑陰陽和尚象更啟乾坤鑰形模
古質安氏製尚書作銘儼而恪深衣想像十賢祠容膝自
得四時樂滴露朝研滴露泉松風夜響松風閣哲人旣萎
萬事非三百年來變林壑令硯去若軀陰田溫鑪飛逐揚
州鶴賢哉方君購得之襲以錦綈裹氈橐一朝舊物歸梁

溪竹爐畫卷同棲托騷人墨士爭賦詩摩挲拂拭神驚愣
光彩尚韞丹鉛痕鏤紋細辨雲雷錯嗚呼此物何足貴覩
此不復重金鵲願倣此鑪製千百後生共抱陽春腳
案溫硯鑪歸於錫山邑中詩人皆有詩彙刻成編以劉復蕪執玉詩爲最今多散佚止錄此首

借秦凌滄秀才侯青溪道士遊管社山　劉松苓

太湖三萬六千頃沐日浴月雄東南扁舟我昔載茅酒蛟龍窟穴窮幽探咽嗚咄咤山鬼遁喝落星斗澄寒潭身披羊裘歌大夏故友重招來管社馮夷欺我老不才驅令洪濤迎櫂打倉皇之間傍溪曲蓮沼菱塘鑑青漆楊君舊宅

苑樹荒巨手開山殊不俗從容小憩更遠尋披荆撥莽臨高岑別有異境豁人目水勢震盪山浮沈千帆絡繹初如織檣影都從天際沒夫椒檇里指顧間少伯夷光人恍惚浮生碌碌悲如何白日消磨空浩歌祇今亢旱秧欲死願畢震澤傾滂沱

先行人公衣冠墓　俞　模

萬里啣王命孤臣竟不還有衣藏碧血無骨瘞青山瘴海歸魂杳衰宗保墓艱褒忠邀　聖代俎豆九峯間

止水歎　秦　瀛

東林黨北寺獄緹騎逮正人壄惟大臣不可辱草遺表秉孤燭赴清池水一匊君不見自古沈淵有屈子誰其繼者江萬里公之心如此水生從龜山死元禮

白鶴道院觀石洞　秦　瀛

丹房隱巖壑石壁屹千丈累跖躡近步延首絕遙仰哈呀風門張一洞闢軒敞裂地腹若刳負天背如盎窪中入黝黮外豁出簾寬試叩虛牝旨果得空在象白日忽淒冷炎夏轉蕭爽青蘿挂崖鸮閒雲棲岫幌獨鼓邱中琴一和百泉響

重築可樓成有作　秦　瀛

昔人構水居高樓峙嵯峨居廢樓亦圮頹然委逝波我今

勞版築命侶登崇阿舊觀稍規復闌楯平不頗聊茲偶憩息翫化養天和少壯未學道鬢髮忽已皤謝病歸田廬年光惜蹉跎昔人不可見來者復如何出處可否閒吾意豈有它匪甘樂衡泌詎擬考槃歌

水居晚興　秦　瀛

暝色上重湖殘霞猶未斂漁舟薄莫歸蕭慘水風發招我巖際雲翫彼湖上月微瀾蕩金波空影坐超忽浩皛搖精魂虛明炯毛髮白露倏已深蒼然葭菼揭緬邈懷伊人山川不可越適已還多娛繕性庶不伐信宿謝城市蹔弭林閒轍

知魚檻晚坐　秦瀛

窅映山色深松閒漏殘照遙知碧磵外萬壑藏𥨊窱小憩亭上陰空水相晃耀流泉激遠聽高岑入幽眺孤鶴啄苔蘚寒禽戀蘿蔦薄暝無游人巖谷益清峭冥心悟物理適志覩道妙焉知我非魚臨淵罷垂釣

坐二泉亭上有作　秦瀛

巖腹閟靈液虛谷何盅然乳竇裂龍髓迸作清泠泉明流瀉哀玉瀰瀰雲根穿迫弦入寒甃淺沼湛淪漣脩閒坐寥寂坎止無洄漩白沙淨見底水石互澄鮮動靜各有會耳目兩棄捐獨攜小園月活火松風煎高懷緬桑苧暫謝區

中緣

離垢菴　秦瀛

高屋萬松頂一菴如鳥巢天風吹不落崖石斷還交道士出行藥吾將從結茅雙扉閉幽閴鐵杖帶雲敲

小茅蓬　秦瀛

半嶺誅茅處相傳道士家閒廊人曬藥曲徑鹿銜花帶雨尋丹壑乘風躡紫霞路逢羨門子招我飯胡麻

九陽道院余壯歲時與朱道士談道處重過有感　秦瀛

羽士今何處一房仍翠微丹邱人已遠碧澗鶴還飛松化雲爲石泉噴雪上衣欲尋仙蹟去杖策叩巖扉

惠山訪鄒彥吉先生十二樓遺址今爲有恒道院　秦瀛

路入碧山裏喜逢春日晴松陰交石色花外出泉聲宋館佳人散丹房羽客迎尚餘興廢感啼殺舊時鶯

謁邵文莊墓於繡嶺并訪點易臺故址　秦瀛

松風萬壑有餘哀翁仲荒殘臥草萊古徑何緣重拜墓衰年多病獨登臺先生學術關千載後死心情酹一杯華表鶴歸泉寂寞青山馬鬣首頻回

秋霽竹罏山房小憩　秦瀛

性公已往剩祇林熱火罏邊落葉深只爲看山停短櫂悠敎啜茗損愁心人緣多病眞成懶天與清游不放陰所惜故園同調少但聞啼鳥一長吟

重陽後二日泛舟至惠山有作　秦瀛

扁舟出郭汎漣漪如此林巒著屐宜終古泉流秦代塢三秋木落楚人祠青山有約消茶話碧社無情付酒悲薄暝寒塘呼櫂返裴裒猶戀夕陽時

小春十七日社集半樓題旦谿師墨竹　釋妙復

豁公禪寂餘無以悅幽獨漫從溪上雲寫此烟中綠虛心
對逸士瀟翠流虛屋片石半沓侵森寒邈空谷

早秋同雲川洞泉過竹鑪山房分韻得清字　釋妙復

涼飈入庭樹林臥氣已清幽人懷白雲輕衣綠澗行香臺
絕壁下蘿房敞虛明重披古圖卷宛復見高情怡悅在一
時安知千載名欣茲茗甌潔滿院松泉聲

梧軒獨坐懷雲川南臺　釋妙復

百尺青梧桐下蒼黃茆軒晴簷響疏雨答我琴中言宿昔
雙彩輪雲路方孤鶱清陰長此駐古意誰相存

飯山閣獨坐　釋妙復

名嶽昔登陟丹梯老倦攀幸安一榻迥相與羣峯閉樵斧
隔雲響泉瓢帶月還松龕開咒鉢熟識此簷間

無錫金匱縣志卷三十四終

無錫金匱縣志卷三十五

文

唐

惠山寺新泉記　獨孤及

此寺居吳西神山之足山下多泉其高可憇而上山下有
靈池異花載在方志山上有眞僧隱客遺事故蹟而披勝
錄異者淺近不書無錫令敬澄字源深以割雞之餘考古
按圖葺而築之乃飾乃圬有客竟陵陸羽多識名山大川
之名與此峯白雲相爲賓主乃稽厥創始之所以而志之
談者然後知此山之方廣勝掩他境其泉伏涌潛泄潗㵫

舍下無沚無竇蓄而不注源深因地勢以順水性始雙甃
袤丈之沼疏爲懸流使瀑布下鍾甘溜湍激若醴灑乳噴
及於禪牀周於僧房灌注於德地經營於法堂潺潺有聲
聆之耳清濯其源飲其泉使貪者讓躁者靜靜者勤道道
者堅固境淨故也夫物不自美因人美之泉出於山發於
自然非夫人疏之鑿之之功則水之時用不廣亦猶無錫
之政煩民貧源深導之則千室襦袴知仁之所及功用之
所格動若響答其揆一也予飲其泉而悅之乃志美於石

惠山寺記　陸羽

惠山古華山也顧歡吳地記云華山在吳城西北一百里

釋寶唱名僧傳云沙門僧顯宋元徽中過江住京師彌陀寺後入吳憩華山精舍華山有方池池中生千葉蓮花服之羽化老子枕中記所謂吳西神山是也山東峯當周秦間大產鉛錫至漢興錫方殫故刱無錫縣屬會稽後漢有樵客於山下得銘云有錫兵天下爭無錫甯天下清有錫沴天下弊無錫乂天下濟自光武至孝順之世錫果竭順帝更爲無錫縣屬吳郡故東山謂之錫山此則錫山之岺欽也南朝多以北方山川郡邑之名權刱其地又以此山爲歷山以擬帝舜所耕者其山有九隴俗謂之九隴山或云九龍山或云鬬龍山九龍者言山隴之形若蒼虯縹螭

合沓然鬬龍者相傳云隋大業末山上有龍鬬六十日因以名之凡聯峯沓嶂之中有柯山華坡古洞陽觀秦始皇塢柯山者吳子仲雍五世孫柯相所治也華陂者齊孝子華寶所築也古洞陽觀下有洞穴潛通包山其觀以梁天監年置隋大業年廢秦始皇塢者林墅之異名昔始皇東巡會稽望氣者以金陵太湖之間有天子氣故掘而厭之梁大同中有青蓮花育於此山因以古華山精舍爲惠山寺寺在無錫縣西五里宋司徒右長史湛茂之家此山下故南平王鑠有贈答之詩江淹劉孝標周文信並遊焉寺前有曲水亭一名憩亭一名歇馬亭以備士庶投息之所其水九曲甃以文甎窺壁淵淪潺湲濯漱移日寺中有方池一名千葉蓮花池一名纑塘亦名浣沼歲集山姬野婦漂紗滌縷其皎皎之色彼耶溪鏡湖不類也池上有大同殿以梁大同年置因名之從大同殿直上至望湖閣東北九里有上湖一作北湖一名射貴湖一名芙蓉湖其湖南控長洲東洞江陰北掩晉陵周迴一萬五千三百頃蒼蒼渺渺迫於軒戶閣西有黃公澗昔楚考烈王之時封春申君黃歇於吳之故墟則此也其祠宇享以醪酒樂以鼓舞禪流道伴不勝淬噪遷於山東南林墅之中夫江南山淺土薄不有流水而此山泉源滂注崖谷下溉田十餘頃此山

又當太湖之西北隅縈棘四十餘里惟中峯有叢篁灌木餘盡古石嵌岑而已凡烟嵐所集發於薜蘿今石山橫亘濃翠可掬昔周柱史伯陽謂之神山豈虛言哉傷其至靈無當世之名惜其至異爲詭俗所棄無當世之名以其棟宇不完也爲詭俗所棄必其耆見不遠也且如吳西之虎邱丹徒之鶴林錢塘之天竺以其臺殿樓榭崇崇業業車輿薦至是有嘉名不然何以與此山爲儔列耶若以鶴林望江天竺觀海虎邱平眺郡郭以爲雄則曷若此山絕頂下瞰五湖彼大雷小雷洞庭諸山以掌睨可矣向若引修廊開邃宇飛簷眺檻凌烟架日則江淮之地著名之寺斯

爲最也此山亦猶人之秉至行負渲德無冠裳鍾鼎昌昌嗟嗟爲邇俗不有宜矣夫德行者源也冠裳鍾鼎流也苟無其源流將安發予敦其源亦伺其流希他日之營立爲後世之洪注云

惠山寺家山記　李濬

金陵之屬郡毘陵南無錫縣有佛寺曰惠山乃濬家山也貞元元和中先丞相太尉文肅公心宦色養家寓是縣遂肄業於惠山始年十五六至丙戌擢第歸宦爲朱方強留之文肅公竊畏常警切於旦夕之間李庶人以反狀聞嘗召公草不順章檄公語以君臣父子忠孝誠節別白自古

道理者約千餘言言既勁勇庶人畏敬又逼以狂卒圍以兵及促公下筆振叱數四髮皆見怒狀庶人因令閉之于別所命許縱成之是夜張子良裴行立共義公忠赤果相與易圖庶人兵敗公以忠節聞於天下新帥李公元素徵具事表於朝廷公三讓之遂退歸惠山寺僧房猶孜孜勤經史洎十年手寫書籍前後約五百軸寺山之泉獨稱奇能發諸茗顏色滋味公僻居含飲雖崇貴未嘗輒自優奉惟韋哉惠山泉數千里不問其費耗公文學官業功德濬謹纂敘制詔章表堂狀類例其間不敢輒以文飾表至敬也爲上下卷今藏史閣我家之盛嘗二爲相三爲史官高祖中書令謚文憲儀鳳中爲中書令如意中爲鸞臺左相郎濬高祖叔　先公丞相贈太尉謚文肅會昌中爲左僕射門下相儀鳳在相監修國史會昌在相監修國史乾符四年濬自秘書省校書郎爲丞相滎陽公獨奏狀入直史館會己亥歲春有事白相府乞假出函關數千里夏五月癸卯過家出觀舊刻石詩題別無碑版敘錄懼年祀寖遠不得布聞於人謹以史筆條敘於寺之正殿內時乾符六年夏五月十六日甲辰書

（宋）

惠山泉記　聶厚載

水之甘苦猶人之賢愚人生禀氣清則賢濁則愚水流因地潔則甘穢則苦石脈至潔山泉悉甘而斯泉勝諸泉者以其感錫之氣也苦井投黑錫於其中久而得甘查梅橙李和鉛霜食之則美蓋錫能變味致甘也茲山當周秦間大産鉛錫豈非假其餘味乎或云苟錫能致甘則山下諸泉味當一矣而獨美者何也曰山一而源異也他泉脈淺發於山表斯泉源深出於山骨故積霖而不溢久旱而不竭承平之代錫乃深藏故源深而得其液焉不然則何以滑於泉泉重於諸水或云古時錫産東峯非泉脈矣惠山木也東峯枝也未有本亡而枝有者也利物之外尤資茗

莽陸先生嘗奇之美名始振夫食味別聲人之常也甘辛爽口嬰耋一致至若水之淡薄其味各別能於淡薄之中紀其優劣峻其等級非奇人不能臻乎妙亦猶金絲聰耳清濁易辨或其審興衰察治亂非賢哲罕極其奧審聲之奧夔季而下世未有能者別味之妙生民以來先生一人耳且夔季於樂聽於心而不聽於耳先生於水別於心而不別於口後之慕先生名悅水之味者又不別於口別於耳也噫別於耳者衆矣非獨水之難別也先生未生泉味非苦先生生後泉方有譽信乎蔡邕辨薪而得爨伯樂顧駿而增價天下之山珠聯櫛比山中之泉絲棼髮委先生

不登之山未嘗之泉多矣其間抱康洞而抗蘭谷者有之不過奇識滔滔於汙潦之間惜夫且以無情之水遇至鑑汲引尚能紀名於簡册分甘於郡國矧有道之士遇知己振發豈不能潤澤生民道濟天下煥令名於今古哉前所謂水猶賢者言非過也感物而動與泉作序

無錫縣治記　聶厚載

無錫建邑始於前漢按陸羽惠山寺記云山東峯當周秦間大產鉛錫至漢興錫方殫故剏無錫縣後漢有樵客於山下得銘云有錫兵天下爭無錫甯天下清有錫沴天下弊無錫乂天下濟故順帝更爲無錫縣又按圖經本隸會稽王莽改爲有錫至吳時改爲無錫又縣廳記云其有是邑得名之始興建廢置之由陸鴻漸惠山寺記之備矣然則寺記雖備而與圖經互有得失而不究其本矣當周秦間大產鉛錫乃六國時也其後暴秦塗炭劉項戰爭之符也樵客得銘合在文景之世是時班師偃革天下清晏故神靈薦祉其銘出矣因之剏縣宜彰其美陸云後漢得銘非也復不書王莽改易之弊莽若不爲有錫則順帝何所更爲無錫耶莽既改革則前漢得銘建邑明矣前漢季世錫乃復出莽包纂逆之心蘊姦邪之計因其銘改其邑欲惑衆而祈應也及順帝時兵寇載戢其錫復泯故更爲無

錫益昭前讖銘之文非人文也天意也陸云無名人者不可考之辭也圖經祇述王莽更改不載得銘剏邑之事蓋闕文也夫名山秀嶺郡縣有之苟峯嵒奇峭洞壑幽邃勝惠山者多矣若探治亂之機贊清甯之運則海內諸山莫與之比山在西郊翠逼衙署雖隔梁溪一水則數尺之深不能截千仞之勢陰陽流謂坐辛山面巽水宜其邑廣財豐復多秀民也泰伯渡江始居其地六朝而下賢才繼生披圖可詳不復悉紀自僞唐納境之後皇朝統御以來民風載涫文教益振前後出宰者率多名士如開寶乙亥迨天聖丁卯五十載間上被唐虞之化蔑覩戈戟下悅卓魯

之政罔嗟哉刻此亦大塊間福地也豈非山岳之助乎獨厚載濫司銅墨素慚刑政宇人遜愧於前修易俗欽徯於來者先是縣封密接吳境唇齒相翳兵寇薦侵宮室民廬亟爲煨燼後於縣城西南隅重建衙署事皆草剏棟宇未完咸平壬寅年宰邑錢惟周移就中位其經營之美石記具存寒燠代遷土木圮壞乾興壬戌歲縣令李晉卿明可禦姦威能率下悵公庭之卑陋不足壯大邑之形勢乃募豪傑萃杞梓利工善之器揆定中之日聽訟之廳雄構翚鼓之樓峻峙修廊挾室越七十間迨棘丞王周繼政工畢縣庭壯麗自此而始俾黎庶望而畏之增令長之威德夫

升是廳治斯民者得不端心秉節誓公滅私察下民之枉直答元聖之寄任然後不辱斯廳不愧斯民矣舊制邑署修建弗給官用咸出於吏民之上貪者徇私忘公家之利廉者潔己避瓜李之嫌所以縣寮公宇罕有必葺李公不畏率斂之譏竭力公家之事幹敏之譽猶沸民口可謂縉紳中英傑也惜其未立文志寖歷歲時慮後人忘作者之勤勞失建邑之本始因訟空案簡直書前烈姑欲補圖經之闕正寺記之誤示李公之懿績也

明陽觀記　李　遠

老氏釋氏並行於世爲老氏者率負氣未嘗汲汲走權勢間有所不合拂袖引去意專而能忍辱則與爲釋氏者若不相似然故其道雖同而流俗向背爲之異所從來久矣若梁溪上清三洞法師盧公至柔者士大夫識與不識州里無遠近翕然稱之雖有間言非其道術高出一時孰能使之然哉公之名既彰於是以疾來告丐符水治者踵至相屬於道其治疾也令病者以狀自言死生立決爲妖所憑容止失常至其所脱然去體家有嘯於梁者爲符其門則泯滅絶蹟病度不可治必欲得咒水往者亦不固拒歸發視之水上激如矢逆流於地不復得飲籙章封事皆有殊應人益以爲神且罷朝眞歸休於室則戶外之屨滿矣

初知郭内洞虛觀崇甯四年疲於酬對思就藪澤閒曠之所而晦迹焉行至璨山有鹿騰出公曰是謂生氣吾緣在此矣結庵而居歸者如昔乃相與出力建立祠宇其地則洞陽觀之遺址也或言山有穴旁出因以爲名觀興於梁之天監而廢於隋之大業至是復興大觀改元建康元符宮葆眞觀妙沖和光先生劉混康因召對而奏至柔之行及觀所以建立者敕賜名曰明陽命主之政和元年八月詔部使者敦遣赴闕而至柔以其年五月羽化矣嗚呼觀之廢也蓬蒿藜藋之所蔽翳獸蹄鳥跡之所出沒風雨晦冥山鬼魍魅之所悲嘯歷數百年高甍屹立丹雘輪奐神

蠲宅焉徒以得人故衛初公之亡也三清殿猶未立嗣者屢易無能終其志而田毛瘠薄衆不贍給相招而去鉧鍋弗補推頹弗支鼓鐘寢聲髭髭盡出幾復廢壞邦人與洞虛之衆相謂曰凡事成難而敗易盧公之業可惜也哉忍坐視乎正一道士許元眞才具通敏乃舉以任其事上清三宮法師許公時中元眞師也延致之專靜有守恬淡無累亦能以符籙濟人閭者嚮慕承節郎李允崇建祠殿肅奉飈馭創新葺舊有加於初歲給其糧有常數故贈通奉大夫王公軾之孫緯施田八十畝歲得租五十石以飯其衆至者安焉蓋觀非盧公不興非許公不成二公所學之道同故相爲終始如素約

而人悅之夫人情孰不爲子孫計李氏王氏不靳所有獨能量力奉高眞是可嘉也余聞黃老之術以淸淨無爲爲宗以純白一志爲本以泛應不窮爲門滌除元覽而不離其眞故能全精神外死生獨立萬物之上而反乎無終始者也若夫禁咒已疾禳卻不祥此推其餘以利人者耳然心苟不誠術亦不神學斯道者宜知之觀故無記而先朝賜名之寵與盧公之行其可無傳耶故書之以識其與之始云

無錫縣儒學記　章望之

有儒生謁於前曰我無錫之士人也示余以學宮之圖曰吾大夫秘書丞張樞言始謀人也其中南嚮者文宣王之殿也大門值其前倫堂橫其後後又有先生之室東西兩序則諸生之舍也蓋在縣署東南三百步之間其貲財所出則吾邑業儒蓋百人矣能倡義者裒諸儒之有爲之也作之之日則丁酉秋也成之之日則明年春也諸生入學在四月之巳卯望越十四日癸巳吾大夫與其僚宿於齋次甲午朔五鼓作師生陪執事釋菜於廟廷退而宴私於倫堂之上揖吾曹而謂之曰凡我造學於茲將使而習聞聖人之美用於而躬非專之決科也諸生曰敢不恭稟所教今也請以事之始末誘子以文久吾大夫之風於敝邑何如予爲之持觴以賀曰有本哉張子之爲邑而子之鄉

里之慶也其令不擾而民信其文不密而民畏鄉尊者艾之無過者而後生有勸富家羣養孤獨之人而衆不憚煩則吾既知之矣政其成矣又興學校以貽後人得不曰有本哉夫孔子之道包百王之教治則堯舜光顯亂則桀紂誅亡大之通天地微之入鬼神密義精言散在經傳厥有師敎友商猶莫窮之使其閉戶學之筋骸憊矣儻有所得勤勞已甚邈焉大道死矣無傳如皆郡縣勸儒開設學館長吏且有意焉則其民感思自興心志開而見聞博矣與時肅知是邦不由樞言戶曉詩書而尚禮義與予故爲之詩曰表表南山興雲以雨木之苞矣春陽攸聚念我慮善

敎不有始彼繰者絲厥抽惟緒築室維何有殿有堂有序有房閉陰啟陽翔翔者楹盤盤者梁工迄於成伎奏其良我之思矣古之孔子我居我處友朋來萃爰飲爰食爰講爰議永懷恭人肅愼容止執恭明祀邑令有僚盛服至止徒御弗譁齋明有日其誠孔交何以薦之清酒少牢咨爾父兄順聽邑命爾子爾弟勗成正性必儒其躬俾善其行貽親以不病咨爾子弟優優在道律身知學以忠以孝令名匪今於後有耀貽孫以不詔中田有稷其實離離張子有猷神育人治善人之延百世攸宜爾民其承之

無錫縣增建儒學記　王相

崇甯改元上既庚用二三大臣克篤前烈追盛三代唐虞之治爰詔冢宰愼簡乃僚置司講議政事當務之急是秋大丞相司空嘉國公本原神宗皇帝以聖智稽古即位之初慨然追法先王訓經以迪士置師儒以明道廣學校以教養嘗詔侍臣欲考古者庠序之制闢明堂辟雍以施仁發政功志未就遭元祐變革無復存者恭惟皇帝陛下盛德大業脩明法度追而述之深悼風化之微而欲善天下之俗非學不能成之謹以學校爲今日先務制可之遂詔天下郡縣皆立學以三舍法取士粤明年甲申乃下詔曰神宗皇帝嘗欲以學校取士而罷州縣科舉之令其法始於畿甸此學士大夫之所共知也朕不愛百萬之財以教養天下之士而以育材官人善風俗脩政事爲急其詔有司罷發解及省試取士並由學校升貢庶幾追復成周之隆紹先帝之緒以稱朕所以圖治之意其年十一月甲戌皇帝視太學幸辟雍即敦化堂賜上舍釋褐者凡十有六人其次免省試者二十有六人內舍生及畿內貢士悉皆免解其數幾半三歲賜第於集英者於乎盛矣美矣不可以有加矣雖三代教養之隆未有甚於茲時者也詩曰周王壽考遐不作人信乎美成在久者其必自於作人也愚竊以謂化人成俗莫不由學故先王之盛時設庠序以養

賢論才德而取士自天子諸侯之子下至國之俊造莫不入學自成童而藝立至四十而仕其習乎禮樂之容講乎仁義之說敦乎孝弟之行入以養其父兄出以事其長上與朋友交而有信臨財廉處衆不爭行脩於身有聞於家達於鄉里鄉黨然後詢於僉言又定於鄉老之可信者而薦之始謂之秀士久之又取其甚秀者爲選士久之又取其甚秀者爲俊士久之又取其甚秀者爲造士然後司馬辨其論隨其材而官之任官然後爵之位定然後祿之夫如是積德累善其勤若此其久亦至固非止取一日之長然後求賢審官眞彼周行如此其愼而有次第則浮僞矯

激干利苟得之士不容於其間風俗不陷於偷薄而日以忠厚也宋興蓋百有五十年而天下之學始克大立稽古之制考周之文其養也教以經藝文辭其取也考以材識行實由三舍以察士之能否而命之以官可謂希濶之舉矣是以詔下之日遐邇慶幸而奔走趨事者以後爲羞常州無錫縣有學嘉祐初自龍圖張公詵始其興制之本見於武甯章望之之記後四十八年其猶子元度繼宰是邑會朝廷班學制他邑皆承命經營力作不暇而玆得卽舊以新之功省十倍然後知君子之澤利施者遠而事固有不偶然者是學之興適在其父子屬者朝廷增養士之制

初大縣以五十八爲率後乃以三歲廪書多寡計之無錫宜增給百八以百五十八爲率而舊舍扁迫隘不可容今乃與其屬度學之西偏增直購地斥廣而大之別爲屋二十有六楹又遷庖廚浴室於其北鳩工於八月壬戌考之於十一月戊辰閎壯顯敞踰於昔制令以予掾於尉曹貫董乃事會終更屬予爲文以識其成予懼學者不明乎朝廷教養之美意而師儒之官或不揣本而齊其末失其所謂作成之方謹具述明詔如上所載因誦其所聞而著之夫大學之道將欲正心誠意脩身以治其家國天下而必先本於知至則所謂知至者貴達乎道德性命之理而已非止乎期命辨說刑名度數之間弊於淺淺者爾故先王教法必以智仁聖義中和爲之別以孝友睦婣任恤爲之同藝則該之以禮樂射御書數至於淫詞詖行析言破律異端之術爲之誅禁書曰格則承之庸之否則威之方今舉皆法此吾固知其教化之行風俗之成唐虞三代之治可跂足而待也異時諸生道德明秀行藝脩飭歲預升選賦菁莪采芑之詩以頌明天子育材之意晝繡而謁謝先聖先師周覽牆屋慨然思詠令佐之功績而予因得并預玆榮附託不朽不亦幸哉輒不自揆退爲之記俾刻諸石

康熙庚午志云此崇甯三年碑推本蔡京尊熙甯而斥元祐頗乖正論以有關學制故存之

縣宰郁公德化記　陳　篆

上卽位改元建炎秋八月杭州守土軍竊發爲盜意乘朝廷北伐之役勢未及討迺敢俘我王官燔我民廬釋獄囚發府庫掠金帛殘毒百姓據城以守朝廷命將帥甲二千用伐有罪將私犒賞不分士卒讐之師行次於嘉禾共殺將以叛勢不得進反兵北首聲假道於吳以如金陵志實利寇松江軒橋以備賊得巨舟百數夜襲松江一夕焜燼人無逃者蘇人閉關塹河被甲登堞及賊距城雖矢石紛下而不少卻守臣實畏之乃使人遺以書廣設金穀願得沿外濠以進賊計吳城險固未易攻徒勞師爾遂盟以許

之三日棄蘇州以行維舟於閶門之五里賊意是將被我邑而及常也語閧於道欲焚我居室芟夷我農田虔劉我士庶邑人聞之駭愕股栗莫不舉手相弔號苦待盡邑宰郗公痛民之危既盡傷心且謀其策丁國家軍興倉庫所積無幾公乃罄家之所蓄器用并帑藏得銀二千兩預一日遣人具咨目以遺賊賊見且喜已善公之能迎勞答公以狀詞頗肯受時又得丞相李伯紀弟季言慨然謂公曰某職兼鈐轄屬官公憂如此又不可坐視願前五十里迎賊諭道公意苟全此邑亦某之衷公之幸也公重信而聽之季言不及省問家人卽衣褐單騎從者數人暮行夜宿

於界亭明日賊舟果至季言見首領賓主禮唯謹諭賊以公之恤民愛物如此賊屈首無毅色謂季言曰毋憂敢不如所言季言卽間遣公書且道賊所以狀公爲之喜且懼謂兇人姦險雖首肯而心或違則適敗謀又明日賊舟將抵邑南門公接見首領以禮折勞度賊氣平改容正色語賊曰若所謂季公言不謬百姓得賜更生雖殺我以償所志無憾不賑金幣以賞從者或甘言紿我陽許而陰背之願先殺某不忍百姓之罹兇毒也賊欷歔感歎謂公曰學士與季君實邑之父母當戒士卒釋甲受犒卽趣舟以行乃指天以誓苟逾盟有如日公聞而後喜可知也賊於衢

道閧呼謂邑人曰爾等賴縣令郗公得保首領不然則松江矣雖燒頂斷臂何以報德於是鄉老扶杖擁公之車感泣跪謝是日賊兵果解維以去一毫不取士庶帖然不擾嗚呼公之覆護一方如此之至其古之遺愛乎夫漢唐循吏止有一事可書則勒功於碑以志甘棠遺愛況公之德於吾民不啻覆載使後世湮沒無聞亦邑子之罪也篆於是記其事篆聞唐朱泚之亂得一何蕃而六館之士不從君子謂蕃仁勇人也公儒者平時理縣尙寬恤百姓父愛之及是終以此得抗賊非仁而有勇者乎且松江有大川可恃而卒破蕩蘇人亦不免躬甲胄赴矢石爲城下之盟

不愧僅得免死亦幸耳無錫當通道外無城堞以守內無甲兵以敵賊一舉手則旋踵而傾覆郗公不動聲色俾賊善解李勣賢於長城遠矣嗟夫雷霆駭耳蜂蠆起懷雖賁諸荊育之倫未有不先豫奪常者至若解紛赴難確然有不可挫之色自非足以化檮杌未有能喊虓虎而奪之氣者也以賊之殺部將破松江視民如螻蟻至我邑以公故罔敢逞毒非有以化之而然耶昔漢劉宏農反火虎渡河後世以爲難事以公匹之過琨遠甚是宜邑之父老必有爲公立祠者兒童必有爲公歌謠者駢四儷六之士必有濡毫染翰爲公作詩以頌其德者至篆則恐公異日陞朝

以濟大事秉史筆者舉其大而遺其細則敘公之事業不能無闕文得此則庶可少助而摛文愧近俚蓋欲道其實焉公名漸字子進丁未十月日晉陵陳篆記

嘉慶志云康熙志爲天子守土吏賊至犒師以免是罪不容誅也然當漸之時不如是則一夕而燼耳夫豈不知其不可而爲之向使事已而申朝廷之法固將以一身代千萬人之死而甘心焉矣故爲吏者愛民之心不可不如漸非所以爲守職者訓也建炎紛紜綱紀未立故漸得以此心蒙諒於世邑人德之至號其所居爲遺愛坊於此文不可不錄顧典籍貞觀特著論斥之要之守經行權未可概論且已見於元志是以仍錄而存之

寶乳泉記　翁挺

膠山在無錫縣東去惠山四十里由芙蓉塘西南拔起平陸聯綿迤邐高下十數而後峙爲大陸有泉出其下曰寶

乳泉蓋昔人以其色與味命之自梁天監時地爲佛廬踞山北嚮而泉出寺背至唐咸通中浮圖士諫改作今寺依東峯與惠山相望則泉居左廡之南水潦旱暵無所增損隆冬祈寒不凝不涸故其山雖不高泉雖不深而草木之澤烟雲之氣淑清秀潤煩洞發越皆兹泉之所爲也然而疏鑿之初因陋就簡决渠引溜不究其源閲歲既久瓴甓弗治湩乳滲漏淪入土壤建炎二年余罷尚書郎自建康歸閩適聞本部有寇留滯淅河因來避暑兹山日酌泉以飲病其湫隘謂住山益公能撤而新之當以金錢十萬助其費益公雅有才智且感余之意以語其徒元淨慶殊又沖三人者咸願出力於是坎其山入丈餘得泉眼於嵌竇間屏故壤理鈇甃而泉益清駛乃琢石於包山爲之池廣袤四尺深三尺以蓄泉上結宇庇之榜曰蒙齋池之北瀉爲伏流五丈有奇以出於庭跨伏流爲屋四楹屬之廡有扉啟閉之榜曰寶乳之門庭中始作大井再尋疏其檻楹使衆汲蓋數百千人之用常沛然而無窮事既成益公謂予曰寺有泉歷數百載較其色味與惠泉相去不能以寸而名稱蔑焉公乃今發揮之當遂遠聞信物之顯晦亦有待乎予笑曰水之品題盛於唐而惠泉居天下第二人至於今莫敢易其說非以經陸子所目故耶自承平來茗飲

遡侈惠山適當道旁聲利怵迫之徒往來臨之又以餅罌甕盎挈餉千里諸公貴人之家至以沃盥焉泉之德至此益貶矣今膠山所出岡阜接而脈理通固宜爲之流亞獨恨予邁往之迹介潔之名非陸子不能與之爲重然山去郭一舍蹊隧阻而涇流陋邑居者欲遊或累歲不能至況過客哉比之君子惠泉若進爲於時故雖清而欲浼寶乳類夫遠世俗而自藏者將愈僻而無悶以彼易此泉必難之而公謂顯晦有待特以爲言亦期之淺矣益公亦笑曰有是哉請著之泉上使遊二山之間者有感於斯焉遂書以授之歲戊申冬十有一月癸丑記

陸子泉亭記　孫覿

陸鴻漸著茶經別天下之水而惠山之品最高山距無錫縣治之西五里而寺據山之麓蒼崖翠阜水行隙間溢流爲池味甘寒最宜茶於是茗飲盛天下而鉼罌負擔之所出通四海矣建炎末羣盜嘯其中汚壞之餘龍淵一泉遂涸會今鎮潼軍節度使開府儀同三司信安郡王會稽尹孟公以邱墓所在疏請於朝追助冥福詔從之賜名旌忠薦福始命寺僧法皡主其院法皡氣質不凡以有爲法作佛事糞除灌莽疏治泉石會其徒數百築堂居之積十年之勤大屋穹墉負崖四出而一山之勝復完泉舊有亭覆

其上歲久腐敗又斥其羸撤而大之廣袤丈廓爲四達遂與泉稱法皡請余文記之余曰一亭無足言而余於法皡獨有感也建炎南渡天下州縣殘爲盜區官吏寄民閒藏錢廩粟分寓浮圖老子之宮市門日旰無行迹遊客暮夜無托宿之地藩垣缺壞野鳥入室如逃人家士大夫如寓公寄客屈指計歸日襲常蹈故相率成風未有特立獨行破苟且之俗奮然以功名自立於一世故積亂十六七年視今猶視昔也法皡者不惟精悍絕人而寺之興廢本末與古今詩人名章俊語刻留山中者皆能歷歷爲余道之至其追營香火奉佛齋衆興頹起仆絜除垢汚於戎馬蹂踐之後又置屋泉上以待四方往來冠蓋之遊凡昔所有皆具而壯麗過之可謂不欺其意者矣而吾黨之士猶以不織不耕訾謷其徒姑置勿論議焉是宜日夜淬厲其材振飭蠱壞以趨於成無以毀瓦畫墁食其上其庶矣乎故書之以寓一歎云

嘉慶志云覿人品不正舊志所錄概削之僅存是篇不以人廢也

無錫縣學記　李彌正

孔子刪詩列國獨存魯頌非私魯也以其君臣有道而庶事舉也體大而有證孰若修頖宮鄭亦周同姓國學校不修而子衿之刺興其後然明至欲毀鄉校賴國僑知政議尼不行以鄭之刺則魯之頌宜也今天下郡縣同被王靈

固無異政至於奉令率職身任風教不爲具文避課豈不宜大書特書行之永久乎毘陵浙右支郡文儒逾於大府無錫於郡屬又壯哉縣也九峯峙其西太湖漾其南山川炳靈人物阜夥卿材民望繼踵接武服冠履業弦誦者肩摩地屬興時庠序未稱獨廟貌岌然孤立旁無夾輔春秋二丁官吏用事張以菅葦風雨不除道路目笑迺紹興甲子秋詔諸縣治學舍尚或窘於獄訟簿書日不暇給遲回未遑越明年冬邑宰胡君舜舉旣下車以儒雅飾吏事迺惕然曰德音甚渥矧大邑多士其敢後於是營貲庀具拓

地度材屬主簿朱君奇視役奇究心知務纖悉必躬克欽乃事以輔其長迄用有成堂皇敞崇齋廡整潔榱桷戶牖丹雘塗塈咸極精緻庫置什器廥蓄儲貯炊烹溜滌皆有處所凡爲屋大小五十有四楹又撤殿蓋而新之公無侈費民不勞苦作始於丙寅春三月至冬十月工畢丁未率里之大夫士釋菜於先聖退鄉飲酒於講堂主儐僎介升降獻酬者耋壯稚式序在位觴豆靜嘉殽核旅美揚觶致戒情文俱盡禮成拜送於庠門之外觀者如堵咨嗟懽忻喜王化之復行伻圖來諗俾記以文斯舉也夫子以爲宜須其致惜辭乃具載與建本末且告諸方來曰惟人萬物

之靈者有倫有類也五典之敘自天子下達有虞夏商之學名異實同皆以明倫爲本周制益詳崇術立教迪德訓行悉有官師以造俊秀養老齒胄獻馘受成咸在焉鄉舉里選之法出長入治之政顧寓行於其間耳由漢而來取士之制一變而升孝廉再變而置中正三變而舉進士雖科目猥多塗轍寖廣而明君良臣賢守令率以立學官增弟子員爲急先務蓋教化淵源有在於是非直角文藝階進取而已國朝自慶歷始詔州縣悉置學元豐推行三舍法於黌闕崇甯遂頒天下海隅遐荒禮義滲漉中更艱難兹道乍息今天子撫運中興儲神道藝旣修郗睦廓然無事乃與大臣議建太學繼及郡邑以幸斯文縣大夫暨其僚精白承休亟就嘉績嗚呼士之遊息於斯與夫耕養家食者盍體勉勵訓飭之勤平居孝弟忠信脩身行道奉彝倫蹈聖域庶在其中矣其或先利後義綴緝口耳之學顓以弋釣名第如區區漢儒之陋指典籍爲拾青紫具陳車服以夸稽古之力斯豈君相崇儒易俗之旨縣大夫宣化流澤之意哉紹興十六年十一月朔日

李忠定公奏議後序　　朱子

嗚呼天之愛人可謂甚矣惟其感於人事之變而迫於氣數屈伸消息之不齊是以天下不能常治常安而或至於

亂然及其亂也亦未嘗不爲之預出能弭是亂之人以擬其後蓋將以使夫生民之類不至於糜爛泯沒靡有孑遺而爲之君者猶有所恃賴憑依以保其國是則古今事變之所同然而天之所以爲天者其心固如此也嗚呼若宣和靖康之變吾有以知其非天心之所欲而一時人物若故丞相隴西公者其所謂能弭是亂之人非耶蓋聞政宣之際國家之隆盛極矣而都城一日大水猝至舉朝相顧莫有敢以變異爲言公獨知其必有夷狄兵戎之禍上疏極言冀有以消弭於未然者不幸謫官以去而間不七年敵騎遂薄都城公於此時又方以眇然一介放逐之餘出

負天下山嶽萬鈞之重首陳至策而徽宗決內禪之計繼發大論而欽廟堅城守之心任公不疑遂卻强敵然自重圍既解衆人之心無復遠慮而爭爲割地講和之說以苟目前之安公獨以爲不然而數陳出師邀擊之可以必勝與其得氣再入之不可以不憂則讒間蠭起遠謫退荒而不數月間都城亦失守矣建炎再造首登廟堂慨然以修政事攘夷狄爲已任誅僭逆定經制寬民力變士風通下情改弊法招兵買馬經理財賦分布要害繕治城壁建遣張所撫河北傅亮收河東宗澤守京城西顧關陝南葺樊鄧且將益據形便以爲必守中原必還二聖之計然在位

纔七十餘日而又遭讒以去其在紹興因事獻言亦皆畏天卹民自强自治之意而深以議和退避爲非策懇叩反覆以終其身蓋既薨而諸子集其平生奏草得凡八十卷其言正大明白而纖微曲折究極事情絕去雕飾而變化開闔卓犖奇偉前後二十餘年事變不同而所守一說如出於立談指顧之間今少傅丞相福國陳公序其篇端所以發揮引重固已盡其美矣公之孫晉復使某書其後以推明之某謝不敢而其請愈力不得辭也顧嘗論之以爲使公之言用於宣和之初則都城必無圍迫之憂用於靖康則宗國必無顛覆之禍用於建炎則中原必不至於淪陷用於紹興則旋軫舊京汛掃陵廟以復祖宗之宇而卒報不共戴天之讐其已久矣夫豈使王業偏安於江海之澨而尙貽吾君今日之憂哉顧乃使之數困於庸夫孺子之口而不得卒就其志豈天之愛人有時而不勝夫氣數之力抑亦人事之感或深或淺而其相推相盪固有以迭爲勝負之勢而至於然與嗚呼痛哉昔蒯通每讀樂毅書未嘗不廢書而泣安知異時不有掩卷太息而垂涕於斯者耶雖然今天子方總羣策以圖恢復之功使是書也得備清閒之燕而幸有以當上心者焉則有志之士將不恨其不用於前日而知天之所以生公者眞非偶然矣因次

其說以附於八十卷之末使覽者無疑於福公之言云

通惠亭記　蔣璿

彭城錢侯紳仲世家於無錫既仕而歸乃卜居於邑南漆塘山中聚書四萬卷日取而讀之探古聖賢之藴以美其身於其暇日稍疏巖剔藪立臺亭蒔松竹爲遊觀之適然是山無水卒以飮爨汲於湖以供朝夕之用僕奴顔汗肩赬陟降告勞紹興三年春二月紳仲行於其居之南爰有寒泉發於巖趾以杖導之如龍蛇蜿蜒盈科而後進酌而嘗之清冽滑甘與惠山之泉無異於是甃以瓴甓洞爲方池饋饎漱浣日用而不竭乃作亭於泉上名之曰通惠

意其與惠山通山居之父老聞而觀焉驚顧顔色且曰水之行地中一氣耳玆山去惠山不百里則其泉脈灌輸理或有之或曰不然吾與若居是山老身長子日以遠汲爲病今錢侯莅止而泉發於其居豈天藏神閟不輕付與有待而出耶衆以其言爲是乃相與歌曰泉何爲兮效祉侯有德兮克君子挹彼注兹兮況羞饋祀永收勿幕兮自今以始又賡而歌曰孝友温亘溢於文章錢侯之德兮演迤汪洋惠我無疆兹泉之澤兮德積而愈光澤久而彌昌世世其無斁兮於是宜與蔣瑨聞而異之曰昔唐相李文饒既貴重其服御飲食必欲極四方之怪珍常喜飲惠山泉

置驛以取水天下苦之有浮圖人告曰長安昊天觀井水與惠山泉通公試之信然遂罷水驛寥寥數百年間其事相爲符望然以予觀之惠山距長安數千里而遠有高山大川之限是烏能相通哉特以其味似之耳今九龍漆塘相望密邇而紳仲以隱德懿行嘗神之貺則泉爲時發亦無足疑者因取父老之謠言且本其所以作亭之由而爲之記

橋中記　　余永弼

江東計臺從事曾當時謂子余子曰我於梁谿所居之旁辟小室周施纔丈尺非有增臺傑觀晧旰華敞之足言也而虛明靜深似可人意日浩然其間誦書著文行歌坐嘯客至則有棋有琴一觴一詠不知世之有所謂榮辱驩戚者室雖小滔乎其有餘端不減商山之樂也榜曰橋中子爲我記之乎曰嘻子相家子也何自而知此樂哉夫極狗馬之好騁遊田之荒揚激楚之結風發陽阿之妙音宜子之所樂也而方且馳騖乎書林漁弋乎義圃好古博雅過於藜藿之士齊竽趙瑟晉棘梁黎宜子之所樂也乃漫不屑意至於商鼎魯鐘昆吾之劍岐陽之鼓則耽玩研覈恨不追軒頡而揖冰斯又侈之以詩書六藝之學先聖賢之德音以成其文故舂容乎大篇則高壯廣厚辭正而體備

寂寥乎短章則潔簡疏越言峭而意美風雨交於筆札雲霞散於翰牘窮情盡變雖長吉之陣馬風檣嘉謨之孤峯絶岸不是過也異時必能發揮志業羽翼清朝暢淑聲於不朽是無愧於四老矣此予所以樂爲子記之若夫景物之勝登臨之適尙冀相羊其間而賦焉隆興甲申上巳日鄱陽余永弼記

重修淮海先生墓記 元志作祠堂記　　戴溪

淮海先生秦少游建中靖國初卒藤歸葬高郵政和中遷葬於常州無錫縣惠山之原子孫因家焉墓故有亭刻建炎四年追贈龍圖閣告并山谷送秦少章詩置之亭中秦

氏仕不顯諸孫貧寠墓四旁地皆爲豪右所得亭亦毀壞不存山谷詩石歸邑好事者獨贈碑荒蕪榛杞中樵蘇不禁墓祭幾絶開禧丙寅永康應純之以州判官攝邑事訪問遺蹟慨然興念封殖其墓取旁近地還之率邑士大夫合錢建亭乃立贈碑且贖還詩石擇秦氏諸孫知學者使肄學職得月給使具祭祀倉臺黃公常守湯公皆助其凡費應君故從余學余自澄江召歸道出無錫應君首及玆事且請余記之余嘉其志不待再請然行役未及作也至吳門會淮東漕孟良夫因論少游醉臥古藤陰下人謂卒於藤之讖也獨未知一事少游墓後古松一株直幹高聳

有巨藤自墓穴中出周匝數四已乃施於松上蓋覆其墓此眞古藤陰下也松爲人斫去藤芽蘖今僅存爾良夫信安孫惠山寺功德院也故知其事詳應君來索記因併及之四月朔日永嘉戴溪撰

案舊志闕撰人名考乘據江陰縣志知江陰軍永嘉戴溪自嘉泰四年至開禧二年去任二年卽丙寅與澄江召歸語亦合故定是記爲溪所撰今從之

一梅堂記　蔣重珍

寶慶丁亥皇上卽位之四年也重珍試吏茗幕以病易鄞幕待次歸治藥石無容榻之地解脫閩中魯珥得敗屋一區灑掃扶持而居之癸巳春奉祠杜門痼疾弗瘳目昏耳聵老態具見乃於室之東南隅撤舊而新之爲室一間兩披置藥爐丹竈蒲團紙帳於其中將靜坐養痾以苟旦暮之命屋卑地狹月餘落成故舊有誚予者曰子其掃除一室之小者丈夫與吾視子幼孤紲樞甕牖所居不能容膝遷徙徬徨將母而行傍人籬落竊一椽之庇輒以爲幸今破屋視昔已過分矣而奚以堂爲予悚然而悲曰是予之過也雖然吾豈以堂爲樂哉獨念吾家凋弊五十餘年生意幾絶某不肖謬掌甯廟親擢未幾叨被皇上召對名列班簿公徵此身病廢退休足矣足矣雖然此身父母之遺體也可不敬乎築斯堂也敬斯體也乃所以報親也不然

則安宅何在廣居何在而顧區區於此堂哉自斯堂之成而可以求師也凡齒德俱尊者學可及人者義理精熟者克忠克孝者博通經史者深識時務者吾於此下風而問焉則身雖病而心不病矣自斯堂之成而可以合族也凡姿稟可教者好禮知恥者遷善遠罪者小廉曲謹者貴不簡傲者貧不卑屈者文藝自將者多識事物者吾於此因材而篤焉則身雖病而家不病矣自斯堂之成而可以取友也凡能修而通者能言而踐者卓犖而重者清靜而立者已知大體者能勤小物者虛心無我者善如已出者强如無隱者相觀爲善者吾於此久交而敬焉則身雖病而

道不病矣心不病則不薇家不病則不替道不病則不孤貧無憾也賤無憾也存順而歿甯也嗚呼此豈忘其親而事其身哉堂之前有梅一株清圓茂密因以名堂無所取義示不改其舊也

萬竹亭記　蔣重珍

余已記一梅堂復爲後圃開林爲徑縛亭東偏扁曰萬竹亭有池池上有梅梅之外琅玕森然向臺而立如衆賢盍簪挺挺其清也如三軍成列懍懍其嚴也風清月明發揮高爽雨陰霧暗韜晦蒙密景物常變皆啟人意余時命杖頭扶掖病足自徑而亭爲非日涉成趣之謂也非起居適

安之謂也其所感慨深矣余生於淳熙末年時和歲豐田里安樂先君與諸父實居鳳山貧不聊生故廬已屬有力者然茅齋方池飽足幽趣前植古梅後列修竹藜杖野服日引兒姪從容其間故余平時清夢皆此時事嘗刻之家傳以寫罔極之思矣今是亭之營本非求合而梅老竹茂渾然天成時異事殊心感情愴見先訓遺風使余一刻之不能忘也是余之一遊一息洞洞屬屬如將見之也可不謹哉雖然園林之樂一也而其所以樂此者則有間焉蓋先君諸父之樂此也安於貧而余之樂此也厄於病貧者循其理分之當然病者出於形體之偶然律之以原憲之言則大有愧矣先儒亦曰人多言安於貧賤皆是力屈才短不能營畫若稍動得恐未肯安余之病廢抑近是與書置壁間因以自警

平清堂記　尤爚

觀近臣以其所主觀遠臣以其所爲主古今不易之論也蓋惟賢而後知賢拔茅彙征治道斯臻而懷才抱德者亦得以垂鴻名於盛世古靈陳先生在神廟朝薦士一疏至二十有三人皆一時名公偉哲延洪我宋無疆之休三百載如一日猗與休哉沿海制使可齋先生古靈之裔清文直諒每以進賢報國自任不輕諾衣鉢有傳矣錫山舊爲

壯縣邇來敗不可支歲至五易長官可齋衣繡日畿選趙君糾夫來攝邑歲值大祲君聽訟以情守己以正明敏善斷事至立辨上承供億下甦凋瘵士民感懷列治績於臺府乞就眞以福百里公朝報可未幾可齋入轄中臺旋鎮東海貽書以平易近民清苦律己八言相勉君因欲摘平清二字揭於公退之堂以自律可齋復大書鋟梓以惠之君屬余著語將勒堅珉以侈教誨不倦之意爚邑人也曰聞善政喜君之得所主於是乎書淳祐改元長至前九日記

無錫縣學田記　薛師魯

古者設學莫重於教而立教之方必使學者無饑寒困苦之累而後教易行則士以待用田以養士二者不可偏廢也國朝踵昔成規開設學校迨慶歷四禩乃詔諸縣立學由是教養之澤布滿天下錫山爲今巨邑彬彬爹文學士貢秋賦上春官視他邑爲最掄魁接踵英賢輩出比年以來學舍頹圮田租虧失生徒解散誦習不聞弊抑甚矣淳祐三載師魯被命來宰斯邑目擊其弊領事之初未克支首荷鄉達尊制使秘撰尤秘監昆仲終始扶持吾道篤意興修殿齋堂宇廊廡序舍煥然一新雖欲誘掖後進作成人材夫何學糧之在舊籍者十僅三四皆錄前此職錢糧

者與吏並緣爲姦多借逃亡戸絶之名肆隱占詭挾之弊致併去其籍而業淪於私家故一歲所入不足以贍一歲之需弊痼而不可攻攝邑職者不暇問也師魯一日因會諸友而語之曰古之爲教者一今之爲教者三彼釋老氏假禍福語誘齊民乃克侈大廬舍拉食以聚其徒今吾儒獨不能崇庠校尊聖人可乎且庠者養也非徒以養口體也校者教也非徒誦說云也今諸友誠能以詩書之澤疏瀹其身心禮樂之教磨礲其術業達則充所學以治國平天下否則隱約自養以啟迪其後昆此其爲福豈不踰於緇黄遠甚何忍覬升斗之微肆其侵漁之欺而不思爲淑後計乎癸卯之春偶自本邑吏攬尤梓没官租三百斛有奇歸之州郡師魯遂率學職闔詞以請蒙知郡秘閣章監丞有意作成慨然備申於臺部給憑改撥入學以助養士伐其朶頤無恥者之謀自是歲廩日豐士類雲集悉有茁誦盈耳之樂絶無甑塵釜魚之歎子衿之刺今可逃否乎雖然吏有時而更籍有時而泯將何以壽其永遠乎遂命鑱諸石以垂不朽淳祐五禩七月吉日奉議郎邑令薛師魯謹題

徐偃王廟菴記　尤　棟

錫山西南一舍而近是爲五里湖湖之陽有山山之陽有

廟祀徐偃王王嬴姓誕其諱爲周諸侯治以仁義穆王西遊瑤池忘返諸國交執玉帛贄於徐穆王馳歸伐之王不忍兵其民去之彭城武原山下而居焉至章禹見執於吳子孫散處揚徐間郎所居立王祀韓昌黎記衢州廟綱羅舊聞於斯爲信蓋衢常皆古揚州境也然是邦也蔑王子孫廟藉以不廢則里人若浮屠氏之力嘗質圖志闕創始歲月惟殿重建於紹聖戊寅書棟可考殿南爲軒軒南爲門其以東西二序殿後小室浮屠氏趺息地也廟山相傳曰廟塊廟據其趾石塘橫其東人是以名隸於廟者六十畝有奇歲取薪樵供祠祭等用紹興間善彬居之業猶故

彬去中廢官稅莫供爲里正病吾宗有佃於官爲任輸送
慶元己未衆謂祠宇日就荒蕪水旱疾厲將無所乎禱遂
選請宗佾繼彬之舊佾敬共事神清苦持戒爲一方信重
經營補葺由殿及序翼歛而正更汚而潔結菴廟北扁以
保慶中建閣以儲梵筴旁闢軒以延賓客廟逼湖波往來
病涉又累石隄百餘丈爲橋三役竟復慮無以供衆乃置
田三千七百餘步爲伏臘計先後二紀乃克就緒一日其
嗣孫文禮款門曰廟菴規橅粗整惟故山未復余曰於吾
宗族歸之吁始乎此廟僅有此山今由菴而隄隄而橋照
映湖濱過者屬目詢之衆皆曰佾與其徒道愜等倣衣糲

食積贏累奇而成余謂元本所在皆王仁義之澤浸潤演
迤非惟子孫敬之里人與浮屠氏皆敬之故相爲扶持廢
者復興失者復還也禮請記顛末茲山去先坐近余春秋
掃祭經祠下瞻敬已登閣顧彼巖石磊隗久欲刻昔以記
曾遊禮之言適與心會故書景定癸亥孟冬朔

遂初堂書目跋　　魏了翁

予生也晚不及拜遂初先生聞儲書之盛又恨不能如劉
道原假館於春明者寶慶初元冬得罪南遷過錫山訪前
賢德使君則書厄於火者累月矣因惟國朝以來藏書之
盛鮮有久而弗厄者孫長孺自唐僖宗爲榜書樓二字國
朝之藏書莫先焉三百年間再燬於火江元叔及江南吳
越之藏凡數萬卷爲臧獲竊去市人裂之以藉物其入於
安陸張氏者傳之未久一篋之富僅供一炊王文康李文
正廬山劉壯輿南陽井氏皆以藏書名凡未久而失之宋
宣獻兼有畢文簡楊文莊二家之書而元符中蕩爲烟埃
晁文簡累世所藏自中原無事時已有火厄至政和甲午
之災尺素不存斯理殆不可曉聖賢不過託之空言以垂
世示後所以其天命而植民彝也兼收並蓄博覽精索以
淑其身以待後之人此何幸於天而厄之爾極也使子孫
不能守如張江王李之家是故可恨若孫宋晁氏則子孫

知守之矣而火攻其外矧如尤氏子孫克世厥家益莫可
曉雖然是穮是蓘雖有饑饉亦有豐年吾知有穮蓘耳豐
凶非我知也尤氏子孫其尚思所以勿替先志云

無錫金匱縣志卷三十五終

無錫金匱縣志卷三十六

文

元

重建五先生祠堂記　尤棟

寶祐戊午四明袁擇善從尹常之無錫創先賢祠附庸於學歷十九年時丁元二眡廟貌不如故自虞君薦發出而敎授生徒乃灑掃蕪穢一撤而新已而增博諭師長之員會孫君桂發居之二人者皆鄉人也相與諏經訂禮爲之言曰必釋奠於其國之先師無先師則與鄰國合國有人焉何庸取諸其鄰我楊文靖龜山先生雖非吾錫之人而

寓居於郡者十有八載今城東精舍乃其講學之地是卽鄉之先師也鄉者先生標表是祠居中奠位曾謂士崩瓦解之勢我興受之然有不依形而立者參倚如見吾黨小子忍倍此而更師乎喻工部玉泉先生尤文簡遂初先生李肅簡小山先生蔣忠文實齋先生何莫非吾錫之人而起家於邑者相望百有餘歲今里中故宅尙有指爲藏書之所非鄉之先師與玉泉遂初實齋三先生已有秩祠而小山先生未及與享迎之致敬獨可遺乎若夫廣漢大儒非不同宗河洛景定間已繇此而陞從祀然猶不敢先之繹而江西顧門之派其師友父子視吾諸老先生之所學未能無頓漸之異伊欲借晉人將無同之說以復其位庸詎知不見幾而作乎審厥象而儀圖之盍亦知所變置嗚呼職教者之能爲是言是必有黙契於心而無疑者抑慮夫斯道之無師無傳復貿之鄉老蔣公應新以其規接前輩年幾八旬其尙論人品具得之於耳聞目見之眞公曰如吾五先生則有可言者惟堯舜文武周公孔子孟氏所傳之道至河南二程夫子而復傳而龜山先生蓋受學於二程夫子昔伊川自涪歸獨稱楊謝長進使其學少變於凋落之餘詎有是言哉慨思龜山載道東南士之遊先生之門者甚衆玉泉乃登其門而能續程夫子之道遂初不

及登其門而從玉泉學亦能續程夫子之道小山實齋二公固不及登龜山之門又不及從玉泉學因龜山玉泉二先生論孟中庸大學之遺言而皆能續程夫子之道故玉泉得之而主紹興之正論遂初得之而爲乾淳之老儒小山得之而居慶元之學黨實齋得之而號端平之善類自九京之莫作而國人之無所矜式也久矣不有君子其能國乎始吾學之祠諸賢吾見其居於位者與先生並果孰使之然哉近若潭之長沙有祠周元公先生而以胡子五峯張子南軒朱子晦菴爲配者而鶴山魏公了翁因其修祠嘗爲之記亦深嘉而樂道之今可法也曲禮曰羣居五

人則長者必異席曷不即玉泉遂初小山實齋四先生而配我龜山先生乎謹曰然論定然後肖其貌是歲垂光大荒落卜六月丁亥展舍菜之敬周服殷冠魚雅就泄枚數先生之族子裔孫有涣乎無萃竊幸尤氏喻氏蔣氏文獻之存輯冠者五六人奔走與祭是之禮也救滅亡而扶壞爛豈曰小補之哉其初位次未定繪事未素棟方卧疾未與虞君數四貽書俾識其事奈何不能守墳墓政懼夫無詞以自白其先人何敢表先儒而厲後進輒謝不敏暨歸梁谿澤中值落其成固以請自揆愚陋無能言之不出恥躬之不逮肅子侍側語之曰二子之所云一老之所發揮

是即記也吾奚以文爲汝其敬誦所聞告諸執事者雖然棟豈終無言耶夫祭不越望魯可以祭泰山楚不可以祭河惟人亦然自生民以來未有夫子然終漢之世其廟猶不出闕里永平二年詔郡縣行鄉飲始祀周公孔子亦未有作廟之文唐武德二年始命胄監立孔廟貞觀四年始敕州縣皆立孔廟出闕里徧祠夫子距今載六百五十年由此觀之其在諸子非其鄉國而祭之僭也僭祭非古也不於其僭而於其古則蒐遺黜異凡今日之所是正者庶幾解逐客之嘲棟不學妄論至此不能不爲先生之罪人

無錫升州記　李晦

粤自黃帝畫野分州堯命禹別爲九舜承堯肇爲十二縣之名未聞殷封國始有天子之縣縣之名聞而未詳至周作雒千里百縣縣有四郡郡百里郡五十里縣之名詳而在郡上始皇易封建爲郡縣以郡統縣蓋昉於此自唐改郡稱州繼此以州領縣定矣歷代沿襲州縣之名號雖一州縣之更改不同錫山境土初有人於山下得古銘云有錫兵天下爭無錫寧天下清因名無錫舊志載周武王封周章少子贇於無錫安陽山嘗爲侯國秦漢爲縣新莽亦嘗改爲有錫吳省并晉復置陳禎明中陞吳州尋復爲縣中間隸會稽隸吳不同最後隋於常熟置州取縣名爲常

未幾隸常州時唐武德七年也縣歷至今左姑蘇而右南徐引蠡湖而控申江錫山在州西可五里許清淑之氣蜿蜒扶輿磅礴鬱積而爲惠山拔起萬仞泉居天下第二故其俗愿而文民多魁傑忠信才德地大物稠古號繁劇天開景運二十餘年霑濡聖澤生齒日益衆元貞元年夏五月詔陞爲中州名仍其舊存古也明年正月之吉開藩於今五年陞改州記未立非所以侈皇恩而崇偉觀也今知州禾速嘉榮甫與長官暨同列莅官年餘政事修舉一日謀之儒館補其未備博士張元孫命予著筆余老矣猶能記憶前世州縣名義沿革一二并述今日陞改年月以爲

他日刪修圖志之一助云

梁谿義塾記　吳澄

梁谿義塾者湖廣等處儒學提舉强以德之所建以淑其里中之子弟者也塾在無錫州西南隅梁谿之東屋以間計三十而贏田以畝計一千而贏歲入以斛計五百而贏燕居有申申夭夭之儀報祀有濟濟蹌蹌之禮延請名儒以施其教招集後進以受其教務俾講習其間者皆能明經修行以稱時需此其意也侯嘗教授於南劒福州又提舉江浙湖廣其在官也政教所被亦云廣矣其居家也乃於里塾之教拳拳若是予竊證之以古古者國有國學鄉

有鄉學二千五百之州五百之黨既莫不有學而二十五家之閭猶必有塾里中有道有德之老朝夕教焉何也蓋教必自近始始於塾而升之黨升之州以達於國然後考論其材而官之培其根本者深厚而非晨種莫穫之比古之人才所以後世莫能及也今日有路府州縣儒學有蒙設新創書院不爲不多視古者鄉術州黨之學豈有異乎然教官例從省部注擬何能一一得其人哉學校之教有虛名而無實效往往由此義塾之教不然選擇師儒在已識鑑而無所牽掣雖未必有如僖古道德之師夫苟能得耆艾博碩之彥引導有其方熏漬有其漸不壞之以速成不害之以小利亦庶幾乎古焉爾凡游處義塾之子弟勿卑汚其志斷斷以古之人才自期此心此理必通貫體用而無闕遺所言所行對越天地而無愧怍若夫淺末於口耳葩華於筆墨以釣譽媒身而已甯不負義塾所以教之意也夫强侯又捐山四百畝爲義冢凡貧而無地可葬者得葬焉侯之用心亦仁矣至治三年當路以其事轉聞於朝立門旌表以云勸云

億豐倉記　陳遘（元志作迼）

國家謹租賦之入東南諸郡尤加之意故二千石長官專任其事所以重民食也常之爲郡沃壤多而稅石夥於是

置倉無錫州以便海漕合是州以及義興溧陽之糧凡爲石四十七萬八百五十有奇悉於此輸納焉歲率大府分官董之其責至不輕也今總管丁侯以開敏練達之才兼得爲政之體歷敭中外周知民間利病至順三年冬實任是倉先是倉吏並緣爲姦往往高下其手當民租入時設計漁取或至倍輸羨餘既多則縱姦民乘間爲欺詭濫掩冒莫能究也夫漕事有嚴發廩視之米色腐黑者有焉糧數折闕者有焉向常爲官府之累矣侯思所以謹之爰命屬吏疏厥糧多者俾先輸且躬授教條立期程信賞罰一斗槩均富貧政不擾而民信從率皆趨事惟謹務先期以

濟向之漁取倍輸之患有不懲而自息焉侯之德民哉之實深非有過人之才者能如是乎昔漢兒寬爲左內史收租稅時裁濶狹與民相假貸故民樂輸襁屬不絶課更以最史臣稱之槩侯之治毘陵也下車未久適中寬猛之政彬彬可紀及董制糧事來錫山也一舉而掃數十年之弊其事有難於兒內史者今因州人士有請故書其事於石侯名奕祖世系仕籍有史筆焉

溪山勝槩樓記　鄭元祐

延陵溪山散在四封獨惠山秀出於梁溪溪當南北衝要發源於山而山之泉自唐迄今擅天下名品在第二山復

突起於平壤數百里之間老佛之宮與士民室廬蜂房蟻垤以附麗其深秀者槩無一弓空棄抑亦可謂盛矣哉然得其邃深者或迫塞而不紓得其宏敞者或空曠而不茂密獨華君別墅在無錫西門惠山横障悉露其深秀凡山之霏烟洩雲雨紓晴晦朝暉夜光吐護閃映以至於山之竹樹水石春腴夏陰揫歛而勁實者不出於其別墅几席之上則在於簷廡之間矣夫梁溪之演迤而東也至玆而始浩渺溢目鳧鷖儵魚翔泳出沒菰蔣荷芰被接洲渚望之而彌長挹之而彌深槩無遺觀也已高桅疾帆吳歈越謳溪翁杕師網罟繩擉舟炊而野飲聚語而散處掠輕檻而過望尊俎而笑殆與之相忘形骸而莫適爲賓主矣人謂君別墅據山水要會而總攬兼得之至順四年春余之維揚載舊藏溪山勝槩四字扁將揭之溪菴野寺耳君見大喜曰是造物者名吾亭也於是取而揭之水軒更七年爲至元仍紀元之五年余復道梁溪則於水軒之南建樓而扁揭其上樓既高迥景益秀出登樓而觀山若增而益高水若浚而益深凡所謂勝槩者較之水軒不啻數倍也已夫延陵非無佳山水也顧以散在窮僻獨惠山不遠州郭而君之別墅適得其勝槩然更唐宋以迄於今果何如也華君能以德培其家教其子孫交友天下之賢者相與

詠歌而登覽之則斯樓也豈徒一時之勝槩也哉君名鉷字子英云

華孝子故址記　高明

惠山寺之東偏當泉水之上有三賢祠案志書今祠址華孝子所居宅也初祠久廢吳人王彬始復倡建既成則以三賢事刻諸石且曰初址實孝子故居孝子之事不以歿而不著復礱其碑陰以記其事章善也案齊史孝子名寶晉義熙末始八歲父豪戍長安且行謂曰我還爲汝冠後長安陷父歿寶奉命至七十不婚冠或問之不忍答輒號慟彌日建元三年詔表其門閭凡史載孝子事若此蓋自

西晉以來尙元虛賤名檢教弛法斁波流風靡而孝子獨能篤至行終始不渝其誠意惻怛可以貫金石干雲霓若與宇宙日月同其久於此見天之降衷人之秉彞不以衰世末俗而有異也孝子晉人而志謂齊孝子者蓋孝子生於晉長於宋歿於齊當其一身而天下三易姓當時居朝廷有爵位者朝事司馬氏夕事劉朝事劉夕事蕭恬不以爲怪而孝子奉父一言七十年餘未嘗斯須忘以至歿身不替使當時有爵位者其奉君命恪官守亦咸若華氏子則晉不當爲宋宋不當爲齊而孝子宜不曰齊孝子也凡遊於茲者憩幽林酌清泉臨風覽古懷三賢之高風慕孝

子之志行其素有志者宜加奮勵其未能者則澄思革心勉追遐躅是則某所以樹碑之意云爾夫人性一耳有爲者亦若是吾徒宜毋自怠

仁壽菴記　黄溍

仁壽菴者無錫鄉先生强君退休之所也君少負志氣能自植立以文學起家歷官五品用著令貤恩父母以及其妻因自念遭時承平天子方施錫類之仁以廣孝治榮光所被萃於一門欿然深以滿盈爲懼年未及謝卽上懸車之請朝廷欲寵嘉之以獎成廉退之俗遂如所請而官其子時君長子可仕從事帥閫成資而待調於銓曹乃任其仲子可大尉一縣君既釋組綬而還兩子又皆有祿秩以爲養始得肆情邱壑不復以世故自累爰相善地營樂邱於州西七里璨山之陽而築菴其旁締構巧壇樸不近漏華不過侈有室可居有堂可以奉賓客有閣以登眺有亭以燕嬉曲徑方池尤花異卉可以近清涼而娛澹泊使來告曰菴以便吾私邱以息吾歸也幸爲我志之曩者君以仁山扁所居之堂矣今名其菴曰仁壽者仁其體壽其效也君嘗建義塾梁溪上以淑其里之子弟設義冢茲山之下使貧無葬地者咸葬焉此又其仁之見諸用者也爲效豈止旦夕之近哉抑予聞是邦以惠山爲巨鎭靈秀所鍾

鬱而不洩土厚石堅草木蒼潤泉發其中雅於茶事爲宜陸鴻漸品之爲天下第二誠宇宙間名區奥壤也茲一岡連隴接而特據其勝處去人境不遠而幽覩閟美若與世隔非有隱德莫宜居之惠山有仙者徐神翁之後盧君遐跡安知其人不往來山中而與君遇乎君儻得而友之則刀圭之瀹爲壽有非數量之計且將乘雲氣騎日月而逍遙乎六合之外尙焉用茲邱爲惟仁者之必壽本於吾聖人之言可徵不誣而今之名菴者克協其義是宜有述然不敢勦取先儒之說而重陳之姑承君之命又次其大略如此君名以德字振之仕至湖廣儒學提舉春秋六十有

八元統二年立石

復陳景忠修撰書　余闕

闕啟子山修撰遞至所寄書承諭令先世死事辭義懇至此正仁人孝子之用心比來遣使購求四方野史諸書宋故家子孫少有送上者豈歷年既久文字散亡或子孫衰亡不能記憶而下材者不知暴揚先烈亦庸或有之也僕朴陋無似惟平生於人一言一行之善即喜稱道況宋之亡降者甚多而死義者甚少豈不以降則生且富貴而死者人之所甚難也夫能舍其生且富貴而行人之所甚難此非若一言一行之善猶可勉而為者而史者所以發潛

德誅姦諛所宜急急暴著以諷厲天下而為名教勸非特為宋氏計令先世事僕所以遲遲不可決非敢少有他志特以德祐時國家分崩滅亡皆無著作而樞密院故牘載常事特略野史所紀特姚王劉事又皆紛紜失真而陳通判無能知者夫家傳不敢盡信先輩屢有是言必參稽衆論有可徵據而後定聖人於夏殷之禮詳矣然猶徵於杞宋之文獻況其下者乎況其文獻無足徵者乎雖君子善之使足下處此亦不易也近書庫中始得德祐日記數冊陳通判事始見蓋姚旹之常在三月廿五日劉師勇復常在五月五日陳通判之辟在十八日時陳見攝西倅復常之日姚亦後至見於劉師勇之奏君家所紀亦傳聞之誤也謹以載入史中不敢遺落人禍天殃豈不畏哉昔歐陽公作五代史不為韓通立傳人以為非第一等文字要是宋人避忌太甚如黃太史修宋書用見聞幾陷大禍今幸我朝至仁世祖皇帝為金死節人立碑聖上詔修三史凡死節者命一切無所忌諱夫古之良史殺三人而猶執筆以往況今遭逢聖明何苦而為不肖之行如陳壽輩哉吾筆之類今士大夫往來之常固不必辭然恐有乞米之嫌茲用納上高文足見筆力歆慕歆慕何時合并以副所懷秋高千萬自重不具

昭先錄序　危素

宋德祐元年十月乙卯通判常州陳公炤死城守後六十九年為大元至正三年皇帝詔修遼金宋史其曾孫顯曾以書告史官翰林直學士王公沂師曾翰林修撰陳君祖仁子山經筵檢討危素太樸請錄公死節事陳君及素復書曰史館修撰余君廷心實當記公事而慎重不輕信於是顯曾又亟以書告余君反覆哀痛余君雖愛其詞然猶難之後從國史院庫得德祐日記載公授官歲月與夫復城城守兩轉官城破死節褒贈等事甚悉始為立傳而顯曾未知也遂走京師伏謁余君以請今其傳既上進矣顯

曾退輯次諸公爲公所著文字及其前後所與書問題曰昭先錄使素序其端素使過常詢其父老而參以野史雜記所載獨恨忠義之家其子孫往往才智弩下不能道先世事可勝悲哉而顯曾獨惓惓焉於此懼其先德之不傳可謂賢已且顯曾學行滀懿方出爲當世之用此錄蓋不待序而傳者然素讀宋禮部郎官鄧公光薦續宋書謂常之天慶觀道士收城內外積骸萬數至不可計井池溝塹無不充滿僅餘婦女嬰兒四百而已大兵入江南屠戮未有如此者則常之事史家尤當盡心焉按大元丞相伯顏驅降將呂文煥繇常嚮臨安先是左丞阿荅海攻六月餘

不能下會守臣趙與鑑稱病遁人王良臣者屬舉不中流落無藉人也適寓常與錢訔者詐稱郡官開門迎降降書首署錢訔而末及已今法以署後者爲長良臣遂守郡訔乃次之是年三月故參知政事姚公希得之子訔以知某州家居宜興與公合謀起民兵二萬復常州事聞丙申授訔帶行軍器監簿知常州調揚州兵七千隸之五月戊子公差通判常州六月戊辰特以其職起復加奉議郎於是樞密院都統制劉師勇副統制王安節皆以督府命分兵守常加師勇安撫使殿前都統制張彥攻呂城八月加彥遥郡觀察使師勇防禦使又命統制張全將淮兵二千來

援文天祥督軍平江公之子應雷奔愬乞援天祥義之使朱華將三千人尹玉將五千人會於五牧全往横林設伏於虞橋大兵奄至麻士龍死之全不救走遁五牧華欲掘塹設柵全皆不許大兵薄華軍華力戰自辰至未華軍死於水者不可計至暮大兵遶出華背會全謝雲胡遇曾王先遁尹玉力戰手殺七八十人全軍隔岸不發一矢華軍渡水挽船全斷挽者指於是多溺死者尹玉戰死全亦宵遁惟尹玉殘軍五百與大軍角皆併力死戰無一降者質明易崇等四人脫歸天祥謀再遣兵道不通矣全淮東僨將也嘗從許文德復清河兵已入城全鳴金收衆文德不

敢以斬將自專送之帥閫竟免之及是天祥欲先斬全并寘敗將於軍法以全朝廷所遣請於陳宜中宜中又免之卒以降天祥至餘杭始斬曾全以徇耳目呂城之敗城中短氣然猶堅守四十餘日殿司及所親籍籍偶語欲進異謀輒憚師勇忠壯莫敢發言俄羣鴟飛匝城中衆疑其妖亡何大軍有鵶鶻亡集城上請以善馬金帛贖之師勇不予與淮將謀卜十月丁巳率勁兵突圍出戰乙卯伯顏親率廿萬衆抵城下急攻北門將士力戰再退遂攻南門屬地分將張超離所部謁神祠大兵自超所守處登城軍士不見主將拒鬬不力城遂破撥發官傅忠導師勇以數百

人開東門拔柵踰塹而去師勇弟馬墮塹躍不能出師勇
遥舉手與訣轉戰而前間道疾走幾危者數比至平江纔
十一騎云安節善用雙刀率死士數十人巷戰及左股斷
猶手殺數人大兵脅之降安節大詬曰汝不知守合州王
節使耶乃吾父也吾豈爲降將軍辱吾先人遂死之天祥
後繫燕獄爲詩哀常州云常州宋睢陽也北兵憤其堅守
殺戮無遺死者皆忠義之鬼哀哉哀哉詩曰山河千古在
烟火一家無壯甚睢陽戰寃哉馬邑屠蒼天如可問赤子
果何辜唇齒提封舊撫膺三嘆吁訾縱火自焚公調兵巷
戰敗歸坐廳事左右牽馬請由小東門出公曰去此一步

非死所矣日中兵至堂上慷慨不屈死於所居之位是時
淮軍死鬭八殺數人乃死有婦人重傷伏積屍下見淮軍
六人爲大兵所逐六人反背相拄且前且鬭殺十百人乃
斃莫謙之者宜興浮屠起兵戰死徐道明天慶觀道士不
降死至是宋雖危猶用襃恤之典贈麻士龍正任高州刺
史一子承信郎尹玉濠州團練使立廟贛州一子承節郎
賜田若干畝王安節保定軍承宣使謚忠壯二子大使臣
恩澤賜銀絹五百會子廿萬田千畝姚訔龍圖待制公得
贈朝奉大夫直寶章閣一子將仕郎皆立廟莫謙之武功
大夫昔聞傳者之言曰天地有大經亘萬世而不泯者忠

義是也夫惟敗亡之國其人乃見而有道之朝務存至公
不責其抗而錄其節至於倒戈迎降開門輸欵者雖賞之
爵之而未嘗不疑其心薄其行是以高祖致丁公之戮文
皇章君素之贈皆所以植天衷正民德崇世教非淺見俗
識所能測也仰惟今皇帝示天下以至公明詔史臣毋諱
死節素待罪史官分修忠義傳網羅放失夙夜兢兢故常
之事得而備書之然猶恨死者多逸其氏名爲之永慨而
已顧安得家有賢子孫如顯曾之能昭其先者乎公家本
寒素既祿食歲連稔頗多積粟鄉之人乏食者以衣來質
卽以粟與之頻歲不贖之衣甚多是歲又盛釀酒九月十

有三日公生之日應奮自無錫以數舟載衣及酒盡裝入
城稱壽因犒軍士畢公曰吾必死此吾宗不可無後汝歸
守墳墓毋復來泣別而出應奮旣請援督府又傾家募士
以補散亡革命之後杜門不出命子協購求公遺文錄藏
之衣冠不改終其身焉顯曾之生協奠命其父以製名字
以景忠訓之曰顯曾者欲汝顯其曾祖也景忠者欲汝景
慕曾祖之忠烈也汝其識之及病革遺言曰汝毋忘重闈
之養及名字之命顯曾泣曰不敢已而目不瞑顯曾泣曰
不敢忘遺訓也乃瞑時顯曾年方十六故顯曾克篤孝誠
久而弗懈余讀其昭先之錄亦必爲之廢書而感泣也至

正六年四月既望

忠靖王廟迎享送神辭有序　倪瓚

至順元年春吳楚洊饑天災流行連數郡道殣相望沴氣薰襲爲瘥爲札錫之民咸被漸染小大惴惴無所請命邦之耆老相與言吾邦錫山之陽有嶽祠祠有明神焉曰忠靖王祚爵東平生能奮忠死有遺烈赫聲濯靈福我錫民自有年矣在昔宋季大疫用禱於神變沴爲祥德載歌詠民病亟矣宜從故事乃合羣謀籲衆感卒從祠下鐃鼓鏜鎝旌纛掩靄導軿駕以臨城闉香雲漲空耄稚奔走衆心推誠祈祀惟謹惟神顧歆來格來饗若沐神水若濯泠風

敺禳妖氛民疾用瘳不癉神化無遠弗暨鄰邑之民祈者踵接環句吳四封所活幾萬人焉是神有大造於吾民也禮神能禦大災捍大患者則祀之矧威烈若此是宜尸祝而社稷之舊祠燬於火未幾民更興復其制瓚嘗以母病致禱立愈因作迎享送神辭二章刻諸山阿俾錫民歌以祀之辭曰

靈皇皇兮岱宗神之來兮駕飛龍赫蒼顏兮朱髮如火紛羽衛兮岳祇棨戟青霓旂兮白蓉裳降大荒兮祓不祥敺野仲兮逐遊光惠我民兮神樂康蘿帳兮雲幄湛寒泉兮瑟蘭勺撫偃蹇兮歆參差薦芳馨兮神享之靈娛娛兮奈何樹紫檀兮山之阿匪斯今兮福斯土沐神休兮千萬古

神之去兮驂雲螭風颯颯兮吹靈旗悅臨風兮延竚悵神遊兮難駐神旂兮翩翩撫一氣兮周八埏朝騰駕兮西神夕弭節兮東嚮噫神往兮莫我顧民有籲兮載福斯祐折瓊華兮遲神歸歲復歲兮神甯我違石戔戔兮流水壽我民兮報祀無已

明

惠麓小隱記　孟栻

惠麓小隱我先府君讖所居之扁也當九龍峯之陽惠錫兩山之間故伯祖奉議舒城將君葬焉奉祠有菴曰壽甯

命僧泳主香火泳分其徒富繼守之以淵住禪悅禪悅亦由壽甯出久而壽甯漸廢稱貸於淵淵勒以壽甯歸券將撤我宗祀時先府君自南康校官歸過家上冢知之壽甯業已易矣遂訴於有司有司利淵之私不能伸者數年會部使者亢顏公明燭洞徹決以一言獲復業而徙居焉改立復本堂以奉大宗主創鄒國公祠撥田給祀事延師教宗族子弟茂林修竹清遠逶舍山可樵圃可蔬嘗命何東谿寫圖自題絕句於端以寓心目之勝當時縉紳題詠盈卷府君卽信州錄事年甫六十慨然歎曰故山榛莽田園日蕪遂引年謝事而歸閉門不出十餘載日與高人幽士

吟嘯自娛教子耕讀優游泉石將終身焉至正丙午陽山盜發燬及吾廬子孫乃散處邱隴墟矣越已未圭一自括歸顧瞻泉源之深長草木之葱蒨皆爲樵牧境於是求先府君釣遊之舊躊躇詠歎依依然殆不能舍而去之且痛先人復業之艱不敢仰視乃營草堂於故址安祖宗之祀栽松竹浚泉源將繼小隱之志其有日矣噫古之仕者去家而見用於世旣貴而歸故鄉此人情之所同欲也然而能得之者或鮮况所值之時乎時之盛衰迭爲消息理則故然然昔之著於前者嘗盛矣今則適當其微而何怪其然也豈故家遺族不忍以其零落遂就於湮沒將有復於

微焉追念前人之經營輯錄先輩之贊詠繪圖成卷而傳之使來者知之亦有以推先世之澤而有立焉豈獨感慨於陳迹而已哉時洪武壬戌九月甲子日書

竹茶爐記　王　達

性海禪師卓錫於惠山之陽山之泉甘美聞天下日汲泉試茗以自怡有竹工進曰師嗜茗飲請以竹爲茗具可乎實鐵云爐形不可狀圓方上下法乾坤之覆載也周實以土火炎弗毀爛虹光之貫穴也緻文外飭蒼然玉潤鋪湘雲而剪淇水也視其中空無所有治鐵如栅者橫其半勺清泠於器拾墮樵而烹之松風細鳴儼與竹君晤語信奇玩也禪師走書東吳介予友石菴師以記請夫物之難齊甚矣尊罍以酒鼎鼐以烹此蓋適於國家之用尤可貴者若斷鼎以石製鑪以竹亦奚足稱齒於詩人之口哉雖然尊罍鼎鼐世移物古見者有感慨無窮之悲竹鑪石鼎品高質素玩者有清絶無窮之趣貴賤弗論也且竹無地無之凌霜傲雪延漫於荒蹊空谷之間不旁伐而筥簨篚筐之屬過者弗覩也今工製爲鑪焉汲泉試茗爲高人逸士之供置之几格播諸詩詠比貴重於尊罍鼎鼐無足怪矣初禪師未學也材豈異於人人及修持刻勵道隆德俊迥出塵表爲江左禪林之選亦竹鑪之謂也是爲記歲在乙

亥秋仲望日

縣治同心堂記　項　伾

國家建官以一邑之事不可獨任令爲之長丞簿爲之貳佐史以文墨參贊其間欲其同心協力隨事可否務得民情務合公論而後行焉蓋衆論所同則無適不當衆慮所及則無隱不周衆力所集則無重不舉雖然心本也心有不同則猜忌日生乖戾日稔來讒賊之言啟忿爭之禍彼此且不能自安欲望其修政立事而有以安乎民哉故狹量不足以處衆偏見不足以燭理固執不足以達務天下有大同之道視人猶已不立町畦同此心之公所欲與聚

所惡勿施同此心之恕審取舍之幾明義利之辨同此心之廉王事在躬靡遑甯處同此心之勤夫如是而後可謂之同心易曰同人于野亨利涉大川利君子貞又曰二人同心其利斷金其斯之謂與是道也不止於爲邑爲郡也雖旬宣邦國訏謨廟朝可也昔舜命九官濟濟相讓百僚師師百工惟時武有亂臣十人致篤棐之忠盡保乂之道非心之同能若是乎夫以古之望賢其所以治國平天下者率由此道矧一邑之中同僚之契有兄弟之義焉其可舍此而他求哉正統初予以謫才來令無錫而邑佐三山潘君惟深涇陽李君永芳同郡董君仲謐典史保定李君

頎荆南范君眞相率來此皆能以公恕廉勤爲心莅事之暇嘗燕集於公退之堂論事斟酌重輕善以相告過以相規所以同心而子民者蓋庶乎近之矣予因以是名堂冀諸君之相與勿怠庶無負於朝廷建官之意也

漪瀾堂記　盛顒

皇明御天混一四海化干戈爲衣冠之俗華風漸被山岳效靈吾錫據江南之望惠山之泉稱天下第二石罅細流由山麓聯絡迸注而爲井由地中瀉於龍吻渟而爲沼突然庇臨其上漪瀾堂也茶仙之品評坡老之題詠傳誦迄今代有名人承風步響士庶之雲集者無虛日三韓之使亦訪問焉吾宦遊兩都關之東西齊魯之境吳楚百粵足跡殆遍奇踪偉觀孰非悅於心而快於目者而王事之暇耿耿於懷寤寐此泉此堂而莫之釋良以父母之國少日釣游處也成化丁未春內臺解組旋始得如願與舊友員外陳君進之封太守秦君景暘邑令榮侯躬實來游山中或折簡而會或不約而遇維舟溪上相率以嬉登高振衣望遠終日季秋之望侯復請遊觴於堂籩豆斯陳獻酬有序采英浮白閒以詠歌仰而觀山峯攢雲簇如萬馬爭馳於闌檻俯而聽泉其潺潺與松濤奔放上下互爲淸濁恍聆九奏於洞庭自念久勞於外茲歸骸於承平之日以時

賞心形神俱爽不負吾泉吾山之期待士夭以完節歸余詎敢當邱會斯堂漸圮侯欲圖新之繼日乃出羨餘經其始弟頤捐鏹相其成剗穢而爲夷易舊而爲新匠者斲圬者墁危簷峻楹承蔭廣霤飾以采環以闌三閱月而告成侯以記請予謂水微波爲漪急湍爲瀾昔人以之名堂者有在原泉之一潛一顯卽陰陽之一翕一張此道體之妙也夫子泉上之歎子思淵泉之論文公源頭活水之句厥義弗殊此侯素講明者自今斯堂之新也觀其水之瑩然則思以澈民隱觀其流之不息則思終始此心是大有助於來者豈侯游云乎哉侯謝曰是亦僕之志也遂書刻之

松風閣記　秦夔

凡屋於山必重簷峻楹高跨冥漠迴凌清虛庶可以納遐景招遠風此勢所宜然否則卑鄙弗稱去惠山之西一里許有菴曰聽松據九龍之腹山谷靚深人蹟罕至洪武間高僧眞性海居之凡朝之縉紳與夫幽人韻士來遊錫山未嘗不觴於斯息於斯歌詠於斯然蓬屋僉牖背山而廬可以棲霞卧雲難語夫高明爽塏遊者或病焉戊戌秋余嘗假宿於菴菴之後有岡翼然間與主僧宏上人登焉方凝神莽蒼間俄有風西來孤響泠泠若龍吟谷中顧問左右安所得此平上人戚然曰此松風也岡之西舊有松萬

株每風起巖谷間輒洶洶作秋濤出峽聲吾祖眞公闢而樂之嘗欲闔於斯未幾示寂而松亦旋翦爲薪今獨餘三數株在爲指示之皆蒼髯垂胡若元夫巨儒拱揖巖畔余因自計登茲岡者多矣皆莫克聞此而適使余聽之豈眞公在天之靈將託余以贊斯閣之成哉況重簷峻楹於山之道宜然乃爲相度形勢經理財用凡我同志咸樂補助而經營幹蠱上人實任其勞不數月厥功告成危欄交空廣霤承蔭易卑爲高去奧即明高霞低映遠山來朝而松風亦時時作金石奏清泠激揚可以蠲忿滌煩所謂納遐景招遠風者盡在是矣余間登而樂之嘉上人之克追先志且自慶異時宦遊而歸將往來於茲烹泉聽松以終吾老也遂書以識俾後之登斯閣者有所考

華孝子祠記　王華

華孝子寶生晉義熙間南史載其事孝子生八歲父遣戍長安謂孝子曰須我還冠汝父竟死不返遂終身不冠亦不娶年七十餘以弟寬之子爲後舜不告而娶君子以爲大孝孝子守其父命終身不冠娶人不能無疑於其說也屈原自沈以死楊雄譏之朱仲晦曰屈原之忠忠之過也屈原之過過於忠也夫亦孝子之謂也與孝子故無錫人無錫華氏皆孝子之後殷大昌衍盛於他族惠山之麓舊

有祠自孝子之歿千百餘年禋祀無替當孝子之生其時王公大人有子若孫氣勢百倍孝子者何限然皆淪廢湮滅而孝子獨以其一念惻怛卒能享有無窮之祀孝道之大施諸後世非朝夕之故也固如是哉宏治癸亥華氏之十四世孫曰守吉者謀脩孝子祠事未舉而歿明年甲子其子煥燁燿勲成父志乃大新祠宇捐膏腴之田五百畝以供祀事而以其贏賑族之乏孝子之事益大彰顯而守吉父子之名翕然不愧其家世蓋華氏之以孝義相承益信其流澤之遠也四子既請其事於朝復以狀幣來丐予記夫孝子之孝守吉父子之賢皆有勵於世於是乎書

復五賢祠記正德丁丑　　邵寶

無錫縣儒學之有五賢祠肇自宋季其初四人繼或以意益至九人薇山虞薦發氏實釐而正之損五人益一人是謂五賢五賢者爲龜山先生文靖楊公玉泉先生喻公子才遂初先生尤公延之小山先生李公元德實齋先生蔣公艮貴位則龜山中而南面四君子者東西列焉事具尤棟氏所爲記歷元入國朝以意益焉尤多且遂並列無配今考其人莫不節具章成而其道於龜山則有間矣君子之論焉可誣也成化中祠再葺武功伯東海徐公記焉於五賢之承傳履歷詳矣而他不一及此其意蓋猶夫薇山

也然而班篋如故弗革益加某少遊於斯讀尤徐之文嘗謂是祠一失則泛再失則雜泛可裁也雜不可辨乎蓋亟蹷亟興歎而莫可告者正德丁丑夏督學御史安成張君汝立毁諸尼若女冠之居以修我學宮人或以是爲言汝立乃問於某某謂之曰人之言然蓋亟圖之於是屬吾郡貳守盩厔范侯汝霖擇地尊經閣後爲堂四楹中龜山而從以四君子若如虞氏釐正之式復其榜曰五賢凡後所益者則於舊祠祀之謂之鄉賢邑博士唐德卿劉景儀鄭大節謂其實先斯議不可無記乃率其弟子某等來請昔韓子稱求觀聖人之道者自孟子始孟子後千餘年而兩程子繼之今之求道者不當自程子始乎龜山傳程子之道而南者也其在無錫久至十有八年説者謂其嘉泰伯延陵之風於是止而進修焉追惟其時及門若私淑蓋繁其人而四君子者深矣是祠是配其將自龜山以求程子乎其自程子以求聖人之道亦將於是乎在書曰升高自下陟遐自邇斯舉也其有之是故裁泛以義昔之君子遠矣今之君子爲其雜也而以名實立辨焉亦昔之君子之志也雖然非賢督學其孰與成之

張中丞廟記　　邵寶

張中丞何神也唐睢陽守張公巡也公當天寶之亂城守

以死且曰當爲厲殺賊史稱其有保障江淮之功宋南渡後民結社備寇者在在作公祠以倡忠義祠必厲狀謂之公志錫山之祠豈亦創於其時邪説者謂宋異人盧至柔者於此得泉并而施民以療疾疫遂祠公泉上俾汲必告以鎮民譁然以泉故禱者日衆其祠視他郡特盛蓋自始祠迄明景泰凡若干年矣而耆老有行義者議曰祠必有祀祀弗在典猶弗祀也乃以上請得春秋祭著爲令若干年成化甲子議者又曰祀有典矣而祠以厲附他廟弗經弗尊乃卜其東爲今廟君子曰是近於義廟成貌公於堂以人易厲衣冠惟時主書其官祝如之榜亦如之君子

曰是近於禮夫民祠公有報有祈而禦災捍患無一日不望於公初何假夫泉哉然泉之利甚博收而幕則滯勿幕則泛勢必有主者而惟公是歸則公之得於人者亦於是乎徵觀一邑而江淮之南皆可知也氓之無私誣公以爾誠誕且怪然厲乎由民弗厲由民民求公殊而公之爲民佑者譬之茲泉或泥或甃而水固無不在也然乎厲以從其初如是爲義如是爲禮如泉之渫則源源而來以是求公公必官之故泉不必廢也廟與貌不可不正也吾於斯舉有取焉昔狄梁公毀淫祠於南方所存者四其一伍員公之忠於員遠矣而祀由禮義其將與茲泉終始乎是爲

記

秦淮海先生祠記

邵寶

淮海秦先生祠堂者先生之十九世孫銳之所建也先生在宋建中靖國間以國史編脩坐黨籍謫外卒於藤歸葬高郵政和間其子湛倅常州遂還葬於惠山其孫南翁因家無錫傳十餘世至銳之祖封武昌知府景賜暨其子方伯廷部其諸子封都憲潤字謂先生生長宦遊之地皆有崇奉而無錫爲葬所顧獨缺焉蓋有志於祠未果而繼卒銳欲擇善地以成先志久而未得嘗以告予繼之以歎正德丁丑監察御史安成張君汝立以提學至縣盡毀尼女冠之居而及於鳳光橋東所謂善智寺者銳見其近且塏爽乃請於提學君君亟稱善而從之爰謀於其諸子今鄉貢進士泮歸直於官請其地而建焉始事於戊寅之秋越明年己卯春厥功告成予往謁焉退而歎曰美哉秦氏其盛矣乎蓋吾嘗觀於前宋蘇文忠公以文章氣節顯於當代而先生文麗思深風致清逸與黃陳數子並遊於門亟見稱許旣入史院不幸死於遷謫至於今誦其言想望其丰采者猶色然起敬謂當與文忠並傳不朽況爲其子孫者乎無錫故有祠在墓旁蕪茀已久而數十世後乃有不忘其先如銳之祖孫父子者君子雖欲弗與不可得也秦

在無錫自國朝以來起家鄉貢者九人登進士者二人而學行政績莫顯於方伯與今都憲國聲嗣而興者其人尤衆初銳旣得地而經始也亟用書告都憲於湖南都憲曰此吾族之缺典不可不圖及將落而告其二叔丞字仲字又皆曰此吾祖吾父之志也不可不力祠因故村葺而爲堂中奉先生像前爲門堂之後新作燕寢四楹寢之後爲樓題曰淮海其下爲夾室常州公暨處士物初先生暨武昌暨封都憲暨方伯五公之像縣焉左右有序凡若干楹歲舉私祀於堂銳也祼獻唯謹餕於寢則諸昆弟咸在夾室五像以有家廟故薦而不祀乃若二子漸汝及其群從

延師講肄亦皆於斯蓋尊賢於先而因以風其後人銳之繼述於是乎大矣某辱交於秦氏三世至銳始爲姻連蓋於是與有慶焉頃銳以記請再辭不獲既爲書其事復作迎送神辭俾於盲焉歌之物初都憲之曾祖也於武昌爲諸父銳字國英太學生其辭曰

有藤糾兮若虬與古木兮相繚公何爲兮此邱昔有夢兮彼州夢維水兮我泉清流公舍此兮焉留翙有箕兮有裘世復世兮千秋公之墳兮既荒邑有構兮曰公之堂薦肴烝兮奠桂漿肅登降兮有冠有裳公之來兮如水斯洋公之去兮如風斯翔祝有冊兮歌有章惠諸孫兮不忘

李忠定公祠堂記　邵寶

惠於錫爲名山山之重在泉而幽邃如聽松菴者次之菴之左有茂林修竹觀者謂爲一山之勝吾世墓邇其地舊矣宏治間購於僧而得焉時方考宋丞相李忠定公居錫之故而恨其未之祠也蓋有意於斯者凡十餘年至是幸獲休退而始爲堂於竹間以爲公祠間嘗登而四顧左右前後無非竹者乃額其門曰尚德書院若謂竹有君子之德凡觀物者尚之云爾然豈徒以物爲哉思古之君子而不可見將誦其詩讀其書以論其世蓋在昔之志如此粤稽三代以來君子之在錫者以至德則泰伯之祠尚矣儒學如龜山諸賢亦故有祠於學凡我後進皆得拜而瞻之公自其祖由邵武來居生長宦學於斯至以梁谿自號則固諸賢之儔也況嘗廬墓玆山義起之禮顧嘗後舉哉此堂之所以作也今夫祠擬諸祭菜則事合稱諸鄉先生則名正肖諸家廟舊本則像眞與子弟諸生歲時率以從事庶幾一陟降間如與公周旋交懋厥修以階聖賢之域蓋不知道有隆汙而時有古今也抑亦自尙吾志而已矣公之學吾未知其所從受觀其父母葬銘皆出龜山當亦與聞程氏之道者故其建明經畫大抵篤君臣明夷夏達經權審進退以身任重而不自失焉其忠義激烈千載而下猶能使人興起史稱公有諸葛武侯之心而考亭朱子序其奏議至以天生弭亂計之即是而觀謂公古之君子其不然哉昔朱子以匡廬臥龍菴之名取諸潭石遂緣其義爲畫武侯於堂君子謂其有異世之感若公於此精爽伊邇風聲所及學者有師揆之匡廬蓋爲感雖同而事則切矣乃若以竹興思寶不敏於龍菴之說竊自附焉天下之君子當有能知吾過者是舉也吾甥華珉實任其勞始於正德庚午七夕成於中秋奉安於重九皆不忘其素莫畢小燕容賦淇澳而退

海天亭記　邵寶

亭於惠山之麓曷爲以海天名山有泉發自巖竇滙而爲池七池相注東入於溪北東百里入於江又東百餘里入於海海泉之所歸也吾嘗觀泉於池思其所歸登高而東北望曰海其在是吾泉至是極乎望而不見則仰天以歎嘯詠而歸山之麓於是乎亭亭成與客登而歌之歌曰茲山兮我泉始流兮涓涓東行兮何極指滄海兮爲淵逝晝夜兮不舍又焉知兮歲年吾窮源兮思委方在此兮忽彼望大海兮未見見雲天兮與喟天冥冥兮雲深深登茲亭兮勞我心客有和者曰泉流兮山中日流兮日東彼東海兮伊邇吾舍此兮焉從源之委兮朝復宗予不聞兮古人曰有本者如是孰進之見兮未見其止海際天兮天有光遠在彼兮近吾汪汪知予者謂予之有望不知予者謂予爲荒海滙然兮天一方予聞而使反之飲泉而退

點易臺石記　邵　寶

邵子作點易臺基既定矣偶行於其崖之上有石突出其高數尺廣半之其西有如級者可升其上有如榻者可坐其右有如几者可倚可枕石之前有如案者誦可攤書書可伸紙飲可置蔬一盂酒一壺其東若北皆嶄焉壁立有巖巖之象或坐而東北望則武進之橫山江陰之定山邑東野之膠山高山芙蓉山鴻山𠙶山嵩山石室諸山歷歷可指近瞰蓉湖如沼在囿迤波杜渚錯襟互帶而奇松一株適當其前觀者以爲此眞臺也邵子喜遂以所書點易臺三字刻於石上

超然堂記畧　邵　寶

超然堂者二泉邵子之所作也邵子初爲許州許有尙書臺在臨潁之野嘗聞之故老而未之見也宏治甲寅一夕夢至焉其堂曰超然而吟松詠竹二齋列於左右寤而語客客紀之以詩越今正德庚辰二十有八年矣邵子既辭尙書之召作點易臺於惠山之麓既成而登恍然於夢中所見故爲堂於臺前榜之如夢或謂許之臺名尙書蓋以漢馬融氏嘗講經於是也故句今臺焉乃適邵子之起爲是官也名若是協耶或曰不然邵子爲親而請告其起也當正德卯辰之歲時上下方震凌撞擊而邵子獨優游泉石間超然云者其在是乎邵子聞而謝焉既而喟然曰古之人有晚年進德者疇昔之夢所謂伸於萬物之上非學何以至此吾雖老固不敢自棄也二人所云或失則淺或失則荒於吾志何有乃爲之歌曰我昔夢兮超然倏荏苒兮三十年吾臺斯兮斯屋將假我兮韋編若登山兮望海何恢廓兮吾天又歌曰天高高兮萬物在下叶孰能靜觀兮精思何苦久矣吾衰兮吾過吾補孰夢非眞兮孰今非

古二人聞之若相謂曰邵子其超於夢矣邵子復起而謝焉遂書爲記

碧山吟社圖記　邵寶

碧山吟社在惠山之麓黄公澗上成化宏治間有隱君子修敬秦翁景暘與竹石陸翁懋成梅菴高翁惟清遜菴陳翁天澤杏軒黄翁公祿聽玉楊翁叔理絅菴李翁舜明玉溪陳翁行之北野施翁彥清玉林潘翁繼芳築室於此相與爲耆英之會而秋林陳翁進之歸自工部冰壑盛公時望歸自都臺中齋秦公廷韶歸自江藩亦時時一至不在恒數其會則惟論詩詩成有蔬肴核數盤飯一盂酒八九

行而已於是三原王端毅方在撫院亦聞風而願見焉王文肅吳文定二公亦數至而深慕至形於詩詠如是者若干年而修敬卒諸老相繼淪謝今存者惟玉林一人能談其事聞者猶歆慕之欲繼之而莫能繼也蓋是時修敬嘗有鄉望且其爲約甚嚴十人之外不參以俗客雖盛暑祁寒必各以其服至不褻不散一會一詩必命題必起藁若爲課然者夫是以能久而繼之難也今考其年絅菴八十有六修敬八十有五遜菴八十有三竹石八十有二梅菴七十有九杏軒七十有三聽玉七十有二玉溪六十有九北野六十有一皆可謂壽矣而玉林今年八十有二康彊如六十七十者其壽尙未量也此卷爲玉林所藏中亦有社外作者寶於諸老皆及見之比方仕於朝未能操几杖以從焉所謂歆慕之者蓋甚於人人辛巳歲大司徒秦公以都御史被召還自湖南訪我二泉書院嘗同至吟社徘徊久之今見此卷吾且老矣烏能無情哉於是乎識

貞義祠記　邵寶

貞義祠者孰祠祠畢姬也姬曷爲而祠也姬爲錫士人思明之女生十二年許嫁沈氏子昇未歸而昇死姬曰吾父母既成言於沈矣生乎惟沈死乎惟沈遂誓不再適嘗翦其髮以見志焉繼聞有他議而爭欲委禽焉者乃自經以

謝幾絶而嫂氏解之復引刀刺臂流血盈襟將斫腕嫂抱持之家人奪其刀而止自是無敢言者其兄毓告其父母曰妹之志不可奪矣吾雖貧當養之終身耳蓋若干年而父母繼歿姬哀以致毁乃復與其嫂力作以資衣食者又若干年兄歿兄之子允中復任養事而姬且老矣蓋從容閒適安而不苦溢於丰采與其節稱年至八十五乃終楊長史濬成先生爲作傳焉夫是以鄉大夫士有祠之議也曷爲謂之貞義從一而終婦之德也守是貞若姬者禮所謂加於人一等者也是有義焉故旣曰貞矣而又曰義此君子之志徵諸鄉人而爲言者也祠在惠山東麓周文襄

祠之左中爲堂四楹以奉姬主前門後寢左右兩序繚以周垣其制如此承臺檄而成之者郡守瓊臺陳侯秀卿縣令古代陳君名世也而貞義之柄僉事馮君廷伯復爲大書之然則可以訓乎宋共姬逮火而死仲尼作春秋既書其卒又書其葬而三國來媵皆特書之所以旌其姬之節也今姬之事雖跡若稍異而心則一可以爲難矣風勵末俗獨無取焉爾乎以義起而祠之者使臣觀風之禮而旌節之典朝廷明有著令後當有嗣而行之者冬十月祠成允中請記予昔嘗爲姬作贊茲用附焉贊述姬志而未及於祠時未有祠議故也辭曰

古有許劔於墓焉歸身非劒比許胡可違命出父母天生地成惟一不二以成吾貞髮吾可薙臂吾可刺吾頸可經心不可易言吾未耳親亦未目惟若人名心焉既屬始以感激終以從容七十八年吾有吾躬親亡有兄兄亡有姬身其康强德音秩秩誰與政人上告天子我有贊詞用襄國史

城南東林書院記　王守仁

東林書院者宋楊龜山先生講學之所也龜山歿其地化爲僧區而其學亦遂淪入於佛老訓詁詞章者且四百年成化間今少司徒泉齋邵先生以舉子復聚徒講學於其間先生既仕而址復荒屬於邑之華氏華氏先生之門人也以先生之故仍讓其地爲書院用昭先生之跡而復龜山之舊先生則自述其廢興而以記屬之某當是時遼陽高君文豸方來令茲邑聞其事謂表明賢人君子之蹟以風厲士習此吾有司之責而顧以勤諸生則謂之何爰肇其所未備而亦遣人來請嗚呼物之廢興厥有成數矣而亦存乎其人夫龜山歿使有若先生者相繼講明其間則龜山之學邑之人將必有傳者豈遂淪入於佛老詞章而莫之知當時從龜山遊不無人矣使有若華氏者相繼脩葺之縱其學未卽大明其間必有溯流以窮源者亦何至

淪沒廢置之久又使其時有司若高君者以風厲士習爲已任書院必不至於頽圮又何至化爲浮屠之室而蕩爲草莽之墟乎是三者皆宜書之以訓後若夫龜山之學得之程氏上接孔孟而下啟羅李晦菴統緒相承斷無可疑顧世猶疑其晩流於佛此其趨獨毫釐之不容於無辨先生必嘗講之精矣先生樂易謙虛德器溶然不見喜怒人之悅而從之若百谷之趨大川論者以爲有龜山之風非有得於其學宜莫能之然而世之宗先生者或以其文翰之工或以其學術之邃或以其政事之良先生之心其殆未以是足也從先生遊者其以予言而求先生之心以先

生之心而求寵山之學信乎書院之復爲不虛矣書院在錫伯瀆之上東望梅村二十里而遥周泰伯之所從逃也方華氏之讓地爲院鄉之人與其同門之士爭相趨事若恥於後泰伯之遺風尚有存焉特世無若先生者以倡之耳是亦不可以無書

泰伯墓碑記　楊文

泰伯遭商周之際以讓德逃之荆蠻寓無錫之梅里號句吳東南抵浙西北抵江方千里之間古謂之三吳者皆以霑化而名也梅里去城三十五里曰伯瀆之陰曰梅村蓋伯居在焉瀆名伯相傳以爲由伯而鑿是也伯歿葬鴻山

之西嶺去梅村地五里今鄉人所指吳王墩者即伯墓也山以鴻名謂漢隱士梁鴻居於是而前此不稱鴻而稱皇亦以伯故也蓋世變時移之後古蹟混其名實幾於泯滅而不傳者豈獨一吳泰伯之墓哉縣故有廟春秋奉祀寢久棟漸撓壁漸毀宏治戊午令尹姜公文魁以名進士初任有事乎風化也乃從民所欲即梅里之村作新廟以崇厥祀使讓德之光復顯於故里既又念其墟墓湮夷不有以識之則人將不知所謂吳王墩者爲誰也適文歸自太學乃以謀之郡守連公盛貳守李公渭協心力以經營之規建一亭表於墩小具體制固以瓴石計可垂於永久實與作廟之意相表裏由是愚夫愚婦皆知吳王墩爲泰伯墓矣嗚呼讓人道之所先也始伯之逃止於遥國終以成有周之王業又泯其所遜之迹民無得而稱焉故孔子表之曰其可謂至德也已蓋君臣父子無所逃於天地之間伯也三讓其固有之國而弗取於商則爲盡義於周則爲盡仁用是以開後世遂有壽夢季子之賢荆蠻一變而爲諸夏伊誰之力與考泰伯之逃荆蠻實與仲雍同寓雍寓蘇州之常熟墓在虞山伯仲事同而德亦同也

西定橋記　秦金

梁清溪在無錫縣城之西凋百餘步當水勢衝漫風雨寒

冱涉者病之其北接運河南通震澤延袤曠直壓有盜[illegible]舊常設鍵再葺再壞有議創建石橋以爲民防莫有倡而任之者南安鄭侯普初令是邑聞而往觀即請於前後巡撫都御史於是北湖侯公位實允其議檄縣計貲厥有成數省齋陳公克宅又令郡守應侯櫃覆計惟粟至石江歐陽公鐸遂命以導河夫役銀充之其督理之責則授於縣丞宋倫維時兵備憲副李君士允王君儀相繼有事於水利申飭加篤而工用告成其制凡爲洞五高若干尺廣若干尺長若干丈閉以浮柵晝啟夜閉其頂則構亭以便登覽壯偉完固巍然爲一方之望鄭侯名之曰西定堪輿家

謂節宣聚氣於人才物產蓋有益云南昌萬侯虞愷來知錫事樂觀厥成乃於橋坡立亭礱石屬予爲記予惟利涉禦盜斯橋之繫於邑治大矣前乎侯者非不知其爲急務也或限於財力之未充或沮於嫌謗之欲避遂因循以至於今是役也明見有斷洞悉民隱周旋規畫俾費不瀆民勞不厲農可謂得從政之體要已長有司因橋之成於一邑當興之利將次第修舉吾於是蓋有餘望焉橋經始於嘉靖丁酉冬十月訖以己亥夏四月爲費白金若干兩有奇者民某塘長某則董作而効勤者也因附書之

無錫金匱縣志卷三十六終

無錫金匱縣志卷三十七

文 明

無錫縣城記　王其勤

粵惟聖天子御宇之三十有三載歲在甲寅某忝辱綏章承乏重土時海事叢棘倭夷之變屢出疊見爲患頗劇於牀膚矣惟茲巡撫草亭彭公巡按聯泉孫公督糧見海翁公兵備復菴任公大府前崇金公每見深以縣城傾圮爲慮臨察則屬某葺之某惟版築重役自揣淺劣惶然莫可承仰乃集邑中耆宿相與搉之幸茲詢謀僉同乃冒毀擔

慮惟圖厥成於仲春九日約以始期而告畢者孟夏二十日也嗚呼創議協謀儲財輸用自當道始監督促限嚴制峻法以處初怠馭駕從容則終以安妥某竊與有力焉至於慨然舉義殫財助役是則有殷憂保障之情凡我良衆未假咨扑相與體念之功也傳云恃陋不備罪之大者備禦不虞善之大者罪固不敢自罹若盡云某之善是掠美孰甚焉某思財與力皆人必自靳者情也各旣自奪其情是非能制情者弗克也某不敢沒人善矧善皆可傳者乎茲用刻石以揚其義云

華氏義田記　唐順之

義田者其古道之遺乎其起於古道之廢乎古有之大宗者收族者也義田者其大宗之遺乎雖然有大宗則無義田故義田者其起於大宗之廢乎古者因族而立之宗族人有餘財則歸之宗不給也則資之宗其族人如骨肉手足之相與爲一體其財賄如津液之經緯榮灌於其間惟其所虛則注焉而無有乎臃腫羸乏之處是以舉族無甚貧甚富之家而天下之爲族者莫不有宗是以天下無甚貧甚富之人豈非所謂人人親其親而天下平者哉井田廢也而始有以貲甲於鄉宗法廢也而始有以貲甲於族甚則有童奴厭腥肉而族人操瓢者仁人君子惻然憂之

於是以其力之所及爲之義田以贍其族蓋猶有大宗之遺焉然義田立而大宗之名益隱矣要之義田非甚厚有力之人不可以爲而宗法則百金之產亦可以相通義田非仁人與族爲體者不能以相公而宗法雖纖嗇鄙吝之嗣亦不得而相吝是以義田之爲制也狹而偏大宗之爲制也均而溥然仁人君子其知既足以及乎此矣卒莫有推而及乎彼者豈古今之勢然耶抑亦以義田出於分之可以自爲而宗法非上之人爲之制則固莫能相聯屬耶何其宜及焉而莫之及也吾友無錫華君從龍積學好古之士也晩舉進士不數年遂請歸其於人間事既已屏絶不甚意而獨不能忘族人之飽飢乃割近郭田千畝爲義田推其遠冑自十一世祖錄事君而下之子孫皆藉之其不能自業者給口食其婚娶槥瘞給各有差畀如范氏故事自十二世祖而上其族疏人衆則惟視其窶甚不能就塾與過時不能嫁者娶者槥者瘞者則量助之其管鑰以付錄事君宗子而惟擇族人之賢者一二人專理其事不稱則易其人而君之子孫則將別有處焉不使分給其中夫君之爲此舉其可謂仁人君子之用心矣又能寓宗子法於其閒豈不尤爲近古者乎余是以本宗法之與義田興廢之說而爲之記使後之知足以及乎此者其尚益推

之而及乎彼也哉

遂初堂記　歸有光

宋尤文簡公嘗愛孫興公遂初賦而以遂初名其堂崇陵書匾賜之在無錫九龍山之下公十四世孫質字叔野求其遺蹟而莫知所在自以其意規度於山之陽爲新堂仍以遂初爲匾以書求余記之案興公嘗隱於會稽放浪山水有高尚之志故爲此賦其後涉歷世途違其所好至爲桓溫所譏文簡公歷事三朝受知人主至老而不得去而以遂初爲況若有不相當者昔伊尹傅說呂望之徒起於胥靡耕釣以輔相商周之主終其身無復隱處之思古之

志得道行者固如此也惟召公告老周公留之曰汝明勗偶王在亶乘茲大命惟文王德丕承無疆之恤當時君臣之際可知矣後之君子非復昔人之遭會而義不容於不仕及其已至貴顯或未必盡其用而勢不能以遽去然其中之所謂介然者終不肯隨世俗而移易雖三公之位萬鍾之祿固其心不能一日安也則其高世遐舉之志宜其時見於言語文字之間而有不能自已者當宋元祐治平之時歐陽公登位兩府際遇不爲不隆矣今讀其思潁之詩歸田之錄而知公之不安其位也況南渡之後雖孝宗之英毅光宗之總攬還不能望盛宋之治而崇陵末年疾

病恍惚宮闈戚畹干與朝政時事有不可勝道者矣雖然二公之言已行於朝廷當世之人主不可謂不知之而終不能默默以自安蓋君子之志如此公歿至今四百年而叔野能修復其舊遺構宛然無錫南方士大夫入都孔道過之者登其堂猶或能想見公之儀型而讀予之言其亦不能無慨於中也已

寶界山居記　歸有光

太湖東南巨浸也廣五百里群峯出沒於波濤之間以百數直厓削塢幽谷曲隈無非仙靈之所棲息天下之山得水而悦水或束隘迫狹不足以盡山之奇天下之水得山而止山或孤子卑稚不足以極水之趣太湖漭淼澒洞沈浸諸山山多而湖之水足以貯之意惟海外絶島勝是中州固無也故凡犇涌屏列於湖之濱者皆挾湖以爲勝自錫山南過五里湖得寶界山在洞庭之北夫椒湫山之間仲山王先生居之先生早歲棄官而其子汝明始登第亦告歸父子並隱山中日夕以詩書自娛有客來爲之求山居之記者余未至寶界也嘗讀書萬峯山盡得湖濱諸山之景雖面勢不同無不挾湖以爲勝而馬跡長興往往在殘霞落照之間則所謂寶界者庶幾望見之昔王右丞輞川別墅因其詩畫之妙至今可以想見其處仲山之居豈

減華子岡欹湖之奇勝而千里湖山豈藍田之所有哉摩詰淸思逸韻出埃壒之外而不能自引決於開元天寶之際以此知士大夫出處有道一失足遂不可浣如摩詰令人有遺恨也今仲山父子嘉遯於明時則其於一切世紛若太空浮雲曾不足入其胸次矣何可及哉異時攷論其事當爲作王貞兩襲傳摩詰不足以方之矣

首建三公生祠記　華察

三公者巡撫蘇松監察御史武安孫公督糧蘇松山東布政使司右參餘姚翁公吾錫知縣松滋王公也三公遺愛在錫豈獨一鄉思之而生祠之建乃自延祥始何也其民

好義爲諸鄉先也錫之鄉凡二十有二其閒中人以上之家有田者多無糧中人以下之家有糧者反無田立法之始豈固然哉蓋法久弊生區總里書飛詭灑派日剝月削積而至於不可勝算豪强兼幷又從而虎噬蠶食坐享無糧之利而推其害於人有司催科不求其原惟事敲扑流血刻骨歲復一歲閭閻之下富者貧居者竄生者死彼蠹斷之徒方且瘠人以自肥求逞其無厭之欲而不已此數窮理極人怨神怒田之不可不丈非一朝一夕之故矣顧欲丈者力不能行而不欲丈者其力能沮自非上之人有豪傑非常之才卓然特立之操志在濟物不畏强禦者孰

肯以身任事與有力者抗哉若三公者固其人也而又同時下車有事茲土謂非千載之奇遇百姓之大幸歟於是延祥之民合衆倡義裹糧走京師伏闕下仰天號呼極言其狀天子憐之乃以其事下之御史御史曰民病一至此哉吾知有法耳乃檄參政使亟行參政曰吾職也田之不淸糧安從出乃斷然力主其議而使縣官親其勞縣官曰是誠在我民病之不去吾何以父母爲哉乃早夜以思訪求故事白之二公設總書民十人區書民五十有二人圖正弓手算手各四百十有四人計一縣之田凡若干畝下令區書民各率圖正等刻日齊丈總書民籍記其數時時覺察而縣官出其不意躬自覆丈使不得寅緣爲姦上下程督協力一心皇皇然如解倒懸如救焚拯溺如沉痾在體惟恐不去彼有力者陽攻陰伐倏忽萬狀而三公者毅然不爲之動撓之愈甚持之愈堅文移使者相望於道有力者知志不可奪乃謀奪其權王公中奇禍幾不免翁公假他事革去孫公尋亦代還將謂其計必行事可中廢而三公者亟見豫定魚鱗有圖坵段有冊耳目昭昭井然不可亂矣於是覈出無糧之田一十六萬餘畝剗去無田之糧七千餘石失業者免追呼之患掌賦者省傾家之禍積逋者脫縲絏之苦流亡者遂首邱之願雖向之專利者若

扼其吭而奪之食不能無憾於其閒而小民欣然更生頌聲載道蓋四年於茲矣然孫公尙爲御史不得遷翁公始復出爲按察使王公亦僅得爲南京戶部主事嗚呼是豈怪乎勇於任事者之不多見也頃因王公之去延祥之民重有感焉乃卽鵞湖之濱建生祠列三公像作遺愛堂歲時瞻拜作致齋所孫公名愼號聯泉作思泉亭翁公名大立號見海作學海書院王公名其勤號少月作望月樓廟貌孔嚴垂休百世主以羽流崇奉香火作衍慶道院經理其事者鄉之人華察也因書於石以俟諸鄉之民庶幾有聞風而興起者

延祥鄉役田記　王世貞

今天下財賦獨江南最大江南常州部邑獨無錫最大無錫諸區又獨南延最大其長賦者又最甑區之田可十餘萬畝無他姓皆華氏田而嘉靖間華之老有遊大人者與余遇燕中云屬當長歲賦矣諸大人有右我爲請郡邑得省無名徭若干然度其費不千金不止也問所以費狀則曰苦虛糧問所以虛糧狀則曰區之人積逋而貧者廢箸而鬻于他區豪豪取其穫而遺其賦以責田主度不給則跳匿長賦者不能跡田主所又不敢問豪取賦歲歲爲代償不給則亦跳蓋久之而至不能跡田與豪所亡論田主

矣余既已心識其言而會學士鴻山華公致其事歸公故延祥人乃歎曰奈何以吾宦達食吾鄉豐而瘠其餘哉乃倡爲役田家及役者出百畝之三畝不及役者五畝進士不應役而稍優之如役者三畝鄉進士殺不及役者一于是公之兄弟當出田共八百畝以先諸華通出田二千四百畝得米若千石麥若千石以歲助虛糧及收運之費長賦者稍稍寬矣而公又曰是尙未可繼也奈何瘠吾鄉以肥他區豪乎而公門人翁公孺參以參政至乃具疏請于朝下御史御史下翁公翁公下邑王令其勤畊度畝計他區豪不得役匿糧其糧存者田與俱歸田往者糧亦俱往蓋無錫之虛糧八千石而延祥獨得二千石長賦者業益寬而公又以子叔陽成進士捐腴田且百畝以輔其瘠者而公又謂諸田散佃不易收也俾易價買猶田如其數卽不得託消落故有所廢損而公又令易米麥而銀米石爲銀四錢麥石三錢之半以爲程穀貴則有餘錙旁斥産益羨葺世墓贍貧族婚喪于是乎取給蓋三十年而延祥之華非有大故毋廢箸外徙者不徙益少時聞大父輩言成化宏治間鄉賦三老鮮衣怒馬平亭里訟庾釜之羨多挾以起家至不肯好爲吏此無他田歲入恆饒而官取恆儉故也今縱不能復故奈何日削損其饒而靡之使同于蔀

屋蓋東南者國根本也富民者東南所恃以雄者也今縣官幸稍稍減中外資吏奉爲廉平無非時不經之額矣藉令他區悉如延祥他州邑又悉如無錫歲計之十稔而後餘糧有不棲畝哉不佞公門人獲一再游公鄉而竊覯華之家多潤者不至如燕中所聞異之問于公而得其說公謂不佞子爲我記將樹之豐碑以戒夫後之嗣延祥役者公名察字子潜鴻山其別號嘗爲德于國未竟歸而爲德於鄉此亦其一也

遊貫園記　王世貞

惠山第二泉名天下官河轉入二里至山門而窮山之泉

爲汲者剗其清餘瀠洑瀰如建瓴而下東入秦黃諸園而黃氏爲最勝主人故光祿署丞摺業八十餘搆之可四十年矣入門物色皆莽蒼可憐百武許復得旁竇穿之則廣除豁然一堂不甚高而頗宏敞堂後枕方池敗荷裹落舊嘗畜金魚百數十頭大者至尺許今皆稱烏有先生矣池後一樓亦稍敞不作故時麗壯而啟北窗倚西戶則西山之故觀無恙時客之從游者俞比部顯卿曹山人昌先安布衣仁余出榼酒豢肉而勞之時華太學露治具於王氏園以待西北風厲不能竟山色乃呼飯而下由廊得一扉則古木數十章修竹彌漫有亭有榭流水穿石芙蓉渺渺

履屐間聽之不厭以其木之古而奇也嘅鴉爭其杪亦成嫵媚復爲華所强戀戀而別余過之至是三矣其室愈敝木愈奇而山色以四時異態愈壯故不問主人然主人計且老憊而金魚者亦烏有矣將無無情者壽而有情者否耶室無情也不然則不恃人者壽而恃人者否耶

遊王園記　王世貞

出黃光祿園則微雨霏霏矣華子以舟渡余竇抵岸而門翼然稍入十餘武則有立石一狀頗磊砢色亦古已復得一門稍轉而東危樓據之前爲廣庭頗亦有卉樹峯石之類樸從枕大池池之陰堂五楹當之宏敞高爽左折而上爲山有亭樹峯嶺洞壑之類宛轉曲折遊者必傴僂然猶慮觸險側足詳顧猶不能無顛越獨下有一泉出龍口灌池中砰訇硿磁晝夜不絕聲其聲不以旱潦爲大小魚得之樂而倍肥其右方則從樓阯拾級而上取堂道也中搆高臺政與東山對上有層崖亦壯麗臺半露雕欄畫楯三周衛之蓋一小立而山與池之勝皆在目矣堂左啟竇而入爲庵修可數十武衡半之皆壘赤石爲小澗凡十餘曲折流水潺湲自北而瀉淺僅可尺餘深不過三寸其水或元或白皆用石色聲亦隨而巨細可悲可樂使人忘返蓋取泉之自惠者引而轉灌大池者也又別搆一精舍分泉

引之穿舍而北出文石一承其穴水激上飛如琴瑟尤可愛華子布席於堂行酒酒殊不能佳日暝乃別此園故屬談參軍志伊今大鴻臚王鑑先生之次子鄉進士輕直得之然拓飭之費幾三千金故其雄麗在黃園上然雅趣殊不敵也獨登樓而眺此園於山色得其三垂而黃園僅當一面又所引惠山泉此園遇巧工而宛轉三疊中注大池黃園則無之耳嗟乎使吾弇中有眞山一卷泉一勺所謂新婦得配參軍寧詎若是而已哉兩園堂閣名不甚雅不志志其大都云

閶江吳氏義田記　申時行

蓋先王之教民以義也則莫如收族收族之宗及乎食采受民之家而止其法不領於鄉然而人知惛睦俗化至湣者何也在周禮保息以養之本俗以安之爲之國比之法辨其可任與施舍者而均其力政爲之委積而賙其囏阨其以煦嫗一鄉之人勤而字之如其家也擁護孚翼惟恐傷之如其身也族是以聚焉而不分人是以有恆業財用相灌輸而情相縻繫故先王施政不出鄉而衆著於合族之義矣王道廢鄉之教戒禁令舉失其職相保相受之法不足維其渙相賙相恤之惠不足固其存則有藜藿不厭操瓢而爲溝中之瘠者使人易亡其業而輕去其鄉夫安

得聚族而食之自聚族之難而人始益私其族卽有施予振業罕有推而及乎族之外者嗟乎古之爲其鄉與爲其族也上無擇仁而下不自名其義是公之也而後世別族於鄉人自爲施家自爲養同閈而秦越之則又私之也斯亦古今之變然與孔子曰斯民也三代之所以直道而行夫居今之世有能推先王之法厚恤其鄉以庇其族者是亦三代之道而已矣吾師澤峯先生爲錫山著族錫於江南爲壯縣縣以時徵賦於鄉率名召其鄉之高貲著姓若仕宦者之子孫使爲之長長賦之家率不勝病先生恆自念曰夫鄉賦一歲而更役役不再三而中家以上大抵皆破是空吾鄉也吾族數千指吾能軫其寒飢而衣食之異時凡復受役與閭井俱敝是空吾族也薄之不存毛將安傅吾爲德於族盍亦爲德於鄉庶兩有濟乎則買田縣之上福新安兩鄉凡千八百餘畝自供稅假予貧民外歲入千石以什七歸鄉之長賦者命之曰助役其什三以贍族人族之貧者發者婚嫁喪葬不時舉者子弟不能就塾與爲博士諸生者升入太學及與計偕者貲之各有率家之正卒力不能齎送者有貸別儲麥三百以待凶札必取盈焉無乏歲事其籍以畀族之姻睦有行者俾攝行之因築室一區爲義莊顏其堂爲願濟曰所以志也已而告其門

人時行使爲記之行觀近世所稱義田則猶別族於鄉者而先生獨深慮其族之所不堪而急其鄉之所甚病施舍賙恤之惠以溉於鄉縻繫灌輸之法以聯其族世世相保垂利無窮非所謂三代之道公其義而不私者與先生雖不獲大用然推是足以知先生之所存矣行故著其大都以示先生之子孫俾守義無替且以告夫吏茲土者使矜式焉先生姓吳氏名某仕爲太子諭德歸老於家稱鄉先生云

河渠說　唐鶴徵

無錫於運河之南則接武進界曰雙牌東引運河至神護

鄉入陽湖港於運河北則接江陰界曰蕫塘港在縣北興道鄉自咸塘西爲鄒祁河至興寗界口名蕫塘尖爲蕫塘港行二里許與西瓜瀆會接江陰界雙牌之東曰直湖港在青城鄉東引運河西入志公港西會北陽湖亦至神護鄉又至富安鄉入於震澤直湖之東曰花渡港東引運河西北入直湖又東曰雙河引運河過錢橋越布政鄉貫直湖港南下震澤無錫由郡城至宜興水道二百餘里自雙河取道花渡百四十里可至宜興矣蓋二縣皆在郡南故也自雙牌以下四港相去不遠故或會於直湖或會於陽湖皆由惠山之西以入震澤者惠山之泉聚爲梁溪北入

運河遶惠山自開原數里過仙女墩折而西南行分而爲二東曰大渲港西曰小渲港中隔平壤相去五里許南行十餘里會於青祁涇稍南爲長廣溪長三十里廣里許受揚名開化諸山之水北合五里湖南合洪印涇併青祁涇則赤城溪新安溪唐千涇無不會矣而後入於震澤蠡湖凡八十五里謂之孟瀆亦謂之蠡瀆東接運河西合梁墓涇南行十餘里至蠡湖南入赤城溪自蠡口分流而行已入唐千涇矣況東蓉瀆在縣西二十里已引運河西入蠡瀆乎則是錫邑之水南下蘇州者不能三分之一而西趨震澤者十分之七矣去城北二里一閘口河舊從五瀉口

來宣德間始鑿之由顧城南至蔡家渡分而爲二其一循城而東越景雲至梅里舊作李非鄉而入於伯瀆其一東流越膠山鄉而與宅仁鄉新河北接江陰俗謂之南北興塘河無錫之水自邑東而延於西南莫長於此者幾繞四境而遍之矣余徐察之宅仁與張涇一帶乃無錫所稱高阜水無逆上之理北興塘當受江陰之流而入南興塘者人自邑出適據其中故以分而爲二不知其高下必有分矣其咸塘嚴埭張塘大都在縣東北盤旋分合於興寗天授間而接江陰之流者爲多鴨城河在縣城東梅里鄉分自運河至景雲出江陂橋越梅里上福至延祥而止在景雲者

爲王莊橋河江陂河在梅里者爲新塘河爲鴨城河在上福者爲信義瀆爲杜家河亦名太平橋河至延祥鄉蕃爲謝蕩引流至甘露分而爲二過濠橋一由月河皆東至濠湖即俗所稱鶩肫蕩也其破塘潭塘斷塘橫塘皆在縣之東破塘則自鴨城分流越泰伯而入蠡湖潭塘則自鴨城分流北行爲劉家河截興塘新河接斷塘則太平之別脈南至延祥入於濠湖橫塘則信義瀆之旁注於北者東貫走馬塘爲芙蓉塘河至懷仁鄉爲盛塘河入常熟界大都天下之物恆爭於其所不足而樂於其所有餘洛社以北疏浚竭人力而不敢告勞洛社以南則運河未嘗告涸有

餘不足之明驗也十里之間水之有餘不足頓異豈無錫受江除之流獨多耶抑無錫之低下幾與震澤平耶不獨橫浦獨山吳塘諸門與湖灌輸而開原富安新安開化揚名歷五鄉九十五里處處與湖通而水反有餘非以其平故耶昔人以邊江諸閘爲瀉內地之水郡倅姚公獨以爲納江洋之流皆不覩潮汐之故高下之形者也江南之高下原不相懸江潮之來至以等丈數日不雨深流或至膠舟浹旬而霖平原苦於沈竈則知內地旱江潮必能達入內地澇則諸港必能速瀉雖震澤主於滙亦能內灌以濟旱況於江乎西風可以決湖水而東流東風可以決湖水

而西流況水之有旱澇乎察此可以知蓄洩矣

寄暢園記

王穉登

寄暢園者梁溪秦中丞舜峯公別墅也在惠山之麓環惠山而園者若棋布然莫不以泉勝得泉之多少與取泉之工拙園由此甲乙秦公之園得泉多而取泉又工故其勝遂出諸園上園之舊名曰鳳谷行窩蓋創自其先端敏公一轉而屬方伯再轉而屬中丞公皆端敏族裔也中丞公既罷楚開府歸日夕徜徉於此經營位置羅山谷於胸中猶馬新息聚米然而後畚鍤斧斤陶冶丹堊之役畢舉凡幾易伏臘而後成闢其戶北嚮署曰寄暢寄暢者用王內史詩園所由名云折而西爲扉曰清響孟襄陽詩竹露滴清響扉之內皆篔簹也下爲大陂可十畝青雀之舳蜻蛉之舸載酒捕魚往來柳烟桃雨間爛若繡繢故名錦滙漪惠泉支流所注也長廊映竹臨池踰數百武曰清籞籞盡處爲梁屋其上中稍高曰知魚檻漆園司馬書中語循橋而南復爲廊長倍清籞古藤壽木蔭之云鬱盤廊接書齋齋所嚮清曠白雲青靄乍隱乍出齋故題霞蔚也廊東嚮得月最早顏其中楹爲先月榭其東南重屋三層浮出林杪名凌虛閣水瞰畫槳陸覽綵輿舞衫歌扇娛耳駘目無不盡納檻中閣之南循牆行入門石梁跨澗而登曰卧雲

堂東山高枕蒼生望爲霖雨者乎右通小樓樓下池一泓即惠山寺門阿耨水其前古木森沈登之可數寺中遊人曰鄰梵鄰梵西北長松峨峨數樹離立箕踞室面之王中允絕句詩也旁爲含貞齋階下一松亭亭孤映既容貞白卧聽又堪淵明獨撫松根片石玲瓏可當贊皇園中醒酒物主人每來盤桓於此出含貞地坡陀壘石而上爲高棟曰鶴巢亦王中允詩語閣東有門入曰栖元堂堂前層石爲臺種牡丹數十本花時中丞公燕余於此紅紫爛然如金谷何必錦繡步障哉堂後石壁倚牆立牆外有張祐題詩處茫然千古滄耶桑耶漫不可考矣出堂之北地隆然

如邱可羅數十胡牀拔雲嘯月高視塵壒之外曰爽臺臺下泉自石隙瀉沼中聲琮琮中琴瑟臨以屋曰小憩拾級而上亭翼然峭蒨青葱間者爲懸淙引懸淙之流甃爲曲澗茂林在上清泉在下奇峯秀石含霧出雲於焉修禊於焉浮杯使蘭亭不能獨勝曲澗水奔赴錦滙曰飛泉若出峽春流盤渦飛沫而後汪然渟然矣西疊石爲洞水邊之栽桃數十株悠然有武陵間想飛泉之滸曲梁臥波面如連蜷雌蜺以趨涵碧亭亭在水中央也涵碧之西樓巋然隱清樾中曰環翠登此則園之高臺曲池長廊複室美石嘉樹徑迷花亭醉月者靡不呈祥獻秀洩祕露奇歷歷在

掌而園之勝畢矣大要茲園之勝在背山臨流如仲長公理所云故其最在泉其次石次竹木花藥果蔬又次堂榭樓臺池籞而淙而澗而水而滙則得泉之多而工於爲泉者耶匪山泉曷出乎山乃兼之矣夫園之麗玆山者不知凡幾家歷幾世更幾姓如昔平泉金谷之比不翅傳舍遊旅若耳且也主人振纓馳轂勤勞王事終其身不一窺按圖問監奴此某亭此某堂此某樓閣池臺耶靑鏥不圯朱扉不生苔倉琅根無恙可下歲甃之鎖乎無使游者闌出入撲吾樹頭梨棗折砌上花捕池中魴鯉也更幾十年然後歸歸而龍鍾以老濟勝無具不能出五步之內矣此不

邯鄲華胥之夢且幻與秦之先自五先生迄今詩書軒冕相蟬聯由端敏而方伯而中丞園之主雖三易矣然不易秦也秦不易即主不易耳中丞爲讒人所螫中歲解官園成日涉其中婆娑泉石嘯傲烟霞棄軒冕臥松雲趣園丁抱甕童子治棋局酒槍而已其得於園者不已侈乎容乃謂方今東師雖罷朝政如秋荼也者以中丞公之雄材大略又富於春秋不登三事九列徒令雲卧一邱疏泉甃石消其胸中磈磊即縣官奚賴焉余謝客曰子言在用世非寄暢之旨也姑置勿論

愚公谷記略　　華淑

第二泉折而南至春申澗第一曲愚公別墅在焉入門數折爲天鈞堂小山前帶清池後欒喬柯千尺與海棠梅杏之屬點綴青苔白石間天然大雅堂左修廊一曲題曰茂林修竹廊盡登假山過石公壇履處得堦照亭亭界兩山間大塊一碧過亭穿絳雪樵入葯房黃房瘦影樹始青閣幽香美靚類闍閣間物度廣墀臨流面山爲菩提場中有長佳樓九蓮臺七徵齋六通楹皆奉大士居名衲具有幡幢纓絡鐘鼓唄鐸軍持蓮漏之屬又儼然一旃檀林也場前方塘畝許小亭臨澗顏曰濺濺泉流衝決此其始波云復由堦照亭出匏蘂廊爲玉塚亭折而東壘石爲橋跨橋

爲屋從橋道下沿水長堤𧂐蕈夾岸迤邐至青羊野山中大樹五百年化爲青羊㮋柯老木或適當其候耶俯青羊野爲坐飛臺臺畔一屋撐峙於寒泉石壁間仍下臺穿堤過橋入小門爲石語齋上爲仙的樓樓後爲𪊨鹿齋爲脊夏堂植牡丹百本可使雒陽失色自此至語花簃層梁登四照閣亭臺沼沚林烟嵐靄一望盡收折而下爲金薤堂懸罨畫廊爲蔚藍堂愚公每挾青衣於此度曲香塵㸌爍入人絶唱嵇公去後廣陵散絶矣烟鬟洞長廊落落潛通谷之內苑崇樓數匝玉鏁金鋪別有洞天福地晚妝望幸又不知幾何年矣樓前通隱堂則爲谷中之廳事自此遂

達前巷朱樓對映左曰繡嶂街右曰名泉里

東林書院依庸堂記　鄒元標

予友顧叔時歸里偕諸君子某某倡學於是闕龜山先生東林故址而搆居焉堂顏曰依庸以書抵余爲記余惟庸義有二庸恒也有久而不變之義又平也有適中之義惟中斯平惟平斯常惟常斯不變凋三光包萬彙綴九有和萬邦皆是物也易之恒卦剛上柔下震巽相與而取義於夫婦夫婦之道不可以不久也故曰常夫抱脐珠和璧者終朝枵腹不如菽粟之一飽也黼山龍火藻者藍縷號寒不如緼袍之蔽體也千奇萬怪洞心駴目不如一庸之悠久也是故人自有生以來目視耳聽手持足行自稚至老死無異無異卽庸也父慈子孝夫義婦聽兄友弟恭或自少或自壯以至於老死亦無異無異卽庸也或曰中庸有三達德九經三重之目諄諄詳摯一庸烏足以概之曰庸斯知斯仁斯勇不庸烏足爲達庸斯通之天下達之國家不庸烏足爲九經庸斯爲禮爲度爲文不庸烏足本諸身徵諸庶民故守約而施博者皆庸也庸者何性也聖人順性而行賢人守此性不失衆人則迷此性而牿亡之今諸君子皆卓然見性能以賢人而學聖人之學然棲遲山林者久不可謂不遯矣無亦有所悔焉耶曰悔者心有所係

吝悔亡者毋意必固我之謂遯之上九曰肥遯無不利無所疑也夫遯而曰肥又曰無所疑是蓋以不知知以不識識指深且遠非眞依乎中庸者其孰能與於此元標束髮向道而疑情隱隱老而彌篤視無疑之域尙遠敢曰不悔諸君子其尙自信而自卲之乎余爲之記幷繫以銘銘曰關閩之學萃於龜山淵源伊洛吾道以南近接周程遠宗孔顏流風旣遠隱怪是茲緊我顧公力肩正學洎諸君子奕奕先覺東林故區罔或不慭顏曰依庸義包元邈灑掃應對卽聖卽神知者曰知仁者曰仁日用不知是曰凡民下學上達厥惟聖人登斯堂者顧名思義匪鍥且厲胡成

偉器從茲豎立慎獨立志

重建忠佑廟碑記　　殷一鵬

忠佑廟者祀隋大司徒陳公也公諱杲仁字世威其先自潁川徙毘陵漢太尉長仲弓十七世孫父元涣官嶺南道採訪使公生於梁太清己巳三月五日有異表八歲能文章十八登朝陳武帝爲公從祖與語大奇之授監察御史尋遷江南道巡察使有殊績及後主遜位於隋公亟上印綬隋高祖累詔不起悉散家貲杜門掃軌孝養母夫人終其天年繼母病割股以進病已事聞於朝旌之煬帝幸江都羣盜蜂起時共推公雄略强公受詔討賊平長白山寇

有諸脅從全活甚衆授秉義尉累官朝請大夫大業九年平樂伯通授銀青光祿大夫十三年平婁世幹召拜大司徒賜宮女二十人廐馬五騎粟千斛帛五百匹公力辭不允盡以粟帛分士卒當是時沈法興謀據常州結賊帥李子通屯江北爲聲援公故娶法興女法興憚公威名不敢發至唐武德三年五月十八日法興詐稱疾篤致公問疾酖之中毒薨公既薨法興縱兵爲逆人見公從雲中發矢斃之賊衆潰散唐主嗟異以世推公有忠孝文武信義謀辯八絶之目詔徵其實父老奏上因命立祠以祀廟在今毘陵清秀坊即公故第兵仗庫也自唐歷五代數著靈異

加封號有差至南唐保大間陰祐柴克宏破周師冊爲武烈帝皇明洪武初題木主曰隋大司徒陳公之神敕有司祀以少牢著爲令公重名義殉臣節以死今稱以舊爵從公志也錫人慕公義亦祀公如毘陵宋宣和中廟燬於兵燹洪武初羽士常月泉再建宣德二年復災鄭守汞等相繼修復成化初邑人錢孟淸購廟旁民居以廣其址嵎侯子實復命增治堂宇詳見邵文莊公記數十年來又漸圮壞泰中丞舜峯葺而新之萬歷戊午冬又厄於火余與高忠憲存之世居其里藉神之庇因各捐貲爲同志倡又請之郡邑長募之邑中樂施者貲稍集命太常司樂郁崇素

眞人府贊敎尤肇隆董其事鳩工聚材搆殿三楹恢於舊制正門阜門皆鼎新其式門左右各置丙舍爲醮祀者更衣受胙之所乃工竣而忠憲公謝世於是馬孝廉君閤奉其尊人懈士公命殫力經營始克成之甃臺階飾綠垣雕楹畫栱磊砢相扶庶幾有以妥明神矣功竣於天啟四年五月又數年而郁尢兩道士請勒其事因紀歲月且爲之頌頌曰

於維司徒爲時瑞符英風偉略炳於三吳天演國華其勤王家遭家不造抗志烟霞散貲潔身刲肉療母秉德全貞獨有千古出乎禍亂以濟蒼生文昭經緯武叱風霆功懋

弗居賞懋弗儲蠡賊鴟張爲國驅除斗牛之墟惟公坐鎮大義滅親潛消逆釁胡彼無良肆其毒謀孤忠九原浩氣千秋歿爲明神一矢殄寇更歷累朝實惟公佑曰帝曰王世加封爵仍公舊官公名彌爍龍山峨峨溪水湯湯毘陵之東亦惟公鄉翼翼其廟邦人所作風馬雲旗嘗祀有恪人登壽域歲獲豐美於萬斯年祐我桑梓

重修二泉書院記　顧憲成

吾邑文莊邵先生建書院於惠山之麓先生歿屬嗣子蔭生煦女夫浙江東陽縣丞秦汝共守之肖像其中歲時瞻禮煦歿嗣勳勳歿不復能守汝子太學榛益併其半之三

榛歿屬季子煋得盡併而專守之無何將爲豪右所奪伯子茂才秋請以身任址不竟廢觀察盧臺蔡公過而喟然謀諸邑侯林公新之遂捐鍰金檄馬丞督其事并葺其家祠家祠責成邵氏而書院獨責之秦向有成議也茂才君慨然起曰是實在我若之何其獨勤當路乃躬爲經理佐以家貲百餘緡自丁未秋七月始至戊申春三月訖事規制備具頓還舊觀因語余曰秋也不敢忘文莊敢忘蔡公子其記之余憶往者高存之輯先生年譜有問先生何以無後未及對今請申其說竊以爲先生之所爲後與世人之所爲後不同何者世人之所爲後有待而先生之所爲後無待也古稱三不朽太上立德其次立功又其次立言先生誠心質行表裏皭如貧賤不爲移富貴不爲淫威武不爲屈能立德矣由釋褐以至懸車所在惠澤洽焉教化行焉風紀肅焉典刑樹焉上獲下信闇而彌章能立功矣簡端錄寤寐聖賢闡性命之精蘊日格子折衷千古定是非之權衡能立言矣至於今流風餘韻宛然如在兒童走卒無不知有先生者是先生之所爲不朽卽先生之所爲後也余少時聞某省有某督學行部至某縣閱諸生籍見呂姓者甚多於其入謁命之曰孰是呂蒙正之後列左孰是呂惠卿之後列右一時俱趨左無右者督學歎曰蒙正

有後惠卿無後斯言良可味然而爲斯言者猶有待也先生則無待也茂才君又言先生嘗於中建李忠定公祠以志尙德之思今亦并加重葺庶幾先生時時陟降其間卽忠定不孤耳予韙其言作曰信矣先生之於忠定也其猶蔡公之於先生也而今而往爲忠定者無窮則爲先生者亦無窮矣故曰先生之所爲後與世人之所爲後不同也君以爲何如茂才君曰而今而知後之時義大也請貿諸蔡公公名獻臣同安人其爲政也敦尙風教林侯名宰漳浦人法得附書

宋鄒忠公祠堂記　高攀龍

忠公居晉陵故祀晉陵惠山何以有公祠也公之弟進士至遠公始居無錫至遠公十六世孫提學愚公既築園惠山復追念祖德搆祠泉上未落成而公卒公之子始祀忠公奉至遠公與愚公配於是惠山有忠公祠鄒氏之賢者期楨等謁予記其事余惟記其祠者必表其人公立朝氣節彪炳天壤無俟余之表章余獨欲窺公當年所以蒙難貞志坦然於屯亨夷險而不二者是遵何道也公之言曰聖人之道備於六經六經千門萬戶從何而入大略在中庸一篇其要只在慎獨公之所謂慎獨益超然有悟於傾耳莫聞拭目莫覩之眞非如他人得其郛廓之近似者而

已吾於是而知公之所以爲公也夫子曰獲罪於天無所禱也他日又曰某之禱久矣又曰知我者其天乎聖人所息息相保心心相符者惟天也天不變則道不變世之常變固不得而變之今人日見太虛浩浩而執其妄心以爲心乃指其見者曰虛空若與我不相屬者然不知虛空者卽天之貫於人妄心者卽人之隔於天學者用力久而妄心脫落虛體全彰我與天一物矣妄心者一刻萬變天者萬古如斯無生死之變況於區區亨屯夷險乎古之忠臣孝子吾不知其於聖人之道如何要之忠孝則無妄無妄則天道人試自反果不獲罪於天其心浩然無涯非天而何甯可舍是而謂蒼蒼者之非此物耶然則公之履險如夷處終如始至於今英爽洋洋於上下左右者非此物也耶公之愼獨蓋愼諸此此公之所以爲公而能千古者也吾邑有公祠九龍若增而輝二泉若增而旨公之祠與茲山終天地而不朽愚公之昧於茲山者深矣爲德於茲山之人久矣其與至遠公同配享公而永永不朽也宜哉

王侯祠兩廡記

高攀龍

天下有事匹夫能執干戈捍寇賊卽不幸而死其一念自足千古何者此一念正氣也惟正氣不可磨滅天地之常運日月之常明山岳之峙江河之流皆氣也聖賢能精之

一之與此渾合無間卽匹夫匹婦一念秉正而死其氣未嘗不與之合然其心非精一之心故其氣非充塞之氣譬則盆罌之水必歸於器有所歸則聚無所歸則散聚則伸散則屈伸則神屈則鬼鬼則爲厲神則爲祥其大小之分然也往者嘉靖甲寅乙卯間吾邑有倭寇邑之義士何五路等三十六人奮然持白梃出擊之敗死城西之壕覗往往有言其爲厲者邑人卽其死所祀之簫鼓繽紛遂爲淫祠余旣與邑之紳衿建松滋王侯祠於惠山之麓王侯者寇未至而築城城甫完而寇至使我邑萬姓不糜爛於寇者也吾同年陳公筠塘曰當寇之熾也百雉而外白骨矣

義士輩雖敗而死寇虞其有繼至者獸駭而去城以獲全是則侯之城體也諸義士用也猶之手足捍衛其軀者也烏得而無祠乃自捐貲爲兩廡列祀焉有司春秋犧牲惟謹自是而淫祀之祠大衰不知其所以然也余謂公之此舉有四善焉表義息邪彰往示來大錫福於邑也夫一筵之醴醋一夕之妖冶一朝之寒暑風露皆足以殺人與諸義士西壕之死等而諸義士之死不死也卽不信視西壕之簫鼓鬼神之情狀大可見矣死者有所歸生者有所歡天下一旦有事執干戈爲吾民衛者必相繼而起故曰公一舉而集四善大錫福於邑也

承賢橋記　　高攀龍

錫城中有衜河九通者一而已無論形家言凡河渠疏則靈氣鬯如人身血脉然然則湮塞所從來久民居踞之不可問惟在冉涇里者計丈百有三十而通者且百有十是爲文莊公邵二泉先生故里先生亟欲疏之尼於里人不果特爲陰渠石甃之以通於所謂弦河者葢先生之寄趣遠欲二泉霞澤之派沿洄旋匝於吾前以爲快也先生旣歿垂百年太學九君峙純居先生里中慨然念曰是先賢之志也夫吾不可以不承乃捐其樓居二十有一楹鬻爲河河成而橋之請名於予予曰是惟二泉先生之志謂之承賢可矣太學君曰橋之至於河也其地爲河者若干爲陸者若干具有籍子以志之庶可久也予曰噫事其有可知者乎夫以二泉先生之賢也又貴重也曾不能以尋丈之地得之里人而其志遂尼何也語曰其父析薪其子弗克負荷卽以父兄之命其子弟有弗克承焉今先生之歿垂百年當年一念渺乎若逝水之無踪而君忽承之又何也皆事之不可知者也則繇此而之陵谷之變又焉可知乎雖然其可知者固在也夫以先生之賢也而君承之詎其甘爲不賢者而復湮之果其甘爲不賢者是人之最賤也世之所共惡也或擊之矣是可知也是役也邑侯同生許公實主之故莫或有尼太學君之義而卒告成事侯名令典海寧人

水居記　　高攀龍

漆湖之干有洲焉可二十步三分羸一以爲廣其外池周之其外堤周之又其外山周之所謂軍將漆塘諸山也主人卽洲作居以水爲垣豁然四達主人偃息其中以水爲娛泊然自得或凭軒而眺或隱几而瞑或曳杖而遊目之所赴意之所遇魂魄之所安無非水也居久之於是主人閱日月升沈雲霞起滅草木榮悴禽魚去來與四時百物相代謝於一水之間而忘乎其爲我也居又久之於是主

人且宅天宇之寥廓餐元和之膏潤乘浩氣而翩韆上下於無窮之門而忘乎其爲水也或曰子之樂徼矣獨奚主人謝不敏曰夫造化者固逸余於是夫吾請問之及命之泰筮得節之兌其卦曰水澤其辭曰安節亨主人莞爾而笑乃歌曰可以樂飢泌之洋洋兮所謂伊人在水中央兮

可樓記　　高攀龍

水居一室耳高其左偏爲樓樓可方丈窗疏四闢其南則湖山北則田舍東則九陡西則九龍峙焉樓成高子登而望之曰可矣吾於山有穆然之思焉於水有悠然之旨焉可以被風之爽可以負日之暄可以賓月之來而餞其往

優哉游哉可以卒歲矣於是名之曰可樓謂吾意之所可也曩吾少時慨然欲遊五嶽名山思得邛壑之最奇如桃源者托而棲焉北抵燕趙南至閩粤中踰齊魯殷周之墟目觀所及無足可吾意者今乃可斯樓耶噫是余之惑也凡人之大患生於有所不足意所不足生於有所不可無所不可焉斯無所不足矣斯無所不樂矣今人竭力以營其口腹而所得止於一飽竭力營其居處而所安止於几席之地竭力營苑囿遊觀止於歲時十一之托足耳將焉用之且天下之佳山水多矣吾不能日涉也取其足以寄吾之意而止凡爲山水者一致也則吾之於茲樓也可矣雖然有所可則有所不可是猶與物爲耦也吾將繇茲忘乎可忘乎不可則可樓者贅矣

張止齋先生祠堂記　　高攀龍

祀張止齋先生者報功也先生諱翼字飛卿長七尺戟髯廣額面如赬玉目如曙星爲人倜儻尚氣節與人談見不循理者無貴賤輒面折之有汲長孺風元季羣雄並起東南鼎沸先生隱居讀書不求聞達會高皇帝命中山王徐公達攻克蘇州執張士誠其部將莫天祐猶固守吾錫徐公遣豫章侯胡公美率兵圍之徐公再遣使諭降而輒斬其使公怒傳令曰旦暮城拔即屠之先生曰事急矣入說

天祐開陳禍福天祐沈思良久脫兜鍪抵地曰如君議先生亟縋城出見豫章侯乞全萬民侯見先生肰偉而辭辯爲感動遂許之城降兵不血刃市不易肆則先生一說之力也迄於今二百六十餘年生生相禪於無窮孰非先生所遺乎記曰法施於人則祀之能禦大災則祀之先生既以子籌官大宗伯受封子孫蕃衍如大參公澄齋吉州公伯可及諸俊髦皆先生裔可謂食報於天矣雖父子並祀學宮而未有專祠舊置木主於東郭小菴而享祀弗及寖沒於榛莽奉常陳公志行見而扼腕圖爲刱祠未得其地會有羽士周裔元者毅然肩之相度洞虚宮門内隙地而

經營之吾黨嘉其志等奉臺檄爲請於邑侯郎令裔元聚材鳩工建堂三楹丙舍一楹周以缭垣西南其戶裔元復改向離明祠益爽塏中奉先生神位以徐公吉火公丹赤配饗焉吉字仲祥當時與先生同說天祐丹赤爲周恩文養子從行而死事者也並祀允宜祠成於天啟甲子三月余與志行及少司寇嚴公有儀提學鄒公彥吉少司空葉公參之少宗伯周公仲覲等共釋奠於先生余爲之記而告於邑人曰吾儕皆先生所生也愼勿負其生以負先生

東林志序　　嚴瑴

萬歷中載邑先輩顧端文公涇陽先生屬劉本孺先生撰

東林志而高忠憲公景逸先生爲之序時方屬稾未梓且謀始則備未及興廢大都也余小子彀生最晚既獲睹滄桑陵谷之變而又窮搜往牒爾諮方聞於是東林之詳始綮以析因爲讎訂原稾附益成書志二卷坿兩東林辨暨或問凡三卷序曰嗚呼東林之所從來遠矣古今道法宗孔孟孔子之文取諸文王乃文王之諸父泰伯實始居句吳伯二十傳而季札來延陵此又文王之文之遺而伯與札皆孔子之所爲誦至德而書碑樹墓者也然則吳地之有泰伯季札不異文王孔子之在周魯固不得謂聖人多起西北而不生東南矣周衰學廢秦亡足論漢廣川董氏唐昌黎韓氏稍闢孔氏門闥迨宋二程氏首振絕學鳴於中州而未涉江以南自將樂楊龜山先生師事二程還始駐吾邑之東林紹明程氏學以迓續乎文王孔子而泰伯季札之以文教廣東南之傳者益於是乎益振此東林之源而其祠所以迄今稱道南也越二百餘年國朝邵文莊先生學宗龜山肄業處亦名東林更百餘年則端文忠憲兩先生直能光復故址以詔來學計其時距龜山講學殆五百歲適值孔子接文王之數雖末學不敢以此苟諛其鄉先生而要之數有適叶罔可誣者豈不奇哉由是道高疑積德立謗生萬歷中蜩螗沸羹以東林爲質的幾二十

餘載而鉤黨之禍遂至熹廟之季而極會毅廟奮起蕩服手拔巨奸東林諸舊人差次柄用卽不肖者未嘗不孽芽其間而以王鈇在御不復至有同文禁學之獄夫亦皇極建而淫朋比德者屏也皇天不弔殃我聖明甲申福王既立更有一二遺孽忘國辱而理私怨迺復執東林二字掘泥而揚波者而廟祚且隨之以抵於盡或曰東林黨人之目幾與朝局相終始諸君子爲天下首功能不爲天下首過乎哉嗟嗟諸君子皆學龜山之學而今顧以其所學爲趣亡之具耶按元豐元祐間有王學有程學從程氏者龜山也於吾邑一傳爲喻玉泉再傳爲尤遂初三傳爲李小

山蔣實齋於閩一傳爲羅豫章再傳爲李延平三傳爲朱考亭宋雖南猶以是數公者維繫百五十有二年而亡若從王氏則章惇蔡卞諸人不數十年汴京灰二帝狄死矣是則程學之效煜然可睹而謂學其學而趣亡者耶且諸君子不但無趣亡之失而其功有三昔龜山立教以無欲爲宗而或者疑其流於禪王文成則謂吾邑邵文莊曰惟先生克辨及文成倡學姚江以致良知爲宗而或又疑其流於禪則亦惟端文忠憲三先生克辨故端文曰小心忠憲曰眞知實踐皆凜凜劼毖於儒釋朱陸幾微異同之間是功在學術天啟丙丁之交豎忠竊政幾於戚莽移劉女

壁篡李賴東林多士爭先赴難而碩果尙存者又有汲黯制淮南之風於是九錫備物之計遲而代邸渭橋之興速此固九廟有靈亦孰非諸君子呵護之勇也是功在朝廷滕文患齊楚孟氏進效死之策龜山先生以爲知命且謂言苟出於儀秦必知謀之私而非天命之正矣嗟我毅廟躬殉社稷非龜山所爲天命之正者乎至於兩京淪陷忠節輩出而吾邑馬文忠公華吏部公貫與其師忠憲先生步武相望使異日謂東林明教以後其君則蹈萬古未行之辛其下則奮一堂相命之忠君臣朋友知生知死是功在名教嗟夫悲夫諸君子勞苦功多如是而必欲坐以不韙之名如韓非所謂人臣以爭事而亡其國者斯亦誣矣朋黨之故歐陽氏言之甚辨余亦不必爲諸君子贅今第窮源竟委輯成一編俾天下知東林者非猶甘陵太學白馬清流之類蓋其地爲吳泰伯故疆而其學則由龜山以溯二程由二程以溯文王孔子所爲上不得無以政下不得無以教者也庶吸吸之舌聞此可摘而邦之人或有聞風而興起者亦不愧生句吳延陵之墟矣乎

東林書院沿革考　　嚴穀

東林者宋楊文靖公龜山先生講學之所也攷邑乘東林在城東弓河上宋政和間龜山先生寓是講學十有八年

名東林書院歲久頹圮元至正間僧秋潭于東林左偏建禪院名東林菴國初朱子華捨宅廣之境最幽勝郎王學士耐軒公達於此一夕賦梅花百詠者也然書院原址尙未復至正德間邵文莊寶讀書保安寺寺在城南二里許中有精舍亦稱東林時華比部補庵公雲爲文莊門人以文莊學宗龜山因構一堂亦曰東林書院而乞王文成爲記記中所述之東林乃文莊授業處實非龜山講堂也嘉靖十三年督學聞人公詮始有光復故址之議隆慶元年督學耿公定向萬歷元年督學謝公廷傑又允博士處公斅元盤之請畢議修舉而卒不果行至萬歷三十二年甲

辰顧端文公憲成倡始偕高忠憲公攀龍等重建書院十月落成事聞撫按道府州縣又各捐金增修道南祠于是龜山講堂復還舊觀矣端文公主盟歲集吳越士一大會月一小會時中丞周公孔教直指楊公廷筠觀察蔡公獻臣皆移檄授餐而四方來觀者上自名公卿下迨布衣莫不虛己悚神執經以聽東南講學之盛遂甲天下至四十年壬子端文卒忠憲公主盟癸丑冬偕吳覲華先生桂森延毘陵錢啟新先生一本講易東林易道大著迨天啟中逆閹竊政鉤黨禍興乙丑八月拆毀天下書院東林首被其毒然止撤依庸堂若燕居廟暨左右長廊書室賴忠憲

保護獲存明年丙寅三月忠憲殉難五月初旬撫按檄邑令某盡毀聖廟書室繇是東林遂爲瓦礫區而道南祠以格於邑乘所載得不毀又明年戊辰崇禎改元二月御史劉公士佐請復天下書院奉旨還所奏崇正闢邪朕已知道各處書院宜表章者着提學官盡行修復時吳覲華先生得旨大悅乃亟請諸當事捐資重建麗澤堂偕先師鄒經畬先生期禎翬奉講堂舊約互爲主盟已又遇直指祁公彪佳中丞張公國維雅意作人東林不絕如綫然所望以昌明斯道克復端文忠憲之盛者實在忠憲門人華選部鳳超公允誠也不意生非其時至戊子四月鳳超公亦殉節自是東林舊人凋落殆盡道南一脈蓋不能無所俟云

水利說　　秦鏞

無錫河以千百數惟梁溪爲大梁溪之外爲溪者以十數惟長廣溪爲大運河之水自京口建瓴而下兩溪受之以注太湖湖演漾饒蒲葦蠃蛤之屬民芟牧其中以爲利或築爲田曩時兩陽湖滙爲巨浸芙蓉五步皆湖也今湖旁皆爲葑田湖流甚微而芙蓉則已圍而爲圩矣萬歷間官出水衡錢募夫築隄塞茭葑而下竹以爲揵最爲鞏固其隄面濶丈有咫基倍之多置閘堰於上開以啟閉而堰

用置車其車有用牛者用帆者牛一日灌百畦帆則隨其風之所向而設機轉之澇則導圩之水而注之河旱則引河之水而灌之田歲卽大祲此地獨熟畝可入三鍾厥田上上而厥賦下下民所以有攤稅之議也考邑東南諸鄉最爲汙下宜略倣芙蓉之法厚築隄防而隄之外雜樹萑葦蒹葭以爲隄衞西北諸鄉稍高卬則多爲渠塘陂池以厚蓄其水而備車挽淤者濬之淺者浚之有田而無塘者鑿之通其源於大河而輸其委於溝洫湖卽在數十里外而業已濬之使出亦可引之使入獨不能藉其升斗之潤以助雨澤之所不及乎至於運河兩岸南派屈從諸港以

注之湖北派屈從諸港以注之江而洛社橋跨運河之上爲漕渠之孔道其地稍卬河流易嗇商艘滿載而來者至此率多起剝市民習剝淺之利多置小舠以爲奇貨或有意擲磚石以阻其流船或稍壞小舠蟻附爭爲起剝主者勢旁午不及周顧則駕之他竄矣謂宜乘水涸之月一大濬治嚴其磚石之禁驛路之坍塌者橋梁之圮壞者以時增築使民不患於涉而田亦藉之爲衞此職水衡者所當加意也若夫城市之河市民資以謀生而鄉民由之輸稅往時積漸淤塞箭河凡九業已湮其八今所存者惟弓河之一綫設今不治則寘河之碑將遂爲山巔之石其無等

居民之泥沙爲精衞之塡也而忽之哉今冉涇里第三箭河業已開通乘此將已湮之河盡行浚鑿俾皆可通舟亦一便也但所濬之泥仍置之河濱潤則民占以爲基狹則土復歸於河量責得利之戶載土塡岸補其坍塌則河以濬而通岸得土而固鄉城兩受其利矣

歐陽林曾三公祠堂記　黄家舒

高僉事槖旋既復東林之燕居廟以奉先師又闢再得草廬爲居業地傍構一楹將祀前太守歐陽公曾公前令林公其中屬家舒爲之記三公何以祀以三公重有造於東林也當萬歷甲辰講院肇建佐費釀鍰鳩工庀材殫厥經畫歐公林公實尸之既成而記其事記東林書院者歐公記道南祠者林公也及天啟丙寅逆閹巡柄羣小搆扇矢集東林矯旨拆毀符檄旁午伐屋撤垣勢如風雨又適當忠憲投淵時破巢取卵懼禍者至欲縶忠憲公子上請曾公奮不顧身周旋艱難引大義折緹騎匿公子一室請以身當之始免株連三公與東林相爲始終若此雖然三公何私於東林哉舒生也晚然嘗聞之長者矣方端文忠憲講席初開守土大吏旌旄之式廬函牘之就正月無虛日兩先生非公正不發憤非地方大利弊不入告外此即遒祖之訟未嘗一煩縣官至三公之爲守若令也不畏彊禦

同不受吏胥耳語同不手一無名錢同侃侃行意雖山斗在前無所迎避歐公治行第一僅擢潁上備兵以阿寺閒曹老林公應內召不預臺省選曾公淸執聞海內偃蹇藩臬爭中蜚語賴天子燭其誣以解拙宦如此此豈借汝南月旦爲游光揚聲彈冠啟事地者乎亦曰緇衣之好高山之仰內結於心耳惟東林不借地方當道重而後東林重惟三公不附東林爲重而後與東林交重於此水落石出事久論定由前言之自元禮門高太邱道廣青蠅貝錦固有詆執贄爲呈身目摳衣爲媒進者顧終不能黠及三公由後言之哲人其萎社稷爲墟野老遺民俯仰於歷昌啟

禎間國運廢興吏治盛衰之際欷歔太息痛端文忠憲爲熙寧之司馬慶元之考亭郎亟思三公爲桑枝麥穗之漁陽釜魚甑塵之萊蕪試從衣冠輿誦下質衢謠巷議田夫牧豎之口碑數十年來郡邑長自三公外其能以廉平慈惠稱清流同調名教干城者更有幾人今日甘棠之頌與瞽宗之祭相得益彰廢墜復舉俎豆長新春秋肸蠁雲旂風馬神之格思有不樂觀其桐鄉白鹿邦大夫弟子之賢與禮樂詩書絃歌揖讓之盛也哉夫名宦鄉賢分列學宮循名核實人或意爲輕重焉嚐斯祠也非子孫之陳乞非門生故吏之推挽地隔於閩楚豫章千里之遥而典舉於

人亡代易桑田滄海市朝陵谷之後駿奔者無間言明禋者無愧色斯民也三代之所以直道而行也即濂洛閩關諸賢當日正人心而端學術是是非非守先待後道不越此矣端文忠憲有靈實式憑之僉事此舉爲功於東林豈小乎歐陽公名東鳳楚潛人林公名宰閩漳浦人曾公名櫻江右峽江人

無錫金匱縣志卷三十七終

無錫金匱縣志卷三十八

文

國朝

惠山第二泉

御書記　嚴繩孫

古天子巡狩自柴望肆覲黜陟宴享乃至宮室車旗衣服權量市賈無不考校其周旋登降儀文又甚繁且重計其時一歲而周五岳且日不暇給至於山川風俗惟土訓氏夾王車而行以待王問九州形勢太師采里俗之歌謡以樂播而陳之外是不聞多及焉後世省方之典廢則民不

獲一望朝廷之鹵簿而人主亦不復親識天下山川要害之形況踐歷名勝而與百姓相接哉我
皇上天縱神聖値海内承平萬幾多暇二十三年蓋嘗東狩一至江南又五年視河淮陰再歷江浙渡錢塘祀禹陵所至方岳大吏下迄郡縣之長進退有差蓋不屑屑於三代之舊文而一遊豫間無非事者至當湖山勝賞渺然遠覽往往發抒
睿藻人擬之卷阿汾水之遊而不知所以厯察民隱兼覽天下之阨塞以知其土俗所宜
聖人之用心勤且廣也春二月

還自會稽北出無錫時民以肆赦之餘又新留賢令踴躍之情有加於常歌吹沸天燈火匝地

上既駐驆黃埠厥明遂步

玉趾臨於第二泉靈雨乍霽有

詔令民無長跪於是觀者咸呼萬歲襁負之衆咫尺

天顔頃之幸寄暢之園因出

御書品泉二字命前諭德臣松齡刻扁泉上而以墨本賜之

神蹟金泥飾璚緣之雕龍筆勢宛然神彩具足中古帝王

翠華啟行爰求善手恭摹

書法莫如貞觀飛白方之蓋蔑如矣知縣臣永言偕臣松齡乃撤漪瀾堂而新之令加崇於前數尺閑以檻欞文以丹雘煥然翼然庶幾遊人過而知敬焉至七月落成臣永言集鄉諸縉紳耆老拜瞻忭舞尊閣如禮又葺覆井之亭別勒貞珉以垂永久既訖事退咸謂中允臣繩孫備員珥筆宜書其事以無替

天子之寵光臣雖不文敢弛厥職臣惟泉之在山蓋自開闢而已然矣抑塞泯沒於荆榛風雨之中幾千百年得唐陸羽之言而始著若蒙之待發焉物不能無賴於品題如是士所以有知己之歎也夫羽一布衣草澤之子耳獨以能別水味而擅文藻遂操千古之甲乙至奔走天下而莫有能易之者況

萬乘之主一顧再顧親加品定被之

奎章炳燿嚴壑使太乙下觀百靈潛衛其光氣所及方當結爲甘露流爲卿雲以澤我烝民於兹泰伯之舊壤而豈獨斯泉之幸哉然非我

皇上轍迹所至其用心之勤且廣有高出於三代之上者固未暇以及此因不揣固陋拜手颺言以爲之記

一梅亭記　秦松齡

一梅亭在惠山之麓欽玉蔣翁娛老地也一梅之名始於

宋蔣忠文公忠文奉祠家居搆一梅堂以養疾其自爲記曰堂之前有梅一株清圓茂密因以名堂又曰爲堂一間兩夾室置藥罏丹竈蒲團紙帳於其中忠文世居鳳山余嘗過其地求堂之故址而不可得矣又嘗遊橫山之下山中人指地一區曰此一梅堂萬竹亭之址也余爲之徘徊憑弔久之而去雖未知其果是與否然而先賢之遺蹟幸其存而不欲其沒終未敢疑其非也欽玉爲忠文公裔孫居於惠山之麓慮其家緒中微譜牒散闕因輯其先世紀傳之文彙爲一卷乞言於當世之賢人君子其意勤勤懇懇如不獲已且搆亭於其居之偏而仍名一梅欽玉之亭

無梅也欽玉曰吾亭無梅而吾祖之堂有梅吾之心常在吾祖則常在梅何必其無梅也且吾搆此亭以娛老生平所輯之譜復恐其至於散闕乃書於亭之左方凡吾祖之德業文章在焉吾祖之子孫可考者在焉吾朝夕於是而如侍吾祖之側矣又闢亭之右爲牖龍山蜿蜒當其前去龍山而西三十里則吾世居之鳳山與一梅堂之故處在焉吾朝夕於是而望乎龍山之西如見吾祖之堂矣此吾所以名亭之意也秦子曰善此固翁之志而吾更有感焉吾邑自宋以來高門華胄其爵位之顯第宅之盛過於忠文者何限皆湮沒不復傳獨蔣氏之一梅尤氏之遂初邵

氏之容春不特其子孫知之後之人莫不知也此不以賢者重與嗟乎人亦何不自勉爲賢者與有堂之與無堂固不必論也

重修放生池記　　秦松齡

釋氏放生之池所至皆有之其在吾邑之北郊者建自孝廉叔介鄒公其地表裏蓉湖自大江以南舳艫千里上下於此者皆可指數南望蠡湖震澤之區蘆人漁子波濤出沒罾罶筒簁之具遍於目中葢日所傷物之生不知其幾而此池之所蓄游泳之屬瀺灂容與若有以自樂其生者方其盛也繚以石垣跨以浮橋龍象嚴飾廊廡翼然自頃年用兵以來蹂躪之十三而日就傾廢亦地勢使之然也今提督江南左都督長安梁公負大才望爲東南百萬生靈之寄　朝廷方倚賴之己亥海上兵起京口門戶也破若建瓴艨艟蔽江而下者無虛日江甯之危幾在漏刻公率軍赴援道吾邑憩於池上見其傾廢有動於中而樂其物之生也因自念得一舉破賊當歸葺而新之不數日捷書報聞百姓謳歌如出水火行者歸居者安既除既治於是僧某乃承公命請厥功公捐其俸餘以修之頃者百廢具興且藉公威靈將無復蹂躪之患而益有以發人讚歎歡喜之心遂屬某爲文以記之某觀從來用兵之際人命

之輕甚於魚鳥況驅除大難者乎向者江上之役使稍緩數日勢且益張因而憑阻大江搖動郡縣必俟禁兵南下然後撲滅則我民之死於流離鋒鏑者宜相枕籍而或不識天命雖及事定猶罹赤族之誅所謂民有數死而無一生甚矣哉斯固橫流之會也公無頓兵轉粟之煩登民衽席而又以其餘力之所及推恩鱗介使一物之微無不各得其所可謂仁心爲質者也余以公之功在國家此區區之事固不足爲公頌而猶不能忘者葢以吾儒仁民及物之理其道自足兼該釋教而非以放生冀冥冥之報如世所云福田利益者比也後之過此者能思公之仁愛擴充

以及於臨民行政則是池之建其所益非渺小矣

復南禪寺放生池記　秦松齡

邑南禪寺創於梁太清初其後有放生池計地四畝九分有餘至明崇禎中僧心月私鬻於蔣氏以種魚歲利其入漢臣黄先生惻然傷之告於職方崇巖王先生僧思慧又告於同邑之好善者醵金如其所鬻之數謀還池於寺而好利者更阻撓其間所醵金仍復散去又六年而吾友蔣子路然檢遺笥得故所鬻契亦惻然傷之將還池於寺漢臣先生曰還池於寺者蔣子之義也然向者醵金謀還之不可得今皆盡棄其直焉於吾輩爲非義乃復醵金如前

數償之蔣氏而放生池始復歸於南禪寺時爲順治丙申歲王職方爲文記之未勒於石又五年僧思慧懼其事久將湮没年且八十餘日至余門請余再爲之記余應之而未暇以爲如是又二年而思慧之請益勤余不得辭爲之記曰嗚呼觀放生池之復者可以知人心矣惻然而傷之人心之仁也醵金而歸之人心之義也皆心之所不能已也苟不然放生池之有無何與於人而漢臣崇巖兩先生及同邑諸君子謀復之者再而不惜其費蔣子路然將棼契而還之而不復計直思慧奔走盡力請余之記至歷歲而不倦果何所爲也哉然則前此之鬻之者與阻而撓之者亦所謂自喪其良心者矣且余嘗聞之人曰禽魚百物天所生以養人者生之不足爲仁殺之不足爲不仁苟如是則猛虎毒蛇其性喜食人豈人亦天之所生以養猛虎毒蛇者乎爲斯言者亦未之思也已

顧洞陽先生祠堂碑記　湯斌

前明顧憲副洞陽先生祠忠介海公瑞所建也先生諱可久正德朝官行人武宗將南狩時甯藩方謀不軌同朝郎署皆切諫上怒詔跪午門以示懲先生繼偕同官抗疏諫止跪闕下五日上益怒下詔獄杖之死經日甦左遷國子學正世宗即位首錄諫臣擢戶部員外郎會追崇獻廟議

起復偕同官楊愼等伏闕極諫力攻璁蕚獻夫之非又繫獄予杖如前夫士君子立朝忠君愛國之誠激爲仗節死義之事此豈嘗試爲之而僥倖其或免者哉蓋其肝膽盟於至性如水之溼如火之熱有不得不然者故能刀鋸加之而不驚鼎鑊待之而不懼方先生之諫南巡也同官死者十一人先生亦自知必死且以爲得死所也至於杖而死死而甦非先生意也天也要其忠君愛國之心雖萬死而不易復諫大禮再受廷杖先生豈以生死動其心哉隆慶間忠介海公撫吳請於朝捐俸建祠於錫山之麓蓋先生官粤東時忠介實受知於先生而先生之忠讜亮節柔

梓宜有專祀是忠介之建祠公義也非私恩也忠介立朝骨鯁方上疏穆宗時市棺訣妻子與先生向者之諫後先一轍是其氣類亦固有感通無間者與祠成於隆慶庚午門庭堂廡宏敞巍煥顧官祭日久麗牲之碑闕如會余同年友煜先生四世孫也謁選來京師以碑文屬斌斌雅慕先生之爲人兼喜忠介建祠之盛舉是皆不宜泯泯者今天子方議修明史揚清激濁史臣職也遂不揣固陋援筆而記其略如右時順治壬辰清和月書於燕臺邸舍

倪雲林先生祠堂記　李　顒

顒關中之鄙人也嘗以講學謁東林道南祠因以其暇過

惠山得拜倪雲林先生祠低徊景慕不忍去旣歸閉置土室以病廢而武功令倪侯雝梧代篆來盩厔丏爲先生祠堂記侯蓋先生十一世孫而惠山之祠卽侯兄弟承父志爲之余惟先生生元之季世抗迹林泉蟬脫濁穢識天下將亂盡散其先世家財巨萬潔身避之五湖三泖間僞吳張士誠與其弟士信迫求之卒不能淄及明太祖定天下先生已老乃以處士完節終易遯之上九肥遯無不利先生則其人與王輔嗣註所爲超然絕去心無疑顧憂患不能累矰繳不能及者驗之先生一一而信至詩畫流傳人間重於商彝周鼎此乃先生餘事詩畫以先生重先生不以詩畫重也先生高風峻節足以廉頑立懦祠之有無何所加損顧如先生而瓣香無所徵獨倪氏後人之遺憾亦凡海內景慕者之所闕然於心也而能報本追遠如倪侯父子兄弟者抑不可謂非先生之象賢故於其請而樂爲之役范文正公記嚴子陵祠云先生之風山高水長余於斯祠亦云時康熙歲次丁丑秋日關中李顒中孚記

泰伯墓碑記　吳興祚

周有天下受之於殷傳八百有餘歲泰伯讓國而逃之荆無尺土之基所居城邑遂起句吳至於今三千三百有餘歲自伯以來禪位號有天下者不可勝紀皆已不得名其

故居惟句吳一彈丸地猶得名之曰泰伯之里嗚呼是蓋六國之所不能侵而秦皇之所不得併者也嘗試推之古今之所謂可欣可豔可守可傳而不能忘之於心者亦多矣吾觀泰伯之心皆擴然而無一有而其所有者僅此忠孝之性受之於天以爲人造次顛沛不可以貳值時之沮則旁行異志冀一遂焉譬如水之百折而必趨於海非有所爲而爲之也及乎所至之地義而歸之奉以爲君遂能立國啟土龍旂介圭傳數十世亦忠孝之理自不泯於天壤耳當其逃之之日始志豈及於此哉語有之聖心如水清日明嗚呼所以爲德之至也伯有廟在梅里其墓在皇

山南徐記及聖賢墓記皆同非若史遷所稱箕山有許由冢滅沒恍惚不可徵信又非若虞舜崩於蒼梧大禹葬於會稽遠其國都而離其人民者比也則以吳民而修伯之廟若墓譬如以子孫而修其始祖之廟若墓宜乎歲歲從事弗怠也乃明季以來自姜尹文魁倪君堦華公允誠而後無有過而問者今墓道之間荆榛叢之樵牧遊其上矣小子興祚伯裔也又官茲土其何能辭爰以俸錢供掃除之役邑人助之自癸丑歲某月經始畢於某月爰謀建碑以誌久遠後之讀是文者深思三千三百餘歲不替之故而以伯之心爲心則伯之垂教其猶未遠也夫

重修東林書院記

熊賜履

東林宋儒楊龜山先生論學處也明神廟時梁谿顧涇陽高景逸二先生倡道東南遂因其舊址搆爲書院偕同志講肄其中四方之士多歸之於是東林名滿天下天啟中魏璫煽虐大誅戮海內正人特指東林爲黨籍書院以燬及璫敗有旨修復而喪亂之餘傾圮如故僅道南一祠頹然涼烟衰草間而已今

天子隆重師儒崇奬道術近特允言官請

詔各直省營建書院爲士子觀摩地於是景逸先生之從孫節培集里中戚友申請於有司庀材鳩工廣行購募越期月而落成講堂學舍規制悉備諸生以時誦習不異曩時節培乃走書至金陵屬余爲文以紀其事余盍俯仰今昔而不勝世道升降之感也從來書院之設本與學校相表裏晚近以來往往以講學之故致干時君時相之怒嗚呼此何爲者也夫學也者學爲聖學爲賢者也講也者講明所以爲聖爲賢之理俾知所從事也因其迹以考其心豈非宇宙之常經人生之切務而君師天下者之所樂聞而亟許之者乎乃或者從而嫉惡之至設爲厲禁焉禁之不已遂不憚誅夷殛竄之加以流毒於當世嗚呼此果何爲者也粤自削迹伐木而後吾黨之禍一見於宋紹聖再見於慶元嘉泰之間迨至前代熹宗之世而其禍彌烈矣

世道淪喪國事隨之覆轍相尋曾莫之悟是可不爲之寒心乎哉雖然撫今追昔反而內求吾黨亦當有分任其咎者矣蓋小人之忌害君子也非必有深怨積恨誓不可並生於天地之間者也惟是平居立身制行殊途背馳不啻若薰蕕冰炭之不相入而所爲君子其人者則又待之甚嚴絕之太過致若輩無地以自容又不幸吾黨之聲譽日隆文遊日眾一時標榜附和之子或未免名實乖違首尾衡決遂未足以服若輩之心而適予以可攻可議之釁此同文黨錮之獄小人每悍然爲之而畧無所顧也然則講

學一事顧可以終廢乎是蓋有道矣方今泰運方亨宇內壇席之盛烝烝蔚起嗚呼此誠斯道昌明之一大機會也則願吾黨有志之士以默識爲眞修以篤行爲至教勿口舌軋摯以矜能勿意見紛拏以長傲尊賢容衆嘉善矜愚偕遊於大道爲公之世而絕無所爲怙己凌人之弊開峃世以雌黄我輩之端此則國家化民移俗之至意而亦從古聖賢開物成務之極功也操斯術也以往將講學二字永爲千古美談東林名勝直與天壤並存可矣余生也晚嘗從先世遺書與聞梁谿之緒論茲幸逢是役之竣也爲之盱衡往事不禁感慨係之因著爲反躬刻責之言以自

勉勵且爲吾黨勸也吾黨其亦有以許之否

竹鑪新詠記　顧貞觀

惠山竹茶鑪者明初聽松菴僧性海所製王舍人孟端諸公各爲詩文圖讚以記之歲久鑪亡至成化間秦太守廷韶購得復還僧舍李文正邵文莊諸公題詠尤衆而鑪已漸壞盛侍郎冰壑命猶子舜臣彷彿爲之前後唱和遂成大軸逾年吳中丞伯成初令吾邑見之爲加裝潢凡二卷獨王舍人贈性海畫及李文正篆竹鑪新詠四字失去覽者以爲遺憾於是舜臣所爲鑪亦壞其舊者乃不復存惟一圖在耳甲子秋余即先端文公山祠搆積書巖於芙蓉亭遺址之側爲堂三楹累石疏泉頗得幽居之樂因憶山中故事遂倣舊製作兩鑪鑪成賦近體一章邑人聞者競賡原韻會余入京師攜其一以行擬乞題於輦下文章之士一日坐成侍中容若通志堂出書畫共賞中得一卷則王李風流依然合璧而吳文定謝文正諸公贈冰壑先生詩記附焉余因乞此卷歸置巖居卽顔其堂曰新詠容若欣然許爲余書之夫一鑪耳其遺蹟之離合顯晦蓋有不偶然者亟願得同時賦詠以記其異且余亦何幸步前喆之後塵爲九峯二泉增此勝事哉更百年後此鑪此卷存與否莫可定或未必無好事如余者耳康熙乙丑春分後

二日梁溪顧貞觀書於燕臺旅次

雲起樓記　姜宸英

樓居惠山寺之左二百步其下爲惠泉陸羽所謂天下第二泉者是也舊有築於泉之上者曰極目亭後改爲三賢祠皆背山而俯瞰泉以爲游觀者之登眺而止息然其規制庳隘寢圮以翳伯成吳公之蒞茲土也拊摩嫗煦民以大愉謳誦接乎閭閻祥風被乎山川乃以休暇與客登山飲泉久之仰視山半邱壤穢茀草木叢薉以爲無以蕩滌神明助耳目之觀也爰謀於邑士大夫搜石翦萊相其舊址而廣之剏樓其上懸若天半圍以雕欄曲楯夾以栝柏

松杉砌以文石周以清泉然後躡梯而升倚樓而望則澄江遠帶射貴之湖瀇灩淪集澄碧萬頃皆若攬揖於杖屨之下往來者得所憑倚登覽者以爲快焉是山自錫山而北矗起九峯崗隴合沓怏若九龍之相連綴故名爲龍山或傳常有龍闘於上故亦名闘龍也而以雲起名其樓者則自公今日始山取其騰踔如龍樓取其變化如雲公所以願望於邑之人士也彼邦之人沐浴滲漉慶公之有作反以視乎公龍之蚴蟉玆山之下雲往從之崇朝其雨龍之蜿蜒玆山之巔雲之油油布濩自天公所居地潁川南陽實龍之藏誰靳公以澤而以潤乎一方皇皇

龍命有降自昔公不我遺民以社席予以公與民之交相得也異日政成而去民將視其所憩而樂依焉則是樓之建其可輕乎遂因薦紳先生之有請紀石以告來者

惠山秦園記　姜宸英

天地之大昔人等之遽廬至於宮室之麗亭臺之勝直以爲寓目而已視其轉易成毀興廢之不常特瞬息間耳而傳之一姓以至數百年之久此自古未有也余少時讀吾鄉居儀部惠山園記謂其中古木之上干層霄下蔭數畝者幾數百十章有泉從惠山寺而左淙淙溅溅注爲清渠日夜流不涸中壘石條爲細澗分流並涓潔可愛園故秦有也然自端敏公迄中丞公之更新時計將百年曆公已歎爲難得今去其爲記者度又可八九十年而古木清泉蒼翠無改當時所謂清籞鄰梵鶴巢樓元堂爽臺飛泉環翠諸勝雖不必盡存要之有撤而更新無蕪而不治也予時與客遊其上或指示予山寺故爲宋湛長史宅其南麓唐李丞相紳讀書樓旁去數武爲宋尤文簡公遂初堂故址不獨其宇室無存而其子孫亦零落盡矣若愚公谷者一時勝絶吳中今亦將漸廢而爲荒墟夫物之有成有毀此消息之常何足深論惟搢紳有道之士能持身正直剏業以世其家而子孫之賢者能修德以光大前烈此百世

不忘者也今以一園之有無爲秦氏重輕者固不足以知此而因此知秦之世有令德將徘徊瞻眺之餘必有感慕而興起者莊子曰舊國舊都望之暢然不然彼獨不能以忘情乎哉園今爲太史對巖公有太史日侍養園中讀書承歡養殆必潔其父子兄弟常熙熙終日也以此思秦之世德所從來矣

題南齊華孝子小像　姜宸英

孝子諱寶父豪晉義熙末戍長安時孝子年八歲臨別謂曰須我還當爲汝上頭旣長安陷孝子七十不婚冠有問者輒號慟彌日案史劉裕以義熙十三年秋八月至潼關

命王鎮惡大破姚丕軍遂入長安其年十二月裕將東還三秦父老留之不得以弱子義眞都督雍涼秦州軍事留鎮之豪戍長安當以此時旣而沈田子以掩殺王鎮惡伏誅長史王修被讒死羣情解體夏王勃勃遂進據咸陽走義眞積人頭爲京觀號髑髏臺此十四年十一月事也豪豈以此時陷沒而不得還耶從此中原分裂生靈塗炭於戰爭又百餘年然後合而爲一其遺禍烈矣劉裕之罪可勝誅乎而孝子之所痛者特其父也然自古篡竊之臣若王莽懿操父子俱未嘗親弑其故主也至零陵賊殺自後禪授之際習以爲常裕之子孫亦嘗身罹其毒而君臣之

道苦矣獨孝子終身思父不婚冠此其所關於人倫甚大蓋與晉徵士之風異事而同軌者也嗚呼忠孝名節者國之大綱大常而人類之所以不滅顧失之上而得之於下豈不尤可貴重與南齊時同郡有薛天生劉懷允兄弟皆以孝行旌然予獨以孝子之所遇有足感者故疏其事於像左且繫之以詩

平朔門前萬馬廻長安歡動聲疾雷羌人反接渡江來南朝太尉作事乖心圖九錫苦欲同十三兒子何爲哉兩雄攫拏鬬不開忠臣斷頸起禍胚赫連隤師山崩摧叅軍馬背馱嬰孩草間求活眞駑才人頭作山高崔嵬三軍同時横纍腮傷心極望髑髏臺髑髏臺上悠悠魂七十無家難具論一朝旌旗忽南卷百年星日當晝昏小人憶父心煩冤父老哭君聲暗吞白頭舉事何紛紜冲平陵畔啼夜鵑君親大義死不泯赫哉孝子誰等倫東籬之外五柳門宋齊轉眼俱埃塵忠孝歷刼無沈淪君不見此圖懍悅正氣存

唐李文肅讀書臺遺址記　周　宏

嗚呼自唐元和迄今千有餘年猶傳無錫惠山之麓有宰相李紳讀書臺臺之廣袤幾何廬幾楹垣幾曲扉戶之扃關竹木之披蔭而翳薈今皆無有見也惟山寺之左遺址

尙存遊是山者獲登眺焉蓋地之藉人以傳也多有矣愛其人則并及其地雖歲久跡湮不憚攀崖絕澗芟茹剃莽以求之往往然也然其所以如此或賢人君子宦轍所至遺愛斯存相與詠歌思慕之勿絕否則志業已就辭榮遂初優游綠野觴客賦詩令人有飄然出塵之目二者雖不同要皆得志行道之後始有是若茲臺者公未遇時讀書其間非若二者之易以傳也方公之居此也寺僧輕侮之徙剡川精舍及舉進士歷官卿相然後爲世所重山間片壤亦幸得公之遭以增色也嗟乎士君子平居讀書倏而蠖屈倏而龍伸固非庸耳目所能識然徒以其取顯名致

高位爲榮乎抑將有所樹立以垂聲於後也史稱公始受李錡辟錡寖不法脅使者奏留鎭召公草疏不從脅以刃亦不動此其持守大義較然不苟如是庸詎非往時讀書志古所得爲有本與逮牛李構隙怨連禍結雖衛公亦復不免故公以文藝節操見用而數遭讐恨設以聖賢處此誠不知其道當何如然以公視脂韋洪溷之流相去懸殊矣其有聞於後世與茲山之藉公以增色宜也老公南逐時嘗以書禱康州龍祠輒應刺史滁壽虎不爲暴及節度宣武蝗不入境是其宦轍所至多異事及辭相位歸故山建望湖閣賦詩懷舊不異優游緑野之思然則公之遺蹟

可傳者亦何獨於惠山卽惠山亦何獨以寥落未第時所謂讀書臺者無乃斯地多嗜古搜奇之士好爲稱述以點綴林泉邪抑惠山當東南孔道有名泉異石四方遊屐遝至至必憑弔古蹟故其名尤易著邪夫然則茲地固藉公以傳而公之蹟不與荒烟蔓草同澌滅而無存者地亦不爲無助後之人當有過斯址而睪然興起者矣

重修高公止水祠記　陸楫

高忠憲公以璫禍卒歷三十餘年邑人祠公於止水止水故公沈淵地後屬他姓公猶子提學副使彙旃先生復之爲祠祁陽刁公崇吉爲之記又四十年棟宇摧剝垣墉崩圯副使諸孫某某協謀葺治丹堊旣塗以完以好邑人過祠下徘徊瞻眺莫不嘉副使之有後而尤樂公之道久而益光也公立朝以忠誠格君以貞廉率屬以和平揩國是以中正維世風此舉世之人皆知之若其勘辨於毫釐千里之交窮究於萬死一生之際所證入者何地所超出者何階此則公與一二善學者自知之而世莫得而知也夫惟知公故雖逆璫猜嫌羣奸羅織而不能損公之毫毛惟不知公故一時望景奔趨尋聲附和卒無以窺公之萬一困學之記戊午之唫公之自敘所得歷歷具在而讀之者方摘抉於文句之微揣摩於形似之末蓋公生王文成之

後而與顧端文同時於是持門戶之說者至欲抑端文以信公近有高顧之爭而存畛域之見者又緣文成以詆公浙人有詆公者夫公之於文成也端文也其相取而不相借亦惟公自知之而豈耳食之徒可得而妄議哉近日鄙儒以著述爲譴斷掇拾臭腐吹求儒先仰天射空誠於公何有然其言流播坊市章句小生童而習之障蔽耳目滓穢靈府莫或辭而闢之吁可怪也公之遺書再梓而再燬人皆以爲不幸余獨謂公在天之靈正不欲以微言妙義啟狂瞽之紛紜故出於驀然廓然而後已向也賊璫欲辱公之身而不能今俗學欲亂公之言而不得燼於火與沈於淵一耳然則

學公者亦求諸語言文字之外而可矣祠修於某年某月以某月畢工公從孫愈介顧子棟高屬余記其事二子志公之學者特書所感以復之

湖北草堂記　黃瑚

鄒子與予同年生踰壯矣尚未舉子予嘗曰鄒子必宜子者也一日告予曰距邑南五里結堂三楹顏爲湖北草堂吾所棲遊也子其記之往予嘗過鄒子登斯堂而鄒子適遊越其堂臨水面山水邊有長隄竹萬个梅數百株廊廡間糟牀漉漉然予乃與同行侯子摘梅折笋酌酒極醉而去堂之後曰韡齋鄒子與其仲季弟讀書處也故取常棣

之詩以名之自吾與鄒子遊見其兄弟相愛也鄒子長其弟數年能教以詩又勗以道義磨礱淬厲友敬備至予雖不獲與鄒子兄弟登斯堂念其兄弟肩隨雁行言笑晏晏飲食衎衎相與誦讀於其中足樂也請爲鄒子賦詩斯干之詩考室而作也其首章曰兄及弟矣式相好矣無相猶矣其卒章曰乃生男子乃生女子夫築室以聚其族類而與兄弟燕樂焉人情也何至莞簟之上遂有吉夢夢而至於虵虺熊羆又何至於占之而遂謂生子之祥不幾誕與盖人而不和其同氣必陰賊縱放之尤者門以內且嗃嗃焉嘻嘻焉則生生之道幾於熄滅故和氣致祥乖氣致戾兄弟既翕而後樂其妻孥自然之理也吾遊鄒子兄弟久見其相愛也知其昌厥後也今記斯堂復援斯干之義以爲頌禱或亦風人之遺也

春秋大事表自序　顧棟高

憶棟高十一歲時先君子靜學府君手抄左傳全本授讀曰此二十一史權輿也聖人經世之大典於是乎在小子他日當志之年十八受業紫超高先生時先母舅霞峯華氏方以經學名世數舉春秋疑義與先生手書相辨難竊從旁飫聞其論而未心識其所以然二十一先君見背讀儀禮喪服旁及周官戴記而於春秋未暇措手年二十七

八執筆學爲古文始深識左氏文章用意變化處而嗤近日所評提掇照應者爲未脫兎園習氣然於先君提命之旨及兩先生所往復辨論者未之及也雍正癸卯歲蒙恩歸田謝絕勢利乃悉發架上春秋諸書讀之知胡氏之春秋多有未合聖心處盖卽開章春王正月一條而其背違者有二其一謂春秋以夏時冠周月是謂夫子以布衣而擅改時王之正朔也其一謂不書卽位爲首絀隱公以明大法是夫子以魯臣子而貶黜君父也其餘多以復讐立論是文定之春秋而非夫子之春秋非夫子之春秋卽非人心同然之春秋又春秋强兼弱削戰爭不休地理爲

要學春秋而不知地理是盲人罔識南北也雨雹霜雪失時爲災蒐田城築非時害稼時日尤重學春秋而不知時日是朝菌不知晦朔也不揣愚陋覃精研思廢寢與食家貧客遊周歷燕齊宋魯陳衛吳楚越之墟所至訪求春秋地理足所不至則詢之遊人過客輿夫廝隸乃始叙意爲表爲目五十爲卷六十有四首列時令表明商周皆改時改月以正胡氏及蔡氏書傳之非於吉禮表詳列十二公卽位或不書卽位明夫子當日皆是據實書以正聖人以天自處貶削君父之謬列朔閏及長歷拾遺二表以補杜氏之長歷而春秋二百四十二年之時日屈指可數列疆

域及犬牙相錯五表以補杜氏之土地名而春秋一百四十國之地理聚米可圖郊禘社雩崩薨卒葬蒐田大閱會盟聘享逆女納幣雜然繁夥列吉凶賓軍嘉五禮表以紀春秋天子諸侯禮儀上陵下僭之情形稅以足食賦以足兵乃魯稅畝而田制壞作邱甲而兵制亦壞列田賦軍旅表以志强臣損下剝上之實霸統興而王道絶周室夷爲列國霸統絶而諸侯散列國淆爲戰爭列爭盟凡五交兵凡七以紀春秋盛衰始終矜詐尙力强弱幷吞之世變晉楚爭衡互爲勝負其當國主兵事者左氏備載其人列晉中軍楚令尹表以志二國盛衰强弱之由宋鄭爲天下之樞晉楚交爭宋鄭尤被其害子產有辭而諸侯是賴向戌爲弭兵之說而中夏遂靡列宋鄭二執政表以志二國向背關於天下之故周室頹綱魯亦守府自襄王錫晉南陽而勢益不振魯自僖公賜費而季日益强列王迹拾遺魯政下逮二表以志周魯陵遲尾大不掉之漸禘卽祫祫卽禘一祭二名而朱子取趙伯循說謂祭始祖所自出不知帝嚳原非稷契之父生民長發皆商周尊祖禘祀之樂歌斷無稱母而不稱父之理著禘祫說以明戴記祭法大傳之誣去姜存氏去氏存姜不成文理杜孔已斷爲闕文宋儒謂各有意義不知文姜哀姜之罪惡豈待去其姓氏而

明況上下截去一字人復知爲誰某聖人無此弄巧文法以俟後人推測之理列闕文表以一掃後儒穿鑿支離之弊三傳各執一說黨枯護朽此是彼非學者茫然歧路靡所適從列三傳異同表酌以義理衷於一是以袪後日說經雷同偏枯之弊蠻夷戎狄種類雜出地界既殊稱名復混列四裔表別其部落詳其姓氏以正史遷允姓姬宗目爲兄弟之妄戰爭滋興技巧益甚決機兩陳制變無方列兵謀表以志孫武吳起六韜三略之始文王囚羑里而演周易周公成王業而作詩書一時學士大夫占筮決疑歌詩贈答引物知類千里同風列三經表以志漢宋儒者經

說傳義之祖大河遷徙從古不常而周定王五年河徙係己未爲魯宣之七年春秋以河爲境者六國獨係於衛列河未徙與已徙二圖以志春秋與禹貢河流遷變之自此皆有關於經義之大者既著敘論百餘首復編口號以便學者之記誦蓋余於此泛濫者三十年覃思者十年執筆爲之者又十五年始知兩先生於此用心良苦先母舅震峯先生博稽眾說無美不收高先生獨出心裁批卻導窾要皆能操戈入室洞徹閫奧視宋儒之尋枝沿葉拘牽細碎者蓋不啻什伯遠矣余小子鈍拙無似得藉手以告其成以無負先君子提命之旨與兩先生衣被沾溉耳濡目

染之益謹述其緣起以識於首簡命之曰春秋大事表云

周濂溪先生祠堂記　華希閔

國家令甲凡先賢之得專祠致祭者必於其鄉每歲有司春秋行事而其子孫亦得於以合族屬奉丞嘗禮也至於大賢之裔遷居他所繁衍成族而亦建祠以祀其遠祖雖與古之所稱祀於其鄉者有閒而報本追遠之誠出於不容已亦所謂禮以義起者與無錫故未有濂溪先生祠而周氏之占籍茲土者繩繩奕奕考其譜系則始自濂溪六世孫應乾隆壬戌裔孫汝遠始謀建祠錫山之麓先是有文燦者嘗捐直買基而汝遠鳩族醵金僝工庀材勞獨多祠成將請之有司春秋薦祭而詣余請記其事余惟先生崛起孔孟之後爲太極圖說易通數千言自無極二五之妙合推之萬物化生後儒推爲百世道術淵源之祖夫人身各一太極子與孫遞嬗猶之陰陽五行萬物之絪緼無窮也太極者萬物之始祖也人與物之變化無窮而不推本於太極子孫之蕃衍無紀而不推本於祖其失則均然則周氏之推本先生建祠合族其亦有合於先生作圖之意也夫抑先生故居道州營道縣之濂溪所爲出郭三十里而近者乃宦蹟所移遂於廬阜之下臨流結屋而即寓以濂溪之號蓋其襟懷瀟灑遇山水佳勝則樂之智樂水

仁樂山其固然與則茲九峯二泉之間固宜以永妥先生之靈而世其祀者也是爲記

秦氏耆英里記　浦起龍

乾隆十有六年恭遇
皇太后六旬萬壽
皇上奉
慈輿巡幸江浙加意存老春三月
車駕臨無錫惠山遂
幸秦氏寄暢園秦氏多老壽人班衛蹕迎鬢眉皓白
皇衷愷豫矢音飛豪有近族九人年六百耆英高會勝香

山之句於是臣孝然臣實然年冠九老居連雙閈祇揭耆
英二字額其里門以厲臣起龍志之龍案古名里僅亭若
鄭之通德荀之高陽書於史形於學士之詩歌然皆出於
國邑大夫一時推稱之美而美非尙年年不過七十上下
無論也至胡吉富文之儔勝流盛會世號稀濶先後皆尙
年矣然亦諸老盍簪自慶而年猶不能盈九十且非可以
里屬也葢惟天之篤於人人不能幷得者跡其難有六七
焉天天也君亦人之天也天制人人之天遠人於此有一
得焉則已難兩得則難之難矣兩得矣或年非甚高高矣
人或未蕃蕃矣不能聚聚矣不一姓一姓矣不一家今秦

氏更六七難得而皆備於其門又雖二老冠之而肩差齒
及諸皆不越道南道北間
天光昭被榮均聲齊以是參會古今若前所稱稀濶僅亭
乃總乃軼千載一有豈直贏而倍蓰乎抑既珉於園匱於
閭而仍眉表之四望之程憲老敦教其義不尤眾著乎詩
曰以引以翼豈弟君子四方爲則龍嘗行懋望郡每舉其
事廣坐中鮮不捧手歎未曾有爲之仰推大化詳徵積澤
思一過而式之況其近里誼在紀羣者乎又況身其子孫
而履蹈其里者乎和氣沃而休風披其培也有本其勸也
無涯忠　國刑芏家觀感興起請進而賡敬恭桑梓之篇矣

五禮通考自序　　秦蕙田

蕙田性拙鈍少讀書不敢爲詞章淹博之學塾師授之經
循行數墨恐恐然若失也歲甲辰年甫逾冠偕同邑蔡學
正宸錫吳主事大年學士尊彝兄弟爲讀經之會相與謂
三禮自秦漢諸儒抱殘守闕註疏雜入讖緯轇轕紛紜宋
史載子朱子當日常欲取儀禮周官二戴記爲本編次朝
廷公卿大夫士民之禮盡取漢晉以下諸儒之說考訂辨
正以爲當代之典今觀所著經傳通解繼以黃勉齋楊信
齋兩先生修述究未足爲完書是以三禮疑義至今猶部
適於禮經之文如郊祀明堂宗廟禘嘗饗宴朝會冠昏賓

祭宮室衣服器用等先之以經文之互見錯出足相印證
者繼之以註疏諸儒之牴牾訾議者又益以唐宋以來專
門名家之考論發明者每一事一義輒集百氏而諦審之
審之久思之深往往如入山得逕蓁蕪豁然又如掘井逢
源盈然自出然猶未敢自信也半月一會問者難者辨者
答者迴旋反覆務期愜諸己信諸人而後乃筆之箋釋存
之考辨如是者十有餘年而裒然漸有成帙矣丙辰通籍
供奉
內廷見聞所及時加釐正乙丑
簡佐秩宗奉

命校閲禮書時方纂修會典
天子以聖人之德制作禮樂百度聿新蕙田職業攸司源流沿革不敢不益深考究丁卯戊辰治喪在籍杜門讀禮見崑山徐健菴先生通考規模義例具得朱子本意惟吉嘉賓軍四禮尚屬闕如惜宸錫大年相繼徂謝乃與學士吳君尊彝陳舊篋置抄胥發凡例一依徐氏之本並取向所考定者分類排輯補所未及服闋後再歷容臺徧覽典章日以增廣適同學桐山宜田領軍見而好之且許同訂宜田受其世父望溪先生家學夙精三禮郵籤往來多所啟發并促早爲卒業施之剞氏以諗同志德水盧君抱孫

元和宋君懿庭從而和之戊寅移長司寇兼攝司空事繁少暇嘉定錢宮允曉徵實襄參校之役辛巳冬爰始竣事凡爲門類七十有五爲卷二百六十有二自甲辰至是閲寒暑三十有八而年已六十矣顧以蕙田之譾陋遭遇
聖明復理舊業以期無曠厥職而已至於朱子之規模遺意未知果有合焉否也是爲序

書味經窩圖後　諸洛

味經窩者少司寇秦公未第時讀經之室也公爲吾邑世家舊第在第六箭河上泉南先生官給事中雍正初䋲藩邸事去官督以家財充餉銀十萬並下於理公出後季父馨所後產以助蕩然無餘遂質居宅悲夫耆者志所稱遵義坊也湫隘數椽僅蔽風雨置經書尋味其中金壇王吏部虛舟篆其額長洲張戶部篁村繪爲圖以寄其業之所託云爾方獄之急也公年二十餘隨泉南先生檻車南北內外交訌胥吏環立詬雜呌囂公憂愁困頓下帷讀易旁治諸經隨侍羈所講求性命之理蓋泉南先生私淑東林顧高二先生不以死生夷險易其節而公日聞庭訓於憂患中得力尤深也與同里蔡學正敬齋吳工部容齋學士易堂龔布衣繩中聯解經會朔望必集各出疑義相質如是者數年成經說百餘卷江陰夏君霞軒以公名聞於其

鄉文定楊公會乾隆元年丙辰
詔起楊公於潭以大宗伯掌成均召對
內殿令舉海內經明行修之士共教國子楊公疏七人以聞公與焉楊公初未相識也是年公以進士及第入直
內廷不數日以生母浦太夫人憂歸時泉南先生已篤老雖遇赦不獲釋公仰天椎心思以身脫父於難丁巳服闋懷陳情疏以進同朝有難之者公曰老父年垂八十苟戀一官而不紓父難上亦焉用此不孝子爲哉疏入
上覽之惻然出泉南先生於獄并豁免逋餉八萬餘兩是時邑之人士知與不知歡聲震動咸頌

聖天子之仁而敬公之孝以爲得於經者然也旋授　皇
子經不十年貳秩宗與修禮書參稽載籍著五禮通考二
百餘卷補健菴徐公讀禮通考之闕庚午改刑部侍郎於
今五年下直歸櫛比卷帙據案研經如諸生時昔于定國
爲廷尉民以無寃班孟堅稱其迎師學春秋是自古名臣
無不本於經學今公五經皆通當天下刑名總彙且少吏
多難凡吏胥之舞文州縣之文致與夫孝子慈孫疾痛慘
怛但屈心抑意有情不得上聞公所親歷而身受者無不
見其微而原其志則本治經之心治律而濟以仁恕仰副
盛朝明刑弼教之化如公者眞可謂不負所學矣甲戌元

日公招飲止宿邸第手此圖屬書語余辱爲公小友且受
業泉南先生故爲詳列顛末如右至味經之法見於楊孫
兩文定公之文余不足以觀其深也

河渠考

鄒乾樞

無錫河道自西北至東南縱者爲運河運河自京口至臨
安所謂平江八百里者是也武進之南五牧長洲之北望
亭爲無錫界中凡百里其横者緯乎運河之左右東西向
運河之左北門外一里自四堡橋折而東曰柵口自柵口
折而南曰塘南東北行曰塘北曰塢影河曰張塘曰闞莊
白蕩曰崇村白蕩至西洋白蕩爲常熟界塘南稍南曰五
丫浜東北行曰太平港入崇村蕩五丫浜稍南東北行曰
北興塘曰桑園渡曰楊婆圩曰張涇曰包堰折而北曰西
大河亦入西洋蕩楊婆圩稍折而北曰八字橋過斗山入
崇村蕩楊婆圩稍折而南曰鴨蕩曰管莊曰新橋折而北
會於包堰五丫浜南再東行亦曰新橋曰黃藻渡則正東
矣曰新塘橋曰鴨城橋曰南興塘曰石埭曰九里稍折而
北東行曰芙蓉塘曰宛山蕩入白米蕩爲常熟界自九里
稍折而南曰西平曰太平亦入宛山蕩再南南門外五里
從運河分流曰伯瀆東行曰十字口曰坊前曰梅村曰梨
尖曰分流口曰張塘曰蘇舍蕩復東行入鵞湖爲長洲界

分流口折而北曰走馬塘會於太平入宛山蕩分流口折
而南曰廟菴曰磚橋曰坊橋曰楊巷蕩入曹湖上流即鵞
湖伯瀆南曰大十字河從運河分流東行即折而北穿過
伯瀆因名十字過江溪至東亭入新塘橋河十字河南曰
沈瀆從運河分流東行至唐莊河口折而北曰香涇逾梨
尖北行入南興塘從唐莊河折而南通蠡河沈瀆南曰望
亭從運河分流曰蠡河東行曰華長涇曰新橋渡曰三欵
蕩曰蠡口亦入曹湖此無錫長洲之界河錫東南之境盡
矣而北門外自塘南北行寺頭折而西曰張塘河再折而
北其形縱而非横矣曰胡家渡曰高六堰曰馬鎮爲江陰

界自張塘西行至北張涇又折而北曰石幢曰四河口曰青陽爲江陰界又自北張涇西行稍折而南再折而西曰萬壽河折而南曰石瀆稍南卽運河之左自四河口折而西曰麻塘曰五重涇曰白沙圩曰北大河折而南卽五牧之運河武進界矣蓋北關外之運河西北流而非直北故也總之運河之左水之橫而大者自柵口迆至蠡河止爲道有八而其間自北而南通於八道之中者爲清市爲鮎魚塘爲唐涇爲東亭爲江溪爲冷瀆爲尤瀆爲毛道河爲走馬塘爲大十字河爲唐莊河不可殫述運河右北門外五里高橋之南從運河分流曰雙河西行折而北曰社港

曰隈湖曰細磚河再折而北曰花渡稍南入北陽湖湖口稍折而北曰志公港卽運河爲武進界社港南西行曰錢橋曰陽溪曰藕蕩曰梢塘曰邗溝曰張舍曰富安河曰花村復西行折而北過陽山入南陽湖自梢塘稍北曰北邗溝曰鄭店折而北曰直湖港入北陽湖西行入南陽湖自富安河折而南行西曰長橋入花村河東曰小西溪長橋之南折而西行曰龍遊河至武進界小西溪之南折而東曰閶江闔閭城址在焉入太湖折而西南亦入太湖錫西南境俱濱太湖故運河之右汊港縱橫總以湖爲歸宿西門外運河南一里許曰太保墩分流稍西南行曰西定橋

曰梁清溪折而南曰大渲其相並者曰小渲中隔五里又南曰五里湖又南曰長廣溪溪濶一里長三十里至吳塘門入太湖大小渲五里湖長廣溪外則以漆塘獨山軍帳諸山爲屏嶂內則爲中橋浜爲馬蠡港爲石塘爲唐干至壬子港入太湖南門外二里爲黃泥橋自運河分流西行曰談渡稍南曰菰瀆入梁清溪黃泥橋南曰石灰橋曰九里涇入中橋港再南曰河港通梁墓涇再南曰曹王涇自南門至此十里俱從運河分流西行曰梁墓涇至馬蠡港入五里湖曹王涇稍南曰謝家河折而北入梁墓涇稍南曰麵杖港西行至蠡橋稍折而南曰蠡口至唐干入長廣

溪再南十餘里從運河分流曰新安溪曰袁家河西行至吳塘門入太湖稍南曰徐陶涇與新安溪合再南曰沙墩港已在望亭與蠡河對稍西南行卽入太湖爲錫南境之盡而其間自曹王涇西行至蠡瀆曰赤城溪折而南曰蠡橋曰溪橋港入太湖自中橋港直下至湖干者東曰張橋港西曰湖西埭再西則壬子港矣河道之在運河右者如是夫邑之有河渠所以興水利而灌輸田畝也異時邑西兩陽湖俱巨浸芙蓉湖亦不下陽湖今芙蓉已爲圩田矣厚築堤岸多置閘堰旱澇蓄洩啟閉以時此方之民頗受其利至西南濱湖之地爲烟波浩淼之鄉又有魚蝦蠃蛤

菱蘆茭芡之利可云樂土然長廣溪旁連山接嶺田反苦於高仰是宜略仿芙蓉圩之法築堤樹葦挹注湖波用資灌溉運河之左東南一帶地雖低下田不虞水而虞旱何則宛山鷲湖諸蕩已在極東之境唐莊泰伯數十里間地濶河遠車戽維艱東北之境新塘橋至八字橋高低適中水澤便利頗稱沃壤自斗山而下至常熟接界常數旱不通舟船轉而西北地益高矣此等俱宜多爲渠塘陂池厚蓄其水河近則通其源於河河遠則輸其委於渠疏濬聯絡清波不竭目前之急務也若夫城內之河舟楫之往來居民之汲取其塞甚易而濬亦非難云

蘆政灘蕩議

鄒乾樞

錫邑異時止有灘蕩而無蘆課蓋蘆課因蘆地而設江滸之間蘆葦彌望錫故無蘆地也灘蕩原數一萬五千一百八十七畝零屢經丈增共一萬九千七百七十一畝零每畝科銀二分共科銀三百九十五兩零順治二年設有蘆課銀一千三百四十二兩零連灘蕩銀共一千七百三十八兩零此因查出前明有不起科魏莊田八千三百六十一畝零分高低蕩埒四則奉文照蘆課科銀于是有蘆課名色而當時與無錫同有莊田之宜興查出一萬七千五百二十畝零歸入蘆課武進無莊田亦無蘆課江陰靖江雖無莊田而江陰將沿沙新舊江田及沙灘田二萬四千九百八十八畝零爲蘆課靖江將新漲沙田三萬一千九百四十六畝零爲蘆課此無錫及江宜靖始設蘆政之大略也而無錫蘆政之弊獨異于三縣順治二年蘆政工部清查蘆地一概丈增錫之蘆課本莊田所改原隰畇畇無一葦之植有何蘆地可以加增乃邑令李某誤聽蠹吏陸從龍居有義之言竟將五則內灘蕩一萬三千九百四十一畝零編作蘆課于原額外每畝加徵二分夫明係灘蕩何必改作蘆課既作蘆課或蠲去灘蕩之銀或即以灘蕩之銀准作蘆課之賦總之一地未曾生出兩地則一賦豈

能變作兩賦今也既輸灘蕩之賦復充蘆課之銀則於櫛比鱗次之田鑿空增出一萬三千九百四十一畝之地此居何說乎康熙四年知縣吳興祚二十八年知縣徐永言俱具文詳請總爲部議所格惟靖邑亦以一田兩賦事申詳部覆有云該縣新漲蕩田已歸蘆課民糧相應豁除獨錫邑以輸額外不能邀驥沙一視之仁此增丈之弊從來未經豁免者也至民間完納之累更有難以一言盡者錫邑田賦十年一歸戶二十年一丈量田之圖冊有定而阡陌步址間有盈縮故丈以明之人之授受無定而戶名田分時有更移故歸以一之其法至明善也乃蘆課則有戶

名而無的號無住居有圖分而無甲分且自康熙六年歸戶以後今七十年矣從未整頓從未清釐問其戶名猶是七十年以前之戶名也無號址之戶名張冠李戴誰則知之詢其圖分猶是七十年以前之圖分也無甲分之統圖西疇南畝誰能辨之年代久遠傳之子姓授之他人茫然不知欠數之符合與否在已之應認與否差役里總亦茫然不知其人之狀貌何似其田之坐落何鄉欠者未必完完者非眞欠胥役之嚇詐敲朴之枉濫含悲茹痛莫可名言剜肉輸納賞串歸農已爲萬幸完數之爲一倍爲兩倍爲蘆課爲灘蕩民何自知知何敢問問之復將何如乎每

逢五年胥役持票赫然丈量蓋蘆課灘蕩之丈量向獨以五年爲率十甲之中一六執弓五十造冊蘆課灘蕩履畝而稽問其從何處履畝而稽糧戶不知也圖正懵然也徘徊隴上瞠目而視頃之閧然以散指東畫西回覆官府而酒食使費卻倍于尋常蓋鱗冊坵形流水一切皆無何怪其捕風捉影而什襲藏秘至死不肯以底冊示人者則戶書經承渠胥中非不瞭然而聽糧戶　昏迷鬼國之中斯得上下其手此蠹吏奸胥積年惡弊從來未經釐剔者也愚以爲如前之弊權不在下非執事念切民瘼具詞入告不能除窮簷百年以來相仍之累如後之弊惟有立查底冊按圖清丈現今何人承種何人辦糧舊欠新徵毫釐不混飭令該區按田歸戶以後逐旬清結不得廢弛便可永絕諸弊此目前救標之急著而亦非有所甚難行也倘蒙執事指示規則飛檄下頒則州縣之遵循益悚然于平昔盍本有澄清之雅志而復仰體憲慈也謹議

仰止樓記　翁方綱

仰止樓在無錫城南泰伯瀆上明邵文莊因宋楊龜山先生嘗講學無錫始葺東林書院於此是爲城南東林書院其廢興之略見於王文成所爲記厥後顧端文別建書院於城中而城南舊址遂無過而問者乾隆辛丑黄子尙則

重葺留馨堂建樓三楹額曰仰止以祀文莊嘉慶戊午春賈子崧偕同志補祀龜山先生而以文莊配焉於惟先生闡二程之微言啟紫陽之正脈而文莊以經術繼之　國朝雎州湯文正之言曰遊東林者當講求龜山涇陽景逸諸先生之學潛修默證而勿啟門戶之爭斯言也其仰止之要歸與賈子以書來屬爲之記敬書此以復之

重修詠烈堂記　顧光旭

吾邑秦淮海先生祠在第六箭河上金匱山之右中有堂顏曰詠烈明長洲文文肅公書也秦氏自毘陵遷無錫傳十餘世始爲祠祀先生於中而配以抱拙修敬阜牧中齋

諸先生同邑邵文莊公爲之記厥後代有賢哲以次增祔俎豆秩然而閱世寖遠堂日就圮乾隆乙巳先生後裔因堂之舊撤而新之庀材鳩工堂之規模視昔有加既成屬光旭爲記予觀先生生平及所以有祀於吾邑者文莊記之詳矣而獨於斯堂之新竊有感也古之所謂賢人君子其能推於當世而不朽於後世者惟其人之自爲之若夫後之昌大顯鑠則固有天焉而不敢必也先生當建中靖國初罹黨禍流離竄逐以死此豈嘗自意後之昌大顯鑠遂至是耶然其子孫保世以滋大瓜瓞之盛甲於吾邑蓋天將使夫有志之士知所視傚升其堂想其言論丰采低

徊眷慕而不能自已也又況其子孫繼繼繩繩世濟其美者哉在昔斯堂之作其子弟肄業講習其中近且置田以贍其族人將教養之澤並隆尊祖敬宗收族之義莫大乎是固不可以不記也光旭之居鄰於祠恒仰先生之餘徽與配享諸公之風槩今又適逢堂之成乃不敢以不文辭謹汾數語以誌秦氏之能弗替其先與光旭平日景行之志云

重修尊賢祠并增祀梁鴻議　秦瀛

尊賢祠者舊在惠山之二泉亭上始爲陸子祠又爲三賢祠蓋湛長史挺李丞相紳陸桑苧羽三人也明正德七年文莊邵公寶增祀無錫令焦千之御史錢顗先淮海先生觀允文簡袠處士倪瓚義士張翼中書舍人王紱爲十賢堂堂成爲文以祭以爲諸賢於惠山或殁而葬或生而遊非是雖賢弗與也嘉靖末又增祀先貞靖先生旭及文莊公而惠山故有三孝祠者祀南齊華寶薛天生劉懷允亦并移祀焉爰易今名曰尊賢祠自後以次漸增多倍於昔即今祠内學士華察以下凡十二人是也嘉慶丁巳瀛過斯祠寖就圮謀新之會有官事不獲已未從父都轉公以書來乃鳩斯祠後裔之同志者三數人捐金庀材而都轉公在籍實督其成工既蕆瀛議進梁伯鸞鴻以補祀典之

闕議者曰子之修斯祠也重祀典也方文莊建十賢堂自劉宋以來落落此十數人義固有取也後人不能通知其義而踵而增焉非文莊志也如以祀者爲皆賢與則邑之賢哲與夫賢令之吏斯土者自有學宮之俎豆在盡入之則瀆不盡入之則漏於義兩無當也瀛應之曰唯唯雖然君子之於人也善善則從長惠山之有斯祠善善之義也前之人既已祀之而吾從而進退之微獨見撤者恐傷其後人之心且非君子忠厚之道也夫祀典之設其始未嘗不致其詳慎而及其既弊則出於子孫崇奉之私者有之士君子立身自有本末苟非其人雖列於祀典而不能無

議其後此即人心之同然而三代之所以直道而行者也有其舉之莫或廢是非大有背於公議因而仍之可也議者又曰三孝子之祀也華固邑人而劉薛則郡人也祀之何居瀛又應之曰唯唯無錫統於常郡者也劉薛兩孝子又與華並旌則祀之無害乎義也議者又曰子於斯祠旣槩仍其舊矣而獨進梁伯鸞何也伯鸞史但紀其適吳而其居無錫無確證文莊遺之而子進之亦有說乎瀛應之曰唯唯伯鸞之適吳也梅李之鄉舊稱句吳無錫非吳地耶鴻山雖皇山之譌而山有梁鴻井梁溪又舊傳以伯鸞隱居而名禮以義起則祀之可也鄉賢名宦皆有瞽宗之

祀惟流寓缺焉今進伯鸞與湛陸並祀宜亦無戾乎文莊之意者也僉曰然遂具書之勒祠壁祠今距二泉亭百武許非陸子祠之舊且非十賢堂之舊矣而區區補葺並爲是議庶後人毋更妄有增入以貽有道者之譏焉

報忠祠記　秦瀛

雍正中

詔建忠義祠於縣學無錫之入祠者三人嵇永仁秦華鍾張令憲皆康熙間先後殉閩粵之難者也惠山尊賢祠左別有報忠祠者創自顧副使鏞即儲貞義福祠增入數賢祀之乾隆丙申我

高宗純皇帝褒錄勝朝殉難諸臣吾邑自華吏部允誠而下凡得八人

賜謚入祠有差甚盛典也嘉慶己未從父都轉公與余議修尊賢祠而及斯祠余曰祠之所及者儲貞義以下葛桓施武陸士隆曹懷楊滙張選華允誠龔廷祥孫源文秦華鍾張令憲凡十二人今勝朝殉難諸臣錄內已祀者三人華允誠龔廷祥孫源文未祀者六人王孫蘭施召徵過俊民顧杲嚴紹賢允誠從孫尙濂皆不可不與於祀典者也抑吾邑忠義之士自漢虞俊以來多列於瞽宗之祀而有明一代以直諫及殉節著者如前數人而外尙不乏賢鄉

賢祠及忠義祠皆闕焉其曷可無祀爰議進李孟善張文煥吳肇徐弼沈宗葛昊華鑰華白滋堵允錫何以培許學秦廷珪又得十二人其既列於瞽宗之祀及有專祠者弗與何也懼其贅也其列於瞽宗而先已並列於斯祠者仍之何也不敢撤也議既定遂請於督學使者嘉善錢公樾檄縣舉行并爲記之

重修關帝廟記　秦瀛

神廟在無錫縣城內崇安寺大殿之西偏明萬歷中先八世祖舜峯公建也初建時猶襲宋封稱武安王天啟二年加帝號逮 本朝秩祀益隆今其地析隸金匱縣大夫以

春秋襄事於此而吾家歴二百年皆以世所傳神誕日集子姓醵金致祭妥靈揭虔至於今無廢嘉慶五年冬瀛自浙江朝覲入京師還過家謁神廟廟故陋又久不修榱棟且腐敗方謀新之無何移官湖南而從父都轉公書來言工甚亟遂鐲白金七百兩有奇乞都轉公主其役恢拓前制堂階崇嚴孔碩孔固不三月事竣時嘉慶六年八月某日也神忠義神武英爽於爍廟而尸祝者徧天下固不繫一隅禋祀爲重輕惟聞我舜峯公之罷楚撫也屬吏衡州府同知沈鈇劾公贓罪公以是被譴既歸建神廟自陳冤狀其後鈇獲罪相傳周將軍見形其家嗣幾絕而公後蕃

熾甲吾邑殆神之昭應如是竊謂見形之說近於不經獨公之有後則理固有然者世嘗疑君子宜有後而或不必有後蓋自古貞臣烈士人雖歿而名不朽則俎豆肸蠁卽不啻其苗裔之延於世惟夫功德在人而轉冒不韙之名不能見暴於天下則天必陰爲佑之使其後人章徹於時而卒大白其先人之隱公撫楚嘗以荒政活數十萬人見全楚奏議武昌郭文毅爲之序今其事楚人無有知者而沈鈇誣公疏載衡州府志瀛來衡湘始告於吾祖之靈撤而燬之而神廟適於是時落成孟子曰莫之爲而爲者天也是豈非神鑒公之寃若有默相於冥漠之表者與工既竣謹書此以鑱諸樂石俾後之人知公詘於生前未嘗不信於身後而獲佑於神者必無獲罪於天吾子姓報答神庥無有攸斁亦可廪廪於天人感召之理也已

范文正公祠堂記　秦瀛

文正范公居吴郡公祠在吴肇惟皇祐有褒賢顯忠之碑康熙中
聖祖仁皇帝南巡狩
親灑宸翰賜濟時良相四字匾額於爍照耀日月同光無錫之有范氏蓋自元時州教授珙與其兄搢始遷無錫珙後之居天授鄉堰橋者曰安義以康熙三十九年卽其地

建祠祀公有司春秋致祭置祠田若干畝安義孫振及今世守之張文恪嘗爲之記而其族有以天授鄉距城遠又於乾隆五十年裔孫章輅等購地惠山之陽築堂三楹中奉公像而以忠宣兄弟四人配並於堂後築室奉其始遷之祖亦置田供祭自是公有新舊兩祠而新祠在惠山余以事至山中常獲瞻拜焉嗚呼公之薨距今七百餘年支分派別其子孫自吴郡遷徙他處者所在多有　本朝之初文肅以佐命元老發蹟瀋陽忠貞繼之後先趾美其後累有官九列者無錫范氏雖未顯於時而能以詩書世其家講明於孝弟忠信之行余少遊鄉校范氏之挂諸生籍

者余每與遊處皆不幸偃蹇以歿今太學開周詣余丐爲祠堂記自茲以往保世滋大用鳩厥宗其在范氏與余嘗讀公文纂公之爲人先憂後樂竊有志而未之逮碌碌數十年無所比似侵尋白首將與草木同腐爲公祠記亦滋愧矣

重修松滋王侯祠記　秦瀛

明嘉靖中海內無事而倭夷孽身其間蹂躪江浙所至鼎沸攻刼名城百姓魚爛而無錫孤城獨完則松滋王侯之功也無錫故壯縣經元季兵燹城廢久不治侯莅境召邑之父老而議從事焉或難之侯持益堅且督之急閱三月

工竣而倭猝至知城有備不敢窺而義士何五路等爭先禦寇多以身殉倭遂退當是時倭勢方張百里之內烽火震驚吾民賴侯先事而爲之防登陴乘障寇至無患民之於侯其所以報侯者宜何如哉侯祠在錫山之麓綉嶂街之西創始於萬歷之季荔志憲高公鳩貲成之而陳筠塘先生建兩廡以祀何五路等三十六人久之祠就圮華徵君劒光以乾隆十六年嘗加繕治規制庳陋非復舊觀無何徵君歿積數十年榛艿塞徑荒穢滿目會余歸自湖南見而傷之爲倡始集貲葺祠宇三楹廓其門亦三楹屬女夫施曾培經理之而兩廡以貲絀未及築逮有粵東之行逾年曾培晉至請記重修歲月余惟祀典有功德於民則祀之能禦大患則祀之如侯者誠爲無愧至侯在無錫嘗清釐田賦除積弊之爲民病者此於侯爲小節余官浙江時有東海防同知張士楹者松滋人余詢以侯之子孫不甚顯而其功赫然在人耳目至今祀而稱之詎非侯之有以自致而能然與祠經始以嘉慶八年九月落成以九年三月何五路等姓名書於木主祀云

重修高子水居記　秦瀛

無錫五里湖之濱有屋數楹飛樓翼然背山面湖所稱高子水居也高子於明神宗朝官行人以言事謫揭陽典史

歸卜築於是餘二十年始出歷官都御史復歸歸而遘魏閹之禍投城中止水死方高子之居水居也嘗自爲水居及可樓記讀書講學以其暇爲詩吳下詩人如歸季思吳子往輒擢扁舟過訪流連唱酬高子造詣益深平生學問得之水居者爲多古君子抱道蘊德山水林壑足以寄其仁知之樂蓋出不徒出處不徒處皆不敢苟於其道故即其藏修游息之地亦有非偶然者已高子歿水居寖廢雍正初華劒光先生偕高子從孫紫超氏修而復之先曾伯祖南沙公爲之記而金壇王虛舟吏部楷高子水居四字於門嘉慶五年冬余自浙江入覲還過家輒檥於此距雍

正初重葺時又七十餘年棟宇傾敗越二年歸自湖南高子裔孫厚請於余乃諉諸無錫金匱兩縣大夫疏告同志共醵錢若干緡乃圬乃飾既斥既治經始以嘉慶八年三月三日逾月訖工督斯役者高子族孫際泰也水居之側可樓高子志也堂三楹顏曰水哉軒仍揭虛舟吏部書於門門外爲月坡歲久坍裂貫紬未及修前後方池擬植荷芰其中爰記之泐石陷諸壁且歌以落之歌曰湖之水洋洋兮思古人兮不見槩萬古兮茫茫登樓兮四望悵獨立兮徜徉

同仁堂記　秦瀛

仁者人也博愛之謂仁推愛人之心而行之各得其宜卽爲義先王於人無不愛由是施之於政而敬老慈幼拯孤恤寡皆有以養其欲而給其求顧自井田法廢任貧任富而生人之道苦治天下者未嘗無仁政之施而特不能以徧暨於是士大夫好行其德設法倡義以賙其鄉閭斯亦古者睦婣任卹之遺而仁人之心所旁魄流衍者也吾邑故有普濟堂在控江門外邑中過氏所建其他善舉每歲鳩貲集事歷久寖廢嘉慶二年余叔氏都轉公歸自浙江首捐千緡偕同志諸君與華君雨棠議於金匱縣城隍廟之東偏購地築室曰同仁堂供華佗像施藥其中堂之西有育嬰堂亦屬焉堂成或捐金捐田或捨屋宇其貸於市者日輸其贏累積之歲可得五百緡又置常稔田若干畝納租房屋若干所最後則於北郭外之茅金浜搆屋二百餘楹往來商估貯貨於此取其息以助厥費由是授衣施槥有資寒暖膏火有藉棲流有所月有報歲有冊縣大夫以聞於臺憲臺憲以達於部且夫天下之力成於萃而毀於渙天下之財遴於私而普於公惟不自私其財而後澤乎於衆其利能及於人人斯舉也余叔氏倡之同邑諸君佐之十數年來雨棠以一人主堂事條理悉具會余

自京師謝政歸雨棠以記文爲屬且曰堂雖成待施者日衆需費益夥尙賴好義之士增益之以期於久大是不可無文以勸來者爰推先王施德行仁之本與夫士大夫好行其德之旨闡明以著於篇施舍姓氏別書於珉

畐賑法　齊彥槐

嘉慶十有九年江南大旱金匱分無錫地地勢視無錫爲高被災尤劇八九月間某嘗以事赴鄉竊見赤地數十里民間炊無米爨無薪汲無水惻然憂之夫官發常平倉穀平糶於民便矣然遠在數十里之外者不能爲升斗之米來也故官平糶但能惠近民安能及遠民殷富之家以其

餘米平糶於其鄉道近咸便矣然無升斗之資者不能糶也故民平糶但能惠次貧不能惠極貧天恩浩蕩極次貧戶悉與之賑而靡不徧德矣然賑者賑災也於例但及無業之貧民而不及有業之貧民故欲推廣
皇仁不使一物不獲其所惟邑之殷富捐資接濟乃救荒之大者夫惻隱之心人皆有之殷富之家幸足於衣食目擊鄉里鄉黨之人飢寒以死孰不欲解衣衣之推食食之者顧上勸捐而下或不應何也則經理不得其道不能使人無所疑貳無所瞻顧也且人情之所甚不忍而急欲救之者亦第於其親者近者耳其目所不及見耳所不及聞

者固非情之所甚迫者也向之捐者大抵設立公局令一邑之錢悉入局中彼殷富者以爲吾既捐矣不知是錢也官將發之於何人之鄉董事者將散之於誰氏之里而我鄉我里之貧乏無賴者猶不免於我乎擾也而吝不捐者遂妄生議論曰是特以飽官之橐槖供董事者之侵漁而已以故願捐者少而不願捐者多今也定爲啚賑之法以各啚所捐之錢各賑本啚啚有貧富以富啚之有餘協濟貧啚之不足令啚自舉一人焉以經理之其錢即存於捐者之家而不必入於公局官與公局之董事者第紀其數爲之調撥而已某啚飢口若干捐銀若干數協濟若干數各書一榜於其啚內使貧富見之曉然明白施者知其財之所由往食者知其食之所自來則捐者無所遲疑不捐者無所藉口且以富稽貧其戶口必清以貧核富其捐數必實於恤貧之中寓保富之意則事易集而官不勞矣是說也某嘗謀之鄉先生言之上游皆以爲可自十月初旬捐廉以倡至今歲三月計捐錢十有二萬四千餘緡矣而殷富之家好行其德復於其間爲粥以賑城鄉設廠十餘處計所捐又不下萬數千緡飢民賴以全活者無算嗚呼孰謂人心之澆風俗之厚今不若古哉賑既畢尚有餘錢六千餘緡而無錫之賑亦有餘錢於是復謀之鄉先生言

之上游以所餘錢留爲修建南北二橋之費亦以工代賑也邑之人樂其事之集刊爲成書用垂永久某既不能善政及民使歲不饑又不能使民儉且勤皆有蓋藏雖饑而不至於困其起死人而肉白骨者鄉先生之謀邑之殷富之力也某則何功雖然人各有樂善好施之心而能不阻之使其無所疑貳無所瞻顧則啚賑之法良也用是書之以告後之官斯土者

請革現年敝政略　　鄒鳴鶴

按錫金兩邑田多大戶派當現年總甲一節乃沿明世糧長弊政流毒至今通省各屬禁革獨錫金仍舊相沿而吏

咢肆虐一切苛派日甚一日大戶賠累不堪仍遭嚴比破
產傾家縷指難數此皆不可不革之實情蒙示在京時候
葉唐少宰業已陳明無容再述惟以閣下念切民瘼垂詢
諸諸尚有不能不縷陳者查戶部則例等書開載總甲一
役均由各里士民公舉點充從無強派田多大戶充當之
文此役實係顯違　國制法所當革且歷奉于清端公湯
文正公岳中丞諸名臣特示禁革載在通志列立碑文鐵
案炳炳理所當革以理所當革法所當革之事重以關係
民命又爲情所不可不革乃十八年李署司詳院飭府示
禁百姓已慶更生而金邑李前令等阻撓有術竟不顧情

理法之平而忽然中變者總以關係錢糧四字最易竦聽
滋惑也試思關係錢糧與關係民命較孰重孰輕
聖君賢相賢大府在上斷無顧錢糧不顧民命者大義炳
然無容置喙且顧民命仍顧錢糧理有相因不相妨者錢
糧出於田畝完於花戶催於糧差及區總等人今卽革去
現年而田畝自若也花戶自若也總甲不過改強派爲公
舉而總甲自若也總甲領同糧差等人催辦自若也根田
完賦按單限追逈省令甲具在錫金民情又素謹愿孰敢
抗孰肯抗者平心論理實無格礙此錢糧可顧者一也乃
有爲之說者曰大戶中戶有身家小戶亦有身家有身家

者無待現年催辦自能完糧惟荒坵屋基舊塚等類畸零
之地其糧無著無著者催追無效責令現年墊賠以其有
身家也若公舉之總甲力難賠墊豈非去民累貽官累乎
不知無著之糧不過百分中之一分而此一分者旣有此
荒坵屋基舊塚畸零之地在根地尋戶根戶追糧無不得
者卽使根追不得尙可議豁議攤議官種設法變通辦理
何致貽官以累官亦何肯坐受其累且此不過百分之一
分也一分中尙可使無著歸有著也則錢糧可顧者二也
乃小民私願則更有進者細繹李前司詳文以現年禁革
後不得公然議及津貼是蓋痌瘝念切恐津貼仍舊累民

也實則小民畏當現年如畏猛虎虎害旣除小害在所不
計且所甚願今雖易強派爲公舉而總甲自若也總甲有
應辦之事卽有應付之用其事不止催完錢糧而錢糧其
大者其用卽不致再賠無著錢糧而養差領催其大者自
應按區之大小事之繁簡每畝酌貼錢若干彙總濟用小
民出錢以免役總甲及區總等人受錢以應役錢出自現
年一人則用專而家必破錢出自各甲各戶則人多而勢
以均均則易集均則無怨而又爲之限其數去其冗以足
敷諸用爲主乃於公事實在可行而可久如此尙何致錢
糧有礙乎此錢糧可顧者三也有此三端錢糧之必可顧

彰彰矣乃十八年阻撓百出者均以關係錢糧嘵嘵不已何也蓋此心以民命爲重則必欲禁革而猶慮禁革之稍有格礙則百計以袪其格礙而公私交誣之慮同此心不以民命爲重則一意阻撓而猶慮阻撓之不足聳動則百計以資其聳動而藉口錢糧之説起藉口錢糧則無格礙者直以爲有格礙矣小有格礙而可以措處者直以爲無可措處矣常屬無現年通省皆無現年而錢糧皆完何獨錫金兩邑乃必恃現年大戶催追得力耶若曰現年大戶力能墊賠年清年欵勝於他邑他策是卽明世糧長催追損下益上擇肥而噬之意斷非

聖世所宜行且爲

聖世所嚴禁者安可恃爲良法而況他邑他策儘有催追得力者乎嗟乎錢糧固重民命尤重兩邑疲敝難完之錢糧莁徵兩邑朘削日甚之小民太苦執積弊爲舊章甚至堅持弗變視救民爲多事或且肆口相譏不恤民瘼之呰猶顯力阻善政之心難誅十八年已事昭昭然也是在主治者之神明果斷令出惟行矣少司寇秦小峴先生官溫處道時革除莊長一役僚屬徇庇胥吏百計阻撓正與十八年情事一一脗合小峴先生與予湯岳誥公先後一揆較然禁革浙民至今尸祝謹奉上原稿一本伏乞垂鑒而採擇焉合邑蒼生幸甚

無錫非漢縣論

周有壬

無錫縣始見於漢書故元和郡縣志指爲漢舊縣陸羽惠山寺記亦有漢興叛爲無錫縣之語余謂無錫實秦縣非漢縣也秦分天下爲三十六郡郡各以縣屬之漢書地理志會稽郡下註云秦置註秦置於郡統乎所領之縣而言之也又河南郡下註云秦置而所領之新城縣下則云惠帝四年置潁川郡下註云秦置而所領之崇高縣下則云武帝置南陽郡下註云秦置而所領之冠軍縣下則云武帝置可見郡由秦置其屬縣之由漢置者必註出以分別

之明乎其爲此外之同郡各縣皆秦置也無錫縣隸會稽郡郡凡二十六縣惟毗陵縣下註云舊延陵漢改之是秦郡所領之縣有漢爲改名者史志且有註明無錫縣下旣無漢某帝某年置之文其與郡同爲秦置無疑余又考吳縣置於會稽置郡之時而毗陵舊稱延陵見於史志無錫介於其間既未併於吳縣又不附於延陵非別爲一縣而何越絕書載春申君時立無錫塘治無錫湖無錫之名本非起之於漢而況泰伯都之於前黃歇城之於後秦不於此置郡必當於此立縣向以無所引據未敢斷爲秦縣今卽史志反覆尋繹而後知縣爲秦置註義甚明以此類推

恐紀載之以秦縣爲漢縣者不獨一無錫也漫論數言以質之考方輿者

錫金水利條議　　薛湘

興錫金水利之法四有宜除者有宜築者有宜堵者有宜浚者興錫金水利之說亦四有爲濟運者有爲馹遞與商旅者有爲城池有備無患者有爲溉田即濟運與通商者錫金爲蘇松咽喉常鎮歸宿水利蓄洩專藉太湖太湖瀦錫金之下故他邑之水皆自上而下錫金之水有時自下而上治之之法不外河道寬闊圩堤堅固激則殺其勢迂則浚其流然後遇澇則內水易洩百姓免其魚之患遇旱則外水易入三農無宅艸之憂至於利漕渠集賈舶濟池隍尤利之明效大驗也今日之水利宜除者或壅之宜築者或瀉之宜堵者或決之宜浚者或淤之水利廢而水害棊不能不萬目而憂也爰粗條之以俟留心水利者一溪河漁池宜除也治水之法疏其來源即以通其去委湖水一由吳塘門過長廣溪入五里湖歷南橋柵至仙蠡墩一由獨山門會蒲嶺門支流入五里湖歷大渲港達溪河至仙蠡墩然後兩支會而進西定橋直下西弔橋必須上流河道寬闊然後下流可資浸灌而利漕渠是溪河者運河之門戶也查定例溪河永禁陞科故溪水汪洋最狹處爲十丈餘嘉慶初居民在溪借築魚池日增月盛尉蟲填壅阻遏水源僅賸三分之一嘉慶十九年邑人歷控府案委宜興縣丞及錫金兩學往勘將阻塞爲患之蟹墈盡行挑毀其蠶出新池亦俱拆改收進其餘豈鳳鳴大四在歸王入號其池七百餘座若一概拆除未免紛擾其實在有妨水道者飭區造冊繪圖拆除具結通詳立案歷時既久故智復萌續增蠶出輒藉口陞科以小利而養大患不知沿溪陞科止一百十餘畝以每畝折平田三分八釐八毫計之不過歲漕三石餘條銀五兩餘耳而池戶占去河面統計六七百畝河身既狹湖水殊難暢行一遇暵乾何以濟運一遇水潦何以瀉水此昔人所謂治運河必先治太湖治太湖必先治溪河也爲今之計莫若除漁戶之賦盡復故道若憫其失業酌改爲蕩而後通郡沾溉湖水矣此爲濟運計者一也一沿塘堤岸宜築也吾邑自黃埠以歷滸墅而抵洛社五牧迢迢數十里向有石塘以便馹遞年久坍塌石堤瀉入於河夏秋湖水稍溢焉不能遄則必設水遞以代之錫金地當孔道往來絡繹而居民挽舟負販者由水中約略而行深處過其胸腹淺處亦及股際其爲民患甚大且外塘不築則內塍之田多被淹沒後祁村龍塘岸俱患低窪潦歲輒憂陷溺爲今之計莫若通飭隨地居

民於農隙挑運板泥堆積堤岸一以保自己田畝一以便行人跋涉其稍遠者略出募貲先捞出堤石砌諸内堤俟外堤積高然後於内堤重建石工則一勞永逸矣此爲助遞與商旅計者二也一顯應石橋宜堵也湖水自西定橋直趨弔橋波流甚屬惴悍覆舟隕命者每歲屢見所以昔人於太保墩截斷顯應橋令之分入城中一以通城中水道一以殺全湖水勢寔兩便之利也嘉慶十九廿四兩年雨澤稀少赦犯支浩明糾眾妄開斷絕城中水道大爲城池之患脫有不測火災及之豈不可虞而紳士之與爭者鄉人輒以科名形勢薄之夫科名小數也城池大患也且

堪輿家言何足憑信惟城中炊汲大可慮耳幸今太平無事去顯應橋面而築長壩以捍上水則弔橋以北不至衝急太甚脫有亢旱城池有備無患矣此爲城池計者三也一蠡河諸瀆宜浚也金匱泰伯鄉毘運長洲以蠡河爲界其運河西南塘岸向有楊家橋地屬錫邑通太湖之水直衝蠡河早年藉以濟運兼灌蘇屬之田水年則分洩三垻蕩漕河出常熟境以入於海此河一通有利無害此河一塞有害無利積年既久口塞橋圮竟成陸路是以鼎雲泰伯兩鄉之田十荒八九至道光三年大水湖流不能東注但由通湖橋流入運河直趨滸墅下流暴漲不免湮及長元兩縣田廬近則通湖又塞波流岐急居民深以爲患且蠡湖爲常昭漕運要道無論水旱皆宜通達今兩鄉之田日瘠日荒居民日窮日促宜令該鄉之民自行挑濬復其故道重建橋梁不特有益本境兼能暢濟漕渠洵公私兩便之策也此爲漑田即濟運與通商計者四也

折漕變通議　秦緗業

竊惟江浙漕務之本折兼收由來舊矣然小民便於本色不便於折色以田之所產者米也非錢也自經兵燹漕倉大半毀而未建乃專收折色亦不得已之所爲耳記道光咸豐年間完漕一石蘇松則折錢六七千常鎮則折錢四

五千此就民戶而言紳戶則有強弱多寡之不同於是抗欠包攬無所不有而漕政之弊極矣幸大難既平與民更始非但額徵多所輕減而且嚴禁官吏之浮收定爲徵十加三紳民一律而折價則每石四千五百文意美法良官民兩便莫過於此然米價有時而貴賤其上下至一二千若永以四千五百爲準恐米賤則病民米貴則病官其勢亟亟不可以終日方上年奏定時石米三千有奇以四千五百計之適合加三之數誠爲權衡至當今年秋收中稔米價不過二千餘文若仍照上年折價則不啻倍而且過之矣聞近又援半本半折之例核減三百爲四千二百外

示體恤實已倍收民有米而輸錢官又收錢而解米往往假手於人包辦包解每石合錢二千八九百文而一切經費已在其內是仍餘一千三四百也所盈若此尚得謂之不浮收乎　朝廷減之州縣加之尚可謂之真減賦乎其以前蘇松折價本重固不止四千五百常鎮折價本輕至多亦不過四千二百況蘇松尚有有倉州縣不無本色可完常鎮靖屬無倉州縣必至全歸於折豈非常鎮之苦尤甚於蘇松耶某錫人也不知其他即以錫金兩邑而論田之荒者半熟者半熟田納租畝不過五斗值錢千餘而完漕六升合錢二百五十有奇已去其四之一矣大戶或糈

貲殖不專恃田且聞有以米作價二千五六百强納諸官或爲之包解者於四二之內尚便宜數百文至於小戶田止數畝以至數十畝終歲勤動本不足供八口一年之食折漕既無現錢勢必舉其日食之米而賤售之且近來小錢通行到官必多挑剔石米二千數百者不能得通足制錢二千折耗尤甚恐此輩完漕之後小則號寒啼飢大則賣男鬻女有不可問者矣薄税歛均紳民乃二百年未有之曠典不意貪惠未能及民適以飽貪吏之欲壑可不痛哉然四千五百之數果能一成而不變猶可言也今因米賤而減三百他日必因米貴加數百彼州縣固有所藉口

矣若竟不加而米價至四千以外則經費一無所出州縣豈能毀家相劾必至誤漕而後已則又所謂米貴病官者也如是而尚不思所以變通之可乎其變通奈何每完米一石外加千錢以津貼經費即不得已而改折仍照時價合算毋許稍有參差而千錢之津貼如故官亦綽乎有餘矣然辦漕終以本色爲正無倉州縣宜速令建倉即不開銷　國帑民捐民辦亦所甚願此誠今日之急務也或曰折價之爲四千五百業經前撫奏定勒石豈可遽事紛更不知事果無損於國有益於民即朝令暮改亦不爲過與其膠柱而鼓瑟何如改弦而更張是在關心民瘼者體察之而已

王紱溪山漁隱圖卷復歸僧寺記　秦緗業

前明洪武間惠山聽松庵僧性海督編竹成罏以煮茗王紱爲之繪圖賦詩後鑪壞更製而紱圖亦亡迨　國朝康熙年内閣典籍顧貞觀得於納蘭成德所復歸諸庵及

高宗純皇帝南巡數幸庵中

賜以竹罏山房額乾隆四十四年冬無錫知縣邱璉搨卷至署重裝燬於火事聞

御筆補圖竹罏仍仿王紱筆意並取　內府所藏紱書溪山漁隱圖償之與諸臣賦詩紀事題其上即是卷也自後

菴僧每出竹罏及畫卷誇示遊客薄海皆知傳爲盛事咸豐十年粵寇遘亂錫城淪陷竹罏山房既燬諸卷亦散失同治三年 臣 緗業得
御筆圖卷於上海時縣城雖復聽松菴一片瓦礫基址僅存未遑興搆越明年即就惠山寺故地建淮湘昭忠祠而竹罏山房遂不可復問矣然
天章宸翰終未敢私藏諸家會黃埠墩僧舍落成因付住持 臣 華翼綸復出其所藏王紱畫竹卷以補其缺而瀘隱卷已不知流落何所不無餘憾焉又數載 臣 族弟恩延始見是卷於洞庭山人家以重價贖之歸亦不敢私爲己有

也擬併歸黃埠墩僧舍俾 臣 記之噫煙雲過眼書畫之常一經易主莫可蹤跡而古人筆墨自有眞氣流行恐非後世所能撫倣況是卷前追吳鎭後啟沈周尤稱絕筆乃既失而復得之不可謂非幸事至聽松菴自有唐迄 本朝興廢不一無難復舊今顧并其基地而亡之千餘年古跡一旦蕩焉泯焉殆亦有數存乎其間耶雖收藏得所易地皆然終非
先皇帝巡幸賜圖之意安得有賢有司及地方好事者復搆斯菴復製斯罏庶幾頓還舊觀乎卷首有御題頓還舊觀四字同治十一年仲冬月鹽運使銜浙江候補道 臣 秦緗業恭記

無錫立學設官暨歷朝選舉考　秦賡彤

邑志學校之官紀自元初升縣爲州設州教授而實則學於宋蓋宋慶歷時始詔州縣悉置學而無錫縣學則建於嘉祐三年知縣張詵其時學無專官知縣兼管勾學事銜見崇甯三年縣尉王相學記碑文知縣兼主管學事銜丞簿尉亦有兼銜見紹興十六年朝請郎李彌正學記碑文而武甯章望之記所謂有先生之室者大都延師課士當嘉祐間有陳郡守襄請顧公臨爲主學一書此其證也郡教授置於元祐元年至崇寧三年縣置主學一員見咸淳志此縣學官師之始而職事位則有五曰正錄曰直學曰

學諭曰教諭曰司計今學有淳祐五禩奉議郎薛師晉學田碑末列職鄉貢進士司計尤有大錢會龍李觀國唐夫揚侍省進士縣學長直劉時候陳濳王祖洪蔣金極立石一行按司計學長直即學職事鄉貢進士省進士應已登選舉者而邑志皆無名則非邑人也元設教授外有大學小學訓導各一員蒙古字學教授一員明則縣教諭一員訓導二員均見宏治志此立學後累朝官制也若夫士之升於學者宋沿唐制行科舉元豐改用三舍法宣和癸卯復科舉常州郡定解額四十有三名江陰軍分其九紹興丁巳添流寓名二遂以三十六人爲額見權晉陵令張貴

謨記貢院舊以郡城中永福寺爲之後在于城本漕司監
糶料官廨監試主之考試位有六彌封謄錄對讀皆有所
永福寺壁有監試通判軍州事朱發題名元代間有科舉
屢格不行及明舉應天鄉試而常郡無定額矣至於學中
取士宋制大縣初以五十人爲率後乃以三歲應試多寡
計之無錫宜增給百人以百五十人爲率亦見王相記元
設江浙儒學提舉事教事見至元六年李臺山撰提舉余
公興學記余公名謙字德撝又見至正二年孟潼撰重建州學記
有提舉黃溍篆題碑今在縣明設提學副使始以歲科兩
試取士入學　國朝簡任提督學政自康熙二十二年停

止納生後額取文生十五名三十八年大縣增五名六十
一年又增五名雍正四年析金匱縣無錫十二名金匱十
三名別有撥入府學者　特恩廣額不在此限嗟乎自鄉
舉里選之法廢唐及宋初皆取詩賦後用經義迨明以四
書文取士我　朝因之而詩賦經義亦在所尙今士之遊
於學校者日衆師儒之官未嘗乏人而造士之法不講此
豈朝廷建學之意哉

重建高忠憲公祠記　　秦賡彤

錫邑先賢高忠憲公爲有明一代理學名臣不幸丁明之
衰權閹之禍思陵踐阼首加褒䘏建專祠於惠山之麓延
入　本朝列在祀典乾隆二年奉
旨給帑興脩蓋所以崇先賢而維風教也咸豐庚申之亂
祠宇毀廢略盡大門以內僅留堂之西偏一楹以奉木主
春秋享祀俎豆不光同治甲戌金邑廖侯綸甫下車謁公
祠巋仰之下謂不足以妥公靈詢公嫡裔無存而支裔多
單寒力不能醵金重建乃謀之都人士偕錫邑陳侯以垣
集議於公當日之東林講舍余曰此先賢祠也凡在後學
均當量力輸貲以申瓣香之敬雖然請勿濫勿強易曰同
聲相應同氣相求其同聲者罔弗應也非同氣者宜無求
也僉曰然於是兩邑侯捐俸金爲之倡集緡若干卜吉興

工俾高氏子姓董其役經始以是年八月期年告成自是
公祠巋然公之靈以妥而後學敬奉先賢之意亦稍申矣
竊常論之凡事之成有天有人當建祠集議之初工鉅費
艱或且有異論撓之者而迄觀厥成何哉昔我夫子釋大
有上九爻義曰天之所助者順也人之所助者信也履信
思乎順又以尙賢也忠憲之賢信之一邑信之天下信之
一時并信之萬世宜爲人之所助而助之者其事順故人
之所助實爲天之所助是人事即天事文辭所謂自天祐
之吉無不利也余因反覆於天人之故而歎是役之成也
爲有合乎尙賢之義而得天祐焉

無錫金匱縣志 卷三十八 藝文 [illegible]

無錫金匱縣志卷三十八終

無錫金匱縣志卷三十九

著述

後漢

外黃令集二卷 高彪見隋書注　處士梁鴻集三卷 梁鴻見隋書注

晉

通直常侍顧愷之文集七卷 顧愷之見隋書

啟蒙記三卷 顧愷之　啟疑記三卷 顧愷之以上見鄭樵通志

禹貢圖一卷 顧愷之見朱彝尊經義考　家傳 顧愷之見藝文類聚

宋

歷山唱和詩 湛挺

無錫金匱縣志 卷三十九 藝文 一

唐

茶經三篇 陸羽見唐書　君臣契三卷 陸羽

源解三十卷 陸羽　江表四姓譜十卷 陸羽

南北人物志十卷 陸羽　吳興歷官記三卷 陸羽

湖州刺史記一卷 陸羽　占夢三卷 陸羽以上見梁溪漫志

顧渚山記 陸羽見宋史　追昔游詩三卷 李紳見唐書

元禎制集二卷 李紳考乘云見鄭樵通志蓋元和貞元間制草也宋人避仁宗諱故作禎陳貞明年號宋刻本皆作禎明與此正同

文藪十卷 皮日休

松陵集十卷 皮日休　別集七卷 皮日休

湑臺集一卷 皮日休

宋

龍圖閣書目七卷杜鎬　十九代史目二卷杜鎬
太淸樓書目四卷杜鎬　玉宸殿書目四卷杜鎬
天章閣待制文集十卷奏議十卷杜杞見歐陽文忠公集杞墓志
三徑老人𥑮砆集十三卷杜杞見文獻通考
龜山集二十八卷楊時見文獻通考今閩中刻本四十二卷內附語錄四卷及墓誌年譜
詩辨疑一卷楊時　周禮義辨疑一卷楊時
中庸解一卷楊時　論語解二卷楊時
三經義辨十卷楊時　開成記事二卷楊時以上見宋史
二程粹言二卷楊時見欽定四庫全書　李修撰文集二十卷李夔

禮記義十卷李夔舊志作一卷誤　梁谿集一百八十卷附錄六卷李綱見欽定四庫全書舊志作一百二十卷　忠定奏議八十卷李綱今存六十九卷
靖康傳信錄李綱　建炎進退志李綱
建炎時政記李綱　梁谿易傳內外篇二十三卷李綱文獻通考存十九卷今存七篇　論語詳說李綱
大學解一卷喻樗　玉泉論語學四卷喻樗
豐公逸事一卷喻樗　易義喻樗
玉泉講解喻樗　玉泉語錄喻樗
遂初小稾六十卷尤袤　內外制三十卷尤袤以上見宋史本傳
遂初堂書目一卷尤袤　梁谿遺稾一卷尤袤以上見欽定四庫全書
老子音訓尤袤　周禮辨義尤袤
李肅簡文集李詳　樂溪集五十卷尤袤一作梁谿集
綠雲寮詩草尤棐　李肅簡奏議一卷李詳
全唐詩話尤焴或作尤袤誤舊志又載焴有端明日歷十一卷按此乃焴門人述君發作以記焴生平行事非自撰也見萬柳溪邊舊話
五代登科記一卷洪适　宋登科記二十一卷洪适
荊門惠泉詩集二卷洪适以上見宋史
盤洲集八十卷洪适　隸古纂釋二十七卷洪适
隸續二十一卷洪适　小隱集七十卷洪遵
玉堂制草三十四卷洪遵　東陽志十卷洪遵以上見宋史

翰林羣書三卷洪遵　翰林遺事一卷洪遵
泉志十五卷洪遵以上見文獻通考　容齋隨筆共七十四卷洪邁見欽定四庫全書
夷堅集洪邁
埜處猥稾一百四卷洪邁　贅稾三十八卷洪邁
琑野錄四卷洪邁　詞科進卷六卷洪邁
節資治通鑑一百五十卷洪邁　太祖太宗本紀三十五卷洪邁
四朝史記三十卷洪邁　列傳一百三十五卷洪邁
漢苑羣書三卷洪邁　記紹興以來所見二卷洪邁
會稽和買事宜七卷洪邁　次李瀚蒙求二卷洪邁
皇族登科題名一卷洪邁　唐千家詩一百卷洪邁以上見宋史

唐人絕句詩一百卷洪邁 楚處類藁二卷洪邁以上見文獻通考
荆溪前後集八十九卷別集九卷蔣之奇
北原集九卷蔣之奇 西樞集四卷蔣之奇
卮言五卷蔣之奇 芻言五十篇蔣之奇
廣州十賢贊一卷蔣之奇以上見宋史 逸史三十卷蔣芾
袁思正集六卷袁默見宋史 論語解辨袁默
袁思與詩集袁默 章參政奏議二卷文集二十卷章誼見宋史 翟忠惠文集三十卷翟汝文見文獻通考 欽定四庫全書作十卷又附錄一卷 摭史二卷翟耆年
翟忠惠家傳翟耆年見文獻通考 棊齋文集翁挺

護道錄一卷胡珵見宋史 蒼梧志胡珵
錢遂初詩話錢紳 同安志十卷錢紳見宋史
清波雜志二十卷周煇見宋史 江東十鑑周煇
梁谿漫志十卷續志三卷費袞 文章正派十卷費袞
文選李善五臣註同異一卷費袞以上見宋史
顯翁記聞李晦 惠泉小藁李晦
事文類聚刋誤李晦 李姓源流李晦
家山圖書李晦 復初齋詩藁十二卷尤帶
葯莊廢藁范晞文 對牀夜話范晞文
微山文集二十卷虞薦發 瘡瘍全書竇漢卿

元

陸待制文集陸以道 宋鑑提綱陸以道
雲陽集虞志道 金帚集范致大
無錫志二十八卷王仁輔 文藁十卷王仁輔
遂昌山人雜錄一卷鄭元祐 僑吳集十二卷鄭元祐
庸齋別集鄭元祐 硯雲草堂集鄭元祐
清譚雅韻鄭元祐 尙左書法鄭元祐
荆南唱和集一卷周砥 萬柳溪邊舊話三卷尤玘
清閟閣集十二卷倪瓚 雜齋詩集周鼒
梧溪詩集七卷王逢 詩經講說二十卷王逢以上見明史

易解大全孟文龍 昭先堂藁陳顯曾 錢大昕元史補志載昭先錄
思而軒藁二書疑卽在昭先堂藁內 休休居士集陳汝霖
靜菴詩集陳尙簡 錫山雜錄陳尙簡
谷陽先生集陳方一名錫谷詩集 陳子尙集陳高
不二心藁孟栻 蒌閒詩集華璹
雲峯樵唱王寶一名東吳小藁 聽雪集王寶
黃楊集四卷華幼武見明史

明

虛得集華悰韡 確軒文集李琛
確軒吟藁李琛 語錄二卷尤文見明史

一梅軒日記 九文　雙桂集 徐伯樞
昭鑒錄 張綸　一梧集 張籌
辟雲子集三卷 王問道　夷白齋集二十卷 陳基 見明史
夷白齋外集一卷 陳基　眉菴集十二卷詞一卷 楊基
雪溪文集 徐績　秋林集 王亨
東湖集 華晞顏　傳芳集 華晞顏
錢公叔文集 錢蒙　錢氏三華集 錢蒙子義仲益
錫樹山人集 錢仲益　九峯老人集 翟宏
義寧集 呂敏　無礙居士集 呂敏
靜寄集 倪峻　海遊漫稾 倪峻

廣漢三先生集 周世忠世衡益　見居吟 安宙 見明初陳逈集宙以指揮謫雲南楚雄詩多在楚雄時作
翦北軒集 華璵
植梧文集 曹恕　東郊牧唱 沈容
撒木文集 趙奕鈞　九峯樵唱 朱昇
天遊集二十二卷 王達　筆疇二卷 王達 以上見明史
易經選註 王達　詩書心法 王達
桂林機要 王達　尚論編 王達
紀行集 王達　漢上吟稾 王惟允
一瓢集 俞海　舍人集十卷 浦源 或作東海生集四卷
友石集五卷 王紱 明史作王紱詩集五卷　書畫傳習錄 王紱

宜閒集 楊璿　文巖集 楊琛
蘇詩摘律 劉泖　編年紀行集 吳謙
耐軒詩集 余璿　余氏日鈔 余璿
學古類編 余璿　秋林集 陳勉
樂農窩集 華興定　綠筠窩集 華崇安
鳴志堂集 顧協　月樓文集 倪敬
玉菴集 余樞　易賛 余儷
螢燭集 翟厚　錫山遺響 翟厚
續通略 翟厚　戒軒集 馮善
家禮集 馮善　錫山新志 馮善

澹菴紀行集 成始終　歸川集 張九方
覆瓿集 張九方　嘿菴集 馮謹
桌齋集 張綬　冰谿集 盛顒
涿州志 張遜　鈍軒集 張遜
抱拙集六卷 秦夔 見明史　卑牧吟稾 秦霖
湖南雜錄 秦霖　錢氏傳芳集 錢種德正德順德
錫山續志 李庶 吳琳　綱菴集 李庶
敬義存稾 談綸　何僑子 談綸
修敬先生集八卷 秦旭　東皐集 秦璠
浙游集 秦用中　五峯遺稾八卷 秦夔

滌煩亭稾二卷 秦蕙　晉菴集 陳賓
易義雜言一卷 談綱　易考圖義一卷 談綱
卜筮節要一卷 談綱　易指考辨一卷 談綱
周易愚慮二卷 談綱以上見明史　雙梧集 華昶
容春堂全集六十一卷 邵寶　簡端錄十二卷 邵寶
學史十三卷 邵寶一名日格子　左觽一卷 邵寶
漕政錄十八卷 邵寶　許州志三卷 邵寶以上見明史
定性書說 邵寶　惠山記三卷 邵寶見欽定四庫全書
杜詩集註 邵寶 過棟　水南集 浦瑾 朱彝尊靜志居詩話作桂巖集
希齋詩集 錢文　一誠齋文集 秦勵

無錫金匱縣志 卷三十九 藝文 八

鳳山詩集十卷 秦金　通惠河志二卷 秦金以上見明史
鳳山奏稾 秦金　撫湖政要 秦金
安楚錄 秦金　石巢遺稾 莫止
廣陵年稾 盛悔　思泉漫稾 呂元夫
伯川集 錢榮　周易發微 楊文
中庸臆說 楊文　鉛廬集 楊文
毛詩童見 黃鐘　周禮儀禮纂 黃鐘
鶴翠詩集 黃鐘　皆春堂集 黃鐘
太平逸民詩 華薄　常州府志續集八卷 張愷見明史
紀行集 張愷　東洛文集 張愷

樗林摘稾四卷 秦鍠　柯麓靜稾 張鼐
讀史闕評 秦銓　錫谷叢談 秦銓
春明筆奕 秦銓　紫薇堂稾 秦銳
續錫山遺響 莫息　水石詩集 盛貢
南湖集 華炯　九經韻覽 華燧
治喪切問 華燧　宋史發明 華焌
東郊集 華焌　折槃集 華德
青齋遺稾 華基　少微堂集 華金
水西居士集十二卷 華鑰見明史　禮記集註 華鑰
居素集 尤基　疏臆 顧冶

無錫金匱縣志 卷三十九 藝文 九

夢言五臆 顧冶　王制考 李黼
周禮集註 李黼　性理五書補註 李黼
瀛海集 顧彥夫　濟鹽州志十三卷 莫驄見明史
頤齋集 莫驄　奏議錄 莫驄
巖居稾八卷 華察見明史　翰苑留院皇華諸稾 華察
知退軒集 華察　碧山堂集 華察
遺芳集 錢惟常　蓼吧詩稾 錢楷
句吳聞見錄 尤晉　學詩二十四卷 俞憲
盛明百家詩選一百卷 俞憲以上見明史
易學研幾 華子憲　春秋孔義 華子憲

獨知錄 華子憲　見微錄 華子憲
湖西草堂集 華漸逵　迴溪集 尤瑛
五書菜萃 尤瑛　豫菴集 華啟直
清源集 華仲亨　儀部集 華叔陽
方泉詩稾 倪容　芹野詩集 陳錡
玩世齋集 華師召　遯陽集 黃正色
張靜思先生集 張選 附張續督奏疏　瓊州府山海圖說二卷 顧可久
洞陽詩集 顧可久　王右丞詩注 顧可久
梅村疏藁 曹懷　仲山詩選八卷 王問 見明史
初筮齋集 王問　武陵詩選 施漸

讀書紀要 王表　過庭直訓 王表
銷夏編 王表　代奕編 王表
五湖集 王業　海洲文集 黃學
具茨詩文集十七卷 王立道　筠齋漫錄十卷 黃學海 見明史
逍遥集 談一貫　長嘯集 談一貫
大學衍義補要 顧起經　夏小正補解 顧起經
小十三經 顧起經　日省餘錄 顧起經
類箋王右丞詩集 顧起經　王司馬宮詞補註 顧起經
句吳佚典 顧起經　詩文集七十一卷 顧起經
會眞集記 顧起經　易藪語 顧起經

詩解頤 顧起經　檀弓別疏 顧起經
唐四大家集 顧起經　大歷才子詩選 顧起經
廣小名錄 顧起經　江右名賢記 顧起經
國雅 顧起綸　春秋名臣傳十三卷 姚咨 見明史
續百川學海 姚咨　從川詩集 秦瀚
歲棲集 秦瀚　碧山吟社志十卷 秦瀚
戶牖格言 强仕　小山吟藁 秦汴
前後平粤錄四卷 談愷　虞臺紺志五卷 談愷 以上見明史
十山文集 談愷　古今要語 秦涵
讀史百詠 秦涵　辨思錄 秦涵

石村藁 陳鳳　救民急務錄 華汴
懷李齋集 秦汴　三才通考 秦汴
春秋類編三十六卷 秦瀹　戰國人才錄 秦瀹
六箭河志 秦瀹　游吟小藁 安國
紹興水利圖說二卷 賈應璧 見明史　蘗湖漫藁 俞憲
綠雲窩集 華雲　句吳集 華雲
楊莊倩集 楊成　思問錄五卷 華善繼 見明史
璿璣抉微 華善繼　濟川詩集 華善繼
被褐集 華善述　進德齋集 鄒義
尚友堂詩集 龔勉　性理纂要 施龍

使三輔錄 施夢龍　詩式 施夢龍
嶼南集 施夢龍　紹修堂詩集 秦梁
無錫志二十四卷 秦梁　清湖前後集 秦楨
天垣疏稾六卷 秦燿　湖廣通志二百卷 秦燿
全楚奏議八卷 秦燿　荒政摘錄四卷 秦燿
彭儀樓集 鄒廸光　調象菴集 鄒廸光
石語齋集 鄒廸光　天倪齋集 鄒廸光
始青閣集 鄒廸光　愚公谷集 鄒廸光
勵菴詩稾 施策　古文集遺 施策
唐詩類選 施策　錫山科甲考 施策

政餘稾 尤瑛　家居稾 尤瑛
采眞堂集 胡涍　孫宗伯集十卷 孫繼臯
寒齋稾 錢百川　奇聞類編 施顯卿
按東疏畧 嚴一鵬　南祿勲政記 嚴一鵬
國朝故實二百卷 周子義　日錄見聞十卷 周子義以上見明史
中書直閣記 周子義　敬語 周子義
栁汀吟稾 秦宏　浮弋集 薛敷教
續憲章餘 薛敷教　惠山古今考十卷 談修見明史
無錫縣學筆記 談修　談氏文獻錄 談修
續文獻錄 談修　雍勝畧二十四卷 李應祥見明史

得閒堂稾 高萬春　涇陽文集二十卷 顧憲成即涇臬藏稾
小心齋劄記十八卷 顧憲成　大學通考一卷 顧憲成
大學質言一卷 顧憲成　東林商語二卷 顧憲成
證性編八卷 顧憲成　當下繹一卷 顧憲成
瘖言痳言一卷 顧憲成　桑梓錄十卷 顧憲成以上見明史
東林會約 顧憲成　還經錄 顧憲成
虞山商語三卷 顧憲成　仁文商語一卷 顧憲成
南岳商語一卷 顧憲成　經正堂商語一卷 顧憲成
志矩堂商語一卷 顧憲成　自反錄一卷 顧憲成
紅箱集五十卷 尤鏜見明史　雲鴻館集 尤鏜

護犢集 尤鏜　無錫山水志 尤鏜
停釣書六卷 尤鏜　露穎編 許世卿
中解編 許世卿　易圖說億言四卷 顧允成見明史
小辨齋偶存八卷 顧允成　朱子兩大辨 顧允成
諫草二卷 侯先春　四書正刪正 陳幼學
四書罪罪知 陳幼學　禮樂考 陳幼學
欽恤題稾 陳幼學　芸堂日錄 陳幼學
高子遺書十二卷 高攀龍　周易孔義一卷 高攀龍
大易易簡說三卷 高攀龍　就正錄二卷 高攀龍以上見明史
春秋孔義十二卷 高攀龍　正蒙集註 高攀龍

明詩選 華淑　雪菴集 華淑
吟安草 華淑　聖學源流錄 胡時忠
懷古堂文集 胡時忠　冷香齋集 胡時忠
大林遺稾六卷 馬瑞　曲禮注 周夢華
易經尚書毛詩解 周夢華　職方地圖三卷 陳組綬 見明史
尚書說統 張雲鸞　孝經講義 張雲鸞
小學講義 張雲鸞　五經纂類 張雲鸞
四書說統刪補 張雲鸞　經正錄 張雲鸞
周易古本通義 華從允　尚書秘旨 華從允
易疏 吳其馴　詩疏 吳其馴

無錫金匱縣志〈卷三十九　藝文　十六

澹寧居文集六卷 馬世奇 見明史　澹寧居詩集三卷 馬世奇
忠鏡錄 馬世奇　易敘圖說二卷 秦鏞 見明史
參同開集六卷 秦鏞　周子通書半解 秦鏞
皇極內篇小衍 秦鏞　先儒回編 秦鏞
講錄二卷 秦鏞　淮海先生年譜 秦鏞
清江縣志 秦鏞　秦氏文獻十集 秦鐖
訂正九經 秦鐖　簡齋詩集 華學般
壁經注疏 虞韶成　鳳池吟五編 華嘉蔭
心遠堂集二十卷 王永積　武定州志 王永積
錫山景物略十卷 王永積　梁溪軼事 王永積

只可吟 堵允錫　耐可吟 堵允錫
詩禮春秋三經澤書 堵允錫　笨菴稾 孫源文
晴天展 孫源文　悟秋集 顧杲
曉滄集 顧杲　上生集 秦燮
名物通 王恒一　三禮正宗 華時亨
春秋法鑒錄 華時亨　四傳異同 華時亨
春秋敘說 華時亨　先撥志略 高士鶴
紫陽通志 高世泰　三楚文獻錄 高世泰
東林書院續志 高世泰　高子節要 高世泰
中庸問答 高世泰　忠憲公年譜 高世泰

無錫金匱縣志〈卷三十九　藝文　十七

寒木草堂集 呂自成　赤霞集 浦羨升
讀書類 秦鉽　桑海經 許學
禮記貫 堵景濂　忠憲公年譜 高世甯
錫山別考 談高祐　山居贅論 顧柔謙
焉文堂集十卷 黃家舒　南忠紀錄 黃家舒
生軒易說 嚴彀　生軒存稾 嚴彀
厲比直書 嚴彀　東林書院志二卷 嚴彀
易同 嚴彀　易經通義 嚴福孫
易像圖義 嚴福孫　黃道圖說 嚴福孫
小學齋注 張夏　洛閩源流錄 張夏

十峯草堂集八卷錢肅潤　文瀫二十卷錢肅潤
尚書體要六卷錢肅潤　山香集馬壬
九龍山樵集一卷安夏　說詩張幹
春秋綱秦沅　詩經多識秦沅
辟疆園集顧宸　宋文選顧宸
清招閣詩集秦溢　尚書日箋八卷顧嘉舜
表異錄四卷顧嘉舜　二泉書院志邵澄
典林一百五十五卷吳明玕　五經通說鄒初基
明文大業鄒初基　十大典故鄒初基
法海碎金鄒初基　明史快論鄒初基

疑問略鄒初基　欵月堂詩許儀
蘭皐集十二卷馬季良　髯方摘元張用謙
醫經原旨徐吾元　關雎餘意名媛邵迴恩
上清詩集名媛秦淑貞　屧提閣詩集名媛王珮
永愁人集名媛龔靜照　夢室詩集釋至道
芝巷詩集釋惠照　𠜨會增注釋信受
通鑑集覽正誤釋信受　惠山志釋至迴
惠山記釋圓顯　梵剎志十五卷釋昭恩
漢月禪師語錄釋法藏　五宗原釋法藏
大樹禪師語錄釋宏證　鄧山禪師語錄釋宏璧

毅巷禪師語錄釋觀英

國朝

唐書集文集唐德亮　霅帆疏稿八十卷吳達
薪齋集八卷呂陽　扶輪集黃傳祖
繼白子集許其仁　褉蘭集堵廷棻
物外閒吟華慶遠　春草軒稿華遠臣
純齋詩稿蔣遵路　石農詩稿秦保寅
雪蕉集鄒忠倚　紘天易說四卷曹國珀
抱犢山房集六卷嵇永仁　調運齋文集十二卷錢陸燦
毛詩日箋八卷秦松齡　蒼峴山人詩集六卷秦松齡

蒼峴山人文集六卷秦松齡・明史擬稿四卷秦松齡
易學晰微二十卷秦松齡　西征紀略二卷嵇永福
淨綠居詩稿周宏　秋水集二十卷嚴繩孫
明史擬稿四卷嚴繩孫　無錫縣志四十二卷嚴繩孫
燕綠堂詩集華長發　滄江百一詩華長發
陳集生詩集陳大成　含粹堂詩集陳瑞聲
先賢語錄安璿　續丙丁龜鑑安璿
采畫樓詩文集安璿　往深齋詩集十卷顧彩附往深齋詞
辟疆園文稿四卷顧彩　匏園詩二卷顧景文
楚游草一卷顧景文　讀史方輿紀要一百三十卷

顧祖禹　宛溪詩文遺稾顧祖禹
書經正旨顧祖禹　青巖集張光緒
黃夏孫遺文四卷黃瑚　吾與堂詩集十卷劉森恒
楚頌堂詩集六卷顧貞觀　彈指詞二卷顧貞觀
邑志補訂顧貞觀　青梧集三卷嚴沆曾
鄒黎眉詩集鄒顯吉　鮑讓侯詩集鮑鼎銓
蓉湖詩文稾季騏光　臺灣紀畧二志季騏光
鄒可遠遺詩鄒溶　易葊一卷朱襄
一亭雲集二卷朱襄　漫與集二卷朱襄
明季北略二十四卷計六奇　明季南略十八卷計六奇
無錫金匱縣志〈卷三十九〉藝文　廿
周禮集解二十四卷高愈　小學纂注六卷高愈
老子道德經解高愈　薛胡羅三先生要語高愈
詩經水月周士茂　讀易偶存六卷華學泉
春秋經傳日鈔二十八卷華學泉
春秋類十二卷華學泉　春秋疑義二卷華學泉
增訂周禮集解二十四卷華學泉
儀禮喪服或問一卷華學泉　老子疏義二卷華學泉
楞嚴疏鈔十卷華學泉　假茅文鈔二卷華學泉
劉存軒文集十卷劉齊　恒獨齋詩劉齊
古易藏本陸楣　周禮增定一卷陸楣

陸鐵莊文集六卷陸楣　疎快軒詩一卷陸楣
師善堂集十卷嵇曾筠　浙江通志嵇曾筠
河防奏議十卷嵇曾筠　泉南山人詩集六卷秦道然
明儒語要四卷秦道然　困知私記一卷秦道然
顧中展詩集顧仁垣　游梁草二卷顧仁垣詞附
雲川閣集十四卷杜詔　唐詩叩彈集十二卷杜詔
讀史論略一卷杜詔　香樹山房詩集徐班
求志居文稾一卷錢炎　性理註釋華希閔
易書詩春秋集說各十卷華希閔
中庸剩語論語講義共三卷華希閔
無錫金匱縣志〈卷三十九〉藝文　廿一
通鑑地理今釋四十二卷華希閔
金匱縣志二十卷華希閔　廣事類賦四十卷華希閔
延綠閣集十二卷華希閔　錫山文獻集王史鑑道光間華湛恩取其文集殘本重編付梓凡二十卷曰錫山文集其獻集佚　宋詩類選二十四卷王史鑑
醉經草堂文集王史鑑　塘橋小志四卷王史鑑
開化志二卷王抱承　西神叢語黃蛟起
離騷註王邦采　吳淵穎集註王邦采
徐孝節集註王邦采　晁具茨集註王邦采
讀書隨記王邦采　芥軒詩稾李崧
曉滄集潘果　隋凡集華說翀

離騷集解 邵熉　毛詩句 邵熉
移山詩草 邵熉　匏菴詩稾 俞魯賜
卯茗欸乃集 俞玉局　南棻詩稾 劉臻榕
東岡詩草 徐漢倬 詞附　虛舟文集 王澍
淳化秘閣帖考正十二卷 王澍　竹雲題跋四卷 王澍
易卦私箋 蔣衡　毛詩疑 蔣衡
拙存堂文集 蔣衡　學詩偶存 蔣衡
小山詩鈔 鄒一桂　小山畫譜二卷 鄒一桂
鄒宗伯自定年譜二卷 鄒一桂　秦氏金石錄六十卷 秦枝
潛雲詩草 徐梁棟　史通通釋二十卷 浦起龍

讀杜心解二十四卷 浦起龍　不是集十二卷 浦起龍
古文眉詮八十卷 浦起龍　無錫縣志四十二卷 浦起龍
交翠軒稾 王繩曾　尚書質疑二卷 顧棟高
毛詩類釋二十一卷續編三卷 顧棟高
春秋大事表五十卷 顧棟高 附春秋輿圖一卷附錄一卷
毛詩訂詁三十卷 顧棟高　儀禮指掌宮室圖 顧棟高
司馬温公年譜十卷 顧棟高　王荆公年譜五卷 顧棟高
萬卷樓文集十二卷 顧棟高　禮經本義三十九卷 蔡德晉
禮傳本義二十卷 蔡德晉　通禮八十一卷 蔡德晉
詩經集義十六卷 蔡德晉　治河年譜 嵇璜

五禮通考二百六十二卷 秦蕙田
味經窩詩文類稾二十八卷 秦蕙田
周易象義日鈔 秦蕙田　易象約言二卷 吳鼐
洪範集註二卷 吳鼐　儀禮集說二卷 吳鼐
春秋修註四卷 吳鼐　三正考二卷 吳鼐
朱門授受錄十卷 吳鼐　求發質疑五卷 吳鼐
律呂源流十二卷 吳鼐　十家易說 吳鼎
易堂問目四卷 吳鼎　易例舉要 吳鼎
句文十卷 唐誠　律悟一卷 吳熙
律問八卷 吳熙　樂皐山堂稾十二卷 王會汾

雲逗樓集二十卷 楊度汪　昌黎全集編年二十卷 華淞
考工記集註 華淞　存之堂詩稾 楊孝元
周禮指掌六卷 楊潮觀　左鑑 楊潮觀
歐舫詩集四卷 朱修　晉書史述八卷 朱筠
古詩經解十六卷 虞佐　歷學末議 丁設戊
桐香詩鈔四卷 朱克敏　歷法大成十卷 楊國鈞
本朝國史歷志十一卷 楊作枚　律志稾二卷 楊作枚
火星論一卷 楊作枚　句股論二卷 楊作枚
幾何補編一卷 楊作枚　幾何增解一卷 楊作枚
星學直源一卷 楊作枚　補王寅旭野歷四卷 楊作枚

方程圖解一卷 楊作枚　淵源坐海八卷 楊作枚
三角會編四卷 楊作枚　東林書院志二十二卷 許獻
六有齋就正稾十卷 許獻　易知編 李廷選
二礙山人詩集六卷 徐德宗　止齋詩鈔四卷 趙曜
問見錄四卷 趙曜　沙邨書屋詩文稾四卷 徐流方
思問十八卷 徐流方　識小錄 黄瑚 一名酌泉錄
辰象考四卷 華玉淳　濟園詩文集十一卷 華玉淳
禮經禮傳辨義考工記辨義周禮集說治河原委春秋輿地考各一卷 華玉淳　泉幣考三卷 華玉淳
繼巖詩草 華有濂　也軒筆記二卷 秦鴻鈞
無錫金匱縣志　卷三十九　藝文　卅四
渾蓋通憲解一卷 鮑祖述　胎燕樓詩稾 劉執玉
春秋隨筆二卷 顧奎光　毛詩牖日錄四卷 顧奎光
然疑錄 顧奎光　瀘溪縣志 顧奎光
雙溪文稾十卷 顧奎光　雙溪詩集八卷詞二卷 顧奎光
詩經比義述四卷 王千仞　類谷居稾 諸洛
若舫詩文稾 秦鈞儀　寄淮草二卷 吳峻
蹈游草二卷 吳峻　梁溪詩話四卷 吳峻
萃樂軒詩稾 吳峻　岵齋詩文稾六卷 秦朝釪
響泉集三十卷 顧光旭　梁溪詩鈔五十八卷 顧光旭
武甯縣志 鄒應元　易經觀玩編二卷 朱宗洛

晝莊類稾十四卷 朱雲駿　大雅堂集四十卷 鄒方鍔
金石訂例 沈金鼇　沈氏尊生書七十二卷 沈金鼇
翠茗軒詩鈔十四卷詞四卷 顧斗光　讀畫山房遺稾六卷 鮑汀
列女樂府八卷 顧斗光　傳神秘要一卷 蔣驥 見欽定四庫全書
臨清守城日記一卷 秦震鈞　午風堂筆記 鄒炳泰
午風堂詩集 鄒炳泰　小峴山人詩集二十六卷 秦瀛
細論處詩鈔四卷 俞模
小峴山人文初集六卷續集二卷 秦瀛　已未詞科錄十二卷 秦瀛
遂菴日知錄八卷 秦瀛　重訂淮海公年譜六卷 秦瀛
政餘偶存六卷 秦瀛
無錫金匱縣志　卷三十九　藝文　卅五
無錫金匱縣志四十卷 秦瀛　春秋左傳地名考一卷 錢俊選
三經彙疏周易二百卷春秋一百卷詩經一百卷 蔣起元
洴澼百金方十四卷 袁宮桂 此書皆兵家言自署惠麓酒民
詩測六卷 秦鳴雷　說文字原集註十二卷 蔣和
象形字譜 蔣和　夏時考一卷 安吉
說文諧聲韻徵 安吉　十二山人文稾 安吉
芙蓉山館詩詞文鈔 楊芳燦　六代三唐駢體文鈔 楊芳燦
慎戰慎守編三十卷 秦鼎雲　一枝軒稾 施晳
映山閣詩集十二卷 徐鏻慶　桐花吟稾十二卷 楊揆
衛藏紀聞 楊揆　辟疆園遺集 顧敬恒 顧敦愉 顧敦惠

臨川縣續志六卷秦沆　易闕疑解四卷周翀
海寇紀略華瑞潢　易意稾二十卷吳鴻前
韻山類稾周鎬　史論六卷侯鳳苞
畫水詩文稾薛玉堂　疊竹詩齋古文十卷顧皋
福建通志孫爾準　泰雲堂集孫爾準
書畫續錄嵇承咸　梁溪書畫徵嵇承咸
中西星要二卷倪榮桂　尙絅堂詩文集劉嗣綰
履園叢話十四卷錢泳　樂潛堂詩詞趙函
壺園詩鈔徐寶善　漢魏五代樂府徐寶善
眞松閣詞六卷楊夔　匏園掌錄楊夔
無錫金匱縣志卷三十九藝文　三十六
拜石山房詩詞鈔顧翰　金粟巷集顧翃
古桐書屋文集鄒導源　錫金志外五卷華湛恩
世忠堂文集六卷鄒鳴鶴　寶素齋詩集十卷鄒鳴鶴
道齊正軌二十卷鄒鳴鶴　汴梁守城紀略一卷鄒鳴鶴
經史天文志表十八卷唐汝翼　憶故錄鄒安鬯
孫仰晦先生文集七卷孫希朱　幼儀輯略一卷孫希朱
勸戒贅言二卷孫希朱　身範十三卷孫希朱
省身格三卷孫希朱　讀書劄記三卷孫希朱
晉堂壁貼三卷孫希朱　錫金考乘十四卷周有壬
梁溪文鈔八十卷周有壬　句吳金石考六卷周有壬

惠山記續編三卷鄒涵初　治蝗全法四卷顧彥
留漚吟館詞一卷沈鎣　張端甫遺稾張岳駿
嶧青閣遺稾張應蘭　禹貢古今注通釋六卷侯楨
詩經箋雅八卷譜二卷侯楨　古杼秋館詩文集三卷侯楨
侯給諫年譜侯楨　吳中平寇記八卷錢勛
雙影盦詩詞錢勛　棲香閣詩詞稿名媛顧文婉
綠園小草名媛薛瓊附絳雪詞　冰壺小草名媛倪素玉
亦南廬小稾一卷名媛鄒若瑗　繡餘詩稿名媛華瑤
鎔心集二卷名媛劉汝藻　愼餘齋詩稿名媛鄒蕙貞
周易觀象釋妙復　石林詩稾四卷釋妙復
無錫金匱縣志卷三十九藝文　三十七
青溪詩集二卷道士侯佺

無錫金匱縣志卷三十九終

無錫金匱縣志卷四十

雜識

拾遺摭言蓋取不賢識小之義惟是稗官紀載往往尙恢詭侈神怪君子病之玆編所錄於舊志或增或刪大旨務歸雅馴旁徵遠引足以廣見聞而資考證詞人之叢談閨媛之軼事並附見焉志雜識第三十九

搜神記無錫上干陂吏丁初行陂塘見少婦青衣青繖呼初初疾行婦人轉還顧見自投陂水視之乃大獺衣繖並荷花也上干陂邑西南七十里

龍尾陵道有白龍潭風土記東晉山民妻娠三年産一龍

色如銀七日而昇母死葬山頂後所居成潭見咸淳志

案此非周處風土記處卒於西晉也咸淳志引此記或及隋事當是隋唐間人所撰故次於搜神之後以上二條事涉語怪以所出較古仍從嘉慶志存之

東坡讀隋書地理志云黃州有永安郡州東有永安城圖經謂春申君故城蓋非是春申之居乃在吳國今無錫惠山有春申君廟近是按楚都申郢故黃歇封於春申如齊之孟嘗魏之信陵趙之平原各在其地黃之永安爲春申故城蓋始封也謂之春者蘄春壽春是也謂之申者申光之間是也當是兼二城而封猶田文之食嘗薛耳後楚并吳秦侵申郢楚遷壽春黃歇始請吳之故都居焉然行相事未嘗去國其廟則後人作之也

李德裕在中書好惠山泉置水遞以進皮日休爲詩譏之曰丞相常思煮茗時郡侯催發只嫌遲吳關去國三千里莫笑楊妃愛荔支

小洞穿斜竹重階夾細莎此唐張祜題惠山寺詩也萬歷中邑士談修謂周文襄祠右小橋即小洞故處洞在階之內階有土垣界於其中故名重階以寓男女別塗之意因修而復之勒祜詩於石表之垣中其說頗近穿鑿

皮日休有贈魏不琢五貺詩其序云江南秋風時乘短艄載甒酒加以隱具由五瀉涇入震澤穿松陵抵杭越日

休嘗聞道於不琢敢不求雅物成雅思乎於是買釣船一謂之五瀉舟又華頂杖一太湖硯一烏龍養和一訶陵樽一皆寄於不琢爲詩五首目之曰五貺

案舊志流寓傳有陸龜蒙稱其每由邑之五瀉湖經震澤穿松陵抵杭越因名舟曰五瀉此與日休詩序正同蓋誤屬龜蒙也龜蒙雖嘗游無錫實未卜居故今流寓去其傳而附識於此

東坡南還後北還次毘陵時久旱得雨邑人袁思與黠吳一絶句云靑蓋美人囘鳳帶綵衣男子返雲車上天一笑渾無事從此人間樂有餘東坡大喜爲之重寫且以手簡褒之至今袁氏刻石藏於家

王晉卿駙馬寫陸羽煎茶圖無錫九龍山前景也喬松芳

潤老梅著花後有東坡少游題字見畫史
泉以罌瓶挈至遠方必取山中石子置其內雖歷久而味不敗蓋石性堅重能泥濁理固如此黃山谷謝黃從善寄惠泉詩云錫谷寒泉擶石俱李獻吉謝人送惠泉詩云中涵石子蕪苔綠央匏菴謝馮龍泉爽送惠泉詩云磊磊石子在中涵數峯青此之謂矣
政和甲午始貢泉水月進百罇先是以十二罇爲水式泥印置泉亭中每貢發以之爲則至靖康丙午罷貢開之水味不變與他水異也見墨莊漫錄
紹興辛巳高宗視師江上至無錫幸惠山酌泉泉上汲桶

有吳安二字蓋闕吏姓名而侍衛見之皆喜謂吳地可安也
尤文簡致政歸居東帶河大第數步即出關渡梁溪因造圃於其上題曰樂溪後有高岡左種梅數百枝右種海棠亦數百株花時最勝公嘗爲瑞鷓鴣各一首詠之落梅詞梁溪西畔小橋東落葉紛紛水映紅五夜客愁花片裏一年春事角聲中歌殘玉樹人何在舞破山香曲未終卻憶孤山醉歸路馬蹄香雪襯東風海棠詞雨行芳蕊傍溪陰一笑嫣然抵萬金烈火照林光灼灼彤霞射水影沈沈晚妝無力臙脂重夜醉方酣酒暈深定是格高難著句不應工部總無心
尤文簡藏書最富其遂初堂書目跋見藝文又楊誠齋序其益齋書目云延之每公退則閉戶謝客日計手鈔若干古書其子弟及諸女亦鈔書謂予曰吾所鈔書若干卷將彙而目之以代饑之肉寒之裘寂處之朋友幽憂之金石琴瑟也
尤文簡書法高古世不多覯惟曾幼卿鳳墅帖載有文簡與其父無玷侍郎手牘一則云袤講聞高義之日久矣得趙憲景明書說足下不容口益起思賢之念恨相去遠未得承顏接辭乃辱惠誨不勝感慰竊覩藻麗益知

所緼袤承乏於此得同王事愧不間過凡有可以鐫切者勿惜自此片紙往復勿用俗禮乃幸目昏臂疼不能盡復來見草此一紙爲報殊愧率略也袤頓首是牘大興翁方綱見而重摹之以寄秦侍郎瀛爲刻而留之惠山祠壁
洪容齋夷堅志紹興戊午冬予兄弟奉先夫人之喪居無錫大池塢外家墳菴前後巨松二萬株明年春雨松各結一毬翠葉團繞宛然天成菴僧曰近村邊氏葬松亦嘗有此其孫安野預薦今數二而大豈非沈氏有二子登科乎時外兄沈自强自求應進士舉既而皆不利而

余伯氏仲氏乃以壬戌中博學宏詞蓋此時正在藉肄業乃合二毬之瑞

周草窗癸辛雜識云汪應辰端明本玉山縣弓手子喻子材爲尉授諸子學有兵在側言某兒頗知讀書可使侍筆硯呼兒視之狀貌偉然不同常兒喻大驚留授之學許妻以女年十八魁天下以忠直聞按宋史喻樗傳樗二女方擇配宮人交請婚不許見汪洋及張孝祥曰佳士也遂以妻之洋卽應辰也紹興五年進士第一孝祥紹興二十四年進士第一

郁公遺愛具載德化記中後累遷知蘄州曰無錫吾之桐

鄉也因家焉築室梁溪之上臮敞深靚環以花竹歲時夫婦坐上諸郎袍笏燦然舊志郁子孫始居無錫者誤

許舍山中多虎童男女晝不出戶尤待制叔保居之使人拾楝樹子數十斛作大繩以楝子寘繩股中埋於山之四圍不四五年楝大成城土人遂呼爲楝城乃作四門時其啟閉虎不敢入

宋許月卿追賦蒔遊詩序云余以庚子冬絜絜離廣陵將肄奉常試業於京師舟泊無錫日已暮與王希聖微服遊南禪蓋訪古也參寥題名壁無恙寺記有碑碑陰結字甚偉視之蔡京也出門烟樹蒼然數僧偶語而已余與希聖郤立四顧曰此佳處也當寫之爲詩而舉子業亂其中不能就暇日追想宛在予目因賦寄希聖其明年冬十一月也詩云錫山舟泊似荒村微服南禪古蹟存壁上姓名今已遠碑陰人物了能言蒲游草草霜侵袖遠思悠悠風滿軒攜手出門烟樹密數僧離立語黃昏

姜夔嘗至無錫謁尤文簡論詩丙辰之臘嘗寓邑之新安溪作江梅引浣溪紗等詞又致周密書稱張平甫欲割錫山膏腴以養其山林無用之身云云並見白石集平甫蓋邑人也

案夔以慶元二年丙辰冬自吳興詣梁溪道經松江見慶宮春詞序其詞又有丙辰歲不盡五日松江作一闋是其至錫在臘尾矣又以江梅引詞序考之其時蓋欲適淮而留此度歲非久居也考乘謂夔嘗列流寓非是

淮海周煇云煇家惠山泉石皆几案間物故東來數問松竹平安信且時致陸子泉茗椀殊不落莫頃歲亦可致於汴都但未免瓶盎氣用細砂淋過則如新汲矣

倪元鎮嘗攜妾輕雲放舟錫山下對萬壑爭流圖陽羨陳氏藏雲林十萬圖此其一也十萬圖皆爲陶九成作

雲林平生不畫人物惟龍門生一幅有之不用印章有一方曰荆蠻民而已

清閟閣前苔蘚盈階不容人跡綠綢可愛落葉時則令小

奚緻鍼於杖端挑而出之
開先寺僧方崖志慕雲林而未遂恥借客面乃寫墨蘭於扇持以爲贄雲林倒屣迎之卽夕賦詩蘭上曰離散重居寺春風蕙草生幽林蒼蘚地綠葉暗璚莖早悟悶思入終由幻化成虛空描不盡明月照數莖旦起亦書蘭以贈臨行復助修佛寺銀五十兩方崖用以造一精舍以待雲林之來雲林至吳卽以爲居停所見包山漫記
王蓉溪嘗賦如夢令曰林下一溪春水林上數峯嵐翠中有隱居人茅屋數間而已無事無事石上坐看雲起高房山尙書愛其言嘗爲作圖張居貞題云歌此芙蓉窮

窕章山陰茅宇日淒涼不是筆端天與巧誰割雲山與侍郎此圖久爲遠人所得倪元鎭因用其意寫贈王仲晃梧溪老人王逢時題其後曰予謝病將還鄉壠道宿寶雲禪舍與王仲晃論心見先友倪幼霞畫且獲覩王蓉溪張居貞二公詩詞仲晃徵予賦詩亦爲長短句一闋楷荁數株松子村遠一溪菰米鷗外迴閭雞遥望雲山烟水多此多此酒進玉盤雙鯉
元教授程清遠章白自禊中避仇居邑之周涇與周玩易衡友善明太祖召玩易爲右正言清遠賦詩送之諸大老見而賞歎共薦於朝下詔特徵清遠避匿有司求得之不得已隨使者入都至丹陽過玩易忤旨斬首喪還清遠撫棺大慟口語曰嘗全尸見先人於地下耳遂自縊死一時邑士有高名者楊承一倪髮爲僧呂方朱紹晦去爲黃冠王約錢勤佯狂相攜歌於闤闠時錫麓梅村梁溪三詩社皆廢本學生託疾焚書者半
孟來魯字質夫世居新安博學多異術尤精天文元季教其子孔文孔舉孔學習泗水刺船賈其田廬造三舟泊於笠湖之濱質夫八十餘卒未幾四海鼎沸孔文兄弟安處湖干寇至則避湖中隨遂來往卒遭昇平後孔文應人材辟拜會稽長年已七十怡尙寬平入覲奏父天

文書有綵幣黃金之賞引年歸
馮志云洪武初教諭得自請訓導朔教頂平巾諸生自給束修進退自便二十五年賜冠帶給俸廩自王逵始洪武以後訓導由儒士考中除授其爲貢生授職不詳所始至舉人就教則稱署教諭事
洪武戊午夏四月雨雹橫山居人蕭天祐在城中三日後歸啟其室見階下有四石子一白如玉隱起竹葉紋一深紅色一淺紅色皆如寶石有芒采一最小者鴉青色王學士達題其居曰天寶
張籌義犬志曰大明開天建元洪武余以徵召赴京師待

罪翰林應奉超拜尚書禮部明年己酉夏四月二十七日先考背棄五月五日奔歸喪次營卜宅兆講服喪禮時則有鄰婣得巷貿翁數相過從六月既望時雨兼旬初霽余訪得巷於弓河草堂步行新橋委巷泥濘沒屐齒余踞盤石濯足呼得巷欸柴關而有蛇蟠石交縛余左足事出不意時惟一黃犬隨余行余顧犬太息犬解余意嚙蛇數段犬伏毒就斃得巷始出見驚駭相慰謂古人有帷蓋之義俾余掩之余相盛河南隅一邱用瓮席四襲坎葬云嗚呼古有銜結之報書傳所載非誣也乃余親受此犬脫非常之厄謹朱書元石追而納之壙

與得巷親臨視焉雖然余負此犬多矣余乃一梧主人姓張氏葬之為六月二十四日

朱彝尊靜志居詩話浦舍人長源居九龍山中築聽松軒凌彥翀為作記其後舟經淮河溺死故王達善祭以文云長源之文豔若天葩云何不幸竟墮泥沙詩工七律句如聽雞曉闕疎星白走馬春郊細柳黃細雨疎燈閒落葉斷雲高樹見明河雨中黃葉孤村路湖上青山遠寺鐘三月春陰垂細雨幾家寒食起新烟春潮渡口停官舫夜雨山頭見驛燈衣上暮寒吳苑雨馬頭秋色晉陵山潮生漁浦客看下雨過鄰家竹許鈕官路暝烟迷驛舍郡城寒火出更樓青山馬尾纏弓見畫角城頭帶月吹暮雨燈明湖上搶秋風砧響郭西家杏花寒食春江店榕葉熏風瘴海船今夜風傳何處笛他鄉月照故園衣寒廳掩雪晨衙散暮郭連山夜燒明均有風韻匪僅雲邊樹裏一聯而已亦善畫山水竹石學倪雲林程原道詩所云雲林弟子浦長源也

綺塍街元明之間最繁盛夾路喬木古藤飛樓連閣浦長源詩所謂出郭樓臺三四里遊人不得見山容也又諸云惠山街五里長踏花歸鞵底香今皆無之

永樂中敕天下方面官保舉孝廉之士被舉者六十五人

又詔吏部差官密訪學行並優者吏部以十五人名上無錫尤文列第二命詞臣撰徵書各該有司官詣門勸駕文以老母力辭不赴既而徵至京者十三人擢布政七人授參政五人賜釋褐一人不至者文與梧州吳貞簡鶴也

明初陸季平士隆葛仲威桓李宗吉孟善施糾定武並以直言得禍吳東記聞稱錫山四忠嘉靖中楊果齋淮顧洞陽可久張靜思選黃斗南正色俱以直言受杖邑中稱錫谷四諫時有善畫者寫四公像為錫谷四諫圖

盛中丞顒長厚不忘故人有鄰叟余積業櫥桶公少與相

識及爲副都御史迓往訪余値其祀神因留飯其家無
席覆桶而布饌焉對飲至醉而別

西梁溪東迴溪宋元時溪流甚廣後周文襄公取三墩土塡迴溪爲良田今僅存帶水明初尤徵君文與王孟端並居溪上過庭章去溪半里許三君相得甚歡孟端畫家溪六景曰春波雨意秋霖水漲羣魚捕獺蘆洲集雁晴漁曬網雪霽鴉翔庭章亦畫溪岡九松合唱和詩爲一軸

舊傳周文襄忱故無錫人父元祐文襄幼時受學於王學士達後忽爲賈挾去遂隸吉水賈亦周姓至撫吳時求

周氏祖祠爲免其地税此說近誣不足信文襄撫吳爲德於民者甚大故民德之爲立祠惠山王新城摭拾浮詞謂文襄詔事劉瑾自稱孝孫果爾邵文莊惠山詩安得有南祠忠定北文襄之語耶

邊華泉有送秦用中文學詩云玉眞臺下三間屋屋後有松前有竹廣文先生雙鬢禿長對青燈夜深讀用中字擇之與七子皆定交論詩此則除授江西安化訓導華泉贈行作也擇之又有致何大復書云別來閲數年一官偃蹇秉鐸泰順於浙中最爲僻遠所喜永嘉江山雄秀前後得詩廿六首錄奉教削不宣用中謹狀

張養浩瓚字廷美剛直愼取與嘗行高橋之南遇醉而鬬者一人墜金於地張拾而默覘焉比鬬已始覺亡金大遑迫惜然出涕張徐呼謂曰男兒何不能愼一言而自令若是向非我卽此金不歸與若所爭得失何如也出金還之其人謀所以報者張不顧而去卽璉使愷父也

尤誠者字無僞授經吳門弟子百餘人景泰中誠爲秦府伴讀將之官徵束脩於諸生歲荒不能得而吳人多醵酒酒不售則人抱一罌饋尤尤笑諾而置之家徒手入秦明年甲戌元旦大雪三日積八尺餘老穉莫能出戶誠父曰務樸遂取酒使蒼頭傾門而飲之數日百甕皆

盡而所活人亦甚衆

陳文剛世居州巷和豐坊爲里中學究積善不求人知天順四年某月縣西街郭忞家火文剛居其左僅障一土牆而火不入飛越右鄰延燒三百餘家陳之檐霤棟宇獨無少損

趙綱字希大能詩年二十九而卒有寄洛陽李秀才一絕云未得吳公薦空憐賈誼才年年三月裏相約看花來黃勉見之曰入唐人詩中未易辨也

錫山之半有楊氏園名涉林已不知其處矣獨傳其時有王子行者年十二能詩詩曰半畝楊雄宅荒蕪迹易尋

路綠芳草八門掩落花深更以寂寞景對君恬澹心何人可同調邸內有鳴琴有如此風格而不自名家豈非阨於年耶

過供家藏邵文莊公一札一云病不能爲舅母志故託之名公日來已減能任書丹矣可令毛傳同吾奴邵孝擡石來三日可完就在此刻不妨一云甥書舅母志極宜肅拜而後舉筆特因膝瘡艱於起跪竟省此禮故不敢妄書拜以欺人也前輩眞誠如此

文莊幼與同邑丁松年惠遠稱三奇童嘗同至洞虛宮謁龍山房道士年八十餘謂曰聞三君敏妙吾有王學士

壽先師祖文千餘言能誦十過記之當烹白鶩以進於是丁誦一過背之不失一字惠誦二過訛四五字邵細讀三過又側聽二子背誦各一訛十餘字道士大笑進鶩既去謂弟子曰邵子深沈寡言舉止不苟此遠大之器二子質敏而氣浮非其倫也時三人皆十餘歲又三年而丁以儒士第一人應舉不第尋卒惠後仕終順天通判悉如道士言

邵文莊尙書第作十二景有曾侍堂泥金畫仲尼居曾子侍像於屏容春精舍庋藏書萬卷其中後燕居亭亭傍一齋祀祖存一公小像其南爲嘉樹亭庭以石子甃八卦象曰八角臺臺西出九畹畹各滋蘭九本名蘭畹曾侍堂右鑿小池種荷名思濂沼上有石梁曰光霽橋其傍多竹名靜深徑堂前有石二取其形似名之一曰圭一曰冕又一石如屏者出西蜀種蒲其上曰雲濤菖蒲石爲地不甚廣而取名特多

邵文莊有茶田十八畝在二泉書院右偏引泉灌溉水旱無虞令惠山寺僧承佃以供夏月施茶之費文莊沒後寺僧爭佃護雲關不二門上彌陀下彌陀等六庵輪年耕種但資山僧口腹暑月行人不復沾施茶之惠矣

邵文莊曰文獻通考言惠泉甘美置之第二不忝但未知

康王谷水何如余飲惠泉舊矣後飲康王谷水未嘗躍然驚也余友劉鎮江績亦稱惠泉第一又杞園文集載康熙間有題泉上云劉伯芻論水之宜茶者七自一至五余皆得而酌之澂泚甘冽未有如惠山石泉者適强抑之第二不知何意然世之妄庸巨子謬秉衡鑑旣經品第遂莫敢異議亦與此同歎矣康熙二十四年春三月望日牟山張貞題

秦仲孚爲修敬封公季子與其兄永孚並以孝旌泰陵即阼賜冠帶嘗作溪山清興堂清還閣結亭於後圃顏曰滌煩九日詩云抱病忽聞佳節至獨攜藜杖強登臨黃

花笑我容還瘦綠酒盈樽手自斟處處簾櫳知社燕家家悲杵送秋音不堪覽鏡頭如雪折得好枝懶去簪次日得疾不起見朱彝尊靜志居詩話

王文簡士禛清談錄云明無錫黃公祿善方脈而能詩嘗詠雪毬云六花平地捲成毬不待雲斤月斧修萬古太陰深合處一團元氣未開頭金盆忽送來瑤島銀粟難將挂綵樓只恐明朝易銷歇長江滾滾逐東流人稱為黃雪毬

西神叢語秦樂易鎧自述云不求利達不憂貧不羨神仙學養眞留得一區方寸地儘堪康濟百年身嘉靖丙申

樂易年七十一矣偶夢得詩一聯花吐鮮穠怡老況天留强健報清貧至庚子季子涵次孫禾秋試並捷癸卯孫粱復領鄉薦壽至七十有九

金匱山永樂中為土人强善三所據其居廬燬於火知縣盧克敏去瓦礫加善土環蒔松竹後成愈事始終解組歸築室山下曰錫江舲曰海岳軒

二泉之上有小洞洞口方廣丈餘石上古篆玉雲幽洞四字顧九霞卯時猶及見之

呂元夫御史卣子生有異稟風姿玉立卣未第時為諸生有名富人朱氏以女字元夫及卣三試不第家益貧朱欲離婚告於邑令令受其屬而難之會諸鄉賦長以朔旦朝令令曰呂君雖貧其才足依非長貧賤者朱意如此既難强合諸君亦有願與為婚者乎有侯謂者素慷慨好義出曰願贅呂君于令大喜立取一朱綺為呂子聘元夫於是居侯甥館十年舉進士授禮部主事改吏部武宗即位元夫齎詔江南至邑路見使車中人皆聚觀朱家大市橋西其女壻不譬常居母家於隙中窺焉一夕恚恨死

顧洞陽可久在武宗世宗朝以直諫再被廷杖臀肉盡脫割羊臀補之後生少子起東臀上有羊毛至孫猶然

鴨城華氏傭曰懶侶甚勤力久之辭去為頭陀以卜相術游四方從一貴璫入京劉瑾召問之頭陀知不可正忤諸問言曰公相貴不可言僧亦不敢言恐公見縛付西市也瑾心竊喜居之密室頗參計畫及瑾有異謀為御誓神頭陀遂竊之以告張永因發其事瑾既誅將召論功已遁去矣

陳廣者宇似源儒家子孤貧與顏某有通家之好顏衣食之廣無能强飯酣臥而已有風疾顏厚之不少異顏有仇家賂其侍婢置毒餅中以進廣微聞之不泄遂攘主人餅而食之左右方以為怪頃之廣嘔出細蟲無算問

之終無所言及婢夜逃人始漸知其事而廣風疾遂頓除年至九十有八

張通參選大節甚著臨終謂吳論德曰先輩身死國事如施御史許給事諸公皆未與祀典吾梁陳之有司未之信也我死勿置我鄉賢以增吾愧

嘉靖中華學士察奉使朝鮮之十七年其族子重慶爲倭所掠遇風漂抵朝鮮見其王自陳所由王知爲華氏子并其同俘十三人遣使護之送過鴨綠江爲請命於上詔賜還鄉其國臣復爲詩四章以贈別其一云異國逢秋早金風落井桐鄉閭江浙外身世海天東阻折干戈

地依稀魂夢中愁多宋玉恨誰慰遠人衷重慶習騎射後投武職萬歷中鬬白蹂躪朝鮮重慶上書請纓願隨王師出援屬國雖不果行論者壯之

黃太僕正色戍濟陽終日匡坐讀書所攜通鑑綱目偶失一帙無由借鈔乃濡筆追錄所記以補之後勘某事舛註中訛兩字而已

藏春院造於成化中舉人高政政性豪侈爲監利知縣歸爲院於高家衕日選曲中豔異者居之每忘晨暮後人有懷川者效之竟至敗死廢後六十年而王召水西樓繼之召故仲山之兄也年二十舉進士由主事出判禹州以放誕奪官歸乃創水西樓於試泉門外在梁溪之曲召致吳越名豔聚處其中與錢慤顧可宗結肆情之社游娛若恐不及仲山作藏春塢詩以諷之其詩曰玳筵羅綺醉淹留狠籍簫笙去不收猶恐彩雲容易散明朝重上水西樓

蔡少卿亨初爲南陵教諭既五年有都吏謂曰得三百金可擢知縣亨黽勉欲從其請夫人以事未可必勸阻之遂得淮府伴讀歷興府教授皆不得意鬱鬱赴官亡何世宗入繼大統亨以潛邸舊臣拜光祿少卿尋遷太常大被知眷相傳時有妃蔡氏者蘇人本漁家女微時嘗

記識亨及入宮被幸上問廷臣中有親族否則以亨對自是代來之恩加之戚里顧遇彌渥鄉人稱皇親今其論塋猶在

胡原荊涍以建言削籍大節朗朗朱彝尊靜志居詩話云原荊里居任俠結客所識窮乏多受其恩歿後王承父爲具狀屠緯眞爲銘墓王元美爲作傳咸盛稱之當是實錄而邑人記載多述其居鄉豪橫與王石沙瑛同譏自不可信華水西鑰許心餘世卿王仲山問俱不免於謗訕亦難乎其爲君子矣

伍氏著林居漫錄吾邑正嘉隆萬先輩受斧鉞誅者二十

三人譏訶者不可勝數顧端文見之流汗及踵曰吾邑其爲互鄉乎挐舟而往不惜頤頰辨白者三晝夜十削七八見趙夔陽聞見錄

萬歷間播州酋楊應龍既平獻俘闕下時侯少芝先春在諫垣念酋諸幼弱無辜詣同鄉刑侍嚴化卿一鵬屬其疏請自十五以下皆赦免嚴以恐觸上怒謝之少芝復集諸同官議僉名具疏以請同官俱託故辭少芝乃獨抗疏上言竟得旨赦免此事少芝遺命毋載墓志是以邑志傳俱不載

五里湖之廟堂里其居人多徐姓偃王後也正德初有名

黃毛三者多膂力能犫奔牛尤墓有石虎以足蹴之陷地會劉六劉七叛三偕其里人吳用朱光又大浮山農楊敬楊龍應募爲兵隸指揮王景陽部下後從征岑猛於廣西爲猛所得欲降之三詈賊賊拔其舌而磔之楊龍吳用亦不降見殺朱光楊敬夜走僧菴竊其刀薙髮乃逸二人少嘗讀書光後舉廣西武舉頗有名卒於粵敬嘉靖初爲把總歸死故鄉

顧南野聘尤洵美錮訓子叔時季時隆慶己巳春開館試以文叔時剃那脫棄洵美覽之色變連呼曰誤矣誤矣令隨侍兩奴扶挾叔時於師席整衣冠而拜之南野驚問曰翁二子並爲國器而叔時摶控陰陽埏埴造化之手也吾可覥然令其北面乎於是陳雲浦以忠議與叔時爲友季時師之

萬歷庚辰孫少宰繼皋分校會闈得顧端文公及南樂魏崑溟卷以呈主司申文定公文定笑曰殿元鑒賞不虛此南北兩解元也拆號果然文定亦殿元亦頗以此自負

萬歷壬午闈中閱卷已竣待曉發榜矣分校徐司理民式將就寢鼠嚙其足者三因於暗中抽一落卷急起秉燭閱之以呈主司沈龍岡鯉沈晴峯懋學俱咨賞不已遂

中式卽高忠憲公卷也

尤氏自晉江徙居無錫許舍山文獻公輝嘗搆一堂上梁日龍見梁曰逢辰後文簡公袤莊定公焴相繼戊辰登第其後府丞魯嘉靖壬辰參議瑛嘉靖甲辰方伯錫類萬歷庚辰龍見之祥久而猶驗見尤侗西堂雜俎

安吏部希范歸田之後常閉門讀書數月不出家本華膴出則乘一畫船綺窗十二繪張季鷹蘇端明米南宮諸賢於其上寄託既遠賓從甚都吳越山川遊賞殆遍不獨仕路升沈不挂於中卽周旋東林間亦復頗用我法

袁宏道曰余不嗜酒而有茶癖居江鄉日與泥汁滲潢爲

偶吏吳以來每好事者設茶供未嘗不自笑然務煩心懶十未得一及居錫城往來惠山始得專力於此一日攜天池闔品偕數子汲泉試茶一人突問曰公今解官亦有何願余曰願得惠山爲湯沐邑以顧渚天池虎邱羅岕如陸蔡諸公者供事其中余得披緇老焉勝於酒泉醉鄉遠矣

天啟壬戌江夏賀文忠公逢聖入闈禱於天願得眞士被夢神語云明日閱第一卷眞士也賀瞿然起得華公允誠卷大加歎賞是科會元爲竟陵劉仕徵必達亦出文忠門衆舉以相慶文忠曰仕徵固不愧前輩此中更有

一士他日當爲國家倚賴蓋指華也癸未文忠成仁於楚中戊子華公殉節於白下羣服賀知人而華不負所知云

天啟甲子鄉試楊將發馬封君希尹夢其亡室徐垂涙語曰忠臣不事二君烈女不更二夫寤文肅公中式報至向甚不解又文肅幼時夢中嘗詠從今別御江南日化作啼鵑帶血歸後讀文山集見其語每自詫及甲申三月垂縊作家書因及之忠臣孝子亦有定數耶

王福州永吉前爲定興令嘗乙丑歲科臣魏大中被逮擬贓五千舉人孫奇逢醵金救之謀於永吉永吉立出白金付孫且復書曰金不於此處用便爲天地間無用之物一時傳之以爲名言

天啟乙丑八月將毀東林書院高忠憲公夜召儒學吏潘守命之曰書院毀矣惟是燕居廟孔子神位豈可俱毀吾念惟文廟複壁中可藏特以相託毋泄乃呼燈躬奉神位付潘明年公及於難其後燕居廟再建潘之于華言於衆乃迎而祀焉

姚希孟譔葉司空神道碑云哲皇帝之四年御史中丞楊忠烈公率廷臣排擊逆閹勝負未分微間閹與妖媼表裏爲奸有龍漦燕啄之事忠烈首發之未著也先帝富

於春秋罕思後圖希孟以是秋入都道經錫山閱適葉公相顧卅中搤腕時事撞余而別曰公行矣好語諸公宜思其大者信邸出閣講學此今日本計也希孟識之至乙丑丙寅間閹禍大扇國統幾搖荷祖宗之靈今天子纘承大寶掃除羣腐海内手額中興而公一言爲之嚆矢始知老成憂國片言扼要如此

崇禎戊寅嚴司寇一鵬年九十詔賜存問設龍亭於迎湖館敕使以下朱衣搢笏騎而導前司寇朝服郊迎又伏候於里門至第宜讀詔旨朱顏白髮拜舞婆娑通邑聚觀歎爲人瑞嚴爲萬歷丁丑進士至是前一載丁丑邑

中第者七人持年晚生刺謁嚴嚴出見笑謂曰今日承諸君不棄老耄他年丁丑又有後來者援例謁諸君也胡時忠進曰是時晚生輩又率諸後來以謁先生耳一時大笑人推胡辭令之善

朱沛泰伯鄉人上世以軍功顯沛生而驕脇驍勇絶人能力格牛鬬嘗舟行遇盜數十人手殲之焚其舟奪其貲以賑貧者明季流寇鴟張從征有功例擢爲將軍嘗爭忌之奪其功沛曰飛將軍不侯固有命爲謝病家居及卒鄉里感其恩義會葬百有餘人無不流涕因名其墓曰朱將軍墓

鄒叔介兌金祟禎丁丑公車北上渡江泊舟金山狂風大作叔介見有覆舟招手疾呼出金援救衆操舟競援活十一人獲死屍十九復捐三百錢設救生船二十餘艘號紅船至今好善者踵行之叔介齎貲既罄竟歸不復赴試子卽殿撰忠倚

馬忠肅世奇殉節京邸報至遠近赴弔獨周公茂士彥以紅柬稱賀

龔節愍廷祥於乙酉南都破時投武定橋河死其絶筆訓子云吾自正月出門與母執手相別意欲得一誥封以榮父母四月十八日果命下準誥封吾事濟矣時方欲一見老母以殉國事不意五月十一乘輿播遷晨同吳年兄到水西門欲出去白刃數重把截回又至十三日早晨易服出城又有多兵將刀鎗亂加縛至城上吾命已該絶終以不見老母爲恨亦思此心何心廿事二君乎汝輩要小心謹愼奉事祖母切不可務外事切不可得罪於人致惹災禍吾雖在地下有餘榮矣吾生平事事欲學古人所以至此念之愴然此字卽愍殁後百有五年其曾孫任道尚藏於家

秦大音鏞初爲清江知縣一日撫軍郭都賢過清江歷報而秦不出迎及郭已過役慴更白乃大驚追謁及於前

途深自陳謝偶爲一文賓未省旌節之早至也郭笑曰今文何在遽出懷袖中郭竟讀乃大稱賞歎嗟而別

秦大音與從姪孫松岱書云僕居千休館杜門已久擬詣靈巖訪徐昭法卒中止此意賢姪孫當喻之比來想造詣益深惟勇於任道氣質未融善用之則爲剛不善用之則流於忿宜令心氣和平以還太虛之體

前復社無錫十六人馬世名秦鏞王孫蕙顧杲高廕華廷獻黃家舒黃時亨王孫芝王廷禧王玉汝黃鍾克秦鉷馬瑞吳維蕃季廷燦後復社無錫十一人侯貝源侯宗源秦德滋華延賓浦廷卿周如寘楊廷棟楊廷杜楊之

傑呂陽唐德亮見貴池吳孟堅復社姓氏錄
明季有聽社十七子無錫十五人華時亨秦鈇黃家舒顧
宸顧煜王延禧王玉汝繆振光呂陽秦鏌唐德亮吳渠
時馬瑞王永肩黃傳祖常熟錢陸燦長洲許王儼聽社
者文社也其時又有淮臻詩社共九人呂自咸孫漢度
秦德滋秦人在秦德湛黃傳祖黃芝錢星客　國初邑
之工詩歌古文者結雲門社於惠山睢州湯文正斌長
洲汪琬慈溪姜宸英皆來會邑中凡十人顧景文顧貞
觀秦保寅秦松齡黃瑚嚴繩孫鄒顯吉劉雷恒劉霖恒
安璐康熙間始著社禁有蓉湖七子劉齊吳世焜施𩇕

劉學洙秦道然吳遵鍈孫祁雍最後有敬業會顯達者
爲張文恪秦開他如曹軾五顧禎顧景華宏憲顧贊錢
基皆登科甲然會以時藝人才不若從前之盛矣
顧宛溪祖禹弱冠時貧甚爲里塾師歲得脩脯止六金以
半與婦俾就養婦翁家餘盡市紙筆燈油題其館曰夜
眠人靜後早起鳥啼先其自勵如此著方輿紀要日草
數條或以事嘱必夜不寐以補之熟於山川阨塞戰陣
攻守之略會三藩用兵崎嶇閩浙迄無所遇嘗過淮陰
侯廟云重瞳帳下未知名隆準軍中亦漫行半世行藏
都是錯如何壇上會談兵蓋自況也

順治乙未秦對嚴宮諭年十九官庶常試詠鶴詩有高鳴
常向月善舞不迎人之句
上指示閣臣曰此人必有品已擬第一適人索額圖嘗欲要
致之屢致饋問竟不報
嚴藕漁中允薦舉鴻博考試日以目疾僅成省耕詩一首
已不錄
上親閱卷得之曰史局不可無此人諸臣不問唐祖命南
山陰嶺秀二十字入選乎既入翰林其記
恩詞調寄南鄉子有何意片詞親檢自
楓宸九死從今敢負

恩之句
陸鐵莊楫家貧自力於學爲村塾師朱大占旂避雨村舍
見其文大奇之爲延譽於其座師淼對嚴延之至家名
大起嘗偕華凝修王澄至京師王崑繩源劉繼莊獻廷
咸與訂交楫不欲久居賦鴈詩以見志有𣃁𣃁草深多
羽箭江南水淺足菰蘆之句浩然竟歸
惠山寄暢園有樟樹一株其大數抱枝葉皆香千年物也
聖祖每幸園嘗撫玩不置
回鑾後猶憶及之問無恙否查愼行詩云合抱凌雲勢不
孤名材得並豫章無平安上報

天顔喜此樹江南只一株迨
聖祖賓天此樹遂枯亦異事也

鮑震西者邑諸生性至孝授經里中暮必歸省父母學有原本尤能考核六書字畫音義家貧與弟同居不析爨有二子亦孝友季子館侯氏供餅餌果物必歸奉大父母不敢先嘗其往返可計步以俟不爽晷刻世傳其歿爲淮陽侯頗誕

嵇國斌字朗亭乾隆間官瓜州守備瓜州京口翦江官渡船向來肆意需索商旅苦之國斌至任定其值毋許多索每船首懸片瓦書朱押令被索者但碎其瓦毋庸稟訴國斌逐日點驗瓦碎者重懲之另給瓦行李稱便又定救生船賞格救一生人賞錢四千撈一死屍賞錢一千且施以棺郎順天府尹承志父也

過廣封者邑之八字橋人名應桐性孝友兄某失意於舅氏應桐排解不能釋勇訟之官兄理不伸將受杖應桐念兄與試倘留乞代杖又嘗拾遺金候其人還之戚友以艱窘告無不爲之籌畫人皆義之子伊烈亦有父風

元時百三歲翁王祿單將山中樵者也明有周受誼生宋景定歷元至明百十有六明太祖召見賜之酒復其家後茹文中百有四英宗召見賜冠帶宴之順天府又有陳復我百二歲周文襄以國耆旌之蔡辰溪言幼時見其曾祖遺一扇有游惠山詩云稀歲挾侶游茲山重來忽踰三十年山川草樹尚依然同游諸君無存焉末署五浪山樵梁桀計其年亦百歲外矣

國朝邑紳壽至九十者惟蔡南沙南沙年五十二登第官給事中以播邸事下獄得釋年已八十又踰十年而卒鄒小山張文恪兩宗伯先後引年致仕鄒壽八十有七張壽八十有六大學士嵇文恭科名最早以乾隆庚戌會進士後同年越甲寅卒壽八十有四

乾隆五十年奉
旨特舉千叟宴惟時吾邑大學士嵇璜實爲漢大臣領班
國老舉人龔瑢亦以耆年得與庶老之列越十一年爲

嘉慶元年奉
詔復舉舊典吾邑封知府馮熠縣丞張一飛議叙州同孫文偉孫璽朱勝章五人皆與前後並蒙
賜詩章鳩杖如意綵緞等物

姊志弟墓古所未有明初有張貞素者爲其弟志曰張存字元理予母弟也予父諱秉恒世居無錫梅村仕爲處州龍泉尉予母葉氏艱於得子日夕拜禱觀音大士見形窗前於是予母得孕而生弟弟白皙如脂聰明俊朗

有詞藻年十三爲諸生十六應試與溧水齊宏軒德試席相聯至晡時宏軒忽被疾予弟代爲完卷弟不成名而宏軒爲解首洪武丁卯也乃與弟結兄弟交弟之大禍始此矣後宏軒改名泰而登第宏軒感恩娶以姑之孫女延之宦所宏軒既獲上寵遇日隆奏弟爲鴻臚通事舍人宏軒筆札皆弟代草使燕偕行交游猜忌上下側目及燕兵入金川而宏軒族誅有讐予弟者謂泰啟諸藩之釁皆予弟謀指斥諸藩之檄皆出弟手捕弟入都與其姻黨百人共繫詔獄鐵帚刷膚銅箸烙骨越旬潰爛死鄉友吳太熙罷龍江關大使居京師收弟骸負

之歸予買地堠山之西葬焉弟生洪武五年壬子正月望日受禍壬午十月朔日妻袁氏先卒子應龍方七歲嗟嗟弟被逮之日父黨母黨之指以百數莫有一盼之者又安能志弟之墓哉予憂其行湮沒不彰聊敘其實一書於棺上一書於屋壁以俟應龍長而覩焉安效寫

妻張貞素謀并書

邵文莊仲女迎恩嫻於詩適諸生吳汝憲文莊題其詩稿曰關雎餘懿文莊集有病中無聊命第二女鼓琴詩

湙主事鼎鉉母王早寡以節著年七十餘而卒遺詩訓其子凡千餘言曰憶余遵嚴慈十六締家室舉案傚齊眉相莊友琴瑟屈指甫十春昊天降酷烈摧我連理枝折我雙飛翼號天天無光哭日日無色聲咽不成啼淚盡繼以血漿粥不沾脣寸腸痛碎裂誓死三尺繩微軀奚足惜睠顧膝下孩難割此雛孳更思腹中兒抱血不忍擲余毋涕交頤勸余姑進食因以偷餘生課兒任厥責長兒歲八齡腹兒僅濡沫寸壤望喬嵩嚼年幾成立呼兒夜讀書篝鐙事剪尺中夜每悲唏蟲聲答唧唧兒或荒於嬉童心玩歲月雖愛能勿勞提誨敢姑息操杖薄責之未下余手怯懼負九原人又憐兒啼泣踟躕涕漣洏擲杖淚流臆翁也憐孤兒以祖代父職諄諄諭蒙師

每自坐師席翁又殞大星悲腸倍百結雀牙外侮來榛棘世途仄黽勉督吾兒焚膏繼祖業乙卯幸邀天兒名厠賢籍豈不破愁顏歡中帶慘慼父也若埋頭未展雲中翮孺子席其餘父又弗能覩撫此泥金書霑淚帨巾濕呼兒立庭中訓以父遺德父行勵皎霜父襟霽白日雖云給舍兒寒素乃厥質初余歸爾家規余尚綺飾父惟知讀書余亦惟衽織閉戶寡見聞投不辨菽麥口不言錢刀言之頰發赤蹩躠行道中塗人罔有識檢身如處娃恂恂慎口舌古樸羞徑趨偃庭無履跡入室儼大賓燕居屏狎客天性惡繁華布袍數浣滌不獵豪俠名

不蹈貴兒轍不隨世態趨不因家勢熱笑彼齷齪者胡爲戰蝸國立志奮鵾鵬餘人盡鶖鴨超步慕聖賢矢心恥苟得或以阿堵歆髮指怒狮憤或以尺牘千手裂紙飛陌豈謂我性柔乃以腐鼠嚇我故童子鴻不愧父清白卽之則溫良犯之仍巇嶮括囊愼有餘干霄氣莫遏義交恒澹如不爲囁嚅密一二道誼朋締好比膠漆萊水有徐君筆硯相晨夕共披忠烈書拍案稱快絶相對評古今達旦夜不席其性煦於春其腸勁於鐵立志巡千秋傷哉中道折小子奚有能父慶所流溢勉矣毋忽忘鏤鉥父遺則兒乃幸速飛薦種小有穫公車踰十年

偷薩耽游逸青雲阻半途九原心愈惻兒雖已眉鬢命蹤爲兒迷兒時戲以嬉父惟勤以飭兒時近狹邪父絶平康迹兒時被綺羅父衣惟毛褐兒時饜臑甘父惟呷藜汁兒時娛管絃父不曉笙笛兒讀荒嵗時父讀忘冰雪兒館壓封九父館晝下鑰父耕子乃畬天眼從古碧兒顧自滿盈竟爾忘先澤匪余覬冠幘責兒如此急慮兒壯志灰懼兒中道跌黃泉望欲穿待兒賁幽蹟能無涕滂沱爲兒絜言說丁丑倖春闈仰藉先人烈況出葑師門山斗幸不遐寄東馳長安茲售良可悦余愧未同歸已蒙荷旌節父行多隱潛仰乞如椽筆吾爲一開顏

得爲素願畢忽聞除齊安未免喪惶迫正處辭愕時曦孫藝蘭茁俯仰四十年悲歡判今昔然余懼盛盈徽天大耀赫一子拖綬紳一增先袍笏雖孫髮覆眉叨榮復爲奕月滿防其虧日中憂其昃兒曹來吾前媳婦俱集旣已勖兒箴亦思勒婦式勿以泥沙侈勿以燕安溺勿以珠玉誇勿以簧舌惑常思富可貧貴亦可賤易夜月理機絲朝暾就盥櫛知余晩向榮不知早茹蘖如何口拮荼遺茲田與宅如何歷險巇屆茲脫岑寂哭夫哭次兒順少恒多拂哭翁哭母姑喜一愁恒百榮枯倏忽移衰盛古今驛男行祈瑜全婦職無圭缺長此交相成

內外各努力毋學世途僨吾自安吾拙蒼天不負人施償理自直余語不厭多聊以代砭石止此不更言祈早歸同穴聚首可千年少補存亡隔曷願海籌添曷長夜臺黑合掌叩蓮臺眞性勞收拾撒手卽歸家笑與兒孫別此詩藏篋中留與他年刻鼎鉉舉進士出黃忠端道周之門後忠端妻蔡見王詩驚賞爲賦詩二十四韻一時傳之時順治庚寅距王之卒六年矣

王朗字仲英秦宮諭松齡之嗣母也父金壇王彥泓才名籍甚朗有夙慧歌詩小詞及畫水墨梅花並稱絶調自號爨提道人龔節愍之女靜照亦能詩善寫生有汞愁

人集亦曰鵑紅集秦宮諭從妹婉芬亦工詩中年長齋繡佛宮諭有和其五十感懷之作又有秦清芬者工詞其鷓鴣天云偶剝瓜仁排卍字漫將梳底印連環無事上眉彎傳於世識小錄指爲顧文婉詞誤矣

顧翚汾貞觀有二姊一爲進士侯麟勳母一嫁華子曕並有才藻而麟勳母文婉尤著與王仲英相唱和徐電發釚詞苑叢談錄其浣溪紗詞三闋翚汾戲效杜少陵七歌云有姊有姊號能文長者曹昭次左芬鍼神弟子盡北面繡成寶作金縷裙又有堵霞字綺齋知縣廷棻女適諸生吳元音詩詞書畫靡不工妙繪圖繪寶鑑盛稱之

薛瓊字素儀李芥軒崧繼室也雅善詩詞夫婦白首偕隱有梁孟風子大本亦能世其業婦人以才著而無缺陷者人推素儀嘗同芥軒賦沁園春云利鎖名韁蠅頭蝸角且自由他幸瓶中鼠竊何餘菽粟畦邊蟲嚙還剩蔬瓜隨意盤餐尋常荆布無愧風流處士家齊眉案看鬢霜髭雪漸老年華何妨嘯傲煙霞到處徜徉景物賒且籃輿同眺青山紅樹篷窗共泛白露蒼葭出不使長歸常抵暮稍有囊錢便買花隨兒女各經營耕織檢點桑麻同時顧瑩才名亦相似爲華人華遂母著青湄詩草又有戴淑仙著繡虎餘音

華瑤字青琴教諭希閔女歸於殷爲古今體詩才筆卓犖不類婦人讀于忠肅傳云土木驚心北狩年豎儒無識議南遷中朝借箸推司馬絕徼揮戈走乜先盟誓千秋嗤趙宋山河一寸重幽燕滿腔熱血終教灑東市朝衣爲黯然又有讀史十絕其一云嘗膽三年方報越美人一笑竟亡吳屬鏤何不誅元惡留得西施泛五湖時有孝女孫旭媖亦工詩有巾幗而今有腐儒句蔣衡大書巾幗腐儒四字作橫卷一時題詠甚多

徐蘭英進士孫洙繼室幼慧學詩於杜太史詔又從蔣衡受筆法能擘窠書時有秦雄飆繼室過清芬亦擅才調其述況云多謝天公連日雨全家送上首陽山又有過錦繼室蔡如玉工花卉翎毛亦能爲小詩

鄒若瑗諸生士起女嘗封股療母疾適國子生朱汝綸爲詩旨格清遠其夜泊丹徒云落月挂江樹篷窗四月秋夜潮回客夢何處是揚州延清閣夜坐云虛綠搖窗鏡影空庭梧瑟瑟竊秋風水晶簾外朦朧月人在秋江碧練中若瑗女適秦侍郎瀛亦能詩其潞河歸舟作有千里歸帆渾似夢綠楊影裏畫橋西之句見吳騫拜經樓詩話

寶貞淑者字湘畹諸城人總憲寶光鼐幼女能詩善畫父殁隨其生母居蘇州未嫁而夭總憲門人綦侍御葬諸忍草庵側給僧田三畝守之舊志有此條以非邑人又非流寓故改從附識

劉汝藻國子生楊陛棻妻以節著能詩有筠心集顧翎字羽素教授敏恒女適國子生楊毓勳顧氏累世風雅翎亦習為詩與弟翰筠蕙生相倡和有綠梅影樓詩詞年七十二卒甘涼道顧光旭孫女曰點梅幼以詠梅詩為大父所賞因以為字適諸生楊萬藻其春柳詩采入閨閣正始集道光中河督麟慶母惲氏所選也編脩劉嗣綰之妹琬懷亦工詩適金壇虞氏有問月樓詩詞近時有顧翠雯者詩亦清婉有漱霞軒吟草鄒壯節幼女佩

蘭適候補知府華蘅芳每以零縑斷紙寫所作詩詞人無知者既卒蘅芳梓其遺篇曰紉餘小草

王寡婦失其氏居大婁巷破屋臨街獨居紡織邑潘翁素卹孤寡歲暮取懷中金由戶外投之婦怒罵擲之街心潘故與婦鄰王某善乃介其一言婦曰縱周之周之不以道不受也顧觀察光旭作詩誌其事

萬安鄉醫生賈石香者病篤有卜者妄言禍福謂其家今歲當死一人石香妻張是夜默禱竈神願以身代溺水缸死石香竟愈聞者憫之嘉慶二十二年事

王新城蠶尾集有梁溪僧岳蓮過訪彈琴得詩云上人白足侶來自錫山岑衲衣屭門雲懷抱龍脣琴幽蘭楚人唱大雅漢宮吟請師回玉軫寫余山水心

停雲館石刻為文衡山父子摹勒衡山嫁女遂入奩中後輾轉歸鎮洋畢尚書家嘉慶初為馮集梧所得其石不全而武進劉氏藏數十石則得之常熟錢氏者兩家各出所搨合之乃為全本道光十八年邑人竇承焯購得劉氏所藏凡三十五石與趙某分之咸豐十年經亂殘毀今存二十餘石分藏竇趙家

無錫金匱縣志卷四十終

無錫金匱縣志

殉難紳民表上

紳	士民	八民	八民	八釋道流寓
鄒鳴鶴在江寧殉難忠節有傳				
嵇榮培在揚州殉難忠節有傳				
張應昀在臨清州殉難忠節有傳				
李福培從化縣知縣在任殉難忠節有傳				
李性培從化縣附貢殉難附福培傳				
秦炳章官龍陵廳在任殉難月分失考				

五年二月六年正月七年五月八年九月九年九

忠節有傳				
王恩綬在武昌殉難忠節有傳				
王㵾在武昌殉難附恩綬傳				
林蔚在吉安殉難忠節有傳				
楊福曾在吉安殉難附林蔚傳				
華元超平樂縣知縣在任殉難忠節有傳				
祝錫潄在溧水殉難忠節有傳				
華廷楷在浦口殉難忠節有傳				

月

資爾毅 定遠巡檢任任殉難年月失考忠節有傳

王步雲 桃源訓導任任殉難忠節有傳

王士斌 在桃源殉難附步雲傳

十年正月

顧昆揚 在威甯殉難月分失考忠節有

無錫金匱縣志　殉難紳民表上　三

傳

顧以敏 在杭州殉難附昆揚傳

倪景炘 江浙課稅大使在任殉難

秦繼昌 與紹興批驗所大使在杭州率勇守禦被害

二月

秦廷燮 杭州府經歷在任殉難

華求鑣 從九品在嘉興撫營閘率勇拒賊陣亡

顧曾灝

丁燦

施文恩 並從九品杭州城陷殉難

侯福謙 巡檢在杭州守城殉難

無錫金匱縣志　殉難紳民表上　四

華保穌 未入流在杭州巷嚴被害

閏三月

蔡廷棌 諸生從張提督在丹陽陣亡

四月

許繼柏 忠節有傳

顧箴 忠節有傳

劉秉淵 署奉賢訓導歲貢生不屈被害

賈承焯 行義有傳

周兆基

朱承基

華搢本

顧錫齊

孫廷慶

胡繼昌 鬭賊不勝操舟渡救難民爲賊所害

顧大炳 同子四美全家自焚死

鄒繼愷 自縊死

丁壽然 投池死

余勛堂 辦團遇賊赴水死

俞得勝 自刎投太

僧龍壽 法寶庵僧拒賊被害

僧阿巧 拒賊社公廟陣亡

僧悟鍾 拒賊南橋

無錫金匱縣志 殉難紳民表上 五

虞廷皋 忠節有傳
蔣鑑 忠節有傳
蔣鉽 附鑑傳
溫榮培 忠節有傳
顧志熙 諸生不屈被害
吳燕鐘 忠節有傳
顧德垣 附徽傳
秦國楨 副貢生遇賊張涇橋投河死
鄒向榮 鎮遠府經歷不屈被害
陳鉞 舉人拒賊被害
顧琬 附文苑顧皋傳
葉含芳 職員
楊錫麒 諸生
周錫璜 廩貢生 並投河死

並文童拒賊被害
朱爵高
朱作霖
浦鏞
浦殷會
並文童拒賊揚名大橋陣亡
胡廣和 文童禦賊馬橋陣亡
嚴廷芝
嚴廷英 並文童拒賊楊木橋陣亡
朱蔭桂
胡皋颺
秦麗生 並文童拒賊被害
嵇諳 文童衣冠赴家祠觸柱死
周豫

華祖培
華大文
華二文
陸祥璋
並投井死
馮棣棣
殷應奎
徐閏生
吳翔鸞
吳連元
吳三壽
吳陳元
吳錫綸
嵇其祥
嵇安和
陳阿川
陳萬林
秦少回
秦亦回
秦文淵

溺死
侯迎嘲
侯熾賦
侯楠
侯棐
侯光遠
侯鑾
印時龍 並自盡
秦文熙 救母被害
馮庭桂
馮天賜
馮阿佛
龍學明
龍得洙
支殿楨
余貴亦
余二福
余嘉寳
余慶元

陣亡
高銘雲 道會司閾賊不屈被害
汪榮泉 希道院道士不屈被害
右禪道
趙得沂 吳江縣人訓導不屈被害
吳信 吳縣人諸生同子雙喜不屈被害
程應坎 婺源縣貢生
郭鳳鏘 元和縣人國子生
郭鳳池 元和縣人並投河死
王森裕 婺源縣人
劉道恒 陽湖縣人
遊亮 [illegible]

無錫金匱縣志 殉難紳民表上 六

鄒亦鵬 寧鄉縣典史
丁文炳 海鹽典史
林國楨 從九品 並不屈被害
許晉奎 從九品
許晉階 諸生 並罵賊被害
虞汝翼 附廷皋傳
華爾臣 諸生率團拒賊許舍被害
鄒葆琦 諸生拒賊富安鄉戰死
華慶咸
秦文熊
華其灼 並諸生拒賊被害
薛敬 諸生倡率義兵拒賊禮社陣亡
朱聲一 諸生城陷衣冠投井死

周嗣棠 並文童自縊死
鄒述先 文童遭母顧氏罵賊投井死
唐顯宗 文童被擄至宜興奪賊刃殺賊二人投河死
秦國華
秦煜照
秦嗣壽
周福恒
周鍾瑞
周鍾英
周士鉞
周國泰
周希高
侯錫保
侯德潤
華復生
曹益培

秦福
孫燕存
孫雙茂
潘萬銓
錢源
陶象賢
高光照
高景元
楊志清
張映楠
張榮鈺
張玉華
張文元
張二官
張萬林
王潤春
王鼎奎
王文英
王文煜
王末度

余逢貴
余官游
余起元
余迎月
余三大
徐匡時
徐大全
徐金福
徐茂賢
徐三
徐春華
徐亞雙
諸阿寶
虞鈺
虞鶴皋
虞小寳
須學文
朱祥珍
朱炳照
朱輝臣

其僕 並城陷遇賊被害
劉道璟 陽湖縣人同妻王氏子嘉孫投河死
陳小觀 太平縣人留做涇局勇蔣店陣亡
趙迺基
趙迺坤
趙迺元 江陰人並不屈被害
吳小全 歙縣人梅村陣亡
衛恒巨 溧水縣人羊尖局勇陣亡
右流寓

無錫金匱縣志　殉難紳民表上　七

秦學熙 諸生投井死　尤大鈞　尤德華 並諸生投河死　朱春華　陳安瀾　秦大椿　韓　植　張受益

並文童投河死　侯　煌 文童全家自盡　秦廷卿 文童寓居常州被害　朱鳳桂　朱一酉　朱金綱　吳之梅　吳聽玷

黃昌金　黃富桂　唐恬熙　唐貴官　湯雨田　尤德映　尤錦昌　劉義清　劉景錫　劉耀龍

朱宗培　朱增官　朱小二　朱耀奎　朱耀培　朱殿增　朱才元　朱李春　朱文瀾　胡阿關

侯啟章　鄒炳彪　趙元音　趙丹成 並諸生不屈被害　侯維寶 九品監生拒賊投河死　俞　果 諸生受傷死　錢兆開 諸生絕食死

秦燊燦　秦　拱　秦朗亭　錢藏清　錢汝翼　張文煐　張文煊　王寶瑞　王澄鑑　強文槃

周小挺　周變吉　侯丹山　李清標　許　榛　浦　炳　浦紹瑞　浦景華　浦　鈞　浦阜夫

胡三官　胡　某　胡常六　胡道昌　胡道親　胡永祥　吳應元　吳彩峰　吳毓清　吳三胖

無錫金匱縣志　殉難紳民表上　八

死　丁揚烈 縣丞　張禮培 職員並不屈被害　周汝文 布經歷勇與賊絕食死　杜慎言　錢文彬　竇世均 從九品並從九品拒賊被害

強連寶　強蘭芳　汪昌元　林昌博　林昌煒　林昌愚　林祖濂　周學祥　侯榮壽　許耀奎

浦　銘　浦東孫　浦鳳生　浦冬生　浦瑞文　單壽寶　趙錦榮　顧開慶　蔡吉芳　蔡大章

吳揚生　吳鴻玉　吳秋蓉　吳三觀　嵇文數　吳洪德　倪慎思　倪思慎　倪思微　陳煥章

賊東亭鎮戰死　周維濂 未入流衣冠罵賊被害　錢光學 職員率勇拒賊徐城頭陣亡　徐玉麟　秦炳顯 並職員罵賊被害　顧　珣 諸生不屈被害

許立成　顧廷階　華　洙 並文童罵賊被害　祝子三 文童全家殉難　孫謙吉 文童罵賊被焚死　張錫福 六品軍功拒賊被害

華　霖　鄭承志　鄭洪慶　賈嘉坊　賈斯增　賈鎮鰲　陸　二　薛慶彰　薛大寶 並投河死

陳榮春　陳步金　陳東林　陳阿連　陳二官　陳全福　陳　洞　陳奇生　陳　茂　陳文培

無錫金匱縣志　殉難紳民表上　九

周福麟 職員自縊 | 朱燡 六品軍功 | 朱觀元 扶母避難 | 秦舜欽
陳萬順 | 絶食死 | 遇賊被創死 | 秦春圃
張應元 | 李承勳 文童自盡 | 華純 負母逃難 | 秦醴泉
李觀湖 並鄉勇率團殺賊被害 | 唐炳怡 八品軍功 | 因母投河拯母溺死 | 秦鳳泉
楊延陶 | 蘇州城陷率勇力戰自盡 | 趙玉林 賊刃傷其父願以身代被害 | 秦佩鈞
| | | 秦朝裕
朱星垣 | 朱鴻元 | 張鴻品 扶母避難 | 秦鴻德
並職員拒賊戰死 | 朱杏林 | 賊擄掠其母拔護被害 | 秦鴻保
華廷樞 職員拒賊 | 朱采全 | | 秦福葆
投河死 | 朱章生 | 尤鳳章 | 秦肯堂

鄒寶樹 縣丞守城被害 | 朱裕春 | 周學相 | 秦文輝
鄒芝 職員罵賊被害 | 朱末官 | 周桂茂 | 秦懋
| 朱連觀 | 周三福 | 殷文標
周祜 | 朱五官 | 周永智 | 孫燕存
顧潮 | 殷老杏 | 陸志清 | 孫大
沈國斌 並諸生不屈被害 | 楊連觀 | 並拒賊蘇團橋等處陣亡 | 袁德芬
| 唐増元 | | 袁五觀
趙俊 | 許應高 | 蔡國楨 西倉陣亡 | 袁守謹
並國子生投河死 | 浦鰲大 | 周瀚 鼎下鄒陣亡 | 袁居謹
| 並同朱承基陣亡 | | 袁西樵

無錫金匱縣志　殉難紳民表上　十

顧銓 府經歷拒賊張涇橋陣亡 | 龔時福 | 吳桂森 | 袁文榮
高步蟾 | 龔三官 | 唐愼球 | 孫光鑑
龔渭春 | 朱關官 | 陸金度 | 韓鶴年
竇金陛 | 朱大官 | 並南橋陣亡 | 韓龍官
華景韓 | 吳長生 | 吳雲珠 | 韓佾官
華以煜 | 吳應官 | 唐天壽 | 錢乾泰
並諸生投河死 | 吳壽福 | 唐金昌 | 錢研香
馮溥 諸生自縊死 | 陳巧生 | 並萬安橋陣亡 | 錢文伯
| 袁福元 | 過城隆 拒賊張家橋陣亡 | 陶蔭焱
| 錢義豐 | | 陶富定

馮治 | 錢柏壽 | 竇士魯 拒賊陡山陣亡 | 陶安保
龔錫熊 | 錢景福 | | 曹連官
朱錫琛 | 張繼先 | 李昆元 拒賊同字圩陣亡 | 毛忠興
徐洪辰 | 李永隆 | | 毛燦麟
胡松齡 | 李東生 | 過咬大 拒賊黃生橋陣亡 | 過恐榮
吳澤吉 | 李親仁 | | 過某
陳清 | 李詰生 | 顧繼本 毛竹橋陣亡 | 楊桂元
秦殿模 | 李鼎盛 | | 楊阿鴻
王國華 | 李爾桂 | 浦玉春 | 楊培和
程鈐 | 李傳秀 | 浦華元 | 楊阿四

無錫金匱縣志 殉難紳民表上 十一

周文炳	李三官	並九里橋陣亡	章饑廢
侯鼎雲	蔣鳳翔	過金玲	張耀增
鄒登鼎	蔣永福	馮襲甫	張裕
裴文鑑	蔣太昌	吳用中	張子隆
計秉銓	顧桂官	陳百順	張汾田
李斌	顧仁寶	潘麟趾	張寶
並諸生嚴號不屈被害	並拒賊斗門力竭陣亡	錢基	張慶生
		錢維朋	張奇文
高彥吉	楊川官	錢雙林	張三元
顧嶸	蔣九良	錢慶森	張榮昌
高士昂	並拒賊受傷投河死	錢芸森	張粱賓
高挺秀	蔣瑞宏拒賊被焚	錢森基	張亦鈞
黃洽	死	過廷桂	張元賛
孫世願	蔣二官瑞宏弟	過培元	張雲錦
並國子生投河死	賊被害子仁元同死	王世美	張蔚廷
侯起岑職員自盡	余鳳山	丁福俊	張士興
沈宗禮職員投河	余三大	華玉林	張曉村
死	胡雙貞	華清和	張門元
余士銓	胡大掌	並拒賊陣亡	張鳴周
張廼滋	殷四福	馮介夫	張汝霖

無錫金匱縣志 殉難紳民表上 十二

並職員不屈被害	錢啟元	華元濾	張鳳年
金劍光	賈巧生	並拒賊被焚死	張考義
錢萼	王志廉	高瑞林	張繼先
並職員拒賊富安鄉陣亡	王志愷	華以堅	張應元
	劉川	陸廷魁	張文叙
孫壽祺職員拒賊	劉錫倫	並拒賊兵潰投河死	張文欽
漆塘山戰死	周龍生	溫紫標	殷巧官
朱朗楨職員拒賊	周渭	溫五大	王玉桂
揚名大橋陣亡	周仁長	溫道士	王潤元
唐爾康職員拒賊	周惠生	姜三槃	王鼎勲
被害	周岸生	姜增泉	王承本
胡旭旦職員衣冠	周元順	姜增榮	王鼎燮
自焚死	金鳳山	並自縊死	王承學
胡煥文職員練勇	金永福	曹鼎森服毒死	王鼎義
拒賊被執不屈死	沈弟官	王培一作佩培	王錫銑
蔡錫疇職員侍母	宋二寶	華燮	王澄鑑
不去罵賊被害	顧信昌	並投井死	王杏孫
朱達泉	並拒賊寓橋陣亡	施沅	王官勝
丁嘉楫	朱士元	施照	王元貞
丁霖	廉小方	並禦賊北塘陣亡	王二

棻培棠 鄒鸦福 許保鑑 許富琛 趙洛川 趙福基 諡葆梅 竇大炳 竇炯 並職員罵賊不屈被害 王承裕 職員拒賊寅樹橋陣亡 薛禮本 例貢生衣冠率家屬投井死 秦志熙 國子生投井死 朱竹苞 張自祿 丁灝

糜龍官 糜永寶 余大官 余三官 徐連寶 徐郁二 諸才寶 朱玉崑 朱連元 朱寶山 朱瑞林 朱壽慶 朱雙寶 胡和倘 吳時官 倪元福 倪小弟 陳大官 孫春官 袁薇思

徐全喜 徐全福 隨官兵禦賊陣亡 徐文濟 拒賊張村陣亡 周元昌 拒賊梅花橋陣亡 柳景城 拒賊張涇橋陣亡 秦清彥 率團拒賊斗門手刃數賊力竭陣亡 余海珊 徐廷椿 諸大官 諸二胖 諸福壽 奚陳瑞 奚全觀 殷萬德

王茂盛 王杏福 黃蘭生 黃景燕 唐文源 唐信忠 唐潮宗 唐文邦 唐金桂 唐桂春 唐德常 唐秀蒼 唐小喜 唐連福 唐潮玉 唐貴福 唐浩興 丁坤元 丁聖尋 尤光煜

無錫金匱縣志 殉難紳民表上 十三

並國子生拒賊揚名大橋陣亡 張樑 國子生拒賊新安鄉戰死 王承基 國子生拒賊張涇橋戰死 周文炳 國子生禦賊被害 袁啟堉 國子生投井死 孫開傑 秦文植 徐棟 王鳳垣 王智錫 唐毓秀 侯鳳瑛 侯枚 丁粹然 丁彥和 忠節有傳

袁小連 袁文龍 袁小喜 錢慶雲 蕭東官 蕭天元 張五官 張義士 王廣弼 王仁元 王虎官 黃金生 唐廷勳 周廷檻 汪增元 尤瑞璽 尤德慶 尤福生 劉寶官 劉三官

殷二福 殷繼昌 邊吟秋 錢二官 錢鳳美 曹老大 何連芳 何鑄璇 章壽齡 章小連 方春和 丁金元 丁大榮 金寶林 孔福清 孔秀甫 孔承祖 孔德慶 孔保慶 孔步雲

尤光烈 尤光照 劉天順 劉川官 劉春 劉二郎 周迎三 周二 周三 周全 周阿川 周川寶 周慶榮 周仁大 周桂大 周兆茂 周紹慶 周三慶 周廷獅 周培德

無錫金匱縣志 殉難紳民表上 十四

周汝言	周雙官	孔達夫	周維鞠
許燿	周川官	李芳觀	周寶生
許德墉	周寶官	李幷記	周渭觀
蕭夢韜	周繼官	鄒閣華	周龍生
並國子生罵賊被害	周萬元	鄒閏生	周大
瞿載虔職員率團	周慶官	夏五福	侯星照
拒賊周家壩被執不	周壽昌	夏大慶	侯丕承
屈死	周增喜	夏錦興	侯同生
錢福焯職員投塘	廉潔	夏來寶	侯起元
河死	廉清	夏天才	侯裳吉
顧曾獻鹽大使	李大官	夏振興	侯士瑜
殷英圖縣丞	李熊占	費張生	侯士璋
顧績勳職員	李文安	費全度	鄒錫齡
楊良成布理問	李大春	費松林	鄒滋村
楊國俊職員	李張生	邵和福	鄒蕙生
並罵賊不屈被害	李紀生	邵殿元	鄒藹吉
楊瑞鏡職員拒賊	李鳳官	邵庇棠	鄒以椿
長安橋陣亡	李錫壽	邵安生	金殿元
戴雲衢職員拒賊	李老福	謝小喜	金寶
涯薩橋陣亡	李二本	謝玉山	任善繼

陳淦職員率團	許天爵	謝士元	任欣新
拒賊忠安橋陣亡	許竹林	謝壽寶	譚巧生
楊錫麒職員率團	許金奎	謝閣生	譚順生
拒賊受傷投河死	許百福	謝增壽	嚴誠賢
楊鉅淦未入流拒	許映泉	謝慶福	嚴開基
賊被害	浦錫泉	華元官	嚴成生
趙緝培	浦十美	華昌官	嚴桂生
程鏗	浦春蘊	華鶴齡	嚴洪海
並職員罵賊不屈死	浦起鳳	李廷彩	李作梅
王鶴儀職員投河	浦閣官	李五福	李光顯
死	浦大喜	宿五觀	李光榮
嚴振鈞職員率團	浦亦茂	卜福昌	李光鏞
拒賊張涇橋陣亡	浦廷宰	卜安居	李鈺
徐樑職員拒賊	浦四官	卜桂芳	李淦
陣亡	浦九官	卜得名	李惠田
施鈺職員率團	浦貴元	並拒賊小溪橋陣亡	李安觀
拒賊青暘鎮被執不	浦東官	楊三茂集賢鬭賊	李進文
屈死	浦金元	柘塘浜力溺被害	李連
陶承亮	浦芳官	吳繼汾	李世林
過位安	浦錫增	路三郎	李二

傅廷烈	浦盈生	並拒賊被	李四
九超曾	浦應增	害 鄒癸和	李根大
並職員投河死	浦大增	鄒怡大	李壬壽
馮應軾	浦春和	並拒賊投塘橋戰死	李正寶
徐模	浦蓉塘	陳瀛泉	李鳳桂
陳應桐	浦長林	陳茂三	李芳蘭
陳闓	沈悅來	陳錦昌	李米福
陳學廷	沈元官	陳荷	魏壽寶
陳潤	顧興雲	韓楊生	許殿楨
安廷勳	顧大全	韓南官	許晴濤

無錫金匱縣志 殉難紳民表上 七

宣廷幹	顧佩榮	王叠寶	許官佑
宣登瀛	傅俊秀	臧錦雲	許虎官
過廷梧	傅二寶	並柘塘浜陣亡	許熾
王長芳	傅百慶	徐金福	許茂林
王昌槐	萬三經	徐二福	許岸官
顧淵	萬晴軒	徐雙全	浦治茂
顧璽	邵小于	徐應春	浦兆福
顧銘	邵兆麟	徐榮昌	浦祥二
楊長芳	謝午官	徐瑞香	浦國基
華桂芳	華佛官	徐德馨	浦細官

並職員罵賊不屈被害	華南官	徐蘭亭	浦金生
	華東樂	徐兆豐	浦天雲
徐文焴 職員痛父被害力鬬死	鄧錦昌	朱年生	杜慎
	費綬元	朱慶元	杜約章
朱恩灝 職員不屈被害	陸稼元	秦萬榮	杜丙
	陸寶元	孫萬富	杜雙喜
陳元煜	陸寶慶	蕭智方	趙廷棟
王烈	陸小度	黃壽官	趙應春
並國子生守城被害	並拒賊揚名橋陣亡	李順福 一作阿福	趙鵬洪
郭煥庭	華丹舒 負母避難	並拒賊鎮山頭陣亡	蔣宏彬

無錫金匱縣志 殉難紳民表上 六

郭翼倫	遇賊以身護母被害	陸晉仁	蔣宏茂
並國子生拒賊灌溪橋陣亡	鄒裕生	陳萬順	蔣梅卿
	劉阿黑	陳經畬	蔣菊官
錢毓純 國子生率團拒賊長安橋陣亡	並拒賊獎七橋陣亡	陳福官	蔣元良
	鄧涵生	蔣阿狗	沈鳳林
秦元照 國子生拒賊開化鄉陣亡	鄧璽	顧亦禾	范大
	邵勝福	顧春林	路雙喜
楊郁文 國子生衣冠自縊死	並城陷被害	華雙喜	顧昇元
	楊拱辰 被擄宜興不屈死	並拒賊杜公廟陣亡	顧鳳樑
朱鈐		徐啟良	顧學文

朱安泰 劉老三 徐關福 顧阿龍
吳貢齋 金承興 朱小和 顧洪昌
陳慶祿 金永興 胡雙全 顧大元
蔡光烈 石三喜 胡芳元 顧榮高
孫熊 並拒賊閉化鄉陣亡 胡壬大 顧末恩
袁惠麟 錢度 胡宗富 顧迎福
安駿烈 邵年升 胡宗德 顧運元
陶承元 並安陽山戰死 吳多 顧懿榮
曹法 諸濟美 姚林桂 顧祥林
楊秉仁 臧毛 姚閏慶 顧繼堂

無錫金匱縣志 卷 殉難紳民表上 十九

王昌觀 並溢里戰死 張聚泰 顧和尚
汪本梧 楊德義倡義練勇 張殿文 顧桂官
丁燮 拒賊洛社被害 王坤 顧子霖
丁元超 章仲裕率團拒賊井亭下戰死 唐昌 顧梅芳
沈思敬 周和謙 顧凝福
范旭基 孫俊茂率團拒賊至圩岸陣亡 周鳳森 顧大生
顧彥 周旭和 顧岸官
顧嗣珊 錢乾泰拒賊楊樹園戰死 嚴克榮 顧鎮
蔡寅度 嚴金寿 惠本喜
華振嵩 張恩亭拒賊石塘 嚴錫采 惠裕隆

並國子生罵賊不屈被害 橋戰死 嚴安生 惠喜
竇德培拒賊燒香浜戰死 嚴榮防 惠運元
強朝祿職員不屈被害 李文揚 蔡啟源
錢葆 蔣大德 蔡朝江
王和鈞 錢王寶 蔣大寶 蔡鴻業
華鈞 並拒賊富安鄉戰死 蔣和元 印治政
糜桂士 錢硯川拒賊新瀆橋陣亡 計茂椿 印如元
吳繼高 並拒賊張涇橋陣亡 邵鳳山
楊人鏡 范大觀古里戰死 胡爵昌集團拒賊 邵銳清
馮清 陸金度南橋戰死 懷上區四 十六都五 華大中

無錫金匱縣志 卷 殉難紳民表上 二十

張倬杓 周金富獨山戰死 七圖陣亡 華迎龍
程世浩 廖長生忠節有傳 施洪泰 華小培
侯慎餘 賈春榮賊掠鄉村率團抗拒連殺三人中鎗死 時金 華阿敖
秦奮勛 糜開寶 華銓
嚴文治 糜桂林 華鳳生
朱龍勛 孫仕璋 徐益壽 華春和
杜友韓 孫嵩泰 徐永福 華雲峰
並諸生不屈被害 孫熙存 徐太和 華祖顯
秦藻縣巡死平 孫晉林 徐懷仁 華顯曾
檢拒賊被害 並拒賊東亭鎮父子 朱應寶 華茂興

華川慶（從九品拒賊被害）（兄弟叔姪同被害） 胡佛記 華銈
馮耀福 吳奎元 華任福
王禮宗 孫鳳墳 倪毓秀 華亦大
顧錫璋 華玉林 陳金元 盛王大
（並職員不屈被害）（並力鬭死） 陳太和 鄭聚德
宋炬（州吏目） 華元灜（玉林孫見） 陳慶記 鄧小培
丁厚培（職員）（祖父被害力殺數賊） 陳增福 鄧五
薛文楫（國子生）（被焚死） 陳老狗 竇中培
（並不屈被害） 蔡名彥 陳洪記 繆五福
薛士模（國子生投 錢文杰 陳增寶 陸仁喜

無錫金匱縣志 殉難紳民表上 三十二

河死） 陶開泰 殷王二 陸阿二
吳隆森 毛天來 殷觀寶 陸川官
張乾泰 唐子山 殷小和 陸安觀
王恩錫 劉鶴臯 溫增慶 陸慶
唐玉階 范阿來 溫儀金 陸朝孝
丁安熙 施星垣 溫邦圻 陸大
劉殿榮 徐溁 溫錕堂 陸正福
史昶 朱度 溫其鎬 陸光燦
浦晴芬 朱喜 溫其銓 陸開成
薛鳴琴 朱孝正 溫其鍾 祝永齡

胡仁基 吳竹書 孫連生 祝秉正
胡錫勲 陳泰來 袁香林 華士鑑
胡湛恩 陳朝品 錢嘉和 薛壽寶
孫鼎銓 陳德新 錢廷啟 葉修德
楊文蔚 陳靜軒 錢桂福 葉韞玉
楊鼎銓 孫樸 姚細寶 葉順昌
楊懋昌 韓洪叙 曹桂元 葉獬富
劉榮餘 錢景福 曹方林 葉文煒
沈大昌 宣本立 曹二寶 葉大
沈宗禮 蕭裕德 高本立 葉春泉

無錫金匱縣志 殉難紳民表上 三十三

顧椿 高學書 羅玉記 （並罵賊不屈被害）
華鏞 楊和尚 羅五記 胡元炳
鄧鈁 張文叙 何應福 吳福元
（並職員不屈被害） 張耀義 查阿春 吳阿二
施士麟 王子俊 張滋大 楊福
吳焜 尤德成 張千金 趙燦文
陳廷燦 劉祥泰 王國貞 顧本廷
孫錦榮 劉阿寶 王洪慶 華養元
過浩 周克明 王洪二 （並在蘇城遇賊不屈被害）
高浚 周慶堂 莊福記

鄒□陽	顧檢（[illegible]）	鄒本金	宋祥大
蔣□祖	（[illegible]）	鄒增培	施　二
唐登昆	祝　和	周翰林	馮　全（[illegible]）
王　金	華　金	周金大	
王承基	許耀先	周川大	盧永興
張榮錫	錢尚莉	周佛記	浦榮元
胡序培	顧馳錫	劉俶芳	浦若渊
顧湘濤	顧同大	程存生	高進福
施耀山	顧鳳儀	姜香山	陳鳳章
陸燮慶	邢鼎元	姜潮泉	胡　順

蔡道源	邢鳳繁	姜麟閣	（並不屈被害）
沈文敘	賈纖福	姜纖生	徐　慶
謝文柏	許道芳	姜嗣生	高景元
周丕基	李仁詩	姜毅華	范春暉（[illegible]）
劉毅清	李清生	姜應魁	（並拒賊被害）
丁文恒	李　爾	姜炳章	薛瀚自
王文瀾	李　三	姜稚成	鄒謙益
王學銜	李　桂	姜錦章	沈嗣賢
王耀龍	李大教	姜翻軒	顧定來
王尚鐘	鄒同多	黃元龍	王　桀（死報倉）

趙利川	袁　贊	顧俊德	蔣榮德
呂錫智	秦　棪	顧來大	金新觀
任德明	秦光寶	顧森桂	周金榜
鄒文沭	陳振基	蔣壬寶	周　良
侯廷楹	施廷璧	蔣大興	屈鳳聲
周增榮	（並文查投河死）	賈繼茂	王翰虞
程元基	華毓璟	賈繼芳	陳應禮
湯慶盈	侯　植	賈啟龍	陳文吉（[illegible]）
姜士增	姜廷延	瞿大寶	
王伯燾	陶文泰	瞿老林	濮桂芳

張　烈	秦文模	杜潤寶	陸德懋
敖耀堂	龔　燦	浦三記	顧廷先
陶承行	（賊入家祠被害罵賊）	浦宋記	邵恩全
姚錫荃	錢增培（[illegible]）	許鳳林	張文蘭
錢元觀	（並文章拒賊亡）	許川寶	張　五
孫　釗	丁世美	李雨階	錢瑞林
秦穗杞	顧士侃	李鳳明	朱毓岳
朱鼎鏘	（害）	李雨慶	朱　桂
朱　溶	華躋盛（[illegible]）	張佛寶	朱　坤
龔錫康	（鎖山頭被害）	林來大	

沈鳳林	過芝林	顧兆堂	顧勝德
李如昇	錢鍾	顧麟祥	戴秉能
華錦高	錢承棨	顧起萬	並滙龍橋陣亡
華均	楊維均	顧日新	施二大
薛士楷	周晉培	顧仁喜	徐榮
並國子生拒賊被害	裘文燦	顧阿昌	諸星煒
徐文江	范迪汝	顧阿南	諸東旭
徐鈺	范迪燦	顧仁德	高天壽
秦恩燕	顧籛	顧鳳來	並拒賊猴山陣亡
宣廷極	並文童屬賊不屈被害	蓋德潤	過繼川 拒賊芙蓉

無錫金匱縣志 卷 殉難紳民表上 丟

蔡勳	害	華小牛	山陣亡
姚棨	周廷梓 五品軍功	華子良	李方慶 拒賊鴨蕩
楊書田	周培芬	華壽記	圩陣亡
張應奎	並防守北門被害	鄭裕瑞	鄒春元 拒賊南鎮
強庚吉	陶湘梅 六品軍功	鄭大寶	陣亡
湯賡揚	拒賊寨門陣亡	鄭閏全	陳錦浩
周耀奎	蔡伯銑 六品軍功	陸年寶	陳維善
周學海	孫培慶	穆尚元	陳鳳和
錢錫嘉	並不屈被害	穆觀林	陳劍
李廷標	陳學庭 負母避賊	穆桂和	沈憲章

趙繼培	被傷仆地見母投河從之俱死	渠二記	謝梁寅
李如恆		薛雙喜	並拒賊梅村陣亡
顧渭	陳學濬 拒賊梅村	並同胡鴻昌拒賊陣亡	虞廷桂
顧佩蓀	肩中兩刃而死		倪文德
顧禮型	施鴻元	朱春官	黃適招
顧日銘	諸年喜	朱繼英	滕開藻
顧錫璜	吳寶善	朱景芳	浦學仁
顧廷璽	吳寶謙	朱洪甫	浦永法
華釗	吳寶鏞	胡廷楨	魯應麟
陸鼎鏞	吳寶銘	胡永之	並拒賊橫塘浜陣亡

無錫金匱縣志 卷 殉難紳民表上 兲

秦恩煦	陳邦基	胡邦基	黃竹洲
秦澱	陳學溥	胡德慶	黃瀛洲
陳錦瑞	陳學泉	吳伯誠	黃大東
黃克峻	陳學洪	吳世恩	唐萬元
姜臣墀	秦芝林	吳修竹	唐煜銓
李玉珩	秦廷楓	吳初卿	唐福壽
顧錫爵	秦榮錦	嵇根仁	王五
並職員不屈被害	孫思良	諸邦楨	湯洪基
朱燦 國子生	袁步雲	諸道全	汪平遠
謝燦章 貢鄉飲	曹鼎生	倪仁相	汪永福

無錫金匱縣志　殉難紳民表上　毛

侯桓（職員） 袁曜 陳竹泉 彭啟明
（並拒賊被害） 袁錫桂 陳爾議 程天興
朱杲 過雲昇 陳耀南 程曰鑑
陳雙林 過瑤圃 陳寶 程邦基
王錦龍 過惠堂 孫五官 丁才元
尤德茂 過燦寶 孫巧生 尤錦秀
（並外委賠南塘千總禦賊陣亡） 過錫璜 孫雲坡 尤二
過錫瓚 孫富 周鼎蘭
楊鏡 過清華 秦國楷 周福培
顧嶼 楊喜 秦煜 周魁觀
（並國子生投水死） 楊承祖 秦近秀 周元正
高盈（鄉飲賓） 楊雲培 袁炳鈞 周士清
浦照（職員） 張隆慶 潘春潮 周邦英
（並拒賊被害） 張榮光 錢杞 周海林
宋開乙 王臨川 錢元法 鄒焜
朱廷榮 周振鈞 錢永芳 鄒廷珍
張靖邦 周衛年 錢鳳池 鄒迎喜
張文鑑 周德煇 錢逸雲 鄒本
張文鉞 周秉樸 錢克平 金銀泰
朱補官 周度 錢洪順 金廷瑄

無錫金匱縣志　殉難紳民表上　夭

丁成裕 鄒澄源 錢寶和 金有珣
施翼雲（並武生禦賊陣亡） 鄒寶璉 錢三元 金有琪
季雲壁 錢隆昌 金映之
顧瀛（俱生拒賊望亭被害） 華松泉 錢慶元 金和尚
華永福 宣廷楨 李兆恒
宋德陞 陸晉鈞 宣廷棟 許笠人
秦載熙 陸永湘 宣廷棨 許寶林
秦晉 陸永忠 宣廷柯 許和清
許倬 陸聽 曹文治 許和
鄒晉 葉利貞 陶壬桂 許某
顧士楨 葉寶珍 陶燕芬 趙洪裕
蔡廷煥 王安吉 陶士元 趙應春
周福蔭 （並投河死） 陶志芳 冷文學
宣著 徐惠春（負母避難） 毛四喜 沈惠元
孫樹標 （遇賊不屈被害） 何道 沈達泉
孫耀愷 龔維堪 過榛 范循吳
孫金墉 施堂 過呂燿 范二慶
孫金墀 余英順 過福蔭 顧松心
孫金折 徐季泉 過森桂 顧國熊
張烈 徐景益 過爾穀 顧綺園

袁震英　薛步雲　蔡英燦　秦鳴皋　王　穗　丁兆柱　嚴介福　蔣文錫並俱生拒賊被害

徐二生　徐蘭亭　徐廣熙　徐驥超　徐金魁　徐謙吉　徐璘龍　徐春寶　徐　桂　徐　鏉

楊維均　楊祖卿　楊藝恬　楊彥章　楊維墉　楊四元　張爾鉉　張文錦　張文奎　張二本

顧二德　顧蔭春　顧森元　顧　晟　顧　潤　顧廷佐　顧　合　惠祥發　惠文才　蔡永祿

徐若川　虞大寶並罵賊不屈被害　殷衛樸　徐達山　方元輝六品軍功　錢樹芳九品頂戴並率團拒賊陣亡　王寶純文童投河

張廷對　張子文　王繼常　王雲卿並罵賊被害　馮金元　馮開泰　馮　渠　馮四觀　馮世良

蔡　澂　蔡　麻　謝德基　邵維韓　邵壽林　邵　三　謝孚昌　謝順興　謝曉堂　謝德基

死　施尊芳　朱元勳　朱錫燦　吳旭堂　陳文永　秦惠吉　秦　蓁　秦成賢　秦紫英

馮錦松　馮五壽　馮天順　洪白頭　洪修禮　龔德培　龔　來　龔惟楠　龔方來　江大銓

謝姐大　華起龍　華士儁　華天秀　華在荊　華苞文　華廷楨　華　燦　盛鵠清　戴殿彬

秦殿標　孫麗中　孫育英　孫絲英　姚寶成　陶國棟　過毓珍　楊軒鏡　楊維鏞　楊維鈺

施錫慶　施二官　麋培儀　麋桂毓　余介眉　余順英　徐錫祥　徐坤泉　徐錫培　徐孫德

祝繩勛　祝賢夫　陸友章並罵賊不屈被害　劉有春　劉維良　劉懋猷　劉亦浦　劉景和　劉湛魁

王企芬　徐寶綸　劉紹鈞
王　煒　徐大連　劉清華
王　誠　徐雲標　劉衛山
王企榮　徐會挺　劉阿寶
王錫嘏　徐仁寶　劉增順
唐煜銓　徐亞觀　劉世順
周培芳　徐　雲　劉餘德
嚴文濤　徐三喜　劉正星
季國棟　徐旭東　劉正蒼
季振鐸　徐福疇　劉桂馥

顧汝翼　徐耀官　周　二
顧汝明　徐价林　周朝瑞
華三觀　徐應墖　周亦堂
華　奎　徐鳳包　周玉堂
華應春　成學淵　周德蔭
華梧峰　朱球觀　周肇璜
薛翠堂　朱均德　周　五
郭兆塘　朱紀大　周　融
並文童拒賊被害　朱瑞麟　周兆鳳
陳廷錫八品軍功　朱　六　周文林

守城被害　朱洪昌　周小慶
徐文煜　朱紹祥　周雲熙
朱潤之　朱伯安　周文賢
胡渭陽　朱大眼　周廷美
吳福全　朱卜年　周逌嘉
嵇國祥　朱景炳　周仁山
高凌雲　朱觀慶　周文芳
戈廷鏞　沈立昌　周雲鶴
楊拱北　胡裕德　周惟厚
楊重三　胡廣和　周　福

侯　熠　胡元信　周子怡
鄒　球　蔡大陞　周兆大
鄒企孟　胡朝卿　周　品
鄒本仁　胡錦昌　周慶元
顧穀貽　胡景康　周百林
顧　敦　胡金元　邱雙林
謝文史　胡國標　邱王福
華揚烈　胡宗沂　邱黎三
鄭夢亭　胡麟昌　鄒月科
鄧宅三　胡鳳臺　鄒元裕

並女適不屈被害	蘇長佑	鄒慶榮
姚裕奎吏員罵賊被害	蘇鳳興	鄒旭
	蘇大喜	金三元
孫靜修	蘇文郎	任清倫
王壓勳	盧富林	任模
浦勝祖 並投河死	倪立齋	任清榮
	雷始昇	任清泰
孫士會自焚死	並拒賊陣亡	嚴芳
吳之楨	秦金濤	嚴竑箕
吳星煒	秦小喜	嚴藝林
吳華堂	秦連桂	嚴德潤
吳佩成	秦永齡	嚴德沛
吳尙煌	秦二官	詹禮
吳香宜	秦龍官	項清源
吳振培	秦榮芝	史浩熙
吳茂成	秦兆元	史浩烈
吳祥官	秦錫楨	史浩然
吳文祥	秦榮春	史浩煦
吳在文	孫桐	史增林
吳紀昌	孫鳳鎬	史錦泰

吳三金	孫順福	李錫祉
吳萬德	孫龍郊	李文燦
吳敖大	孫奎	李關慶
吳毛大	孫大	李大寶
吳玉文	孫士衛	李秉倫
吳秀山	孫竹林	李河泉
吳聚隆	孫允增	李耀奎
吳朝福	孫雲	李文煥
吳紀善	孫文簡	李永茂
吳德昌	孫阿川	李五
吳宜官	孫若炳	李雲溪
吳南福	孫聽林	李雲錦
吳連鳳	韓天元	李九如
俞喜生	韓雨亭	李敦發
俞龍生	韓金富	李方圻
俞連桂	韓二生	呂星福
俞世發	韓和生	呂星祿
俞年福	潘龍福	呂繼榮
俞末寶	潘褂良	呂山
嵇富慶	潘道章	呂二寶

無錫金匱縣志　殉難紳民表上　卅五

嵇文紱	潘紀昌	許汝科
嵇元良	潘阿驄	許衡山
嵇元亮	潘道生	許三官
嵇元烺	遜　仁	許培基
嵇元方	錢敖大	許琴泉
陳和生	錢春興	許　琛
陳　開	錢洪茂	許誠桂
陳士榮	錢萬培	浦文錦
陳百壽	錢履謙	杜紹焯
陳德甫	錢桂生	杜廷楷
陳順金	錢浩昌	管老培
陳葉舟	宣壽山	管洪德
陳燮臣	蕭雙吉	管紀法
陳時生	蕭寶芳	管柏元
陳　甫	蕭思禹	畢步瀛
陳文春	包　提	趙金元
陳來寶	陶蔭芬	趙邦圻
陳子蓀	陶鶴皐	鮑星寶
陳雙桂	曹和生	鮑來寶
陳宏春	曹　福	鮑四觀

無錫金匱縣志　殉難紳民表上　卅六

陳　二	曹嗣堂	鮑星燦
陳兆法	曹　傳	鮑灝熙
陳繼周	高德元	馬光榮
陳均珊	高連春	馬　增
陳耀文	高本原	馬星煥
陳開泰	高餘祥	馬　寶
陳光照	高順金	賈貽銓
陳秉鈞	高景元	蔣　洛
陳裕金	高和尚	蔣輿度
陳鳴鑾	高大興	蔣富生
陳晉錫	高文秀	蔣翼川
陳步瀛	高蘭芬	沈廷棟
陳鴻逵	毛維新	沈廷炳
殷宮桂	毛世安	沈培基
殷子發	毛大寄	沈桂元
殷　三	毛小和尚	沈殿棟
殷文瀾	毛小棣	沈殿炳
何文棣	毛富生	沈如楷
何學源	戈乙生	沈連桂
何長春	查日章	沈興福

范洪茂 季文藻 沈湘林
范迪覺 季竣超 顧汝霖
范循忠 季豫川 顧子穀
范用炯 季鐵珊 顧茂昌
范用杰 季宗撥 顧燦庭
范循堯 張光吉 顧忠仁
宋徽慶 魏子賢 惠安之
宋信孚 計二官 惠聽元
費順元 戴百福 惠增元
蔡鴻基 謝仁魁 盛履安
蔡鴻炳 謝廷宜 鄭祥福
蔡鎮英 謝省身 鄭官玉
蔡樹成 謝峯嘉 鄭錦昌
蔡樹本 華修齡 鄭順元
蔡樹萱 華廷選 鄭兆周
蔡樹棠 華春芳 鄧松齡
蔡樹基 華世榮 鄧星燦
蔡金福 華毓麟 繆五
陸維新 薛承烈 繆蓮章
陸增慶 薛鑑寶 濮桂慶

陸增富 薛成章 濮福茂
陸產明 薛仁清 濮庚
陸增泰 薛肇元 濮二寶
陸德茂 薛仁照 濮三寶
陸德裕 薛肇峰 濮仁法
陸茂 薛肇鏞 濮瑞山
陸敦基 薛有容 祁芳茂
陸文煥 薛三福 祁廷富
陸玉 薛璣 岳長壽
陸慶祺 薛榮成 岳龍湖
陸瑞忠 薛芳發 岳鳴夏
陸炳榮 薛省鈞 岳鳴玉
卜鴻昌 薛步雲 岳鳴生
駱大官 穆德基 岳增慶
莫正元 穆洪範 馮廷楨
龔丕基 余樹榮 徐謙珊
葉虎林 朱大福 黄星源
葉應松 朱五官 黄浩二
葉貴玉 吾英叔 黄和生
葉蘭階 吳振培 黄大

葉紀祖	吳鑑	唐鼎泰
過維之	吳啓淵	唐燿雲
楊鑑	吳燮淵	唐叙彪
楊裕興	吳湛生	唐寅恭
楊源培	俞禾寶	唐兆麒
楊樹錦	陳星燦	唐朝良
楊四觀	孫家楨	唐惠宗
楊成德	孫燮	唐燿堂
楊懇	孫照	唐萬祥
楊顧二	陶士元	唐松明
楊天慶	張慶燦	唐昌秀
楊燦	張朝奉	唐燿廷
楊三官	張維松	唐作舟
楊富	張有容	唐仁馨
楊阿虎	張應仁	唐春芳
楊師大	張雲軒	唐燿殿
楊大寶	張勝隆	唐萬成
楊浩泉	張廷槐	唐壽元
章韶堂	張懷西	唐裕隆
章洪生	張朝珍	唐玉山

章大寶	張連慶	唐榮和
周仁山	張養和	滕永山
周吉	張漢泉	林蘭九
丁純照	張性成	卓大德
丁耀基	張二觀	馬燕林
丁丕基	張雲莊	沈連福
丁榮昌	張萬和	顧繼瞻
丁五耶	張鳳鳴	計隆順
丁胖	張壽泉	計萬順
丁乾揚	張鳳樓	蔡朱喜
丁蘭	張培良	梁二
丁守仁	張汝荃	姜竹亭
丁振基	張振楠	榮聖文
丁炳祿	張龍淵	榮維德
丁維鎮	張文燦	榮廷訓
王二寶	張承祖	榮廷鉉
王慶齡	張廷耀	榮瑞麟
王士鑑	張洪瑞	榮文蔚
王仁寶	張祖望	榮學湘
王錦燦	張宗沅	榮說明

王榮增	張仁詩	榮毅楓
王增福	張星燦	榮洪秀
王山豹	張　鎬	榮道發
王龍福	張應韶	榮義德
王述喜	張宏壽	程桂馥
王問官	張　二	程炳南
王春喜	張聰寶	彭維添
王長發	張仁寶	湯兆祺
王鳳韶	張　慶	湯增詩
王賢官	張源寶	湯增福
王佩瑄	張廷植	汪有發
王炳奎	張洪德	汪於分
王恩洽	張宏吉	汪於蒼
王　二	張　六	汪金大
王祥麟	張雙福	汪二寶
王槐庭	張餘鏞	汪文燦
王藻章	張鳳藻	汪鴻奎
王五官	張鳌源	汪鴻泉
王紹元	張少梅	汪廷湘
王佑福	張鳳梧	劉發祥

王元慶	張炳文	劉侍庭
王大鶴	張焯文	劉元興
王雙全	張智培	劉廷桂
王祖倌	張履榮	劉宸桂
王承樸	張春林	裘文奎
王金福	張鳳儀	侯元夏
王鳳鰲	張峻三	侯元慶
王鴻基	張錦山	侯寶文
王岐山	張岐山	周耀宗
王明發	張爾銓	周安山
王安國	張祥興	周榮柏
王　雙	張鳴洲	周耀文
王安秀	張鳴岡	周耀奎
王安仁	張鳳祥	周榜倌
王雙慶	張聚興	周良官
王大來	張廷樑	周曾鈞
王文煒	張濟和	周秉鐘
王晉三	張阿大	周曾蔭
王植年	張定前	周秉章
王桂洲	張阿雙	周德徵

王明德 張金福 周景旭
王德元 張阿青 周大觀
王大興 張錫九 周廷彩
王心芷 張阿關 周鼎芳
王憲榮 張耀漢 周學海
王濟阜 張廷棟 周順生
王林鶴 張金錫 周耀龍
王安二 顧三益 周鳳翔
鄒觀春 顧德源 周得勝
林峙基 顧吟泉 周景元
林耕培 顧元章 周樹德
林根培 顧永裕 周瑞珍
金對揚 顧坤龍 龔應昌
金瑞銘 顧立源 龔福昌
龐鳳彩 顧源高 龔寶成
任錦昌 顧文全 龔慶餘
任昆耀 顧曉昇 龔秀山
嚴浮然 顧承璞 龔日益
嚴竹岡 顧義基 龔榮祉
馮加福 顧御鐘 施四元

馮鶴林 顧定然 施洪太
馮耀祖 顧維尚 佘培元
馮　棣 顧玉林 佘懋涵
鍾鳳山 顧大摩 佘　枋
徐耀南 顧寶如 秦學燕
徐庚吉 顧三官 秦如金
徐福懋 顧漢文 秦大鈞
徐蔭庭 顧炳奎 秦夢柏
徐長椿 顧錫祇 秦汝榮
徐萬昌 顧均烈 秦松如
徐錦美 顧景玉 秦煜成
徐廷倬 顧定山 秦鳳球
徐箸瀛 顧春福 秦湲注
虞煥義 顧義洲 秦聚昌
須秉仁 顧文全 秦濟賢
朱耀祖 顧雲章 秦闓城
朱福官 李寶成 秦大鏞
朱卯生 李文班 秦鴻熙
朱士杰 李步雲 秦子詒
朱景梅 李和尚 惠其壽

朱錦裳 朱葵觀 朱錫祺 朱福壽 朱泰慶 朱洪時 許繼初 許陽生 許丕承 許三寶 許步青 許步雲 朱增慶 朱耀文 費明蘭 魏增祚 俞立芳 俞亦昭 趙順官 趙長官

李福昌 李學淵 李銘德 李麒 杜玉峰 杜桂觀 杜紹榮 杜巧觀 杜五觀 閔學榮 管鏞昌 沈志德 沈彭年 沈東培 沈湖濱 沈劍光 沈龍 沈漢佳 胡梅亭 羅文基

邢洪富 賀松泉 單萬生 趙鳳陽 鮑世俊 馬應梅 蔣德榮 蔣萬鎰 蔣懿忠 蔣巧官 蔣順發 蔣廷爵 蔣金玉 蔣金春 蔣洪嘉 蔣佛林 蔣和慶 蔣文和 蔣吉庚 蔣四官

黃張官 黃承和 黃和尚 黃增福 黃蓁 黃元楷 黃楠 黃世模 黃秉奎 黃有章 黃植芳 黃德潤 黃廷富 黃有言 黃端福 黃有基 黃德元 黃富壽 黃廷秦 黃廷燕

戴應春 戴廷泉 戴文銳 戴源泉 戴松鴻 戴衛康 戴衛禮 戴應和 戴應芳 孫其鈐 孫玉亭 孫鳳慶 孫鳳玉 孫榮恩 鄭順元 鄭秉仁 安堉 郁虎臣 錢國忠 錢濟

蔣鳴啟 蔣順玉 蔣昌盛 柳伯順 萬正心 萬惟善 華三官 華叶剛 華圻年 華秦昌 華鴻範 陸鼎成 陸秉來 陸祥觀 陸順慶 陸志清 白叙慶 喬玉堂 郭兆均 郭兆堉

黃蔦源 錢德林 郭錫康
黃葉村 錢浩晟 郭安濤
黃毓麟 錢西京 郭文元
黃惠元 錢元範 郭期官
袁琦 錢桐蔭 宣裕源
袁文隆 錢錦秀 宣廷椿
袁芷裳 錢龍珠 陶巽清
袁允文 包金奎 陶德聲
袁文耀 包正和 陶步瀛
袁惠忠 包大寶 陶舜槐
袁國標 包奎元 陶文泰
袁國輔 包張桂 陶老其
祝嘉祜 曹槃儉 陶雞林
祝觀濤 曹鈺 陶阿盤
祝觀瀾 楊心德 余芝山
方裕良 楊寶成 秦光燦
孫炳吉 倪素安 陳泰源
孫元善 倪四福 陳晉榮
孫燮元 倪辰雲 陳鴻聲
孫銀德 倪富春 陳潤生

吳虎 倪申先 陳鴻逵
吳嚴 倪天桂 陳金殿
陳來 倪俊三 陳宏煜
陳尚 雷文淵 陳元吉
季襄平 雷文坎 陳南
季協廷 龔榮泰 陳和觀
季壽生 龔邦鑑 陳雲煥
季錫爵 龔乾禧 陳瑞林
季永芝 龔元禧 陳鼎英
季榮昌 毛繼增 殷肯堂
季旭麟 毛繼益 殷正元
季海文 敖雲大 殷榮銳
季爾準 羅玉 唐二倌
季文潮 何萬春 唐三倌
季廷鈩 過龍鎮 麻阿劉
雷鉦 過金桂 楊錫文
高雙二 過旭萬 楊丕顯
高張福 過鶴泉 楊茂林
高培恩 過鴻九 楊鳴韶
高耿光 過鳳翔 楊茂英

無錫金匱縣志 殉難紳民表上 兕

高慶榮 高綸錦 周四倌 周秦祥 周方倌 周芝庭 李四福 許步蟾 浦元福 嚴成福

過昌耀 過保綸 過秋屏 過玉田 侯道豐 侯道綱 侯鯉傳 繆榮祥 薛顯文 程國治

楊鴻璋 金方倌 金年福 俞億三 戴坤大 談斗倌 華世英 華傳生 華銀全 姜臣棣

嚴寶林 嚴福林 榮壽祺 趙雙連 王華大 張迪元 陳物林 吳增桂 吳翰堂 吳兆奎

程森 程三齡 唐洪義 唐如靖 唐鴻盛 唐挺生 唐金棣 湯錦濂 湯繹泰 丁公慶

姜臣璽 桑萬金 諸保善 諸朝忠 黃鳳慶 黃順林 黃炸成 黃鎔源 吳德齡 蔡德林

無錫金匱縣志 殉難紳民表上 孚

吳煥文 吳履堂 吳承基 吳春林 吳杏林 吳楠林 吳觀林 吳三榮 並罵賊被害

丁子盛 丁德搢 尤邦廷 尤朱文 尤恩熙 尤阿大 並拒賊隕亡

張福 倪德興 徐慶 徐興 宋升 吳福 張三 並拒賊戕死

無錫金匱縣志

無錫金匱縣志

殉難紳民表下

咸豐十年五月

紳

王士鼎 職員不屈被害
須　濬 職員率勇拒賊樹山陣亡
汪榮濟
過　錺
須居華 並職員拒賊陣亡
楊瀚香 佾生
許三選 武生 並拒賊被害
顧家康 職員不屈餓死陡山

士民

華兩村
施以誠
張子遺
薛炳廷
過印藝
顧學曾 並文童不屈被害
顧學雍
胡恩渭 並文童投河死
陶茂隆
殷三福 並拒賊橫巒橋被害
陶湘卅
華廷榮 並祝塘陣亡　拒賊受傷投河死

人民

張餘慶
強明學
沈茂林
沈胖官 並拒賊禹山陣亡　拒賊吳山下陣亡
何鑑沂
何學沂
何楚湘
何連慶 並不屈被害
吳乾二 十房村戰死
單萬生 不屈投河死
王金和
鄒　春

人民

邊天發
楊洪道
楊雲發
楊董六
張子龍
張仁元
王龍慶
唐鳴和
唐惠和
唐鈞和
唐志和
唐雙觀
唐荃觀
唐協和
唐協保
唐朝祥
唐春生

釋道 流寓

僧汝霖 青山寺僧十房村戰死
僧志嚴
僧學初 並藥師庵僧殉難
僧印初
僧端成
僧鉅輝
僧應龍
僧森元 並崇安寺僧殉難 右釋道
趙汝鈺 吳江舉人投河死 右流寓

士民

徐亞龍
徐正觀
朱振聲
朱協義
朱洪裕
朱亞喜
朱雅度
奚阿佛
孫敦書
孫俊書
孫　炳
錢茂元 並罵賊不屈被害
嚴紹基
范廸惠 並拒賊祝塘被害　膠山陣亡
廉錦標 拒賊中鎗墜河死
陳用三
陳　伉

人民

華　多
周　埔 並同字圩陣亡
周　城
周　鑁
鄭　慶 並新安鄉陣亡　安鎮陣亡
鄒西度
徐　遠 四河鎮陣亡
虞壬桂
朱　四
吳福堂
胡　南
吳和尚
俞　惠
倪華全
陳　春
陳采紉
陳佛林

人民

唐大成
唐寶善
唐亦胖
唐仁煦
唐亞伍
唐曉義
劉廷楨
周德觀
華六寶
李德恒
蔣連福
蔣　二
沈協慶
華繼寶
華五寶
陳連喜 並罵賊不屈被害
秦細觀
朱小福 並拷掠死

范循列 並投河死
張汝諧
張士謙
秦豐烈
惠榮桂
薛雲助
滕關早
趙雙連
華咸亨

錢仁福
高天福
楊雙福
王德富
王華大
浦小和尚
浦仁福
浦早觀
浦大寶
葉萬春

孫啟垣
馬君華
馬君聘
馬浴沂
高炳蔚
華士侃
張阿造
張阿大
孫福
潘義

無錫金匱縣志 殉難紳民表下 三

范吠大
鄭順
楊四 並不屈被害

葉慶元 並拒賊蕩口后橋薛店等處陣亡
盛福
盛小二 並拒賊陣亡

六月

華輪光 諸生拒賊鎖山頭陣亡
郭斌
朱達 並國子生拒賊被害
徐紹熙 從九品率

馮義慶
黃佩芝
王三官
姜大
平三多
育秀峰

闞洪海 揚名大橋陣亡
余光耀 光一作奎不屈被害
馬最尚 自縊死
孫應觀 投河死

徐闞
吳林
吳壽
吳二
王大
黃小弟

僧某 西關廟僧
僧和悅 並攻江陰城戰死
僧宏泰 四川人西湖撫觀音庵僧拒賊匯龍橋以彈弓斃賊

圍禦賊受傷死
龔廷魁 職員拒賊陸巷被害
過福田 職員拒賊南莊橋陣亡
鄒繼枚
馮吉
湯紹庭
薛照 並職員不屈被害

蔡庚福
蔡大
卞通順
陸周二
薛多
李德龍 並攻江陰城陣亡
過恩淳 率團拒賊河塘橋陣亡
徐嘉祥
王福全

陳貴 禦賊遇賊被害
周春臺
過一川 並禦賊陣亡
李川
李祺
蔣國正
陸紀林

黃老正
黃士明
黃上和
黃熙堂
黃小南
黃阿八
顧慶
顧阿小
華招生
樂小弟

多名陣亡
僧隆泰
僧蒲勝 並祝塘陣亡
僧仁勇 陡山三官殿僧江陰文林鎮陣亡
右釋道
姜某 泗州人攻江陰城戰死
右流寓

無錫金匱縣志 殉難紳民表下 四

方萬良 並文林鎮陣亡
杜正 擊賊江陰城外中鎗死

並同徐嘉祥拒賊陣亡
周伯達 並碩望橋陣亡
許益三 不屈被害
郭德榮 並祝塘陣亡

七月

顧翰 文苑有傳
王望曾 舉人不屈被害
王光榮 從九品屬賊被害
吳又新

薛秉鈞 文童
韋德
孫吉祥
陳富
劉仁華
劉槐庭

薛慶彰 侍祖父不屈去賊至被害
鄒春臺 沈瀆陣亡
楊雙福 長涇陣亡
蔡龍標 拒賊北角中鎗落水死

鄒世興
俞萬洪
管聲石
陳正助
陳西荀
陳德富

孔光勝 句容人練勇禮社陣亡
馮昌運 山東人拒賊被害
右流寓

侯玉麟　竇貞培 並諸生不屈被害　陳廷弼　周士鉅　汪承基 並職員罵賊被害　許鵬遐 孝友有傳　薛洽 從九品辦團被害

史壽寶　李殷佑　呂三　呂喜　蔣錫齡　陸秀寶　薛復初　薛紹基　薛用生　薛有泉

胡裕源 自縊死　唐國祚　丁椿林　丁二官　丁處生　尤增元　周三喜　周宜生　周根生　周大老

陳天官　陳亚勛　孫庭彬　孫茂齋　曹毅　曹愛寶　過龍　過元喜　過芝芳　楊謙

陳重禮 職員投河死　薛茀平　薛成平 二人忠節合傳　周德懋　顧雲馨　顧大泉　朱雙頂　朱求官

周汝昌 並率社陣亡　華閏福　尤連　許世增 並投河死　皮炳照　朱大增　朱渭彥　朱阿生

周應生　周金福　周惠元　周士元　周方元　周遠泉　周川大　周雙壽　周貴生　周莊大

張春寶　王隆興　王桂榮　王小發　唐兆馬　唐富　唐錦度　張凝福　丁富元　劉長洪

並職員揚名橋陣亡　張紹堂 國子生　朱釗 武生 並揚名橋陣亡　周載厚　薛琭　薛振聲　薛蘊　薛廷雄　薛鎮

朱仁標　朱仁和　朱瑞霖　胡培先　胡肯堂　胡連喜　吳蘭生　陳朱桂　陳祥生　殷學賢

李三寶　李來福　許濟川　許象賢　沈鴻蓮　沈九錫　沈連喜　沈銀喜　沈仙香　沈萬春

劉鵬　任清安　史坤喜　史度寶　史雲德　史應泉　李慶熙　呂萬慶　呂繼興　呂川

並職員不屈被害　浦錫堂　朱貞柏 二人忠節合傳　薛西疇 國子生　強青勇 武生　薛臣慶 佾生 並拒賊被害

殷大寶　殷漢文　錢步雲　錢洪文　曹大寶　曹乾生　楊明德　楊壬福　楊利芳　楊小全

沈祥大　沈惠祥　沈六官　沈萬興　沈際昌　沈立名　朱鳳之　顧大培　顧大倫　顧原昌

呂雙桂　呂凝玉　呂培榮　許春芳　蔣四福　沈士周　魏藝　顧須苟　陸雲門　薛承勛

無錫金匱縣志　殉難紳民表下　七

張士元　張貴福　張和尚　王鳳鳴　王喜善　黃煥祥　陸順林　並楊名揚陣亡　薛炳 軍功六品　馮寶觀

馮金寶　祁貴森　祁新壽　沈大喜　並同皮炳照等拒賊陣亡　倪廷富　陳繼德　陳義昌　陳丕祺

薛紹昆　薛根元　薛紹新　薛敦元　薛毅　薛茂林　薛士份　薛仁安　薛雲森　薛金福

康春岩　康耀榮　徐廣仁　徐福　徐荷林　徐國興　徐升開　徐德順　徐仁元　倪榮

陳川　陳四福　陳雍慶　陳錫疇　陳釗　蔡廷燦　蔡廷炳　蔡廷耀　蔡錦雯　蔡二寶

薛啟明　薛煥峰　薛仁泰　薛仲書　薛志倫　薛毅福　薛進福　薛鋐　薛泳珍　薛志偉

八月

無錫金匱縣志　殉難紳民表下　八

朱念修　朱步慶　胡惠甫　俞升　沈阿士　徐本宜　馮裕堂　馮金元　金川　並拒賊被害

秦彥同　孫望高　孫懋勳　錢大鏞　錢慶華　錢二寶　錢仁山　錢慶章　並不屈被害

薛慶朝　薛法　薛振遠　薛百元　薛天喜　薛翔功　薛省泉　薛鶴齡　並罵賊被害

黃奎映 諸生拒賊秦伯鄉被執罵不絕口賊斫其頸而死　王寶善　錢慶曾　嚴壽登　並諸生不屈被害　安魁 諸生受傷嘔血死　徐廷標

浦士鏞 文童賊擄其孤姪泣求被害　施同言 文童　顧理莊　並投河死　吳衍儒　吳寶　錢邦俊 一作少山　並文童不屈被害　陳岐昌

俞四壽　陳冀曾　孫樂齋　楊金福　楊然生　楊昆觀　張錦堂　張順元　王連中　王心一

陳桂慶　吳鉦　顧泰寶　翁省三　翁長三　陳文治　孫漢章　過鼎順　張家瑞　張起鵬

王德富 江陰人練勇薛店陣亡　陳了官　王三官　並仁和人拒賊陣亡　右流寓

徐錫標　蕭鳳岐　黃壽春　王應基
趙　渭（並國子生薛店陣亡）　何杏林　黃香圃　黃廷富
楊丙章　丁連喜　周敦秀
周惠泉　張百元　金滿林　周阿盤
周天錫　王喜福　李　喜　華蘊芝
（並國子生不屈被害）　沈海龍　李錦標　華蘭芳
王湘鎮（國子生）　劉景山　許巧福　華四官
孫　湘（職員）（並投河死）　周慶生　許洪叙　葛維均
金大喜　馬文瀾　陳百元
楊許亨（知縣嘉善）　許子龍　華梅堂　朱仁春
（潤賊被害）　沈九峯　華迎和　朱盤生
嚴　炳（國子生絕食死）　顧裕安　華鳳山　蕭禹楙
臧順寶　華榮修　蕭　堉
須俊卿　邵桂山　華　六　蕭禹楓
須佩德（並石塘橋陣亡）　葛元熙　蕭泰田
吳繼琛　司大保（並拒賊薛店后宅等處陣亡）　蕭廷堉
熊浩然　司二保　蕭廷基
胡仲山　朱安惠　嵇根寶　高景蘭
王錫禮　程裕龍　鄒一香　楊元茂
（並職員不屈被害）　尤伯祿　葛元青　楊學南

汪榮桂　沈　慶（並南埝陣亡）　劉義和
周　錸　楊　喜　陳菊廷　劉洪應
陳策勳（並國子生不屈被害）（並拒賊薛店盈布橋等處陣亡）　陳四倌　顧旭初
楊南大　顧澍堂
鄒　奎　華士陶（自縊死）　楊金生　陸連元
（並附生不屈被害）　蕭金元　王四倌　張金喜
姚春元　黃雙喜　尤成官
曹聯喜　黃大倌　沈　德
何阿三　丁萬興　袁寶生
查維玉　滕泰倌　蔡坤榮
楊　川　呂　金　華老和
張景藝　馬虎倌　華金倌
張明珠　馬　鰲　葉南倌
張汝裔　柳景昌　蔡二寶
周桂大　李　大　周　燮
周三子　李　二　周正元
周宏慶　李　三　周培觀
周源茂　鄒山壽　周仁桂
周仁錦　范微楙　鄒榮春
周桂洪　顧躍衢　鄒連喜

周洪良　賈錫昌　賈許堂　賈錫榮　賈錫鳳　蔣玉林　蔣泰昌　蔣大球　蔣狗　張四寶

顧壬壽　顧阿林　惠懋隆　邵三寶　邵隆興　邵元福　鄭鴻慶　陸耀廷　陸紀堂　薛茂德

鄧正茂　鄧隆位　鄧國慶　鄧米　鄧元明　鄧元清　鄧世恩　鄧如寶　鄧榮桂　鄧關福

張茂寶　張卯仗　張瑞鳳　張和尚　張二福　張阿德　張李焯　張壬秀　張桂林　張永文

薛桂馨　薛星衡　薛圻　薛謹　祝和　余耀奎　孫開元　孫致毅　黃二巧　劉漢寶

鄧敬亭　鄧甫吉　王棠生　王壽元　王五官　王耀發　王汝金　王樹桂　王篩大　王本二

張永裕　張三寶　張巧官　張二官　呂順廉　方鴻熙並不屈被害

劉漢揚　劉惠國　劉惠心　黃興發並不屈被害

王恒茂　王恒祥　唐振飛　唐義泰　唐本之並拒賊被害

九月

秦承熾諸生　朱壽元國子生並不屈被害

周景春投河死　高景華罵賊被毆死

余溥德　余四觀　徐百福

錢增福　蕭承宗　蕭揚廷

施廷杰職員不屈絕食死　楊樹基　周勛並職員不屈被害

馮國寶　馮和尚　施天祥　章添福　方正興　湯金生　丁喜元　許乾元　許存仁　許存德

徐少卿　孫承基　安雙寶　錢得選　馬瑞麟　馬巧觀　馬施德　顧竹君　顧雙慶　鄧和尚

蕭汝玉　蕭廉泰　姚福生　姚祥雲　何桂芳　何布金　何起凡　何清江　何廷秀　何長生

浦同春　鄧福元　郁董生
杜壽　竇寶元　葛度
蔣世慶　陸錫文　葛五福
楊日枚　王瑞慶　蔡漢三
楊耀祖　王銘　馬問慶
楊世盛　王三寶　周二美
楊川大　王端　孫福
並新安鄉陣亡　並同馮國寶等陣亡　並拒賊被害

十月　陶承穀國子生不屈被害　朱振榮不屈被焚死　許丕仁　馬阿榮　並拒賊被害

十一月　朱陛均不屈被毆死

十二月　張芹秀諸生不屈被害　陸光煜不屈被毆死

十一年　朱瀚國子生　華鑑光不屈被害
陳鈫從九品
張勝保員職

二月　並拒賊被害

三月　安黛勳未入流不屈被害　浦學成拒賊被害

四月　周學洵國子生　陶承安員職　並不屈被害

六月　嵇賀夫國子生不屈被害　吳停復被害

七月　王灝職員拒賊被害　蔣韶德

易名橋陣亡　蔣培孫
王泳職員被焚死　並被害

八月　許麟書諸生　馬紹南被害　吳松茂
顧雲衢縣丞　華希文受傷死　吳正茂
曹承志國子生　顧鶴莊火藥局焚　張洵
並不屈被害　死　並不屈被毆

九月　錢德正被害
秦九觀陣亡

十　汪廷乂澤州府經　華寶璉殿臣子

一月

陷杭州城絕食死　父殉難

施文慧 典史　王小林 施文慧僕被害

華殿臣 未入流　並杭州城陷時被害

曾廷椿 職員拒賊大橋角陣亡

張慶恩 衛守備傾資辦團拒賊積勞嘔血死

同治元年三月

鄒仁 從九品　喬延榮　石濟堂 善昌子被擄不屈死

孫霖 職員　石善昌 並罵賊被害　石湧堂

並不屈被害　石渭堂 並善昌子痛父被害絕食死

孫贊相 武生拒賊陣亡

四月

胡成根 思渭子痛父被殺憤利刃擊賊被害　椰春榮

椰川大 並不屈被害

五月

許浩發 從九品拒賊被害　吳源澄 烏程縣幕所遇賊被害　馮順 嘉定遇賊投河死　丁德慶 被害

無錫金匱縣志　殉難紳民表下　十五

六月

薛鳴玉 國子生拒賊被害　蔡宗虔 拒賊不屈被害　陳鳳桂 被害

七月

周景高 六品軍功率團拒賊受傷死　華文秀 罵賊不屈被害　孫方來 被害

八月

華國泰 諸生拒賊被執賊以火藥貫其口焚之而死　華贊梅 被剮死　石昭業

華金林 被烹死　石華福

謝蓉生　石瑞福

賀棠 從九品不屈被害　馮含輝 並被害　並投河死

閏八月

余振藻 諸生不屈被害

楊燕翔

周起瀚

潘士貴 並職員拒賊被害

九月

張定 諸生集團拒賊投河死　張成基 昆山拒賊陣亡　許仕銘 監生不屈被害

十月

過協中 文童投井死　袁龍田 投河死

十一月

薛階平　周道隆 被害

無錫金匱縣志　殉難紳民表下　十六

一月二年二月三月

錢爾銘 並賊目不屈被害
諸沛霖 職員父傷死
嚴曾祜 附生救母力鬭死
張沅 諸生拒賊
劉家橋被害
徐杲 職員拒賊
東鄉板橋被執不屈

楊殷楹
屠東生
過菊芳 並不屈被害
華繼高 文童
許源泉
顧效恩
張甸棵

蔣桂芳
嚴埤
陸大寶 並罵賊被害
蔣得貴 五品軍功
龐阿聽
孫可均
石昭福

華元茂 自縊死

仰藥死
嚴際熙
徐昌熾
嚴錫瓚 並國子生罵賊被害
職員負父逃難遇賊被害
顧雲階
杜有貞
黃聚賢 並職員不屈被害

並投河死
胡半巖
過亞五
唐玉林
唐紀增
周聖林
許汝梅
沈亞曾
薛進仁
邵陰銓

唐亞芳
華安保
華小喜
王茂松
陸生大
馮雨亭
高掞芳
過廷慶
周寄大
季雲階

四月

許耀廷 從九品不屈被害
嚴文楷 職員不屈被害
黃世楷 職員投河死

張士寶 並拒賊被害
許聚金 忠節有傳
吳鳳池 文童不屈被害
鄧鳴皋
鄧閏寶
徐洪二
陳安邑
陳四喜

蔡小關 並不屈被害
陳朝元
陳大寶
袁文茂
薛佛保
韓桂慶
邊運喜
邊洽春
張桂德

李雙福
沈亞庚
何松倉
杜雙福
鄧才高
鄧增貴
鄧榮貴
陸順喜

僧道德 與許聚金合傳
右釋道

韓安慶
楊廷華
楊正寶
劉紀壽
周漢年
李富元
蔣勇裕
郁德慶
郁桂福
郁三大

唐貴喜
唐開元
唐雲書
唐周南
唐長興
唐金生
居壽喜
楚廷曜
楚曉榮
楚金元

傅開元
郁萬昌
余叙成
徐洪
徐三觀
徐蘭生
朱開大
朱約金
吳時福
吳朝元

無錫金匱縣志　殉難紳民表下　十九

五月

吳殿珍
華榮桂　並諸生罵賊被害
華學曾　職員負賢
趙用倉
華蘭生　並剿賊張阜庄陣亡
沈開泰　率衆剿賊被執慘死
郁豫海　受傷投河死
祝步高　勇目拒賊
華大房庄被害
顧榮生
顧永修
華桂生
顧才欽
並拒賊被害
石鴻逵　自盡
余潤玉
余雲中
余慶元
余海越
並不屈被害
沈梅谷
華文選
並絕食死
李金保　被毆死
張家槐
唐孝陵
唐茂根
唐榮根
僧仁學　不屈被害
右釋道

母賈氏遇賊因救母被害
張文淵　職員罵賊自刎死
余士鎬
惠雲逵
薛德泰
並職員罵賊被害
余志宏　職員遇賊受傷死
顧因增
顧和讓
並自盡
余潤元
余進元
吳壽華
石繼生
並投河死
馮雲陽　受傷投河死
徐亞逵
馮二
胡萬隆
胡明中
胡春和
吳印川
吳紹祖
陳位宜
華增壽
華世芳
唐長生
戚順雲
劉倫
劉紹忠
周協冬
周桂德
周鳴倉
周人聖
顧繼仁
顧勤光

無錫金匱縣志　殉難紳民表下　二十

六月

胡均之　諸生被逼投黃涇壩河死
蔡澍
劉三　負母逃難遇賊以身護母被害
吳殿福　被焚死
蔣仁全　負母逃難受傷死
傅金茂　絕食死
吳應元
薛福介
一　並文童罵賊被害
華芳林
郁吳生
石泉林
石山泉
陳聲揚
顧庭松
並不屈被害
虞備益
范迪鈺
范迪瑞
顧宮
顧福生
余德玉
孫應台
張仁生
華良生
並不屈被害
劉桂堂
劉華堂
劉大

嚴鐘
嚴鉢
並職員不屈被害
陳肇巨
張小連
胡慶
孫茂蘭
王周元
並投河死
孫靜安　絕食死
吳產瑚
徐永鳳
並被焚死
顧金川
張文楷
諸玉卓
季廷柯
龔福培
唐一峰
石湧根
石龍寶
顧德炎
顧洪鼎
周景山
金年大
沈東生
顧小溪
華壽山
鄧錫祚
鄧龍生
鄧和玉
華汝揚
華三庚

吳瑞真 被執至常州不屈死
孫阿華 並不屈被害
余緬正 並不屈被害

七月
趙廷彥 國子生遇賊西倉被害
談錫侯 國子生投河死
浦兆洛 諸生不屈被害
錢椿 職員不屈被害
錢毓德 文童投河死
吳廷梓 文童被害
石國柱 文童不屈受傷絕食死
錢景仁
高慶
林聰
錢紹春
周福龍
許善寶
談景泉
談景川
談瑞春
朱桂聲
楊丞德
余應福
諸茂昌
諸維榮
諸順寶
諸慶元
諸福林
諸春安
胡桂生
倪士福
倪龍如 並不屈被害
右撣道
張得勝 上元縣人大橋角陣亡
右流寓

無錫金匱縣志 殉難紳民表下 主

杜增福
蔡壽
過大寶 並拒賊大橋角坊橋等處陣亡
徐增奎
徐德福
胡洪耀
唐繼高
唐日明
華四官
諸玉安 並投河死
諸炳慶 投井死
蔣隆德
顧杏生
顧惟禮
華穀豐
華紀美
華金和
胡小度
胡小法
唐茂信
唐靈章
唐永昌
金龍慶
顧開元
顧廷良
顧大
顧四

唐運桂
呂榮照
許廷奎
楊三官
王愍泉
王以錫
鄒履道
李大寶
陸壽生 並罵賊被害
陸金寶
陸壽昌
薛啟昆
華瑞珍
華少岳 並不屈被害
石鴻誥 賊擄其父持器擊賊被害
華清其 拒賊小西莊被害
顧潤泰 並浮舟村陣亡
余興元
顧立堂
華時生
華永豐
華廷桂
華汝玉 並被擄死
諸壽林 自刎死

無錫金匱縣志 殉難紳民表下 主

八月
袁西庚 諸生合門殉難罵賊投河死
虞詠 諸生
殷鉁 國子生並不屈被害
鄒祝齡 諸生
鄒保齡 職員
鄒鉞 國子生並拒賊大橋角被害
楊堉 國子生拒
華如松
廉湧大
孫光宗
鄒汝亮
鄒汝楫 並文童拒賊被害
黃叙源
嚴寶基
顧金生
華大寶
王協本
王亞玉
周克明
虞天元
周瑞玉
周慶山
鄒衛
廉玉堂
呂玉芳
呂倘馥
王尚德
唐三觀
唐士春
唐金度
唐大康
強德曾
單步瀛
單錫生
顧甯生
顧度

無錫金匱縣志 列傳 耆紳民表下 亖

莊 賊華大房被害　並投河死　賈阿狗　華三元
徐華豐 投河殉　沈協紀　陸鳴通
死　沈德觀　陸成記
石錫朗 不屈被擒　沈曰大　石進生
格殺一賊被害　沈曰義　石進順
楊基　沈約之　石恒信
楊搢　鄧茂清　馮肖堂
楊雄　鄧才德　龔發福
並拒賊華大房莊陣亡　鄧協五　徐潤福
許騰卓　徐才寶

周克仁 自縊死　徐協茂　朱鳳翔
許鼎鑾 被焚死　朱發觀　諸麟慶
吳兆益生　朱雅川　周鑑全
吳兆益茂　吳玉峰　周川
吳來芳　吳麟慶　許全泰
吳裕芳　孫殿傑　馮君良
華企元　孫光孝　馮錫貴
並被毆死　王茂基　馬錫泰
唐志熙 總倉死　過旭萬　馬麟槎
唐中林　虞汝穀　王化義

無錫金匱縣志 列傳 耆紳民表下 亖

唐中金　錢金坐　韓金水
唐聽保　曹耀周　韓登雲
並志照三十 同治殉難　過振德　金大寶
並不屈被害　並不屈被害

九月

荊綸 拒賊生 被害　蕭聖鼎　馮樂江　馮紹元
王錫智　徐茂法　朱進觀
徐慶雲 拒賊生 被焚死　王寶琛　奚金行　俞兆奎
並被賊害　毛燦銀　謝士銳
周建標 鄉職食員 死　陳忠信 文生殉難　楊二　謝恩保
死　楊小三　王櫆金

李成德　王朝桂　楊八　王錫勤
黃汝鴻　許三福　楊阿三　王錫俊
並被戕不屈 員　許茂林　黃桂福　周鳳川
鄭汝鑾 生員受十　華炳元　臧恒元　李茂先
傷死　華炳亨　丁繼慶　許瑞琪
葛 職員被執不屈死　並投河死　劉　王　許在和
華阿二 自縊死　鄒順保　馬大寶
許信 職員拒賊　祝鳳元 自死　鄒元秀　馬小弟
偉張 死公橋拒受賊　何其山 死被焚　祝繼春　蔣慶福
許俊武 拒賊生　袁鑾興　郁鳳翔　顧寶慶

侮村陣亡
王盃新
陳廷烈 並偷生不屈被害
華元仁 華倫寶 華金寶 華阿丑 華二福 華多福 並自盡
呂雲福 華富郎 華森玉
邵川榮 並隨官軍剿賊陣亡
華貴福 華金茂 華阿昌 鄭潮洲 鄭龍慶 鄧坤 馬德鑑 馬麟書
顧長慶 甫景茂 甫亦胖 甫聖高 蔡玉成 華鳳山 祝汝福 祝洪福 祝連福 許品貴

並被毆死 石桂華 石培華 並絕食死
馬尚志 馬廷昌 並不屈被害
石田珍 石田琳 石寶光 並不屈被害

十月
陳菱之 舉人拒賊蕩口鎮受傷死
榮瑞茂 鄉飲耆賓被害
蔡廷標 武生拒賊受傷死
崔廷英 崔懋卿 崔玉卿 張萬盈 並被焚死 胡錦堂
江槐 王馬大 王文炳 周全 浦大寶 蔡錫九
楚繼德 沈亞川 顧俊彥 陸仁山 陳亞祿 唐金太

胡義亮 胡培洪 張興隆 並被毆死 胡德義 絕食死
華吟湘 宿錦湖 劉增保 並罵賊被害
唐年保 唐亞元 唐文玉 臧協茂 並不屈被害

十一月
賀升吉 諸生不屈被害
朱德明 國子生隨官軍攻城陣亡
張國楨 從九品殁難
倪爾綱 六品軍功隨官軍攻城陣亡
周長齡 周邵大 並全家殉
孫克均 唐興基 並不屈被害

河死

三年二月
嚴增 嚴坤 並藏貝被害
過承祖 國子生不屈被害
徐錦美 秦根德 華起坤 薛洵 並不屈被害
九學文 兒母徐氏被害與賊格鬭死
錢詩祺 許鴻德 蕭二 堅不屈力鬭死
蕭二 並不屈被害

以下年月
趙同鈞 華承阜 王炳脩 並知縣不屈被害
顧遇春 文童與妻姚潘氏同被害
蔣映辰 蕭映璧
姚鴻寶 錢太和 周元泰 李培之
錢少山、錢丕基 錢進城 錢肇基
梁國泰 忠節有傳
朱足 山東人拒賊殁壚陣亡
右流寓

陳芝菴 江永信 江鑄 張行見 葉華年 葉慶齡 史致遠 史杏英 孟廷爵並國子生不屈死
姚一本 張魁元 胡仉 蔣惠熙並拒賊江陰陣亡 蔣巧齡 蔣福齡 蔣增齡並拒賊江尖被害 倪祝三
岳甫林 岳甫貴 岳明德 岳安福 岳永茂 岳鼎昌 陳關祿 陳全倫 陸金寶 張啟明
王厚基 王興堅 王關玉 王晉齋 余殿元 華五官 唐紹曾 陶大寶 姚文奎 黃文選

無錫金匱縣志 殉難紳民表下 三六

吳粟香 張廷銓 程坤前 屈家琛 陸建中 凌懋均並從九品被害 楊應梃未入流 華昌平外委 朱其相武生
倪尊三兄弟隨母同死 岳振濬與妻謝氏並胞妹子女姪女等合門殉難者八人 周新泰 朱隆森並被礮死 顧錫祺 顧光裕
張寶第 錢蔭桐 徐關龍 徐關雙 馮聯熙 馮長發 祝玉廷 祝二官 王逢中 蔣公順
沈關庚 沈關川 傅開光 鄧榮貴 甫景桂 馮金觀 朱聚奎 楊裕仁 余章 余智

未詳

唐汝翼華人過賊高巷受傷死 蔣徵成 秦鶴林並府經歷被害 薛天榮諸生被執不屈死 華以煜諸生罵賊不屈死 陳濬
孫錫恩並文童不屈被害 李桂生與妻温氏子九寶以繩索相繫自沉于白水蕩 周正泰 周裕泰並與妻女子姪同時殉難 顧德源隨母李氏
李鴻彥 李爾軒 楊壽鶴 楊裕昌 楊錫九 楊燦榮 華耀宗 華聚義 華廷瑞 華庭槐
錢熊祥 錢炳儀 朱關喜 朱和貴 錢瓚生 錢燾 周文魁 周謙培 周德官 侯文治

無錫金匱縣志 殉難紳民表下 三七

華源同殉難 陳廷柏府知事 廉浩縣丞 俞肇辰按司獄並諸生不屈被害並不屈被害 王士仁 王士驥 周禮 陳詩
祝玉如隨母丁氏同殉難 岳鳳江與妻胡氏同殉難 祝承基隨母周氏並與妻子等合門殉難者六人 陳二世被賊以石杵擊碎頭顱死
華森培 張良寶 張景燕 張桂德 張光黼 過玉書 過陶五 邢榮慶 邢元龍 邢永興
侯丕烈 吳文標 吳春生 吳仲良 吳季昌 吳福年 吳二官 倪仁 戚大廉 顧沐恩

並被害

顧光鼎；許大官；余仁

諸廷璋；並隨顧遇春擊賊被害；蔣元和；余勇

姚祇熙；徐亨福；鄒彥夫

鄒榜；李培發；徐元生；鄒春官

楊仁基；過錦雲；顧大元；鄒細寶

范永德；尤兆芬；顧四官；浦祥元

邵大榕；尤文煥；張凝福；浦壽元

陳耀文；並赴水死；胡總慶；葉根榮

並賊肩被害；張寶官 彼鎗死；倪萬興；葉良生

須佩華 國子生拒過；豫 被執不屈；彭詮明；葛濟青

賊斗山陣亡

剖腹死；單大保；朱廷官

張榮祿；單大觀；陳金福

張蒸壽；諸萬榮；陳大官

並被毆死；諸青官；張慶餘

鄒滋樹 拒賊西城；何四壽；許渙泉

巷戰死；鄭順泰；顧梅芬

徐卿廷 拒賊張里；浦元官；華春元

橋手斬黃馬褂賊目；浦阿官；華振宇

一人被執不屈支解而死；唐炳和；華聽春

唐增元；華五福

陳某 住大成巷；余永興；華廷彩

城陷被亂兵砍死其母嫂弟姪姪女等同赴水死合門殉難者九人；余大保；陸春泉

胡梅；陸勝元

范文鉦；浦大寶

范阿大；邵閶生

周大官 住姚八巷城破與妻及女俱死；陳茂泉；顧阜飈

陳立皋；顧唐慶

潘龍福；陳連官；顧大官

馮蘭蔭；許龍元；顧二官

蔡九官；許金官；顧榆華

湯金生；許紹洽；顧聖德

奚金川；王隆 一作降；顧鼎元

朱竹林；王二；顧貴官

朱正觀；金寶觀；袁秉鈞

鄒迎嘉；石湧財；張大昌

李二泉；石連湖；張子和

鄧龍慶；趙德芳；賈七當

唐中林；趙龍；華文煒

唐中金；吳秋荅；華聖官

唐德保；古萬隆；華文鎔

龐潤文	陳二觀	華濟生
曹進喜	蔣仁元	華文壽
邵春臺	祝和觀	華家楨
周國熊	惠孝陵	華沛霖
孫　沅	薛　德	華涵霖
施麗堂	計心田	朱金綳
施二寶	中　福	朱　煇
龔文海	陶湘洲	竇祥鋭
龔念之	闞如福	楊鼎鈺
蔡菊官	吳雙喜	孫會培
袁儀之	吳文林	秦其祥
袁三觀	周四福	陳法官
袁九官	馮雙桂	龔大官
錢愛寶	蔣孝友	黄柏榮
滿保山	陳文榮	黄履泰
虞承炳	陳文炳	成景秀
徐廷魁	陳九華	任三樂
張二觀	陳景安	任處度
張三觀	陳景雲	周大慶
張　照	殷百祿	周德春

張胖官	秦光煜	周克順
尤興邦	楊明進	何聰生
許紹蘭	楊明山	何寶生
許和讓	楊明清	何共星
史錦泰	楊文榮	何涵洲
史培林	楊桂福	顧以霖
韓邦和	楊耀洲	顧以栻
陶士琪	楊媚榮	顧炳文
錢國祥	華廷楨	沈啟倫
錢文瀾	華祥生	沈　鎮
宋聚良	王朝玲	辛繼德
糜安愚	王玉書	辛佩玉
秦國家	王桂觀	辛瑞昌
蔣二觀	王敬夫	辛雲隆
蔣四倌	王大鏞	辛杜森
馮大貞	王景嶽	辛維善
馮金南	王増慶	辛錫爵
馮佩金	王金隆	辛耀豐
洪金生	方榮全	辛洪昌
秦孟培	胡三榮	辛洪盛

徐天元　徐關福　朱宮梅　朱鳴皋　朱錫章　朱榮和　黃張觀　唐關觀　吳長泉　吳萬豐

胡壬坤　胡宗德　胡宗富　胡天傳　胡裕夏　胡錫雲　成士勲　成景書　俞才福　程應奎

辛錫琪　辛開元　辛炳泰　辛培基　辛德芳　辛勝金　辛巧林　辛虎臣　辛宏昇　周蔭祥

吳瑞昌　倪祥發　倪鳳雲　倪富春　談文炳　談永茂　談茂源　張五福　張　洽　張春元

程　範　丁雙喜　劉荷觀　劉祥慶　李四福　董勝林　董七倌　蔡祥和　秦曾培　秦光燦

周　書　周守義　周隆茂　周　文　周　四　金生傳　任關壽　孫星燦　孫　壽　孫金帽

張大生　張洪大　張三榮　張傳林　張　海　張柏森　張慶和　張松年　張文鎬　張仲鎔

陳景新　陳藝觀　陳來和　許增福　許鴻泉　許鴻逵　華聯元　華傳生　華　鈺　華壬全

孫壬德　孫榮德　孫敬榮　孫二官　忠長生　忠壽生　顧定山　顧景致　季蓮溪　季崗溪

張　洲　高步皋　高金生　徐達椿　徐金喜　安素雲　顏金安　錢隆珠　司天保　並拒賊被害

包正和　包張桂　包大寶　包奎元　陸二倌　魯印崙　杜曾訓　楊貴元　楊龍生　馮耀福

陶　傳　陶　賢　蓋桂觀　萬承基　姚召卿　徐鳳美　徐茂寶　曾五和　許子隆　曹錫桂

蔣大昌	周晴川
鄒日融	尤文蔚
並不屈被害	並不屈被害

列女姓氏錄一

（明）

華審妻朱氏　鈕陞妻徐氏　王有教妻吳氏　臧景和
妻吳氏　鄒文逵妻楊氏　華源潔妻樓氏　薛綱妻朱
氏　彭雲舉妻浦氏　姚廷璲妻吳氏　潘時覲妻范氏
華嶽妻喻氏　過軿妻殷氏　邵璘妻談氏　馬熊妻謝
氏　蔡方妻吳氏　華淑妻蔣氏　華茂祥妻張氏　華
茂根妻黃氏　談龍妻鄧氏　葉棣妻許氏　過尙儉妻
錢氏　華熙妻尤氏　張履和妻王氏　曹明妻錢氏
董言策妻姚氏　王湘妻李氏　趙德金妻梁氏　華啟
中妻黃氏　華兆甲妻顧氏　諸生承讓妻王氏（承讓逸其姓）
華愼妻錢氏　華師周妻周氏　華光宙妻金氏　岳
兆麟妻方氏　吳益妻尤氏　諸生劉源洪妻喻氏　華
登琦妻葉氏　華沛成妻秦氏　蔡珥妻陳氏　倪爾燿
妻嵇氏婢許氏　倪爾燦妻吳氏　華與述妻張氏　諸
生侯陽春妻顧氏　某妻劉氏　某妻鄒氏　華圻繼妻
曹氏　華球妻朱氏　錢起龍妻蔡氏　呂某妻薛氏（諸生
呂鼎母）　諸生司馬常白妻馮氏　華楳妻陳氏　華兆隆
妻何氏　顧志道妻王氏　諸生鼂可權妻吳氏　周士

彥妻張氏　陳友正妻岳氏　華賓甫妻蔣氏　華枫妻
馬氏　胡汝潛妻顧氏　馬維屏妻華氏　張鳳鳴妻黄
氏　司馬遇妻滕氏　華國定妻蔣氏　華師皋妻陸氏
郭梧陞妻秦氏　丁起時妻談氏　張元益妻陳氏
華琨妻鄒氏　華某妻錢氏　華逢春妻殷氏　華維祥
妻曹氏　趙楨聘妻史氏　徐梅溪妻高氏　董存信妻
金氏　高世道妻錢氏　華爾柏妻張氏　華可式妻鳳
氏　張翼聘妻顧氏　闞份妻馬氏　副榜貢生馬壬玉
妻薛氏　華介石妻薛氏　華明傑妻吳氏　華廷璋妻
陶氏　秦煥妻陸氏　參政賈允元妻夏氏周氏　華自

立妻施氏　尤仲驥妻俞氏　華永齡妻龔氏　華士适
妻閔氏　宣大綬妻張氏　諸生高世名妻秦氏　過濬
妻林氏　強基妻謝氏　強淇妻徐氏孝女　儒士強敏功
妻吳氏　強樂天繼妻沈氏

國朝

楊士逵聘妻陳氏　黄爾華聘妻錢氏　葉繼文妻薛氏
鄒朝棟妻唐氏　馬文月妻秦氏　任光祖妻尤氏
武舉朱戩妻湯氏　華瑞鍾妻蔡氏　顧尚勳妻錢氏
黄炎雲聘妻錢氏　諸生秦溢妻周氏　諸生秦龍門聘
妻張氏　諸生陳如愚妻周氏　知縣錢爾登繼妻薛氏

諸生周公廉妻華氏　廉澄潔妻楊氏　計士遜妻虞
氏　王侯東妻周氏　楊昌允妻任氏　華潤延妻浦氏
朱士楊繼妻李氏　華潤琦妻蔡氏　諸生楊晉妻秦
氏　華良繼妻陳氏　華葆貞妻談氏　華沁上妻黄氏
華昌允聘妻錢氏　劉廷翺聘妻潘氏　秦燊妻朱氏
華之爽妾朱氏　朱克修妻華氏　諸生華逢年繼妻
徐氏　國子生侯臣憲妻吳氏　吳欽霈妻曹氏　孫堯
年妻薛氏　張宗英妻蔡氏　王允揆妻薛氏　諸生薛
楫祥妻楊氏　過景蓮妻馮氏　舉人馬獬妻王氏妾何
氏　秦純熙妻華氏　方維城妻穆氏　司馬福森妻吳

氏　李堅繼妻邵氏　顧光斗繼妻華氏　丁期昌繼妻
仇氏　諸生孫敬基妻趙氏　陳瑞臨妻張氏　吳恆妻
朱氏　諸生顧學聖妻鄒氏　顧坤妻吳氏　胡天民妻
顧氏　國子生殷德元繼妻衛氏　諸生周金聲妻胡氏
周鏸妻孫氏　薛聲煥妻胡氏　顧龍妻薛氏　周廷
鉽妻堵氏　楊廷瑶妻侯氏　浦裕妻王氏　顧宏文妻
蔣氏　華源湘妻楊氏　程仙枝妻金氏　尤允鉉妻吳
氏　顧珽妻吳氏　平若衡妻何氏　過人鳳妻賀氏
薛臧妻顧氏　蔡能銓妾錢氏　孫允敘妻吳氏妾毛氏
季孝光妻薛氏　周汝章妻陳氏　黄景孫妻施氏

諸生鄒文長妻安氏　諸生司馬備繼妻劉氏　葉穆清
妻華氏　汪逢辰妻鮑氏　華慶臻妻高氏　楊宏妻過
氏　繆日華妻顧氏　張鏜妻葉氏　秦巽維妻樂氏
繆煜妻王氏　祝永吉妻施氏　贈知府秦汝沛妻徐氏
吳忠正妻濮氏　趙飛妻全氏　吳必達妻方氏　王
德溥妻張氏　鄒佩琬妻楊氏　黃正位妻張氏　雷繩
奎妻虞氏　陶順妻祝氏　程進妻王氏　薛欽贊妻陶
氏　酒懋修妻張氏　葉方鏻妻强氏　朱克任妻浦氏
楊應奎妻華氏　倪之煃妻楊氏　蔡寅錫妻王氏
高衍曦妻吳氏　朱正位繼妻方氏　過振祖妻陳氏

無錫金匱縣志　列女姓氏錄一　四

朱起元妻華氏　王允拱妻倪氏　謝天繩妻趙氏　吳
遜妻薛氏　張朗如妻周氏　陳鉽聘妻秦氏　諸生鄒
臣龍妻雷氏　范瑞生繼妻唐氏　葉之恒妻薛氏　葉
時森妻薛氏　袁公超妻李氏　王永康妻徐氏　楊孫
衍繼妻秦氏　華柏齡妻馮氏　淩鵬妻樊氏　劉贈屺
妻秦氏　諸生華必達妻鄭氏　華長吉妻王氏　秦宗
楨妻邵氏　秦景然妻華氏　華文虢妻侯氏　華上珍
妻申氏　平升元妻陳氏　黃珍瑜妻金氏　華恩泰妻
閔氏　薛元臣妻周氏　國子生司馬涑水妻黃氏　尤
源功妻顧氏　華安詩妻范氏　朱君益妻惠氏　鄧應

詔妻張氏　華煜曾妻沈氏　黃朝泰妻張氏　張衍晉
妻楊氏　黃玉成妻張氏　華鼎鉽妻葉氏　朱國宏妻
趙氏　張洪志妻陶氏　巢嶠繼妻華氏　諸生廉天柱
妻鮑氏　倪秉繼妻鮑氏　周彭年妻蔣氏　蔡文淵妻
顧氏　施廷輔妻許氏　王宗彝妻華氏　陳鼎妻高氏
劉秉義妻唐氏　呂臧孫妻秦氏　尤澤長妻楊氏
尤漢文妻范氏　諸生薛麒勳妻劉氏　沈謙吉妻祝氏
費士榕妻王氏　國子生費士彬妻周氏　趙啟元妻
周氏　馬桂芳妻祝氏　王廷楷妻温氏　虞四岳妻葉
氏　張天慧妻李氏　高仲瑜妻吳氏　蔣世安妻華氏

無錫金匱縣志　列女姓氏錄一　五

李柏年妻邵氏　夏國名妻鄒氏　榮本固妻俞氏
國子生華煌妻鄒氏　陸演訓妻范氏　吳鶴鳴妻曹氏
馬煥宗妻吳氏　許球妻華氏　華實秀妻鮑氏　侯
宜燕妻蔡氏　浦凱妻陳氏　華一鳳妻李氏　林鼎復
繼妻夏氏　劉時惠妻陳氏　馮用調妻劉氏　華熙雯
張氏　徐培妻黃氏　徐元棻妻張氏　周廷榕妻賀氏
華國相妻張氏　陳西齡妻惠氏　浦時敘妻侯氏
徐天位妻楚氏　孫其臬妻錢氏　蔣文煌妻蔡氏　莫
敬業妻方氏　董惟玉妻王氏　胡安泗妻范氏　吳必
顯妻曹氏　顧錫鶴妻過氏　馬瓚妻曹氏　姚世茂妻

孫氏　林齊雲妻虞氏　華廷詔妻吳氏　華世祿妻潘氏　顧婉斯妻華氏　國子生張承訓妻葉氏妾單氏　陳廷選妻張氏　朱調元妻周氏　顧宗榮妻陳氏　葉自濂妻徐氏　吳大啟妻王氏　秦起然妻周氏　國子生過炳謨妻林氏　錢用行妻吳氏　曹永時妻嚴氏　倪善述妻葉氏　方龍驤妻秦氏　馬志高妻張氏　祝洪度妻許氏　諸生黃球妻楊氏　孫肇季妻秦氏　陳永勝妻楊氏　秦成烈妻倪氏　顧立五妻秦氏　董維弈妻張氏　孫洪甫妻丁氏　張沆妻秦氏　袁九霞妻姚氏　華煥文妻徐氏　浦如璣妻陳氏　顧重允妻徐

氏　程世榮妻黃氏　華弈纓妻吳氏　堵麟振聘妻張氏　杜誠妻余氏　張耀初妻陸氏　諸生顧經永妾潘氏　葉彤綸妻薛氏　王鳧仙妻錢氏　顧顯舜妻沈氏　丁奉疇妻楊氏　朱君任妻顧氏　時恭默繼妻賈氏　華敬宗妾謝氏蔣氏　丁兆芳妻朱氏　葉玉翠妻陸氏　唐時祥妻葛氏　何子積妻趙氏　秦慶聘妻張氏　孫福妻張氏　劉瓚妻高氏　葉汝敕妻徐氏　林挺妻顧氏　賈龍祖妻劉氏　唐仁裕妻鄒氏　周啟祥妻白氏　楊寶衡妻黃氏　賈成塤妻周氏　吳文學妻張氏　戈正學妻查氏　諸生徐漢倬繼妻秦氏　薛世昭

妻端木氏　孫文煜妻蔡氏　强爾新妻賈氏　葉以鉉妻陳氏　胡子裴妻徐氏　丁允執妻濮氏　曹思源妻王氏　繆昌麟妻衛氏　強松妻謝氏　王家彬妻侯氏　秦本忠妻吳氏　秦渭鵬妻黃氏　陳國器妻甯氏　孫煥妻秦氏　吳柱妻呂氏　張宗毅妻浦氏　胡之御妻程氏　馬名驥妻錢氏　孫國臨妻秦氏　虞文炳妻畢氏　强文達妻葛氏　馬天閑妻姚氏　鄒知權妻嵇氏　錢弈箕妻鄒氏　楊天士妻黃氏　朱道徵妻華氏　李鳳翔妻華氏　楊錦妻錢氏　馬錦妻許氏　朱道賢妻金氏　浦雲孫妻鄒氏　浦友直妻鄒氏　王永隆

妻華氏　單啟文妻吳氏　周公遜妻鄒氏　侯文煦妻朱氏　過汝德妻朱氏　袁之海妻吳氏　徐調鼎妻黃氏　浦宣成妻呂氏　楊四知妻鄒氏　劉建中妻丁氏　黃顯順妻許氏　劉越妻虞氏　戴履中妻胡氏　馬騰宇妻李氏　浦廷俊妻華氏　陳開遠妻徐氏　徐永坤妻施氏　鄧林棟妻華氏　副榜貢生秦德滋妾李氏　黃恒妻華氏　顧仲惟妻陸氏　張拱明妻華氏　秦德淇妻華氏　華吳昭妻秦氏　華晫妻司馬氏　李鳳輝妻楊氏　浦癸毓妻朱氏　金兆元妻張氏　秦純然妻呂氏　錢登妻浦氏　許維城妻唐氏　周允晉妻華

氏　畢良鉀妻裴氏　吳德正妻王氏　顧維瑨妻高氏
任吉人妻蘇氏　陳國培妻周氏　高洵妻朱氏　許
承緒妻孫氏　錢時滋妻王氏　張德玉妻顧氏　華淵
妻王氏　楊天珍妻龔氏　朱勝鑑妻施氏　張如山妻
尤氏　李芳森妻鄒氏　華德輿妻薛氏　朱文宰妻華
氏　丁儁民妻秦氏　吳憑江妻徐氏　許世磐妻談氏
朱肇福妻馬氏　黃肇昌妻章氏　陳申生妻蘇氏
陳鑌尊妻朱氏　許麟妻浦氏　陸芝光妻黃氏　浦九
峰聘妻華氏　溫載釆妻吳氏　尤不磷妻狄氏　楊燕
翼妻薛氏　施廷望妻周氏　陳鍾杰妻范氏　趙純仁

妻張氏　葉方莞妻俞氏　劉服書妻楊氏　邵瑞侯妻
施氏　劉憲侯妻孫氏　吳源頤妻侯氏　施昌敘妻侯
氏　杜璵妻郁氏　李彙文妻高氏　邵之驥妻曹氏
盛顯宗妻劉氏　許端形妻程氏　劉諳若妻李氏　李
鳳鳴妻高氏　岳馴妻李氏　陸士元妻李氏　徐周臣
妻薛氏　諸生秦汝瀚繼妻華氏　孫聖儀妻李氏　華
穰妻薛氏　秦鍾麟妻華氏　過坤承妻岳氏　包廷璧
妻顧氏　袁紀宗妻王氏　瞿穎新妻華氏　夏德承妻
王氏　夏智妻沈氏　張六廷妻錢氏　倪煜繼妻吳氏
陳文憲妻顧氏　過鼎華妻顧氏　華上台妻倪氏

王張濱妻楊氏　華有執妻顧氏　張瑛玉妻沈氏　周
宗武妻陸氏　侯暉妾周氏　姚傳聖妻魏氏　馬仲酉
妻華氏　楊濂妻秦氏　周爾識妻楊氏　黃天德妻邵
氏　錢堯臣妻周氏　程士燦妻朱氏　王襄龍妻胡氏
錢朝宗妻周氏　顧維鈞妻吳氏　沈耀先妻朱氏
華曙妻黃氏　華文祥妻顧氏　華麟光妻顧氏　許昌
燕妻顧氏　華德承妻沈氏　華萃昆妻陳氏　蔡文御
妻顧氏　吳維鈞妻俞氏　周濤妻顧氏　華式玉妻尤
氏　薛撫辰妻秦氏　華茂承妻錢氏　周耀龍妻陳氏
呂院妻浦氏　華潤璋妻浦氏　浦日昌妻朱氏　華

邦鎮妻曹氏　華逢聖妻李氏　浦流慶妻楊氏　丁子
蕃妻王氏　過成績妻浦氏　朱廷榮妻尤氏　顧楙楠
妻陳氏　過天益妻平氏　華大遴妻陸氏　顧世隆妻
鄧氏　楊清修妻吳氏　王嗣儉妻朱氏　汪鎔妻黃氏
陸明甫妾何氏　華元旦妻錢氏　楊芳菲妾章氏
華元燈妻程氏　貞女王氏　貞女蘇氏　莫漢潮妻虞
氏　貞女張氏　唐子兆妻楊氏　丁明昆妻毛氏　王
以仁妻高氏　邵瓚妻沙氏　吳耀莘妻沈氏　馬良玉
妻顧氏　康平侯妻李氏　是克俊妻江氏　王特星妻
馮氏　吳元標妻王氏　陳九錫妻高氏　吳維鏞妻華

氏　秦養熙妻陸氏　費用輝妻楊氏　毛爾榮妻張氏
侯漢嘉妻張氏　王祚昌妻徐氏　邵公安妻龔氏　陳廷
陳廷瑞妻支氏　劉侯妻史氏　畢之璵妻龔氏　陳廷
琮妻强氏　秦廷樟妻錢氏　陳校魁妻鄧氏　葉觀妻
顧氏　嵇曾甯妻顧氏　姚盛虞妻吳氏　王秀臣妻蔡
氏　呂侯妻朱氏　侯方照妻强氏　國子生楊維城妻
華氏　史濤妻黃氏　孫渭綸妻謝氏　顧鄰妻秦氏
馮有能妻宋氏　馮君錄妻臧氏　胡公九聘妻曹氏
贈侍郎鄒辰策妻華氏　吳滋時繼妻顧氏　楊仲明繼
妻朱氏　吳天池妻王氏　張漢侯妻徐氏　曹元吉妻

吳氏　陸朝遴妻顧氏　華九錫妻楊氏　曹柏年妻唐
氏　馮森高妻陸氏　朱文球妻沈氏　浦克紹妻陳氏
胡紹伯妻侯氏　諸生吳廣培妻張氏　吳廷輝妻陸
氏　馮期億妻韓氏　張仲昌妻蔣氏　朱德滋妻陸氏
吳楚白繼妻陳氏　顧起鳳妻沈氏　朱乾曙妻邵氏
喬雲濟妻杜氏　成肯堂妻章氏　蘇步由妻黃氏
吳九徵繼妻周氏　諸生張欽聖妻顧氏　沈玉書妻李
氏　葉永基妻許氏　吳允元妻張氏　秦涑妻方氏
貢生呂靳頤妻高氏　諸生劉禹梅妻倪氏　任仲義妻
夏氏　戈斯旦妻某氏　浦顯瑞妻沈氏　高鳳鳴妻龔

氏　季宗沂妻華氏　錢子安妻華氏　王世正妻殷氏
惠其昌妻華氏　李大杏妻徐氏　華有誠妻周氏
閔瀛登妻黃氏　陸襄侯妻吳氏　徐慶生妻華氏　張
選妻陳氏　呂德馨妻華氏　浦益曾妻吳氏　侯貽燕
妻許氏　胡春仁妻黃氏　貢君瑞妻周氏　曹思恭妻
盧氏　顧金鳳妻浦氏　俞鼎臣妻金氏　姚起鳳妻張
氏　秦舉田妻王氏　華慧珠妻沈氏　祝天祥妻尤氏
華士登妻聞氏　范昇妻華氏　華君賓妻鄒氏　蔡
明表妻錢氏　王兆熊妻錢氏　孫宗海妻周氏　華汝
霖妻錢氏　蔣子芳妻王氏　龐永正妻顧氏　沈鶴仙

妻蔣氏　黃麗元妻錢氏　康汝鑑妻唐氏　過朝衡繼
妻呂氏　華允翃繼妻賈氏　陸雲紹妻周氏　周潮行
妻王氏　周若海繼妻包氏　姚克明妻陸氏　薛愛德
妻侯氏　過起龍繼妻章氏　李敬承妻聞氏　過宏謨
妻錢氏　龔國鑅妻朱氏　祝鴻儀妻吳氏　錢敬則妻
華氏　孫錫九妻周氏　瞿子開妻徐氏　華有容妻朱
氏　王褒麟妻吳氏　華廷椿妻徐氏　鄒道昌妻陳氏
楊彝然妻徐氏　龔大觀妻孫氏　吳武龍妻馬氏
張繼高繼妻華氏　吳天生妻柳氏　張如翰妻胡氏
邵繩武妻李氏　楊中立妻榮氏　過希亮妻孫氏　蔣

協若妻馬氏　施然妻蔡氏　賈大寶妻徐氏　蔡爾端
妻周氏　李起先妻林氏　宣維典妻王氏　張允鋐妻
成氏　顧培生妻高氏　陳孝思妻蘇氏　華文先妻厲
氏　范爾灝妻姚氏　賈生呂莊頤妻周氏　楊世枚妻
華氏　黃汝澄妻錢氏　丁允謙妻毛氏　王振甫妻錢
氏　李源泉妻高氏　周子英妻陳氏　華敦安妻朱氏
蔣德鑑妻駱氏　華釆若妻朱氏　岳聲遠妻唐氏
施宏先妻王氏　盧之英妻蔣氏　華見龍妻徐氏　華
子徵妻周氏　鮑榮期妻楊氏　李榮春妻王氏　諸克
儉妻章氏　華旭芬妻曹氏　華舜儀妻范氏　朱國英

妻蔣氏　朱宗秩妻費氏　潘子赤妻華氏　程雲九妻
諸葛氏　趙茂時妻華氏　王義卿妻袁氏　華元颺妻
黃氏　許含章妻蔡氏　林葭妻徐氏　劉啟懋妻陸氏
施京妻鄒氏　華坤妻賈氏　曹遵道妻安氏　侯鎧
妻呂氏妾段氏　華廷秀妻錢氏　周鍠聘妻章氏　寶
維鈞妻薛氏　祝昌齡妻周氏　季福臻妻廉氏　侯錫
詩妻鄒氏　蘇宗濂妻鄒氏　程友倫妻陳氏　錢士俊
妻周氏　馮九齡妻袁氏　張效良妻沈氏　丁昌祚妻
葉氏　曹雲卿妻薛氏　丁士洪妻徐氏　臧衡臣妻許
氏　欽尙公妻劉氏　周鳳鳴妻盛氏　吳子高妻王氏

趙襄侯妻吳氏　葉顯章妻邵氏　楊坤妻鄒氏　薛
泰衢妻徐氏　毛仲明妻徐氏　張天爵妻周氏　岳鳴
沖妻黃氏　華銓妻潘氏　闞崇綱妻沈氏　楊宗源妻
胥氏　張彭年妻殷氏　周玉臣妻曹氏　國子生郁孫
源妻孫氏　陶世泰妻葉氏　毛爾華妻張氏　强岵瞻
繼妻朱氏　計丕揚妻丁氏　華燿妻葉氏　華秉仁妻
王氏　王允培妻莊氏　華之葵妻胡氏　高惟山妻李
氏　李士荃妻虞氏　徐士榮妻吳氏　虞文俊妻楊氏
虞世文妻黃氏　胡昇錫聘妻劉氏　李宗泌妻吳氏
陳棟妻徐氏　陳廷柱妻高氏　許嘉埏妻李氏　安

高發繼妻吳氏　諸生侯謙繼妻强氏　祝以中妻蔡氏
顧維祚妻華氏　戴鴻音妻王氏　楊贊禹妻郭氏
錢毅妻雷氏　諸生趙蓉孫妾陳氏　施泰妻毛氏　趙
惟康聘妻費氏　孫燾妻朱氏　顧日立聘妻金氏　沈
士俊聘妻王氏　張子瞻妻宣氏　蔡永澤妻孫氏　朱
名望妻鮑氏　陳文釆妻丁氏　許伊重妻張氏　孫之
槷妻莊氏　金九成妻倪氏　朱積學妻胡氏　諸生薛
行妻唐氏　朱賢學妻周氏　徐武英妻張氏　許仁朴
妻俞氏　盛廷標妻張氏　戴春華妻沈氏　錢昭發妻
劉氏　陳松年妻高氏　鄭鶴妻吳氏　倪何恭妻劉氏

顧泰徵妻卞氏　張崇耀妻高氏　高洪生繼妻胡氏
沈合璧妻張氏　臧天武妻吳氏　强雲鳳妻丁氏
守備陸萬鐘妻吳氏　孫孝恭妻陸氏　秦汲妻趙氏
諸生楊文佩妻葛氏　浦廸如妻侯氏　沈晉揚妻楊氏
諸生顧駿妻楊氏　吳爾德妻顧氏　吳廷弼妻周氏
吳維札妻沈氏　秦明然繼妻施氏　蔡源妻張氏
鄒大立妻錢氏　朱大年妻李氏　侯頤妻徐氏　華飛
妻王氏　周憲昭妻朱氏　張文紳妻李氏　孫廷英妻
唐氏　諸永嘉妻錢氏　黃洪先妻宿氏　鄧世懋妻錢
氏　蔡嶠基妻秦氏　華鋐昌妻范氏　陸日懿妻楊氏

顧漢章妻黃氏　錢鉅妻黃氏　倪文勳妻華氏　何
如鐸妻姚氏　錢鎬妻華氏　國子生秦本敬妻姚氏
華文江妻談氏　李瀠妻顧氏　馬南斌妻殷氏　倪其
燦妻朱氏　周鴻仁妻王氏　龐鶴妻舒氏　田辛生妻
宿氏　貢生呂命榮妻黃氏　國子生華世綸妻孫氏
施廷鍚妻薛氏　吳天石妻周氏　華璜妻顧氏　王元
進妻吳氏　計汝翼妻吳氏　周銘綱妻華氏　吳德成
妻丁氏　張宥卿妻王氏　滕謨妻顧氏　高宏憲妻華
氏　華公進妻陸氏　華實登妻浦氏　馬嘉謨聘妻蔣
氏　糜鑑仁聘妻王氏　薛端尚妻華氏　陸應泰妻王氏

周茂艮妻鄧氏　陳桐妻薛氏　倪懋質妻許氏　楊
埴妻王氏　趙大受妻汪氏　朱夔臣妻邊氏　張範臣
妻沈氏　王維琜妻鄒氏　張君蕃妻姚氏　諸生宣標
妻朱氏　朱善慈妻許氏　奚兆楨妻丁氏　張元賛妻
劉氏　范子雲妻葉氏　丁仁涵妻鄒氏　郭元調繼妻
岳氏　范君謨聘妻梅氏　華庭柏繼妻薛氏　朱文錦
妻唐氏　朱元俊妻華氏　徐志道妻張氏　楊守典妻
沈氏　嚴若臨妻駱氏　方其煥妻許氏　劉紾妻朱氏
倪之勳妻王氏　錢克昌妻章氏　黃西京妻楊氏
華協如妻錢氏　倪畹公妻高氏　倪儁超妻何氏　沈

奇珍妻韓氏　華尊鯤妻曹氏　蔡嶽妻朱氏　顧天爵
妻姚氏　虞士達妻朱氏　林君酬妻陸氏　華士宏妻
錢氏　華容民妻金氏　華世龍妻冷氏　華塄繼妻吳
氏　諸爾暹繼妻姚氏　邵熊符妻王氏　王芳型妻淩
氏　張子諒妻黃氏　黃太占妻許氏　滕嘉賓妻朱氏
嚴補雲妻張氏　王公憲妻趙氏　華學契妻朱氏
鄒熙臣妻闞氏　鄒艮佐妻錢氏　鄒舜臣妻楊氏　王
烈聘妻鄒氏　吳耀先妻李氏　呂思正妻全氏　糜君
璋妻吳氏　蘇式侯妻杜氏　蘇文宏妻姚氏　秦鴻志妻
楊氏　孫開祉妻顧氏　胡公定妻吳氏　孫駱蕩妻周

氏　吳揆妻章氏　吳方慶妻許氏　蘇惠生妻吳氏
楊宸鉞妻倪氏　孟浩生妻陸氏　行人司楊溯妾過氏
鮑維振妻顧氏　宋佩玉妻盧氏　高廷章妻周氏
華文和妻錢氏　顧九皋妻朱氏　王瑞章妻曹氏　陳
廷祥妻吳氏　徐維翰妻華氏　高煒文妻諸氏　顧熙
文妻蔡氏　過德衡妻杜氏　楊棟材妻李氏　朱思本
妻華氏　倪爾峻妻秦氏　曹田生妻盛氏　戴天祥妻
顧氏　朱大慈妻倪氏　蔡厚照妻周氏　朱汝鑾妻徐
氏　劉素臣妻蔡氏　朱子榮妻安氏　賈懋林妻華氏
秦來御妻張氏　華應魁妻唐氏　沈君泰妻朱氏

蘇世銓妻王氏　鄒登雲妻丁氏　蘇襄侯妻張氏　李
文質妻宋氏　華澄亭妻錢氏　曹天申妻華氏　曹志
希妻毛氏　朱宗明妻費氏　華書升妻談氏　方亮臣
妻鄒氏　顧允承妻華氏　曹餘闔妾徐氏　司馬貽安
妻蔡氏　蔣文燦妻曹氏　顧亦千妻鮑氏　江躬本妻
華氏　闞在田妻劉氏　張明義妻馮氏　鄒聖臣妻王
氏　華虎炳妻秦氏　王靜元妻虞氏　孫其傑妻鄒氏
張宣哲妻呂氏　張渭英繼妻周氏　史焘元妻張氏
周元相妻顧氏　張兆楣妻陳氏　范盛一妻徐氏
秦元豫妻顧氏　章吉生妻楊氏　諸錫侯妻嚴氏　秦

報錫妻顧氏　胡錫任妻范氏　高惟江妻賈氏　諸御
陸妻陳氏　何栻妻龔氏　朱國標妾陸氏　殷禰令妻
馮氏　王瑞章妾蔣氏　楊文挺妻王氏　莫佑之妻宣
氏　童宏勳妻陸氏　華君盛妻李氏　陳文範妻張氏
華霖妻龔氏　吳允色妻沈氏　黃珩妻顧氏　姚廷
洲妻華氏　華天佑妻鄒氏　教授劉秉鉉繼妻高氏
虞際盛妻華氏　費德潤妻周氏　華汝翰妻錢氏　許
公標妻胡氏　張聖宣妻馬氏　華其千妻錢氏　范君
祥妻戴氏　趙明虞妻黃氏　王允斌妻華氏　倪大音
妻陸氏　萬仲方妻費氏　陸良資妾成氏　丁子高妻

吳氏　許維鏞妻胡氏　喬天佑妻高氏　倪聲紳妻秦
氏　倪垂範妻華氏　祝宏緒妻俞氏　蔡望子妻錢氏
殷來熙妻楊氏　閔斌妻朱氏　吳應斎妻章氏　楊
善繼妻周氏　趙永仁妻戴氏　吳永安妻丁氏　華德
明妻沈氏　薛紫纓妻華氏　過子衡妻徐氏　黃士薪
妻過氏　周霨集妻秦氏　華應龍妻侯氏　蔡永賢妻
錢氏　范廷耀妻張氏　尤明理妻唐氏　尤雲章妻蔣
氏　蔣元僎妻周氏　顧俊招妻華氏　王允甯妻鄒氏
方廷蕃妻顧氏　華履端繼妻王氏　黃臨海妻王氏
安世榮妻華氏　秦榮妻華氏　華堯勳妻倪氏　王

驊生妻錢氏　顧起安妻侯氏　朱仲典妻鮑氏　朱銓
妻張氏　錢萬生妻朱氏　孫任妻張氏　孫士芳妻吳
氏　蔡廷修妻周氏　朱慶鑑妻曹氏　沈文學妻蔡氏
編修秦靖然妾吳氏　陸永錫妻吳氏　唐朝評妻閔
氏　唐朝政妻浦氏　楊存琦妻周氏　嚴瑞英妻臧氏
馮拱奎妻李氏　吳天來妻朱氏　周茂正妻張氏
鄒應祚妻顧氏　王宏信妻李氏　朱田學妻高氏　諸
生馮之驊妻薛氏　朱承始妻周氏　葛成章妻曹氏
尤漱文妾張氏　程漢臣妻陳氏　錢爾成妻朱氏　李
元璋妻唐氏　朱士倫妻徐氏　倪嶽科妻尤氏　顧騰

霄妻尤氏　朱松恒妻包氏　華元英妻項氏　華雲九
妻徐氏　徐九章妻王氏　萬浩生妻奚氏　許進龍妻
陸氏　高籌妻仇氏　錢位時妻楊氏　馬敘生妻華氏
張國俊繼妻何氏　費銓妻華氏　尤念新妻虞氏
王德源妻錢氏　華弼妻鄭氏　諸士雄妻包氏　華如
鏡妻許氏　蘇永林妻李氏　倪明堉妻侯氏　黃大勳妻
周氏　黃宸妻瞿氏　高煥若妻張氏　談宜怡繼妻瞿
氏　朱永安妻周氏　倪金張妻胡氏　王宗沂妻莊氏
袁天倫妻朱氏　華綏蘇妻鄒氏　范彌懿妻朱氏
顧逆妻華氏　華聖旂妻邵氏　張廷秀妻朱氏　華維

明妻錢氏　過有成妻顧氏　陳應昌妻朱氏　張仁樞
妻劉氏　錢天霞妻華氏　顧咸亨妻陸氏　方晉侯妻
馮氏　袁君達妻顧氏　華元祖妻倪氏　王有文妻袁
氏　徐于唯妾韓氏　倪起龍妻華氏　楊說卿妻周氏
曹季尊妻華氏　華吉甫妻朱氏　楊正方妻王氏
強穀式妻曹氏　倪道生妻錢氏　鄒麟徵妻邵氏　趙
紹音妻周氏　華枏聘妻徐氏　馮宗駒妻張氏　沈士
鳳妻濮氏　邵萬鐘妻強氏　丁嶋祥妻郭氏　丁成玉
妻許氏　許廷鏞妻滕氏　尤景升妻胡氏　陸在中妻
王氏　李躬玉妻陸氏　徐希效妻張氏　虞彭齡繼妻

顧氏　曹天生聘妻王氏　顧桂森聘妻陳氏　朱中衡
妻張氏　華國昌妻徐氏　莊瑞鳳妻魏氏　虞廷桂繼
妻顧氏　沈文龍妻劉氏　唐義渭妻遊氏　楊楚望妻
王氏　張效程妻石氏　高向賢妻華氏　黃廷麟繼妻
沈氏　司馬旋妻錢氏　錢潤妻華氏　陳善言妻周氏
秦奕勳聘妻施氏　華天祥妻蔡氏　王永祥妻成氏
徐再遴妻龔氏　黃兆鰲妻舒氏　沈公懿妻許氏
朱璞妻錢氏　華明溢妻徐氏　徐汝瑄妻李氏　華世
綍妻周氏　蔣熙臣妻包氏　胡錫祜妻張氏　許麟妻
蔡氏　汪光道妻許氏　趙啟甫妻馬氏　錢潤生妻李

氏　華玉瑩妻鄒氏　錢應鉞妻劉氏　費象謙聘妻蔡
氏　華文冼妻馮氏　華天靜妻徐氏　吳啟元妻施氏
諸生姚夢熊妾徐氏　諸生蔡宏妻侯氏　周騋妻許
氏　許寶山妻周氏　陸維山妻尹氏　顧于相妻朱氏
楊源汶妻蔡氏　蔡澄灝妻顧氏　朱琥妻王氏　方
孝如妻黃氏　許肇和妻錢氏　周穎延妻鄒氏　張惲
樞妻陸氏　王佩曾妻周氏　王汝增妻過氏　高賡楷
妻顧氏　朱啟元妻章氏　錢宛森妻朱氏　周朝聘繼
妻鄒氏　繆長庚妻王氏　張洪瀛妻盛氏　杜連繼妻
李氏　華延棟妻諸氏　侯亦偉繼妻鄒氏　過世豪妻

方氏　王來復繼妻杜氏　汪呂侯妻張氏　過廷秀妻
徐氏　黃位容聘妻司馬氏　馮殿青妻朱氏　過大章
妻范氏　國子生時祖齡妻顧氏　王天明妻李氏　蔣
大潮妻胡氏　錢雨金妻張氏　馮泗之妻薛氏　吳祥
齡妻邵氏　華綬繼妻繆氏　吳宗文繼妻祝氏　贈侍
郎鄒稷妻張氏　華學循繼妻朱氏　李應薩妻楊氏
周渠祿妻陳氏　廉貞中妻沈氏　張周貞妾馮氏　諸
生孫芬繼妻鄒氏　顧豫妻諸氏　過震元妻施氏　過
璜繼妻顧氏　施兆隆妻高氏　賈天祿妻馮氏　施鐘
妻徐氏　諸生顧麟振妻殷氏　諸生華岡妻顧氏　王

宣昭妻錢氏　徐熠燿妻戚氏　陳印模妻浦氏　國子
生張其章妻唐氏　周一桂妻過氏　楊曾唯妻顧氏
張元隆妻孫氏　華元瀛妻柳氏　周元武妻顧氏　范
康益妻張氏　鄒文瀚妻高氏　莫本芝妾俞氏　華廷
栻妻蔡氏　任顯揚妻楊氏　馮東山妻張氏　吳德灝
妻范氏　蔡益培妻華氏　唐文耀妻杜氏　姚德一妻
孫氏　卞洪緒妻錢氏　陳興祖妻吳氏　劉揚若妻蔡
氏　華人秀妻陳氏　華針妻朱氏　姚景文妻朱氏
國子生王思尙妻華氏　朱舜臣妻浦氏　趙應宿妻馬
氏　秦爲灼妻趙氏　錢鴻業妻楊氏　楊俊儒妻虞氏

鄒瑜佩繼妻葛氏　浦啟賢妻呂氏　國子生鄒來佩
妻楊氏　强思曾妻魏氏　賈堯梅妻張氏　韓玉林妻
陳氏　諸生陶守謙妻蔡氏　吳汝英妻言氏　秦文南
妻邵氏　李青選妻華氏　過鳳林妻華氏　蔡紹康妻
張氏　蔡皋翔妻孫氏　華宗謙妾嚴氏　繆聖祥妻華
氏　胡階秀妻范氏　顧一經妻蔡氏　楊周妻馮氏
萬安甯妻華氏　陶嘉瓚妻秦氏　黃中妻康氏　金人
傑妻杜氏　高蜚駿妻吳氏　浦天培妻楊氏　朱克儉
妻鄒氏　殷邦炯妻駱氏　曹嘉行妻浦氏　葛堯齡妻
某氏　鍾添順妻祝氏　袁士賢妻朱氏　何培妻顧氏

張本忠聘妻鄧氏　鄧煥章妻徐氏　國子生浦汝俊
妻馬氏　舉人龔汝弼繼妻倪氏　教諭華希閔妻尉氏
諸泳禮妻陳氏　華鵬藻妻陳氏　尤裕輝妻鮑氏
趙玉秀妻陸氏　錢赤岡妻沈氏　華貞生妻殷氏　胡
立山妻虞氏　國子生吳景熹妻錢氏　沈君甫妻王氏
袁元龍妻錢氏　葉恒吉妻趙氏　周象和妻虎氏
周象乾妻孫氏　顧景章妻包氏　周松鶴妻呂氏　楊
養浩妻侯氏　王元昌妻程氏　華舜成妻王氏　諸生
周兹妻馬氏　王克睿妻巫氏　蕭禹樸妻吳氏　孫祥
輿妻沈氏　徐修源妻楊氏　蕭源洲妻陳氏　諸生王

會清妻楊氏　倪萬均妻范氏　蕭文柏妻王氏　沈學
海妻黄氏　嚴惟金繼妻尤氏　陸天相妻劉氏　華鉞
妻鄒氏　姚文隆妻范氏　高際妻張氏　平起鳳妻庾
氏　周尊三妻朱氏　吳德先繼妻徐氏　華𤚩冀妻鄒
氏　鄒積仁妻范氏　國子生楊嘉禾妻陶氏　國子生
吳炳文妻鄒氏　孫昇妻劉氏　朱林章繼妻陳氏　趙
景新妻朱氏　王周新妻周氏　陳煥發聘妻華氏　喬
瓚妻汪氏　孫爾嘉妻秦氏　吳彭年妻盛氏　王午昌
妻錢氏　國子生詹肇堂妻邵氏　張廷璜妻陳氏　華
起涑妻錢氏　國子生華肇豐妻沈氏　朱式範妻陳氏

一作侯氏　葉在田妻馬氏　張柏齡繼妻袁氏　華樹勳妻
朱氏　華肇泰妻秦氏　吳晉階妻鄒氏　華玉堂妻錢
氏　朱式武妻顧氏　朱廷賢妻蔡氏　史文焯妻朱氏
侯錫爵妻朱氏　徐肇鍾妻朱氏　吏目任甸妻趙氏
朱沛繼妻高氏　汪元昕妻嵇氏　諸生鄒瓚妻凌氏
華泰初妻傅氏　繆宗昌妻唐氏　趙昌言妻凌氏
徐培元妻馮氏　蔣桂林妻殷氏　楊炳然妻沈氏　國
子生華汝綸繼妻楊氏　楊日彩妻杜氏　賈凌雲妻吳
氏　劉輔公妻華氏　沈延禧妻丁氏　浦德明妻方氏
楊濟川妻孫氏　沈大成妻吳氏　國子生胡志仁妻

劉氏　陳惟智妻任氏　王洪興妻胡氏　王廷榮妻吳
氏　潘敬德妻陸氏　徐重光妻華氏　王錦繡妻陳氏
陸慶安聘妻吳氏　張成恒妻錢氏　蔣利妻朱氏
張安培妻華氏　顧京妻孫氏　錢益朋妻楊氏　榮大
儒妻薛氏　朱修齡妻全氏　諸生鄒鑌妻侯氏　趙景
元妻汪氏　華章煥妻王氏　諸生華洽繼妻吳氏　鄒
恩妻張氏　高纘烈妻祝氏　諸生華文璋繼妻周氏
孝女李瓊　諸生顧鎬妻錢氏　陸旭旦妻馮氏　賈雲
鳳妻薛氏　侯濟妻吳氏　鄒學琦妻秦氏　諸生鄒欽
然繼妻倪氏　國子生季明徵妻華氏　張季海妻李氏

姚培九妻龐氏　國子生華綏壽繼妻顧氏　鹽運使
秦鏆妾王氏　錢文灝妻尤氏　錢永昌妾周氏　翁于
華妻鄒氏　國子生華星榮妻侯氏　滕楷妻華氏　張
開沅妻徐氏　尤垻妻楊氏　孝女陸氏　朱坤妻鄧氏
黃漢琦妻秦氏　謝允鎮妻沈氏　薛佑吞妻徐氏
馮士晉妻席氏　黃曾培妻錢氏　高兆鰲妻倪氏　馮
士瑚妻王氏　浦景運妻許氏　楊應龍妻倪氏　唐其
錫妻丁氏　華若珍妻錢氏　秦茂如妻馮氏一作徐氏　殷
金晋妻馮氏　錢璧揚妻華氏　鄒煌妻華氏　陳洪鑄
妻葛氏　侯金堅妻顧氏　嚴子祚妻王氏　張舜五妻

無錫金匱縣志　列女姓氏錄一　二十四

鮑氏　姚士賢妻鄒氏　吳虎臣妻鄒氏　沈兆燕妻陸
氏　諸元陽妻黃氏　高鼎元妻朱氏　國子生王一鶚
妻侯氏　華翔仞妻程氏　寶廷榮妻周氏　尤然妻孫
氏　薛廷璐繼妻沈氏　楊浚雲妻石氏　顧元明妻孫
氏　朱遂明妻華氏　華煥文妻黃氏　孝女王氏國英女
張炳璧妻鄭氏　陳鵬九繼妻侯氏　秦烇妻王氏
鄒恭基妻秦氏　浦志學妻華氏　胡之濂妻朱氏　胡
汸妻錢氏　陳大經妻鄭氏　周世德妻王氏　王邏繼
妻賈氏　許星堂妻秦氏　王龍炳妻胡氏　龐鈖妻許
氏　貞節某氏顧世華妻黃氏之婢　龐綵繼妻王氏　楊登湘妻

孫氏　龐璠妻徐氏　華朝儒妻許氏妾蔣氏　華植紀
妻張氏　陸元裳妻厲氏　朱廷宰妻許氏　劉奕妻顧
氏　吳國俊妻顧氏　華國清妻王氏　華夏妻楊氏
張祥卿妻朱氏　馬雲龍妻李氏　陳振先妻朱氏　許
叔誠妻李氏　陳某妻余氏　華起經妻張氏　朱紹文
妻堵氏　諸生施肇曾妻顧氏　唐開潾妻葉氏　吳虎
鈴妻王氏　華懋和妻陳氏　時五妻葉氏　楊元勳妻
顧氏　李士榮妻鄒氏　錢世芳妻陳氏　丁顯夫妻徐
氏　華秉文妻鮑氏　華國學妻蔡氏　華永茂妻丁氏
華士麟妻葉氏　華隨祥妻嚴氏　吳文鑣妻華氏　顧

無錫金匱縣志　列女姓氏錄一　二十五

統均妻施氏　周德潤妻顧氏　顧雲在妻吳氏　華用
征妻胡氏　華瑤妻過氏　王有祉妻江氏　錢某妻王
氏羅洪母　華如炎妻嚴氏　王某妻陳氏子式母　惠春谷
妻錢氏　朱子美妻鮑氏　華如球妻鄧氏　何曰義妻
顧氏　蕭哲候妻朱氏　朱方來妻蔡氏　袁某妻張氏
周某妻錢氏　秦某妻王氏商木母　顧慶元妻秦氏贈待郎實
然女　華燦妻張氏　華明英妻盛氏　華紋妻徐氏　王
雲瑞妻張氏　顧三妻許氏　黃世曾妻宿氏　華世忠
妻尤氏　華明徵聘妻秦氏　秦德匯繼妻黃氏　黃清
如妻龔氏　殷應祺妻沈氏　華克進妾李氏　華正芳

妻劉氏　劉果和妻顧氏　華肇勲妻黄氏　馬協清妻
阮氏　榮嘉妻馬氏　黄錫蕃妻錢氏　華木紊妻陳氏
唐德滋妻華氏　張邦彦妻許氏　李文華妻馬氏　高
涵之妻顧氏　華國興妻朱氏　陸仁埼妻華氏　唐敬
九妻秦氏　華文炳妻張氏　施鳳清妻龔氏　王居恭
妻楊氏　華懋服妻李氏　杜繼裳妻盛氏　王居易妻
華氏　華士昌妻許氏昌一作章子仲母　曹大章妻施氏　王居安
妻吳氏　周某妻王氏　龔聖玉妻王氏　過之鵬
繼妻秦氏　秦昭廣妻趙氏　華鳳鳴妻蔡氏　華復泰
妻張氏　唐請益妻蔣氏　楊某妻顧氏　顧敦妻華氏

華宏圻妻徐氏　華雲從妻邢氏　王宗徽繼妻侯氏
葉祖德妻馬氏　華輅妻呂氏　孫繼妾張氏　華之鑑
妻鄒氏　秦璐妻倪氏　蔡銘德妻徐氏　華士俊妻鄒
氏　華聞詩妻顧氏　華與隆妻劉氏　施爾尚妻湯氏
唐毓瑄妻陸氏　華朋錫妻王氏　周某妻錢氏清甫婦
華珊妻朱氏　高舜田妻陳氏　王兆陽妻華氏　宣五
文妻顧氏　華日賓妻朱氏　華日觀妻倪氏　國子生
趙承武妾張氏　王維嶽妻尤氏　黄永年妻楊氏　施
元龍妻張氏　華煒妻曹氏　顧學曾妻秦氏　張移可
妻馮氏　華袞闇妻唐氏　華袞時妻王氏　華袞青妻

錢氏　韓雲墅妻鮑氏　葉大其妻顧氏　曹丕烈妻王
氏　陸壽妻吳氏　施元若妻呂氏　顧邦佐妻沈氏
姚佩倩妻程氏　高廷桂妻朱氏　華鎔妻鄒氏　華銑
妻尤氏　華鍾妻潘氏　國子生姚浩妻夏氏　華端妻
馬氏　陳子遷繼妻薛氏　張在河妻安氏　張周楨繼
妻馮氏　華雲將妻施氏　李漢三妻朱氏　周惟良妻
王氏　華時遨妻談氏　華樹駿妻吳氏　舉人安磊妻
殷氏　張宗賢妻馮氏　葉仰觀妻顧氏　姚祚敏妻朱
氏　華實渠妻殷氏　華子陵妻王氏　馬退徵妻成氏
孫勝妻劉氏　曹式金妻韓氏　穆本立妻吳氏　華曰

瑚妻曹氏　顧汝豐妻華氏　華興度妻顧氏　華金綸
妻陶氏　華廷瑛妻俞氏　吳學周妻劉氏　華尚武妻
馬氏　華時敏妻焦氏　華祿中妻佘氏　吳鼎彝妻顧
氏　高某妻朱氏　華千禎妻周氏　華金言妻王氏
陸某妻某氏正齡母　陳奎祖妻徐氏　張某妻石氏　杜
錡妻汪氏　華家植妻朱氏　錢某妻沈氏　華文貞妻
鄧氏　李某妻錢氏　華惟良妻魏氏　鄭在田妻陶氏
楊君祿妻王氏　沈某妻祝氏　華麟趾妻薛氏　華廷
遴妻安氏　曹某妻韓氏　毛國楨妻唐氏　華永剛妻
周氏　趙國楨妻顧氏　馮鳴韶妻朱氏　陳朝宗妻孫

氏　趙燦峯妻朱氏　華宇和妻陳氏　秦某聯妻華氏
華調先妻王氏　華神秀繼妻張氏　華永康妻張氏
陶毓秀妻沈氏　施鎮妻龔氏　張玉振妻馮氏　李正
南妻陶氏　馮天成妻祝氏　華中郁妻金氏　李文隆
妻蔣氏　王朝階妻吳氏　華焴妻鄭氏　華有慶妻郭
氏　劉桂觀妻項氏　榮繼昭妻賈氏　沈紹毅妻張氏
王昇階妻張氏　華師淑妻施氏　華應泰妻黃氏　時
永忠妻郁氏　許武成妻胡氏　陶禎祥妻吳氏　華可
秀妻曹氏　黃珍妻秦氏　楊以和妻張氏　華可榮妻
某氏　華天祿妻陸氏　顧文興妻華氏　貞女沈氏

華可法妻陳氏　李懷珍妻趙氏　華杰妻吳氏　高浦
妻尤氏　竇惟圭妻過氏　秦善慶妻吳氏　華鏞妻嚴氏
華永蕙妻許氏　徐森茂妻李氏　吳泰繼妻陸氏　周
鼎繼妻李氏　華文穩妻滕氏　華景燃妻金氏　顧建
光妻朱氏　欽士俊妻沈氏　顧才耀妻朱氏　顧寶光
妻鄭氏　國子生顧斆愉妻楊氏　選拔貢生顧敬恂繼
妻秦氏　諸生秦濬妻鄒氏　王文山妻蔡氏　顧鳳喆
妻丁氏　諸生顧嶽嵩妻張氏　秦仁寶妻董氏　王耀
曾妻倪氏　國子生楊蛟徵妻祝氏　王蔚山妻鄒氏
秦景濂妻錢氏　華景煇妻楊氏　華燦妻浦氏　高鼎

鍾妻許氏　朱纓妻王氏　華宗灝妻朱氏　陳廷章妻
錢氏　劉兆楨妻王氏　楊九河妻邵氏　華逢妻錢氏
秦景元妻袁氏　華實芳妻鄒氏　顧天植妻華氏　華
心怙妻曹氏　王猷定妻蔡氏　華日宣妻鄒氏　華星
熾妻范氏　秦鳴鈞妻丁氏　孫曾西妻季氏　諸生俞
相妻秦氏　華日進妻周氏　侯本茂妻周氏　華鳳儀
妻浦氏　國子生侯本苞妻江氏　任瑞芝繼妻周氏
鄒珠妻侯氏　許同慶妻楊氏　薛廷標妻張氏　孫漣
妻厲氏　華實發妻潘氏　侯榮褒妻吳氏　華鼎凝妻
王氏　國子生侯龍渭妻倪氏　章文璉妻朱氏　華鼎

調妻鄒氏　陳位昌妻唐氏　華鼎焴妻朱氏　華鼎燿
妻王氏　薛玉峯妻沈氏　華明迢妻范氏　周玉珍妻
朱氏一作季氏　華鳳章妻高氏　錢五飛妻許氏　薛世琛
妻許氏　華文超妻孫氏　華名世妻金氏　錢九德妻
顧氏　華廷和妻顧氏　許淞妻胡氏　孫大齡妻陳氏
國子生宋瑚妻過氏　鄒斿邦妻錢氏　孫謗妻程氏
秦永壽妻華氏　朱秀中妻廉氏　芮方時妻陳氏　楊
永言妻華氏　華永綸妻倪氏　華廷楨聯妻費氏　倪
昌齡妻尤氏　全旦初妻史氏　楊茂先妻馮氏　華斗
垣妻尤氏　華耀曾妻吳氏　華亟輪妻王氏　蔡天均

妻楊氏　華國模妻周氏　華臨祥妻金氏　詹玉瓚繼
妻沈氏　孫秀峯妻張氏　華玫東妻倪氏　唐殿棟妻
陳氏　黃煥英妻陳氏　國子生楊廷漢妻王氏　諸生
侯中諭妻施氏　華漸祥妻沈氏　華咸祥妻楊氏　華
子祥妻顧氏　沈德涵妻華氏　李舜年妻楊氏　秦王
政妻陳氏　華鼎祥妻朱氏　浦某聘妻華氏　馬士俊
妻薛氏　華滸洲妻過氏　李世五妻陳氏　鄒蘭蓀妻
秦氏、朱上甕妻王氏　諸生馬鏡涵妻吳氏　周文烈
妻顧氏　秦灝妻張氏　舉人華世奕妻陳氏　華崧妻
馬氏　王佐相妻吳氏　匡明揚妻黃氏　鄒士林妻趙
無錫金匱縣志　列女姓氏錄一　卅
氏　侯元恭繼妻虞氏　張輝妻盛氏　陳衍慶妻曹氏
華存孝妻厲氏　華文瑛聘妻潘氏（一作侯氏）　胡旭耀妻馮
氏　陳煇繼妻張氏　鄭明義妻朱氏　陳應占繼妻錢
氏　曹大昌妻施氏　秦文剛繼妻張氏　陳明庭妻張
氏　韋格非妻陳氏　孫天祚妻張氏　陳樹基妻程氏
華天慶妻楊氏　華瑚妻范氏　龔馥妻秦氏、國子生
秦上鈞妻金氏　張漢昇妻趙氏　強永興妻王氏　華
瑤齡妻周氏　糜佑妻呂氏　秦粹瑩妻高氏　華鸞鳴
妻周氏　華爾培妻錢氏　陸士德妻糜氏　方坦妻孫
氏　國子生錢璽妻華氏　華鏞妻錢氏（一作嚴氏）　王守義

妻董氏　鄒酉金妻倪氏　周鳴岐妻楊氏　王保定妻
薛氏　劉范志妻華氏　莫維棻妻徐氏　尤三發妻謝
氏　華執禮聘妻蔣氏　莫子米妻李氏　華宏承妻王
氏　侯柏馨妻王氏　劉浩成妻鄒氏　周晉三妻徐氏
張元英妻高氏　欽允中聘妻賀氏　周惟淵妻謝氏
董槪海妻顧氏、黃寶存繼妻華氏　諸生孫貢夫妻秦
氏　王坤順妻陳氏　侯茂才妻龔氏　過純仁妻鄒氏
侯秉銓妻華氏　華愈妻楊氏　過邦衛妻鄒氏　過枕
流妻朱氏　過龍桂妻鄒氏　過心僑妻過氏　過介眉
妻費氏　過樹芳妻華氏　過繼祖妻王氏　華善文妻
無錫金匱縣志　列女姓氏錄一　卅一
倪氏　高賜福妻張氏　華炳泰聘妻許氏　諸生鄒開
泰妻汪氏　過瑞雲妻李氏　諸生錢燕妻楊氏　華升
國妻呂氏　錢宗俊妻柴氏　華雍繼妻錢氏　錢澂妻
華氏　鄒惟揚妻錢氏　李晅妻尤氏　錢有祥繼妻浦
氏　華鏰曾繼妻葛氏　李豫妻王氏　華呂德妻王氏
華壽生聘妻王氏　曹廷珍繼妻嚴氏　錢在尚妻孫氏
李璞妻華氏　龔貞元妻陳氏　錢熙妻蔡氏　曹忠章
妻劉氏　錢漢聘妻王氏　孫鎮聘妻周氏　許以爵妾
錢氏　沈某聘妻秦氏　濮奇松妻倪氏　秦錫勇妻吳
氏　周定國妻秦氏　華兆魁妻蔣氏　諸生蔡鏞妻黃

氏　華德洽妻李氏　曹將錫妻施氏　華德溥妻徐氏
楊廷棉妻汪氏　高洄妻姚氏　曹廷林妻朱氏　薛春
榮妻顧氏　華鍾秀妻過氏　國子生楊琪妻強氏　沈
黎照妻鄧氏　吳兆麟妻陸氏　胡夢粹妻陸氏　邵廷
章聘妻陸氏　顧文耀妻吳氏　胡一桂聘妻曹氏　華
湖孫妻談氏　華炳曜妻蔡氏　孫洙妻朱氏　孝女劉
氏　范顯斌妻秦氏　范徽耀妻華氏　徐天祥妻范氏
范顯柔妻吳氏　華暘書妻滕氏　華翰材妻倪氏　李
堦妻華氏　華咸一妻曹氏　諸生華日起妻張氏　華
培妻錢氏　諸生華景泰繼妻孫氏　華原袞妻錢氏

華文元妻竣氏　華暘德妻史氏　倪然逵妻華氏　倪
武陽妻朱氏　華平妻汪氏　童玉基妻華氏一作章　華
萬春妻秦氏　惠嘉禎妻吳氏　夏天順妻秦氏　強鳴
鳳妻王氏　楊奎照妻朱氏　杜馥桂妻顧氏　孫漢沖
妻秦氏　施錫觀妻王氏　華瑞文妻陳氏　國子生尤
綸妻朱氏　張敘倫妻嚴氏　華恒妻徐氏　張式詠妻
蕭氏　許天祐妻秦氏　侯汪妻秦氏　過卓安妻秦氏
晟起龍妻李氏　顧三省妻秦氏　胡煥章妻劉氏　范
乙妻張氏　顧霽彰妻鄒氏　許濟安妻楊氏　杜文游妻
秦氏　許羣玉妻秦氏　沈超然繼妻鄒氏　過鶴妻朱

氏　陸起鳳妻孫氏　顧用楫妻華氏　施德藻妻顧氏
國子生過杲妻俞氏　王萬元妻呂氏　國子生陸金鍾
妻劉氏　華崗妻鄒氏　華元誠妻吳氏　華天益妻楊
氏　華國楨妻史氏　陳用年妻陸氏　許汝逵妻蔡氏
尤丕承妻徐氏　黃思文妻楊氏　華鎔妻滕氏　顧思
冠妻孫氏　華任鈞妻管氏　華謙妻董氏　華國瑞妻
滕氏　錢宗淑妻滕氏　尤南恒妻錢氏　國子生曹暘嵩
妻華氏　錢煥妻高氏　吳敬成妻陸氏　曹世瑛妻楊
氏　國子生曹世琦妻楊氏　錢森年妻顧氏　錢鼎鉉
妻過氏　錢朝楨妻華氏　錢過清妻鄒氏　錢蘭枝妻

華氏　錢朝翰妻金氏　華莘亭妻鄒氏　華日宣妻錢
氏　楊逢豫妻華氏　錢林華妻華氏　李謙六妻華氏
華潄六妻楊氏　倪宗泰妻朱氏　陳廷輔妻錢氏　徐
洪繼妻闕氏　丁廷良妻徐氏　黃心妻張氏　倪敦艮
妻華氏　朱六階妻薛氏　國子生黃兆龍妻陳氏　國
子生王珣妻沈氏　黃敬妻浦氏　吳丕基妻張氏　鄒
醕儒妻華氏　華學俞妻陳氏　諸生馬時英妻龔氏
戴有章妻沈氏　華原磯妻吳氏　江楫繼妻鄒氏　朱
佩珩妻錢氏　華嘉廷妻倪氏　華賓李妻曹氏　唐宜
禩妻司馬氏　許鑑妻周氏　司馬雲妻朱氏　倪志遺

妻許氏　徐培基妻沈氏　陳壽南妻朱氏　國子生朱
元室妻陳氏　孫贊皇妻侯氏　朱興州妻殷氏　華以
剪妻浦氏　國子生顧季賓妻周氏　朱永年妻趙氏
國子生楊大文妻陳氏　朱廷榮妻呂氏　丁文新妻陸
氏　顧大保妻鄭氏　張士桂妻丁氏　周明德妻郁氏
卜洪興妻伍氏　朱廷楨妻徐氏　陳廷璋妻某氏　孫
世祿妻金氏　朱學建妻丁氏　徐鳳章妻張氏　王克
俊妻丁氏　張植妻華氏　沈復振繼妻王氏　强巨川
妻楊氏　華秋圃妻錢氏　諸生謝咸章妻沈氏　華熙
妻蔡氏　諸生安經傳妻孫氏　華善才妻邱氏　諸生

華烈妻鄒氏　盧有聲妻楊氏　何某妻顧氏　杜愛妻
何氏　徐澐妻史氏　强鳳武妻朱氏　貞女顧氏　浦
賡揚妻楊氏　謝天章妻黃氏　浦虞齡妻陳氏　浦昌
齡妻司馬氏　尤世福妻毛氏　華贍陽妻朱氏　尤麟
仁妻李氏　尤榮曾妻王氏　秦萬金妻吳氏　尤連福
妻陸氏　孫轍錫妻馮氏　秦萬銀妻王氏　蘇曉嚴妻
吳氏　吳桂官妻秦氏　秦序東妻馮氏　諸生劉鍾元
妻吳氏　蔣鎮妻蔡氏　國子生王宮槐妻錢氏　王溥
鎮妻顧氏　國子生錢炯妻王氏　舉人尤均妻張氏
錢爐妻胡氏　華蘭森妻黃氏　錢仁祿妻鄒氏　談基

繼妻華氏　華儒徵妻鄒氏　俞珊妻陶氏　華朝棟妻
錢氏　周大德妻浦氏　趙方蘇妻張氏　錢均妻朱氏
諸生張大升妻夏氏　司馬清源妻許氏　錢元隆妻戚
氏　錢鶴年妻戴氏　錢正元妻許氏　諸生陳瀚妻馬
氏　胡起麟妻吳氏　王步蟾妻吳氏　袁契蘭妻秦氏
貢生鄒大成妾陳氏　王芮妻盧氏　章開鼎妻鄒氏
張在瀛聘妻沈氏　戴乾復妻蔣氏　張福昌聘妻蔣氏
張文德妻陸氏　顧振坤妻王氏　顧賓來妻馬氏　顧
振倫妻張氏　顧振宗妻吳氏　沈悲揚妻顧氏　張承
恩妻汪氏　曹序賢妻惠氏　胡松岳妻李氏　楊永瑞

妻葉氏　鮑霈霖繼妻蔡氏　趙鑌妻李氏　王會登妻
華氏　陶天福妻張氏　諸生許南枝妻華氏　陳潮妻
徐氏　鄭元富妻殷氏　殷國豐妻華氏　倪曙鐘繼妻
夏氏　余國棟妻張氏一作俞　蔡大有妻張氏　喬璋妻
過氏　安世爵妻陳氏　陳子興妻周氏　喬震妻温氏
安起鳳妻倪氏　華玉如妻范氏　安玉如妻顧氏　安
起龍妻朱氏　安琳妻司馬氏　華習陽妻呂氏　周繼
曾妻徐氏　諸生孫士穎妻秦氏　鄒煜妻華氏　王永
觀妻葉氏一作薛氏　華育成妻吳氏　秦爾雍妻吳氏　傅
臣武妻丁氏　朱元祖妻强氏　李洪妻吳氏　强望岐

妻顧氏　華繡妻薛氏　秦玉林妻吳氏　胡益元妻奚
氏　汪玉山妻過氏　周金寶妻方氏　國子生詹繩山
妻王氏　秦士奇妻蔣氏　馮協泰妻秦氏　馮有成妻
許氏　馮協貞妻胡氏　馮洪妻朱氏　馮洙妻蔣氏以上嘉慶志

列女姓氏錄二

顧惟嵩妻龔氏　蔣鈞妻顧氏　張洪基妻鄒氏　王森
金妻夏氏　王洙妻嚴氏　諸生張鳳池妻蔣氏　王汝
敬妻楊氏　沈銘妻蔡氏　過日萬妻陳氏　華朝琛繼
妻曹氏烈　倪鳴鐘妻鄒氏　陳寶善妻楊氏　袁天如
妻周氏　唐宗渭妻汪氏　孝女陳能信松年女　孝女周
淑貞　朱文榮妻蔡氏　錢厚德妻朱氏　吳宗衡妻郭
氏　鄒偉元妻錢氏　諸生王維銁妻趙氏　葛勞妻楊
氏　楊洪業妻趙氏　孝女吳玉堂惟善女　薛廷璐繼妻

沈氏　朱存仁妻華氏　烈女榮鳳姐　秦瑞榮妻吳氏
袁部清妻姜氏　諸載暘妻王氏　程至善妻馮氏
王冠賢妻許氏　華鍾瀚妻周氏　嚴鳳梧妻蘇氏　姚
永祥妻吳氏　楊嘉珍妻華氏　朱易榮妻孫氏　張鳴
鳳繼妻倪氏　諸生錢國柱妻王氏　范藝觀聘妻陸氏
張世爵妻鄒氏　趙瑜妻錢氏　楊廷雷妻王氏　王
大焜妻華氏　楊承恩妻周氏妾王氏　杜文玉妻高氏
陸大章聘妻李氏　張星燦妻胡氏　王鳳池妻楊氏
黃基洛妻王氏烈　諸生楊文炳妻潘氏　詹潤妻王
氏孝　錢翰文妻楊氏　華文安妻錢氏　徐照繼妻華

氏　孫應枝妻查氏烈　鄒鳳岡妻張氏　沈國楨妻許
氏　侯鳳之妻劉氏　蔣銘盤妻王氏　張廷祚妻許氏
張浩繼妻徐氏　李廷鈺妻朱氏　萩維祿妻陳氏
孫朝祖妻丁氏　諸生薛爍明繼妻周氏　鄒時暘妻戴
氏　趙錫範妻錢氏　張朝賓妻何氏　薛大煥聘妻華
氏孝貞　華奎德妻曹氏　王栢妻蔣氏　胡繼安妻吳氏
胡玉章妻曹氏　蔣錞妻陳氏　孫尙賢妻趙氏　秦
璣妻堵氏　俞廷高妻呂氏　邵旭明妻錢氏　蔡澐妻
蔣氏　趙聿修妻陳氏　徐殿揚妻李氏一作延揚　諸葛廷
斌妻徐氏　楊德忠妻任氏　姚鳳林妻王氏　秦榕廷

妻華氏烈　孝女王淑貞渭川女　吳夢芝妻范氏　陳俞
菼妻戴氏　許堯岐妻姚氏　陸文起妻陳氏　華掄升
妻鄒氏　張文海妻趙氏　龔紹秀妻鄒氏　虞超妻司
馬氏　嚴維坤妻姚氏　顧汝軾妻劉氏　曹仁祥妻許
氏　季墊妻湯氏　顧德源妻曹氏　沈德新妻強氏
諸生宋光蓮妻薛氏　華瑞林聘妻曹氏　華守德妻陳
氏　范微雄妻鄒氏　華萬豐妻張氏　周鼎妻高氏烈
顧繼池妻蔡氏　龔南士妻朱氏　浦尙占妻孔氏
鄒安榴妻王氏　龔南珍妻華氏　過惠妻趙氏　過信
妻鄒氏　國子生丁鳳洲妻吳氏　吳焯妻嵇氏　張煥

英妻陳氏　李杏園繼妻呂氏　朱金妻浦氏　徐寶輪
聘妻王孝貞　過義直妻劉氏　朱玉妻強氏　諸生鄒
驥妻劉氏　華維良妻魏氏　徐煥妻陸氏　姚文焕妻
夏氏一作文焯　高麟芝妻朱氏　俞成安妻顧氏　殷朝士
妻顧氏　蔣灜妻季氏　殷麟熙妻錢氏　王克修妻華
氏　王學金妻浦氏　蔡本立繼妻朱氏　唐維周妻吳
氏　楊逵妻秦氏　錢經妻華氏　國子生黃爾鈺妻高
氏　戴元培妻吳氏　竇廷枏妻顧氏　職員鄭鰲妻
許氏　朱纓妻王氏錫開化鄉　楊天培妻許氏　周增文妻
杭氏　雷元璵妻賁氏　錢飛翰妻章氏　孫緝熙妻馮

氏　朱纓妻王氏金南延鄉　諸生張國安妻陳氏　黃珩妻
浦氏　倪煥文妻魯氏一作曾氏　華毓汾妻范氏　倪煥武
妻陸氏　浦錫範妻華氏　浦廷梁妻陸氏烈　祝晉雲
妻錢氏　國子生祝溶妻李氏　錢堂妻徐氏　謝士魁
妻吳氏　王汾瀾妻浦氏　吳文蘭妻惠氏　馬親妻嵇
氏　諸生馮金鍼妻賈氏　盛鎭德妻陳氏　張企曾妻
陳氏　楊國順妻高氏　國子生王元燮妻馮氏　朱遵
直妻糜氏　杜福卿妻宋氏　周玉用妻吳氏　王桐繼
妻顧氏　尤孔昭妻馮氏　糜靖基妻王氏烈　胡秦山
妻過氏　鄒龍燿妻唐氏　祝聖時妻華氏　孝女祝枝

質國子生嵋女　錢德棣妻滕氏　季韶音繼妻蔡氏　周國
祥妻孫氏　錢錫朋妻朱氏　錢守模妻吳氏　浦景新
妻陸氏、嚴介錫妻韓氏　沈尙州妻朱氏　范徵德妻
鄭氏　陳安邦妻竇氏　成洪效妻莫氏　劉舜在妻姚
氏　倪其祥妻江氏　胡邦柱妻江氏　吳元壽妻蔡氏
吳元福妻鄭氏　汪世誠妻華氏　華均妻敖氏　虞
鼎山妻張氏　職員鄧光鉞繼妻尤氏　孝女過寶女振揚
周麟祉繼妻高氏烈　徐慶妻喬氏　過崑山妻錢氏
華文賢妻浦氏　許文榮妻陸氏　華允源妻曹氏
許耀山妻浦氏　國子生顧一清妻錢氏　浦李嘉妻周

氏　華鵬程妻周氏　袁其成妻朱氏　吳廷模妻王氏
吳鴻基妻劉氏　張玉山妻吳氏　朱玉潤妻虞氏
李成林妻任氏　蔡正法妻薛氏　潘萬鎰妻華氏　諸
生張攀儀妻馮氏　俞允中妻蔣氏　代州知州龔士英
妻陸氏　徐大鏞妻方氏　諸生朱昌期妻楊氏　孝女
王素貞　孝女陳雲裳　廉文熙妻王氏　張永興妻周
氏　許象書妻華氏　郭應奎妻孫氏　戴兆祥妻席氏
戴起龍妻劉氏　范懷忠妻陳氏　郭應辰妻夏氏　華
鵠亮妻方氏　蔡豫時妻華氏　職員方炳奎繼妻蔡氏
戴恭安妻屈氏　朱鳳鳴妻張氏　諸生蔡文瀛妻許

氏烈　倪秉敬妻王氏　尤惠峰妻徐氏　華振明妻楊
氏　錢鵬冲妻章氏　鄒寅亮妻尤氏　李大仁妻陳氏
華南宏妻羅氏　朱維瑛妻陳氏　吳殿芳妻唐氏
嚴丕顯妻顧氏　嚴介德妻朱氏　張殿士妻謝氏　朱
廷輔妻單氏　羅桂妻席氏　朱鳴皐妻胡氏　鄒步皐
妻顧氏　朱襄成妻錢氏　楊倉亭妻唐氏　談學愈妻
虞氏　許錫禧妻李氏烈　蔡培忠妻陳氏一作德培　談學
吉妻司馬氏　王兆芹繼妻錢氏　唐汝南妻丁氏　華
潮江妻朱氏　曹承倉妻江氏　諸生華廷懋妻郭氏
强裕坤繼妻司馬氏　華畹妻黃氏　周皎然聘妻花氏

顧錦福妻劉氏　顧善成妻許氏　唐維德妻王氏
沈紹基妻薛氏　席春福妻錢氏　過景昌妻朱氏　國
子生鄒光錫妻吳氏　林煥妻任氏　林德淵妻張氏
錢鐸妻安氏　沈文熺妻劉氏　鄒寅亮妻薛氏　朱學
熺妻高氏　諸生顧琛妻施氏　許宗烈妻顧氏　許煌
妻秦氏　馮富一妻朱氏　邵增壽妻匡氏　馮濟清妻
俞氏　華耀曾妻許氏　陶琪華妻張氏　張文煜妻强
氏　張文旭妻尤氏　安徽布政使孫藩妻王氏　朱天
辛妻過氏　甘肅吏目强行讓妻秦氏　諸生吳泰妻鄧
氏　徐爔妻華氏　華源清妻衛氏　鄒時佐妻吳氏

楊珠堂妻錢氏　過德喜妻周氏　謝仲若妻朱氏　忠
漢臣妻周氏　李雲山妻范氏　錢元隆妻成氏　孝女
淩大桂　孝女顧錦禧　祝德均妻馮氏　周裕濤妻糜
氏　湯涵初妻蔡氏　華鳳鳴妻吳氏　高一桂妻淩氏
吳汝南妻顧氏烈　沈長妻王氏　孫爾岡妻周氏
吳厚田妻袁氏　周曾楷妻過氏　舉人丁榕妻陳氏烈
薛錦春妻楊氏烈　車某妻徐氏烈　貞孝女岳瘦梅
貞孝女秦氏女巽中　貞孝女秦氏女瀛　貞孝女秦氏瀛次
女　貞孝女秦氏女來晉　貞孝女秦氏女楙嚴　貞孝女秦
氏女之淩　華恢光妻柳氏　華恢先妻林氏　華芝新妻

無錫金匱縣志　列女姓氏錄二　六

榮氏　華泗妻楊氏　華鳴鋏妻王氏　秦仁甫妻王氏
秦瑛妻高氏　秦裕龍妻周氏　華人熙妻朱氏　華
昆璧妻徐氏　華居忠妻李氏　華貴傑妻金氏　華秉
鉽妻許氏　秦延赤妻華氏　李見龍妻繆氏　李智秀
妻蕭氏　李進愷妻陸氏　光祿寺丞顧道澄妻談氏
華偁綱妻薛氏　華士安妻高氏　華以孝妻顧氏　顧
荔妻劉氏　顧惰妻華氏　王家旦妻秦氏　華祖齡妻
陶氏　華詞繼妻薛氏　華文蘭妻鄒氏　華日章繼妻
王氏妾吳氏　陳元生妻黃氏　周林妻糜氏　秦光廸
妻鄭氏　秦光祖妻蘇氏　華森妻徐氏　封中憲大夫

顧鏞妾蔡氏　華人琦妻曹氏　華有連妻錢氏　華廷
鱗妻陸氏　華爍妻黃氏　李德延妻許氏　李鼎山妻
徐氏　丁學儒繼妻李氏　丁仲綱妻章氏　華嶽妻秦
氏　華企興妻余氏　華彬祥妻鄒氏　華章漢繼妻賀
氏　華世瑛妻朱氏　諸生丁文年妻徐氏　秦爾槭妻
施氏　秦時舉妻顧氏　秦鉅英妻徐氏　丁洪遠妻王
氏　李昌盛妻韓氏　秦鎣妻華氏　顧錦妻華氏　李
廷政妻章氏　華雲程妻顧氏　華廣熙妻馮氏　華瑞
鍾妻秦氏　華鳳栖妻黃氏　丁振宗妻許氏　李廷宣
妻殷氏　華鳳起妻蔣氏　秦貞錫妻朱氏　顧彧妻王

無錫金匱縣志　列女姓氏錄二　七

氏　縣丞丁龍洲繼妻周氏　華天敘妻周氏　華明初
妻倪氏　秦爰漢妻倪氏　朱良臣妻秦氏　華銓丞妻
吳氏　李海揚妻周氏　吏目丁楷妻王氏　華永禎妻
陶氏　秦德漢妻華氏　秦瀚妻張氏　華天性繼妻李
氏　華遠猷妻邢氏　秦準妻吳氏　華根心妻周氏
李雲表妻周氏　李鶴年妻鄒氏　秦濂之妻錢氏　俟
天錦妻胡氏　華元龍妻過氏　華士進媳朱氏　顧愷
妻張氏　華舜齡妾顧氏　李文魁妻奚氏　李廷華妻
顧氏　朱光緻妻殷氏　生員朱能光妻顧氏　華士秀
繼妻沈氏　丁桂森妻袁氏　華芳侶繼妻陳氏　華音

佳鑣妻殷氏　秦英生妻趙氏　李雲品妻任氏　諸鎬
妻姚氏　秦杲愛妻王氏　華士璋妻徐氏　李德基妻
梁氏　侯雲錦妻秦氏　巡檢丁逢洲妻錢氏　秦高來
妻華氏　侯明錦妻龔氏　秦滋椿妻顧氏　秦茂柏妻
宋氏　華珷媳孫氏　華克德妻鄒氏　李樹棠妻吳氏
諸生顧希陽妻汪氏　華充盛妻曹氏　李蓮蓀妻劉氏
華瑞芳媳錢氏　華士秀妻許氏　薛錦棠妻吳氏　華士
藹媳吳氏　顧培森妻周氏　諸生薛振妻鄒氏　華觀
祥媳孫氏　華德英妻鄒氏　丁士林妻范氏　國學生
侯驥妻顧氏　華士連妻包氏　丁御林妻錢氏　華成

益妻楊氏　華孝嗣媳包氏　李茂益妻嚴氏　華企興
媳陳氏　秦從本妻江氏　李雲堦妻朱氏　華時升媳
王氏　華文炳妾李氏　孫景惠妻王氏　職員顧雲鏕
妻唐氏　秦圻弟某妻華氏　秦圻妾某氏　華昂青妻
徐氏　劉景裕妻李氏　華之蔚妻孫氏　諸生顧鳳翔
妻華氏　丁鳳林妻唐氏　華思仁妻錢氏　華鳳岐妻
徐氏　丁曜林妻任氏　錢鑑妻秦氏　華均孫媳方氏
秦桂林妻唐氏　秦喬林妻李氏　華國新妻趙氏
秦之本繼妻楊氏　諸生顧一飛妻樂氏　華亞逵妻朱
氏　華珪妻李氏　侯世茂妻徐氏　秦慎本妻劉氏

華智妻吳氏　薛敏妻賈氏　諸生劉源洪妻喻氏　華
學乾妻朱氏　華作哲妻張氏　華文昇妻浦氏　劉商
妻侯氏　秦秉宣妻顧氏　華祥雲妻滕氏　華希智妻
鄒氏　華致祥妻王氏　薛鼎新妻錢氏　華紫貴妻浦
氏　華紀曾繼妻楊氏　薛鳴皐妻王氏　華欽明妻李
氏　華高材妻浦氏　秦士杲妻陳氏　華煥金妻榮氏
秦燦妻錢氏　秦以森妻丁氏　華永仁妻陸氏　諸生
顧一衍妻周氏　秦炎妻陳氏　華宣萬妻周氏　秦旦
妻鄒氏　葉天興妻秦氏　華孔昭妻朱氏　華臣哉妾
沈氏　秦光智妻周氏　國子生秦竹然繼妻張氏　秦

壽春妻余氏　秦銓鼎妻周氏　秦新畬妻華氏　徐培
基妻沈氏　鄭某妻吳氏　華光祖妻趙氏　華贊升妻
邵氏　華德輿妻周氏　諸生秦含英妻楊氏　華國祐
媳韓氏　秦佑基妻吳氏　秦珂妻楊氏　秦藍田繼妻
許氏　陸鴻圖妻李氏　華起龍媳金氏　國子生秦孟
堅妻周氏　華兆龍妻呂氏　華嶼青媳陳氏　國子生
宣鈺妻張氏　廉艮相繼妻楊氏　華志學妻王氏　華
燕清繼妻張氏　秦鎮華妻錢氏　秦鎮寰妻朱氏　華
璿妻黃氏　華之榮媳倪氏　華滋仁妻錢氏　國子生
侯馨妻吳氏　秦秉鈞妻陶氏　華欲仁妻黃氏　秦黃

鍾妻趙氏　廉濟民妻鄒氏　秦錦川妻鄒氏　華有儀妻席氏　華乾秀妻錢氏　秦錫爾妻尤氏　華修德妻周氏　華紹寅妻秦氏　龎文璞妻計氏　秦廷清妻諸氏　華新維妻楊氏　陶巘繼妻呂氏　秦漢儀妻朱氏　華發荃妻李氏　華世滋媳程氏　秦栝妻周氏　秦鏡妻華氏　華國柱妻蔡氏　華源媳盛氏　秦渭妻陳氏　華道濟妻吳氏　華君恒妻許氏　秦柏麟妻王氏　華景顏孫媳錢氏　華仁媳陳氏　秦東昇妻繆氏　華備德媳陳氏　華元章妻蔡氏　秦沐妻唐氏　華義媳徐氏　華德潤妻錢氏　秦廷炯妻湯氏　華景夏繼妻

王氏　華士達媳陸氏　華敦三妻孫氏　華嶽媳瞿氏　華棻媳高氏　秦本豫妻徐氏　華士昂妻計氏　進士顧趙炳妻趙氏孝節　華絜昭妻唐氏　華鉉妻唐氏　華文光妻葉氏　華世禮妻居氏　華學孟妻祝氏　唐際華妻薛氏孝節　華一鳳妻顧氏　華之孟妻居氏　華鎔妻胡氏　華衷在妻錢氏　諸生高春生聘妻華氏　方堡妻周氏孝節　秦湙聘妻李氏　秦埜聘妻孫氏　華廷梁妻夏氏　華際飛妾陸氏　華崗妻許氏　華應麟妻顧氏　秦添壽聘妻江氏　華垿妻楊氏　秦士模聘妻丁氏　沈日淞聘妻秦氏　華錫蕃聘妻錢氏　秦炳寅聘妻王氏　華瑞麟聘妻曹氏　華就日聘妻閔氏　華海棕妾王氏　華墀媳包氏　華寅曾孫媳浦氏　華隆起媳倪氏　秦栴村聘妻趙氏　秦輅鈞聘妻許氏　華鼎台妻汪氏　華百福妻過氏　華采章妻于氏　秦大椿妻周氏　華有則妻胡氏　華振明妻談氏　華觀莩媳黃氏　秦永凝妻呂氏　秦京釗妻陸氏　華沆妻章氏　華羅圻媳方氏　華肇開媳秦氏　秦文煥聘妻顧氏　秦維鍾聘妻宋氏　華毓俊媳蔡氏　華從繩媳呂氏　華太涵妻丁氏　周爲光妻龔氏　華儒隱妻楊氏　秦用楫妻侯氏　華有誠妾滕氏　華繼文妻薛氏

貞孝女錢氏孔昝女　貞孝女秦荇貞作霖女　貞孝女孫氏三畏女　貞孝女尤氏士超女　貞孝女毛氏尙德女　貞孝女周氏維茂女　貞孝女彭氏天貴女　貞孝女司馬氏永茂女　顧吾忠聘妻韓氏孝貞　顧吾禮聘妻虞氏孝貞　貞女張氏令德女　費乾若聘妻秦氏孝貞　諸生鄒晉年妻徐氏烈　貞女莊氏克明女　秦樹屏妻李氏　滕石臣妻祝氏義烈　高世臣妻華氏　高世道妻錢氏　張文瀾妻徐氏　秦國槐妻高氏　沈士彥妻鄭氏　華廷立妻胡氏　顧士毅妻華氏　王敬一妻成氏　胡克儉妻尤氏　呂成福妻徐氏　唐朝榮妻呂氏　錢太初妻華氏　陳來雝

妻史氏　徐菊館妻龔氏　劉惠應妻施氏　鄭勝文妻
朱氏　賀茂德妻范氏　國子生孫泌妻李氏　趙錫光
妻華氏　州同知薛振采妾馮氏　葉葆仁妻華氏　蔣
貢來妻吳氏　楊文昭妻印氏　黃映乾妻盛氏　丁繼
福妻鄒氏　金八觀妻劉氏　諸生曹啟昌妻許氏　鄒
鳳祥妻華氏　倪乾九妻錢氏　陶貢球繼妻嚴氏　吳
兆福妻李氏　蕭元魁妻周氏　狄振和妻張氏　太和巡
檢杜上林繼妻沈氏　國子生華埰妻李氏　華太元妻
陳氏　孫茂隆妻蕭氏　張元興妻高氏　周文玉妻華
氏　吳承烈妻王氏　王中立妻張氏　徐觀福妻呂氏

胡慶柏妻劉氏　諸生沈鼎康妻陸氏　陳元士妻朱氏
錢景原妻朱氏　許在田妻錢氏　番禺知縣丁芳洲
妾李氏　諸生秦和妻任氏　陸昇階妻過氏　榮茂林
妻張氏　侯喬林妻薛氏　陶濟川妻胡氏　楊綬妻張
氏　潘紹源妻胡氏　龔步章妻雷氏　溫順昌妻程氏
包月明妻陳氏　方士艮妻華氏　安岳典史杜作林
妾劉氏　鄒素立妻汪氏　繆朝陽妻陳氏　李小五妻
朱氏　萬泰來妻朱氏　趙光熙妻施氏　金永發妻秦
氏　薛湧妻楊氏　符彥章妻方氏　毛鶴齡妻彭氏
嚴鳳山妻强氏　國子生程香祖妻諸氏　韋梗妻陳氏

楊國熙妻馮氏　姚心燦妻談氏　國子生顧鈞妻侯
氏　薛淮妻高氏　陸永興妻徐氏　秦鈞凱妻陳氏
沈大雍妻錢氏　丁紹廷妻朱氏　諸生王國慶妻錢氏
陳新傳妻徐氏　周崑載妻葉氏　徐永芳妻王氏
孫慧寶妻王氏　吳麟儀妻袁氏　華永新妻顧氏　張
惟太妻孫氏　蔡順福妻孫氏　華大墢妻李氏　謝勝
發妻言氏　鄧克明妻張氏　江永年妻王氏　陸如瓚
妻陳氏　李天昇妻喬氏　許志妻薛氏　吳某妻陸氏
鄒仰山妻楊氏　劉應源妻繆氏　孫兆龍妻王氏　徐
喜祥妻鄧氏　鄭連元妻陳氏　錢雄昇妻胡氏　唐義

溢妻蔡氏　虞瑞楠妻秦氏　胡耀璧妻石氏　顧爾棟
妻王氏　呂廷珪妻徐氏　沈正發妻陶氏　王景泰妻
秦氏　王命臣妻秦氏　沈佩玉妻陸氏　華抱信妻徐
氏　王振鰲妻雷氏　華明鳳妻任氏　華植義妻胡氏
張聖倫妻吳氏　華惟正妻葉氏　高季美妻張氏　張
正昌妻陳氏　高衍義妻黃氏　高隆妻鄭氏　秦文琪
繼妻祝氏　秦焕綸妻孫氏　華惟聰妻劉氏　張茂賢
妻王氏　秦璜妻華氏　秦金麟妻丁氏　高之玠妻浦
氏　諸生秦燮妻談氏　高明益妻戴氏　高象賢妻胡
氏　華遂艮妻葉氏　張雲鵬妻尹氏　張雲九妻沈氏

諸生華式金妻過氏　高永生妻張氏　張賢修妻朱氏　王巨臣妻李氏　沈順生妻袁氏　呂永禧妻楚氏　顧鎣妻堵氏　顧濬妻華氏　胡益元妻奚氏　王邦翰妻劉氏　呂子宇妻王氏　錢禹春妻華氏　胡宗瑛妻嵇氏　劉永祿妻曹氏　鄭啟明妻馮氏　陳松齡妻趙氏　徐健之妻秦氏　費振垣妻周氏　孫鏗妻倪氏　趙莊妻王氏　薛鳳翔妻周氏　楊泰來妻畢氏　葉方春妻尤氏　丁鳳鳴妻陳氏　金宗廣妻秦氏　朱潮妻張氏　許洪章妻蔣氏　華雨窗妻沈氏　雷啟恕妻孫氏　淩浩妻趙氏　張容亭妻吳氏　吳文燕妻朱氏

張壽元妻陸氏　孫慶林妻岳氏　諸生孫元預繼妻朱氏　王朝輔妻楊氏　徐大本妻俞氏　沈大墅妻魏氏　周亮彬妻辛氏　王上林妻費氏　錢嘉謨妻浦氏　秦維梅妻薛氏　高振聲妻孟氏　鄭天裕妻陳氏　顧文舟妻王氏　秦仁標妻顧氏　范徵裕妻馬氏　秦柏裳妻錢氏　陶春華聘妻吳氏　高世則妻吳氏　唐紹瑞妻張氏　馬廷榮妻王氏　秦宮旃妻黃氏　秦起妻胡氏　殷彙吉妻馬氏　姚興元妻楊氏　諸生高我生妻王氏　秦慶妻周氏　高和生妻衛氏　諸生華炳奎妻錢氏　秦金鳳妻袁氏　秦因開妻尤氏　高麟彩繼妻李氏

高悅蓮妻朱氏　秦孝聞妻倪氏　華爾發妻陳氏　高宏章妻王氏　國子生秦雲萬繼妻楊氏　華秉鈞妻錢氏　張方玉妻章氏　張元英妻高氏　司馬濂妻黃氏　莫正親妻孫氏　嚴志尚妻周氏　張聖元妻彭氏　張鼎三妻胡氏　陳彥達妻丁氏　朱乾棟妻顧氏　華純德妻陳氏　錢文英妻周氏　張泉湧妻馮氏　胡文秀妻華氏　諸生丁杞妻程氏　徐甯臺妻薛氏　王鑄妻賈氏　周鳳山妻陳氏　孫大吉妻唐氏　吳長發妻陸氏　周庚煒妻顧氏　孫維隆妻何氏　張子玉妻周氏　吳玉佩妻周氏　孫永標妻張氏　周寅吉妻朱

氏　王朝榮妻俞氏　薛允達妻孫氏　黃元隆妻戴氏　諸生薛翔雲妻朱氏　張協和妻張氏　胡應斗妻陸氏　錢士元妻楊氏　錢岳妻戴氏　唐又蓮妻鮑氏　唐朝英妻沈氏　胡煥章妻劉氏　陳雲昇妻高氏　唐彥昌妻石氏　沈定達妻胡氏　鄒繼祖妻馬氏　呂明耀妻惠氏　王中立妻楊氏　王奎光妻黃氏　呂東灝妻沈氏　沈惟達妻周氏　顧襄湧妻張氏　顧輔相妻范氏　華欽茂妻強氏　華雲齊妻邊氏　汪映泉妻范氏　王汝桂妻呂氏　沈玉書妻張氏　沈瑞庚妻許氏　呂大經妻徐氏　顧祖功妻華氏　沈惟貞妻龔氏　唐

朝相妻薛氏　錢嘉觀妻馬氏　陳錦秀妻雷氏　胡德
衍妻廉氏　劉曾應妻施氏　徐五遠妻丁氏　蔣瑞發
妻葛氏　孫天祿妻毛氏　薛景榮妻吳氏　費鼎臣妻
陸氏　葉啓珍妻顧氏　蔣舜子妻姚氏　金維鈺妻高氏
黃道妻陳氏　楊錦妻錢氏　曹紹美妻施氏　梁雲鳳
妻秦氏　丁桂妻陶氏　周椿齡妻徐氏　祝遐山妻朱
氏　宋文湘妻祝氏　施永寬妻顧氏　華登元妻毛氏
史肯堂妻江氏　嚴金元妻朱氏　何慈章妻張氏
倪啟昭妻張氏　侯淇妻尤氏　諸明桂妻王氏　榮天恩
妻毛氏　梁天德妻錢氏　史有堂妻李氏　貞孝女陸

氏繼祖女　貞孝女倪氏贈知縣元吉女　貞孝女孫氏仲康女　貞
孝女陶氏聖千女　貞孝女吳氏希伯女　貞孝女楊氏惠宗女
張玉裕聘妻沈氏貞孝　貞孝女過氏孔元女　陸元成聘
妻胡氏　陸繼元聘妻胡氏貞孝　徐峴碧聘妻許氏　杜
某聘妻徐氏瑢女　華和麟妻朱氏烈　陸某聘妻鄧氏廷英
女　周廷瓚妻俞氏烈　國子生周模妻許氏烈　鄒廷
綺妻王氏烈　張紹基妻王氏烈　呂孝思妻程氏烈
浦義封妻華氏烈　高仰妻錢氏　諸生高恩繼妻秦氏
孫大烈妻李氏　王鳴岐妻章氏　華維勤妻徐氏
孫培妻趙氏　黃世泰妻司馬氏　華毅中妻邊氏　朱

煒妻顧氏　黃仁彪妻趙氏　周際雲妻惠氏　顧錦夫
妻李氏　胡鳳枝妻張氏　國子生安如京妻周氏　錢
魯輿妻黃氏　陳兆文妻夏氏　費步高妻楊氏　丁錦
妻祝氏　陸如山妻徐氏　張曾模妻薛氏　鄒允文妻
孫氏　諸生龔瞻洛妻吳氏　廉緒山繼妻陳氏　孫元
愷妻張氏　吳芝田妻高氏　張寶臣妻石氏　徐振南
妻華氏　周燾妻楊氏　國子生王鏞妻鄒氏　胡京福
妻俞氏　錢君源妻劉氏　沈鳳齡妻郁氏　陳廷訓妻
林氏　丁龍章妻張氏　高斗南妻潘氏　許倩妻朱氏
陸文益妻蔣氏　高雲章妻張氏　顧嘉佑妻朱氏

薛錦霑妻顧氏　侯用賓妻王氏　楊四山妻華氏　顧
文藻妻孫氏　主簿周詩妻趙氏　孫梅妻張氏　張連
城妻王氏　華正行妻錢氏　華國瑞妻汪氏　侯成義
妻華氏　秦滙妻金氏　胡文瀾妻浦氏　陸鑑妻劉氏
徐煊妻胡氏　唐宏山妻侯氏　張文鈺妻蔡氏　徐
煥瑜妻雷氏　高顯佐妻華氏一作顯祖　諸生侯用敕妻顧
氏　胡一桂妻秦氏　袁塽妻楊氏　李元文妻黃氏
朱運元妻顧氏　錢添齡妻岳氏　錢瑞氣妻朱氏　王
維妻華氏　國子生高垂葛妻俞氏　孫能濟妻唐氏
孫麟瑞妻蔣氏　高閏彝妻楊氏　華炘妻朱氏　孫承

緒妻張氏　王五福妻許氏　費佐民妻鄧氏一作位民　華
鎬承妻錢氏　顧鳳崗妻周氏　國子生朱鳳池妻倪氏
胡上穎妻王氏　安燦英妻曾氏　錢朝棟妻金氏
陳維鶴妻錢氏　丁霞川妻吳氏　丁貽孫妻祝氏　費
叔文妻唐氏　張繼宗妻許氏　高大基妻王氏　高繩
基妻顧氏　孫曰萬妻衛氏　王長齡妻任氏　黃三元
妻高氏　華明倫妻王氏　顧金聲妻陳氏　朱宏煜妻
王氏　高楦孫妻鄒氏　周金質妻方氏　孫恒錦妻劉氏
王士明妻辛氏　諸生安紹芳妾褚氏　高俊德妻王
氏　安習吉妻浦氏　黃位揚妻殷氏　國子生高耀德妻

陳氏　高安邦妻奚氏　華文安妻顧氏　周經傳妻孫
氏　朱松妻浦氏　朱大受妻李氏　高淯妻陳氏　高
紹美妻張氏　朱萬春妻平氏　孫巨川妻楊氏　顧慧光
妻朱氏　黃公勝妻陸氏　安定靜妻蔡氏一作廷靜　胡巘
妻奚氏　陳瑞母莫氏　張鵬飛妻鄒氏　徐天德妻范
氏　陸君泰妻袁氏　廉岳載妻過氏　馬永康妻平氏
趙汝謙妻張氏　竇文能妻徐氏　劉湖源妻尤氏
諸生李居敬妻朱氏　浦曾沂妻呂氏　浦通儒妻王氏
一作道儒　王鶴年妻丁氏　王千一妻秦氏　周蓮生妻馮
氏　周蔚然妻顧氏　顧朝英妻蕭氏　顧一連妻陳氏

張天佑妻吳氏　張雄萬妻劉氏　孫開元妻吳氏
華欽妻蔡氏　華存義妻倪氏　如皐教諭秦鼎雲妾呂
氏　侯頫妻蔡氏　朱三森妻呂氏　强盈萬妻顧氏
杜德芳妻陳氏　董叔彝妻華氏　劉景祿妻張氏　倪
萬鴻妻鄒氏　副貢生吳一燿妾周氏　喬挺之妻華氏
尤順來妻胡氏　職員何學周妾張氏　蘇端書妻丁
氏　曹洪發妻浦氏　鄭詩杰妻許氏　趙銘妻孫氏
國子生龔衍繼妻楊氏　浦洪章妻安氏　胡如霖妻奚
氏　陸寶和妻費氏　秦榮桂妻徐氏　唐學優妻馮氏
孫宗嘉妻浦氏　張敦均妻方氏　顧天錫妻秦氏

周中行妻趙氏　周仁均妻蔡氏　王玉田妻蔡氏　張
錦奎妻徐氏　孫楹妻雷氏　諸生張蘭田繼妻孫氏
周玉妻嚴氏　王紹庭妻何氏　高寬妻錢氏　楊炤繼
妻華氏　王元發妻馮氏　高荷妻吳氏　王皐仁妻浦氏
孫從龍妻馮氏　華尚英妻毛氏　黃如金妻許氏　國
子生朱桐岡妻倪氏　顧淵文妻高氏　安永昌妻唐氏
國子生周熙妻費氏　周務滋妻吳氏　胡子桂妻繆
氏　錢五瑞妻許氏　陳玉麐妻錢氏　胡芝山妻邵氏
陸其祥妻周氏　陳武榮妻薛氏　徐萬青妻郭氏
費維圻妻楊氏　張正學妻李氏　龔學林妻張氏　鄒

調元妻秦氏　楊五福妻胡氏　馬學禮妻王氏　寶宏道妻顧氏　趙連官妻顧氏　吳培祿妻楊氏　劉太和妻諸氏　季開元妻胡氏　浦敬輿妻華氏　姚瑞輯妻張氏　秦景沂妻程氏　江伯和妻姚氏　諸聖佩妻榮氏　許殷良妻俞氏　姜象泰妻李氏　鄧景高妻鄒氏　邃玉臺妻華氏　任大壬妻張氏　曹漢妻周氏　虞飛標妻殷氏　宋起淵妻梅氏　馮雲秀妻李氏　平明文妻費氏　王漢昭妻朱氏　潘廷華妻范氏　樊琪蓉妻陳氏　施鑑妻堵氏　諸生王鼎妻祝氏　周湘萍妻王氏　顧培德妻高氏　顧晉康妻邵氏　張富林妻高

氏　孫廷相妻程氏　華廷梅妻顧氏　秦廷桓妻周氏　侯端妻華氏　陸斗衡妻俞氏　胡文光妻華氏　唐振坤妻顧氏　徐煥美妻吳氏　楊振聲妻董氏　袁起鳳妻倪氏　諸生王鑑妻華氏　高錫嘏妻鄭氏　諸生朱錦堂妻王氏　李壽昌妻孫氏　錢城妻鄒氏　林瑛妻任氏　強見善妻陳氏一作建善　杜南林妻劉氏　董祖坤妻王氏　劉子嘉妻秦氏　倪福海妻顧氏　過光飈妻陸氏　方榮錫妻周氏　俞小陸妻吳氏　汪舜年妻張氏　謝金妻陸氏　廉國秀妻王氏　蔡南奎妻華氏　舉人薛泰階妾陳氏　施鎮妻陳氏　諸存禮妻張氏

孫芝林妻鄧氏　吳震川妾劉氏　蔣朝元妻丁氏　徐益齋妻顧氏　龔廷燦妻沈氏　華璋妻顧氏　邰江妻朱氏烈　沈某妻劉氏　陶藍田妻馬氏　王鼎雲妻趙氏　胡聚隆妻徐氏　張恒禧妻黃氏　褚世章妻王氏　薛朝楣妻馮氏　許文元妻秦氏　杜殿光妻金氏　薛學詩妻任氏　薛華黼妻楊氏　薛煦妻陳氏　周思信妻巫氏　徐某妻吳氏　張琇妻陶氏　華鑌妻錢氏　許燦妻周氏　山東濟東泰武臨道秦震鈞妾李氏　鄒松五妾蔣氏　郭景槐妻王氏　劉景洛妻虞氏　榮長林妻俞氏　龔烜妻高氏　葉方榮妻薛氏　張洪培

妻王氏　徐雲章妻吳氏　許靜山妻鄒氏　王天祥妻任氏　鄒敦仁妻徐氏　周廷楷妻李氏　國子生嵇文雄妻江氏　嵇承學妻徐氏　高春元妻李氏　陶廣元妻楊氏　諸生顧夔妻唐氏　黃連生妻強氏　朱滙源妻虞氏　華孝穀妻袁氏　馮瑞妻朱氏　范春熙妻方氏　李廷杰妻趙氏　唐文煥妻丁氏　張浩元妻李氏　陳起鶴妻蔣氏　范用錫妻顧氏　張志儀妻唐氏　張蘭若妻盛氏　薛載華妻陳氏　國子生鄒宗範妻馮氏　張焠妻談氏　孫聿求繼妻秦氏　國子生秦錦奎繼妻吳氏　許洪烈妻薛氏　朱嚴祝妻黃氏　劉惟明

妻祝氏　馬應蓀妻徐氏　鄭星耀妻浦氏　楊玠妻陳
氏　陳文源妻趙氏　浦念學妻倪氏　孫榮椿妻李氏
徐文標妻宋氏　魏元文妻朱氏　馮泰妻惠氏　支
峻明妻周氏　榮鶴汾妻朱氏　徐文熙妻虞氏　嚴墉
妻姚氏　國子生孫玫妻秦氏　錢泰來妻過氏　榮鶴
濤妻馮氏　管祿盛妻黄氏　管鳳翔妻唐氏　龔萬臻
妻吳氏　諸生許三慶繼妻潘氏　徐培德妻王氏　强
亭延繼妻高氏　敖引昌妻過氏　馮鳳彩妻强氏　劉
銀妻邵氏　馬瓚妻汪氏（烈）　華高忠妻沈氏（烈）　曾南
壽妻華氏　國子生楊廷桂妻朱氏　周璠繼妻黄氏

賈千里妻華氏　葛承烈妻孫氏　吳霞城妻薛氏　張
大赤妻孫氏　顧棫曾妻黨氏　楊壽南妻張氏　王振
孫妻章氏　葛燦妻陳氏　吳御嘉妻周氏　顧愉妻華
氏　華德清妻楊氏　貞女宣如蓮　諸生過玉瓚妻楊
氏　貞女楊秀貞（延琇女）　宣嵩年妻戴氏　貞女王氏（景襄
女）　國子生廉德基妻程氏　諸生宣大成妻姚氏　錢
玉堂妻鄒氏　錢祥發妻周氏　華俊明妻錢氏　秦炳
仁妻趙氏　貞孝女司馬氏（允文次女）　張思敬妻朱氏　貞
女顧氏（有成女）　盛某妻宣氏　廉長發妻張氏　孝女惠
玉貞　宣斌妻周氏　浦孝如妻何氏　馬士祥妻何氏

廉其祥妻陳氏　廉友諒妻瞿氏　秦洪泉妻蔡氏
顧昌林妻秦氏　國子生廉仁基妻陳氏　華固本妻錢
氏　錢鳴皋妻季氏　秦咸林妾王氏　沈德名妻許氏
（一作德明）　侯本芑繼妻江氏　王秉義妻祝氏　錢元亨妻
蔣氏　錢書城聘妻劉氏　宣如德妻丁氏　侯琦妻陶
氏　華鎔妻陸氏　宣乾益妻許氏　劉春林母過氏
顧泰年妻薛氏　陳紹濤妻安氏　諸生王惟遜妻邈氏
鄒毓源妻楊氏　錢章甫妻陳氏　宣羨義妻王氏
華應中妻鄒氏　錢廷楷妻張氏　袁某妻蔡氏（孝）　袁
世琛媳某氏　宣九錫妻施氏　廉太和妻潘氏　廉春

森妻馮氏　席連元妻胡氏　廉錦堂妻江氏　廉鳳翔
妻尤氏　華繡文妻許氏　趙煒妻朱氏　鄒穀貽妻竇
氏　宣廷樑妻呂氏　陳泰初妻施氏　廉元寶妻任氏
諸生錢宏發妻張氏　倪金聲妻鄒氏　孝女湯月蓮
范綺霞妻陶氏　楊承璟妻華氏　安國治繼妻顧氏
朱國輔妻陶氏　陳一觀妻沈氏　徐湘妻陳氏　楊
兆熊繼妻侯氏　徐四臨妻汪氏　諸元陽妻黄氏　高
爾相妻司馬氏　廉會齡妻王氏　國子生胡資深妾袁
氏　吳德培妻鄒氏　廉培基妻范氏　貞女過氏（玉墳姊）
吳煜林妻楊氏　季觀瀾妻奚氏　宣璞妻薛氏　馮

玉林妻周氏　薛宣亮妻蔡氏　廉振基妻王氏　趙某
聘妻華氏　陳維祺妻陸氏　蔡某聘妻張氏　李春林
妻陶氏　季廷釗妻宋氏　安廷訓妻黃氏　過鴻度妻
章氏　李勝躬妻浦氏　華雨登妻錢氏　司馬維邦妻
錢氏　談原德妻楊氏　季鎬妻黃氏　許鑾甬妾沈氏
徐四臨妻華氏　孝女王氏貽孫女　陶某聘妻過心蓮
貞女過慶雲萬資女　華嶽妻滕氏　馬焯妻張氏　馮
永思妻秦氏　秦裕均妻張氏　丁顒夫妻徐氏　職員
敖烈房妻趙氏　秦某妻王氏　季廷烋妻高氏　華燦
妻浦氏　秦粹瑩妻高氏　薛玉峰妻沈氏　諸生錢燕

妻楊氏　華秋圃妻錢氏　華朝棟妻錢氏　秦萬鋃妻
王氏　李源妻張氏　王樹滋妻徐氏　竇誠聘妻陶氏
錢城繼妻華氏　袁榮泗妻范氏　華瑛妻陳氏　華
世安妻吳氏　華永陵妻包氏　陸文苑妻華氏　華壽
山妻黃氏　華廷煌妻周氏　王文湘妻邵氏　胡大純
妻秦氏　國子生華錫玠妻陳氏烈　陸文鉦妻華氏
朱朝甫妻孫氏　諸生華樹屏妻王氏　蔣曾元妻陳氏
施孝章妻華氏　華衛廷妻蔡氏　張一鳴妻秦氏
曹松林妻錢氏　高學秀妻殷氏　陸永昌妻華氏　錢
甬薰妻華氏　華滄源妾陳氏　朱錦枋妻俞氏烈　周

芳梅妻張氏　周天昇妻蔡氏　殷玉琨妻湯氏　馬景
堂妻祝氏　錢敬六妻華氏　周黼章妻徐氏　吳兆烈
妻滕氏　華兆炳妻黃氏　王鼎文妻過氏　王錦文妻
徐氏　朱玉衡妻錢氏　王士龍妻吳氏　張鳴瑞妻徐
氏　華正尊妻司馬氏　華正安妻朱氏　貞女王慶姐
錢廷樑妻杜氏　穆邦基妻趙氏　甲馬營巡檢華肯
堂妾尤氏　豐城知縣華希高妾聞氏　強培庸妻劉氏
國子生許大鏞妻陶氏　賈信益繼妻朱氏　強貞忠
妾鄧氏一作妻　薛公盛妻謝氏　薛琨妻許氏　錢北城
妻薛氏　強秉正妻薛氏　強清人妻薛氏　張振淞妻

劉氏張一作強　馮晏妻賈氏　強亭理妻馮氏　強貞明妻
華氏　馮某妻周氏　強梓材妻管氏　錢階妻楊氏
過錫爵妻汪氏　孝女沈玉琴元相女　吳某妻盛氏　顧
汝璉妻朱氏　龐元龍妻鄒氏　陸元芬聘妻須氏　吳
曾裕妻許氏　鄒適深妾沈氏　孝女王貞如　過鶴妻
朱氏　孫汝軾妻趙氏　秦仁書妻董氏　孫諤妻程氏
俞慭安妻顧氏　國子生王某妻吳氏　朱某妻丁氏
祝廷和妻錢氏　國子生吳夢芝妾范氏　國子生顧
繼池妻蔡氏　王文妻方氏　倪其祥妻汪氏　高仁福
妻孫氏　國子生陸起龍妻劉氏　國子生周玠妾吳氏

秦廷煥妻張氏　王棠楷妻楊氏　國子生顧蘭溪妻
鄒氏　過祺妻費氏　孝女孫淑貞　杜履尊妻華氏　國
包鏡瑄妻吳氏　秦青錢妻李氏　許三益妻沈氏　國
子生王保定妻薛氏　顧豫妻薛氏　朱天慶妻楊氏
陳秉溶妻吳氏　陳恢祖妻徐氏　陳兆倫妻錢氏　吳
一桂妻丁氏　國子生劉廷璧妻汪氏　陳兆錫妻楊氏
以上道光續志
唐文烜聘妻高氏烈　國子生劉天璧妻汪氏　成元愷
妻陸氏　顧斗柄妻俞氏　王開宣妻孫氏烈　張建昌
妻沈氏烈　殷炳南妻丁氏烈　張柔升妻吳氏　劉治

妻吳氏　余維鎬妻華氏　國子生余象彩繼妻沈氏
顧桂大妻余氏　顧德裕妻韋氏　顧魁奇繼妻王氏
顧啟元妻楊氏　顧日昇妻芮氏　顧讓生妻臧氏　顧
昭妻沈氏　顧瑞麒妻張氏　顧尚卿妻衛氏　顧洪祖
妻王氏　劉鵬占聘妻丁氏　鄒凝度聘妻任氏　孝女
華氏源泉長女　孝女華氏源泉次女　范章椿妻方氏　范循鰲
妻鄒氏　陳文秀妻華氏　曹君佐妻談氏　馮常江妻
虞氏　馮秉中妻陳氏　查錦鳳妻吳氏　過毅然妻朱
氏　諸生張家昌妾袁氏　高國樹妻華氏　薛璇妻屠
氏　馮庭芳妻朱氏　王全妻胡氏　顧寘妻華氏　邾

府周鎬妻芮氏　朱榮禧妻王氏　顧汝濟妻殷氏　顧
汝明妻唐氏　石明揚妻諸氏　吳仲達妻朱氏　石尙
行妻薛氏　朱日暉妻薛氏　劉晉求妻秦氏　丁振達
妻陳氏　孝女馮金鳳惟隆女　陸鳳綸妻榮氏　浦壽田
妻黃氏　薛佩蓮妻蔣氏　朱福壽妻錢氏　周鑑妻趙
氏　李德妻許氏　尤永錫妻李氏　王聖元妻魏氏
諸生華廷燮妻錢氏　蔣某妻劉氏　高昊冲妻陶氏
華文鈞繼妻王氏　吳鎬基妻沈氏　秦炳仁繼妻張氏
張振勝妻盛氏　孝女顧榮秀敦仁女　孝女彭氏世奇女
職員俞鈞妻秦氏烈　薛廷栢妻潘氏烈　薛維發繼

妻馬氏烈　劉國良妻曹氏　華國順妻魏氏　劉元良
妻陸氏　劉廷來妻華氏　劉雲祥妻陳氏　周伯麒妻
陸氏　張文起妻胡氏　趙貞觀妻馬氏　查藝敦妻任
氏　查衡康妻任氏　周海若妻鄒氏　周廷棟妻馬氏
周錫桂妻秦氏　張儉田妻施氏　薛大榕妻李氏
薛來儀妻毛氏　徐懋仁妻强氏　王恒豐妻强氏　薛
翔麟妻胡氏　趙燦峰妻朱氏　趙廷鏞妻張氏　顧連
福妻劉氏　李文瀾妻馮氏　强汝楫妻濮氏　强中興
妻朱氏　强振裕妻劉氏　徐尙渭妻强氏　劉廷瑞妻
汪氏　葉允晟聘妻薛氏　吳壽發妻劉氏　朱朝旭妻

強氏　呂萬福妻吳氏　錢宮桂妻趙氏　孝女周氏少艾
女　孝女查氏女方臨　周公廉妻華氏　王保綸妻華氏
知府秦沆妾胡氏　惠佩蘭妻朱氏　馬二觀妻賓氏
國子生華燦聘繼妻朱氏　王某聘妻尤氏　朱柏妻
蔡氏烈　過晟妻張氏烈　曹慶觀妻錢氏烈　孝女薛
氏　孝女蔣氏　陳瑩妻錢氏　顧儀生妻華氏　倪企
東妻朱氏　薛旦華妻陸氏　顧欽宜妻周氏　姚棟妻
張氏　張明中繼妻王氏　安章妻過氏　顧喬林妻徐
氏　張廷璋妻榮氏　王文蘭妻秦氏　薛芝廷妻楊氏
殷世隆妻查氏　馮常淮妻李氏　丁沛元妻陳氏　吳
昌年妻丁氏　華恒足妻強氏　劉培元妻楊氏　孫戒
三妻徐氏　楊聯芳妻王氏　馮德裕妻趙氏　唐錫爵
妻張氏　單德海妻沈氏　楊斯際妻朱氏　吳祥安妻
賈氏　顧蔚和妻高氏　薛元益妻袁氏　楊隆寶妻王
氏　楊世健妻嚴氏　馮常清妻張氏　顧廷倫妻周氏
吳文鑣妻丁氏　過永順妻何氏　查錦章妻王氏
張思孚妻蘇氏　何錫五妻唐氏　何迺昀妻朱氏　何
鍾秀妻陳氏　鄧聯奎妻徐氏　王淸照妻孫氏　馮庭
桂妻朱氏　鄒宗洛妻倪氏　國子生楊圻妻吳氏　同
知鄧墉妻孫氏　錢維祥妻黃氏　王企度妻蔣氏　諸

生王鳳培妻張氏　國子生侯成德妻呂氏　馮錦昌妻
顧氏　曹荷裳妻周氏　周錦昌妻徐氏　浦瑞興妻袁
氏　陸廷桂妻錢氏　鄒開先妻陸氏　薛裕林妻周氏
張克明妻孟氏　薛洪祖妻劉氏　秦宮槐妻蔣氏
湯惠豐妻趙氏　榮作霖妻馮氏　陳松年妻徐氏　薛
濤妻劉氏　王天富妻李氏　薛雲虎妻魏氏　楊眉川
妻鄒氏　馬晉蕃妻高氏　張洪文妻唐氏　唐瑞興妻
華氏　許光照妻張氏　徐如清妻顧氏　王湛妻胡氏
華均妻陳氏　趙乾元妻施氏　諸生錢芸臺妻華氏
顧濬川妻馮氏　顧朝英妻諸氏　華茂芳妻黃氏
顧德餘妻李氏　胡元長妻高氏　顧瀛洲妻王氏　周
伯猶妻袁氏　華春林妻曹氏　胡篆武妻龐氏　蔣瑞
林妻楊氏　施鎭妻陳氏　殷士祥妻竇氏　張鈺妻許
氏　施建棟妻王氏　項萬豐妻賞氏　趙雲龍妻龔氏
徐士培妻陸氏　闞繼祥妻李氏　嚴錫標妻徐氏
華增妻唐氏　倪孝先妻嚴氏　華開瑞妻顧氏　顧元
范妻華氏　華士珍妻過氏　鄧惠源妻沈氏　國子生
尤昭音繼妻華氏　鄒宏貞妻白氏　蔣退昌妻鄧氏
周國祥妻張氏　華佩恩妻衛氏　王希孟繼妻盧氏
鄒慶時妻周氏　鄒大潮妻黃氏　蔡德咸妻陳氏　陳

福基妻朱氏　黄濬源妻方氏　盛紹濂妻馮氏　陳宏
基妻鄒氏　劉國良妻曹氏　陳龍福妻廉氏　鮑應甫
妻馬氏　俞馥聘妻陳氏　薛福周妻陳氏　忠漢賢妻
王氏　薛應梅妻宋氏　朱峴妻顧氏　王增慶妻鄒氏
諸生秦際初妻薛氏　沈川源妻陳氏　王榮椿妻秦
氏　高煥章妻程氏　濮惟禮妻趙氏　錢文玉妻吳氏
浦文霖妻強氏　沈雲龍妻蔣氏　錢鈺妻朱氏　沈
棠妻張氏　杜壽觀妻鄭氏　程萬通妻袁氏　王樹棠
妻黄氏　丁邦顯妻蘇氏　錢宫槐妻吳氏　蕭鴻烈妻
許氏　張厚培妻馬氏　薛永豐妻張氏　劉秀峰妻朱

無錫金匱縣志　列女姓氏錄二　三十

氏　薛宏聚妻過氏　侯開揚妻查氏　强湧升妻宋氏
浦瑜光妻胡氏　徐紉秋妻王氏　薛永隆妻朱氏
丁楷妻毛氏　强汝樸妻施氏　秦師程妻孫氏　强貞
忠妻鄧氏　强岐妻張氏　國子生强濬川妻薛氏　胡
宗珍妻徐氏　劉振甫妻徐氏　孫承搢妻胡氏　鮑文
燦妻鄒氏　孝女金氏秀甫女　吳源發妻錢氏　顧廷瓚
妻嚴氏　丁以烜妻陸氏　陸垻妻朱氏　孝女秦氏朝枚
女　過逨元妻某氏　嚴丹陛妻徐氏　王鳳誥妻華氏
顧玉海妻過氏　王雲慶妻顧氏　華詔基妻李氏　鄧
炳縉妻顧氏　國子生蔣和妻任氏　朱以誠妻楊氏

華景耀繼妻楊氏　諸生秦炳衡妻卜氏　過藺璽妻沈
氏　秦巽林妻舒氏、鄧文元妻丁氏　華邦才妻陳氏
知縣秦湘繼妻丁氏　孝女姜氏炳文次女　秦雲椒妻繆
氏　孝女徐氏兆元女　秦晉林妻孫氏　孝女姚玉冰天宜
女　孝女姜氏炳文長女　孝女秦氏兆玉女　孝女朱氏桂龍女
孝女秦氏鳳楨女　孝女蕭氏燦女　錢若源妻劉氏　孝
女高氏瑞錦女　過讚揚妻秦氏　孝女徐氏松年女　孫慶
元妻都氏　孝女邱桂月　鄒敬中妻白氏　華之照妻秦
氏　李玉庭妻杜氏　華邦燮妻莊氏　欽永發妻鄒氏
鄒雨田妻嚴氏　陶庚吉妻王氏　顧錦堂妻鄒氏

無錫金匱縣志　列女姓氏錄二　三十一

陸坤元妻邵氏　李鳳儀妻强氏　王秀甫妻許氏　陶
恭吉妻張氏　許泉妻蔡氏　敖璉妻過氏　黄湧源繼
妻楊氏　施鑌妻張氏　知縣秦湘妾張氏　楊炳坤妻
何氏　縣丞許祥圭妾李氏　詹涫妻程氏　過三慈妻
張氏　知縣華希高妾聞氏　楊楝妻華氏　巡檢秦鼎
鈞妾徐氏　劉堯年妻張氏　陸榮照妻丁氏　陳廷樑
繼妻費氏　鄒廷俊妻孫氏　高國梁妻朱氏　姚裕章
妻喬氏　王廷章妻許氏　秦洪泉妻蔡氏　姚裕阜妻
李氏　王廷徵妻周氏　姚肇基妻馮氏　姚楠妻徐氏
袁敦倫妻倪氏　王昶妻翁氏　畢淸瑞妻陸氏　袁

大倫妻張氏　胡恩錫妻朱氏　程在高妻張氏　沈熙
妻張氏　戴玉堂妻姚氏　錢福保妻周氏　沈玉堂妻
方氏　張永壽妻趙氏　徐壽覲妻孫氏　過寶印妻陸
氏　丁廷柏妻戴氏　徐煥文妻路氏　李金相妻陸氏
糜佑曾妻周氏　般七妻杜氏以上錫金考乘

無錫金匱縣志

列女姓氏錄三

通判鄒圻妻秦氏節孝　知縣顧曾鏞妻吳氏　副貢生秦
國楨妻朱氏女芳姐端　烈女顧姑溧縣知縣翰孫女　舉人秦潤
妻李氏媳華氏　巡檢丁有穀妻羅氏　諸生華士鶴姨
鄒氏女素貞　鄒某聘妻丁氏有穀女貞節　遂州知州糜文
德妾周氏節孝　知縣董惠貽妻莊氏　赤杷場大使嵇德
敷妻許氏　通判董亮貽妾方氏　諸生楊錫麒繼妻顧
氏女平保　知縣王炳修妻蒯氏　紹興批驗大使秦繼
昌妻呂氏　縣丞謝燕章妻薛氏　諸生朱蔭培妻蔣氏

諸生嵇文輿妻王氏　諸生嚴澐妻劉氏　諸生華雲
駿妻夏氏　諸生嵇茂妻秦氏女紹棣　諸生錢元積妻
徐氏女美官　烈女鄒二姑大鎮遂府經歷向榮女　諸生薛福楏妻
顧氏　秀水縣典史周瑛妻華氏　諸生嚴翼妻王氏
從九品嵇鎔妻劉氏　從九品嚴振鈞妻胡氏　貞烈女
周三四姑甯波府經歷慧女　諸生虞訴媳王氏　諸生朱聲一妻
吳氏　國子生鄒宗模妻孫氏　知縣朱金簡聘妻華氏
職員丁燦母趙氏　諸生王鳳翔妻嵇氏　諸生鄒炳
彪妻趙氏　諸生侯榮妻奚氏　諸生錢兆蘭妻唐氏
烈女黃姑諸生起鳳女　吳錫鉞妻王氏　諸生朱春華妻華

氏　職員周建標妻丁氏　諸生朱驥亨妻蔣氏　布經
歷周汝交妻何氏　諸生張淦妻許氏　職員顧同旭妻
周氏　職員王緝熙妻温氏　布理問虞培基妻張氏
王純熙妻秦氏　職員秦炳縉妻陸氏女平保　王績熙
妻張氏　蔡德明妻曹氏節　縣丞丁揚烈母曹氏　諸
生高步蟾妻沈氏　職員黄萱妻趙氏　貞烈女高彌珠步蟾女
烈女朱慕貞縣丞雲鶴女　諸生馮溥妻侯氏　武舉
人浦惠福妻吳氏　諸生秦學熙妻龔氏女秀妲　諸生
華魁妻張氏　鄒延俊妻孫氏節孝　諸生周祜妻余氏
諸生秦椁妻楊氏　季永濤妻張氏　縣丞孫彥格妻許

無錫金匱縣志　列女姓氏錄三　二

氏女餘寶　諸生朱賡陛妻顧氏女治妲　張鴻文妻程
氏節　陳士學妻吳氏節　顧秉綬妻王氏節孝　職員顧
兆洛叔母秦氏　職員竇大炳妻周氏　職員楊延隨妻
杜氏　烈女沈瑢瑜玉渭昶女　職員竇世均妻李氏　竇煦
培妻周氏　職員楊作新妻周氏　職員孫汝庚妻陸氏
職員丁霖母王氏　職員廉文光妻欽氏　職員陳謙
妻薛氏　職員季闓妻過氏　職員丁卓然妻陶氏　職
員鄒濤華妻施氏　職員秦文彬妻楊氏　職員楊澐妻
華氏女六七姑　烈女沈二妲職員濟昌女　職員華陰軒繼妻
龔氏節　職員孫鍾毓妻胡氏　職員顧安瀾妻朱氏

孫琴初妻侯氏女月娥　職員陸以莊妻施氏　竇咸培
妻趙氏節　國子生陸崇德妻林氏　職員周逢源妻龔
氏　國子生秦廷森妻顧氏孫女枽　職員趙樹楠妻袁
氏　秦志熙妻鄒氏一作邵氏女和珠　職員顧鴻勳妻姚氏
孫承懋妻姚氏節　職員竇爾型妻楊氏女大二姑　國
子生丁栻妻龔氏　周維榮妻唐氏節　烈女袁妹雲國子
生啟培女　職員顧厚堂妻惠氏　國子生朱良妻顧氏　國
子生吳之棟妻唐氏女大二姑姪女細瑞姑　鄭聚德妻倪氏
節　朱光陛妻秦氏　國子生孫士煜妻尤氏　顧士楨
妻楊氏　國子生華鳴球妻侯氏　烈女趙六姑國子生浩女

無錫金匱縣志　列女姓氏錄三　三

職員趙福基妻蔣氏　周家淦妻蔡氏　烈女孫姑國子生起
棟女　烈女朱五姐德陛姪女　國子生王鳳垣妻徐氏　許倬
妻楊氏女二三姑　國子生周汝京繼妻王氏　黄聽楹妻
王氏節　國子生周汝言妻程氏女寶華　副貢生周慶
長妾吳氏　諸生唐植基妻陳氏女蕙爾寶　職員陳重禮
妻湯氏　陳恩棠妻敖氏節　女巧雲　烈女陳素貞三姐重勛
女　職員嵇文通妻蔣氏　國子生周士鋐繼妻蔡氏
國子生許德墉繼妻單氏　薛承平妻華氏　烈女薛壽
雲訓導元熙女　鄉飲大賓周蓮妾熊氏　職員嵇蕙生妻謝
氏女二佩　諸生項照壎妻李氏　周文妻朱氏節　諸

生黃映奎妻唐氏　職員周士鉅妻秦氏　武生陸向榮妻施氏　職員薛振聲妻楊氏　職員施廷燕妻諸氏職員孫宣烈妻楊氏　諸生張定妻沈氏　烈女顧大姑職員肇楙女　諸生華鎔妻薛氏媳唐氏　國子生嵇賓夫妻顧氏　職員許望皋妻單氏　武生王庭簡妻殷氏　諸生袁西庚媳華氏　施以敬妻唐氏節　職員徐延恩妻王氏　烈女施七姐人驥女　華麟書妻侯氏　澤州府經歷汪廷乂妻呂氏妾周氏　職員惠雲逵妻胡氏　王光熊妻許氏　巡檢華邦達繼妻龔氏節　國子生孫元楨妻顧氏　職員金廷桂妻濮氏　國子生楊麟閣妻錢氏

無錫金匱縣志　列女姓氏錄三　四

諸生王樹滋妻吳氏　國子生談錫侯妻錢氏弟妻楊氏　職員陶湘梅妻朱氏　職員孫立本妻秦氏　諸生蔣綸詔妻顧氏女珊姐　職員張鏊璜妻强氏女定荷珠　滋桃元妻華氏節　陳昌賢妻錢氏節　刑部司獄單萬章妻杭氏　職員孫壽祺母吳氏叔母吳氏　司馬大順妻宋氏節　守備張夔寶妻鄭氏孫女大二胖　諸生蔣文燦妻倪氏　縣丞楊榮照妻葛氏　職員徐晉恩妻華氏節　職員華汝珩妻薛氏節　職員虞汝階妻王氏　職員蕭鶴賢妻竇氏　諸生吳曰傑妻張氏　國子生葛金奎妻華氏　諸生吳繼高妻楊氏　國子生薛景煜妻許氏

諸生陳清妻秦氏女桂芳　王新益妻盛氏　虞汝弼妻王氏節　任清錫妻單氏　諸生錢燦妻朱氏女菊生多寶　國子生賈孚毓繼妻陸氏　胡大光妻施氏節　國子生陳慶祿妻倪氏　諸生王龍驤媳曹氏　烈女王秀三國子生朝發女　烈女湯瑞貞職員廣揚女　甯國縣訓導嚴秦繼妻趙氏　諸生華景韓妻嵇氏　職員王訓鏞聘妻丁氏妻母丁鄒氏妻伯母丁鄒氏　諸生丁泰妻龔氏女大二姑倪文明妻秦氏節　諸生程鈴妻趙氏　職員陳淦妻許氏　烈女高細姐彥吉婢荷珠　職員王鴻儀妻張氏女二姑　諸生周士瀛妻華氏弟妻楊氏妹素貞女大寶

無錫金匱縣志　列女姓氏錄三　五

陳薏田妻朱氏節　職員徐煦妻曹氏　職員馮應軾妻魏氏女大姑二姑三姑四姑五姑　職員余履芳妻張氏媳范氏　陳朔方妻周氏節　職員浦惠芳妻陸氏節　職員謝森妻曹氏　職員陶承亮母馬氏妻馬氏　國子生顧嶼妻鄒氏　職員過公和妻徐氏　國子生姜夢熊妻喬氏節　職員吳準妻秦氏　高挺秀妻沈氏女二姐職員蔡樹椿妻姚氏女大二姑　國子生王端妻吳氏　嚴錫恩妻張氏孝節　國子生王烈繼妻朱氏　職員嚴振鈞妻薛氏　烈女周蘭蓀國子生瑞昂甲女　職員楊應樅妻姜氏　國子生朱安泰妻張氏　國子生沈思敬母秦氏　烈

女華保貞國子生振嵩女　王炳奎妻張氏　國子生孫熊繼妻蔡氏　國子生王修梅妻朱氏媳鄒氏　職員周憲妾劉氏　國子生周保澄妻賀氏　許鑾妻周氏節孝　貞孝女高二姐國子生綸錦女　顧荃聘妻須氏　國子生楊秉仁妻李氏　國子生曹瀡妻劉氏　國子生詹寶樹妻宣氏　烈女王小姑國子生湘鎮妹　國子生范旭基妻王氏女大姐　國子生宣寅妻王氏　國子生華詠之妻某氏女大姑二　兵馬司副指揮施紹培妻周氏妾周氏　蔣望三妻陶氏節　把總顧錕母吳氏妻許氏　庶吉士黃揚鑣妾李氏　國子生張育成妻黃氏　職員華殿臣妻王氏女靜莊月笙

國子生鄒章燦妻華氏節　秦文淇妻王氏節　諸生顧湖妻徐氏媳九氏　諸生錢維楨繼妻曹氏　國子生華濟妻魏氏　職員黃象賢母顧氏　職員王鴻藻妻華氏　國子生顧仲文妻戴氏　巡檢丁震妾宋氏　諸生吳殿珍妻唐氏　職員孫贊成妾徐氏媳唐氏　職員蔣藻溪母繆氏　通判丁兆麟妻王氏　浦尚佐繼妻黃氏　烈女王細妹舉人振基女　職員徐模繼妻顧氏　巡檢韓紀昌妻楊氏　惠安縣知縣賀承恩妻王氏妾成氏　職員鄒榮成繼妻許氏　烈女薛姑慶陽府知府玉堂女　諸生蔣文溥妻朱氏　杭州府經歷秦廷燮母楊氏妹大姑二姑　諸生顧文炳妻孫氏　曹福生妻蔣氏節　職員陳繼軾妻顧氏　周懋基妾王氏　職員錢錫疇妻陳氏　諸生張煜杓妻蔣氏　職員許洪疇妻秦氏　諸生馮濟妻嵇氏　職員邊錫疇妻王氏　沈攀桂母秦氏節孝女映蘭　職員張懋昌妻邵氏　諸生馬昂千妻蔣氏　諸生蔣文淵妻錢氏　從九品顧曾瀛妻謝氏　職員李竹霖妻趙氏　職員張禮培妻于氏　國子生孫汝庚妻陳氏　職員季鼐繼妻朱氏　職員馮錦妻胡氏節　諸生胡松齡妻杜氏　職員熊載揚妻馮氏　諸生湯蓉鏡妻華氏　職員朱毓衲妻祝氏　諸生丁彥超妻徐氏　職員朱福基妻祝

氏　諸生鄒繼夔妻趙氏　職員秦錫蕃妻竇氏　諸生任式聘妻張氏　烈女王蟾靈小德職員思錫女　諸生竇貞培妻秦氏　職員劉榮餘妻高氏　職員劉鈺妻錢氏　縣丞蔡道源妻吳氏女某　職員史昶妻沈氏　薛連皋妻馮氏節　職員季禮堂妻徐氏　國子生施元吉妻龔氏　職員華用中妻許氏　烈女徐桂珠國子生廷標女　把總李福山妻曹氏　國子生俞守義妻王氏　國子生余吉升妻鄒氏　國子生楊錫祚妻吳氏一作鄒氏　國子生何效臣妻朱氏　國子生張裕聘妻嵇氏　國子生王文瀾妻李氏　國子生王瀛妻何氏　國子生沈文瀓妻唐氏

國子生王士鼎妻欽氏　國子生丁福基妻榮氏　國子生華錫堂妻朱氏　國子生丁維楨妻周氏　武生丁熊飛妻王氏　國子生任濤翰妻成氏　孫樹標妻薛氏　國子生任濤來妻榮氏　楊翰香妻胡氏　國子生任紹農妻戴氏　漳州府知府薛凝度妾李氏　國子生許大銓妻沈氏　舉人薛泰階妾陳氏　國子生沈兆蓉妻楊氏　諸生鄒宗楷妾管氏女二姑　國子生季達泉妻尢氏　諸生朱耀妾周氏　國子生華昌基妻魏氏　國子生張振揚妻陳氏妾陳氏　諸生強時熙祖母鄧氏　職員朱濟川妻童氏　縣丞嵇思濟母許氏姪媳吳氏　監

大使顧曾獻聘妻施氏　烈女嵇菊寶（思濟姪孫女）　職員張仁培妾繆氏　職員鄧均妻薛氏　烈女黃巧珠（瀛洲女）　未入流周士鏞母劉氏（節）女細保　諸生王雲嶽妻張氏　縣丞許耀廷妻唐氏　諸生華士遠嫂鄒氏弟妻周氏　職員許洪疇妾秦氏　諸生竇繼亻繼妻楊氏　烈女張素貞（三品口巡檢㕔言女）　諸生龔渭春妻王氏女賽華　直隸州州判九奎妻薛氏　烈女過細姐（芝林女）　諸生龔錫熊妻高氏婢末喜　職員俞廷選妻毛氏　諸生王鳳詔妻華氏　職員秦澄孫媳鄒氏　諸生侯建藩妻杜氏　職員敖心梅妻施氏　諸生侯耕塘妻竇氏　職員黃文瀾

妻李氏　諸生華鼎鈞妻朱氏　職員強庚吉庶母樊氏　華妻浦氏　烈女華四姑（諸生士達女）　職員周燦妻黃氏　華仙官聘妻王氏　職員任鐘浩妻黃氏女蘭枝　職員郭寅伯聘妻秦氏　職員宋文煥妻宣氏　職員鍾錦堂妻楊氏　職員顧續勳妻吳氏　職員顧韻秋妻李氏　職員殷繼祖妻穆氏　烈女顧錫孫（職員繼堂女）　職員李秋泉妻王氏　職員陸德全妻葉氏　國子生秦澄妻鄒氏（節）　職員嵇棫妻秦氏　國子生朱溶繼妻閻氏　職員陳懋勳妻張氏　國子生嵇朝俊妻吳氏　職員潘士貴妻張氏　國子生袁惠麟妾陸氏　職員強鴻吉妻龔氏

國子生錢炳儀妻張氏　烈女顧應娥（諸生佩穀女）　國子生高培福妻侯氏　職員殷宮桂妻周氏　諸生顧周穀妾某氏　國子生顧銘妻熊氏　國子生孫世顯妻王氏　烈女強細囡（國子生承祖女）　國子生敖蓉度妻胡氏　國子生郭廷熺妻浦氏　國子生楊詠之妻華氏女二大姑　國子生馮乃勳妻施氏　蔣鳳詔妻陶氏（節）　烈女丁蘂梅（國子生燮女）　國子生張烈繼妻成氏　國子生龔渭陽妻惠氏　國子生尢鑅妻丁氏　國子生陳丞保妻張氏　烈女尢雙慶（國子生桂芳女）　國子生秦廷植妻陳氏　國子生侯鳳煐妻宣氏　國子生孫燕妻秦氏　國子生任德明繼妻

趙氏　國子生廉皞然妻張氏　張承開妻徐氏孝節　國子生沈銘烈妻趙氏　烈孝女徐二姐　國子生戴學海妻楊氏　華用舒母陸氏妻張氏　蔣文錫妻糜氏　華醑母馮氏孝節　王櫶母施氏　糜桂藝聘妻朱氏貞女　武生徐玉麟妻張氏　蕭聚源妻程氏孝節　國子生丁炳奎王氏節孝　朱某妻孫氏節孝　職員周海妻王氏　袁居敬妻吳氏孝節　烈女侯纖姐舉人楨女　殷士祥妻竇氏孝節　李星珠妻秦氏節　周學燦妻蘇氏節　媳惠氏　丁元烈妻鄧氏節女蓉卿　朱潤元妻徐氏節　尤學文母徐氏節　汪南華妻强氏節　顧錫範聘妻秦氏貞女　鄒以枋妻祝氏節　華大寶妻蔣氏節　李覲由妻楊氏節　許桂妻李氏節　鄧安富妻陳氏節　朱敬藩妻姚氏節　胡維貞妻王氏節　丁廷楝妻周氏節　蔣萱之妻嵇氏節　朱簠端妻秦氏節　蕭大東妻鄭氏節　王天喜妻賈氏節　吳通元聘妻周氏貞女　徐純聘妻高氏貞女　孫守禮妻秦氏節　俞顯明妻鄧氏節　貞烈女張素貞潤寶女　華棣妻楊氏節　秦玉田妻陳氏孝節　葉含芳妻孫氏節　蔣永清妻陳氏節　朱振榮妻張氏節　朱某妻糜氏節　秦益齋妻李氏節　高景元母施氏節　糜桂齡妻糜氏節　秦德妻鄒氏節　薛永清妻陳氏節　季爾汾妻

過氏　王祜錫妻秦氏節　華小宗妻秦氏　鄒昌官妻侯氏節　嵇文耀妻秦氏女細姐　沈嵩齡妻陶氏節　錢汝翼妻華氏　薛畏三妻張氏節　朱寶恩妻華氏　孫謙吉妻費氏　朱毓榮妻蕭氏　烈女鄒寶姐均元妹　朱爵高妻倪氏　華鼎鈞妻鄒氏　朱金緗妻過氏女大姐　薛淞妻華氏　錢某妻嚴氏廷芝妹　周晉錫妻王氏　張世銘母何氏繼妻秦氏　周鍾瑞妻嵇氏　華文淵妻許氏　周鍾靈妻朱氏女隆姐　顧肇基妻朱氏姬女細姐　周鍾英妻秦氏　朱應奇妻徐氏　周鍾和妻張氏　楊涵宗妻季氏　烈女周佩芝福恒姊　張順昌妻姚氏　烈女周大姑二姑三姑福恒孫女　劉鼎綠妻濮氏　侯安吉妻尤氏女小姑　周顯夫妻鄒氏　許成立妻楊氏　許耀奎妻殷氏　華鎔妻秦氏女小雲　華洙妻范氏孫女秀麗娟　職員朱煠妻顧氏　溫國璽妻莊氏節　季緒福妻孫氏　秦蔭皋妻孫氏　許泰觀妻王氏　吳明輝妻楊氏孫女端貞姐　劉祥泰母某氏妻蔣氏　張金貴妻榮氏節　李國樑妻張氏　錢晴川妻吳氏　錢百壽妻華氏　李覲揚妻吳氏女某　顧大炳媳丁氏女餘正孫女大二姑　徐阿紀妻尤氏　鄒潤妻袁氏孝節女大二姑　王茂盛妻鄭氏　唐宗周妻張氏　丁某妻劉氏女某

周豫妻母任陳氏　楊梅鎔妻華氏　黃某妻丁氏　鄭
文源妻顧氏　周汝烜妻裘氏　吳天月妻李氏女六姑
呂範裕妻張氏　崔小亭妻楊氏　許根茂妻張氏
袁慕西妻楊氏　沈南鵬妻袁氏　孫杏春媳秦氏　張
某妻倪氏節　楊敬叔妻吳氏女三姐　許官正妻殷氏
黃大堡妻譚氏　烈女孫杜寶晴郊女　唐文源母麻氏
妻沈氏　周晉錫妻王氏　丁浩州妻汪氏　華元芬妻
彭氏　丁淵州繼妻陳氏　華士棻妻鄒氏媳彭氏姪媳
丁氏女素卿　薛榮熙妻趙氏　丁金鰲妻張氏　龔慶
福妻王氏　馮浩堂妻張氏　劉某妻龔氏慶福女　龔邦

基妻鄭氏女妹大　龔瑞安妻程氏　糜文樁妻顧氏
龔柏年妻蔡氏　徐行恕妻蔣氏　陳保洛叔母某氏某
氏妻朱氏妹大姑二姑三姑　丁元熙妻孫氏　胡象墀
妻周氏　徐錫珩妻過氏　周道觀妻于氏　虞二奎妻
王氏節　吳禹均妻顧氏孫女大姑　徐玉田妻周氏
吳九錫妻任氏　徐樹堂妻戚氏女桂月姑　吳錫綸祖母
楊氏　陳繼生妻許氏節　吳蘭亭妻郁氏　朱應元母
沈氏妻張氏　嵇烈妻吳氏女蘭寶　徐銀開妻邵氏
嵇文瑶妻秦氏　朱宗培妻曹氏　倪思聰妻張氏　倪
湧寶妻某氏　秦懋妻倪氏女大小姑　倪芳觀妻張氏

秦一齋妻華氏　陳步金妻薛氏　秦茂芳妻朱氏　陳
仁福妻秦氏　秦國珩妻薛氏　陳桂福妻杜氏　秦廷
榮妻張氏　陳某妻吳氏文幹孫女　秦月亭妻馮氏　陳大
妻張氏　秦相妻費氏女某　陳某妻吳氏　孫仕璋妻
唐氏　陳尙焜妻戴氏姪媳浦氏孫女秀金　孫光鑑妻
秦氏女大姑二姑三姑　錢應元妻姜氏女盤珠　徐小
壽妻楊氏節　陶錫齡妻許氏　孫嵩泰妻陳氏女大文
姚某妻吳氏　孫雙茂妻華氏　高玉豐妻施氏　孫
洪貴聘妻馮氏　薛復初妻陶氏　錢鎬妻高氏妻妹高
姑女聽妹　楊大仁妻李氏　錢敦復妻楊氏　張汝祚

妻祝氏女大姐　錢鍔妻胡氏女餘寶　張映楠妻胡氏
女大姑二姑　蕭聖章妻秦氏　張榮鈺妻嚴氏　張志良妻
許氏　王某妻嚴氏　張仰山妻强氏　烈女王貞姑明義女
張二妻唐氏　徐大妻榮氏節　張懋脩妻龔氏叔
母秦氏姑母王張氏葉張氏從妹蘭雲　黃正元妻周氏
黃榮盛妻賈氏　張阿佛妻袁氏　黃宮桂妻吳氏
王鼎奎媳鄒氏　唐桂春妻張氏　王鳳儀妻楊氏　丁
昌泰妻鄒氏女寶姑　王以寅妻周氏　程大妻張氏
劉嘉錫妻王氏女大姑二姑三姑　嚴廷芝弟妻朱氏
吳聯鳳妻邊氏節　周履道妻錢氏　劉某妻任氏　鄒

某妻施氏女某　周元良妻惠氏　烈女嚴招弟嘉樹女
周克明妻張氏　李芳蘭妻劉氏　周來寶聘妻錢氏
李耀廷妻錢氏　周茂德妻廉氏　李大順妻楊氏　周
小挺妻潘氏女小妹　李大富妻季氏　周培德妻惠氏
呂洪德妻陸氏　許應高妻楊氏　蔣炳炁妻倪氏
許應奎妻朱氏　蔣瑞宏妻白氏　許官佑母任氏　沈
應富妻顧氏　許如齊母顧氏　沈二壽妻徐氏　浦順
官母吳氏　陳某妻朱氏　杜德裕妻蕭氏媳陸單氏　顧
昇元繼妻曹氏　單書寶母趙氏妻丁氏　顧南山妻何
氏　趙殿香妻唐氏　顧懷恩妻劉氏女大妹　趙三品

妻薛氏　顧杏春妻任氏　蔡吉芳妻曹氏　鄭承志母
程氏　顧成恩妻張氏媳趙氏秦氏女韻珠　鄭義祥妻
彭氏　鄭瑞裕妻王氏　華康妻馮氏　祝長福妻陳氏
華秀源妻陸氏　祝長齡妻沈氏　烈女顧大姐關慶女
樂賜福妻張氏　顧康藝妻劉氏　薛塤妻汪氏　華
霖妻張氏女某　烈女薛淑嫻妹書城女　烈女華三妹祖耘
女　葉春泉妻嚴氏女某　葉東福妻劉氏　徐凝川妻
周氏　葉熙春妻衛氏　徐某妻張氏　馮丕顯妻朱氏
媳周氏　諸阿寶妻陶氏　龔魯洙妻陸氏　朱承基妻
王氏　龔聲喈妻尤氏　胡某妻陳氏　江大妻某氏

烈女吳五妹　烈女江姑姊天月　吳某妻毛氏　余許安
妻季氏　吳某妻袁氏　余阿喜妻徐氏　吳應官妻周
氏女正妹　吳揚生母楊氏　嵇文達妻袁氏　吳培德
母強氏　嵇文炳妻虞氏　吳彩峰妻姚氏　倪繩武妻
胡氏　吳明德妻王氏　陳全福妻蕭氏　吳某妻陶氏
陳阿息妻許氏　吳某妻陸氏　陳向生妻楊氏　吳
永清妻錢氏　陳瑞慶妻衛氏　俞子發妻芮氏　秦三
省妻倪氏　嵇秉觀妻虞氏　孫宏塤妻錢氏　孫景春
妻嚴氏　蕭虎觀妻陸氏　孫九畹妻陳氏　蕭東妻鄭
氏　孫鳳彩妻蔣氏　蕭渭川妻朱氏　袁邦達妻梁氏

蕭二福妻戴氏　袁某妻陳氏　蕭聖寶妻陳氏　錢
壬壽妻嚴氏　蕭根大妻姚氏　錢百壽媳華氏　蕭錦
雲妻蔣氏　錢某妻華氏齊青女　蕭才林妻濮氏　蕭二
官妻董氏　蕭九如妻趙氏　過阿泉妻周氏　王振基
妻唐氏　楊壽南妻錢氏　王嘉安妻錢氏　張志勳妻
朱氏　王元章妻唐氏　張棨鎔妻周氏　王立峯妻薛
氏　張汾田妻馬氏　王錦鏞妻馬氏　張夔梅妻周氏
王小發妻黃氏女芸秀　張汝霖妻胡氏媳毛氏　黃
鞦堂妻朱氏　烈女張月秀安女　唐三官妻鄒氏　張慶
玉妻劉氏　唐東生妻孫氏一作陳氏　唐百林妻顧氏　周

德長妻劉氏（一作長德） 唐某妻劉氏 丁元妻曹氏 陳繼善妻母唐李氏 烈女劉姑（龔慶福女甥） 唐某妻李氏 周杏林妻徐氏 烈女湯瑞珍（雨田孫女） 周巧福妻廉氏 榮某妻張氏 烈女周小姑（大允麻女） 丁連元妻陸氏 周某妻許氏 丁大多母曹氏 周維翰妻沈氏 烈女丁姑二寶（妹） 周牛觀妻朱氏 侯犀照妻孫氏 李桂母顧氏 鄒某妻竇氏 李某妻謝氏 譚巧生母嚴氏 李二官妻過氏 嚴某妻張氏女某姪女某 李鼎盛妻蔣氏 鄒某妻許氏 李蘭崖妻倪氏 史獻書妻顧氏 李蘭茂妻陳氏 史某妻顧氏 李 敖妻楊氏 李光宗

母曹氏叔母王氏媳張氏 李某妻趙氏 李光顯妻張氏姪女大姐 嚴某妻劉氏 呂玉富妻唐氏 宋五官妻胡氏 許萬富妻龔氏 沈關喜妻李氏 許萬順媳周氏 沈桂官妻談氏 許根壽妻嚴氏 沈廷栻妻趙氏 浦順生妻惠氏 李福保妻陸氏 馬戍度妻王氏 顧乾玉妻周氏 夏任福妻諸氏 顧某妻劉氏 顧定粱妻楊氏 顧樂三妻李氏 顧光裕妻華氏 顧百秀妻陳氏 邵鏡清妻黃氏 陸湘濤妻徐氏（一作湘儔） 謝某妻龎氏 陸某妻張氏 烈女唐麻姐（浩與女） 祝永齡妻施氏女大姑 華顯曾母宋氏 石邊基妻毛氏 華

大福妻吳氏 薛統勳妻馮氏 華任福妻諸氏 葉發根妻周氏（一作劉氏） 華仁福妻吳氏 葉蘊玉母趙氏妻高氏・鄭士和妻秦氏 某大福妻華氏 烈女陸姑（企雲女） 張坤元妻談氏 吏員范春輝妻周氏 周兆基妻高氏 朱百林妻唐氏 陳靜妻李氏 吳鳴玉妻倪氏 姚某妻朱氏 朱某妻陸氏 盛有光妻陸氏 貞烈女周秀姐 張其位妻陸氏 蔣凝遠妻陳氏（節） 唐仁喜妻鄧氏 華雨村妻秦氏 張大妻陸氏 陳錫蕃妻胡氏 李正隆妻徐氏 烈女賈珠姐（三泉女） 榮福妻張氏 顧凝福妻謝氏 孫茂齋妻朱氏 華中立母司馬氏

孫煥妻董氏 奚阿佛妻周氏 華汝玉妻何氏 余光耀母鄒氏 袁起居妻張氏 呂仁福妻王氏 呂緒南妻劉氏 薛桂壽妻呂氏 呂毅苟妻劉氏姊張呂氏 烈女薛大寶（敬熙女） 呂壽章母劉氏妻孫氏妾秦氏 呂鶴林妻周氏 許錦雲妻薛氏 呂山福妻周氏 顧掌藝媳薛氏 周嘉蓮妻鄒氏 徐尙義妻唐氏 周汝昂妻溫氏女大姐 龔某妻過氏 薛承勛妻楊氏 吳蘭生妻倪氏 薛紹昆母馮氏妻陸氏 烈女吳巧珊（起宗女） 呂奎二妻劉氏 孫炳妻朱氏 馮奎芝妻孫氏 薛毅寶妻呂氏 薛紹基母魏氏妻毛氏女大姑（二） 薛會妻

蔣氏　張巧生妻袁氏節　薛道熙妻楊氏　龔某妻周氏　孫琢齋妻張氏　薛彥葆妻趙氏　薛省泉妻傅氏　過某妻查氏　薛某妻錢氏　薛士昌妻陳氏　薛某妻周氏　楊謙妻唐氏　秦飾州妻任氏　劉鵬妻闕氏一作何氏　蕭廷基妻周氏　劉槐庭妻潘氏　高景蘭媳劉氏　劉度與妻金氏　史研農妻顧氏　張裕聰妻嵇氏貞孝　吳大宗妻尤氏　烈女任寶仁女德基　胡元炳妻紀氏　糜培根聘妻曹氏貞女　朱庭桂妻孫氏　薛某妻丁氏　吳楚望妻張氏　高景華妻黃氏女二細妹　石善昌妻華氏　張夔元妻朱氏　石濟堂妻劉氏　陳錫慶妻

徐氏　吳松茂母田氏妻盧氏　魏家祥妻宋氏　胡培春妻周氏　陳熙照妻薛氏　余振南妻潘氏　吳惇復妻田氏　丁德慶妻鄒氏女大姑二姑　薛某妻江氏　王茂賢妻戚氏妾唐氏　吳順錦妻張氏　任步昇妻周氏　張洵妻楊氏　任清恩妻張氏　殷厚載妻張氏　任紹弼妻毛氏　任成龍妻陳氏節　陸光煜妻張氏　張文通妻錢氏　楊承基妻周氏　龔學明妻徐氏　顧廷柏妻沈氏　黃景山妻張氏　丁廷桂妻周氏　盛月亭妻陸氏節　華繼高妻奚氏　朱皋妻華氏　余啟明妻顧氏　顧裕堂母沈氏妻孫氏一作于堂　胡某妻薛氏　顧連

元妻李氏　胡某妻毛氏　徐仁龍妻梁氏　陳亞龍妻唐氏　諸某妻李氏　張楹妻丁氏節　諸某妻曹氏　李雙福妻范氏　諸某妻余氏　唐上林妻時氏　虞鴻吉妻趙氏妹培姑一作瑞初　唐某妻余氏　顧如懇妻華氏　馮子英妻吳氏　石產棟妻劉氏　顧華順妻周氏　唐王祥妻周氏　華振宇妻鄧氏　唐敖義妻錢氏　鄧逵源妻郁氏　郁春寶妻唐氏　陸尚元妻華氏　余叙成妻顧氏　烈女郁杏棣　朱德方妻糜氏　郁晉昌妻唐氏　烈女朱三保女開元　陳朝元妻朱氏女二保　華慶餘妻莫氏　沈開泰妻鄧氏　華廷梅妻王氏　沈梅

徐妻華氏　華湧泉妻郁氏　王玉方妻唐氏　王仁昌母張氏　馮維炳妻陸氏媳諸氏　王四福妻張氏　余福元妻顧氏　華文選妻范氏女月娥　余某妻沈氏　趙用倉妻周氏　胡某妻唐氏　鄧閏寶妻沈氏　吳明中母華氏妻李氏女大姑　余某妻謝氏　吳壽春妻薛氏女大姑　余某妻張氏　烈女吳九姑女儒齋　余某妻徐氏　諸某妻沈氏　余某妻顧氏　諸某妻宋氏　吳心陶妻楊氏　胡某妻季氏　陳位宜妻孫氏　胡某妻劉氏　諸某妻華氏　諸某妻唐氏　諸某妻王氏　韓增壽妻王氏　諸某妻顧氏　王某妻顧氏　諸某妻王

氏　唐某妻張氏　諸某妻李氏　唐某妻吳氏　諸某
妻葉氏　劉山甫妻周氏　諸某妻余氏　劉三母周氏
華廷楨妻張氏媳某氏　顧庭松妻蔣氏　顧某妻謝
氏　傅金茂母薛氏　顧某妻季氏　華艮生母劉氏
顧某妻李氏　余連元妻李氏姪媳顧氏　顧某妻余氏
余某妻蔣氏　顧某妻邱氏　高曾喜妻陳氏　顧某
妻謝氏媳陳氏　李兆培妻趙氏　華汝璠妻葉氏　華
蔚臺妻顧氏　烈女華三英謙福女　石雙寶妻張氏　張
煥妻闞氏節　顧漢鼎妻徐氏　劉桂堂妻薛氏　顧正
發妻孫氏　劉大妻王氏　顧某妻臧氏　金年大妻馬

氏　顧某妻惠氏　顧有堂妻李氏　孫茂蔚妻秦氏
石書田妻高氏　華溥妻楊氏　石大裕妻劉氏　華汝
揚妻王氏　呂協寶妻李氏　華玉妻王氏　石景福妻
謝氏　華德觀妻馮氏　余杏生妻胡氏嫂諸氏　陳步
堂妻龔氏　余某妻毛氏　韓協三妻朱氏　余某妻顧
氏　章小龍妻馬氏　余某妻諸氏　張榮順妻徐氏
余某妻顧氏　唐一峰妻周氏　胡奎綱妻毛氏　唐秀
蒼妻周氏　華葆元妻强氏　唐步蟾妻費氏　孫雙茂
嫂華氏　唐學道妻謝氏　諸霖奎妻王氏　烈女唐姑
福長女　錢物初妻嚴氏節　陸鳴顯母尤氏　朱鑣妻孫

氏　華耀妻金氏　石産麟妻周氏　華衍妻許氏　石
瑞堂妻朱氏　張煥之妻蔣氏節　胡福淵妻周氏　顧
朝福妻駱氏　錢鴻儒妻許氏　許某妻張氏　許中妻
薛氏　許某妻管氏　石潤玉妻唐氏　許某妻唐氏
顧某妻吳氏　薛敦敘妻錢氏　徐雲標妻陸氏　顧立
堂妻梅氏　胡洪耀母華氏妻余氏　薛望初妻高氏
朱釆生妻陳氏　余西庭妻謝氏　朱乾二妻馮氏　臧
恒元母李氏　朱儼繼妻吳氏　惠敬妻趙氏　錢紹春
妻鄭氏　華穀豐嫂虞氏　方增元妻徐氏　唐維周妻
劉氏　俞秀弈妻張氏　唐連貴妻丁氏　唐安慶妻俞

氏　唐連喜妻楊氏　許爾增妻薛氏節　唐連方妻徐
氏　華如松妻魏氏　烈女唐翠娥明女　楊鼎莊妻唐氏
胡南壽妻唐氏節　張開先妻杜氏　唐大乾妻趙氏
張鴻翔妻徐氏　唐叶鳳妻吳氏　張某妻宣氏　唐
仁讓妻俞氏　張某妻强氏　唐山朋妻周氏　馮肯堂
妻韓氏節　唐萬春妻朱氏　唐大觀妻徐氏　邵勝福
妻黄氏　張元坤妻鄭氏坤一作元　周克明妻徐氏　陸鳴
顯妻唐氏　周金和妻吳氏　吳連元妻殷氏　呂甯度
妻李氏　吳悅湖母沈氏妻朱氏　劉蔭棠妻李氏　黄
尙忠妻呂氏　呂榮馥妻陳氏女二樹　周仲甫妻唐氏

李一鶴妻楊氏　談敘㫮妻朱氏　單錦章妻唐氏
周二元妻陳氏　許文輝妻章氏女賽珠　周克文妻佘
氏　賈浩富妻虞氏　蔣省三妻宋氏節一作朱氏　顧際堂
妻華氏　李茂因妻王氏　顧正福妻虞氏　蔣廷奕妻
薛氏　華廷材妻俞氏媳唐氏女時鳳　夏長新妻范氏
薛愼思妻顧氏　計萬順妻尤氏　顧某妻陳氏　計
隆順妻金氏　石錫朋妻卞氏　賈節妻陸氏　郁福妻
劉氏　沈德觀妻朱氏　胡道盛妻吳氏　顧坤元妻張
氏　强某妻馮氏　薛登鼇妻王氏　唐大廉妻杜氏
薛蘭臯妻强氏　吳益生妻母李楊氏　烈女薛鳳妹蘭揗

無錫金匱縣志　列女姓氏錄三　三五

女　朱銀山妻過氏　劉度妻傅氏　朱應大妻王氏
石肯堂妻趙氏　呂萬安妻朱氏　石連順妻蔣氏女大
姑　胡德新妻王氏　石玉堂妻李氏　華連元妻許氏
馮金大妻周氏　吳聯慶妻朱氏　馮錫年妻唐氏
華洪昌妻杜氏　孫慶葆妻蔣氏妾鄭氏　毛三寶妻陳
氏　奚煥亭妻石氏　高光照妻莫氏　吳益生妻李氏
女秀芳和英　諸震妻華氏節　吳益茂妻薛氏　朱雨三妻
華氏　某妻王氏　朱聽鹿妻陳氏　孫龍敘妻吳氏
宋光瓚妻芮氏節　華宗榮妻孫氏媳祝氏女鳳娥　朱
若明妻胡氏　錢細寶妻鄭氏　秦季敏妻張氏　陶阿

元妻俞氏　陳大元妻陸氏　蕭卜連妻黃氏　王朝桂
妻李氏　楊二妻劉氏　李世㫮妻梁氏　張茂隆妻强
氏　臧石堂妻李氏　潘阿連妻陶氏　李德宏妻張氏
張增輝妻韓氏　李榮盛妻錢氏　張應元媳吳氏黃
氏　許玉德妻奚氏　張榮富妻丁氏　賈四大妻錢氏
張蘭洲妻鄭氏　顧大賓妻丁氏　張某妻徐氏　顧
小元母楊氏　蕭望卿祖母朱氏母張氏妻蔣氏女大姑
王寶琛妻華氏女月脩　朱南山妻何氏　陳忠信妻
張氏　朱寅記妻董氏　祝洪福妻金氏　王勝法妻强
氏　王某妻張氏　楊川妻華氏　徐華豐妻姚氏　章

無錫金匱縣志　列女姓氏錄三　三六

巽雲妻陳氏　葉某妻張氏　任淸翰妻戚氏一作成氏　朱
國鈞妻竇氏女某　顧寶元妻袁氏　朱建勳妻周氏
顧春臺妻蕭氏　甫景茂妻周氏　李文蘭妻徐氏　甫
聖高妻張氏　烈女馬八妹桂福女　蔡瑞興妻秦氏　華
建元妻馮氏　華萬鍾妻楊氏　華曾學妻薛氏　華志
高妻高氏一作葉氏　陸升母董氏　華應春妻鄧氏　陶錦
寶妻徐氏　華鳳山妻諸氏　袁大妻華氏　華覺先妻
秦氏　王嘉懋妻丁氏　華某妻顧氏　楊八妻汪氏
盛仁元妻胡氏　田富德妻吳氏　繆達時妻唐氏　華
金元妻張氏　祝汝福妻唐氏　華貴福妻鄧氏　郁凝

福妻唐氏　華全福妻高氏　薛鴻初妻奚氏　張萬金
妻馮氏　顧正忠妻華氏　張萬振妻蔣氏　華廷梁妻
孫氏　唐洽泗妻馮氏　章景山妻陳氏　許長林繼妻
薛氏　薛聘三繼妻張氏　許忠鈺母談氏　賈應杲妻
杭氏　虞殿謨母王氏　朱學賢妻沈氏　虞殿棟母王
氏　沈漢甫母徐氏　余允升妻葉氏　惠鑑堂母趙氏
陳勝妻張氏　朱學仁母周氏　陳壽本妻敖氏節
崔廷英妻楊氏　張旭升聘妻薛氏　賈浩然妻呂氏
張萬豐妻顧氏　賈阿大妻丁氏　嚴汝楫妻周氏　倪
培芳妻楊氏　宋金吾妻莊氏　王安吉妻祝氏　丁爾

泰妻鄒氏女瑞芳　烈女王繡妹金桂女　丁樂和妻過氏
王臨川妻張氏　唐淦妻徐氏　王文緯繼妻陳氏
周棻蘭母賀氏　烈女王閨秀　周泰培妻楊氏　王某
妻高氏　烈女周金珠剛毅女　姜馨閣妻糜氏　周德輝
妻陸氏僕婦某氏　姜炬章妻陳氏　周鳳鳴妻陸氏
姜某妻賈氏　周秉鈞妻王氏　張萬泰妻任氏節　沈
達泉聘妻金氏　烈女侯大姑起蝣女　沈惠元妻金氏
鄒澄源妻汪氏　沈敬妻徐氏　鄒寶璀妻陳氏　鄭裕
瑞妻王氏　烈女鄒韻清學賢女　華六詩聘妻過氏　李
楚珍妻徐氏　陸仁基妻馬氏　許樹本嫂吳氏　陸世

基妻畢氏　許德基母某氏　陸聽妻龔氏　浦老扙妻
尢氏　烈女陸應蘭鈞女　劉洪春妻顧氏節　葉利貞母
秦氏　胡保元妻毛氏　秦華林繼妻龔氏　徐某妻惠
氏　孫祺生聘妻秦氏　徐某妻朱氏　祝某妻張氏節
徐某妻高氏　張某妻祝氏節　陳兆鵬妻華氏　華
廷楨妻龔氏女定姐　秦宗源妻高氏　曹林仁妻倪氏
陳兆鉅妻陶氏　周洪祥妻費氏　李濬川妻過氏
周某妻王氏　秦廷楓妻顧氏媳王氏節　孫女八姐　杜
晉康妻王氏節　高杏春妻張氏　范迪溱妻顧氏　張
三桂妻蔣氏　陸春官妻周氏節　林增壽妻陸氏　朱

叔常妻周氏　嚴大官妻王氏　孫映亭妻秦氏節　女二
姑三姑四姑　惠子昌母鄭氏　唐九皋妻徐氏　徐景
益母姚氏妻糜氏　姜廷逑繼妻吳氏　徐惠春母某氏
周晉培妻楊氏　徐某妻潘氏　烈女虞壽妹　吳伯
誠妻朱氏　裘文燦妻周氏女某　吳某妻王氏　許樹
本繼妻王氏　雷獻葵母鄒氏女大二姑　秦謹堂妻鄒氏
陳菊亭妻顧氏　溫潤桂妻褚氏　陳爾儀妻顧氏
錢某妻蔣氏　陳某妻錢氏　錢壽元妻費氏　陳曾培
妻王氏　錢某妻陳氏　孫西竺妻鄒氏女細姐　宣廷
柯妻高氏　龔爾鑠妻鄧氏　姚某妻顧氏女某某　龔燦

妻劉氏女多福餘慶　烈女祝大姑賀夫女　朱大寶妻陳氏
曹某妻張氏媳過氏　施潮觀妻鄒氏　何道妻陶氏
宣廷梅妻薛氏　楊承釗妻李氏　姚振榮妻浦氏　過
燕妻程氏　陳振基妻華氏　季溶川妻過氏　唐玉慶
妻浦氏女容荷　張銀漢妻楊氏妻母楊張氏　唐景星
妻勇氏　張某妻趙氏　趙邦城妻糜氏　温竹林妻秦
氏　尢某聘妻楊氏女阿瑞　袁杏章妻黃氏　王承基妻
張氏　烈女姚桂盈仙　吳某妻王氏女承基　毛義明妻韓
氏　王孔照妻朱氏　姜三樂妻司馬氏　顧芝泉妻榮
氏女某　姜殿華妻李氏　秦某妻顧氏　王鳳苞妻朱

氏女梅生　王雲卿妻欽氏　陳竹泉妻徐氏女芝姐
王慶妻徐氏　丁某妻周氏　周士淸妻楊氏　周紀官
妻富氏　洪小倫聘妻陳氏　曾某妻錢氏　史致浩母
施氏　曾某妻費氏　史致直妻顧氏　許笠人妻楊氏
楊漱泉妻華氏　鮑善元妻張氏女某　王杏章妻袁
氏　杜某妻顧氏　馮翼甫妻李氏　謝姐大妻于氏
徐永福妻周氏　費某妻姚氏　周某妻朱氏　蔡錦寶
妻葛氏　徐克勤妻陸氏　華鳴求妻陳氏　徐廣熙妻
趙氏　華鑑亭妻侯氏　徐某妻陶氏　華東喜妻蔣氏
徐某妻過氏　陸來寶妻王氏　諸耀廷妻李氏女三
妹　薛耀坤妻錢氏　虞銘妻龔氏　陶蕙芬妻顧氏
虞鍔妻錢氏　施沅母李氏　吳志宣妻朱氏　薛某妻
馬氏朱守和僕婦　吳佛林妻侯氏　陳學廷妻鄒氏　陳邦
基母程氏妻徐氏女大姑　錢某妻倪氏　温雲階妻范
氏　錢某妻蔡氏　袁曜妻吳氏　姚道果妻馬氏　袁
步雲妻葉氏　烈女姚大姑二姑三姑霖女　錢某妻徐氏
媳王氏孫媳張氏　高一鳴妻胡氏　安蘭亭妻華氏
過淸華媳吳氏孫媳徐氏　錢某妻華氏　楊鼎魁妻華
氏　錢某妻過氏　楊大鈞妻李氏女某　錢某妻劉氏
張隆慶妻嚴氏　張泰來妻朱氏　毛炳文妻糜氏節

曹金觀聘妻張氏　烈女徐姑小泗女　楊承霖妻趙氏
女素貞節　虞文漱妻侯氏　烈女張照珠　呂宜妻陸氏
節　成五官妻秦氏節　顧理莊妻朱氏　烈女華巧伶
榮基女　席昭妻倪氏　楊大鈺妻李氏女某　張阿大妻
周氏　畢錦秀妻馬氏　吳鈺妻黃氏　許世壎妻朱氏
周迪元妻李氏女大姑　楊二洪妻朱氏　華紹之妻
倪氏節　金來寶妻袁氏　陳侃妻顧氏　烈女楊珠姐
福壽女　陳秉智妻馮氏女賽姐　華澌泉妻程氏　烈女
陳文姐　蔡二如妻陳氏　錢廷樞妻繆氏節　王嘉賢
妻尢氏　烈女梅開秀景春女　鄧錫嘏妻周氏　馮嘉福

妻李氏　顧筌妻秦氏節　女細姐　諸奎照妻李氏女三
秀　蔡某妻陳氏　烈女陳秀雲女錫富　陳秉忠妻敖氏
女二姐　王復堂妻華氏　諸萬興妻過氏　秦龔梅妻
陸氏節　女壽姑　孫硯香妻朱氏　尤學濂妻殷氏　烈
女高姑女春山　周清和妻夏氏節　女初芹　陳滋妻孫氏
周鴻道妻夏氏　顧學曾聘妻過氏　高培芳妻李氏
妻鄒氏　杜藝妻過氏　烈女馮琴秀女雨亭　吳源達妻
王氏　周寄大妻蔣氏　吳祥芝妻周氏　周某妻駱氏
范循麟妻過氏　顧士佶妻金氏　華廷珍妻臧氏
顧映芳母胡氏繼妻李氏　華永泰妻沈氏　徐某妻趙

氏　周元法妻顧氏　高某妻蔣氏　周世玉妻王氏
奚雪馨妻王氏　黃嘉生妻吳氏女大姑　王某妻孫氏
貞烈女周娟女德昭　王某妻陸氏　杜錫晉母姚氏
惠某妻過氏　范迪瑞母虞氏　陶某妻過氏　華端望
妻浦氏節　鄒月樓妻張氏　華治山妻浦氏　鄒星培
妻葛氏　鄒金奎妻張氏　鄒永泉妻張氏　烈女鄒青
姐女張仁　呂某妻錢氏　吳清麟妻周氏　季寅生妻朱
氏節　華緯亭妻楊氏　虞汝穀妻王氏　王振基妻趙
氏　吳某妻章氏　王以錫母華氏　鄒芝堂妻周氏
曹石亭妻鄒氏　鄒永發妻華氏　許三星妻顧氏　浦

芝堂繼妻華氏　錢念椿妻蔡氏節一作黃氏　沈寶官妻
氏　錢道仕妻華氏　曹文浩妻張氏節　龔文觀妻唐
氏　張廷連妻戴氏　王文炳妻秦氏　虞文俊妻高氏
楊龍喜妻華氏　趙鍾泰妻過氏節　蔡雨昌妻談氏
過起鵬妻秦氏　華某妻陳氏　顧繼元妻徐氏節
華某妻馬氏　過裕瑛妻朱氏　朱達義妻趙氏節　周
晉秀妻鮑氏　秦根德妻徐氏　蕭達夫妻徐氏節　曹
遵訓妻過氏節　顧晉妻吳氏　虞雲奇母陳氏　陳爾
榮妻程氏　顧小湖妻楊氏節　陳慶錫妻徐氏　王德
倫妻徐氏　盛瑞經妻張氏節　成兆榮妻薛氏　徐煥

玉妻張氏節　顧端妻浦氏節　吳爾壽妻馬氏節　周
文表妻施氏　唐成鑑妻毛氏節　季廷鉉繼妻朱氏
惠錦裘妻岳氏　季煥繼妻張氏　惠茂安妻陸氏　季
虞尊妻宋氏　惠德盛妻陸氏　顧龍喜妻蔣氏　華秉
鈞妻李氏　顧錫霖妻劉氏　嵇進妻曹氏節　杭三慶
妻葉氏節　徐舜齡妻任氏節　汪大朝妻周氏節　徐
熙恩妻朱氏節　賈福觀妻沈氏節　殷維鈞妻錢氏節
邵五福妻錢氏節　章七賢妻嚴氏節　唐祥興妻陸
氏節　華觀國妻秦氏　李求觀妻賈氏節　鄭永清妻
周氏　郭連壽妻徐氏節　繆桂卿妻張氏　葉春林妻

孫氏節　陸瑞忠妻沈氏　華光照妻陳氏　徐澂聘妻
高氏　華祖培妻奚氏　徐兆雲聘妻高氏　華盈泉妻
秦氏　朱榮桂妻唐氏　華大中妻張氏　奚文湧妻鄒
氏　華毓麟妻吳氏　楊重三妻唐氏　周文暎妻顧氏
郁文煥妻吳氏　顧錫光妻秦氏　岳藏湖妻馬氏
高鳳山繼妻過氏　烈女薛大姑二姑三姑四姑道熙女
陸雲逵妻榮氏　薛禹楷妻榮氏　陸龍慶妻李氏　張
九域妻沈氏　陸榮春母榮氏　職員王鳳岡妻華氏
宿鴻福妻殷氏　職員方元輝妻王氏　烈女穆姑理中姪女
陳三多妻鮑氏　祝殿春妻孫氏　楊梅妻趙氏　薛

洽山妻竇氏　龔方來妻惠氏　薛兆熙聘妻嚴氏　龔
維楠妻楊氏　薛世侃妻楊氏　龔來妻吳氏　烈女薛
三姑景煜女　時某妻韓氏雨亭女　馮大法妻朱氏　糜茂
椿妻薛氏　龔二妻許氏　余正元妻高氏　江川妻錢
氏　徐鳳苞妻周氏　馮廷玉妻曹氏　徐雙喜妻孫氏
龔德培妻鄧氏　徐子林妻華氏　江廷楷妻俞氏
朱駿高妻華氏　施耀興妻倪氏　朱增林妻秦氏　施
大川妻畢氏　余湛華妻浦氏　施三連妻王氏　徐鶴
年母凌氏　時四官妻張氏　徐湧泉妻陳氏女二姐
糜桂林妻龔氏　徐紹慶妻顧氏　烈女徐二姑裕發女

徐廷輝妻蔣氏　徐仁元母張氏　虞學淵妻周氏　朱
安愚妻劉氏　朱洪昌妻黃氏　朱潤之妻華氏　吳茂
蘭妻朱氏　胡家楣妻鄒氏　朱朝鼎妻榮氏　烈女胡
大姑二姑爽成女　朱申甫妻顧氏　吳正開妻張氏　朱耀培
妻廉氏　吳理建妻匡氏　胡麟屋妻徐氏　烈女吳三
妹鑑女　胡鳳臺妻許氏　吳柏茂妻張氏　胡鳳堂妻陸
氏　吳產榮妻薛氏　胡春煦妻顧氏　吳耀山妻祝氏
吳洽清妻丁氏　吳廷書妻陸氏　吳宏生妻陸氏
烈女吳姑延榮女　吳裕昆妻楊氏　吳愛珠妻袁氏　吳
長法妻張氏　蘇長佑妻邵氏　吳茂春妻王氏　蘇裕

增妻管氏　吳開元妻馮氏　蘇鳳來妻唐氏　烈女吳
愛弟星華女　蘇雲寶妻張氏　吳豐鍔妻薛氏　蘇大壽
妻楊氏　吳聽源妻曹氏　蘇龍壽妻王氏　吳約度繼
妻丁氏　陳永泰妻高氏　吳百順妻蔣氏　陳鴻飛妻
高氏　烈女吳桂貞炳榮女　烈女陳巧雲壽本女　俞連桂
妻錢氏　陳洪仁妻盧氏　俞曉雲妻秦氏　殷宮桂妻
徐氏　俞大章妻周氏　殷玉林妻秦氏　俞錦成妻濮
氏　吳茂成妻丁氏　俞世禎妻陳氏　吳太元妻朱氏
俞世福妻丁氏　吳天祿妻丁氏　秦春園妻楊氏
秦光祖聘妻唐氏　奚士萘妻王氏　孫若炳妻朱氏

韓一郎妻邵氏　孫聽林媳徐氏　嵇文綰妻袁氏女二大
姑　孫慶昌妻唐氏　邊近仁妻唐氏　孫五福妻張氏
烈女錢仁棣昌女　孫錫雲聘妻秦氏　倪大官妻陸氏
孫觀瀾妻朱氏　倪思冲妻張氏　孫應台媳薛氏
倪錦堂妻徐氏　韓金富妻邊氏媳王氏　錢巧林妻蘇
氏　錢春林妻王氏　錢永大妻唐氏　錢産華妻朱氏
女桂鳳　陶順元妻沈氏　雷始昇妻莫氏　曹承志妻
薛氏　陳裁成妻何氏　陳月帆妻許氏　陳晉錫妻孫
氏　陳朝濟妻何氏　陳秉鈞妻尤氏　陳步瀛妻胡氏
陳光照妻馮氏　陳鏊妻單氏　陳萬忠妻馮氏　陳

紀堂妻袁氏　陳子龍妻莫氏　高川妻朱氏　殷子發
妻許氏　毛文秀妻郁氏　殷國祥妻秦氏　毛鳳崗妻
奚氏　秦耀發妻曹氏　毛天元妻唐氏　秦敬業妻倪
氏　過浩斌妻周氏　秦永齡妻陳氏　過玉英妻周氏
秦順昌妻惠氏　楊大順妻李氏　秦榮春妻陳氏
楊六吉妻唐氏　秦錫楨妻徐氏　楊錫恩妻敖氏　高
德昌妻賀氏　章培三妻范氏　章福培妻管氏　張應
奎妻唐氏　張淮芝妻奚氏　烈女張珠姑　張廷椿妻
邵氏　張雲成母馮氏　張應仁妻吳氏　張培芳妻丁
氏　張鳳岐妻吳氏　張耀英妻徐氏　張應蘭妻毛氏

張汝奎妻陳氏　張廷槐妻馮氏　張振南妻丁氏
張朝珍妻賈氏　張學潮妻任氏　張恭培妻朱氏　張
耀南妻戴氏　孫蓉照妻華氏　錢且復妻楊氏　孫曇
妻鍾氏　錢永生妻張氏　孫連慶妻堵氏　錢德寶妻
張氏　孫殿槐妻徐氏　錢茂照妻毛氏　孫錦堂妻賈
氏　姚濟良聘妻范氏　孫玉堂妻薛氏　陶鳴皋妻張
氏　孫龍富妻卞氏　曹鳳玉妻施氏　張廷桂妻陸氏
高玉峯妻施氏　張嵩慶妻邵氏　高耀增妻陸氏
高德元妻華氏　王年估妻周氏　何金寶妻錢氏　王
龍慶妻侯氏女大姑　何錫智妻侯氏　黄殿楹妻許氏

何陽春妻張氏　黄和生媳汪氏女細妹孫女正妹胖
妹四妹　何楚湘妻王氏　楊三官妻張氏　張贊孝妻
徐氏　楊永清繼妻鮑氏　張奎烈妻王氏　楊永春妻
鮑氏　張凝福妻王氏　楊全福妻陳氏　張鳳六妻馬
氏　唐慶福妻王氏　楊清潤妻王氏　唐松年妻毛氏
楊燦妻秦氏　唐玉光妻周氏　張朝忠妻李氏　唐
惠恩妻强氏　張杏山妻吳氏　唐世芳妻錢氏　某大
觀妻范氏　唐寅亮妻孫氏　張勝隆妻榮氏　唐鳳玉
妻王氏　張承基母許氏　唐清華妻薛氏　張鳳鳴妻
邵氏　唐文彩妻張氏　張保年妻祝氏　唐克昌妻季

氏　張鳳樓母趙氏　丁壽寶妻葉氏　張萬盈妻賈氏
丁壽然妻浦氏　張承愷妻徐氏　凌萬炳妻沈氏
張子桓妻某氏　劉蘭溪妻丁氏　張廷錫妻吳氏　王
應泉妻許氏　强浩元妻殷氏　王賢妻陳氏　强補山
妻劉氏　王維揚妻蘇氏　程桂馥妻章氏　王景洪妻
查氏　丁全福聘妻張氏　王正紀妻趙氏　劉毓山妻
汪氏　黃映泉妻許氏　劉惠心妻陳氏　烈女周盤秀
文芳女　劉燦英妻魏氏　烈女周雲姐永泰女　劉惠時妻
糜氏　周雲階妻薛氏　劉惠安妻趙氏　周鳳喜妻葉
氏　劉斗奎妻韓氏　周正元妻林氏　王慶齡妻張氏

無錫金匱縣志　列女姓氏錄三　五十四

黃德昌母華氏　王樹德妻邊氏　黃增福妻李氏
烈女王大姑國安女　黃鋐源妻施氏　唐成鏞妻强氏
欽炳藜妻張氏　唐耀椿妻周氏　姜竹亭妻孫氏　唐
繼宗妻孫氏　湯增壽妻許氏　唐均妻楊氏　汪於芬
妻張氏　杭金奎妻張氏　汪於耆妻朱氏　杭八元妻
許氏　汪朝棟妻王氏　侯熥妻竇氏　榮生大妻吳氏
鄒球妻黃氏　榮祥泰妻任氏　烈女鄒寶珍嶙女　榮
浩生妻顧氏　任國楠妻榮氏　榮豐祁妻張氏　任清
鳳妻朱氏　榮萬章妻夏氏　任清正妻袁氏　榮應元
妻蔣氏　任清泰妻張氏　榮連芳妻張氏　任清安妻

蔡氏　榮義鑑妻張氏　任清渭妻榮氏　榮東元妻王
氏　任清載妻陳氏　榮義安妻丁氏　任清穆妻陳氏
榮學沂妻陳氏　任清雲妻榮氏　榮文燾妻馮氏
李耀堂妻吳氏女大姑　程大鈾妻張氏　李金生妻高
氏　丁坤元妻榮氏　李方圻妻談氏　丁渭培妻王氏
呂二寶母王氏　丁承祖妻馮氏　許浩妻賈氏　丁
大寶妻葉氏　許子愼妻雷氏　丁雲蕃妻陶氏　許上
隆妻龔氏　丁壽桂妻陳氏　許在鎔妻薛氏　浦增元
妻張氏　許文耀妻張氏　杜廷楷妻錢氏　管兆倫妻
劉氏　劉湛魁妻陳氏　管飾二妻王氏　劉鳴岡妻熊

無錫金匱縣志　列女姓氏錄三　五十五

氏　烈女管鳳香伯元女　劉汝榮妻穆氏　趙豫泰聘妻
謝氏　劉祥慶妻周氏　趙錫榮妻章氏　烈女劉四姐
雲屑女　鮑月昭妻鄒氏　周永德妻張氏　烈女鮑月慶
福慶巧慶醒女　周文賢妻高氏　馬憶松妻陳氏　周廷
美妻溫氏　劉萬春妻唐氏　周仁山妻陳氏　沈興福
妻周氏　周文秀妻王氏　沈春暉母吳氏　周文芳妻
范氏　沈載德妻高氏　周金生妻王氏　沈榮福妻趙
氏　侯建中妻秦氏　烈女范榮桂佩蘭素月湘船女　烈
女鄒寶姐秋圃女　范洪貴妻張氏　鄒雲鏕妻金氏女賽
金　范循儒妻潘氏　鄒棫妻秦氏　范　祖妻胡氏

鄒本仁妻周氏　鄒德仁妻何氏　顧躍衢妻吳氏　顧
方慶妻王氏女大姑　呂慶亭妻黄氏　顧榮華妻錢氏
史錦泰妻周氏　顧三妻周氏　賀際華妻姚氏　顧
金安妻張氏　李世容妻陳氏　嚴載翼妻沈氏　李錫
祉妻江氏　衛榮貴妻錢氏　謝亦三妻劉氏　詹禮妻
浦氏、謝甫雲妻趙氏　戴彭齡妻糜氏　華六觀妻丁
氏　戴召棠妻丁氏　烈女華姑齊明女　許慶朝妻顧氏
浦連寶妻鮑氏　許元贊妻周氏　杜幼郝妻馬氏
許明陽妻袁氏　阮祖培妻沈氏　許文鑑妻吳氏　陸
大法妻曹氏　鄭逆泉妻顧氏　趙開陽妻華氏　實春

和妻王氏　卜裕昌妻徐氏　繆鶴林妻沈氏　鮑曜妻
黄氏　繆春山妻王氏　鮑世興妻徐氏　繆開泰妻王
氏　烈女穆壽珠錦雯望女　濮福茂妻蘇氏女大姑　蔣二
蔣妻楊氏　濮慶裕妻虞氏　蔣富生妻楊氏　濮三妻
强氏　蔣二林妻榮氏　濮壽寶妻張氏媳陸氏　蔣文
學妻張氏　濮再盈妻王氏　郁文郁一作大有妻唐氏　馬
榮光妻王氏　沈福元妻湯氏　馬榮昇妻秦氏　沈聚
源妻張氏　買世倫妻薛氏　沈應甫妻顧氏　蔣洪昌
妻孫氏　沈廷樑妻朱氏　烈女岳小妹截湖女　沈關妻
李氏　薛峻儀妻唐氏　烈女沈春喜榮女　薛豫疇妻劉

氏　烈女沈姑春暉女　薛起峯妻陶氏　孫致毅媳徐氏
薛旭初妻馮氏　余耀奎母鄒氏　薛興詩妻楊氏
俞金桂妻許氏　薛桂馨妻許氏　陳二木頭妻馮氏
薛桂林妻韋氏　陳喜妻吳氏　陳會昌妻張氏　陳元
喜妻唐氏　劉朝明妻周氏　姚鳳山妻顧氏　劉元妻
奚氏　張錦雯妻邊氏　劉增福妻華氏　張連妻馮氏
周瑞隆妻楊氏　張志儀妻華氏　周洪良妻伍氏
張三慶妻周氏女大姑　蔣壽福妻周氏　張任福妻鄧
氏　陳錫壽妻俞氏　唐正福妻王氏　姚秀德妻錢氏
唐步丹妻沈氏　姚任福妻周氏　胥壽喜妻石氏

鄧意誠妻唐氏　鄧榮如妻張氏　鄧隆妻馮氏　鄧國
慶妻陸氏　鄧正法妻蔣氏　鄧如珍妻俞氏　鄧大元
妻李氏　鄧啟明妻許氏　鄧顯揚妻趙氏　鄧隆興妻
周氏　鄧百善妻陶氏　鄧梅軒妻薛氏　鄧瑞寶妻周
氏　鄧四寶妻許氏　鄧永年妻張氏　陸三慶妻劉氏
唐士德妻濮氏　朱闕慶妻李氏　秦二寶妻薛氏
錢培良妻呂氏　朱定一妻趙氏、陳小保妻許氏　秦
見德妻蔣氏　李維漢妻顧氏媳周氏女梅珠　曹大觀
妻施氏　石昭業妻華氏　過印度妻秦氏　周德春妻
唐氏　王維梅妻朱氏　周步鼇妻唐氏　俞萬清妻周

氏女二姐　華惠元妻邵氏　諸朝餘妻丁氏　華德豐
妻黃氏　楊耀洲妻宣氏　朱金川妻李氏　朱松枺妻
秦氏　許文安妻管氏　秦連慶妻沈氏　周雙金母徐
氏妻李氏　孫錫慶妻秦氏　馬浴沂母吳氏妻匡氏
孫宮槐妻盛氏　馬驥程妻楊氏女三胖　孫若壿妻張
氏　顧某妻劉氏　諸絢照妻葉氏　顧樸妻王氏　諸
大梓妻張氏　石寶光母熊氏妻杜氏　諸麟慶妻唐氏
許文元妻張氏　諸福林母沈氏妹福秀　馮含輝妻
劉氏　楊雲齋妻王氏　李壬喜妻王氏　馮德坤妻某
氏　李大長妻劉氏　唐興道妻平氏　馬錦泰妻謝氏

許鼎奎妻周氏　徐鉞妻周氏節　孫燮妻薛氏　朱
琦妻蔣氏節　許鴻德妻劉氏女閏珠　吳湘圃母高氏
節　劉茱妻馮氏　朱煦妻秦氏　江川林妻錢氏　陳
寶林妻過氏節　楊婿榮妻華氏　朱雲錦妻馬氏　孫
百泉妻裴氏節　吳濟利妻范氏　朱培金妻蔡氏　曹
學勤妻張氏節　朱玉川妻倪氏　瞿文基妻高氏　陶
承瑛妻鄒氏節　雷文坎妻陳氏　胡宗德妻楊氏　烈
女雷寶林雲蘭舟女　胡和生妻周氏　華金坤妻郭氏
胡洪昌妻貝氏　曹松汀妻過氏節　吳金官妻栁氏
陳玉乾妻衛氏　吳麗堂妻程氏　烈女陳嘉姐曾女　過

壽林妻華氏節　劉應蘭妻龔氏　陳金殿妻黃氏　侯
棨達妻朱氏　陳起鳳妻王氏　張春元妻楊氏節　陳
繼元妻錢氏　殷文濤繼妻何氏　烈女陳月娥壽培女
惠貴壽妻萬氏　烈女陳文姑佩女　華奎妻彭氏　張峻
益妻孟氏節　華嶙妻鄒氏　孫日章妻鄒氏　倪吉慶
妻孫氏節　孫瑾和妻吳氏　秦驤妻鄒氏　王允熙妻
鄒氏　鄒應春妻華氏　陶江妻周氏　王洪來妻李氏
節　秦樹勛妻王氏　顧學潞妻鄒氏　秦葆元妻龔氏
烈女薛姑琴堂女　秦子誥妻楊氏　郭鳳池妻鄒氏
秦廷模妻高氏　許嘉禾妻蔡氏節　張濟川妻吳氏節

孫復初妻陳氏　九光烈妻吳氏　孫福初妻程氏
侯士元妻鄒氏　錢汝梅妻蔣氏　蕭長官妻華氏　陶
玉齡妻許氏　姚德基妻蕭氏　陶培喜母胡氏　烈女
宣淑貞安慶女　陶建中妻嚴氏　龔維堪妻袁氏　陶炳
文妻薛氏　烈女余秀姑撰之女　涂松泉母楊氏　徐玉
臺妻朱氏　涂箸漁妻周氏　徐開基妻包氏　虞松林
妻蘇氏　烈女顏春香　烈女虞雲姐梅芬女　包通官妻
蔣氏　曹洪逵妻周氏　朱洪時妻張氏　蘇永昌妻李
氏　朱炳文妻許氏　蘇瑞昌繼妻趙氏　高培恩妻朱
氏　烈女趙大姐長庚女　高宮選妻楊氏　敖墀妻秦氏

高鴻妻孫氏　過保倫妻陳氏　高慶榮妻范氏　過
秋屏妻蘇氏　吳文達妻朱氏　過杏春妻孫氏　吳成
熙祖母姚氏　過雲皋妻程氏　吳覲覲妻李氏　過鳳
翔妻胡氏　俞錦章妻張氏　楊洪度妻李氏　烈女倪
瑞雲女吉慶　楊寅山妻陳氏　雷蘭舟妻鄒氏　楊萊洲
妻過氏　陳曾妻王氏　楊學勝妻華氏　陳順福妻杜
氏　楊禮璋妻劉氏女賽金　陳萬生妻陸氏　楊壽榮
妻强氏　陳鳳儀妻馮氏　烈女楊巧珠女茂照　烈女陳
文姐女達枝　楊金寶妻許氏　陳維燦妻朱氏　楊四妻
周氏　陳鴻聲妻袁氏　孫立志妻徐氏　秦鳳岐妻高

氏　秦琴甫妻席氏　秦二喜妻劉氏　孫錫恩妻秦氏
秦增慶母鄒氏　烈女孫大寶女鴻生　秦燮堂妻王氏
章汝桀妻邵氏　秦翼堯妻鄒氏　楊寶成妻鄒氏
秦如金母王氏　烈女楊金林女春瑞　楊二桀妻朱氏
張福奎妻安氏　烈女楊姑女才　烈女張姑女鳳綸　孫耀
芳妻華氏　張廷棟妻惠氏　張餘錡妻吳氏女應蘭
張洪業妻丁氏　袁近仁妻朱氏　張金錫妻郭氏　袁
文奎妻姚氏　王文灝妻秦氏　袁尚賢妻淩氏　王培
芬妻徐氏　袁禮廷妻錢氏　王佩紳妻吉氏　錢宏培
妻金氏　王錫英妻汪氏　錢元烈妻王氏　王文耀妻

張氏　張春林妻邵氏　烈女王秀妹女文煥　高鴻倫妻
孫氏　王省吾妻蔡氏　烈女高慶生招弟女耿光　王四
妻楊氏　毛玉齡妻韓氏女大姑　王文瀾妻殷氏　教
雲大妻張氏　王大艮妻張氏　何祜福妻李氏　王鶴
書妻華氏　過保鑑母胡氏　顧輪桂妻曹氏　楊茂林
妻司馬氏　方榛苓妻周氏　楊茂英妻俞氏　梁可元
妻董氏　烈女高四姐女炳祺　張福琳妻惠氏　張瑞和
妻黃氏　黃開泰妻白氏　張錦山妻顧氏　黃湘帆妻
林氏　張鳳綸妻熊氏　黃端福妻曹氏　張鳳祥妻姚
氏　黃雲林妻朱氏　張錫九妻王氏　黃克昌妻李氏

張連陞聘妻顧氏　黃惠元妻陸氏　王大昌母毛氏
王德音妻曹氏　王泰妻莫氏　王金福母曹氏　王
長庚妻陳氏　王鎮海妻俞氏　王肇昌妻周氏女鳳喈壽珠
周曾鏞妻陶氏　唐耀堃妻趙氏　周開信妻陸氏
唐鎬妻張氏　唐富春妻王氏　丁公慶妻唐氏　黃春
觀妻袁氏　湯錦漣繼妻錢氏　强成福妻俞氏　程滋
妻錢氏　周秉章妻陳氏　尤順貴妻潘氏　周淵妻駱
氏　劉松泉妻糜氏　周耀文妻丁氏　周二妻謝氏
烈女周姐女昆三　姜廷燕妻吳氏　侯光煒妻吳氏　桑
萬金妻周氏　侯璋妻陶氏　成兆棠妻金氏　金天喜

妻蔣氏　程炳妻夏氏　金二倌妻周氏　程元基妻錢
氏　金翼亭妻買氏　丁炳清妻徐氏　殷耀宗妻顧氏
丁鳳祥妻江氏　詹徵妻程氏　丁詩學妻金氏　董
裕德妻蔣氏　尢龍妻顧氏　李卓亭妻顧氏　周彭芝
妻趙氏　浦馥堂妻周氏　烈女周淑貞振鈞女　浦德星
妻王氏　曹倉妻張氏媳過氏　費鳴蘭妻沈氏　周介
人妻張麥氏　杜松林妻陶氏　周鼎洪一作鼎鴻妻華氏　杜
維茂妻吳氏　周蓉舟妻范氏　沈和貴妻臧氏　烈女
周佩娟惠泉姑母　薛南見聘妻顧氏　烈女周大寶振鈞孫女
金德妻蔡氏　李廷樑妻王氏　任德興妻王氏　閔學

棠妻張氏　蔣金海妻周氏　烈女談巧雲壽寶女　蔣尊
泰妻蔡氏　馬大昌妻王氏　烈女蔣大姐慶倌女　蔣順
昌妻錢氏　蔣順生妻虞氏　蔣金玉妻張氏女大姐
李福昌妻朱氏　蔣克明妻姜氏　許步蟾妻過氏女細壽
珠　李文勳妻張氏　許步峰妻過氏女二珠　烈女李
寶姐應貞女　浦聘生妻曹氏　李文照妻姜氏　杜紅大
母過氏　沈景雲妻周氏　蔣鳳彩妻丁氏　管錫麟伯
祖母尤氏　蔣懿忠妻秦氏　鮑吟齋妻楊氏　蔣德基
聘妻沈氏　范和上妻周氏　沈大川妻顧氏　康錦文
妻秦氏　沈照斐妻李氏　馬雲鵬妻周氏　沈耀金妻蔣

氏　李振鐸妻吳氏　李廷鉉繼妻朱氏　李廷璜妻范
氏　李廷釪妻楊氏　李仲毓妻徐氏　李爾清妻張氏
沈記林妻陸氏　謝燦章妻胡氏　顧應桂妻陳氏
華應春妻丁氏　顧二妻夏氏　華桂廷妻王氏　顧富
林妻高氏　華濟方妻魏氏　顧永芳妻吳氏　華繼昌
妻孫氏　顧炳組妻華氏　華錫純母周氏　顧增妻陸
氏　華叶剛妻侯氏　顧增喜妻陸氏　華季超妻王氏
戴玉書妻李氏　戴城妻顧氏　惠世琦妻周氏　戴
源泉妻王氏　邵洪富妻朱氏　戴衛禮妻司馬氏　邵
維城妻蔣氏　戴天壽妻王氏　鄧立本妻華氏　華登

雲妻吳氏　陸彩耀母周氏　華濟蒼妻孫氏　祝鴻昶
妻杜氏　樂丕基妻張氏　祝觀瀾妻陸氏　鄒學轍妻
華氏　華錦堂妻殷氏　郭錫康妻朱氏　烈女華綠雲末女
諸生鎮女　郭安濤妻張氏　石正玉妻徐氏　龔錫康妻竇
氏　華榮妻殷氏　蔣爾昌母顧氏妹細寶　烈女陸應
蘭雲峯女　陳楨妻薛氏　陸萬坤妻秦氏　馮元斌妻龔
氏　陸培榮妻周氏　施福倌妻李氏　陸周岐妻王氏
烈女施文琬維鏞女　陸南觀妻倪氏　祝報妻周氏
席迎春妻顧氏　祝士貞妻秦氏　宿坤載妻馮氏　薛
文瀾妻高氏　郭闢倌妻徐氏　徐佩安妻周氏　葉文

錫誥妻秦氏節　吳玉妻陸氏　周洵妻朱氏　秦大楙
妻孫氏節　吳發妻陶氏　王中妻高氏　榮汝楝聘妻
馮氏　王仁妻孫氏　王應階妻華氏　諸懋和妻華氏
王義妻陸氏　烈女鄒二大姑潤之女　王兆綸妻徐氏節
惠信妻過氏　胡寶官妻陶氏　朱潮富妻孫氏節孝　諸
唐采章聘妻顧氏　諸申錫妻王氏　王本妻張氏　諸
兆甲妻顧氏　王永妻顧氏　諸煌妻李氏　陶承琦妻
鄒氏節　諸有度妻余氏　諸鈞妻王氏　諸堃妻葉氏
楊錫蕃妻鄒氏　諸有常妻宋氏　貞烈女嚴蓉姐
諸燮妻唐氏　包旭初妻程氏節　諸鏡妻沈氏　秦正

妻顧氏　諸華妻李氏　周彩耀伯母王氏　諸明妻余
氏　張立妻趙氏　諸盛妻曹氏　張毅苟姊呂張氏
諸狗寶妻王氏　曹德潤妻高氏節　貞烈女鄒姑光驥女
鄒澄源孫媳陳氏　烈女錢大姑培基女　職員喬泰階
妻錢氏節　杜德泰妻周氏　華文珠妻馬氏　華某妻
丁氏士鶴姪媳　陶禮妻過氏　錢雲珠妻華氏節　華松泉
妻李氏女妹珠　沈瑞源妻王氏　余希聖繼妻唐氏節
余揆妻謝氏　余嘉妻蔣氏　余肇妻顧氏　余正妻
徐氏　余信芳妻沈氏　余則妻沈氏　余元善妻顧氏
余均妻張氏　余貞妻毛氏　余從善妻顧氏　余芳

蘭妻張氏　徐朝賢妻鄒氏　徐錦臯妻楊氏　虞天倫
妻俞氏　張關生母陸氏　烈女朱素玉蘊山女　徐大椿
妻蔡氏　高國安妻周氏　徐玉鳳妻張氏　朱和觀妻
王氏　徐麟角妻吳氏女應倌　楊興倌妻荆氏　徐景
高妻陸氏　秦耀妻郁氏　徐原亮妻李氏女大姑　秦
百福妻楊氏　秦全存妻孫氏　陸元觀妻吳氏　張文
彩妻陳氏　李景堂妻成氏　張關生妻周氏　董佛觀
妻張氏　張關餘妻徐氏　孫玉亭妻濮氏　張銀順妻
孫氏　吳金生妻朱氏　張飛丹母陳氏妻王氏　王應
鍾妻楊氏　張錦福妻羅氏　周大寶妻龔氏　方德祥

妻王氏　吳昌觀妻郭氏　繆三倌妻李氏　陳聲揚妻
孫氏　辛繼增妻陸氏　朱華陽妻施氏　辛寶恆妻王
氏　胡安培妻蔣氏　辛柏林妻俞氏　陳士奎妻王氏
辛介禧妻潘氏　秦煜妻侯氏　辛錫禧妻陸氏　孫
張榮妻郭氏　辛德良妻包氏　孫招福妻尹氏　過龍
和妻朱氏　范徵祥妻胡氏　張永濟妻王氏　顧藝倌
妻夏氏　烈女周姑坤二女　顧二蓉妻朱氏　鄒魯妻許
氏　孫應昌妻唐氏　黃聽笙妻王氏節　孫研香妻朱
氏　周某妾朱氏　徐鑄繼妻趙氏節　周坤妻王氏
楊玉申妻華氏　馬榮福聘妻强氏　周靜妻許氏　顧

妻諸氏　唐詩妻余氏　唐杜妻張氏　烈女丁二寶三
姑　徐慰妻惠氏節　徐輝管妻朱氏媳高氏　徐莊妻
過氏　徐正妻陶氏　徐智妻趙氏　徐每八妻高氏繼
妻朱氏　徐德福妻何氏　顧義妻陳氏　顧正妻吳氏
顧振明妻謝氏媳陳氏　顧康妻惠氏　顧忠妻臧氏
顧洽妻余氏　顧錫妻季氏　顧思妻邱氏　烈女顧
大妹承恩孫女　烈女張蘭芳鳳藻女　顧協庭聘妻秦氏　烈
女顧璽寶　薛方妻錢氏　薛正妻周氏　薛敘妻丁氏
薛源妻江氏　高仁妻蔣氏　錢湘雲妻馮氏節　過
實妻查氏　胡逸妻毛氏　胡遠妻薛氏　胡嘉妻華氏

媳李氏唐氏孫女大姑　胡諒妻季氏　胡楪妻劉氏
虞玉和妻陳氏　丁準妻周氏　龔耀廷妻王氏媳蔡氏
程氏妹劉龔氏孫外女劉姑　龔武妻周氏　龔廷妻過氏
龔正妻劉氏　劉堂妻秦氏　孫瑛妻錢氏節　烈女
孫秀雲　李瑞寶妻倪氏　李同妻趙氏　烈女敖墨珠金
璇女　王潤春妻嚴氏　高品三妻鄧氏嫂秦氏　烈女高
求弟天培女　諸生敖坤妻陳氏節　職員敖埔妻秦氏
諸生吳聲吉媳朱氏　唐敬妻吳氏　秦景堂妻譚氏
唐留妻劉氏　烈女秦二大姑懋之女　朱度妻沈氏　未入
流華秉鉞妻計氏女蘭貞月珠月卿　華汝玉妻何氏

華一鳴妻唐氏　華永豐妻虞氏　華艮生母劉氏　嚴
汝楫母張氏節　單大觀母趙氏　丁大妻劉氏女黃丁
氏　陸聽妻吳氏　許紹蘭伯母周氏姪女大姐　許紹
洽母周氏　烈女許盤姑均齋女　許載揚妻徐氏女桂枝
諸生秦承烈母楊氏妻吳氏女華秦氏　國子生秦炳
妻陸氏　秦楚臣妻薛氏　秦某妻何氏國楨嫂　秦楚何
妻薛氏　耿衡鈞妻許氏　龔念之妻何氏　袁儀之母
張氏　李秉和妻謝氏　胡維淵母王氏　胡大妻陳氏
鹽大使孫錦嬉母秦氏薛氏族妹大姑　蔣仁元妻白
氏　余光耀母鄧氏　孫竹亭妻尤氏　丁彥和妾王氏

姜盈田繼妻吳氏節　陳大妾吳氏　烈女周大姐芹香女
女　余香生妻諸氏　國子生陳儼繼妻吳氏　烈女吳
九姑潤齋女　顧升元媳何氏　施以誠妻唐氏　强光妻
馮氏　國子生王鏞妾楊氏　張榮甫妻丁氏　張智妻
宣氏　張仁妻强氏　張勇妻徐氏　諸生王賡陛妻倪
氏　楊維屏妻孟氏　周謙培妻楊氏　烈女王姑東月樓次
女　烈女孫細姑春泉女　邵四德妻周氏　唐文源妻張
氏　陳某妻趙氏　溫梅林妻鄒氏　烈女宋桂芝　烈
女吳大姑壽春女　唐耀均妻楊氏　華幼榮妻祝氏　陸
士英妻邱氏　華大妻顧氏　烈女印龍賜珠　烈女王佩

貞女（蔭南） 曹金官聘妻張氏 顧生聘妻秦氏 貢生薛
元宇妻王氏 顧汝亮聘妻周氏 李長春妻項氏 周
誦賢妻沈氏 過錦雲妻蘇氏 張蘭森妻顧氏 丁全
熙妻過氏 華克昌妻方氏 烈女錢姑（諸生維樾女） 錢熙
妻王氏 錢春妻華氏 孫耀燦妻侯氏 華廷槐妻陳
氏 顧某妻秦氏（諸生際初女） 惠某妻某氏（天授鄉菰里人） 談松
林妻陳氏（節） 談承紀妻嚴氏 烈女胡二大姑 烈女須
墨姝（武生鳳池女） 姚某妻張氏（鄭州吏目承保女浙江錢塘人） 縣丞夏廷
華妻王氏（江西新建人） 烈女蔣姑（吳縣諸生榮渭女） 陽湖諸生劉
仲釗妾陶氏 烈女趙淨娥淨婉（江陰諸生智錫女） 山東鉅野

國子主姚輝基聘妻張氏 安徽婺源貢生程應坎媳張
氏（以上咸豐同治間殉粵匪之難）

無錫金匱縣志

列女姓氏錄四

張裕祖妻周氏 馮蘭春妻龔氏 薛鳴皋妻穆氏 馮
正泉妻韓氏 孫繼開妻高氏 杜介眉妻李氏 嚴渭
妻張氏 華永春妻張氏 顧某妻王氏 顧公慶妻吳
氏 劉靄棠妻高氏 程昌森妻張氏 朱福壽妻任氏
陳讓妻許氏 朱富生妻徐氏 吳義篆妻王氏 朱
雲龍妻張氏 談惠宗妻王氏 馮明寶妻李氏 張有
行妻王氏 蘇祖智妻錢氏 楊南智妻張氏 蘇耀文
妻強氏 強貞明妻華氏 管維乾妻張氏 韓鳳鳴妻

蔡氏 葉紀芳妻強氏 馮光繼妻蘇氏 胡邦奈妻鈕
氏 強梓材妻管氏 虞春福妻侯氏 濮洪德妻徐氏
葛小山妻李氏 胡正隆妻葉氏 張雲華妻李氏
楊盤芳妻管氏 吳金它妻黃氏 曹順增妻丁氏 俞
仁和妻賈氏 管元熙妻錢氏 陳聚星妻邵氏 賈鼎
勳妻陶氏 丁盤福妻張氏 秦國正妻許氏 強芮妻
陳氏 吳春福妻戴氏 張惟元妻戈氏 吳國萬妻蘇
氏 張靄卿妻許氏 葛龍寶妻錢氏 胡鳳儀繼妻陳
氏 丁陛颺妻楊氏 孫榮和妻秦氏 華永亨妻張氏
蔡鴻成妻唐氏 莊連福妻陳氏 蕭中和妻朱氏

莊裕龍妻劉氏　曹維德妻施氏　華大來妻秦氏　姚
瑞發妻謝氏　華元興妻孫氏　蔣元亨妻張氏　張小
福妻朱氏　蔣茂賢妻朱氏　吳培興妻孫氏　蔣方來
妻李氏　許善寶妻張氏　蔣克昌妻强氏　季祖紳妻
陸氏　蔣百順妻鄧氏　鄧正元妻過氏　陳舜載妻鄧
氏　鄧庚大妻李氏　陳舜源妻劉氏　俞錦武妻劉氏
陳汝蘭妻唐氏　周嘉懋妻徐氏　陳士隆妻孫氏
華于遷妻趙氏　張應嘉妻黃氏　唐有容妻時氏　吳
武烈妻浦氏　周紹棠妻張氏　吳尚德妻王氏　王公
達妻張氏　孫漢仁妻王氏　華元貞妻朱氏　孫三錫

妻趙氏　華大中妻曹氏　華國敏妻葉氏　朱雲瞻妻
華氏　徐逢生妻蔣氏　陳介福妻周氏　徐汝瑄妻李
氏　王如珪妻梁氏　季培之妻楊氏　王運茂妻章氏
王燿章妻談氏　徐廷璠妻郁氏　倪思周妻唐氏
錢大喜妻王氏　張燿崗妻孫氏　劉廷增妻孫氏　胡
德明妻吳氏　劉元渭妻王氏　縣丞孫錦耀妻張氏
盛金寶妻强氏　胡細川妻李氏　葉守仁妻顧氏　榮
周大妻邱氏　沈惠文妻張氏　嵇泰評妻朱氏　竇爾
均妻潘氏　諸生陸酯妻朱氏　朱玉振妻徐氏　葉壽
之妻王氏　朱四福妻任氏　秦研香妻蔡氏　馮渭瀾

妻朱氏　諸生竇因培妻祝氏　訓導聞韶妻蔣氏　季
某妻過氏　孫繼昌妻鄭氏　任煊妻朱氏　許瑞珍妻
陸氏　倪廷華妻蕭氏　徐虎文妻張氏　惠彥德妻楊
氏　錢如山妻秦氏　惠元昌妻劉氏　居煥章妻支氏
顧瑞妻孫氏　顧紹基妻惠氏　張光瓚妻朱氏　葉
鳴臯妻李氏　張金茂妻查氏　梁惠元妻劉氏　張步
春妻盛氏　職員許景臯妻楊氏　朱秀山妻盛氏　鄧
慶裕妻杜氏　薛煥星妻吳氏　郁茂孚妻盛氏　温安
會妻史氏　國子生薛經義繼妻趙氏　陶耀發妻唐氏
縣丞薛浩然妻王氏　蔡銓妻祝氏　金儀林妻張氏

胡鳳池妻侯氏　縣丞蔡淦妻朱氏　朱健春妻李氏
高觀海妻蔡氏　周耀時妻王氏　王二榮妻袁氏
王寶明妻吳氏　吳初學妻楊氏　濮惠能妻蔣氏　吳
榮慶妻王氏　唐慶元妻强氏　吳協昌妻孫氏　朱應
寶妻劉氏　吳慶福妻許氏　朱燦棟妻王氏　丁龍喜
妻張氏　許湧泉妻陸氏　唐惠殿妻楊氏　王應法妻
朱氏　徐培春妻盛氏　唐繩德妻朱氏　秦浩然妻陶
氏　唐中和妻方氏　莊文燦妻高氏　李長生妻孫氏
蕭卓前妻張氏　祝洪法妻楊氏　陳廷桂妻王氏
楊斯美妻趙氏　惠恒隆妻秦氏　秦錫祿妻沈氏　呂

逸堂妻陶氏　秦雲燦妻楊氏　呂夢熊妻秦氏　謝錦
龍妻李氏　蔣恒泰妻蕭氏　秦廷勳妻王氏　蕭士元
妻顧氏　秦錫煜妻祝氏　狄福林妻張氏　平魁基妻
李氏　顧長興妻唐氏　林紹基妻宋氏　龐明仁妻沈
氏　季慶三妻倪氏　職員馮培妻孫氏　顧金寶妻李
氏　張朝宗妻倪氏　華生泉妻沈氏　朱文釗妻錢氏
華東福妻謝氏　張尚德妻顧氏　周觀福妻蔣氏
張永元妻蔣氏　唐達泉妻杜氏　蔣正玉妻鄔氏　陳
永益妻孫氏　鄧信成妻沈氏　陳德裕妻戴氏　鄧雲
慶妻孫氏　陳錫爵妻吳氏　沈治邦妻陳氏　陳萬茂

妻沈氏　沈治梁妻龔氏　陳元藝妻吳氏　蔣士興妻
陳氏　陳萬盈妻許氏　張應霖妻唐氏　王二寶妻郁
氏　唐蔚皐妻薛氏　郁如恒妻周氏　周成德妻唐氏
錢炳道妻許氏　朱雲鶴妻章氏　榮明欽妻丁氏
鄧潤寶妻王氏　徐明學妻丁氏　鄧福壽妻張氏　陳
松庭妾鍾氏　張景雲妻俞氏　成景茂妻趙氏　石增
福妻胡氏　楊熙之妻侯氏　馮湧泉妻竇氏　曾順寶
妻陳氏　任清壽妻榮氏　陳祥甫妻李氏　唐繼梅妻
陶氏　丁泉源妻楊氏　姚二觀妻吳氏　糜桂恩妻朱
氏　縣丞孫懋誠妻陸氏　朱錫桂妻宿氏　鄭錦雯妻

孫氏　徐裕發妻張氏烈　王文烈妻廉氏　王光照妻
汪氏烈　華舜南妻朱氏　蘇文郎妻强氏烈　尤三觀
妻朱氏烈　鄒崐源妻朱氏　烏城典史倪景暄妻郭氏
貞孝女楊貞鳳壽成女　徐汝楫聘妻郁氏　張萬和妻
王氏　錢聖法聘妻管氏　沈雙壽聘妻唐氏　貞孝女
蘇貞月載成女　貞孝女張巧葵芸國琳女　張名蘭聘妻倪氏
孫德林聘妻濮氏　唐志達聘妻楊氏烈　貞孝女張
貞英龍林女　曾鳳洲妻張氏　蔣瑞春聘妻李氏　貞孝
女鄭元仲貞瑞林女　黃三慶聘妻王氏　曾鳳池妻呂氏
貞孝女俞增喜忠寶女　楊慶安妻虞氏　侯福奎聘妻過

氏烈　貞孝女顧志貞洪綱女　高斗機妻陳氏　楊步雲
妻吳氏　貞孝女朱鳳杏應奎女　吳燦章妻李氏　浦雲
階妻程氏　貞孝女吳清潔貞詳賢女　唐永林妻蔡氏　周
廣殿妻徐氏　貞孝女竇氏諸生廷樸四女　季邦華妻過氏
任裕元妻林氏　貞孝女徐氏燿滄女　陶錫寶妻楊氏
季邦耀妻宋氏　陶步東妻蘇氏　陸華宗妻顧氏　徐
芳洲妻劉氏　陸達勲妻過氏　徐上珍妻陸氏　項政
基妻許氏　徐兆奎妻姚氏　堵光輝妻俞氏　高鴻達
妻趙氏　過維峻妻黃氏　國子生高潤妻蔡氏　諸鴻
漸妻周氏　國子生高沅妻謝氏　錢晟妻鄧氏　錢樹

風妻朱氏　錢若源妻劉氏　過銘妻嚴氏　陶殿桂妻
陳氏　黃鏞妻朱氏　錢錦堂妻諸氏　黃如球妻蔡氏
國子生喬璇妻吳氏　黃溥妻華氏　喬重珍妻蔡氏
魏丙初妻曹氏　顧家琳繼妻嚴氏　顧鈺妻陳氏
倪蓮塘妻錢氏　辛培文妻沈氏　陳廷樑妻費氏　張
春澍妻朱氏　顧錦川妻方氏　黃信義妻張氏　席元
興妻錢氏　陳榮藩妻李氏　席聖楷妻施氏　華紹玉
妻錢氏　高椿齡妻杜氏　余迪吉妻倪氏　胡紹中妻
周氏　李步蟜妻黃氏　國子生陶僎妻秦氏　張應江
妻許氏　馬熙妻竇氏　周鼎鴻妻華氏　錢朝鉞妻鄒

氏　王元慶妻倪氏　過世銓妻張氏　董春雲妻李氏
錢福妻鄒氏　張秋帆妻許氏　過祥元妻顧氏　楊
大康妻馮氏　過維茂妻顧氏　過燦妻顧氏　惠壽慶
妻鄒氏　朱哭妻孫氏　浦永昌妻華氏　朱忠恒妻浦
氏　章裕德妻朱氏　許洪裕妻華氏　李步雲妻錢氏
倪介亭妻華氏　李芝軒妻尤氏　王邦坪妻李氏
李文燦妻過氏　王厚藩妻陶氏　黃文燦妻張氏　徐
模妻陸氏　華庭楨妻孫氏　席正安妻徐氏　單雨亭
妻錢氏　倪清源妻强氏　過塏之妻李氏　强譽吉妻
陳氏　過坤順妻萬氏　蔡慶洪妻倪氏　李大純妻尤

氏　朱壽生妻陳氏　蔡鴻慶妻徐氏　陳學豐妻楊氏
國子生姚霞村妻殷氏　季爾溫妻過氏　國子生顧
方妻蔣氏　季爾浩繼妻范氏　錢松齡妻王氏　沈全
元妻陸氏　李文瑛妻張氏　杜士新妻包氏　蔡德清
妻過氏　徐步洲妻嚴氏　蔣旭堂妻虞氏　蔡廷南妻
祝氏　國子生虞逸亭妻夏氏　倪裕興妻俞氏　蕭三
喜妻張氏　袁殿揚妻鄒氏　華同曾妻蔡氏　陳介福
妻張氏　王晉珊妻蔡氏　虞炳順繼妻戴氏　陳明芳
妻孔氏　虞逸祥妻蔣氏　黃楷妻陳氏　虞逸雲妻徐
氏　黃坤森妻錢氏　丁福清妻陳氏　華炳利妻倪氏

錢福受妻華氏　張學詩妻陳氏　諸文元妻過氏
國子生楊大坤妻高氏　錢和寶妻華氏　國子生高作
霖妻朱氏　趙瀚妻廉氏　國子生侯應伯妻陸氏　敖
培齡妻王氏　孫玉印妻呂氏　陳蘭谷妻敖氏　唐霨
培妻王氏　陳蘭茂妻周氏　侯士五妻吳氏　張鑑妻
吳氏　張玉林妻諸氏　岳紀祖妻袁氏　朱寅基妻施
氏　朱雨春妻王氏　沈金寶妻朱氏　金紹榮妻王氏
陳洪基妻華氏　殷惠方妻毛氏　蘇玉山妻鄒氏
李廷卓妻沈氏　金運慶妻殷氏　蔡瑞林妻倪氏　錢
瑛妻華氏　王福順妻姚氏　錢鈐妻華氏　丁春泉妻

沈氏　安步雲妻單氏　華錫來妻朱氏　張洪玉妻李氏　王省三妻張氏　黃大亨妻呂氏　吳朝棟妻王氏　嚴耀堂妻蕭氏　黃世田妻華氏　安大業妻孫氏　席元吉妻華氏　包廷槐妻石氏　蕭熙妻張氏　包德福妻徐氏　包謙益妻嚴氏　職員沈光域妻顧氏　孫增妻俞氏　職員華景汾妻朱氏　蕭賢階妻蔣氏　職員沈崧妻杜氏　談永年妻吳氏　鄒裕曾妻張氏　華瑞昌妻王氏　莫茂興妻朱氏　王楫妻鄒氏　包錦秀妻倪氏　王楝妻陳氏　諸生孫應松繼妻秦氏　倪萬金妻楊氏　殷光策妻胡氏　張爾錕妻王氏　華朝晉

妻席氏　陳應塤妻華氏　華朝鈞妻朱氏　余英順妻馬氏　莫大金妻施氏　惠善述妻錢氏　錢朝壂妻周氏　高步鼇妻金氏　吳廷烈妻張氏　高步階妻華氏　職員華文翰妻蔣氏烈　高承焯妻鄒氏　貞孝女朱氏瀚女　貞孝女王氏乾三女　過鍾之妻甯氏　吳鳳章妻王氏　貞孝女顧錦秀　楊學泉妻華氏烈　張廷桂妻馮氏　王沛憲妻陶氏烈　張若泉妻盛氏　貞孝女殷素蓮士鈺女　職員吳綸煥妻王氏　錢鏡妻許氏烈　呂茂德妻蔣氏　趙金寶妻杜氏　魏殿岳妻唐氏　貞孝女黃金球漢章女　李節元妻朱氏　周嵩桂妻陸氏　貞

孝女吳秀蔭星緯女　貞孝女王文秀　徐紀壽妻顧氏　貞孝女邵增弟南英女　蔣元倫妻秦氏　胡鼎汾妻朱氏　貞孝女王氏修梅女　王燮祥妻周氏　顧漢祥妻嚴氏　龔耀南妻孫氏　烈女顧嗣嶶鼎階女　貞孝女華氏雲倬女　顧廷柏妻沈氏　龔耀德妻朱氏　黃增鵠妻嵩氏　戈裕延妻秦氏　劉勝觀妻章氏　陸如梅聘妻劉氏　虞增福妻陸氏　李文霞妻徐氏　虞茂林妻朱氏　唐啟松妻劉氏　虞時妻王氏　時震鈞妻許氏　劉和寶妻曹氏　余循禮妻陳氏　職員葉士金妻薛氏　余循壽妻殷氏　葉焰庭妻張氏　余許炳妻唐氏　葉耀

庭妻周氏　余福壽妻沈氏　葉凝益妻周氏　蔣芳呈妻蘇氏　葉琛妻王氏　鄭萬春妻秦氏　葉洪順妻高氏　朱玉成妻秦氏　鄭祥福妻吳氏　朱朝忠妻俞氏　戈棠妻曹氏　葉元發妻薛氏　王步雲妻虞氏　葉長源妻華氏　國子生鄒光照妻陸氏　葉儒善妻計氏　朱煥文妻沈氏　葉大祿妻陳氏　顧富順妻敖氏　吳思明妻黃氏　錢鶴皋妻尤氏　吳雲章妻徐氏　胡燿奎妻顧氏　任偉堂妻俞氏　朱閏元妻徐氏　張永裕妻王氏　孫喬林妻丁氏　呂賜福妻殷氏　陳子龍妻莫氏　秦應櫃妻吳氏　職員孫大奎妻周氏　榮

旭亘妻紀氏　顧鈞妻侯氏　榮景福妻徐氏　錢保元妻盧氏　榮茂林妻張氏　錢大基妻榮氏　榮藝麻妻王氏　州同范耀基妻顧氏　邵長林妻朱氏　諸生過林盈妻岳氏　王載之妻孫氏　過維新妻陸氏　王貴炤妻楊氏　過元興妻華氏　王穀詒妻曹氏　過元亨妻華氏　王仁卿妻陳氏　職員薛景員妻孫氏　朱巧大妻陳氏　華六全妻葛氏　蕭尙慶妻張氏　華六言妻陳氏　陸景昌妻徐氏　闞必成妻蔣氏　孫汾妻繆氏　秦應棠妻薛氏　過延紳妻倪氏　榮勝明妻蔣氏　過長興妻曹氏　任清綬妻榮氏　過錫範妻丁氏　楊

坤泰妻張氏　卞福大妻孫氏　楊恒隆妻殷氏　金某妻王氏　時琴芳妻薛氏　倪鳴山妻祝氏　諸朝祥妻顧氏　郁殿英妻奚氏　余循正妻諸氏　朱煥文妾張氏　黃耀南妻陳氏　沈祥發妻繆氏　朱宏緒妻杜氏　孫仁元妻榮氏　王永茂妻范氏　華明德妻李氏　吳順根妻顧氏　張聖育妻華氏　錢慶雲妻馬氏　唐春茂妻蔣氏　戈世祿妻曹氏　顧羽儀妻唐氏　陶德仁妻薛氏　顧承明妻朱氏　魏驥良妻吳氏　魏長福妻周氏　魏秉善妻馮氏　蔣榮升妻虞氏　張乾昭妻吳氏　毛隆慶妻周氏　張忠政妻周氏　萬源妻任氏

榮漢瑚妻丁氏　鄭萬仁妻秦氏　布經歷陳孝豐妻朱氏　葉華林妻張氏　余恒山妻曹氏　葉順基妻吳氏　余仁福妻章氏　任翼堂妻過氏　顧懷仁妻奚氏　徐廷璋妻鄭氏　錢法生妻陸氏　蔣尙志妻榮氏　唐良佐妻趙氏　榮尙志妻查氏　鄭萬盛妻榮氏　毛星曜妻陳氏　過耀奎妻劉氏　于關慶妻胡氏　錢培元聘妻范氏　郁秀文妻張氏　貞女徐四福女永貞　秦某妻薛氏　國子生喬璇妻過氏　奚渭丙妻張氏　張廷棟妻方氏　張紀法妻虞氏　諸生王梧陽妻張氏　余達信妻衞氏　職員王德槐妻過氏　李湘妻温氏　職

員王萬安妻諸氏　倪夢臯妻朱氏　過聖森妻薛氏　余春妻虞氏　過炳虹妻闞氏　職員唐玉坤妻孫氏　顧家璞妻丁氏　張宗毅妻盛氏烈　黃鈺泉妻顧氏　貞女張氏永隆女　周文治妻華氏　葉華慶聘妻李氏　王德恩妻孫氏　丁少平聘妻華氏　王世茂妻高氏　余宏達聘妻王氏　過浩良妻費氏　周同福聘妻韓氏　過洪文妻顧氏　職員夏平仲繼妻耿氏　職員王榮詔妻范氏　過珍妻鄧氏　浦承辰妻王氏　喬尙志妻徐氏　過嵩妻黃氏　喬尙佐妻華氏　職員徐之松妻華氏　汪珊英妻華氏　陳香雲妻華氏　周天祥妻張

氏　華如川妻錢氏　陳長茂妻楊氏　華柏妻須氏
顧錫詩妻王氏　徐麟祥妻李氏　過雲珠妻姚氏　曹
廷桂妻陸氏　過洪裕妻沈氏　華振安妻朱氏　過元
法妻陳氏　華文鍾妻王氏　陳麟山妻錢氏　錢凱風
妻呂氏　陳鑑塘妻錢氏　錢渭繼妻盛氏　顧五壽妻
吳氏　華寬妻滕氏　過濟清繼妻朱氏　華襄平妻錢
氏　過旭初繼妻李氏　鄒步騰妻華氏　唐集勳妻葛
氏　華魯川妻朱氏　華野漁妻吳氏　華麟瑞妻滕氏
過雙桂妻唐氏　華文鉦妻顧氏　華夢熊妻錢氏
朱坤瑞妻張氏　過顯臣妻李氏　姚瑞興妻周氏　華

世安妻吳氏　華明德妻錢氏　華鳳樓妻王氏　朱世
恩妻施氏　蔣大邦妻鄭氏　朱世傑妻華氏　孫文燦
妻黃氏　國子生朱震寰妻華氏　陳瑞金妻衛氏　朱
元愷妻華氏　程石鈞妻朱氏　朱紹庭妻翁氏　王恩
孝妻陸氏　陳天香妻華氏　華振曾妻司馬氏　華文
藻妻王氏　華瑞雲妻楊氏　華衛廷妻蔡氏　華萃亨
妻鄒氏　華福頤妻王氏　曹杏泉妻華氏　華興隆妻
朱氏　浦大經妻陸氏　華維周妻虞氏　浦國寶妻徐
氏　張文德妻吳氏　浦紹先妻滕氏　陳萬和妻秦氏
嚴葵益妻榮氏　陳南山妻張氏　嚴濤順妻榮氏

陳耀遠妻嚴氏　張自牧妻單氏　職員宗錦塏妻馬氏
華丕基妻章氏　過照妻華氏　錢起鴻妻陳氏　過
森蘭妻楊氏　華士龍妻王氏　過燦章繼妻顧氏　曹
廷萱妻錢氏　過聖誠妻丁氏　華平妻朱氏　過焰妻
丁氏　華全元妻張氏　過効巡妻唐氏　徐士芳妻錢
氏　趙二連妻萬氏　錢雲開妻華氏　過旭妻華氏
華淩雲妻周氏　過紹文妻王氏　華嘉義妻許氏　過
榮先妻黃氏　黃汝聽妻華氏　過烈妻黃氏　鄒秀章
妻吳氏　過永盛妻顧氏　鄒廷樑妻余氏　朱紹堂妻
呂氏　堵守敬妻俞氏　華兆寅妻秦氏　過之經妻朱

氏　華作哲妻張氏　華振遠妻楊氏　華作羲妻孫氏
呂二觀妻陸氏　諸生顧香閣妻蔡氏　過文煥妻黃
氏　職員浦維甯妻陸氏　過濤妻黃氏　范循鏕妻薛
氏　過錫彩妻胡氏　諸生陶光柱妻沈氏　過柏壽妻
平氏　過聖求繼妻諸氏　過鶴南妻趙氏　過仁佩妻
朱氏　朱大明妻尤氏　過瑤琴妻支氏　高鏞文妻施
氏　過日照妻楊氏　邵福壽妻朱氏　朱二福妻過氏
過耀林妻錢氏　過萬象妻俞氏　過天齡妻熊氏
過萬鈞繼妻胡氏　過文瑞妻華氏　過柏妻趙氏　過
文玉妻薛氏　過廷猷妻張氏　馮九功妻王氏　周蘭

芳妻華氏 蔡廷棟妻黃氏 周鈺妻王氏 浦維翰妻
周氏 顧煌妻過氏 蔡承標妻周氏 顧念溪妻吳氏
蔡耀祖妻周氏 職員潘洪瀾妻嚴氏 許鳴福妻楊
氏 費公順妻許氏 程廷錫妻俞氏 徐敬平妻孫氏
過漳妻林氏 職員王星橋妻許氏 過家滌妻徐氏
吳雲芝妻胡氏 過鳳翼妻袁氏 過天法妻王氏
過華時妻吳氏 過廷錦妻王氏 過聲雷妻孫氏 過
本大妻董氏 過錫慶妻徐氏 陶仲賢妻吳氏 過廷秀
秀妻徐氏 孫掄元妻楊氏 過鑾妻鄧氏 張文德妻
吳氏 過桂馠妻徐氏 諸生張雲庭妻朱氏 過德昌

妻費氏 國子生陸元豐妻周氏 諸繼祖妻龔氏 華
爾昌妻蔡氏 陳耀庭妻周氏 華廷梧妻浦氏 王廷
章妻許氏 浦玉山妻華氏 華爾慶妻周氏 浦邦珍
妻陳氏 喬爾玉妻吳氏 虞光照妻蔡氏 曹湘洲妻
席氏 錢浩德妻金氏 喬艮妻談氏 國子生華濟康
繼妻周氏 朱咏觀妻王氏 華士松繼妻鄒氏 許一
州妻楊氏 朱清和妻王氏 鄧萬青妻過氏 華玉瑞
妻柳氏 過耀明妻單氏 章應奎妻朱氏 華文桂妻
朱氏 鄒文煥妻錢氏 過耀亮妻朱氏 華祥占妻宗
氏 華維賢妻黃氏 國子生浦翼堂繼妻華氏 朱洪

叙妻沈氏 華晉康妻錢氏 楊汝礪妻陸氏 顧竹坡
妻華氏 華雲鶴妻孫氏 華二觀妻朱氏 華仲彪妻
薛氏 華翔雲妻陸氏 華燦廷妻王氏 華兆熙妻王
氏 錢埰妻華氏 朱金聲繼妻華氏 浦銓妻錢氏
華大觀妻朱氏 浦學洙妻鄒氏 華松年妻錢氏 華
德忠妻葉氏 華壽冠妻王氏 華清江妻尤氏 華昌
培妻鄒氏 華清濤妻榮氏 華文琛妻錢氏 陳錫範
妻華氏 陳燦妻汪氏 陳雲桂妻談氏 國子生華存
惠妻錢氏 談學軒妻薛氏 國子生華介亭妻趙氏
華文遠妻柳氏 華逸寅妻浦氏 陳鏞德妻鄒氏 華
靜山繼妻司馬氏 滕連桂妻周氏 華鏞聲妻楊氏

祝文龍妻朱氏 華洪元妻黃氏 華煥鈺妻徐氏 華
文彩妻錢氏 錢廷爵妻張氏 楊清溪妻王氏 錢廷
祿妻浦氏 鄒如松妻王氏 鄒春山妻華氏 華東皋
妻張氏 華榮桂妻宋氏 華五觀妻滕氏 曹廷爵妻
楊氏 陳鏞妻雷氏 曹德奎妻黃氏 呂繼寶妻周氏
尤安邦妻錢氏 過瑞雲妻顧氏 華長觀妻曹氏
陸元龍妻浦氏 華照妻錢氏 陸步堂妻浦氏 朱三
觀妻華氏 強攀梅妻萬氏 孫亮均妻華氏 朱文玉
妻蔡氏 華藹人妻鄒氏 朱順大妻林氏 王笑山繼

妻華氏　范錦章妻俞氏　吳其麟妻徐氏　吳正祥妻
陶氏　蔡培安繼妻朱氏　國子生丁士堂妻王氏　馬
育萬妻許氏　吳俊才妻鄒氏　鄒錫慶妻朱氏　朱淇
壽妻王氏　浦泰源妻陳氏　朱文炳妻顧氏　錢錦堂
妻朱氏　吳球生妻范氏　陸廷秀妻楊氏　高斗杓妻
張氏　周紀觀妻華氏　過耀坤妻蔣氏　宋玉林妻顧
氏　過錦芳妻徐氏　鄒星甫妻華氏　過克恭妻金氏
鄒介眉妻華氏　諸生周雲桂妻杜氏　鄒斐章妻吳
氏　倪光熊妻楊氏　王棟妻顧氏　徐炳南妻秦氏
陸明遠妻浦氏　費茂之妻萬氏　華洪昇妻諸氏　職

員陳榮培妻張氏　冷長生妻張氏　諸生李廷芳妻俞
氏　周勝林妻倪氏　職員程廷俊妻范氏　闞淇富妻
錢氏　過椿妻顧氏　闞文富妻華氏　顧錫誥妻秦氏
烈　虞孝林妻鮑氏　周維榮妻唐氏烈　虞增德妻王
氏　柳士桔妻朱氏烈　范循道妻虞氏　華仲高繼妻
錢氏烈　侯蘭亭妻華氏　過錫爵妻唐氏烈　王燦文
妻朱氏　平繼生妻過氏烈　孫企蘇妻徐氏　貞孝女
楊愛貞女漢培　過培祖妻顧氏　貞孝女過心蓮女鳴岡
過王福妻趙氏　國子生過顯祖聘妻張氏　國子生楊
鋆妻朱氏　貞女章月清女廷興　華天順妻朱氏　朱文

煜聘妻華氏　楊登瀛妻吳氏　浦鼎盛聘妻華氏　楊
登仁妻張氏　過鐘繼妻錢氏　朱錫嘉妻沈氏　過雲
標妻周氏　范循鎔妻姚氏　程燮湖繼妻沈氏烈　徐
昌治妻程氏　華如墉妻汪氏烈　過開元妻許氏　范
廸垠妻李氏烈　俞忠義妻浦氏烈　貞女孫亦昭女國子生城
三女　貞孝女過雲珠女聖德　貞女陳月應女德均　貞孝女
過秀貞女應初　貞女倪素清女濬川　貞孝女過雲貞女成牧
貞女倪秀姐女桂　貞女陳淑貞女奎光　蔡國祥聘妻莫
氏烈　強若晉妻管氏　惠焕章妻程氏　杜才源妻唐
氏　諸生過對廷繼妻蔡氏　秦河樾妻涂氏　徐文沛

妻過氏　徐錫璠繼妻朱氏　尢星煥妻華氏　葉向榮
妻高氏　劉應章妻馬氏　秦元乾繼妻馮氏　山東道
監察御史俞肯堂妾金氏　朱福慶妻侯氏　徐傳龔妻
沈氏　沈翼曾妻黄氏　徐惠德妻顧氏　諸生徐能姜
顧氏　邵永康妻秦氏　韓高觀妻馮氏　張斗觀妻徐
氏　韓洪觀妻張氏　鄔永祥妻周氏　榮豐會妻任氏
榮毅庚妻張氏　殷福壽妻顧氏　孫紹文妻榮氏
國子生孫耀樑妻榮氏　浦紹學妻錢氏　賈德備妻陸
氏　賈明禮妻杜氏　陸增壽妻姚氏　陳雲餘妻楊氏
徐錫範妻朱氏　榮國祥妻張氏　孫祐盛妻張氏

孫祐發妻丁氏　孫萬昌妻陳氏　王文彩妻楊氏　洪
介濬妻王氏　薛廷瞻妻許氏　陸文灝妻韓氏　陳大
榛妻陸氏　胡廷燦妻范氏　范循泰妻許氏　范循鰲
妻鄒氏　顧俊傑妻王氏　范循鯤妻丁氏　馬五觀妻
嚴氏　范循壁妻陸氏　丁景安妻王氏　過文魁妻楊
氏　薛介樸妻陸氏　趙凝盛妻杜氏　馬耀妻江氏
嵇景淵妻朱氏　徐法元妻費氏　惠國祥妻王氏　程
敏達妻周氏　徐振聲妻俞氏　徐耀章妻許氏　楊文
燦妻費氏　吳耀興妻顧氏　周學初妻徐氏　吳維城
妻陳氏　錢應森妻吳氏　國子生顧汝霖妻周氏　吳

鶴清妻曾氏　王壽生妻陳氏　錢禧妻浦氏　王萬興妻
顧氏　職員王煥妻顧氏　沈榮曙妻張氏　過受福妻
章氏　薛鳳梧妻邵氏　徐明五妻陸氏　盛南陽妻孫
氏　韓榮昌妻方氏　顧汝亭妻方氏　浦鴻陞妻俞氏
許溶泉妻李氏　奚恒豐妻繆氏　吳樂山妻李氏
陳錫泉妻程氏　莫厚山妻吳氏　章文錦妻杜氏　朱
杏生妻徐氏　蔡思澄妻唐氏　沈承福妻王氏　楊映
山妻華氏　周洪元妻莫氏　袁阿仁妻曹氏　過維求
妻李氏　職員朱銓妻楊氏　顧皋妻朱氏　國子生俞
士錦妻徐氏　高桂芳妻薛氏　周濟川妻沈氏　榮廷

瑞繼妻徐氏烈　周廷玉妻鄒氏　蘇振經聘妻黃氏貞孝
吳增鳳妻張氏　榮鼇英聘妻張氏烈　胡東溪繼妻
范氏節孝　吳瑞麟聘妻沈氏烈　薛鈞平聘妻孫氏　過
宏品妻黃氏　吳永盈聘妻鄒氏烈　過永沛繼妻杜氏
諸五慶妻高氏　過君甫妻顧氏　過龍藻妻張氏
曹秀章妻華氏　王步瀛妻顧氏　諸麗南妻施氏　曹
國球妻虞氏　孫小山妻陳氏　職員滕曜繼妻秦氏
王光燦妻過氏　張子野妻周氏　華旭晟妻奚氏　吳
履安妻喬氏　陳壽元妻謝氏　張開基妻李氏　趙鑑
源妻陳氏　鄧雲槎妻高氏　鄒琛妻華氏　王光燮妻

過氏　范錦堂妻尤氏　沈啟祥妻朱氏　蔡廷槤妻王
氏　華旭旦妻王氏　華敦源妻高氏　國子生李湖國
妻朱氏　陳念先妻章氏　張肯堂妻謝氏　浦國鈞繼
妻華氏　倪廷銓妻嚴氏　華時昇妻方氏　沈廷楨妻
孫氏　毛某妻浦氏　蔡寶湘妻王氏　朱芝堂妻浦氏
王佩緗妻陸氏　訓導周錫瓚妻過氏　包懋妻顧氏
陸裕生妻雷氏　許大鏞妻華氏　錢紹墉妻闞氏
職員王明達妻侯氏　諸鴻桂妻吳氏　余循福妻陳氏
倪鏖貴妻錢氏　毛某妻周氏　王炳奎妻胡氏　許
金福妻浦氏　華蘊香妻劉氏　張雲先妻唐氏　諸生

王元相妻華氏　過寶應妻穆氏　徐廷耀妻王氏　王
雲祥妻浦氏　陳瑞宗妻劉氏　諸春寶妻闞氏　過孝
基繼妻蔣氏　縣丞王元春妻吳氏　華以炳妻顧氏
王贊廷妻蔡氏　王濟洧妻過氏　諸懷西妻王氏　謝
德奎妻强氏　袁星恒妻蔣氏　職員欽灝妻徐氏　莫
在榮妻朱氏　職員鄒沐恩妻蔡氏　國子生顧元綬繼
妻查氏　錢仁華妻徐氏　周萬興妻徐氏　錢福和妻
鮑氏　莫四觀妻陸氏　周昇富妻李氏　錢子方妻周
氏　國子生繆子仁妻朱氏　錢志和妻淩氏　錢映奎
妻蔡氏　李洪德妻錢氏　鄒恒豐妻周氏　朱庭棟妻

李氏　錢朝爵妻許氏　虞映甫妻蔡氏　華伸翼妻李
氏　周國祥妻陶氏　武生張士毅妻閆氏　張鐘藻妻
黃氏　祝茂新妻唐氏　趙逸雲妻丁氏　錢錦樹妻丁
氏　錢顯謨妻張氏　包龍福妻錢氏　陳寶林妻過氏
諸德基妻闞氏　錢福求妻楊氏　鄒栽堂妻浦氏
諸敘興妻倪氏　鄒文華妻錢氏　馮元泰妻顧氏　顧
洪盛妻沈氏　蔣大鈞妻許氏　陳寶應妻孫氏　鄒佑
良妻汪氏　許勝保妻王氏　鄒軼羣妻楊氏　倪廷鑾
妻過氏　張鈺妻鄒氏　王洪芳妻徐氏　陸星銓妻呂
氏　施觀海妻沈氏　鄒守仁妻潘氏　華紹紀妻李氏

倪大倫妻顧氏　鄧庭柏妻黃氏　倪廷鑒妻李氏
吳鈞恩妻李氏　胡福元妻馮氏　周廷珍妻華氏　馮
源泰妻顧氏　趙文壽妻蔣氏　鄧浩元妻陸氏　曹以
直妻陸氏　廉倫基妻李氏　吳裕仁妻華氏　陳世龍
妻張氏　許紹濟妻高氏　陳和鈞妻沈氏　許沅妻敖
氏　諸端甫妻過氏　王榮芝妻唐氏　縣丞鄒珊妻華
氏　國子生何滋田妻朱氏　國子生許大鈞繼妻胡氏
鄒安瀾妻劉氏　華鳳儀妻沈氏　李鑑堂妻胡氏
姜臣桂妻范氏　秦文樸妻錢氏　陳德潤妻邵氏　陸
茂華妻過氏　鄒度觀妻楊氏　鄒棠泰妻華氏　陳文

達妻張氏　陳桂芳妻曾氏　俞文蔚妻蔡氏　周文浩
妻華氏　陸上達妻蔣氏　貞孝女邵眞和元發女　鄒春
泉妻華氏　貞孝女丁貞賢維昌女　陳克榮妻王氏　貞
孝女范三姐徵曾女　張廷楨妻朱氏　貞孝女朱蘭姐大成女
職員鄒光驥繼妻程氏　貞孝女范四姐顯綸女　朱
蔭亭妻蔡氏烈　貞孝女姜氏若泉女　貞孝女蕭增弟
貞孝女華氏溹女　貞孝女胡素珠鄉飲賓肯堂女　貞孝女趙瑞
芝國子生坤女　貞孝女過氏士安炎女　貞孝女司馬閏芝君榮女
貞孝女高氏正元女　陳文祥聘妻高氏　胡肇翼聘妻
吳氏　周坤元聘妻顧氏　林魁元聘妻周氏　朱文彬

聘妻談氏烈 陳錫琛聘妻孫氏烈 吳四元聘妻沈氏
烈 張長生妻徐氏 劉蓮生妻秦氏 錢裕宗妻沈氏
侯雲枋妻孫氏 張敍源妻盛氏 呂四福妻殷氏一作
賜福 任根源妻許氏 張志儀妻唐氏 張蘭生妻徐氏
張肇金妻陶氏 王亦靈妻過氏 戴乾復妻蔣氏
糜松年妻徐氏 唐耀如妻王氏 朱斌培妻顧氏 李
大中妻朱氏 張瑞松妻周氏 沈洪詰繼妻陳氏 謝
錦山妻俞氏 華起霖妻成氏 虞潤源妻胡氏 蘇惠
成妻夏氏 顧凌霄妻趙氏妾仲氏 國子生敖培妻糜氏
尤鑑妻徐氏 王秉義妻祝氏 王蕙芬妻周氏 毛

世德妻盛氏 蔣心培妻陸氏 職員孫桐妻張氏 職
員錢文彬妻俞氏 蔡正芳妻潘氏 王漢文妻吳氏
施連福妻胡氏 尤元法妻李氏 張長富妻錢氏 王文
德妻邵氏 劉裕龍妻周氏 華宏毅妻顧氏 郁壽龍
妻周氏 華董之妻薛氏 莫三義妻華氏 金鳴鳳妻
尤氏 陳大章妻趙氏 孫維藩妻張氏 王廷英妻孫
氏 鄧慶寶妻周氏 周富貴妻金氏 蔡茂榮妻顧氏
孫雙全妻惠氏 朱雲佩妻高氏 張邦忠妻顧氏
唐志芳妻蔣氏 高作興妻葉氏 莊順隆妻吳氏 王
敖官妻劉氏 莊利仁妻沈氏 莊賓谷妻吳氏 莊永

福妻張氏 莊掌官妻唐氏 范鳳陽妻強氏 吳倉九
妻張氏 強秉節妻劉氏 范聖法妻蕭氏 強振九妻
陸氏 強聖倫妻吳氏 錢富貴妻邵氏 強雲章妻鄧
氏 陳茂慶妻王氏 張宗海妻蔣氏 馮德一妻趙氏
華起霖妻陳氏 華寄生妻薛氏 馮德裕妻趙氏
華桂芳妻過氏 馮仁江妻吳氏 華承懋妻陳氏 華
承德妻王氏 唐登鰲妻華氏 張汲泉繼妻陳氏 鄧茂
生妻丁氏 唐曾培妻薛氏 彭中和妻孫氏 張菊泉
妻殷氏 安學妻殷氏 唐墀妻劉氏 張年官妻徐氏
一作斗官 陸二寶妻張氏 徐傳義妻薛氏一作沈氏 李存仁

妻吳氏 張錫齡妻周氏 何金壽妻許氏 毛冥妻李
氏 時繼源妻孫氏 過正妻時氏 時仁美妻劉氏
毛逢高妻吳氏 職員孫懋誠妻薛氏 謝壽昌妻陳氏
陸金喜妻吳氏 邵浴泉妻蕭氏 陳丕烈妻朱氏
陸安泰妻劉氏 周嘉珍妻張氏 張榮鑑妻周氏 浦
朝元妻糜氏 曹福生妻顧氏 孫卯虎妻王氏 張壽
妻吳氏 程書勳妻王氏 吳蓮福妻華氏 紀榮妻陳
氏 戴文顯妻陳氏 浦蘭亭妻蔣氏 戴雲階妻周
氏 時仁德妻潘氏 時景華妻孫氏 華步鰲妻鄧氏
吳佑福妻俞氏 胡錦仁妻徐氏 鄭振基妻孫氏

竇豫培妻陳氏　劉汝輔妻魏氏　唐宜福妻顧氏　范
用壎妻馮氏　孫甯寶妻王氏　沈雲溪妻周氏　許爾
康妻嚴氏　錢世慶妻張氏　錢克勤妻沈氏　尤洪達
妻陶氏　陸茂發妻張氏　徐宏妻許氏　温錫蕃妻湯
氏　高廷相妻鄒氏　范顯章妻陸氏　張蘭芳妻蔡氏
邱德成妻顧氏　胡梅霖妻邱氏　胡樹德妻陸氏
吳應墉妻范氏　謝暈嘉妻林氏　高岐妻徐氏　惠步
蟾妻王氏　虞盤生妻俞氏　鄧大順妻蔡氏　鮑聚順
妻周氏　李培益妻陳氏　錢秀川妻鄭氏　馮金山妻
楊氏　胡阿六妻陶氏　陶阿榮妻唐氏　孫萬興妻許

氏　倪恒茂妻談氏　尤廷茂妻唐氏　李南亨妻周氏
唐順德妻鄧氏　章文棫妻陳氏　鄭仁福妻楊氏
言學義妻張氏　王朝興妻胡氏　季尚芳妻李氏　李
坤德妻朱氏　秦家槐妻虞氏　鄭秋華妻沈氏　張金
茂妻祝氏　袁洪德妻朱氏　王安富妻衛氏　王繼川
妻李氏　李二寶妻吳氏　秦秀昌妻王氏　王允洽妻
劉氏　陳廷路妻强氏　秦貞福妻王氏　繆富仁妻謝
氏　王朝元妻李氏　許世基妻馬氏　陳裕乾妻孫氏
蔣嘉文妻王氏　孫永盛妻倪氏　蔣文松妻榮氏
吳泰榮妻倪氏　陳順福妻孫氏　諸生蕭汝金妻浦氏

華慶元妻薛氏　徐龍喜妻丁氏　劉茂棟妻徐氏
國子生蔣文椿妻徐氏　奚惠斌妻張氏一作渭斌　胡玉英妻
楊氏　奚鳳度妻錢氏　馮川妻王氏　鄭敦仁妻秦氏
朱富泰妻華氏　陳起雲妻尤氏　楊耀法妻何氏
吳士見妻張氏　奚榮斌妻張氏　李福壽妻錢氏　錢
龍慶妻唐氏　沈龍二妻楊氏　朱裕興妻吳氏　葉炳
盛妻吳氏　秦巧觀妻戴氏　楊恒順妻孫氏　吳三和
妻繆氏　范循選妻鄭氏　高厚本妻張氏　王旭春妻曹
氏　唐慶茂妻陳氏　劉振昂妻沈氏　狄川林妻蕭氏
職員華廷鈞妻徐氏　唐懋喧妻楊氏　吳天順妻馬

氏　方鳳榴妻尤氏　錢五瑞妻許氏　安禮妻嵇氏
錢宗孝妻蔡氏妾陳氏　許殿棟妻周氏　錢紹宗妻華
氏　浦少芹妻過氏　華元瀛妻過氏　諸生錢元度妻
華氏　戈錦堂妻周氏　職員王德槐妻過氏　職員王
棫妻沈氏　楊天桂妻王氏　蔣惟璋妻褚氏　毛金和
妻呂氏　蔣硯農妻戴氏　蔣宜德妻顧氏　國子生華
德英妻鄒氏　華大文妻朱氏　華步元妻蔡氏　華桂
白妻周氏　國子生李志仁妻廉氏　華日宣妻錢氏
林奎齡妻莫氏　國子生華舜齡妾顧氏　楊春和妻浦
氏　陳文鈺妻浦氏　馬省堂妻陶氏　陳文鑣妻浦氏

浦文遠妻杜氏　馬鎬榮妻莫氏　許亮采妻徐氏　趙維
顧四妻馬氏　錢永春妻宣氏　張增喜妻沈氏　朱道珊妻顧
哲妻王氏　秦燈臣妻華氏　王祥妻吳氏　萬
氏　華鑄偉妻宗氏　過鈺妻尤氏　方熹妻畢氏　朱錫
賡揚妻陳氏　張餘鏞妻秦氏　王茂芳妻趙氏　岳渭泉
僴妻王氏　王章慶妻鄭氏　方志杰妻錢氏　毛長祿
妻周氏　徐若霞繼妻吳氏　李春泉妻魏氏　沈文煥妻張
妻卜氏　華溶妻尤氏　陸茂棠妻華氏　蔣碧泉妻朱氏
氏　杜恒泰妻陳氏　鍾振基妻杜氏　俞文蔚妻秦氏
陳廷琛妻趙氏　吳廷良妻周氏

鄧雲從妻黃氏　錢泰源妻吳氏　丁萬通妻張氏　錢
邦達妻嵇氏　蔣樹棠妻曹氏　華炳亨繼妻徐氏　國
子生華榮妻某氏　魏隆觀妻嚴氏　許元良妻王氏　顧
雙喜妻鄒氏　穆洪基妻顧氏　許大周妻程氏　孫德
臯妻鄒氏　錢敬六妻華氏　吳文秀妻陶氏　錢義茂
妻王氏　過錦春妻倪氏　過培之妻華氏　錢爵忠妻
張氏　欽瀋妻胡氏　趙文瀾妻廉氏　趙文渭妻馬氏
黃大賚妻劉氏　蔣榮昌妻夏氏　徐培千妻趙氏
楊杏福妻王氏　吳星煜妻王氏　蔣正元妻戴氏　張
昌妻樂氏　蔣桂芳妻夏氏　華大紳妻汪氏　華恭嚴

妻浦氏　許承樸妻瞿氏　黃謙吉妻錢氏　華錫康妻
潘氏　華春園妻曹氏　張繼緒妻沈氏　黃耀先妻强
氏　陸增喜妻陳氏　李璽寶妻沈氏　戈瑞發妻盆氏
職員范拱垣妻王氏　徐成書妻趙氏　蔡鍾妻安氏
楊壽祥妻李氏　周龍生妻袁氏　張福妻黃氏　徐
永培妻黃氏　張洪聚妻陸氏　張三妻李氏　薛公桂
妻英氏　顧士選妻尤氏　張漢秀妻宣氏　華錦珊妻
浦氏　朱增美妻王氏　宣龍春妻張氏　職員范汝鏞
妻高氏　朱顯瑞妻薛氏　丁光烈妻高氏　周炳章妻
范氏　華康英妻周氏　夏雲瑞妻王氏　朱錦坊妻王

氏　諸生秦承熾妻楊氏　職員錢士昇妻秦氏　陳濟
春妻楊氏　楊大觀妻過氏　范春泉妻郭氏　俞鈐妻
范氏　倪龍福妻顧氏　蔣鳴邦妻陸氏　俞鍠妻沈氏
葛金妻陳氏　張會生妻黃氏　周恕妻嚴氏　李文
秀妻黃氏　陳永標妻李氏　蔣宗侯妻包氏　張子和
妻廉氏　薛樹棠妻曹氏　周體貞妻嚴氏　歸茂臯妻
楊氏　薛瑞徵妻李氏烈　陳永鈺妻廉氏　貞孝女倪
守貞國子生吳堯女　王纕陞妻莊氏　貞孝女胡催英國子生華爵女
錢元法妻朱氏節烈　貞孝女王巧芳蕙芳女　諸生華景
高妻滕氏節烈　貞孝女萬春妹毓坤女　貞孝女金三姊永清

女　貞孝女吳志貞（增鳳女）　貞孝女吳琴弟（道元女）　貞孝
女徐二姐　貞孝女馮燦英（汝楫女）　貞孝女胡文德（國子生大
鏞女）　貞孝女吳如玉（燉臣女）　貞孝女唐繡鳳（耀魁女）　貞孝
女祝巧珠（明瑞女）　烈女華鳳貞（步鰲女）　任鴻聲聘妻談氏
唐汝康聘妻王氏（烈）　時紀大聘妻鄧氏　周洪福聘
妻王氏　孫詩興聘妻李氏　胡肇基聘妻吳氏（一作朝基）
黄開生聘妻高氏　徐香官聘妻許氏　許文鎬聘妻劉
氏　貞孝女陳氏（永法女）　貞孝女黃聽姐（可學女）　貞孝女
王氏（鳳官女）　貞孝女許明珠（恒足女）　貞孝女王文蘭（昌槐女）
貞孝女陶大姐（遂泉女）　貞孝女錢秀芝（梁女）　貞孝女顏

無錫金匱縣志　列女姓氏錄四　三八

氏（鳳德次女）　貞孝女張如玉（朝基女）　貞孝女王桂珍（國祥長女）
貞孝女楊氏（三福女）　貞孝女張氏（耀祖女）　貞孝女王氏（祥裕
女）　貞孝女趙義貞（錫爵次女）　貞孝女李氏（杏林女）　錢紹業
聘妻華氏　朱兆棟聘妻錢氏　朱錦裳聘妻陳氏　許
周全聘妻黃氏　竇書培聘妻朱氏　許汝楫妻王氏
鄒植信妻施氏　職員鄒覲晄妻張氏　鄧炳綱妻陸氏
湯豫泰妻賈氏　高峻妻秦氏　鄧勝元妻丁氏　鄧
賡堂妻朱氏　丁丕基妻孫氏　李德潤妻吳氏　顧惠
林妻杜氏　顧惟安妻楊氏　袁嘉德妻周氏　袁丕顯
妻邱氏　朱祝堯妻蕭氏　惠曉帆妻朱氏　胡紳廷妻

朱氏　朱錫元妻胡氏　時秀章妻宋氏　高永年妻方
氏　顧文皋妻鄒氏　吳昌祚妻高氏　周玉昆妻陸氏
鄒步蟾妻徐氏　劉鎬妻朱氏　丁承烈妻楊氏　陳
慶宸妻鄒氏　袁廣順妻潘氏　許益三妻宿氏　過大
興妻陸氏　章文鑑妻王氏　張雲龍妻季氏　袁秀章
妻王氏　任宗學妻張氏　吳廷璜妻邵氏　張永泉聘
妻陳氏　任兆熊妻榮氏　高洪昌妻過氏　胡朝基聘
妻吳氏　周錫珪妻侯氏　符永法妻周氏　陶永甯妻
虞氏　職員朱鼎妻陳氏　陳仁培妻臧氏　侯晴圃繼妻
祝氏　高爾緯妻丁氏　孝烈女王小媛（德培女）　錢廷燦

無錫金匱縣志　列女姓氏錄四　三九

妻吳氏　黄耀德妻陳氏　劉廷亮妻華氏　丁夏生妻
王氏　姜士楨妻張氏　貞孝女顧（祿瑞）雲（惟安女）　職員朱
柏妻胡氏　吳大仁妻周氏　戴晴芬妻朱氏　錢錫麒
妻丁氏　貞孝女王二姐（永年女）　包鳴魁繼妻周氏　陳
振鏞妻胡氏　貞孝女李梅齡（國子生應昌女）　曹仁虎妻錢氏
朱學繼妻周氏　丁德慶妻陸氏　周元吉妻吳氏
職員鄒渭鳳妻錢氏　貞孝女孫三姑（州同世顯女）　吳暘妻
曹氏妾錢氏　馮三之妻胡氏　吳鍔妻朱氏　浦慶華
妻華氏　職員鄒金城妻張氏　周永安妻張氏　鄒培
芳妻錢氏　貞孝女姜三姑（廷灼女）　吳旭初妻朱氏（以上同治）

九年至光緒二年由學五次彙詳
侯廷楨妻王氏　侯廷樑妻薛氏　趙景楷妻王氏　陳
浩德聘妻邵氏　顧榮保妻吳氏　職員李東杲妻顧氏
陶某聘妻李氏杏林女　鄒鼎耀妻王氏　諸生虞汝銓
妻楊氏　江西庫大使秦棫妾倪氏　孝貞女華秀蘭秀
英　國子生馬呈祥妻孫氏　馮鶴齡妻嚴氏　錢鳴璁
妻姚氏　沈某妻袁氏　職員薛聘莘妻孫氏　陳元璥
妻金氏　華朝忠妻倪氏　尤藝寶妻周氏　敖述妻過
氏　職員楊瞻潞聘妻孫氏　陳西齡妻惠氏　楊忠妻
倪氏　華季彩妻朱氏　武生顧文明妻周氏　楊日新

妻陳氏　楊錫仁妻周氏　錢鳳元妻過氏　李培興妻
顧氏　楊秉鈞妻周氏　李坤元妻過氏　貞孝女楊姑
士籌名熤女　倪廷格妻尤氏　楊煜奎妻章氏　倪楣妻顧
氏　楊鉞聘妻過氏　職員倪均泰妻尤氏　魏宜瑄妻邵
氏　陳昇揚妻祝氏　尤允鋐妻吳氏　陳步青妻唐氏
尤澤長繼妻曹氏　諸生黄恒妻華氏　楊閑妻過氏
錢鼎鉉妻過氏　陳介福妻張氏　華文安妻錢氏
華耀曾妻吳氏　倪烺妻華氏　錢世芳妻陳氏　尤大
章妻姚氏　周炯妻錢氏　張宗洲聘妻安氏　華慶增
妻郭氏　華璣妻范氏　倪文陞妻施氏　華鴻昌妻馮

氏　貞孝女倪姑女綸三　丁宇凡妻潘氏　尤應奎妻顧
氏　丁伯純妻李氏　尤集善妻顧氏　丁馨芝妻袁氏
尤錦妻朱氏　職員楊雄奎妻華氏　李堯宇妻華氏
貞孝女倪姑廷堅長女　知縣華麗照妻裘氏　華芬培妻倪
氏　國子生華謙吉妻楊氏以上己旌
舉人高錫禧妻潘氏　諸生須渭妻王氏　李洪福妻張
氏　龔錫疇妻唐氏　華朝貴妻過氏　華秉鑑妻祝氏
尤曦勳妻孫氏　禹州知州程佶妾朱氏　國子生丁
亦華妻楊氏　過某妻朱氏龍桂孫媳　陳德潤妻趙氏　蔡
瑞芝妻方氏　國子生周其相妻王氏　職員王士釗妻

蔡氏　龔德載妻張氏　國子生周文治妻華氏　舉人
程允培妻王氏　貞烈女須珮璠鄒歆大賓錦中女　高兆基聘
妻華氏　楊士俊妻周氏　楊鳴謙妻華氏　楊士廉妻
李氏　錢熊祥妻許氏　張安培妻華氏　錢元亨妻蔣
氏　張蓉鏡妻華氏　錢福和妻鮑氏　張承埴妻錢氏
錢仁華妻徐氏　錢子坊妻周氏　錢太和妻諸氏
錢爾遴妻嚴氏　尤廷藩妻華氏　尤煦妻華氏　尤秉
鈞妻過氏　尤秀閣妻姚氏　華楠森妻倪氏　鄒春池
妻沈氏　周心田妻陳氏　錢復亨妻高氏　陳煥妻吳
氏　錢志和妻淩氏　司馬文鎔妻蘇氏　錢朝釪妻謝

氏　縣丞楊鑄妻過氏　華廷蘭妻馮氏　楊楙妻周氏
華國仙妻王氏　尤順來妻胡氏　許桂馥妻俞氏
李士知妻華氏　倪鳴鏞妻鄒氏　尤兆芳妻華氏　臧
大寶妻周氏　沈福壽妻王氏　尤兆芬妻錢氏　倪維
鍔妻李氏　倪光熊妻楊氏　諸燿山妻嚴氏　沈洪德
妻過氏　孟桂森妻鄒氏　李鶴齡妻朱氏　倪杓妻單
氏　倪之壽妻尤氏　沈兆鉉妻浦氏　孝貞女曹招弟
鼎華女　鄒萬源妻倪氏　陶永聞妻虞氏　侯蓉馥聘妻
過氏　胡福慶妻王氏　高嘉植妻章氏　何培德妻丁
氏　周曉林妻薛氏　唐福堂妻劉氏　華暐然妻祝氏

袁文鋭妻鄒氏　秦恩壽妻高氏　丁介眉妻華氏
舉人趙日新繼妻吳氏　陸雲橋妻趙氏　蔣三寶聘妻
陳氏　華子鑑妻龐氏　國子生施燮庚妻趙氏　王文
齋妻陸氏　俞敏宗妻丁氏　費芝亭妻唐氏　施尊一
妻糜氏　宣亮佐妻祝氏　施薽芳妻賈氏　宣輔卿妻
劉氏　施祖德妻周氏　浦春山妻朱氏　鄒企孟妻詹
氏　劉鐵齋妻丁氏　朱成明妻浦氏　孝烈女蔡世明
昌乾女　朱昇洪妻過氏　龔士洪妻華氏　朱三觀妻謝
氏　龔湘谷妻宣氏　趙嵩齡妻尤氏　龔少夏妻陶氏
趙彭齡妻周氏　沈階平妻陶氏　趙達三妻馬氏

魏永庭妻嚴氏　劉立齋妻王氏　汪鴻泉妻李氏　鄒
爾壽妻秦氏　榮增培妻周氏　朱阿鼇妻金氏　諸生
蔡藻妻丁氏　溫錫恩妻湯氏　秦浩鈞妻張氏　許允
照妻龐氏　國子生蔡鎬妻袁氏　滕慶全妻吳氏烈
滕學浩妻華氏　孝烈女蔡氏壽智冢培女　徐玉田妻吳氏
陳潮妻黃氏　五品封職周恒山繼妻華氏　六品封職
周德榮妻范氏　職員周德滋繼妻莊氏　職員榮培業
妻范氏　國子生程永湛妻范氏　國子生趙渭妻范氏
職監范雯錦妻李氏　李廷琛妻顧氏　岳文龍妻張
氏　岳瑞興妻諸氏　岳瑞發妻王氏　岳鼎泰妻蔡氏

許成業妻顧氏　劉以惠妻曹氏　李節妻張氏　李
元章妻唐氏　李柏妻鄧氏　李炤妻顧氏　候選同知
李朝鏞妾周氏　李其位妻嚴氏　李大復妻華氏　李
文一妻周氏　李育馨妻嚴氏　李永泰妻崔氏　李智
秀妻蕭氏　李庚妻楊氏　李九成繼妻蕭氏　李庭林
妻陶氏　李陽春妻孫氏　職員李東杲妾華氏　李聖
翊妻高氏　李殷德妻姚氏　李鳳吟妻華氏　李萬本
妻秦氏　李卬信妻浦氏　李文熙妻錢氏　李景祥妻
胡氏　李勤業妻張氏　李志學妻蔡氏　李洪元妻劉
氏　李元鼎妻錢氏　李廷桂妻邱氏　李南亭妻周氏

貞孝女李月姐明華女　貞孝女龔秀鳳國子生炳麐女　朱元杰妻陳氏　尤德成妻沈氏　朱元照妻陳氏　張阿二妻馮氏　馮子英妻吳氏以上未旌

無錫金匱縣志

後記

無錫是中國吴文化的發祥地。七千多年悠久歷史與文明，造就了『梁溪明秀之區，衣冠禮樂甲于江左』的城市人文傳統和深厚的歷史文化底蘊。數千年來，文脉綿延，永世流芳。邵寶在《錫山遺響》序中曾經這樣描述：『錫之爲邑，在三吴間。山水清麗豐曠，生其地者，多沉雅秀整，以文名家，代不乏人，詩文之一也。』文化已經成爲這座城市最本色的氣質。爲傳承吴地文明，建設文化名城，進一步彰顯無錫城市内在精神特質，經過幾年的精心策劃，旨在全面整理地方文化典籍的《無錫文庫》編纂出版工作于二〇一〇年全面啓動，二〇一一年起陸續與讀者見面了。

無錫的城市文化曾經爲中華文化寶庫作出過巨大貢獻。顧愷之、倪瓚、王紱、鄒一桂、賀天健、徐悲鴻、錢松喦、吴冠中，如松秀群嶺，在中國繪畫史上擁有很高的地位；華秋蘋、楊蔭瀏、劉天華、華彦鈞（阿炳），乃韵動天籟，對中國音樂發展發揮了重要作用；李紳、蔣防、尤袤、蔣捷、陳維崧、顧貞觀、嚴繩孫、周濟、劉半農，皆胸懷錦綉，在中國文學史上可謂各領風騷；計六奇、顧祖禹、顧棟高、秦蕙田、嵇璜、錢基博、錢穆、錢鍾書、錢海岳，可稱堂奥廣庭，學造淵源，在中國學術史上卓然大家；顧憲成、高攀龍之東林，唐文治之『國專』，徐霞客之游記，徐壽、華蘅芳之『格致之學』，陳翰笙、錢俊瑞、孫治方、薛暮橋之經濟學，都堪稱中華文化史上的一座座高峰，至今閃耀着炫目的光芒。

深厚的歷史文化底藴激發了無錫城市的文化自覺。市委、市政府滿懷對鄉土誠摯之情、對文化敬畏之感，以義不容辭的責任擔當，致力於文化强市建設，以科學的理念和方式對歷史文化遺産作全方位的觀照、深層次的發掘、系統性的保護，匯四海之智，舉全市之力，共襄文化建設盛舉。二〇〇六年十二月，無錫市成功申報國家歷史文化名城，標志着新一輪文化意識的覺醒，并迅速轉化爲文化自覺的實踐。近年來，我市全面啓動惠山、清名橋、小婁巷、榮巷、蕩口等五個歷史文化街區和十個古村落保護修復工程，『護其貌，顯其顔，鑄其魂，揚其韵』；鴻山遺址成功保護的經驗被國家文物局譽爲大遺址保護『無錫模式』，并被授予首批國家考古大遺址公園，闔閭城遺址考古發現則確立了歷史上無錫曾作爲吴王闔閭都城的地位；建成開放六十餘座博物館、名人故居和紀念館；對無錫的非物質文化遺産予以重點保護；每年春天舉辦的中國（無錫）吴文化節、中國文化遺産保護論壇成爲文化亮點，享譽海内外。這些舉措遵循規律，探索文化建設體制和機制的創新，形成了寶貴的『無錫經驗』，得到海内外學者、專家的一致肯定。

在注重保護歷史文化遺存的過程中，發掘、整理無錫歷史文獻著作，展示和弘揚無錫城市的思想精神世界，自然而然成爲大家關注的重點。二〇〇六年，市委宣傳部組織無錫文史專家、學者編撰的十七册三百萬字的《無錫文化叢書》正式出版，引起强烈反響，出版後供不應求，在二〇〇八年再版加印。《無錫文化叢書》集中反映了無錫城市文化精華，展示了無錫城市文化特質，彰顯了無錫歷史文化的厚重，同時也告訴人們，文化精神的傳遞是文化繁榮發展的重要内涵，一旦擦去歲月蒙塵，優秀的歷史文化就會轉化成爲取之不盡的精神財富。

爲了進一步彰顯城市歷史文化底藴，二〇〇七年，市委、市政府將全面系統整理無錫文化典籍擺上工作議事日程，明確提出編纂《無錫文庫》。由于無錫歷史文化底藴深厚，卷帙浩繁，内容豐富，編纂工作千頭萬緒，要想整理出一部簡明扼要而又内容翔實、主旨鮮明而又文質彬彬的文獻集成，難度遠大于預想。爲此，我們先後成立了《無錫文庫》工作委員會和編輯委員會，加强對編纂出版工作的組織領導與統籌協調，在尊重歷史、尊重規律、尊重科學、尊重專家的基礎上，積極推進文庫編纂工作。編輯委員會經過反復論證，明確原則，綱舉目張，有條不紊地開展工作。充分憑借地方文史專家的優勢，充分發揮高校人文學院、研究機構的作用，充分依靠出版機構的專業經驗，并邀請國内外著名文史專家指導、把關，形成了文庫編纂的工作合力。

在編輯過程中，我們力求使《無錫文庫》成爲經得起歷史考驗的鄉邦文獻集成。

全面規劃又保持開放結構。面對豐富的歷史文化積澱，没有規劃就不可能形成清晰的編纂思路。在前期編纂工作中，編輯委員會經過二十餘次的論證會和專題研討會，形成并確定了《無錫文庫》總書目，明確了收録範圍和内容主體，立足無錫市區，兼顧江陰、宜興，主要體現無錫本土内容，突出人文科學，適當兼顧其他門類。據此，《無錫文庫》收録圖書五百五十餘種，分爲五輯：第一輯『官修舊志』，收編無錫地方志（含江陰、宜興）；第二輯『地方史料專著』，收編反映無錫地方史料的專著與筆記；第三輯『年譜家乘』，收編無錫（含江陰、宜興）地方名人年譜和望族的家譜；第四輯『無錫文存』，收編歷史上無錫作家詩文和專著的精華；第五輯『近現代名家名著存目』，編撰無錫近現代名家名著的書目提要。爲使文庫具有更大的開放度和包容量，《無錫文庫》注重整體設計，在框架分類上既注意整合，又突出重點，考慮到文庫的涵蓋面和系統性；在書目選擇上既注重經典性，又强調代表性，兼顧到圖書本身質量和作者特點；在出版方式上既總體規劃、循序推進，又采取較爲靈活的方式，成熟一批出版一批，不編序號，爲今後增補書目預留空間。

尊重歷史又反映時代特色。《無錫文庫》注重歷史性與時代性相結合，以嶄新的學術角度和現代學科理念對城市歷史文化進行整理和弘揚。編纂工作充分體現對歷史傳統的尊重，儘可能減少評述性成分，杜絶截割、改篡、增删圖書内容，對節選本衹采取作者的自選本。與此同時，以現代學術視野來看待傳統史料，增加收録有價值的歷史資料和文獻，如對民國時期的一些稿本、期刊、會刊、紀念册也予以應有的關注，收入了部分重要的民間史料。

保持原貌又便于讀者查閲。《無錫文庫》除第五輯外，全部采用原版影印方式，力争選擇最優版本作底本，保持文獻著作的歷史面目。爲了便于閲讀、查證、使用、研究，每一輯均撰寫編輯説明，每種書撰寫提要，并編撰《文庫》書目索引。通過這樣的方式，使《無錫文庫》兼具工具書檢索的作用，增强文化典籍整理的實用功能。

如期完成又精益求精。《無錫文庫》作爲一項重大文化工程，編纂工作面廣量大，必須集中力量，一鼓作氣。我們明確，從編纂工作全面啓動開始，花三年時間完成《無錫文庫》出版工作。《無錫文庫》總書目形成後，五輯的書目編纂工作同時開展、整體推進。我們要求，《無錫文庫》編纂出版工作要强化精品意識，力求思想精深、内容精彩、選編精當、學風精良、裝幀精美。文庫編纂出版的每個環節都反復論證推敲，確保經得起歷史檢驗。

《無錫文庫》的編纂出版工作，得到了鳳凰出版傳媒集團的大力支持，鳳凰出版社在版本選擇、編輯出版方面做了細緻的工作；由于《無錫文庫》收録的資料有三分之二散落在全國各圖書館中，中國國家圖書館、上海圖書館、南京圖書館等一批國内知名圖書館爲此提供了積極的幫助；應邀擔任《無錫文庫》學術顧問的專家，都是無錫籍的文化名人和國内一流的古籍研究專家，他們有的不顧年事已高，有的不顧自身工作繁忙，爲《無錫文庫》的編纂工作付出辛勤勞動；《無錫文庫》工作委員會和編輯委員會成員以及編務人員在文庫編纂出版過程中做了大量的工作。在此，謹向他們表示崇高的敬意和由衷的謝忱！

由於《無錫文庫》收録内容涉及範圍廣、時間跨度長，部分書目已經散佚，可利用資料受到限制，加之編輯委員會水平有限，《無錫文庫》的編纂工作難免會有一些疏漏和錯誤，不當之處敬請讀者指正。

王立人

二〇一一年一月